之

Balancing

间

平　衡　你　自　己

陈寅恪四书·之一

餘生流轉

陈寅恪的生前身后事

张求会——著

SPM
南方传媒 | 广东人民出版社
·广州·

图书在版编目（CIP）数据

馀生流转：陈寅恪的生前身后事 / 张求会著 .
广州 : 广东人民出版社，2025.2. --（陈寅恪四书）.
ISBN 978-7-218-17933-9

Ⅰ. K825.81

中国国家版本馆 CIP 数据核字第 2024R2P031 号

YUSHENG LIUZHUAN : CHEN YINKE DE SHENGQIAN SHENHOUSHI

馀生流转： 陈寅恪的生前身后事

张求会 著

出 版 人：肖风华

策划编辑：陈 卓
责任编辑：钱飞遥 陈 卓
封面设计：周伟伟
责任技编：吴彦斌

出版发行：广东人民出版社
地 址：广州市越秀区大沙头四马路 10 号（邮政编码：510199）
电 话：（020）85716809（总编室）
传 真：（020）83289585
网 址：http://www.gdpph.com
印 刷：广东信源文化科技有限公司
开 本：787 毫米 × 1092 毫米 1/32
总 印 张：40.25 总字数：914 千
版 次：2025 年 2 月第 1 版
印 次：2025 年 2 月第 1 次印刷
定 价：288.00 元（全四册）

如发现印装质量问题，影响阅读，请与出版社（020-87712513）联系调换。
售书热线：（020）87717307

序言　陈寅恪研究之于我和我们

　　摆在诸君面前的"陈寅恪四书",是四本陈寅恪研究专书的合集。它们分别是:第一书《馀生流转:陈寅恪的生前身后事》,第二书《古调犹弹:六位学人日记中的陈寅恪》,第三书《世外文章:陈寅恪集外文钩沉》,第四书《尔尔区区:"陈寅恪研究"之再研究》。各书"导语"是本册的内容提要,全书的来龙去脉在"后记"里有交代,"序言"想说一些若即若离、亦近亦远的话。题目有些绕,耐心看完,就不绕了。

一

1994 年，我还在华南师大中文系读研究生，有一天，收到一封陌生人的来信，字写得好看，内容不长，落款是"陆键东"。原来，陆君和我先后去过中山大学图书馆陈寅恪纪念室，在那里工作的刘少雄老先生把我的地址给了他。我肯定回了信，但写了什么就不记得了。现在回想起来，陆君当时正在等待他那本巨著的面世，而我对陈寅恪的了解连九牛一毛都谈不上，可想而知，我还不具备和他对话的资格。第二年，《陈寅恪的最后二十年》横空出世，将书斋中的陈先生推向了社会，也开启了陈寅恪研究的一个时代。

陆君到中大，是直奔陈寅恪而去；我去中大，找的是陈寅恪，想的却是其尊人陈三立。大概也是在 1994 年，征得业师管林先生的同意，我把研究义宁（今江西修水）陈氏诗歌确定为毕业论文的选题。为陈三立编撰年谱是其中的基础工作，很自然地和他的父亲（陈宝箴）、儿子（陈衡恪、隆恪、寅恪、方恪、登恪）等家族成员发生了关联。1996 年，脱胎于年谱的《陈三立与谭嗣同》一文刊登在《近代史研究》，给了我前所未有的信心。第二年，我再接再厉，在该杂志发表了《陈寅恪佚文〈吾家与丰润之关系〉试考》，成为我从事陈寅恪研究的第一篇专文。不过，那个时候我接触陈寅恪仍然是为了研究陈三立，对陈寅恪著作也只是功利性地选读，仅仅将《寒柳堂记梦未定稿》当作研读重点，并没有通读其全部著述。如此一来，成文存在着风险，发表也带有侥幸成分。

1997 年 7 月 27 日至 31 日，我在陈寅恪的故乡江西修水做第一次田野调查，全程陪伴我的是刘经富君，那时我们还处于学术交往的"蜜月期"。两年后，1999 年 11 月 27 日至 29 日，刘君和我各自参加了中山大学举办的"纪念陈寅恪教授国际学术研讨会"，会议期间就只剩下寒暄了，会后也不再有书信联系。多年来，个别朋友一直好奇我们为什么"断交"。我仔细想了想，我们并没有什么明显的冲突，不外乎看法、做法不总是一样而已。虽然我对刘君的部分文字也作过不客气的批评，但我一直认为他的事业心比任何一位陈寅恪研究者都要重得多。我相信这也是公论，尽管超强事业心的外在表现不一定每次都能获得他人的一致认同。庆幸的是，虽不再往来，彼此皆能不出恶语。刘君在文章里认可我为陈寅恪研究付出的努力，我也再三肯定刘君为搜集、整理义宁陈氏家族文献做出的不可替代的贡献。

广州会议之后整整二十年，我去南昌做新书推介活动，经廖太燕君牵线，和刘君见了面、吃了饭，还合了影。回到广州，我立即按照刘君的要求，请李开军博士帮忙。开军豪爽地提供了近百张陈三立图片，为刘君编纂《陈三立墨迹选》助一臂之力。包括此书在内的各种个人专著，刘君都慷慨寄赐，与我重新开始了正常的学术交往。

二

2000 年，广东教育出版社推出拙著《陈寅恪的家族史》（以下简称《家族史》）。这要感谢华南师大历史系宋德华教授的推荐，感谢宋夫人杨向群编辑的辛勤付出。宋杨伉俪，温润而泽，方介如玉，是我最尊敬、最羡慕的文化伴侣。我和他们虽然没有深交，但每次交往都那么亲切、自然，都会留下暖意，留下回味。

《家族史》动笔之初，原本准备写成陈氏家族的合传，亦即陈宝箴、陈三立、恪字辈兄弟各设专章，区别只在详略、主次有所不同。最终没有写出衡恪、寅恪兄弟各章，除了材料不足外，原因之一是我与合作者 M 君出现严重分歧，最终不欢而散。为了护住自己的成果并抢先发布，这本书被我处理成了"陈寅恪前传"——借了陈寅恪的大名，主体内容其实更应该称为"陈宝箴、陈三立父子合传"。2007 年再版，出于成本等因素的考虑，只做了"挖补"式修订，微改微调而已。遗憾不止于此，听说我和 M 君的冲突似乎衍生出其他恩怨。回念前尘，悔误良多；人之将老，其心也哀。我为年轻时的好胜、冲动而向 M 君致歉！

2001 年，应汪叔子先生之邀约，我追随他合作整理《陈宝笺集》。亲承謦欬两年，受益难以计数，我视汪先生为第二位业师。2003 年，《陈宝箴集》上册率先刊印；2005 年，中、下册一同出版。2005 年，陈小从女士嘱托我整理乃翁（陈隆恪）遗作《同照阁诗集》，蒙左鹏军师兄不弃，将其列为华南师范大学岭南文化研究中心资助项目；2007 年，仍由中华书局印行。

那几年，陈寅恪研究开始让我名利双收。2001 年，《家族史》当桥梁，马忠文、胡文辉二友先后和我订交。2002 年，凭借《家族史》，我评上了副教授。单位里分管职称评聘的 L 副校长（已退休），可能到现在都不认识我。不过，经他之口，某高校评委的一句评语在我们单位得到了非正式传播——"凭这本书可以在 × 大当博导"。当然，传闻而已，难以查证，如今旧事重提，主要是想证明：功不唐捐，天道好公，有价值的文字还是会被人看到的。

2003 年，文辉帮我在孔夫子旧书网买到一册清华大学旧讲义，里面有一篇陈寅恪佚文。我硬着头皮，一边吃透文本要义，一边恶补专业知识，写了一篇考证文章。忠文君不厌其烦地指导修改，九易其稿，终于过关。这就是 2004 年发表在《历史研究》的那篇《陈寅恪佚文〈敦煌本太公家教书后〉考释》。2006 年，我申报正教授，该文起了决定性作用。陈先生及其家人，待我不可谓不厚矣。

此后的绝大多数时间里，我都和陈先生在一起，即便偶尔走开，走得也不远，总和他的亲朋故旧挨着连着。

三

2008 年，胡文辉的《陈寅恪诗笺释》从广东走向全国，我的小序也跟着沾了光。记得收到文辉寄赠的样书时，正在家里的孩子她妈瞥见了，心直口快地冒出一句："这书你为什么不写？"我嗫嚅半晌，无言以对。今天，终于可以坦然承认：这书，我写不来！羡慕妒忌肯定有，但是不服不行！转念一想，能够为文辉的佳作出一点力，足以成为我的荣幸和骄傲。

2010 年，在胡文辉、刘小磊等多位友人以及凤凰卫视主持人秦晴的合力下，我找到了陈寅恪 1949 年有意赴台的直接证据，跑完了这场破解历史谜题接力赛的最后一棒。

2012 年是我的陈寅恪研究"大年"。举其大者而言，先是经张旭东君推荐，《唐景崧内渡：一个让陈寅恪为难的话题》被《中华文史论丛》采纳。彼时的《中华文史论丛》是不是 C 刊，我忍住好奇心，坚持不去查验。自己喜欢、读者喜欢就好，管它 C 不 C！

说回我的 2012 年。6 月初，谭伯牛、吴仰湘、杨代春、任波、刘越斌等一众湖南朋友成全了我的一件大事：在宁乡县（现宁乡市）档案馆，拍摄了完整的陈宝箴文稿的另一种抄本。伯牛开车来回接送，替我拍照时还不忘教我："相机贴着身子，手就不会抖。"宁乡抄本与陈寅恪旧藏抄校本有同有异，我赶着写成一篇长文，收进了同年出版的《陈寅恪丛考》。

2013 年，《陈寅恪的最后二十年》修订再版，文辉的《陈寅恪诗笺释》和我的《陈寅恪丛考》都被列入书后所附"主要参考书目"。在我看来，这是陆键东君对拙著的一种认可。尽管陆君对我的某些观点并不完全认同，但我总算有资格和我敬重的学者对话了。申而言之，蒋天枢教授曾用"屯蹇之日多，而安舒之日少"[1] 来概括老师陈寅恪的一生，这句话同样适用于陈先生栖身岭南的最后岁月。我斗胆说一句大话：我们是在以这种方式告慰、安抚陈先生的在天之灵，也是在替许多人努力完成早该完成的救赎——毕竟陈先生一辈子最屈辱、最痛苦的事情确确实实就发生在康乐园。

四

2019 年，出版人陈卓鼓励我对《家族史》进行全面增补、修订，交给他重新出版，这就是《陈寅恪家史》（以下

1　蒋天枢撰《陈寅恪先生编年事辑（增订本）》，上海古籍出版社 1997 年版，第 233 页。

简称《家史》）的由来。

应该说，从 2000 年《家族史》初版到 2007 年再版，义宁陈氏研究（"陈学"）在这期间渐渐成了"显学"，所能使用的材料已经越来越多。陈家恪字辈兄弟的著作，除了登恪，都有专集出版。作为一本家族合传，确实应该补入恪字辈兄弟。考虑再三，《家史》维持了《家族史》的原有架构，而对恪字辈人物相关言行作了增补，仍旧穿插于前辈行迹之中。比如"岁在庚寅"一节，补叙该年陈寅恪诞生的场景，推想郭嵩焘有可能见过襁褓中的陈寅恪，指向的靶标却是陈宝箴、陈三立、陈寅恪三代人的维新变法主张；"铁路经理（下）"最后一部分，添入陈隆恪出任南浔铁路局局长一段，辅之以数条长短不一的脚注，证明"父作子述"之说其来有自。

之所以这样处理，最重要的原因在于：恪字辈兄弟，自然以陈寅恪最受瞩目，写起来难度也最大，然而，恰恰是对陈寅恪的研究最需要完善和突破。因此，我觉得为陈寅恪作传的最佳时机仍未到来——在当事人心存顾虑或出面干扰等因素没有消失之前，这个最佳时机都不会出现。当然，我自己对陈寅恪的各种专门之学一窍未通，研究不到位，储备不丰厚，的确没有为他作传的底气。这不是自谦，而是实情。

我在《家史》的后记里又说了第二点理由："陈寅恪遗作《寒柳堂记梦未定稿》是陈氏本人所撰家史，纵为残篇，大体犹存，文中虽叙及己身之婚姻，重心仍在彰显家世与国运之关联，于其昆仲并无涉及。因此，《陈寅恪家史》不为恪字辈单独立传，窃以为亦可谓有例可循。"即便读者认为这是在找借口，我还是认为这样处置未尝不可，因为家史的上限、下限确定到哪里比较合适，也没有固定的标准。

此外，《陈寅恪先生编年事辑》于 1997 年增订再版，《也同欢乐也同愁：忆父亲陈寅恪母亲唐筼》和《陈寅恪先生年谱长编（初稿）》同在 2010 年问世，《陈寅恪的最后二十年》于 2013 年修订再版。试将上述各书合而观之，可对陈寅恪一生有大致全面的了解。换言之，这几本书相加，约等于"陈寅恪本传"，《陈寅恪家史》仍是加强版的"陈寅恪前传"。如果按照《家史》各章的写法去写陈寅恪传，既写不出新意，体例上也不合。相比之下，还不如一心一意发挥好"前传"这一功能更加务实一些。

五

2020 年 1 月 7 日，我刚在武汉做完《家史》的最后一场推介会，就碰上新冠疫情暴发，很多人、很多事瞬间被改写了程序和命运，加上小女外出读书遭遇种种波折，内外夹攻，一两年便令我断崖式苍老。幸好陈卓安排了"陈寅恪四书"的新任务，这才让我时不时地借机"断片"，跳过一段段记忆。"何以解忧，唯有'四书'"成了微信聊天时我经常发送的话。陈寅恪研究，在为我续命。

1994，2024，三十年，说没就没了。再过五年，我也要成为退休老人，估计只能继续依靠研究陈先生来证明自己还不是行尸走肉。五年后，我期盼着陈寅恪研究会是这般模样：

首先，它肯定能够助力中国传统文化现代化的伟业。陈寅恪最为人所知的金句，当然是那句"独立之精神，自由之思想"。而"中国文化本位论"也许能够紧随其后。这两个最有名的金句，实则共同构成了陈寅恪关于中国传统文化现代化的重要主张。陈寅恪"中国文化本位论"的要义，可以这样概述：各民族文化个性不同，既可互作比较，又可互相吸收改造，但绝不能简单地彼此互易。一方面，中国文化历经几千年的发展，自有其独立的价值，早已和无数代中国人的生活融为一体，绝不应为了吸收外来文化的优点而抛弃本民族文化的主体。另一方面，外来文化以强力入侵之后，中国传统文化早已发生重大变化，今后也不得不在"变"中求生存、求发展，但无论怎样变，中国文化的主体终究不能抛弃，否则，民族与国家都将失去独立、自由和尊严，而"变"也就显得毫无意义了。"五四"以来，知识界的主流人物纷纷将中国传统文化视为万恶之源，齐声呼唤，万众一心，以摧枯拉朽之势彻底毁灭传统文化。陈寅恪却与这股潮流格格不入，提出并坚守着自己的"变"与"不变"文化观。明眼人一看就能发现，陈寅恪的这番见解和长期坚持，不啻为百年未有大变局下中国传统文化的新生和播散提供了指南，输送了底气。

其次，它有可能也最应该建设成为开放式研究平台。1950 年，陈寅恪曾将《元白诗笺证稿》寄赠给老友杨树达，杨树达"连日阅之"，赞许为"既博且精，诗家笺注从来未有也"。[1] 在写给陈寅恪的信里，杨树达有感而发："古来大诗人，其学博，其识卓，彼以其丰富卓绝之学识发为文章，为其注者必有与彼同等之学识，而后其注始可读，始可信。否则郢书燕说，以白为黑，其唐突大家已甚矣。"[2] 作为大学者的陈寅恪，完全称得上"学博识卓"。无论是门生为其传薪火、续绝学，还是后人为其述令德、摹音容，要想找到与他"同等学识"的人，应该是不大可能了。而陈寅恪研究堪称"特大工程"，这么说一点也不夸张。面对海量工作，研究者能力再强，继续单打独斗，总归收效甚微。既然如此，能否将此特大工程逐步开发为"维基百科"或"百度百科"那样的免费、自由、开放的协作式写作项目，使之成为一个动态的、可以自由访问和编辑的全民性知识

---

1 杨树达著《积微翁回忆录》，北京大学出版社 2007 年版，第 220 页。
2 杨树达著《积微居小学述林》，中国科学院 1954 年版，第 308 页。

共同体，借以广泛发动海内外"好事者"（不限于一般意义上的专业研究者）的参与热情，共同促进陈寅恪研究日臻完备、早成正果？据我所知，复旦大学历史学系几位在校研究生于 2022 年 10 月 9 日发起、开通的"汪康年师友书札系年小组"公众号，正是这样一个不断更新、共同分享，旨在"避免重复劳动，为后续深入研究做一些铺垫"的新媒体研究平台。北京大学、浙江大学等高校的数名研究生，积极响应，热情参与。三千余封汪康年师友书札，目前已有近一半被整理、标注出了更为详尽的写信时间，为使用者带来极大便利。已发布的整理内容则打包上传至百度网盘，听凭网友自由下载。年轻学子已经付诸行动，老家伙们岂可不变乎！

再次，它不应该变成让人担心秋后算账的危险活儿。陈寅恪研究的"敏感性"，所指涉的其实也就这么两件事：1949 年动过赴台赴港的念头，1953 年口述了一篇《对科学院的答复》。这两件陈年旧事，真的比新冠病毒或 ChatGPT 还可怕？我觉得，若真的了解了陈寅恪，可以帮助很多人"脱敏"。"一生负气"[1]是陈寅恪自我认可的形象标签，它一再提醒人们，这是一个从来不屑于说违心话的孤傲者。《史

---

[1] 陈寅恪《忆故居（并序）》，见陈寅恪著、陈美延编《陈寅恪集·诗集（附唐筼诗存）》，生活·读书·新知三联书店 2015 年版，第 42 页。

记·商君列传》留下了赵良奉劝商鞅的几句话："千羊之皮，不如一狐之掖；千人之诺诺，不如一士之谔谔。武王谔谔以昌，殷纣墨墨以亡。"纵观史乘，环视四海，你就是把赵良原话中的"千人"换成"亿人"，陈寅恪依然是那个千载难逢的"一士"。这样的诤友，怎能不是"国宝"？新中国成立后的较长一段时间，最高层始终对陈寅恪抱持着宽容和耐心。这份雅量，同样适用于陈寅恪研究。行之有效的"双百"方针理应坚持，必须"反对把学术问题和政治问题混淆起来、用解决政治问题的办法对待学术问题的简单化做法"[1]。

五年很快，也许来不及改变什么，那就把期盼的年限延长到五十年吧。五十年后，我肯定不用再担心"混吃等死"的骂名了，因为这世上早就没有了我。"四书"还在不在？希望它还会被人提起，哪怕是被骂的"反面教材"。

2024 年 3 月 3 日，写于春寒料峭中

1　习近平《在哲学社会科学工作座谈会上的讲话（二〇一六年五月十七日）》，见习近平著《论党的宣传思想工作》，中央文献出版社 2020 年版，第 239 页。

凡例

一、全书以使用规范简化汉字为基本原则。如使用"其余""多余",而不用"其馀""多馀"。但当使用"余"可能产生误解时,则保留"馀"。如书名"馀生流转",取自陈寅恪诗"馀生流转终何止,将死烦忧更沓来",为免歧义,不作"余生流转"。

二、名从主人也是原则之一。如"谭幹""马鑑",不作"谭干""马鉴"。引文中如已使用可能违背主人原意的简体字,如《竺可桢日记》中之"顾孟余",为不失文献原貌,则予以保留,必要时另作说明。

三、年号纪年使用汉字小写，公元纪年使用阿拉伯数字。是否同时标注阴历、阳历年月日，视需要而定，不强求统一。

四、征引文献繁多，原文格式多不统一，标点使用也不一致，错漏往往在所难免。为尊重原作者（整理者），尽量留存旧貌（繁体转简体除外），在页下注予以校订。

五、部分篇章与古籍整理无异，统一使用以下常规符号：改正字用〔〕，补入字用〈〉，衍字用［］，模糊字用□。如被征引文献所用符号与此不同，仍以保存原样为先，确有必要时另行加注。

六、鉴于不少篇章在正文里使用了添加按语的行文方式，为了有所区别，页下注用"案"代替"按"。若有新材料增补，则标注"再案"或"补案"。其利在随时增添，使用便利；其弊在形同百衲衣，又如补丁摞补丁。习性使然，只好爱憎由人。

七、标识引文出处、参考文献，力求规范而简便。著作如：陈流求、陈小彭、陈美延著《也同欢乐也同愁：忆父亲陈寅恪母亲唐筼》（以下简称《也同欢乐也同愁》），生活·读书·新知三联书店 2010 年版，第 133-135 页；期刊文章如：王晴佳《陈寅恪、傅斯年之关系及其他——以台湾中研院所见档案为中心》，载《学术研究》2005 年第 11 期；报纸文章如：张求会《陈小从对陈寅恪研究的贡献》，载 2017 年 5 月 25 日《南方周末》；网络文章如：《中国古代铜鼓研究会介绍》，见广西民族博物馆官方网站之"研究·铜鼓研究"，网址：http://www.amgx.org/news-3448.html，下载日期：2020年4月19日。以每一章（篇）为单元，如同一文献在本章（篇）多次出现，第二次征引时，作者、出版社、版次、网址等信息则酌情予以省略。

八、为避免不必要的争议，对个别人物的姓名作了技术处理，如"余潜山"系以籍贯代替本名，敬请读者察谅。

目录

导语

　　《馀生流转》，"陈寅恪四书"第一种。书名取自陈寅恪诗《己丑清明日作，用东坡韵》："楼台七宝倏成灰，天堑长江安在哉。岭海移家春欲暮，清明上冢梦初回。馀生流转终何止，将死烦忧更杳来。纸烬不飞鸦铩羽，眼枯无泪溅花开。"[1]"己丑清明日"，值公元 1949 年 4 月 5 日，陈寅恪流寓岭南的第 77 天。既有史料足以证明：在 1951 年 9 月之前，陈寅恪、

1　陈寅恪著、陈美延编《陈寅恪集·诗集（附唐篔诗存）》，生活·读书·新知三联书店 2015 年版，第 65 页。

唐筼夫妇并没有完完全全将广州当作人生的最后落脚点。[1] 本书所收十篇文章（其中一篇因故删除，仅存题目），串起的正是 1948 年后陈寅恪的"馀生流转史"。

十篇文章，恰巧是"十个一"，以时间为序，连缀起陈寅恪的生前与身后。

一批去向不明的图书。《陈寅恪托寄书籍之谜》涉及 1937 年、1938 年、1948 年三次托寄书籍，重点探讨的是留下悬疑的最后一次。悬疑来源于这样一个传说："1948 年 12 月 15 日，陈寅恪随胡适由北平飞到南京之后，被傅斯年纠缠不过，出于应付，便先寄了一个木箱到台湾'中央研究院'历史语言研究所，说内有自己的重要手稿，而自己也随后就到。傅、陈二人先后弃世许久，史语所始把木箱打开，发现里面装的竟然是旧报纸和砖头。"为写此文，我采访过陈家的姻亲俞声恒君，初步判断恶作剧的作者另有其人。拙文又引用了台湾学者郭长城披露的重要史料——流落在台的一批陈寅恪"私人文物"。这批"私人文物"以图书为主，一度庋藏于台湾中研院史语所，继而神秘地现身于台北某家旧书店，随后人间蒸发。这批极有可能依然存世的陈家"私人文物"，与那个被调包的"文稿箱"是否属于同一批托寄

---

1 详本书所收《陈寅恪 1949 年有意赴台的直接证据》一文。"导语"以下内容多有对各篇文章之撮述，为省篇幅，不再出注。

之物，同样令人百思难得其解。俞声恒君看到拙文后，写了一篇文章和我商榷——《也谈陈寅恪书籍的流散、失窃与调包》。征得声恒君同意，我将他的大作附在拙文后面，方便读者了解全貌。俞文澄清了拙文的误会之处，披露了源自家族内部的另一些说法，又引用多封陈寅恪友朋往来书信，对五次（多出 1939 年和 1945 年各一次）托寄书籍作了更全面的梳理。俞文对于陈寅恪及其友朋书札的使用，既令我感佩，也让我警惕。

一份电报稿。《陈寅恪 1949 年有意赴台的直接证据》也许称得上本书的主打文章，至少是最切合"馀生流转"这个主题的。所谓"直接证据"，指的是以"国立'中央研究院'历史语言研究所"的名义发给"台湾省警务处"的一份电报底稿。这篇文章首刊于 2010 年 4 月 29 日《南方周末》。录入本书时，有增补，有删改，力求将最新的研究成果呈现给读者。

一个值得注意的细节。《陈寅恪 1949 年去留问题补谈》紧承上一文而来。通过对比两份文献，我发现了一个细节：陈家为办理赴港入境证提交的是"像片四张"，为办理赴台入境证提交的是"申请书四纸"，两次都只准备了四个人的材料，唯独缺少长女流求的那一份。我一直期盼着能够在《也同欢乐也同愁：忆父亲陈寅恪母亲唐筼》的续编中获得答案，遗憾的是，回忆录续编没有等到，却传来流求女士病逝（2022 年 2 月 12 日）的噩耗。

一次访谈。《关于唐筼赴港的新材料》也和那篇主打文章相关，材料来自 2010 年 5 月 18 日我对陈流求、陈美延女士所作的一次访谈。两位女士专门补正了一些细节，尤其是对她们的母亲唐筼最后一次赴港时间的回忆。文章的发表，事先征得了两位陈女士的同意。此次重刊，也是借以表达对流求女士的哀悼和纪念。

一封未刊信。《中央高层迎请陈寅恪居庐山讲学的原始证据》依然围绕着"馀生流转"展开论述，只不过"去"与"留"的纠缠变成了"出"与"处"的选择。1950 年，中共中央高层曾经接受民主人士李一平的建议，准备将陈寅恪从广州迎请至庐山讲学、生活。此后多年，这件事一直作为小道消息在知识界传播。直到 2006 年，《吴宓日记续编》第 5 册面世，才首次完整披露了陈寅恪本人 1961 年 8 月 30 日对此事的忆述。然而，李一平是否留有直接的文字材料，长期以来从未听闻。2019 年 7 月，朱邈向我提供了一封其外祖李一平写给陈铭枢的未刊手札，信里明确谈及此事的进展情况。至此，中央高层有意迎请陈寅恪居庐山讲学、生活一事，总算出现了第一份最原始、最直接的文献证据。2021 年 12 月，楚雄师范学院的朱和双老师指出了拙文的疏漏，我根据他的重要提示作了较大修订。2023 年，我在陈隆恪的一封家信里又发现了与陈寅恪北返相关的信息，现将此信及其笺释附录于后，以为旁证。

一张老照片。《陈寅恪授史图》其实只是一幅陈寅恪给学生上课的照片，此前一直没有名称，我试着取了现在这个名字。这张照片广为流传，可是除了拍摄地点能够确定外，拍摄时间有不同说法，拍摄者的信息付诸阙如，听课者的身份也从未确认。2018 年 3 月 31 日，洪光华君和我有幸采访了照片中的一位听课者——汪廷奎先生，这才初步弄清楚其中几位听课学生的大致情况。写作此文时，最打动我的是不同年代的师生情。这次修订再刊，最大的贡献则是在众多友朋的帮助下首次确认了高守真老师的去世时间。"流转"一生、一生"苦寒"的陈寅恪和高守真，或许都可以在后死者的追念中感受到一丝丝温情与敬意。

一个让陈寅恪为难的话题。约在 1965—1966 年，陈寅恪完成了最后一部著作《寒柳堂记梦未定稿》。在这部带有自传性质的作品中，陈寅恪特意安排一章《关于寅恪之婚姻》，简要介绍因为唐景崧的一件诗幅而与其孙女唐筼结缘的经过。看似简洁、冷静的言语背后，其实隐藏着一个敏感而尴尬的话题——怎样评价 1895 年唐景崧在台湾抗日活动失败后的仓皇内渡。友人陈晓平对拙文《唐景崧内渡——一个让陈寅恪为难的话题》评价颇高，他对该文主旨的概括十分到位："陈寅恪作为以求真为职志的史家，如何处理尊亲在历史上可能的污点，在谨守中国传统'为尊者讳，为亲者讳'原则与'史必征实'之间，存在着极大的张力。陈先生的应对，具见苦心，也足为范式。"[1] 此次增订重刊，既为了凸显陈先生在"馀生流转"的特定情境下依然有所坚守的史德，也为了答谢陈晓平君对拙文的谬赞。

一本书里的隐身人。中山大学吴定宇教授写过两本陈寅恪传记，我这次重点讨论的是第二本《守望：陈寅恪往事》对历史当事人的"匿名"现象。康乐园是陈寅恪"馀生"栖止之所，二十年间，为何康乐少而悲苦多？客观而言，这些被后来者完全或部分隐匿身份的历史当事人，既是施害者，也是受害者。我最想说的话全在文章结尾：当"选择性呈现"已然相伴而生，谁能保证"选择性遗忘"不会接踵而至？一旦"选择性呈现"和"选择性遗忘"成为群体性习惯，谁又能确保灾难只会"选择性重现"而非"必然性再临"？[2]

一桩公案。陈寅恪、刘节相交43年，最能反映师生情谊之深也最为人津津乐道的，大概是"文革"时刘节代替老师挨斗这件事。这一最具传播价值的细节，在刘节日记里却

1　陈晓平《后世相知信有缘》，载2013年2月24日《南方都市报》。

2　2024年7月30日案：为避免可能引发的争议，现遵从有关方面的意见，将《康乐园里难康乐：〈守望：陈寅恪往事〉中的匿名人》一篇全文删除，改以"存目"方式略存微意。

没有直接记载，显隐起伏之间，最终成为一桩悬而未决的公案。我一直没有和陆键东君探讨过这个问题，但我认可他的做法：《陈寅恪的最后二十年》初版本及修订本始终未采用这一传闻。在最有力的书证、人证依然未被完整呈现的前提下，对此事存疑应该得到尊重。用刘节的话来说，"考据学是求真之学"。合情合理的怀疑有助于还原历史场景，而"自然而然、顺理成章"式的推论并非每次都能服众，也无益于争议的解决。

一个葬礼。陈寅恪的"馀生流转"延续到了身后，演变成"入土难安"。从 1969 年逝世，到 2003 年归葬庐山，其间经历了无数波折，几代人完成了一场特殊的接力赛。我有幸触碰过最后一根接力棒，又幸而在第一时间留存下亲历亲见亲闻的事实，更庆幸的是无论同道抑或读者迄未发出任何质疑声。可见，"用材料说话"，"威权最怕材料"，这些朴素的话语依然坚强有力。令人惊喜的是，在我校订本书时，恰逢郑翔先生完成了忆述归葬始末的专文。征得郑君同意，谨以这篇史料价值极高的佳文作为压台戏。

"十个一"，不知不觉数十年，起始于肉身"流转"，终结于魂魄"永驻"。

2022 年 3 月 14 日写
2024 年 10 月 20 日改

陈寅恪托寄书籍之谜 [*]

缘起

陈小从女士逝世（2017 年 5 月 7 日）后不久，笔者写了一篇《陈小从对陈寅恪研究的贡献》[1]，既为了怀念，也为了表彰。寅恪先生的两位女公子——流求、美延女士——看到文章后，特意于 2017 年 6 月 11 日上午打来电话，对拙文予以

---

* 本文首刊于 2017 年 7 月 27 日《南方周末》。此次重刊，内容有所增补，并将夹注改为页下注。

1 张求会《陈小从对陈寅恪研究的贡献》，载 2017 年 5 月 25 日《南方周末》。

肯定的同时，也作了两点补正：

其一，寅恪先生在世时，曾多次夸赞侄女小从最"好古"，文史底子比同辈人好很多。

其二，寅恪先生所藏乃祖右铭公的文稿（抄件），最终由小从于2003年6月16日前后郑重交还给堂妹流求，当时她与流求、美延一同应邀出席庐山植物园安葬陈寅恪、唐筼夫妇骨灰的仪式。移交时，小从十分认真、严肃。之所以把文稿（抄件）交给流求，因为流求是长女，小从依然恪守着昭穆有序、长幼有别的家规。美延作为唯一的见证人，也在交接现场。

此外，流求、美延姊妹还共同回忆了寅恪先生1948年托寄书籍的若干片段，对其中的一些疑点提出了她们的分析和推测。在这次通话后，笔者又查阅了相关资料，觉得陈寅恪托寄书籍的悬疑仍有重新探究之必要。现将零散信息缩结成文，以此再次呼吁海内外同道各尽其力，早日破解这一历史谜团。

1948 年之前的两次托寄

真正成为悬案的是1948年那次托寄书籍，但又和1937年、1938年的两次托寄前后关联，因此不得不稍作追溯。

　　1937 年 11 月 3 日，陈寅恪挈妇将雏逃离北平，南下奔赴国立长沙临时大学，约在 11 月 27 日抵达长沙。[1] 1938 年 1 月 19 日，临时大学决定迁往昆明，改名为国立西南联合大学；同月，陈家再次登程，经由桂林、梧州，月底进入香港。[2] 1938 年 4 月，陈寅恪与浦薛凤等人同行，"取海道赴安南海防市，转往暂设在云南蒙自的西南联合大学文学院"，家眷则继续寓居于港。[3] 短短数月，陈寅恪三次奔波，其间的两次托寄书籍愈加令他身心俱损。

　　一介书生，"家中最多也最重视的是书"[4]，因此，每次逃难，陈家"对行李首先着重安排处理的是书籍"[5]。陈寅恪平时习惯把读书心得、对比校勘等内容批注于书眉及行间空白处，待时机成熟再整理成文或撰作成书，批注最多、最为重要的书籍自然是安排行李时的重中之重——或者放置于随身携带的"文稿箱"内，或者在托运时"用最好的箱子装载"。[6]

　　1937 年撤离北平前，陈寅恪对书籍作了不同的处理：

1　陈流求、陈小彭、陈美延著《也同欢乐也同愁：忆父亲陈寅恪母亲唐篔》（以下简称《也同欢乐也同愁》），生活·读书·新知三联书店 2010 年版，第 133–135 页。

2　《也同欢乐也同愁》，第 136–137 页。

3　《也同欢乐也同愁》，第 142–144 页。

4　《也同欢乐也同愁》，第 133 页。

5　《也同欢乐也同愁》，第 144 页。

6　《也同欢乐也同愁》，第 144 页。

"能够随身携带的书籍极其有限","上课常用的书本打包寄往长沙",余下大部分书籍寄存在某远房姻亲家中。[1] 结果,陈家停留长沙期间,"北平的书籍还未寄到"[2],离开长沙后才陆续寄达,堆存于亲戚家里,不幸在 1938 年 11 月的"文夕大火"中化为灰烬。[3] 抗战胜利后,陈寅恪 1946 年返回北平才知道,存于某远房姻亲处之书籍已不复存在——此即蒋天枢《陈寅恪先生编年事辑》所云"后某亲戚家所存之书被人偷光"[4]。陈流求、美延回忆,父母亲在闲谈之际曾不止一次地轻声叹息所托非人,对未尽到保管之责的"某亲戚"(即某远房姻亲)难免不满,但从不对女儿们公开提及;陈氏姐妹的同辈姻亲俞启崇在世时也有回忆,他当年就曾在"某亲戚"一片狼藉的家中拾得两册寅恪表叔的藏书(多年后归还陈家)。新中国成立初期,陈家将原留在清华大学新林院住宅内的书籍"暂运上海托蒋天枢代管",后授意蒋天枢将部

---

1 《也同欢乐也同愁》,第 133 页。2022 年 5 月 29 日补案:"某远房姻亲",原书作"朋友"。2017 年 6 月 17 日,笔者曾电话咨询陈美延女士,经其确认,"朋友"实为某姓远房姻亲。随后,笔者即以此次通话内容为据,将"朋友"修改为"某远房姻亲"(遵嘱隐去姓氏)。

2 《也同欢乐也同愁》,第 136 页。

3 《也同欢乐也同愁》,第 147 页。

4 蒋天枢撰《陈寅恪先生编年事辑》,上海古籍出版社 1981 年版,第 106 页;又见《陈寅恪先生编年事辑(增订本)》,上海古籍出版社 1997 年版,第 116 页。

分书籍出售（外文书则捐赠给复旦大学图书馆），"卖书的钱陆续寄来贴补家用，并将书款在广州又买一些书"。[1]

而 1938 年 4 月经安南往蒙自的那次行程，更使得陈寅恪遭逢前所未有的惨重损失——"由他人代交滇越铁路转运之两大木箱中外图籍，全部为越南人盗去（另以满装砖块之两大木箱换走）"[2]。用陈寅恪自己的话来说，"廿年来所拟著述而未成之稿，悉在安南遗失"[3]。事后反省，用最好的箱子装载最重要的书籍，实则"更容易引起窃贼觊觎"，"以致两箱书籍在转运途中全被掉包，易以砖块"。[4]

谁也没有料到，安南被盗之书后来竟然再泛微澜，出人意表的结局似乎预示着书和主人一样命运多舛。1954 年，安南华侨彭禹铭登门拜访陈寅恪，"言其家住西贡"，曾在海防搜买旧书时觅得陈先生当年被盗的"《新五代史》批注本两册"，因越南政府禁止图书出口，"故尚在其家"。[5] 无独有

---

1 《陈寅恪先生编年事辑》，第 106 页；《陈寅恪先生编年事辑（增订本）》，第 116 页。

2 蒋天枢《陈寅恪先生读书札记弁言》，见陈寅恪著、陈美延编《陈寅恪集·读书札记一集》，生活·读书·新知三联书店 2001 年版，卷首弁言，第 2 页。

3 陈寅恪《致刘永济（四）》，见陈寅恪著、陈美延编《陈寅恪集·书信集》，生活·读书·新知三联书店 2015 年版，第 245 页。

4 《也同欢乐也同愁》，第 144 页。

5 陈寅恪《致蒋天枢（三）》，见《陈寅恪集·书信集》，第 274 页。

偶,清华毕业生梁秩风也买得陈氏"遗失箱中之《论衡》一
部"——尽管"此书不过当时为填塞箱子起见,偶尔放置其
中,实非欲带此书也",但毕竟同属"旧箱中原物"。[1]"填补
空隙、不足轻重之《论衡》一种"[2],顺利地物归原主;而令
陈家顿生失而复得之惊喜的《新五代史》批注本,却难逃厄
运,在兵燹中灰飞烟灭。[3]

1948 年托寄成谜

至今未获破解的托寄之谜发生在 1948 年,最为流行的
说法源自台湾中研院史语所王汎森研究员:

> 1948 年 12 月 15 日,陈寅恪随胡适由北平飞到南京
> 之后,被傅斯年纠缠不过,出于应付,便先寄了一个木
> 箱到台湾"中央研究院"历史语言研究所,说内有自己
> 的重要手稿,而自己也随后就到。傅、陈二人先后弃世
> 许久,史语所始把木箱打开,发现里面装的竟然是旧报

---

1 陈寅恪《致蒋天枢(三)》,见《陈寅恪集·书信集》,第 274 页。
2 陈寅恪《致蒋天枢(三)》,见《陈寅恪集·书信集》,第 274 页。
3 陈寅恪《致蒋天枢(四)》,见《陈寅恪集·书信集》,第 275 页。

纸和砖头。[1]

陈小从和她的一位远亲对此也各有口述史料，可以一并概括为：陈寅恪的一个晚辈姻亲某某，长相俊秀，能言善说，在陈、俞、喻、文等姻亲圈中走动颇勤，人缘颇好。1948年末兵荒马乱之际，陈寅恪委托这个晚辈姻亲寄运物品到台湾。不料，这位公子哥儿平时花销太大，难免捉襟见肘，竟将箱中值钱之书变卖为钱，而代以砖头、报纸，一寄了之。[2]

托寄书籍居然成为一桩悬案，原因似不可能过于简单。俗话说，"花开两朵，各表一枝"，先让我们回顾一下陈寅恪全家1946年至1949年的行踪：

1946年10月26日，陈寅恪、唐筼夫妇携幼女美延返抵清华园，长女流求、次女小彭则留在南京金陵女子大学附中高中部就读。此时的陈寅恪已是一名盲人教授，北大、清华伸出援手，先后派出王永兴、陈庆华、汪篯等三位助手，帮助他开展教学、研究工作。来自北大的王永兴，由学校替他

1　原说见翟志成《冯友兰的抉择及其转变》，载《中国文哲研究集刊》第20期（2002年3月）。此转录自张少鹏《抗战前后的陈寅恪与傅斯年》，载《社会科学论坛》2012年第10期。

2　详《陈小从对陈寅恪研究的贡献》，载2017年5月25日《南方周末》。

租赁了离陈家较近的校外居所；同样任教于北大的汪篯，则借宿在陈家，住在陈家教室黑板后面"用布帘隔开的小间里"。汪篯的工作时间排在下午和傍晚，下午常陪陈寅恪散步，"边散步边讨论业务，工作、散步两不误"。1947 年初至1948 年 12 月，汪篯成为最名副其实的陈寅恪"入室"弟子。[1]

1948 年暑假，陈流求从金陵女大附中毕业，返回北平考取了清华大学生物系医预组，准备读完三年大学医学相关基础课后再投考医科大学。这年 12 月初，虽战火逼近，清华师生上课、生活仍然如常。至 12 月 13 日，唐筼在枪炮声由远而近的紧急情况下，设法找来一辆汽车，陈寅恪在汪篯搀扶下上了车，临行前托他这几天照看好家，待时局稳定，全家马上从城里回来。这一天，陈家如此仓促地离开清华园，"纯属临时决定"，随身除了换洗内衣和陈寅恪的"文稿箱"，"其他衣物都没有带"。12 月 14 日，邓广铭受胡适所托，找到借住在黄国巽（陈衡恪遗孀）家中的陈寅恪，转达交通部部长俞大维的口信，希望陈寅恪一家随胡适一道乘专机飞离北平。12 月 15 日，胡、陈二家与其他乘客自北平飞抵南京。陈家只在南京留宿一夜，次日即搭乘京沪夜车，17 日晨抵达上海，与先期到沪的小彭等亲人会合。一个月后，

1　本节文字，详《也同欢乐也同愁》，第 209–210、212–215、227–229 页。

陈寅恪决定应岭南大学之聘，遂与唐篔携小彭、美延离开上海前往广州；流求因入国立上海医学院借读，未随父母南下。1949 年 1 月 19 日，陈寅恪携家入住岭大康乐园，从此再未离开。[1]

再来表一表另一枝花。陈寅恪的一批"私人文物"（以图书等纸质文献为主，"私人文物"一词似由台湾学者郭长城首先使用，详下文），一度庋藏于台湾中研院史语所，继而神秘地现身于台北一家旧书店，随后人间蒸发。它们因何而来，又去向何方，迄今无人能知。

1948 年冬，中研院史语所在傅斯年带领下，由南京迁至台湾，先落脚桃园杨梅，后迁南港，随迁来台的公、私文物数量激增。1977 年 9 月南港一带山洪暴发，1984 年 6 月四分溪暴涨，两次水灾都导致中研院院区严重受淹，公、私文物大遭其害，私人文物更是饱尝虫蛀雨侵之苦，部分文物因此被剔汰。1985 年至 1986 年间，正在史语所就读、兼任助教的郭长城，在台北市信义路三段国际学舍旁的一家二手书店里，意外发现从史语所流出的一批陈寅恪私人文物——流失过程的关键人物，是一个名叫段庆贵的史语所"仓库管理员"。郭长城择要影印了一部分，其余则仅抄录成清单。之

1　详《也同欢乐也同愁》，第 227–236 页。

后，国际学舍一带拆建为大安森林公园，书商去向不明，该批文物遂下落成谜。[1]

值得庆幸的是，郭长城及时对这批文物进行了有效的"保存"，才使得瞻仰文物本相、发皇陈氏心曲从可能变为现实。仅就郭氏公开发表的两篇图文并茂的文章而言，陈氏私人文物诚可谓林林总总：既有陈寅恪视若生命的手稿、批注本，又有最足以证明其学术水平的证书、聘书，还有用以怀念长辈的先人遗物和寄托亲友情谊的赠书、赠画，甚至连名片、薪水单、请款单、借米便条、电报、信函、药品、眼镜、针线盒等零碎物件或日常生活用品也包含在内，而与陈流求姐妹直接相关者至少有以下三件——"陈流求藏书 *The King's English*""陈流求生物学笔记"和"陈小彭高一生物实验习作簿（苏州文怡书局出版）"。

亲自接触过这批私人物品（至少是其中一部分）的郭长城如此分析："这些文物对陈家而言，可说是相当重要，应该是经过细心筛选的。"他进而联系陈家历次逃难的惨痛经历，推测 1948 年陈家离开北平前夕"应该早已准备妥当，以便

1　本节及以下三节文字，据郭长城《陈寅恪有无来台意愿析论》和《陈寅恪抗日时期文物编年事辑》二文隐括而成。郭氏第一文，详周言编《陈寅恪研究：反思与展望》，九州出版社 2013 年版，第 114–127 页；第二文，详周言《陈寅恪研究：新史料与新问题》，九州出版社 2014 年版，第 1–57 页。

仓皇之际，随时可以带着离开"，而这批为数不少的私人文物竟能"跟随着史语所搬迁到南港"，"以当时物品运台运输条件艰难的情况下，如果不是本人整理托运，则断不可能"。因此，综合种种迹象，"可以合理的判断，陈寅恪本人或其夫人（东西的装箱，均由她处理）之中，至少一人曾有跟随着史语所到台湾的打算"。

显而易见，郭长城的发现为推进陈寅恪研究提供了最新的物证，其价值和意义值得大书特书。然而，郭氏对于陈寅恪文物南下的一些推测仍有待验证，其中的许多重要环节依旧扑朔迷离。比如，这批文物的初次起运地点和时间，到达南京中研院史语所后的保存情况，由南京迁移台湾的具体经过（转运私人物品理应征得物主同意或授权），辗转抵达南港的入库登记和保管，等等。与之相关，该批文物是否在 1948 年 12 月 15 日陈家仓促逃离之前"早已准备妥当"，这一批"有相当的数量"的行李是否由唐筼亲自整理装箱，"应该"之类的推论显然缺乏证据支撑。申而言之，这批真实存在过甚至依然存于世间的陈家私人文物，与王汎森所言被调包的"文稿箱"是否属于同一批托寄之物，同样令人百思难得其解。

最新的回忆和猜测

在 2017 年 6 月 11 日上午长达一个多小时的通话中，流求、美延女士秉承"不取孤证"的一贯做法，共同还原往事的丝丝缕缕、枝枝叶叶。验之以相关文献，两位陈女士虽然不是 1948 年托寄书籍的亲历者，但她们的回忆和猜测仍然值得重视：

第一，1948 年寅恪先生全家离开清华，确实是临时决定的。当时随身所带衣物极少，直到在广州定居后的最初一段时间，美延还穿着由母亲的衣服改制而成的外套，在岭大校园的一派洋气里显得特别扎眼。

第二，郭长城老师文章里谈到的那批私人文物，可能是 1948 年 12 月 15 日之前从北平起运寄往南京中研院史语所，后来又随着史语所转运去台湾的。其中的"陈流求生物学笔记"和"陈小彭高一生物实验习作簿"，是足以将起运时间定为 1948 年的最有力的证据。流求民国三十七年（1948）考入清华生物系医预组，所以她的学号是"37178"——"37"正是入学年份民国三十七年的代码，每个清华学生都有一个不会重复的学号。小彭的高一生物实验习作簿，推测是流求暑假从南京带回北平的。流求的笔记本、小彭的习作簿，估计是为了填充箱子的空隙而随手从书架上取来的，印象中书架上摆放得满满当当，全是各种图书。

第三，1948 年 12 月 15 日之前，帮助陈家把一箱书籍从北平装箱起运的，极有可能是住在家中的汪篯先生，还可能包括陈庆华先生等其他人。唐筼女士应该在场，流求、美延不在家，故不知晓，以后也未听家中人提及。当时流行的是"国共南北分治说"，尚未听闻"赴台湾说"，所以此箱书籍只可能是运往南京中研院史语所的，不可能打算直接运往台湾。

第四，寅恪先生历来好静不好动，平时家里并不热闹。来往较多的，除了同事、学生外，以大伯父衡恪先生的家人为主。加上寅恪先生最讨厌赌博，所以，从未听说那位晚辈姻亲"公子哥儿"在陈家出现过，更不可能获得寅恪先生的嘱托，为他寄运箱子到台湾。

第五，小从女士等人回忆里出现的那个调包场景，不排除张冠李戴的可能，也就是说，错将 1938 年的安南调包案嫁接到了 1948 年的北平（可能还夹杂着发生在"某亲戚"家的受托代管书籍失窃案），杂糅在一起。[1] 至于王汎森先生所说的另一次调包，大家都非常希望能够得到史语所方面的

---

1 蒋天枢 1987 年 9 月所撰《陈寅恪先生读书札记弁言》有类似的张冠李戴、叠合杂糅："后来先生居粤时，有学生梁秩风，在河内购得先生批校之《旧五代史》一书，本想寄粤，因越南人禁书出境，致终毁于河内大火。"见《陈寅恪集·读书札记一集》，卷首弁言，第 2 页。

核查和确认。[1]

（本文承陈流求、陈美延女士惠允使用口述史料，并经两位女士阅正，谨致谢忱！）

---

1 陈寅恪私人文物流失，原因不清不白，过程半明半晦。揆诸常理，开箱查验似应留有记录，无论何人何时往书箱内回填旧报纸，纵使残存零星碎片——报纸之出版时间、地点、新闻事件等——也足以释疑解惑、洗刷冤枉。然而，台版"调包说"流传十五载（2024 年 2 月 13 日补案：二十二载矣！），史语所之回应迄未闻见。旧谜未解，又生新谜，累累闷葫芦，尚能打破否？

附：也谈陈寅恪书籍的流散、失窃与调包
（俞声恒）*

陈寅恪先生史识高卓、治史方法独到、掌握语言文字众多，学术界早有定评，不待赘述。但他的著述成果与他的自我要求、与学界对他的期许、与他拥有的学术声名及所下的学问功夫均不相称。究其所以，战争年代的颠沛流离、和平年代的政治运动、中年盲目晚年膑足的身体条件是造成这种

---

* 该文首发于"澎湃新闻"APP及官网，推送时间：2021年10月17日10时06分。此次录入本书，保留了原文所用下划线、夹注等形式（俞声恒所加按语一律改用仿宋体排印，俞文所征引书刊原有之夹注仍用楷体排印，以示区别），必要时增添脚注（交代出处、校订引文之错漏等），标以"张求会谨案"。又，俞文"调包"与"掉包"并用，现统一改为"调包"，力求规范、一致。

结果的主要原因。还有一个重要原因就是其赖以做学问的重要书籍、批注、手稿及参考资料多次的流散和失窃。

陈寅恪先生读书，不讲究善本秘籍，不占有独家资料，读书时有所感悟心得，随手在书眉上批注，渐渐集腋成裘，以后稍加抄录整理，即可成学术文章。陈先生书籍上的批注就是他学术成果的半成品，它们的流散和失窃，严重影响了陈先生学术成果的出版问世。

2017 年 7 月 27 日《南方周末》刊载张求会先生《陈寅恪托寄书籍之谜》一文（以下简称"张文"），叙述了陈寅恪先生 1948 年成为悬案的那次书籍托寄及 1937 年 11 月和 1938 年 4 月的两次书籍托寄情况。因"张文"涉及家父俞启崇先生和表姑陈小从先生，关于书籍托寄的一些细节因交流的误会而得出与事实不符的结论，故撰此文就"张文"中所涉及的几个问题予以说明。同时也对陈寅恪先生两次离开北平"南渡"期间书籍多次流散和失窃的情况进行一些梳理。

"张文"中涉及到的几个问题

（一）陈寅恪先生 1937 年 11 月撤离北平之前，未托运之书籍是存放在朋友家还是存放在亲戚家？

"张文"云：

　　1937 年撤离北平之前，陈寅恪对书籍作了不同的处理：能够随身携带的书籍极其有限，……上课常用的书本打包寄往长沙，余下大部分书籍寄存在某远房姻亲家中。（下划线为笔者所加，下同）结果，陈家停留长沙期间，"北平的书籍还未寄到"，离开长沙后才陆续寄达，堆存于亲戚家里，不幸在 1938 年 11 月的"文夕大火"中化为灰烬。

　　抗战胜利后，陈寅恪 1946 年返回北平才知道，存于某远房姻亲处之书籍已不复存在——此即蒋天枢《陈寅恪先生编年事辑》所云"后某亲戚家所存之书被人偷光"。（见蒋著增订本，上海古籍出版社 1997 年版，第 116 页）陈流求、美延回忆，父母亲在闲谈之际曾不止一次地轻声叹息所托非人，对未尽到保管之责的"某亲戚"（即某远房姻亲）难免不满，但从不对女儿们公开提及。

　　陈氏姐妹的同辈姻亲俞启崇在世时也有回忆，他当年就曾在"某亲戚"一片狼藉的家中拾得两册寅恪表叔的藏书。（多年后归还陈家）

　　"张文"中提到家父的回忆，张求会先生应该是得之于笔者。但在家父和陈小从先生对笔者的讲述中，他们从来没有明确提到过陈寅恪先生将书籍寄存在北平亲戚家到底是哪一年，只是提到过有书籍寄存和"砖头"调包这件事情。

蒋天枢先生在《陈寅恪先生编年事辑》中记载：

> ……按：先生逃难出京后损失藏书甚多。第一次交代底稿中谈及此事："抗日战争开始时清华大学迁往长沙。我携家也迁往长沙。当时曾将应用书籍包好托人寄往长沙。当时交通不便，我到长沙书还未到。不久我又随校迁云南，书籍慢慢寄到长沙堆在亲戚家中。后来亲戚也逃难去了，长沙大火时，亲戚的房子和我很多书一起烧光。书的册数，比现在广州的书还多。<u>未寄出的书存在北京朋友家中</u>。来岭大时（1948 年底，笔者注），我自己先来，<u>将书籍存北京寡嫂及亲戚家中。后某亲戚家所存之书被人偷光。不得已将所余书籍暂运上海托蒋天枢代管</u>。卖书的钱陆续寄来补贴家用。并将书款在广州又买了一些书。"（《陈寅恪先生编年事辑》，上海古籍出版社 1997 年版增订本，第 116 页，以下简称《编年事辑》）[1]

---

[1] 张求会谨案：经核对蒋著，校订如下："我到长沙书还未到"，原为"我到长沙书尚未到"；"将书籍存"，"存"前脱"寄"；"补贴家用"，原作"贴补家用"；"又买了一些书"，"了"衍。详蒋天枢撰《陈寅恪先生编年事辑（增订本）》，上海古籍出版社 1997 年版，第 116 页。

由此可见，1937 年 11 月陈寅恪先生离开北平时将未寄出的书籍是存放在朋友家的，1948 年底离开北平时才将书籍存放在大嫂家和亲戚家。此二者不能混为一谈。

存放在朋友家的书籍，1947 年陈寅恪先生从英国治疗眼疾不愈后返回北平时应该都取回了，否则就不会出现 1947 年冬天由于金圆券贬值，陈家因无米下锅、无煤过冬而向北京大学出售部分"富余"藏书的事情，其中就包括那部著名的《圣彼得堡梵德大辞典》。

陈先生在"文革"中第七次交代稿也说到此事："复员重返清华。天气很冷，常发心脏病。将所藏最好的东方语言学书籍全数卖与北京大学东方语言学系。以买煤取暖。"（《编年事辑》142 页）

陈寅恪先生将北京所余书籍暂运上海托蒋天枢代管并处置，应该是大陆解放、时局安定以后的事情了。

（二）1948—1949 年间，是否存在一个陈先生的文姓晚辈姻亲，发生了"以砖代书"的调包事件？

"张文"云：

> 　　陈小从和她的一位远亲对此也各有口述史料，可以一并概括为：陈寅恪的一个晚辈姻亲某某，长相俊秀，能言善说，在陈、俞、喻、文等姻亲圈中走动颇勤，人缘颇好。<u>1948 年末兵荒马乱之际，陈寅恪委托这个晚辈</u>

姻亲寄运物品到台湾。不料，这位公子哥儿平时花销太大，难免捉襟见肘，竟将箱中值钱之书变卖为钱，而代以砖头、报纸，一寄了之。（详《陈小从对陈寅恪研究的贡献》）

最新的回忆和猜测[1]

在 2017 年 6 月 11 日上午长达一个多小时的通话中，流求、美延女士秉承"不取孤证"的一贯做法，共同还原往事的丝丝缕缕、枝枝叶叶。验之以相关文献，两位陈女士虽然不是 1948 年托寄书籍的亲历者，但是她们的回忆和猜测仍然值得重视。

寅恪先生历来好静不好动，平时家里并不热闹。来往较多的，除了同事、学生外，以大伯父衡恪先生的家人为主。加上寅恪先生最讨厌赌博，所以，从未听说那位晚辈姻亲"公子哥儿"在陈家出现过，更不可能获得寅恪先生的嘱托，为他寄运箱子到台湾。

1948 年陈寅恪先生匆匆乘机与胡适一道离开北平，将在北平的所有书籍存放在大嫂和亲戚家，这个亲戚就是陈先生

1　张求会谨案："最新的回忆和猜测"原为小标题，俞文将之与正文顺排，现予析出。

五嫂喻徽的妹妹喻彤。

陈小从先生《图说义宁陈氏》第七十条"姊妹两双性情投"记载：

> 1935 年，父母来北平探望祖父，母亲（喻徽）这才得以与分离十几年之六姨母（喻彤）相聚一城。六姨父是朱益藩（艾卿）太姻伯之次子。朱艾老既系祖父同乡、姻亲，也系同寓北平的好友之一。在母亲来京之前，六姨母已和大伯妈走得很亲密了，她们之间的友谊一直延续了很长时间。
>
> 另一双姊妹为九姨母（黄国厚）与大伯妈（黄国巽），她们二位曾是 20 名湖南留日女生中的"姊妹花"。八年东瀛生活相濡以沫的经历，使得亲情之外更多一份同窗之谊，加上又是儿女亲家（封怀二嫂张梦庄，为九姨母之独女），骨肉之情自然非同寻常。
>
> 九姨母平时多住长沙家中，这次是为照应女儿生产而来平的，她和我母亲的关系也非常融洽。[1]

1　张求会谨案："六姨母已和大伯妈"，原作"六姨母业已和大伯妈"；"她们之间的友谊"，原作"她们之间的交谊"；"一份同窗之谊"，原作"一分同窗之谊"；"九姨母平时"，原作"九姨平时"。详陈小从著《图说义宁陈氏》，山东画报出版社 2004 年版，第 113 页。

此条还刊有一张 1935—1936 年之间摄于北平西四姚家胡同三号长廊前的照片，是黄国巽、喻彤、黄国厚、喻徽四人的合影。（见《图说义宁陈氏》，山东画报出版社 2004 年 2 月第一版，113 页）

这张照片上的四人，一位是 1937 年 11 月陈寅恪先生离开北平时，长沙那边接受书籍慢件托运的受托之人——陈先生大嫂黄国巽的妹妹黄国厚。陈先生一家从北平到长沙也是由黄国厚的长子张景福接待的。

陈流求姐妹在《也同欢乐也同愁》有记载：

> 十一月廿七日（唐篔《避寇拾零》记载为：十一月二十日夜到长沙，《编年事辑》114 页，笔者注），夜八点后，火车到长沙站又是下雨，幸在汉口拍一电报给张景福兄嫂（梦庄之兄嫂），请求有人来接，可是我从来未见过他二位，幸而接着了。他家住在北门外，到了他家已夜间十一点，暂住张府上，即张梦庄的兄嫂家。（见《也同欢乐也同愁》，北京三联书店 2010 年 4 月第一版，295 页）[1]

---

[1] 张求会谨案："十一月廿七日"，原作"十一月廿七（？）日"；"十一点"，原作"十一点后"。详陈流求、陈小彭、陈美延著《也同欢乐也同愁：忆父亲陈寅恪母亲唐篔》，生活·读书·新知三联书店 2010 年版，第 295 页。

另外两位是 1948 年北平书籍寄存的受托之人——分别是陈先生的大嫂黄国巽和五嫂之妹喻彤。

喻彤的夫家朱家当年住在东城南锣鼓巷附近的秦老胡同里一个很大的四合院，院子中有三四十个房间。这个四合院原是"辫帅"张勋在北京的宅子。因为他与朱益藩是江西老乡，关系很好，所以张勋离开北京时就将该四合院转让给了朱益藩。而黄国巽在西四姚家胡同三号是租赁的房子，房子的面积不是很大，房间也不多。陈先生的书籍应该数量不少，很占地方，所以才会将一部分书籍存放到秦老胡同喻彤家。

在陈寅恪先生存放书籍八年之后的 1957 年秋天，家父俞启崇先生陪家祖母喻彝到北京探望多年不见的亲友，就住在祖母的六姐喻彤家里。此时朱家已经搬到地安门外大街烟袋斜街大石碑胡同里的一个四合院。北平解放之后朱家卖掉了之前所住秦老胡同的大宅子，另外买了一个小一点的四合院。家父在姨母家的书柜里无意中发现了几本陈寅恪先生批注过的书籍，并不是在"一片狼藉"中拾得。家父在离开北京时征得姨母的同意将这几本书带走。这几本书有幸躲过"文革"的抄家，并在三十多年的辗转迁徙中保存下来。

保存下来的书中有两本是上世纪三十年代开明书局出版的《秦妇吟》铅印本小册子，上面有陈寅恪先生的签名和少量眉批。1990 年笔者到广州工作时就将它们带在身边阅读珍藏。大约是 1992 年，笔者听说陈美延表姑准备出版《陈寅恪全集》，正在收集资料，就将此二册《秦妇吟》交给了她。家父知道此事后颇感欣慰。后来笔者问家父，书上的眉批文史价值大不大，他的回答是《秦妇吟》和《元白诗笺证》早已成文出版，这些材料已经使用过了，除非是研究人员要做成文前后的文字比较，才可能有用。再问及为什么会在六姨婆喻彤家发现陈寅恪先生的书籍，才知道陈寅恪先生的书籍曾在朱家存放过。

陈寅恪先生的这位文姓晚辈姻亲有名有姓，确有其人，是家父的一位表兄，而且也确实发生过"以砖代书"事件。只是陈流求、陈美延姐妹一是因为年龄小，又没与他见过面，因而可能不知道这位文姓姻亲的存在；二是因为当时她们已经离开北平，没有听说发生过的"以砖换书"事件。

笔者至少分别从四五个不同渠道听到陈家、朱家、喻家及俞家的长辈说起过此事，不至于是"孤证"。这位文姓姻亲的生父是民国政府的一位高官，与陈寅恪先生既是江西同乡，又是留日同学，后来还有了姻亲关系。所以即使后来发生了"以砖代书"事件，为亲者讳，陈先生也只能是叹息所托非人，虽然对未尽责的亲戚心中存有不满，但他没有在女儿及外人面前提起过该亲戚的姓名。

家父这位表兄曾在国民党的空军当过飞行员，对日抗战时参过战。国共内战时他脱离了部队，躲到北平姨母家里混吃混喝。我听长辈亲戚们闲聊，他是身上没零花钱了，就打起陈寅恪先生寄存在姨母家中书箱的主意。他零敲碎打将一些善本书籍偷偷卖到琉璃厂的一些书店换钱用，然后将砖头装满书箱以蒙混过关，但终究还是被姨母发现。可卖出的书籍却再也追不回来了。这也让姨母喻彤为他落下了埋怨，而交不了差。后来各地的亲戚们也大多知道了此事。

（三）1938 年 4 月陈先生的两个书箱在安南失窃，是否也发生了"以砖调包"的情况？这个说法从何而来？蒋天枢先生的记录是否存在"张冠李戴"？

"张文"云：

而 1938 年 4 月经安南往蒙自的那次行程，更使得陈寅恪遭逢前所未有的惨重损失——由他人代交滇越铁路转运之两大木箱中外图籍，全部为越南人盗去（另以满装砖块之两大木箱换走）。

小从女士等人回忆里出现的那个调包场景，不排除张冠李戴的可能，也就是说，错将 1938 年安南调包案嫁接到了 1948 年的北平（可能还夹杂着发生在"某亲戚"家的受托代管书籍失窃案），杂糅在一起。

追根溯源，关于 1938 年 4 月陈寅恪先生的两个书箱在安南失窃，被越南小偷以砖头调包，这个说法最原始的出处应该是蒋天枢先生编撰的《编年事辑》：

> 先生于戊寅（一九三八）转道去昆明时，在滇越铁
> 路运输中被窃去书籍两木箱（另易以两木箱，装满砖
> 块），其中多先生批注本。（见《编年事辑》，第160页）[1]

后来蒋天枢先生在《陈寅恪先生读书札记弁言》里说：

> ……在先生任教昆明时，有他人代交滇越铁路转运
> 之两大木箱中外图籍，全部为越南人盗去（另以装满砖
> 块之两大木箱换走）。（见陈美延编《陈寅恪集·读书札
> 记一集》，北京三联书店2001年版，第2页，以下简称
> 《读书札记》）[2]

陈流求、陈小彭、陈美延姐妹在《也同欢乐也同愁》里说：

> ……所以他把批注最多最为重要的书籍，用最好的

---

1 张求会谨案："装满砖块"，原作"满装砖块"；"多"后脱"有"。详《陈
   寅恪先生编年事辑（增订本）》，第160页。
2 张求会谨案："有他人"，原作"由他人"；"装满砖块"，原作"满装砖
   块"。详陈寅恪著、陈美延编《陈寅恪集·读书札记一集》，生活·读
   书·新知三联书店2001年版，卷首弁言，第2页。

箱子装载，没想到这样更容易引起窃贼觊觎，<u>以致两箱书籍在转运途中全被调包，易以砖块</u>。……（见《也同欢乐也同愁》144 页）

这两处的说法应该都本自《编年事辑》。

根据陈先生现存的书信及其他文字材料，陈先生只提到在安南被盗遗失了两个书箱。

陈寅恪先生给刘永济先生的信：

> ……弟廿年来所拟著述而未成之稿，悉在安南遗失。……（见《陈寅恪集·书信集》244 页，1942 年 9 月 23 日《致刘永济函》，以下简称《书信集》）[1]

在《编年事辑》里，蒋天枢先生此条关于 1938 年书箱失窃的记录并没有列在 1938 年下，而是列在 1955 年下。因为在这一年陈先生给蒋天枢先生写了一封信提到 1938 年丢书的事情。《编年事辑》记录：

> ……越南华侨彭禹铭君曾购得其中之《新五代史》

---

[1] 张求会谨案：生活·读书·新知三联书店所刊《陈寅恪集》有 2001 年、2009 年、2015 年等多个版本，经查，此为 2001 年版。

批注本两册。六月先生来信告知此事，并言及其他书情况。录于后。（先生至广州后所来信本都原封保存，俱被毁于"文化大革命"中。此信独以粘贴于"编年文目录"后得以保存。）[1]

陈寅恪先生给蒋天枢先生的信：

　　……又有梁秋风君，<u>买得弟遗失箱中之论衡一部</u>，此书不过当时为填塞箱子起见，偶尔放置其中，实非欲带此书也。当日两书箱中中文及古代东方文书籍及拓本、照片几全部丧失。此时身边旧箱中原物，仅余填充空隙不足轻重之论衡一种，可叹也。（见《书信集》274 页，1955 年 6 月 1 日《致蒋天枢》）[2]

从以上两封信中可见，陈先生并没有提到书箱被置换，更没有提到箱子里被砖块充满。

从常识分析，异国小偷要偷两木箱书籍，还要预先准备另外两个木箱，并装满砖块予以替换，所花费的成本是比较

1　张求会谨案："六月"前，原有"本年"二字，指 1955 年。见《陈寅恪先生编年事辑（增订本）》，第 160 页。

2　张求会谨案："填充空隙"，原作"填补空隙"。详陈寅恪著、陈美延编《陈寅恪集·书信集》，生活·读书·新知三联书店 2001 年版，第 274 页。

大的。如果真的需要这样做，前提必须是他们需要向某人或某机构有所交代才能过关，否则，偷走了就是，何必费事换木箱、装砖块。文姓青年为了蒙骗姨妈喻彤，所以要"以砖换书"，台湾中研院的员工为了蒙骗上级和同事要"以砖换书"。调包案有相通之处，那就是"熟人"作案，必须要用"砖头"作一个交代。安南小偷似乎无此必要。

笔者窃以为蒋天枢先生的记忆（或记录）可能有误，张冠李戴了。与张求会先生的说法正好相反，不是认为陈小从先生错将1938年的安南调包案嫁接到了1948年的北平，而是认为蒋天枢先生误将1948年的北平调包案嫁接到了1938年的安南了。

蒋天枢先生在《编年事辑》的题识中云：

> 余欲纂："寅恪先生编年事辑"已数年，悠忽蹉跎，今乃得从事辑录，距先生之逝世已将十余年，余亦老矣。追怀一九六四年夏谒先生于广州，复承教诲，一别遂不获再见，恸何如之！所知粗疏缺略，不敢名曰年谱，故题"编年事辑"云。……一九七九年六月二十日受业蒋天枢敬识。[1]

1　张求会谨案："余欲纂："，"："衍；"十余年"，原作"十周年"。详《陈寅恪先生编年事辑（增订本）》，"题识"，第1页。

笔者手头有蒋天枢先生与陈小从先生和陈封怀先生通信的影印件六十多封，为《编年事辑》收集资料的信件达十八封之多。以下摘录几封，可以了解蒋天枢先生当年编撰《编年事辑》的真实情况。

  ……我是寅恪师的早年的学生。现在正在写《寅恪先生编年事辑》，关于隆恪先生，我只知道是哪一年和寅恪先生一同去日本一事，其他则一无所知。盼您接到此信后，将隆恪先生（隆恪先生是否字"彦和"？）平生一些重要事情、和哪年去世的事告诉我。关于您妈妈的名字、籍贯，和外公的名字，也盼见告。对于方恪、登恪两先生的事迹，凡您所知道的，也望告我。又，您的生平、和哪些年在艺专读书事，亦可提及。……（《蒋天枢致陈小从函未刊稿》，1979年7月7日）[1]

  ……我是民十六年北京清华研究院读书时认识先生的。那时先生已卅七岁，尚未和师母结婚。回想起来，

1　张求会谨案：蒋天枢致陈小从信札64通，陈小从女士2002年委托笔者代为整理，因涉及人物臧否、家族亲情，故遵嘱在其身后发表。笔者曾应俞声恒君之请，为其提供拙文（以微信图片形式传输）。此为蒋天枢致陈小从第一函，原函未署年份，由笔者考证推断为1979年；"平生"，原作"生平"。详张求会《蒋天枢致陈小从未刊信札辑注》，见《中国文化》2018年春季号（总第47期），第181页。

那时是多么地幼稚无知！那时的导师们对学生亲同骨肉，有时我们陪侍先生到附近寺宇或西山去玩，今天给学生写"事辑"，有些事已记不起来了。……我虽然学识浅陋，但陈先生是我生平最敬重的老师。抗战期间和以后，仅在重庆、南京、上海（即去广州时）见过几次。后来在五三年、六四年到广州看过陈先生两次（都仅各住了十来天）。当先生被迫害死的那年，我生了场大病几死，因而久没给先生去信，师母在师逝世时曾写信来，怕我搬家，信寄到系里，被人扣压四十多天，及我回信，师母已经看不到了。……日内即将"事辑"卷上，修改后寄给您。您阅后可转给封怀兄，并请他把一些我不知道的事告我。……（《蒋天枢致陈小从函未刊稿》，1979 年 11 月 4 日）[1]

给先师写的"事辑"第一卷，已让人复写出，并已作了修改、增补。（现寄上一份）其中哪些有错误，哪些当删，哪些当改？都请一一见示。封怀先生那里，请您转给他，请他仔细推究，一一签注意见，好么？告我时，

[1] 张求会谨案："那时先生已卅七岁"，"生"为补字，原刊作"〈生〉"；"给学生写'事辑'"大误，原札作"给先生写'事辑'"；"记不起来了"，"来"衍；"已经看不到了"，"经"衍。见《中国文化》2018 年春季号，第 186—187 页。

只提出某页、某年、第几行，有什么问题即可。

关于先师的身世，所知的太少。于家属方面不免写得多些，藉以知道先师的身世和生活环境。……此"事辑"，上卷为到清华之前。中卷是到清华后以致去广州之前。卷下则为到广州以后。到广州以后的事，如封怀先生再告诉我一些，以便再补充，那就是我很大的奢望了。（《蒋天枢致陈小从函未刊稿》，1979年11月28日）[1]

……前些时，出版社把审阅后之"事辑"三册送我再看一遍，我又乘此机会将先生的批注书中摘录多条补入。您有关大伯生日的意见，也乘机补入了。可见做事一点疏忽不得，我一疏忽便忘了许多事情。幸天假之缘，得以补过。……（《蒋天枢致陈小从函未刊稿》，1980年8月4日）[2]

……我写的"事辑"，已大体写就。可惜一时没找到人代抄写，无法寄给您看。并且，还想修改、增补。总之，须把抄本寄给您和流求妹看过，提了意见，经修改后，才能算为定稿。（《蒋天枢致陈小从函未刊稿》，

---

1 张求会谨案："以致"，原札作"以至"；"到广州以后的事"，"以"衍；"再告诉我"，前脱"能"。见《中国文化》2018年春季号，第188页。

2 张求会谨案："再看一遍"，原札作"再后看一遍"，此句似应作"出版社把审阅后之'事辑'三册送我再最后看一遍"；"大伯"，原札作"大伯父"。详《中国文化》2018年春季号，第193页。

1980 年 10 月 10 日）¹

　　……再，前者小从妹寄来的您的"几点看法"中，您认为"有些与本题关系不大的"，业已尽可能删去。至家人所提供材料，因为改动则"失真"，故多用原文。有不必要的讲话，则删节。……我写的"事辑"错误定很多，以迫于交稿期，不及再请您订正了。您的回忆录，以牵涉的时间甚长，只得附于卷后，敬以奉闻。……（《蒋天枢致陈封怀函未刊稿》，1981 年 4 月 12 日）²

　　"事辑"定稿已交出版社。事情颇有波折，上月北京科学院某要人派人来沪，想将交出版社的"事辑"稿子拿去北京，在他们办的有关历史刊物上发表。我因想要印支行排、繁体字，碍于情面，经与出版社洽商，由我再修改一份稿子，一份交由北京先发表，一份仍交出版社照旧排印，将来在北京发表以后，然后发行。……"事辑"经您大力协助，始得有成，谨向您致谢。您代封怀兄写的"回忆录"，起初本想全文附在最后，后来怕他们有意见，索性将原文有关部分分别节录入当年下。未

1　张求会谨案："寄给您和流求妹"，原札无"给"。又，此札落款作"十月十日"，无年份，笔者推测写于 1979 年。详《中国文化》2018 年春季号，第 184 页。
2　张求会谨案："牵涉的时间"，"的"衍。又，此札落款也无年份，笔者推测写于 1980 年。详《中国文化》2018 年春季号，第 192 页。

经与您商酌，乞谅！……再，付印稿中有些后来加入的，
您所看稿中还没有，特告。……（《蒋天枢致陈小从函未
刊稿》，1981 年 5 月 12 日）[1]

引用多封蒋天枢先生的信件，是想说明以下几点：

1. 蒋天枢先生受陈寅恪先生重托，为编辑、出版陈寅恪
先生的文集呕心沥血。《编年事辑》只是作为《陈寅恪文集》
的附录而编撰。《编年事辑》资料的收集从 1979 年 6 月开始，
此时离他与陈先生最后一次见面已经过去了十五年，离陈先
生身归道山也已经过去十年。蒋天枢先生从清华国学研究院
毕业之后，包括 1964 年陈先生托付后事的那一次，只与陈
寅恪先生见过五次面。在与陈先生有限的几次见面中，陈先
生是否跟蒋先生谈起过"砖书调包"一事，笔者不敢妄自揣
测。即便陈先生聊起过此细节，由于时间过往太久，蒋先生
不一定记得清楚。

---

1 张求会谨案："支行排、繁体字"，原札作"直行排、繁体字"。又，此札
   落款同样没有年份，笔者推测写于 1980 年。详《中国文化》2018 年春
   季号，第 192 页。2022 年 5 月 29 日补案：朱浩熙著《蒋天枢传》(作家
   出版社 2002 年版，第 239 页) 有谓："直到 1981 年初，蒋天枢才将《陈
   寅恪先生编年事辑》定稿，送交上海古籍出版社编辑王勉先生，作为《陈
   寅恪文集》的附录。"朱浩熙与蒋天枢交往颇多，撰写蒋氏传记得到了蒋
   家人的支持、帮助，这段文字理应可信。如此一来，笔者将这封信系于
   1980 年可能有误，其他几份信札的写作年份也有待进一步确认。

2. 蒋先生对陈先生的文章、诗词比较熟悉，但对其家庭、亲友往来的细节不太了解，所以他编辑《编年事辑》需要向陈先生的亲友了解大量的信息。可以肯定，在为《编年事辑》收集资料时，陈小从先生与蒋先生见面一定会聊到"调包"的故事，虽然她并不确定文姓青年"以砖换书"到底发生在哪一年。

3. 蒋先生从开始编撰《编年事辑》到 1981 年 9 月该书出版，匆匆两年多时间，蒋先生利用业余时间通过信件向陈先生众多亲友、同事和学生收集资料，须谨慎斟酌取舍。又因修改变化多，出版时间要求紧，难免出现疏漏错误。否则也不会在蒋天枢先生逝世十年之后的 1997 年又再出版《编年事辑》的增订本。另外《编年事辑》虽然是按年代记述，但由于资料繁杂，来源不一，所以有前时记录了后事的（如陈先生第一次交代稿中将 1937 年发生的事情与以后发生的事情记录在一起，而此材料就收在 1937 年下）；也有后时记录前事的（如 1955 年因蒋先生收到陈先生信件又谈及了1938 年的旧事），这样蒋先生难免会发生年代和事件的"张冠李戴"。

4.《编年事辑》中 1955 年下"先生于戊寅（一九三八）转道去昆明时，在滇越铁路运输中被窃去书籍两木箱（<u>另易以两木箱，装满砖块</u>）"这一条，蒋先生用括号将"<u>另易以两木箱，装满砖块</u>"这句话单独标出来，笔者猜测蒋先生也不是很确定此事，所以才用括号标注出来，但又要记录此事以备忘。

基于以上几点，笔者大胆推测蒋天枢先生误将 1948 年北平的调包案嫁接到了 1938 年的安南，并记录到《编年事辑》1955 年下。不知笔者的这个"大胆猜想"和"小心求证"是否能说服读者。

关于陈寅恪先生两次南渡书籍丢失的大致情况

关于陈寅恪先生 1937 年 11 月、1938 年 4 月及 1948 年的三次书籍托寄及书籍的损失与失窃，"张文"已有比较详细的叙述。未涉及到者，补充如下。

（一）1937 年 11 月 3 日，陈寅恪全家逃离北平，南下长沙，到长沙临时大学任教，约在 11 月 27 日抵达长沙。陈寅恪先生撤离北平前，将所有书籍分成四个部分进行了处理。

甲：随身携带的文稿箱；

乙：随车快件托运的部分书箱（重要书籍和文稿）；

丙：不随车慢件托运的部分书籍（大量批校过的书籍和教学用书籍）；

丁：寄存北平朋友家的书籍（不便带走的大部头工具书和大量的研究东方语言学的书籍）。

后来发生的情况是，由于交通中断，晚于陈先生到达长沙的丙部分书籍全部焚毁于 1938 年 11 月的长沙大火。这部分书籍的损失，造成陈先生在西南联大给学生授课无书本可用，亦使陈先生损失了大量批校过的书籍。

陈先生在给学生陈述、劳干的信中说：

> 弟到蒙已将十日矣，欲授课而无书。不知史语所之三国志、晋史、南北史、魏书、隋书、通典等在昆明否？如在昆明，无论何种版本（即开明廿五史本亦可），请借出，邮寄或托友人带下均可。如昆明史语所无此类书，则朋友中能辗转借得否？此次来蒙，只是求食，不敢妄称讲学也。……（《书信集》202 页，1938 年 5 月 1 日《致陈述、劳干》）[1]

1938 年 1 月 19 日，长沙临时大学决定迁往昆明，改名为国立西南联合大学。同月，陈先生与家人再次从长沙启程，经桂林、梧州，于 1938 年 1 月 30 到达香港。甲、乙部

---

[1] 张求会谨案：此札题作《致劳榦、陈述》。"晋史"，原作"晋书"。详《陈寅恪集·书信集》，第 202 页。"劳干"即"劳榦"，本文暂从原刊各自之旧貌，不强作统一。又，此札及下一札，俞文原系顺排入正文，现予析出，单独成段，以便和后引各札之行文格式保持一致。

分书籍随陈先生一路南行。

乙部分书籍到底有多少箱呢？陈寅恪在给陈述的信中说：

> ……弟之四箱（书籍）仍照原议，请芮逸夫先生交与桂林广西银行唐溪盦先生收领，不须运滇，即希转告芮先生为荷。弟现在港候护照，大约尚有一月留滞，方能取道安南入滇也。……（《书信集》186 页，1938 年 3 月廿日《致陈述》）[1]

陈先生此信是从香港寄出的。陈述收到此信后有注：先生在长沙有图书四箱，曾嘱述运至桂林。述随后搭木船顺湘江转全州至桂林。此时陶孟和、梁方仲诸中院同人已先到桂林。

由上信可看出，除了这四箱书籍之外，陈先生随身起码还携带了两箱以上的书籍去了香港，因为之后陈先生在安南被盗的两个书箱不在这四个书箱之内。

（二）1938 年 4 月，陈寅恪与浦薛凤、张荫麟等人同行，从香港出发，取海道赴安南海防市，转往暂设在云南蒙自的西南联合大学文学院，家眷则寓居于港。

1　张求会谨案：原札写于"二月廿日"。详《陈寅恪集·书信集》，第186页。

陈寅恪先生两箱最重要的书籍、批注、手稿托运后在安南途中被越南小偷盗走，让陈先生痛心不已。[1] 这两个书箱

---

1 张求会谨案：谢泳《顾廷龙记陈寅恪失书事》（载 2022 年 3 月 31 日《文汇报》）率先披露顾廷龙日记的一则相关记载：1942 年 11 月 3 日，顾廷龙与潘景郑拜访叶恭绰，叶氏告诉来客："陈寅恪所著《唐书外国传注》《世说新语注》《蒙古游牧记注》及校订佛经译本（据梵文等）数种，装入行箧，交旅行社寄安南，不意误交人家，以致遗失，无可追询，一生心血尽付东流。以此心殊抑郁，体遂益坏，无三日不病。在港沦陷后，米面时向叶氏告贷。"（见李军、师元光整理《顾廷龙日记》，中华书局 2022 年版，第 273–274 页）谢文又征引了蒋天枢的一则回忆性材料："枢昔年曾闻友人言，先生此次所失书中，尚有多部批注之《世说新语》，本欲携出据以为文者。是安南丧失大批中外文书籍事，不但影响后来著述，而所谓'古代东方文书籍、照片、拓片'者，殆皆有关外族史料，如《诗存》中所谓'尝取唐代突厥、回纥、吐蕃石刻补正史事'者，实先生生平所存文物之浩劫也。"（见蒋天枢撰《陈寅恪先生编年事辑（增订本）》，第 161–162 页）谢泳认为："顾廷龙日记去事情发生时间不远，真实性自然亦高，日记所述内容，恰证蒋天枢记忆不误，所列书名为以往未曾提及，更有陈寅恪在港处境的真实记录以及失书事对他精神的影响，对丰富陈寅恪传记史料极有帮助。"求会再案：1941 年 12 月 25 日香港沦陷后，陈家继续留港"仅有半年"（《也同欢乐也同愁：忆父亲陈寅恪母亲唐篔》，第 161、164 页），1942 年 5 月 5 日已脱险到达广州湾（同前，第 165 页）。在此最为困难的数月时间内，陈家得到过不少热心人士的及时救助，确凿可信者包括但不限于以下两起：陈寅恪的女儿们回忆，陈乐素曾携子"冒着生命危险，绕路把米送到我们家"（同前，第 163 页）；1942 年 4 月 22 日陈君葆曾命人"携米十六斤、罐头肉类七罐"赠送陈寅恪，4 月 27 日陈寅恪回赠以"衣料一件、信笺一盒"（见谢荣滚主编《陈君葆日记全集》卷二，香港商务印书馆有限公司 2004 年版，第 70、73 页）。其时，叶恭绰也身处香港险境中，1942 年秋始返抵上海（1942 年 11 月，叶恭绰为《要离墓残碣拓》所作题记自言"今秋来沪"，详《顾廷龙日记》，第 275 页）。一同避居香港期间（陈寅恪 1950 （转下页）

的失窃，严重影响了陈寅恪以后的学术研究和学术成果的出版发表。连过去已发表的文章都丢失了，他想从事研究但手头上已无资料可参考。从陈寅恪先生给陈述的信中，从侧面可以看到陈先生这种窘况：

> 史语所集刊中载有拙著天师道与滨海地域之关系一文者，不知昆明所中尚有之否？如有之，求检寄一册；如无之，能以该册之本数、分数见示否？……（《书信集》187 页，1938 年 6 月 8 日《致陈述》）

> 前书已封，而傅先生书目始送到。检阅其中有通典一种，共四十本，想是浙局本。弟欲借一读，但不知所中有石印或商务印书馆重印较小之本否？如有商务十通本，则通典仅一大册，携带尤便。如无之，则只可将此四十册带来也。（《书信集》188 页，1938 年 12 月 3 日《致陈述》）

> ……兹再求查本所有无日本西京出版东方学报中内藤乾吉论唐六典文。如有，祈借出；如无，则乞代钞海

（接上页）年诗《叶遐庵自香港寄诗，询近状，赋此答之》有句："忽奉新诗惊病眼，香江回忆十年游。"详胡文辉著《陈寅恪诗笺释（增订本）》上册，广东人民出版社 2013 年版，第 489—492 页），叶恭绰可能听陈寅恪谈起失书之事，也有可能曾对陈家施以援手，但"在港沦陷后，米面时向叶氏告贷"似难免夸饰，且为孤证，有待进一步核验。

中刘肃大唐新语及郡斋读书志及陈振孙书录关于唐六典
文示下至感。（《书信集》192 页，1939 年 11 月 23 日《致
陈述》）[1]

　　又因弟自己所藏之史语所集刊皆已散失，而傅先生
所藏者乃本所唯一之全套，不便久远出借，故拟恳求将兄
所藏之本内有下列拙著者，借至香港或英国，再寄还。如
下列之本兄亦无之者，则拟在此就傅先生藏本钞一份也。
一、天师道与滨海地域之关系。二、李唐氏族问题。三、
李唐氏族问题后记。四、三论李唐氏族问题。五、杂论李
唐武周先世问题。六、武曌与佛教。兄如无者，若所中他
友有之，亦求代借为荷。（《书信集》194 页，约 1940 年 6
月《致陈述》）[2]

　　（三）1939 年春，陈寅恪受英国牛津大学汉学教授之
聘，并授予英国皇家学会研究员职称，将赴英国讲学。暑假
陈寅恪离昆明赴香港，准备全家从香港搭坐轮船去英伦。陈
先生到香港又托运了五箱书籍，其中又有两箱搞错了，不知
所终。

1　张求会谨案："祈借出"，原作"乞借出"；"海"，原作"稗海"。详《陈
　　寅恪集·书信集》，第 192 页。
2　张求会谨案："武曌"，原作"武瞾"。详《陈寅恪集·书信集》，第 195 页。

陈寅恪在给傅斯年的信中对此事有详细的描述：

　　……五箱已运到，甚慰，拟将未成之稿携欧，俟半年得暇加以修改也。……（《书信集》58页，1939年7月6日《致傅斯年》）

　　……弟五箱运到而错了两箱。此两箱中，恰置弟之稿件，虽又托人查问，此次恐是石沉大海矣。得而复失，空喜欢一场，反增懊恼。将来或可以藉口说：我本有如何如何之好文章，皆遗失不传，亦是一藏拙作伪之法耶！此殆天意也。……（《书信集》59页，1939年7月12日《致傅斯年》）

　　……两箱书换去，托大纲代查，渺渺茫茫，未必有归还之望，姑尽人事，以俟天意。……今日妻病稿失，又在东京会议之后往牛津，天意、人事、家愁、国难俱如此，真令人忧闷不任。……（《书信集》60页，1939年7月26日午后四时《致傅斯年》）[1]

　　……弟则定八月三十一日法船行矣，所失书亦无消息，皆可愁也。……（《书信集》62页，1939年8月6日《致傅斯年》）

---

[1]　张求会谨案：“两箱书”，原作“两书箱”。详《陈寅恪集·书信集》，第60页。

在陈先生抵港后不久，欧洲爆发了第二次世界大战，英国也去不成了，全家只好滞留香港。正如陈先生信中所言：天意、人事、家愁、国难俱如此，令人忧闷不任。到了九月份，陈先生只好独自一人从香港重返昆明。陈先生此时留有诗作《己卯秋发香港重返昆明有作》，可见此时陈先生心情之悲凉。诗云：

> 暂归匆别意如何，三月昏昏似梦过。残剩河山行旅倦，离难骨肉病愁多。狐狸埋揾催亡国，鸡犬飞升送逝波。人事已穷天更远，只余未死一悲歌。[1]

（四）1945 年秋天，八年抗战刚刚胜利，陈寅恪先生受英国皇家学会邀请赴英伦治疗眼疾。陈先生从昆明起飞，经缅甸到印度，辗转到英国。至 1946 年 3 月，陈先生尚未归国。唐筼带着孩子尚滞留在成都，有四箱书籍在重庆交给史语所同仁托运至南京。此四箱书籍后来是否运到北平，无从知晓。如果没有运到北平，是否被史语所运到了台湾呢？

唐筼致傅斯年的信说到此事：

1　张求会谨案："离难"，原作"乱离"；"催亡国"，原作"摧亡国"。详陈寅恪著、陈美延编《陈寅恪集·诗集（附唐筼诗存）》，生活·读书·新知三联书店 2001 年版，第 28 页。

兹有一事奉恳者，寅恪有书籍四箱，拟托历史语言研究所复员时同运至南京。事前贽可托五十厂便车先带至重庆，但不知可交与何人？……寅恪来信云：对燕大事已辞谢，大约欲回清华或回史语所专事著作。贽又及。（《书信集》120页，1946年3月16日《唐贽致傅斯年》）[1]

（五）1948年12月15日，北平战事已迫近清华大学，陈寅恪先生及家人匆匆入城，后与胡适一道从南苑机场乘飞机到南京。将书籍存放大嫂和亲戚家，是陈先生离开北平前安排的，还是全家匆匆离开北平之后再请人办理的，就不得而知了。存放在北平亲戚家书籍的失散和失窃，使得陈先生在北平时期的批注本和一些善本书都失去了。

总之，陈寅恪先生两次"南渡"过程中损失的书籍，严重影响了陈先生的著述成果，这是陈先生个人的损失，也是我国现代史学界的重大损失。

蒋天枢先生在《陈寅恪先生读书札记弁言》里感慨：

……纵观先生批校书，上述二十一种，不及（陈先生所有书籍的）什之一；他若长沙大火失去之书，其中

---

1 张求会谨案："来信"，原作"来书"。详《陈寅恪集·书信集》，第120页。

多有批校本。而最为巨大之损失，在先生任教昆明时，由他人代交滇越铁路转运之两大木箱中外图书，即有批校本数部之多。……先生生平所著书，大多去取材于平素用力甚勤之笔记，其批校特密者往往即后来著书之蓝本。以故，长沙及滇越铁路失去之书，无异间接减少先生著述若干种。（见《读书札记》）[1]

安南丢书之后，陈先生虽然极力补救丢书的损失，尽量利用剩下的批注本发表研究成果，但心情是沉重的。

陈寅恪在给刘永济先生的信中说：

……弟廿年来所拟著述而未成之稿，悉在安南遗失。中有蒙古源流注，系依据其蒙满文诸本，并参稽其所出之西藏原书四库提要所谓咖喇卜经等者，考订其得失。与沈乙庵书大异。后闻伯希和在库伦获元秘史原本，故欲俟其刊布，再有所增删。用力虽勤而原书价值颇不高，今稿既已失去，亦不复谈论此事矣。……

1　张求会谨案："纵观"，原作"综观"；"多有"，前脱"当"；"中外图书"，原作"中外图籍"；"即有批校本数部之多"之前，脱"全部为越南人盗去（另以满装砖块之两大木箱换走）。闻其中仅世说新语一书，"；"大多去取材"，"去"衍。详《陈寅恪集·读书札记一集》，卷首弁言，第2页。

　　……所余者仅不经意之石印《旧唐书》及《通典》二种，置于别筐，故幸存。于书眉之上，略有批注。前岁在昆明，即依《通典》批注，草成《隋唐制度渊源论》，已付商务书馆刊印。……去岁居港，又取《旧唐书》上之批注，草成《唐代政治史》一书。此次冒险携出，急欲写清付印。盖中年精力殚竭，绝无成效，所余不经意之剩余一种，苦复不及身写成（弟字太潦草，非亲写不可），则后悔莫及。敝帚自珍，固未免可笑。而文字结习与生俱来，必欲于未死之前稍留一二痕迹以自作纪念者也……（见《书信集》246 页，1942 年 9 月 23 日《致刘永济》）[1]

　　陈寅恪先生在不经意中得以保存下来的《通典》和《旧唐书》书眉上的"略有批注"，就成就了《隋唐制度渊源论》和《唐代政治史述论稿》两部大作。如果没有 1938 年安南的书箱失窃，陈先生会给后世留下怎样的学术成果呢？

　　与他相知甚深的俞大维先生曾言："他（陈寅恪先生）既

1　张求会谨案："元秘史原本"，原作"元秘史元本"。详《陈寅恪集·书信集》，第 245 页。2024 年 9 月 21 日补案："苦复不及身写成"，应作"若复不及身写成"，2009 年版、2015 年版《陈寅恪集·书信集》（均见第 246 页）已订正。

无安定的生活，又无足够的时间，未能完成他的心愿，留给我们一部他的《新蒙古史》，只仓促写成《唐代政治史述论稿》及《隋唐制度渊源略论稿》，在他看来不过是整个国史研究的一部分而已。他平生的志愿是写成一部'中国通史'，及'中国历史的教训'，……他的大作（Magnum Opus）未能完成，此不但是他个人的悲剧，也是我们这个时代的悲剧。"（见《也同欢乐也同愁》144 页，俞大维《悼念陈寅恪先生》）[1]

---

[1]　张求会谨案：俞大维原文，题为《怀念陈寅恪先生》，《也同欢乐也同愁：忆父亲陈寅恪母亲唐筼》将之附录于书后。此段文字，见该书第 285 页。

陈寅恪 1949 年有意赴台的直接证据 *

　　陈寅恪 1949 年的去留问题，经过余潜山、胡文辉的考证，原本以为已经了无剩义。意想不到的是，最新发现的史料又为破解这一难题提供了更为直接的证据。

---

* 本文首刊于 2010 年 4 月 29 日《南方周末》；后收入张求会著《陈寅恪丛考》，浙江大学出版社 2012 年版，第 9—22 页。录入本书时，补齐了引文（陈寅恪致马鑑、陈君葆函）的一个漏字，删除了"结局"中不够严谨的一句话，又在注释里增补了若干重要材料。

一封电报

2009 年 7 月 4 日，凤凰卫视《皇牌大放送》节目组围绕着 1949 年陈寅恪的去留问题在广州采访了我。主持人秦晴介绍，在台湾中研院采访时，曾见过一张陈寅恪赴台的入境证。10 月初，她在电邮里又说，那张入境证"其实是一张中研院写给台湾警署的申请信"。后来，秦晴如约寄来了那封"申请信"的定格图片，可惜根本看不清。12 月 12 日，节目总算播出了，屏幕上终于出现了那张让我牵挂多日的"申请信"。不久，我收到秦晴从香港寄来的一张 DVD，花了一个下午，总算把这份材料一个字一个字地"抠"了下来。直到 2010 年 3 月，经刘小磊牵线搭桥，我才从中研院史语所拿到了这份材料的扫描件。

事实上，这份新材料既不是陈寅恪赴台的入境证，也不是中研院写给台湾警署的申请信，而是一份以"国立'中央研究院'历史语言研究所"的名义发给"台湾省警务处"的电报底稿。所用稿纸仍是从大陆带到台湾的史语所旧信笺，右上方书有"底稿"二字，边框右侧标有编号："〈38〉台历字第五三一二号"，所填日期为"中华民国三十八年五月卅一日"。正文由史语所所长兼任台大校长傅斯年以毛笔书就，内容如下：

藝字71

抄稿

(56)台學　第五三一號　　月　中華民國三十八年五月廿一日

台灣省警務處公鑒：查本所劉淑復惠民等一逕本校辦妥後

呈文　由應州城者乘車交作本樹已申請善用為備高等入境

敬乞惠予圖立中央研究歷史語言研究所憑世即

　本所逕派庚：台北市國立編輯

中央研究院歷史語言研究所藏本
複製・僅供學術用途之部引用

所址：南京雞鳴寺中央研究院第一站

中研院史语所致台湾省警务处电报稿

国立"中央研究院"历史语言研究所代电：

台湾省警务处公鉴：

　　查本所专任研究员兼第一组主任陈寅恪先生自广州携眷来台工作，兹附上申请书四纸，敬请惠发入境证是荷。

　　　　国立"中央研究院"历史语言研究所　辰世　印

本所通讯处：台北市国立台湾大学校长室转

　　电稿中的"辰"（地支第五位）指代五月，"世"则是"三十一日"的韵目代字[1]，两相结合，正与稿纸右侧所标日期吻合，可见发出电报也在 1949 年 5 月 31 日。

陈寅恪的去与留

　　为了凸显这份新材料的特殊价值，不得不把话说远一点。

　　陈寅恪 1949 年的去留问题，最早形成文字证据的是 1967 年 12 月由陈夫人唐篔代写的《第七次交代底稿》：

1　荣孟源编《中国近代史历表》，中华书局 1953 年版，附录三 "韵目代日表"，第 127 页。

> 当广州尚未解放时，伪中央研究院历史语言研究所所长傅斯年多次来电催往台湾。我坚决不去。至于香港，是英帝国主义殖民地。殖民地的生活是我平生所鄙视的。所以我也不去香港。愿留在国内。[1]

考虑到"文革"的特殊历史背景，陈寅恪的这番话自然不能全部采信。陈氏所言"傅斯年多次来电催往台湾"是真是假，也一直未能找到实证。

1982 年，学者余潜山以陈氏此段自述为据，又引其师钱穆关于陈与夫人因去留问题发生争执的回忆为证，认为陈所言不肯离开大陆"确非虚语"，得出了"陈先生当日留粤之意甚坚决"的结论。[2] 两年后，余氏在深入研究的基础上对上述结论作了部分修订："陈先生决定留在广州不走，是因为他觉得已无地可逃。……但是避地海外的念头有时也会在他的脑海中一闪而过。……一九四九年一月在从上海到广州的船上，他有诗句说：'避地难希五月花。'……这至少表示在

---

1 蒋天枢撰《陈寅恪先生编年事辑（增订本）》，上海古籍出版社 1997 年版，第 147 页。案：此交代底稿之完成时间，见蒋著，第 180 页。
2 余潜山《陈寅恪的学术精神和晚年心境》，见余著《陈寅恪晚年诗文释证（增订新版）》，台湾东大图书股份有限公司 1998 年版，第 45 页。

他的观念中，到海外避难也不是完全不能考虑的。"[1]

到了 1987 年，随着新材料的出现，余潜山再次修正了自己的推论："在一九四九年十月之前，陈先生极可能为陈夫人的决心所动，转而有意迁往台北，只是时间上已来不及了。陈先生在一九三八年既肯主动地电告剑桥大学愿为候选人，那么他在一九四九至五〇年这一段'疑虑不安'的时期岂能完全没有动过'浮海'之念？陈先生最后未能离开广州固是事实，但我们决不能说他自始至终从来没有考虑过'避地'的问题，因为'避地难希五月花''浮海宣尼未易师'等诗句已彻底地否定了这种推测了。"[2]

至此，余潜山顺利完成了"以陈释陈"的示范性动作，既为研究陈寅恪晚年心境的后来者指示了不二法门，也在无意间开启了无数纷争。

同时代人的种种传闻

2008 年 6 月，学者胡文辉出版了《陈寅恪诗笺释》。文

1 余潜山《陈寅恪晚年诗文释证》，见《陈寅恪晚年诗文释证（增订新版）》，第 97—98 页。
2 余潜山《跋新发现的陈寅恪晚年的两封信》，见《陈寅恪晚年诗文释证（增订新版）》，第 268 页。

辉在考证陈寅恪 1949 年去留问题时大展拳脚，几乎囊括了全部有价值的材料，也认为"陈氏最终决定留下，绝不等于他原来未考虑过出走"[1]，进一步支持了余潜山的结论。文辉在书中汇集了台湾相关人士对于陈寅恪有意赴台的种种听闻：

毛子水回忆：

> 寅恪先生在岭南大学教书，颇想来台，但以不知道台湾生活情形，所以不敢动身。我当时听到他有意来台的消息，即想写信劝他来……由于素向的懒性，想而不做。若使当时我马上写信，寅恪来台的可能性或较大。[2]

萧公权回忆：

> 犹忆陈君于民国三十七年曾一度考虑移讲台湾。然以体弱多病双目失明，夫人与女公子辈之健康亦多可虞。既闻岛上生活不甚妥便，故决定应聘岭南大学（陈君序

1　胡文辉著《陈寅恪诗笺释》上卷，广东人民出版社 2008 年版（软精本），第 347 页；《陈寅恪诗笺释（增订本）》上册，广东人民出版社 2013 年版，第 458 页。

2　转引自《陈寅恪诗笺释》上卷，第 344 页；《陈寅恪诗笺释（增订本）》上册，第 452 页。

经时长校）。[1]

梁嘉彬回忆：

> 寅师何以不来台湾，外间多有揣测之词。据弟所知，……寅师在广州有函，托友调查台湾房屋地价租钱，为准备来台之计……[2]

苏景泉回忆：

> （1949 年）夏间，台湾大学傅校长斯年曾经函请陈来台任教，并为之请了几位助教，预备助陈耳听读书，口述写文。傅校长可谓为学校请大师，为国家求第一流人才，敬老尊贤之至了。惜乎陈师双目失明，行动不便，而岭南大学文学院殷留不放，……无法他去，诚可痛啊。[3]

1　转引自《陈寅恪诗笺释》上卷，第 344 页；《陈寅恪诗笺释（增订本）》上册，第 452 页。
2　转引自《陈寅恪诗笺释》上卷，第 344 页；《陈寅恪诗笺释（增订本）》上册，第 452–453 页。
3　转引自《陈寅恪诗笺释》上卷，第 344 页；《陈寅恪诗笺释（增订本）》上册，第 453 页。

这些同时代人的回忆材料，确实可以佐证陈寅恪当时有过前往台湾任教的想法。但此类文字终究难以完全取信于人，因为仍然缺乏关键性的直接证据。

陈寅恪躲避傅斯年？

其实，就在文辉埋首于陈诗笺释这一浩大工程时，与陈寅恪去留问题大有关联的一份重要文献已经浮现。这条材料是王晴佳在《陈寅恪、傅斯年之关系及其他——以台湾中研院所见档案为中心》[1]一文中率先刊布的。王文根据在台湾中研院史语所、近史所"傅斯年档案"和"朱家骅档案"中查阅到的有关信件展开探讨，主要内容是探究陈寅恪与傅斯年的微妙关系。王晴佳认为，自 20 世纪 30 年代末期开始，陈、傅之间的关系曾一度十分紧张，这既与傅的"学霸"作风有关，也与陈追求学术独立的立场有关。此后，陈寅恪对傅斯年"采取了躲避政策"，最终没有随史语所迁至台湾也与此

1　王晴佳《陈寅恪、傅斯年之关系及其他——以台湾中研院所见档案为中心》，载《学术研究》2005 年第 11 期。

有关。[1]

　　王文虽然不以陈寅恪去留问题为中心，但于此也有涉及。作者特别引用了"朱家骅档案"中傅斯年 1949 年 5 月 28 日给朱的一封回信，内云：

　　　　关于陈寅恪先生入境手续，因其属于历史语言研究所，自当照办。

---

[1]　2022 年 4 月 23 日补案：2012 年 10 月，台湾学生书局推出苏同炳的著作《手植桢楠已成荫——傅斯年与中研院史语所》，首次披露了苏氏在台湾中研院史语所档案中发现的三封陈寅恪致傅斯年函（生活·读书·新知三联书店版《陈寅恪集·书信集》失收）。五年后，学者刘经富以此为据，撰文探究三封佚札蕴含的深义，得出如下结论："傅斯年对陈寅恪素来尊敬照顾，近年来一些研究者认为陈寅恪 1942 年撤离香港后不按傅斯年意图到史语所和 1946 年间不留复员南京的史语所而北上清华大学任教以及 1949 年不随史语所去台湾，都是为了躲避作风专横强悍的傅斯年，两人在抗战后期已产生裂痕。对照史语所档案中保存的史语所对陈寅恪一直关心照顾的材料，可知这种说法并不符合事实真相。"（刘经富《陈寅恪致傅斯年遗札探义》，载 2017 年 10 月 25 日《中华读书报》）平心而论，三封佚札真实可信，刘文发掘之内涵亦可圈可点，但不宜以偏概全，贸然推翻此前陈傅关系的研究成果。辨析陈傅关系史最好的文章，窃以为首推张旭东的长文《陈寅恪与傅斯年（上、下）》（原载 2016 年 11 月 20 日、11 月 27 日《东方早报·上海书评》，后以《陈寅恪与傅斯年——也相倚靠也相难》为题，收入张著《藕香零拾》，上海文艺出版社 2023 年版，第 52—76 页）。张旭东将陈傅的友谊评价为"伟大而又曲折"，此六字尤为允洽。

王文推测："从信的口吻来看，似乎有人询问朱家骅，如果陈寅恪想到台湾，是否可办入境手续，而朱向傅斯年咨询。而且，似乎询问的人并不是陈寅恪本人，因为如果是他本人，傅斯年的口气就不会如此'公事公办'。而且，傅的口吻，似乎还有不甚相信此事是真的迹象。自然，这种怀疑，也是情有可原的，因为傅斯年在这以前，曾多次催促陈一家到台湾而未成。如此看来，这个询问如何办理赴台手续的人，很可能是陈夫人。"[1]

这一推断自然颇有见地，但王文没有提及的以下三点仍不应忽略：一是陈寅恪与傅斯年的姻亲关系——傅斯年夫人俞大綵正是陈寅恪的亲表妹，也就是说，傅既是陈的上司、老友，也是陈的表妹夫；二是朱家骅、傅斯年通信的时间背景——《台湾戒严令》（正式名称为《台湾省警备总司令部布告戒字第壹号》）自 1949 年 5 月 20 日零时起在台湾全境实施；三是傅斯年在函复朱家骅的第四天，就为陈寅恪来台事专门致电台湾省警务处。

---

1 王晴佳《陈寅恪、傅斯年之关系及其他——以台湾中研院所见档案为中心》，载《学术研究》2005 年第 11 期。

傅斯年电稿的发现

显而易见，这份新发现的傅斯年电稿是迄今为止破解陈寅恪去留问题最关键、最直接的证据。将它与王文所引朱、傅往来信函相结合，大致可以推导出如下结论：

陈寅恪夫妇 1949 年确曾有意携带女儿离粤赴台，而且有所行动——通过朱家骅向傅斯年咨询，继而由傅斯年以史语所名义向台湾省警务处申请办理入境证。

据秦晴介绍，"陈寅恪的入境证是王汎森先生在整理傅斯年夫人捐给史语所的文物资料里发现的"。傅夫人"捐给史语所的文物资料"，亦即入藏史语所的"傅斯年先生档案"。其中有没有台湾省警务处的批复以及办给陈寅恪一家人的入境证，现在仍然难得其详。但无论如何，王汎森的发现和凤凰卫视的公布，的确功不可没。

陈寅恪同时谋划赴港

说到赴台，就不能不提赴港。胡文辉在《陈寅恪诗笺释》中援引陈君葆日记等材料作为证据，认为"陈氏当曾有

季明
君葆　先生同鑒　近来時局日緊　弟赴廣州情形如何　兩不得如弟於萬不
得已時或有赴港一遊之舉　然決不輕動也　惟聞香港當局頒布一規
則將來入港境者須預先請求許可登記并須於本月十五日以前截止之說
此項傳聞不知確否　但為預防萬一起見　特將保兒四張附上　敬請代辦
將來入港埠之手續　若非有家庭又親戚在港可可靠者則弟等無家匪此
港　六有曾昭儉大人俞大綑女士係弟之親長現在香港師範學院
任教　市　兩公所　熟識者也　此或可引為親戚之一例　尚倩等有甚他方
便市　兩請代圖之　尚此奉懇并祈賜覆　為荷順頌
道祉　益祝
儷褪
附保兒八張如不相請仍寄還
內子問候媯夫人

辛寅恪敬啟　五月十日

陈寅恪致马鉴、陈君葆函

过去香港大学之念"。[1] 后来，他又根据《陈君葆书信集》披露的新史料，撰成《陈寅恪 1949 年去留问题及其他》一文，得出如下结论："陈氏夫妇为了预防万一，的确早有避地香港的准备。——等到中共军队进据广州后，陈夫人害怕共产党，故仍想迁港；而陈应以为局面未至'万不得已'，故不愿'轻动'。"去留问题导致"夫妇间小有勃蹊"，唐篔独自一人赴港，借住在香港大学中文系主任马鑑家中，以此作为胁迫。但"最终夫唱妇随"，"这才有了陈寅恪在岭南的'最后二十年'"。[2]

文辉在文中引用的主要证据，是陈寅恪写给马鑑和港大冯平山图书馆馆长陈君葆的一封信。此函"似由旁人抄录"[3]，但口吻、情词则非陈氏莫属，内容同样与申请办理入境证有关，只不过这一次是赴港。现将全文照录如下：

> 季明、君葆先生同鉴：
>
> 　　近来时局日紧，将来广州情形如何，尚不得知。弟

1 《陈寅恪诗笺释》上卷，第 344–345 页；《陈寅恪诗笺释（增订本）》上册，第 453–454 页。

2 胡文辉《陈寅恪 1949 年去留问题及其他》，载 2009 年 5 月 24 日《东方早报·上海书评》。

3 胡文辉《陈寅恪 1949 年去留问题及其他》，载 2009 年 5 月 24 日《东方早报·上海书评》。

于万不得已时，或有赴港一避之举，然决不轻动也。惟闻香港当局颁布一规则，将来入港境者，须预先请求许可登记，并有于本月十五日以前截止之说。此项传闻不知确否，但为预防万一起见，兹将像片四张附上，敬请代办。将来入港境之手续，若非有家庭及亲戚在港不可者，则弟无家庭在港，只有曾昭伦〔抡〕夫人俞大纲女士，系弟之亲表妹，现在香港师范学院任教，亦两公所熟识者也，此或可引为亲戚之一例证。倘若有其他方法，亦请代图之。嵩此奉恳，并祈赐覆为荷。

顺颂道祉，并祝俪福。内子问候嫂夫人。

附像片八张，如不用，请仍寄还。

弟寅恪敬启

五月十日 [1]

1　见谢荣滚主编《陈君葆书信集》，广东人民出版社2008年版，第41页。案：《陈君葆书信集》共录存陈寅恪函两件，第一函即本文引录者；第二函（见《陈君葆书信集》第42—43页）由陈寅恪夫人唐篔代笔，署作"寅恪、唐篔同启"，写于1952年12月4日（原函仅署"十二月四日"，年份则由胡文辉考定，详胡文《陈寅恪1949年去留问题及其他》）。其第一函，诚如胡文辉所言，"似由旁人抄录"（2012年2月19日，承陈美延老师电告，经其姊妹三人辨认，一致认为此函绝非母亲手迹。出自何人之手，尚难推测），陈氏表妹夫"曾昭抡"被误书为"曾昭伦"，或与此有关，现予订正。又，《陈君葆书信集》恰收存《曾昭抡先生致陈君葆先生函》一通（第58页），可参阅。

据文辉考证，这封信写于 1949 年 5 月 10 日。[1] 如前所述，傅斯年答复朱家骅，表明愿意为陈寅恪申请办理入境证的那封信，作于同月 28 日；傅斯年为此以史语所名义致电台湾省警务处，则在同月 31 日。据此，笔者试作如下推断：陈寅恪夫妇在"时局日紧"之际，采取了双管齐下的办法——一面通过马鑑、陈君葆谋划赴港，一面通过朱家骅、傅斯年准备赴台。

结局

后来的结局，也有必要重新提一提。

陈家的赴台计划最终并未实现，这一计划是什么时候、在什么情境下放弃的，现在仍难知详情。[2]

1　2024 年 5 月 11 日补案：承谢荣滚老人传示该信信封图片，收件地址为"香港般含道冯平山图书馆"，收信人为"陈君葆　马季明先生全启"，寄件人及地址为"广州岭南大学九家村二号陈寅恪寄"，字迹与信件内文一致。所用信封虽为航空信封，旁有批注"平信"。邮戳有"康乐""10.5.49"等字样。可证胡文辉所作推证完全正确。

2　2022 年 4 月 23 日补案：本文 2010 年 4 月 29 日在《南方周末》发表时，这一段原本另有一句话："近期披露的一条材料显示：最迟 1949 年 6 月 18 日，台湾大学总务处在一份发给文学院的通知里已经明确告知：台大历史系原拟聘为教授的陈寅恪、韩儒林等学者无法来台。"虽时隔多年，但我记得这条材料是某位朋友提供的，他还热心（**转下页**）

赴港的努力则延续了一段时间——1949 年 8 月 23 日，

（接上页）地为我查验了出处，我也将它写进了注释里："据李东华《台湾专业史学的传承与转折：从帝大到台大（1928—1960）》，载李金强主编《世变中的史学》，广西师范大学出版社 2010 年版，第 163 页。"《世变中的史学》是 2010 年 1 月才出版的，我在文章里说"近期披露"，完全属实。拙文刊发后，被一些期刊、网站转发（没有一家联系过我），产生了一定的影响。直到 2012 年 12 月 3 日，宗亮在新浪微博上看到《陈寅恪丛考》即将出版的书讯后，给我发来一封电子邮件："近来在台湾《传记文学》杂志 2012 年第 3 期上看见两篇相关的文字，均是台湾学者所作，一篇是刘广定《陈寅恪先生一九四九年的选择》，另一篇是郭长城《陈寅恪有无来台意愿析论》。这两篇文字提供了一些新的材料，比如，刘文有一张'台湾大学已发聘书的通知'，或可表明台大已经将聘书发给了陈寅恪。我仔细辨别了一下，其中的时间好像是'卅八年六月十八日'，或许就是您文章里所提到的'台湾大学总务处发给文学院的通知'，但似乎不是说陈寅恪来不了的通知。"我这才意识到拙文的结论可能存在问题。随后我给宗亮邮寄了一本拙著，但是修订拙文的事一直拖了下来。趁着这次修订旧作的机会，我找到了李东华的原文，并将它与刘文作了比较，发现两位台湾学者使用的原始材料是一致的——台大总务处发给文学院的那份通知。李文略谓：在校长傅斯年的擘画下，台大历史系"成就了光复以来最强的阵容"，1949 年寒假期间，新聘教师有刘崇鋐、李济、姚从吾、劳幹、张贵永、余又荪、方豪等人。（《世变中的史学》，第 160 页）"除以上诸人外，台大历史系欲聘而未能来台之学者，还有陈寅恪与韩儒林（1903—1983）二人。"页下注有云："前者见 1949 年 6 月 18 日，台大总务处致文学院通知原件。后者受聘，见 1949 年 2 月 8 日文学院拟聘韩儒林、刘崇鋐、劳幹为史学系教授等签文，见《台大发文归档簿》。"（《世变中的史学》，第 163 页）刘广定《陈寅恪先生一九四九年的选择》的说法是："当时台湾大学的傅斯年校长为陈先生挚友，傅太太俞大綵也是陈先生的亲表妹。傅校长已于六月十八日给陈先生发了聘书（见图三），也替陈先生办理入境手续，然陈先生却未始终离广州。"（台湾《传记文学》2012 年第 3 期；周言编《陈寅恪研究：反思与展望》，九州出版社 2013 年版，第 100 页。"办理"后似（转下页）

陈君葆在日记里记载，陈寅恪托人将"几十件行李"寄存在冯平山图书馆，[1] 显然仍存出走之想。同年 10 月 14 日，广州解放。直至 1951 年 9 月 14 日，陈寅恪次女小彭才受父母之命，来冯平山图书馆取走寄存的行李。[2] 至此，赴港之梦也彻底放弃。另据何广棪回忆，俞大维生前曾托他打听撤离大

（接上页）脱"了"，"未始终离"应为"始终未离"）作者为"图三"所配文字说明为："台湾大学已发聘书之通知。"（台湾《传记文学》2012年第 3 期；《陈寅恪研究：反思与展望》，第 102 页）配图中之文字，依稀可辨者有"卅八年六月十八日""查本校已聘陈寅恪先生为囗囗院史学系教授""相应检附聘书乙囗""此致文学院"等，圆形印章为"国立台湾大学总务处"。李文没有插图，刘文配图也不够清晰，因此，目前尚无法最终确认这份通知究竟是发出聘书（由文学院转交陈寅恪），还是收回聘书（因陈寅恪无法到任）。根据刘文配图来看，我更倾向于前者——因为有待辨识的文字并不多，基本意思已大体清楚。至于韩儒林，据韩氏生前"自述"及其弟子所作"传略""年谱"，1948 年底韩儒林被聘为台湾大学教授，遂于 1949 年 1 月中旬由上海乘船抵台北，在台"仅月余"，"思想发生转变"，遂"不顾阻拦"，"决计返回大陆"。2 月中旬搭乘"忠鼎"号军舰返抵上海，重回中央大学（南京）任教。离开台湾之前，"托董作宾辞退聘书"。4 月，韩儒林在南京迎来解放。（《韩儒林》，见国务院学位委员会办公室编《中国社会科学家自述》，上海教育出版社 1997 年版，第 781 页；陈得芝《韩儒林传略》，见中国蒙古史学会编《蒙古史研究》第一辑，内蒙古人民出版社 1985 年版，第 104 页；邱树森《舞阳韩儒林先生年谱》，载《西北第二民族学院学报》1990 年第 1 期）综而观之，陈寅恪、韩儒林受聘始末仍有待发之覆，深盼具备条件的研究者能够尽快补齐证据链缺失的若干环节。

1 谢荣滚主编《陈君葆日记全集》卷二，商务印书馆（香港）有限公司 2004 年版，第 648 页。

2 《陈君葆日记全集》卷三，第 129 页。

陆时寄存在马鑑家中的行李是否可以取回，其时陈寅恪等也曾将行李寄存在马家。马鑑夫人后来转告何氏：1959 年马鑑辞世，家属搬离旧寓，"即通知各家取回寄存之物，而俞家之物似由陈寅恪夫人代为取去"。[1] 所述与陈君葆日记虽有不同，但仍可视为陈寅恪有意避居香港的一条间接证据。

（在本文的写作、修订过程中，先后得到秦晴、刘小磊、王汎森、张秀芬、简凡雯、胡文辉、高山杉、马忠文、宗亮、宋希於、吕瑞哲等各界人士的帮助，谨此一并鸣谢！）

---

1 何广棪《昊天不惠·丧斯耆旧——敬悼俞大维资政》，见何著《硕堂文存三编》，台湾里仁书局 1995 年版，第 104-105 页。

陈寅恪 1949 年去留问题补谈 *

　　拙文《陈寅恪 1949 年有意赴台的直接证据》草成于 2009 年年底，其后不断修订，2010 年 3 月底定稿。正式刊发时[1]，因版面所限，篇幅稍有压缩。鉴于被删略的内容有助于了解陈寅恪当时的心境和选择，现连缀成文，继续求正于海内外方家。

---

* 本文首发于 2010 年 5 月 18 日《南方都市报》；后收入张求会著《陈寅恪丛考》，浙江大学出版社 2012 年版，第 23-29 页。录入本书，仅作微调。
1　张求会《陈寅恪 1949 年有意赴台的直接证据》，载 2010 年 4 月 29 日《南方周末》。

两份最关键的文献

拙文所引用的两份最关键的文献，一份是陈寅恪1949年5月10日写给香港大学中文系主任马鑑和冯平山图书馆馆长陈君葆的一封信，内容系委托二友代办入港之申请登记。信中略云：

> 近来时局日紧，将来广州情形如何，尚不得知。弟于万不得已时，或有赴港一避之举，然决不轻动也。惟闻香港当局颁布一规则，将来入港境者，须预先请求许可登记，并有于本月十五日以前截止之说。此项传闻不知确否，但为预防万一起见，兹将像片四张附上，敬请代办。将来入港境之手续，若非有家庭及亲戚在港不可者，则弟无家庭在港，只有曾昭伦〔抡〕夫人俞大绷女士，系弟之亲表妹，现在香港师范学院任教，亦两公所熟识者也，此或可引为亲戚之一例证。倘若有其他方法，亦请代图之。耑此奉恳，并祈赐覆为荷。……附像片八张，如不用，请仍寄还。[1]

---

1 见谢荣滚主编《陈君葆书信集》，广东人民出版社2008年版，第41页。

另一份是同年 5 月 31 日傅斯年以史语所名义为陈寅恪一家向台湾省警务处申请办理入境证的电报底稿：

国立"中央研究院"历史语言研究所代电：

台湾省警务处公鉴：

　　查本所专任研究员兼第一组主任陈寅恪先生自广州携眷来台工作，兹附上申请书四纸，敬请惠发入境证是荷。

　　　　国立"中央研究院"历史语言研究所 辰世 印

本所通讯处：台北市国立台湾大学校长室转

一个值得注意的细节

经过比较上引两份文献，笔者发现了一个重要的细节：陈寅恪为办理赴港入境证提交的是"像片四张"（前引陈寅恪致马鑑、陈君葆函末言"附像片八张"，当系每人两张——其中一张应为备份——四人合计八张），为办理赴台入境证提交的是"申请书四纸"（据前引陈寅恪致马鑑、陈君葆函推测，此申请书似为陈氏或其夫人提交，而非朱家骅或傅斯年代办），两次都只准备了四个人的材料。众所周知，陈寅恪、唐篔夫妇共有三个女儿，难道除了夫妇二人外，三个女儿中还要留下一个在大陆？显然，这在情理上解释不通。

　　1948 年 12 月 15 日，陈家从北平飞赴南京时，同行的是四人——陈寅恪夫妇、长女流求、幼女美延。[1] 当晚六点半到达南京[2]，只住了一晚，即搭夜车往上海，住在哥伦比亚路 11 号交通部公路局招待所（时陈寅恪妹婿俞大维任国民政府交通部部长，职是之故，有此便利），等轮船到广州。[3] 次女小彭这年原本留在南京金陵女子大学附属中学高中部继续学业，在父母飞离北平前，因南京时局日紧，已随同伯父隆恪一家先期到达上海，借住地即交通部公路局招待所。[4]

　　1949 年 1 月 16 日，陈寅恪一家自沪乘坐"秋瑾号"轮

1　据蒋天枢撰《陈寅恪先生编年事辑（增订本）》，上海古籍出版社 1997 年版，第 143 页；陈流求、陈小彭、陈美延著《也同欢乐也同愁：忆父亲陈寅恪母亲唐篔》，生活·读书·新知三联书店 2010 年版，第 228-230 页。

2　据胡适 1948 年 12 月 15 日日记，见曹伯言整理《胡适日记全编》第 7 册，安徽教育出版社 2001 年版，第 727 页。2022 年 7 月 1 日补案：1948 年 12 月 16 日《前线日报》第 1 版曾刊有通讯《胡适偕夫人自平飞抵京　陈寅恪阖家同来》，内云："【中央社南京十五日电】北大校长胡适暨夫人，与史学权威陈寅恪教授阖家，今日下午六时三刻，乘空运大队专机飞抵京，到机场欢迎者，有王世杰、朱家骅、蒋经国、傅斯年、杭立武等。"此则材料，承周建增博士 2022 年 6 月 30 日提供。

3　据《陈寅恪先生编年事辑（增订本）》，第 142-143 页；《也同欢乐也同愁：忆父亲陈寅恪母亲唐篔》，第 230-231 页。

4　此承陈隆恪之女陈小从 2010 年 2 月 8 日、2012 年 2 月 12 日两次面告。据她回忆，其时同行者有孀居的大姑母康晦、堂妹小彭。陈小彭《小彭笔记》所述则微有出入，详《陈寅恪先生编年事辑（增订本）》，第 143 页。

船前往广州时，同行的仍是四人——陈寅恪夫妇、次女小彭、幼女美延。[1] 长女流求上一年自金陵女大附中高中部毕业，暑假中考入清华大学生物系医预组，此时拟转入上海医学院学习。[2] 据流求回忆，"一九四九年伊始"，九姑丈俞大维"因肠道疾患住上海江湾军队医院治疗"，她"曾到医院替换姑母照顾他几天"。[3] 这年春节（夏历己丑年正月初一，公元1949 年 1 月 29 日[4]）刚过，俞大维携家人飞往广州，后至香港。直到 1983 年，俞大维在写给流求的一封信中还说："我和九姑离开大陆时，曾在上海送你到上海医学院，当时我就知道别后不容易再见，很为伤心……"[5] 两人的回忆都再次证明，流求当时未随父母同往广州。

据此，笔者以为，陈寅恪夫妇避往海外的念头是随着情

1 《陈寅恪先生编年事辑（增订本）》，第 143-144、147 页；陆键东著《陈寅恪的最后二十年》，生活·读书·新知三联书店 1995 年版，第 18-19 页；《陈寅恪的最后二十年（修订本）》，生活·读书·新知三联书店 2013 年版，第 17-18 页。

2 《陈寅恪先生编年事辑（增订本）》，第 142、147 页。"医预组"，此从《也同欢乐也同愁：忆父亲陈寅恪母亲唐篔》（第 228 页），《陈寅恪先生编年事辑（增订本）》则作"医预科"。又，据陈流求等回忆："我们在上海住了一个月，父亲决定应岭南大学之聘，遂南下广州。当时流求入国立上海医学院借读，后转学入二年级，一人留在上医读书，未随父母南下。"见《也同欢乐也同愁：忆父亲陈寅恪母亲唐篔》，第 231 页。

3 陈流求《亲切的怀念》，载 1993 年 12 月 6 日《人民日报（海外版）》。

4 荣孟源编《中国近代史历表》，中华书局 1953 年版，第 120 页。

5 陈流求《亲切的怀念》，载 1993 年 12 月 6 日《人民日报（海外版）》。

势的变化而不断调整的，未必在逃出北平或离开上海时就已经有所预设。之所以在 1949 年 5 月采取双管齐下之法，以至于冒着长女流求有可能独自滞留上海的风险也要出行，同样是"时局日紧"，情势所迫。

女儿们的回忆

就在拙文发表前两周，2010 年 4 月 15 日的《南方周末》刊出了陈氏三姐妹的回忆文章《我们的父亲陈寅恪》，下面这两段文字引起我的格外关注：

> 1949 年 1 月 16 日，父母带着小彭、美延登上招商局海轮秋瑾号出吴淞口，海上航行三天，19 日先暂泊珠江口虎门附近，……秋瑾号最后驶入珠江口黄埔港靠岸。……
>
> 旧历年刚过，九姑夫妇从上海飞往广州，流求到机场送别。在广州，父亲与姑父母经常见面、深谈。这是他们兄妹、表兄弟一生最后的聚会。姑父决定离开大陆，而父亲留在广州的心意已定，两人在穗也曾多次分析局

势，详谈各人行止、今后考虑。[1]

这些文字，足以证明：1949 年 1 月陈寅恪携家赴粤时，长女流求的确没有同行；直到同年 5 月陈家分头申请办理入港、入台许可证时，流求仍然不在其列。揆以常情，陈寅恪夫妇之所以冒此风险，或许对长女另有安排，或许是不得已而为之。

陈氏姐妹所称 1949 年初春时父亲与姑父"多次分析局势，详谈各人行止、今后考虑"，自是可信；至于说"父亲留在广州的心意已定"，则似乎为时过早。

几句多余的话

陈寅恪 1949 年的去与留，在很长一段时间里一直是个十分敏感的问题，后来又曾经引发许多猜测和争议。于今观之，要想破解这个谜团，首要的工作是将后人贴在陈寅恪身上的诸多标签一一撕下，而把陈寅恪还原到彼时彼刻特定情

---

1 《我们的父亲陈寅恪》一文，节选自姐妹三人合著的《也同欢乐也同愁：忆父亲陈寅恪母亲唐篔》，刊发于该书面世（2010 年 4 月）前夕。这两段引文，分见该书第 232、235 页。

境下的真实身份——他是一个南下躲避战火的难民，是一个时刻需要扶持的盲人，是病妻的病夫，是弱女的弱父，是风雨飘摇中小家庭的唯一支柱，是早已败落的大家庭的主要保障。换言之，从常识、常情、常理的角度出发，可能较之其他角度更加容易获得真解。

最后，笔者愿以余潜山的结论为基础，试着对这个问题作一个概括性的陈述："陈先生最后未能离开广州固是事实，但我们决不能说他自始至终从来没有考虑过'避地'的问题"[1]，因为已经有足够的材料证明他不但有过"避地海外的念头"[2]，而且在一定程度上曾经付诸行动。

---

1 余潜山《跋新发现的陈寅恪晚年的两封信》，见余著《陈寅恪晚年诗文释证（增订新版）》，台湾东大图书股份有限公司1998年版，第268页。
2 余潜山《陈寅恪晚年诗文释证》，见《陈寅恪晚年诗文释证（增订新版）》，第97页。

关于唐篔赴港的新材料 [*]

笔者与陈流求、陈美延女士原本相识，2010 年 5 月 18
日在北京的梁启超、陈寅恪"年谱长编"出版学术座谈会上
又一次相遇。当天中午，两位陈女士约见笔者，专门就笔者
前不久发表的一篇文章——《陈寅恪 1949 年有意赴台的直
接证据》¹——补正了一些细节，尤其是对她们的母亲唐篔女

---

* 本文首刊于 2010 年 6 月 13 日《南方都市报》；后收入张求会著《陈寅
　恪丛考》，浙江大学出版社 2012 年版，第 30–32 页。录入本书，增补了
　两条注释。
1 张求会《陈寅恪 1949 年有意赴台的直接证据》，载 2010 年 4 月 29 日《南
　方周末》。

士最后一次赴港时间的回忆。此事关涉陈寅恪先生晚年的去留行止，征得两位陈女士的同意，笔者在此首次予以披露：

    1. 母亲 1949 年 1 月到达广州后，只去过一次香港，时间大约在 1949 年暑假。[1] 1950 年去香港的是流求，与她的同学一道前往。

    2. 母亲 1949 年赴港前，与父亲有过口角，母亲因此负气出走。口角之事，王了一先生的夫人后来在北京曾向流求、美延姐妹谈起。[2]

    3. 母亲以离家出走来"胁迫"父亲的说法，言过其实。因为，父亲不是轻易能够被胁迫的人，"胁迫"父亲也不符合母亲的为人。

    4. 母亲在港期间，去过马鑑先生家里，是否住过则

---

1 唐筼的这段往事，学者陆键东在其著作中最初是这样叙述的："1950 年夏，与陈寅恪相依为命二十二年的唐筼携女突然去香港住了一段时间。"（陆键东著《陈寅恪的最后二十年》，生活·读书·新知三联书店 1995 年版，第 38 页）十余年后，陆著修订再版，作者虽然坚持原来的说法，但是增添了一条脚注："据陈寅恪女儿回忆，她们更倾向于认为母亲是在 1949 年有此香港之行。"（《陈寅恪的最后二十年（修订本）》，生活·读书·新知三联书店 2013 年版，第 35 页）

2 王了一，即语言学家王力，时与陈寅恪同在岭南大学任教，1954 年由中山大学调至北京大学。"王了一先生的夫人"，应指第二任夫人夏蔚霞，1935 年与王结婚。据《王力先生年谱》，载唐作藩、李行健、吕桂申编《王力论语文教育》，河南教育出版社 1996 年版，第 360 页。

不清楚——即便住过，也是时间极短。

5. 母亲到港后，因心脏不适，找到一位熟悉的女医师并曾暂住在她处，女医师也与陈新午相识。母亲后来住在九姑陈新午的家里。[1]

6. 母亲离家时，流求仍在上海，小彭、美延随后从广州搭乘飞机到香港，在九姑家里找到母亲。在港短暂停留后，二人与母亲一同坐车返回广州。当时，两地仍然可以自由往返。

7. 母亲不在家的那段时间，岭南大学数位与父母相熟的伯父、伯母曾来家安慰并照顾父亲。

8. 太平洋战争爆发后，1942 年我家离港时，父亲曾将行李寄存在香港，但只有几件，1949 年后陈新午也寄存几件，总共最多十几件，而不是陈君葆先生在日记里所说的"几十件"。

9. 何广棪先生转述的内容——1959 年马鑑先生辞世后，陈寅恪夫人代为取走俞大维一同寄存在马鑑先生家中的行李——完全与事实不符。一来后来的时局根本不允许赴港，二来母亲的身体也不允许。

1　陈新午，陈寅恪次妹，俞大维之妻。

　　唐筼赴港风波，六十年来众说纷纭、莫衷一是。胡文辉曾在《陈寅恪诗笺释》里罗列了数十年间的种种说法[1]；后来又根据新刊布的陈君葆书信，写成《陈寅恪 1949 年去留问题及其他》[2]一文。胡著、胡文，加上笔者的两篇短文——另一篇题为《陈寅恪 1949 年去留问题补谈》[3]，大概反映了这个问题的基本面貌。即便如此，证据链的衔接仍然不够严密，部分结论也因此显得不够周详。陈氏姐妹的补正，主要针对哪些文字，感兴趣的读者不妨作一比较。这些回忆能否完全经得起其他文献的印证与考验，仍需假以时日，但《也同欢乐也同愁：忆父亲陈寅恪母亲唐筼》[4]的出版和此次的回应，让我们看到了无限希望。

1　详胡文辉著《陈寅恪诗笺释》上卷，广东人民出版社 2008 年版（软精本），第 344–347 页；《陈寅恪诗笺释（增订本）》上册，广东人民出版社 2013 年版，第 452–458 页。

2　胡文辉《陈寅恪 1949 年去留问题及其他》，载 2009 年 5 月 24 日《东方早报·上海书评》。

3　张求会《陈寅恪 1949 年去留问题补谈》，载 2010 年 5 月 18 日《南方都市报》。

4　陈流求、陈小彭、陈美延著《也同欢乐也同愁：忆父亲陈寅恪母亲唐筼》，生活·读书·新知三联书店 2010 年版。

中央高层迎请陈寅恪居庐山讲学的原始证据 *

前言

1950 年，中共中央高层曾接受民主人士李一平的建议，准备将历史学家陈寅恪从广州迎请至庐山讲学、生活。此后多年，这件事一直作为小道消息在知识界传播。[1] 1997 年，

* 本文原刊于《关东学刊》2019 年第 5 期。收入本书，正文有重大修正，部分注释亦有所补充。
1 1979 年 10 月 7 日，陈寅恪逝世十周年之际，其弟子王永兴撰文回忆："党和国家对寅恪先生十分关怀。广州解放后不久，周恩来总理派一位同志到广州看望寅恪先生。这位同志转达了总理对他的关怀和期待：希望他不要离开中国大陆，不要离开社会主义祖国；他居住的地方由自己选定，在广州，在北京，在庐山都可以，如果他愿意住（转下页）

《陈寅恪先生编年事辑（增订本）》出版，恢复了 1981 年初版本"因种种原因"而删节的文字，[1] 其中就包括了吴宓日记对此事的记载。[2] 2006 年，《吴宓日记续编》第 5 册面世，首

（**接上页**）在庐山，政府可以把他老家在牯岭的旧居加以修理；在研究上，如果需要经费和其它条件，政府都可满足他的要求。寅恪先生向这位同志表示，他感谢总理对他的关心，他不会离开中国大陆；住在广州就很好，不回庐山了，请政府不要费心去修理牯岭的房子。在研究工作上，现有的条件已经足够，不需要政府再给经费。"见王永兴《怀念陈寅恪先生》，载中华书局编辑部编《学林漫录（初集）》，中华书局 1980 年版，第 11–12 页。案："广州解放"，在 1949 年 10 月 14 日；"一位同志"，不详。

1　蒋天枢撰《陈寅恪先生编年事辑（增订本）》，上海古籍出版社 1997 年版，卷首，"出版说明"。

2　1950 年，中央高层接受李一平的建议，并派他迎请陈寅恪居庐山研究、讲学，未果。1953 年，中央高层决定邀请陈寅恪北上出任中国科学院中古史研究所所长，曾经担任陈寅恪助教的北京大学副教授汪篯携带中科院院长郭沫若、副院长李四光的两份邀请信，南下劝说陈寅恪北返，依然未果。蒋天枢撰作《陈寅恪先生编年事辑》时，受限于当时的研究条件，误将二事一并系于 1954 年，按语则云："吴氏日记所记派李一平迎陈先生北返，与前言汪篯迎陈先生北返事，是一是二，待考。"同样因为研究条件的制约，蒋著初版本、增订本先后两次将吴宓记载此事的日期错为"一九六九年八月三十日"（实为 1961 年 8 月 30 日）。吴宓当天日记之内容，蒋著初版本刊作："吴宓日记：'政府派李一平来迎，寅恪说明宁居中山大学，康乐便适（生活、图书），政府于是特致尊礼。'"增订本则恢复了蒋氏书稿的原貌："吴宓日记：'寅恪兄精神较好，撮要谈述十二年来近况，始知李一平君有接洽龙云投依人民政府、和平收复云南之功，政府询其所欲得，以二事告：（甲）请迁移吴梅（瞿安）师之枢归葬苏州。立即照办。（乙）请迎著名学者陈寅恪先生居庐山自由研究、讲学。政府亦允行。政府派李一平来迎，寅恪说明宁居中山大学，康乐便适（生活、图书），政府于是特致尊礼。毫不系于苏联学者之询问也。'"（**转下页**）

次完整披露了陈寅恪 1961 年 8 月 30 日对于此事的忆述（详后）。吴宓是陈寅恪的终生挚友，他的记录源自陈氏本人的口述，自然真实可信。然而，作为建议者和执行者的李一平，是否留有直接的文字材料，长期以来从未听闻。2019 年 7 月，李一平的外孙朱邈向笔者提供了一封其外祖写给陈铭枢的未刊信札，李一平在这封信里明确谈及此事的进展情况。至此，中央高层有意迎请陈寅恪居庐山研究、讲学一事，总算出现了第一份最原始、最直接的文献证据。

一

朱邈提供的这封李一平致陈铭枢未刊信札[1]，以毛笔书写于白色便笺上，共五页，每页八行，间有涂改。正文如下：

（接上页）详《陈寅恪先生编年事辑》，上海古籍出版社 1981 年版，第 147-148 页；《陈寅恪先生编年事辑（增订本）》，上海古籍出版社 1997 年版，第 157-158 页。另可参阅陆键东著《陈寅恪的最后二十年》，生活·读书·新知三联书店 1995 年版，第 95-125 页；《陈寅恪的最后二十年（修订本）》，生活·读书·新知三联书店 2013 年版，第 90-119 页。

[1] 陈铭枢与李一平等人往来之信札以及其他相关资料，经朱邈牵线，已由陈铭枢后人捐赠某国家级科研单位，尚待整理、公布。

證兄知晤不於前月底回寧頃
又来沪日内即遑寧北行大
錯的以前的以抵京日
前得秋一之此謂江津自九月
後朕程餘米一千五百斤楚君
實可感激点了一段心事也廬
山之計項陳封褱君自北京
歸来知一切已知仲揆計劃

李一平致陈铭枢函（第1页）

证兄如晤：

弟于前月底回宁，顷又来沪，日内即返宁北行，大约本月廿日以前可以抵京。

日前得秋一兄函，谓江津自九月份起，月从县府领米一千五百斤，楚君实可感激，亦了一段心事也。

庐山之计，顷陈封怀君自北京归来，知一切已如仲揆计划办理。请兄即迅为查明政院"江西农业厅农业科学研究所副所长陈封怀调任中国科学院植物分类研究所庐山工作站主任"之令文已否到部。如已到部，望即速为转令江西农业厅，以便陈君回省即可赴庐山工作，并请令江西省府在牯岭拨一较大房屋，以为办公之用。陈君积学笃行，在山备历艰苦，守死不去，以有今日成绩，将来此一工作站对中南区必有甚大贡献。一切俟兄十一月入京，又为面罄。

如今年弟不返滇，会后当偕兄一作庐山之游。家康如同意，即介去庐山工作，俾从此事畜得所。日内回京，即与商决。

寅恪先生是否回山，将视弟是否回山以为定。如此，则京中朋友望弟住京中者，又不能不从长计议。此皆待兄回京又商。而毓德则以举家人人有业安土重迁之感。（崇如父女俱当选本届市代表。）居素决卖屋回国，即赴庐山从事著述。弟则如兄所知，实应有一清静环境读书数年，但以目前情形而论，则一年半载以内恐尚无此清福耳。奈何！

　　嵩上，敬颂双安！诸佺快乐！

　　广生有许多像片带京。

弟平上言

十月九日[1]

二

　　这封信的内容颇为丰富，除了调陈封怀回庐山工作、请陈寅恪居庐山讲学，还涉及其他人和其他事。为了把事情说得更加清楚，也为了尽可能凸显这封信的重要文献价值，有必要宕开一笔，先对写信人李一平的生平以及他和相关人物的关系梳理一番。

　　李一平（1904—1991），名玉衡，以字行，云南大姚人，爱国民主人士。自青年时代起，即致力于追求光明、追求民主。1924年考入东南大学文科。1925年参与领导南京"五卅运动"。此后，在广州经陈铭枢介绍，结识廖仲恺，并于1926年参与广东革命政府关于出师北伐的策划工作。1927

1　原信未分段、无标点，现据文意分为若干段，并添加新式标点。

年，任国民革命军总政治部社会科科长、第十一军政治宣传
队队长，借助陈铭枢的关系，奔走于国民党上层人士之间，
呼吁结束军阀割据的混乱局面。1930 年，痛感无回天之力，
遂称病脱离国民党军政界，在庐山创办"交芦精舍学堂"，
实践教育救国的志愿。1938 年，回到家乡大姚县，创办大
姚中学。1942 年，应国民政府云南省主席龙云之邀，赴昆
明共商局势及抗日谋略。1947 年，旧政协移至南京后，李
一平作为龙云的代表长住南京，为国共和谈奔走。其后，协
助龙云策划滇军起义和云南起义。1949 年夏，李一平到北
平向中共中央请示云南起义事宜，并与董必武、朱德、周恩
来等领导人共商起义的具体部署，为滇军起义和云南和平解
放做出了重要贡献。云南起义后，他陪同龙云从香港回到北
京。1950 年，李一平被中央人民政府委员会批准任命为云
南省人民政府委员（内务部 6 月 8 日通知），后以教育界特
邀代表身份出席了中国人民政治协商会议第一届全国委员
会第二次会议（6 月 14 日至 23 日）。会后，受周恩来委托，
再次赴港从事统战工作。嗣因朝鲜战争爆发（1950 年 6 月
25 日），局势发生变化，即返回北京。1950 年 12 月，被任

命为中央人民政府政务院参事。[1]

陈铭枢（1889—1965），字真如，别署证如，广东合浦（今属广西）人，国民党爱国将领。北伐战争时期，任国民革命军第十一军军长。1927年，任国民革命军总政治部副主任。1928年，任国民党广东省政府主席。1932年，支持所部十九路军的"一·二八"淞沪抗战。1933年，与李济深等于福州组建中华共和国人民革命政府（又称"福建人民政府"）。1935年，和李济深等在香港成立中华民族革命同盟。1948年，在香港成立中国国民党革命委员会，任民革中央常委。1949年9月，任中华人民共和国中央人民政府委员会委员。1950年9月，出任中南军政委员会委员兼农林部副部长，后转任部长。[2]

1　据以下文献综合而成：云南省地方志编纂委员会总纂、中共云南省委员会办公厅编撰《中共云南省委志（《云南省志》卷43）》下卷，云南人民出版社2000年版，第367-368页；《李一平传略》，载李春年、李春光、李春冰、李春如编《李一平诗选》，云南教育出版社1996年版，第143-147页；何虎生等主编《中华人民共和国职官志（增订本）》，中国社会出版社1996年版，第171-172页；景玉川《李一平与陈三立祖孙三代》，载《九江师专学报（哲学社会科学版）》2002年第2期。案：本文涉及人物较多，且生平经历复杂者不在少数，为省篇幅，现仅撷取与本文讨论问题相关联之生平片段，敬希读者察而谅之。

2　据以下文献综合而成：陈玉堂编著《中国近现代人物名号大辞典》，浙江古籍出版社1993年版，第527页；朱宗震、汪朝光编《陈铭枢回忆录》，中国文史出版社1996年版，附录四《陈铭枢简谱》，第201、204、206页；何虎生等主编《中华人民共和国职官志（增订本）》，第169页。

　　李一平与陈铭枢相识相交多年，在不少重大历史关头并肩作战，交谊之深笃可想而知，故而这封信无论谈及公事或者私事，都能直言无忌。李一平写这封信时，陈铭枢已是中南军政委员会委员兼农林部部长，因此，李才会请他查明陈封怀之调令是否已经"到部"，并"转令江西农业厅""请令江西省府"协同办理——当时，中南军政委员会行使中南人民政府的职权，"统一领导河南、湖北、湖南、江西、广东、广西六省和武汉、广州二市人民政府工作"。[1]

　　"秋一"，即吕澂（1896—1989），字秋逸，又作秋一，江苏丹阳人，佛学家。"江津"，应指代坐落于江津的支那内学院蜀院。1914年，吕澂入金陵刻经处研究部学习，师事欧阳竟无。1918年，欧阳竟无发起筹办支那内学院，吕澂应召协助。1922年，内学院在宁正式开办，吕澂任学务处主任。1937年，抗战不利，南京形势紧张，内学院西迁四川，吕澂携家随往。次年，内学院在江津成立蜀院，仍以讲学与刻经并举。1943年，内学院院长欧阳竟无去世，在川同学组织院友会维持院务，推举王恩洋、陈铭枢、吕澂等七人为理事，由吕澂摄理院长职务。1947年，吕澂返回南京，筹划恢复内学院，未果。1950年，四川解放，院中一切无恙。此时，吕

1　源清《中南军政委员会在汉成立纪实》，载《武汉文史资料》2002年第5期。

澂仍有意将内学院迁回南京，然苦于并无"好多办法"，"而张澜等已为蜀院请得西南文教部的经常补助，在川续办不成问题"。吕澂遂于同年 11 月回到四川，改内学院蜀院为中国内学院，组织院董会，王恩洋、杨鹤庆、李一平、陈铭枢、吕澂等五人为董事，推陈为主席。1951 年 10 月，吕澂在京列席全国政协一届三次会议，归后感觉内学院在川办理困难，而国家对学术研究已有全盘规划和措施，更无私人办理之必要，遂于 1952 年结束院务。[1]

1959 年秋，吕澂曾写过一份自述材料，其中谈到了陈铭枢、李一平等人与内学院的关系：陈铭枢的老师桂念祖是欧阳竟无的好友，1915 年陈铭枢曾在南京向欧阳问学，1926 年又曾短暂住内学院研究，抗战时期在重庆又时常来院问学。李一平则于 1926 年由内学院中的云南同学介绍，来院旁听，此后时有往还。陈、李二人同为内学院院友会理事、院董会董事，皆对内学院竭力维护。[2]

"楚君"，应指楚图南（1899—1994），[3] 云南文山人，作家、翻译家、书法家，曾在多所大学担任教授，以教员身份

1　吕澂著、高山杉整理《我的经历与内学院发展历程》，载《世界哲学》2007 年第 3 期。
2　详《我的经历与内学院发展历程》。
3　此承李春年（李一平长子）提示，朱邈 2019 年 8 月 11 日以微信转告。

参加地下工作，为民盟领导人之一。1949 年岁末，楚图南以
民盟西南特派员的身份从北京南下重庆，次年任西南军政委
员会文化教育委员会主任兼文教部部长，负责大西南文化教
育工作。[1] 吕澂自述所云 1950 年"张澜等已为蜀院请得西南
文教部的经常补助"，以情理推测，应该与此次获得江津县
政府每月补贴大米 1500 斤类似，同样得力于楚图南的扶助。

陈封怀（1900—1993），江西义宁（今修水）人，植物
学家。其曾祖陈宝箴、祖父陈三立、父亲陈衡恪、六叔陈寅
恪等皆享有盛誉，世称"义宁陈氏"。1931 年，陈封怀任北
平静生生物调查所研究员，曾参与该所与江西农业院共同创
办庐山森林植物园的活动。1934 年，植物园成立，陈封怀
赴英国留学。1936 年返回庐山，任植物园副主任兼技师。抗
战期间，植物园受战火摧残，人员被迫撤离。1946 年，陈
封怀被聘为植物园主任，在随后数年复建期内勉力支撑，甚
至用自己在南昌中正大学任教的工资来贴补植物园经费之不
足，生活十分艰苦。1949 年，庐山解放前夕，庐山管理局
局长（兼庐山防卫团团长）要求陈封怀随其撤逃，陈不为所

1 据吴向北《楚图南与西南文委（上、下）》，连载于《新文学史料》2001
年第 3、4 期。

动，坚持不走，保住了植物园。[1] 李一平函中所言"备历艰苦，守死不去"，确是写实。

"仲揆"，即李四光（1889—1971），原名李仲揆，湖北黄冈人，地质学家。1949年10月，中央人民政府任命李四光（其时正准备自海外返国）为中国科学院副院长，次年3月到京就任。[2] 1950年，庐山森林植物园收归中科院植物研究所领导。身为中科院副院长的李四光，得以策划、实施将陈封怀由江西农林科学研究所调任中国科学院植物分类研究所庐山工作站一事（详后）。后来的事实证明，李四光等人当年的这一举措堪称英明：1953年，陈封怀协助设计杭州植物园；1954年，创建南京中山植物园；1958年，参加建设武汉植物园；1963年，到广州创办华南植物园。陈封怀也因种种成就获得"中国植物园之父"的崇高声誉。[3]

"家康"，即李家康（1914—1998），安徽合肥人。[4] 李

1　详刘经富著《义宁陈氏与庐山》，中国文史出版社2004年版，第144–153页；胡宗刚著《庐山植物园最初三十年（1934—1964）》，上海交通大学出版社2009年版，第93–112页。

2　据中共中央文献研究室编《周恩来年谱（一九四九——一九七六）》上卷，中央文献出版社1997年版，第11、12、40页。

3　详《义宁陈氏与庐山》，第153–154页。

4　王忠良、叶德兴《一对不可多得的"民国结婚证书"》，原载《新民晚报》，此转录自"东方网·东方生活·收藏天地"，网址：http://society.eastday.com/epublish/gb/paper54/2000521/class005400001/hwz257488.htm，发布时间：2013年12月29日14:56:03，下载日期：（转下页）

家康之父李少川（1885—1935），又名李国凤，[1]与李一平
为"忘年交"[2]。"李少川早年参加辛亥革命，与冯玉祥、陈铭
枢关系密切，平日里兄弟相称。"[3]1946年2月19日，李家
康与上海光华大学同学宋玉润在重庆结婚，其时，乃翁李
少川虽已病故多年，"但冯、陈两将军仍欣然为李、宋证婚，
足见冯、陈与李家友情笃深"。[4]李一平则是两位主婚人之

（接上页）2019年8月9日。2022年6月13日补案：该文曾收入杨一心、
王金海主编之《古玩宝斋300期选》（文汇出版社2003年版，第486页），
似因版面之限而有所删节：正文删"主婚人：李一平、陈元之"等文字，
结尾删"另注"一段（内含李家康、宋玉润夫妇去世时间）。

1 《净土圣贤录四编》卷中《往生居士三》略云："李少川居士，名国凤，
安徽合肥人。少时致力革命运动，以倾其家。……民国成立后，迭任政
界要职，而虔修净土，日有常课。二十四年四月，在上海寓庐，觉有异
香，因感国事蜩螗，愤慨成疾。六月廿四日，忽患脑充血，喑不能语，
而神识清明。长子家康，在佛堂诵经念佛，祈父病愈。……廿六日午
后，面现慈容，四肢已木，两手忽能合十，作礼佛状而逝，年五十一。"
（此据高雄净宗学会编《净土圣贤录》，1993年印行，第783—784页）
据此，其生卒年似应为"（1885—1935）"，而非《李一平诗选》所标
"（一八八七—一九三六）"（第78页，"编者注"）。
2 《李一平诗选》，第78页，"编者注"。
3 《一对不可多得的"民国结婚证书"》。案：李少川、陈铭枢与1935年王
亚樵刺杀汪精卫一案之关联，历来传闻众多，可参阅郭昭昭《派系斗争视
野下的"1935年刺汪案"》，载《安徽广播电视大学学报》2005年第4期。
4 《一对不可多得的"民国结婚证书"》。案：李家康之弟李家友，从1938
年起，长期在陈铭枢身边工作。详李家友1989年10月25日《在陈铭枢
先生诞辰一百周年纪念座谈会上的讲话》，载中国人民政治协商会议合浦
县委员会编《陈铭枢纪念文集（1889—1989）》，政协合浦县委员会1990
年印行，第6-11页。

一[1]，可见他与李氏父子之关系也非同一般[2]。

"寅恪先生"，即陈寅恪（1890—1969），江西义宁人，历史学家。义宁陈氏三代人——陈三立、陈隆恪与陈寅恪、陈封怀和陈小从——与李一平皆有交往，时间跨度超过半个世纪。20世纪30年代，李一平在庐山办学期间，与陈三立（字伯严，号散原）及其一家结识，自此建立了深厚的友谊。[3] 李一平将诗人陈三立奉为平生推仰的三位尊长之一——另两位为佛学家欧阳竟无、曲学家吴梅。[4] 1936年，交芦精舍学堂被当局下令解散，业已移居北平的陈三立闻讯后寄语安慰："豺狼当道，安问狐狸？日月曷丧，与汝皆亡。世运如斯，勿自苦也。"[5] 同年，陈三立抱病亲书贺联"笃行鸿光

1　详《一对不可多得的"民国结婚证书"》。

2　1977年，李一平有诗《家康侄录寄少川遗诗，回首生平，曷胜感怆》，详《李一平诗选》，第123页。

3　详《义宁陈氏与庐山》，第93—97页。

4　陈小从《八五年夏，北游燕京，趋谒先君之挚友李一平世伯于复外寓庐，历数五十年间往事，娓娓移晷，归而成六十韵以献》开篇即云："吾祖爱匡庐，松门置别墅。林泉慰孤抱，颐养天所许。先生时过从，布衣蹑芒履。吾父倒屣迎，牵裾有稚女。（时余方八龄。）山肴佐村酿，从容论今古。佳辰扶轻篴，清景同延伫。（先祖每携家人山游，常邀先生同往。）相约不离山，往来八寒暑。"另有句云："平生所推仰，欧、吴暨吾祖。（佛学家欧阳竟无居士、戏曲学家吴瞿安先生暨先祖散原老人。）"见《李一平诗选》，代序二。

5　李一平《世难如山，散丈逝矣；追怀杖履，涕泪纵横（一九三八年春）》自注，见《李一平诗选》，第10—11页。

维世教，高风陶翟恋山居"，托次子隆恪带上庐山，为李一平、曹毓德追贺婚礼。[1] 陈隆恪以及隆恪之女小从，因为在庐山侍奉陈三立之故，较早和李一平结识，两代人皆与李氏有密切联系。李一平不但与隆恪父女常有诗歌唱和[2]，更是在关键时刻施以援手，如 1950 年帮助陈小从赴京入读中央美术学院，1951 年向中共中央统战部推荐陈隆恪担任上海文物管理委员会顾问等。[3] 陈封怀为陈三立之孙、隆恪与寅恪之侄，虽年长李一平四岁，但始终对他敬重有加；李一平则待

1　陈三立手书之贺联在抗战时遗失，1948 年李一平请陈隆恪补书，重新张挂于室内。详陈小从《图说义宁陈氏》，山东画报出版社 2004 年版，第 175 页；另可参阅《李一平诗选》，第 10—11 页。

2　李一平与陈隆恪唱和之作，似遗失；1959 年李一平有诗《小从摘示其先君子彦和五兄倭难以来遗诗，感赋一律》，"彦和五兄"即陈隆恪，详《李一平诗选》，第 58 页。陈隆恪《同照阁诗集》收存与李一平往还之诗作，如《一平自滇来山喜赋长句》（1946）、《岁暮怀一平》（1950）、《一平至自北京将先往游庐山以坚归隐之约赋赠》（1950）、《一平奉使关外还至金陵迎眷乘间枉道过访赋此戏赠》（1951）、《戏作长句赠别一平还京》（1951）、《病中闻一平自蜀返北京赋寄》（1952）、《答一平书缀以此诗》（1952）等，详陈隆恪著、张求会整理《同照阁诗集》，中华书局 2007 年版，第 255、263、269、290、307 页。陈小从则有《一平世伯赠梅坞龙井茶及庐山云雾茶均系先茔所在地及故居产物怆然感赋》（1983）、《乙丑夏北游燕京趋谒先君之挚友李一平世伯于复外寓庐历数五十年间往事娓娓移晷归而成六十韵以献》（1985）、《一平世伯寄示重登庐山诗及松门故居照片感触前尘依韵奉答》（1988）等诗，记录与父执李一平往来之情形，详陈小从著《吟雨轩诗文集》，中华书局 2015 年版，第 63、66—68、76—77 页。

3　据陈小从《同照阁诗本事拾零》，详《同照阁诗集》，第 442 页。

陈封怀如同辈。1983 年，江西学者宗九奇撰写了一篇《陈三立传略》，陈小从认为稍嫌简略，于是补写了戊戌变法时曾祖陈宝箴、祖父陈三立在湖南的一些史实。写好之后，陈小从不太放心，寄给父执李一平求正。恰巧陈封怀出差抵京，李一平遂邀集在京的陈封怀之弟封雄，三人在李家一同商议如何修订文稿。[1] 1985 年，李一平夫人曹氏逝世，陈封怀自广州寄呈《失妻同感》《哭梦庄》两诗，以示慰问。[2] "君家风物略能说，待共含鄱一径秋"，[3] 是李一平对义宁陈氏知之甚深的自述；"三世接风仪，高谊照肝腑，先茔赖呵护，存殁两安抚"，[4] 则是陈小从感恩李一平多年关照的表白。

"毓德"，曹毓德（1912—1985），李一平之妻。曹毓德是清朝"父子宰相"曹文埴、曹振镛之后。曹氏家族原籍安

1　详《图说义宁陈氏》，第 176 页。

2　李一平有《封怀寄〈失妻同感〉〈哭梦庄〉两诗答以一律（一九八五年七月）》，详《李一平诗选》，第 134 页。

3　李一平《封怀示小从带家藏五十六年白兰地酒喜赋一律即次韵并示小从》，见《李一平诗选》，第 141 页。案：可阅陈小从《家藏白兰地酒为余出生前旧藏距今五十五年矣先父甚珍视几度摩挲而未忍开瓶取饮今冬赴穗以其半持赠二兄兄得之至喜酬以一律出此奉答》，"二兄"即陈封怀，详《吟雨轩诗文集》，第 98 页。

4　陈小从《八五年夏，北游燕京，趋谒先君之挚友李一平世伯于复外寓庐，历数五十年间往事，娓娓移晷，归而成六十韵以献》。其中，"先茔赖呵护，存殁两安抚"句下有陈小从自注："先祖及师曾伯父之墓在杭州九溪侧畔，屡遭危损，赖先生力得以保全，列为省级文物保护单位。"见《李一平诗选》，代序二。

徽歙县，因以扬州盐商起家，后世遂有长居南京者。[1] 1948 年，为防不测，李一平挈妇将雏避居香港。[2] 1949 年时局安定后，曹毓德始携儿女返回南京。[3]

　　"崇如"，曹毓德之三叔曹厚埔，字崇如，号髯公，南京名士。[4] 曹髯公"20 世纪 30 年代初期参加了十九路军反蒋抗日活动"，"1933 年因参与了反蒋的福建人民政府，失败后

1　据朱邈 2019 年 8 月 3 日、5 日微信告知。案：曹琬（曹毓德堂妹）有文章回忆："我出生在一个封建大家庭，祖籍在安徽歙县雄村，是当地的一个大家族。至今清朝御赐的'四世一品'大牌坊和办学场所'竹山书院'仍保存完好。我的祖父是前清举人，曾执教于两江师范（中大前身），因而在南京大石桥购置了房产，全家定居南京。"见曹琬《父亲的言传身教，是我童年与少年岁月的最好启蒙》，载《江苏社会科学》2007 年 S2 期（2007 年教育文化版）。

2　李一平 1984 年诗《癸亥除夕前一日居素仍循例寄压岁钱来，戏报绝句》自注有云："卅七年前携家依居素香港东山台，除夕有'买花摘句待君删'之句。"见《李一平诗选》，第 129 页。

3　1948 年（戊子），李一平有诗《九日携年、光两儿登香港太平山感赋（一九四八年重阳）》。1949 年（己丑），有诗《北行舶仁川（一九四九年六月）》《经仁川赴津沽，波平如镜，口占一律，寄内子香港东山台》《偕真如、心清、春涛游颐和园，步真如韵》；同年，又有《毓德携子女泛海北行，目断魂伤，悲不可遏，中夜赋寄》《毓德自津沽、南京电告平安，又读年、光两儿自津沽来函，赋寄一绝》《己丑岁暮自北京夜还南都感赋》等诗。1950 年（庚寅），在南京有《庚寅元旦后一日，挈妻儿游梅花山》等诗。从上述诗题，可窥见李家数年间之行止。详《李一平诗选》，第 21—26 页。

4　据朱邈 2019 年 8 月 3 日微信告知。

遭到通缉，被迫流亡香港"。[1] 曹耆公之女，名琬。曹氏父女"俱当选本届市代表"，指父女二人同时当选为南京市第二届各界人民代表会议第一次会议代表，曹耆公为98名"职工"代表之一，曹琬为50名"青年学生"代表之一。[2] 会议于1950年10月23日至29日举行，[3] 推选各界代表等项工作理应提前完成，故李一平得以早早知道消息。

"居素"，黄居素（1897—1986），广东香山（今中山）人，民国时期政治家、画家。早年在粤军中担任要职，与林森、廖仲恺、陈铭枢等稔识，又曾入内学院研究佛学，得与熊十力、吕澂论学。1933年，黄居素脱离政界，定居香港，醉心于佛学与诗画。夫人冯端一，原籍广东鹤山，生于广州。[4] 黄居素、冯端一夫妇与李一平交谊深厚，为避倭难，黄家的女儿们曾被送至云南，托李一平照料。冯端一与李一

1　曹琬《父亲的言传身教，是我童年与少年岁月的最好启蒙》，载《江苏社会科学》2007年S2期（2007年教育文化版）。

2　据江苏省人大常委会办公厅编《江苏省人民代表大会大事记（1949—1993）》，1997年5月印行，附三"南京市各界人民代表会议代表名单"，第174、175页。案：此承朱和双提供重要信息，2021年12月8日、9日朱遐代为转达笔者。

3　据南京市地方志编纂委员会办公室编《南京简志》，南京出版社2014年版，第326页。

4　详幼苗《黄居素传略》，载中国人民政治协商会议广东省中山市委员会办公室《中山文史》编辑委员会编《中山文史》总第11辑，政协中山市委员会1987年印行，第11—14页。

平，常以姐弟相称，友情至老不渝。[1]

"广生"，即陈润元（1916—2005），字广生，陈铭枢长子。陈铭枢因为赞同李一平的处世为人，更钦敬其学识与见地，曾将儿子、外甥、外甥女等托付给李一平施教，受教地即李一平创办于庐山的交芦精舍学堂。[2] 其时，李四光购置房舍与李一平结邻，并"利用假期上山为学生义务讲授理化课程"。[3] 1935 年，陈广生离开庐山，赴英国学习、工作，抗战后到香港工作。[4] 1949 年中华人民共和国成立后，陈广生携家返回内地，生活、工作在天津，与曹毓德的二弟是同事兼好友。[5]

1　见《李一平诗选》，第 5 页，"编者注"。案：李一平有诗《得端姐书报以一诗》（约 1934 年）、《得素兄书，为言港九近况，并告知御寇筹策，时方大雨，而粤省沿海屡报飓风，戏寄伴函》（约 1942 年）、《除夕怀素兄端姐》（1952 年）、《癸丑岁暮素兄端姐循例寄压岁钱，戏就书中旧俗童心语缀句，寄以博笑》（1974 年）、《癸亥除夕前一日居素仍循例寄压岁钱来，戏报绝句》（1984 年），可参阅。详《李一平诗选》，第 5、19、35、115、129 页。

2　仲炜《不负陈铭枢厚望的陈广生》，载《老照片》第 46 辑，山东画报出版社 2006 年版，第 50 页。

3　见《李一平诗选》，第 7 页，"编者注"。

4　《不负陈铭枢厚望的陈广生》，载《老照片》第 46 辑，第 52-54 页。

5　《不负陈铭枢厚望的陈广生》，载《老照片》第 46 辑，第 55-61 页；又，据朱邈 2019 年 8 月 3 日微信告知。

三

此函所涉人、事，业已基本梳理清楚，接下来是确定写作时间。相比而言，原函中最重要的信息，仍是将陈封怀调至"庐山工作站"一节。感谢楚雄师范学院朱和双及时发现了拙文（初刊本）的错漏，使得我有机会改正失误；更要感谢庐山植物园历史研究专家胡宗刚，他的研究成果《庐山植物园最初三十年（1934—1964）》帮我完成了最后的"临门一脚"。

此事颇为复杂，不得不稍稍展开。1934 年 8 月 20 日，由静生生物调查所和江西省农业院共同组建的庐山森林植物园举行成立典礼。及至日军侵华，九江、庐山沦陷，植物园机构、人员被迫西迁昆明、丽江。1946 年夏，陈封怀受命主持战后复员工作，左支右绌，竭力维持，迎来解放。1949 年 10 月，江西省人民政府建设厅下令"原庐山林场与庐山森林植物园合并"，改名为"庐山植物研究所"，另派所长、副所长，植物园原负责人陈封怀被调往江西农林科学研究所担任副所长。大约与此同时，静生生物调查所也被新成立的中国科学院接收，与北平研究院植物学研究所合组成立中国科学院植物分类研究所，并于 1950 年 2 月正式成立。[1]

　　针对合并过程中的遗留问题，原静生生物调查所所长胡先骕（也是庐山森林植物园创始人之一）建议将庐山植物园等原分支机构纳入新设立的中科院植物分类研究所，作为下辖的工作站。1950 年 2 月 13 日，在中科院植物分类研究所第二次研究工作人员会议上，如何接管各工作站成为议题之一。与陈封怀素来关系密切的胡先骕，通过书信往来，已提前知悉庐山近况，故代为向会议报告。4 月 22 日，中科院植物分类研究所召开工作计划委员会会议，胡先骕再次报告庐山近况，并建议"我所对该园如何办法，应有决定"。在其努力下，会议最终形成决议："请院与江西省当局表示本所愿与江西省农业科学研究所合办庐山森林植物园，或其他调查研究机构，本所可补助设备与采集等费用。"这一提议，得到了江西省的同意。昆明、西北工作站的拟建提议，也分别得到了云南省、西北农学院的认可。[2]

　　1950 年 9 月 6 日，中科院植物分类研究所在京召开工作站座谈会，听取各拟建工作站负责人的汇报，商讨如何与地方交涉等相关事宜。已被确定为庐山工作站主任的陈封怀，

1　据《庐山植物园最初三十年（1934—1964）》，第 33-34、69、96-112、115-118 页。

2　据《庐山植物园最初三十年（1934—1964）》，第 117-118 页。

应召出席。在会上，陈封怀报告了庐山森林植物园被江西省农业厅（原建设厅）接管后，与庐山林场合并一年来的情况，表明江西各方面都同意将植物园改为中科院工作站，他本人也愿意前往工作站主持工作。[1]

这次会议后，中国科学院于 10 月 13 日向中央人民政府政务院报告了此事。12 月 6 日，政务院批复中科院，同意将庐山植物园改组为中国科学院植物分类所庐山工作站，调江西省农业厅农业改进所副所长陈封怀为该站主任，并已电中南军政委员会转知江西省人民政府办理。[2]

至此，仅仅是陈封怀调任"庐山工作站主任"这一证据，已足以帮助我们确认：这封李一平致陈铭枢函，写于 1950 年 10 月 9 日；写信地点，则在上海。李一平当时打算日内即由沪返宁再北行，"大约本月廿日以前可以抵京"，事后证明，这一行程确实落了地——10 月 24 日（重阳后五日）他已到了青岛。[3] 而从"一年半载以内恐尚无此清福"等话语，既可看出他对于今后定居在南京、北京还是庐山仍然举棋难定，更能管窥国际风云骤变之下的特殊使命只会让他继

1　据《庐山植物园最初三十年（1934—1964）》，第 118 页。

2　据《庐山植物园最初三十年（1934—1964）》，第 119 页。

3　李一平有诗《一九五〇年重九后五日问少峰疾于青岛，座供盆菊，清逸可喜，饭必小饮，饮必薄醉，留七日而后去，追忆成咏》，详《李一平诗选》，第 28—29 页。

续奔波不已。[1]

1　李一平曾长期从事统战工作，出于可以理解的原因，《李一平诗选》对于这类活动鲜有涉及，所以，通过李氏诗作来勾勒其历年行踪，往往难得其详，甚至无从寻觅。这种情形，直到新中国成立之初依然如此。比如，李一平在朝鲜战争爆发后的特殊使命，从他 1950 年至 1951 年之间的数首诗根本看不出任何玄奥，反倒是其友人陈隆恪的两首诗可以帮助后人管窥李一平当年的神秘任务。1950 年 6 月 25 日，朝鲜内战爆发。同年 10 月 25 日，中国人民志愿军第一次战役开始。1951 年 7 月 10 日，中华人民共和国和朝鲜方面与联合国军的美国代表开始停战谈判。在此期间，1950 年 10 月 24 日，李一平在青岛看望病中的友人华岗（字少峰），时华岗担任山东大学党委书记兼校长。1951 年 1 月 17 日，李一平在沈阳游览清太宗皇太极陵，有诗《一九五一年一月十七日游沈阳北陵清太宗皇太极墓》（《李一平诗选》，第 29 页）；2 月 5 日（旧历庚寅年除夕），自哈尔滨还北京，有诗纪行——《农历除夕自哈尔滨还北京，元日车中口占》（《李一平诗选》，第 29 页）。随后，离京南下，返回南京，旋即携眷北上，途中曾去上海探访老友陈隆恪，一宿而去。陈隆恪诗集内有两首七律隐含着李一平的真实使命，一首是《一平奉使关外还至金陵迎眷乘间枉道过访赋此戏赠》（《同照阁诗集》，第 269 页），另一首是《戏作长句赠别一平还京》（《同照阁诗集》，第 269 页）。尤其是前一首，颈联"过江载酒迎莺侣，越塞乘轺拂雁群"，暗指其北行之任务——"接受周恩来总理的委托，带领中央慰问组赴朝慰问志愿军"（2019 年 8 月 23 日，李春年委托其外甥朱邈转告笔者。案：《周恩来年谱（一九四九——一九七六）》1951 年 1 月 20 日条下有谓："致电高岗、李富春：'北京中央各机关团体组成之慰问团，已于十四日出发赴东北慰劳。现中央正筹备一个全国性的慰问团赴朝鲜慰劳前线部队。'"详《周恩来年谱（一九四九——一九七六）》上卷，第 121 页）；尾联"知否匡庐猿鹤怨，含情为诵北山文"，则与李氏归隐庐山之心愿如出一辙。

四

就在李一平写出这封信的十一年后，偏居重庆西南师范学院的吴宓（字雨僧），精心策划、实施了一次探视老友陈寅恪的远行。1961 年 8 月 30 日夜，陈寅恪次女小彭、女婿林启汉、幼女美延，代表父母，将吴宓从火车站迎接至中大陈宅。其时"已过夜半 12 时矣"，陈寅恪犹坐待挚友到来，虽"双目全不能见物"，然"精神极好"。简短晤谈约半小时后，陈寅恪命小彭陪导吴宓至招待所住宿。[1] 此后数日，阔别十二载的两位友人有多次深谈，但仍以 8 月 30 日午夜的首次谈话最为重要，从中既能看出陈寅恪在新中国成立之初的思想动态和出处考量，也能借而寻绎中央高层迎请陈寅恪上庐山的来龙去脉：

> 寅恪兄精神极好，撮要谈述十二年来近况：始知党国初不知有寅恪，且疑其已居港，而李一平君有接洽龙云投依人民政府以是和平收取云南之功，政府询其所欲得酬，李一平答以二事：（甲）请移吴梅（瞿安）师之

1　吴宓著、吴学昭整理注释《吴宓日记续编》第 5 册，生活·读书·新知三联书店 2006 年版，第 158–160 页。

柩，归葬苏州——立即照办；（乙）请迎著名学者陈寅恪
先生居庐山自由研究、讲学——政府亦允行，派李一平
来迎。寅恪兄说明宁居中山大学较康乐便适（生活、图
书），政府于是特致尊礼，毫不系于苏联学者之请问也！
（按，刘文典之为政府礼重，亦必由于李一平之力；典
1956 对宓所言由于苏联学者之曾读典所著书而追询及
典，乃有政府拟派其赴苏联讲学之意云云，恐非事实。
又按王德锡之得入科学院文学研究所，似亦出于李一平
之推荐）。此后政府虽再三敦请，寅恪兄决计不离中山
大学而入京：以义命自持，坚卧不动，不见来访之宾客，
尤坚决不见任何外国人士（港报中仍时有关于寅恪之记
载），不谈政治，不评时事政策，不臧否人物——然寅
恪兄之思想及主张，毫未改变，即仍遵守昔年"中学为
体，西学为用"之说（中国文化本位论），而认为共产党
已遭遇甚大之困难，彼之错误，在不效唐高祖臣事突厥，
藉其援以成事建国，而唐太宗竟灭突厥，即是中国应走
"第三条路线"，与印度、印尼、埃及等国同列，取双方
之援助，以为吾利，举足为左右之重轻，独立自主，自
保其民族之道德、精神、文化，而不应"一边倒"，为

C.C.C.P 之附庸。[1]

不难看出，陈寅恪 1949 年之后依然坚守的"中国文化本位论"，与新中国成立之初笃行的"一边倒"政策，的的确确存在难以调和的矛盾。这一矛盾的客观存在，使得中央高层的取舍以及陈寅恪的去留，都不得不面临"两难"的选择。[2]

对于中央高层来说，尽管至今仍然讳莫如深，[3] 但可以肯

1　吴宓 1961 年 8 月 30 日记，见《吴宓日记续编》第 5 册，第 159-160 页。案："C.C.C.P" 为俄语 Союз Советских Социалистических Республик 之简称，即苏维埃社会主义共和国联盟（简称"苏联"）。又案：李一平青年时代曾肄业于东南大学，是吴梅的学生。抗战时期，为避战乱，李一平曾将吴梅迎接至自己的家乡。1939 年 3 月 17 日，吴梅客逝于云南大姚，李一平为其料理丧事，又将吴夫人移居城中，亲奉一年。后吴夫人携家人迁居昆明。1945 年抗战胜利后，吴夫人希望将吴梅灵柩迁葬苏州，因交通不便等原因，未果。一直延至 1950 年，"由中共中央统战部出面，由大姚县地方政府经办，将吴梅骨骸火化为骨灰，运往苏州，葬在木渎公墓"。1987 年，"苏州市政协将吴梅骨灰迁葬于吴县穹窿山东小王山，即琴台山"。详陈九彬、周永源编著《新编楚雄风物志》，云南人民出版社 1999 年版，第 229-230 页。

2　陈寅恪 1953 年 12 月 1 日《对科学院的答复》略云："至如实际情形，则一动不如一静，我提出的条件，科学院接受也不好，不接受也不好。两难。我在广州很安静，做我的研究工作，无此两难。去北京则有此两难。"见《陈寅恪的最后二十年（修订本）》，第 107 页。

3　1981 年 9 月，《陈寅恪先生编年事辑》正式出版，李一平读后，特意致函蒋天枢，声明 1950 年曾两次探视陈寅恪，但均与政府无关。蒋天枢（字秉南）将此事告知卞僧慧，以支持卞氏撰作更为详尽的陈寅恪（**转下页**）

定的是：争取、挽留陈寅恪作为一项政策，一直没有发生根

（接上页）年谱。其后，卞氏所撰《陈寅恪先生年谱长编（初稿）》"一九五〇年（庚寅）"条有云："是年，李一平（玉衡）两次来视先生。李一平《致蒋秉南》：'五〇年两视六叔，均与政府无关。'（秉南先生见告，因见《事辑》第 147 页有'政府派李一平来迎'之语，而致函更正。慧按：此实不愿表功，且事尚未公开。）"（卞僧慧纂、卞学洛整理《陈寅恪先生年谱长编（初稿）》，中华书局 2010 年版，第 263 页）1991 年 12 月，李一平辞世。终其一生，从未公开言及迎请陈寅恪之事。2001 年 8 月，江西省九江市文艺创作室景玉川在北京采访了李一平长子李春年；次年，景氏发表文章《李一平与陈三立祖孙三代》（载《九江师专学报（哲学社会科学版）》2002 年第 2 期）。针对吴宓 1961 年 8 月 30 日日记所言，景文有数段文字作了进一步分析，可供参考："1949 年 12 月 9 日云南和平解放，周总理担心龙云安全，委托李一平赴香港劝说，并陪同龙云于 1950 年 1 月离开香港迁居北京。6 月，李一平以教育界特邀代表的身份，参加政协一届二次会议（1950 年 6 月 14 日至 6 月 23 日）。会议结束后，李又'受周总理之托再次赴香港从事统战工作'。因朝鲜战争爆发，局势有变，李一平不得不放弃这一任务，离港返京。也许就在这一次返京途中路过广州，他去看望了陈寅恪。交谈中谈及他协助龙云参与云南起义之事（1 月份李陪同龙云由港进京虽路经广州，恐难以分身，以后再谈云南起义又似乎没有必要）。""李、陈二位会面时，陈向李将来准备干什么？李很依恋庐山，告诉说想回庐山教书。陈则说：你如果住北京，我可以同你一起去；你既不想落户京城，那我也不去了。后来，因朝鲜战争爆发，上边要李一平留京。同年（1950）冬，李被任命为政务院参事室参事（后改为国务院参事室参事），李一平上庐山教书的愿望落空，陈寅恪也未赴京。至于中科院派汪篯等人来劝说陈进京，则是 1953 年的事。上文所述李一平、陈寅恪相聚之事是李一平在世时告诉李春年（李一平病逝于 1991 年 12 月。生前'请迎陈寅恪上庐山'一事当已传开）。从这段交谈是否可以这样推断：李一平看望陈寅恪时，也许邀陈上北京，但陈推脱；也许李邀过陈上庐山，陈也婉辞过……至于上书政府，'请寅恪居庐山自由研究、讲学'，则查无证据。李、陈这次交谈的时间，据《雨僧日记》所述推测，当在 1950 年夏。"

本性变化。从 1950 年至 1956 年，中央高层始终通过各种渠道，不止一次地向陈寅恪发出北上的邀请。[1] 平心而论，至少在新中国成立最初数年间，中央最高领导层——毛泽东、刘少奇、周恩来等——在争取以陈寅恪为代表的旧知识分子

---

1 中央高层对于陈寅恪的邀请，最著名的莫过于 1953 年派遣汪篯南下劝迎。事实上，在此之前、之后还曾有过类似的举措。"早在中国科学院刚建立不久的 1950 年，该院已有筹建历史研究所邀陈寅恪北上的想法。" 1952 年 5 月 22 日，中国科学院副院长陶孟和致函中山大学教授梁方仲，请梁转达该院再次邀请陈 "来京主持历史研究" 之意；5 月 23 日，该院社会经济研究所研究员严中平在写给梁方仲的信中也特别交代："陶先生嘱打听陈寅恪先生近况，有无北来之意，请早复！"（梁承邺著《无悔是书生：父亲梁方仲实录》，中华书局 2016 年版，第 224—227 页）1954 年 1 月 16 日，中国科学院院长郭沫若 "再向陈寅恪发一书函"；"1 月 30 日，中国科学院又一次召开院务常委会，通过了数项任命事宜，其中正式任命向达为中古史所第一副所长，侯外庐为第二副所长。正所长一职仍对陈寅恪虚位以待。"（陆键东著《陈寅恪的最后二十年（修订本）》，第 113 页）直至 1956 年，中央高层似乎仍没有放弃邀请陈寅恪北返的意愿。这年 3 月 6 日，云南大学教授刘文典在成都和吴宓会面时（刘氏从北京返回昆明），向吴宓介绍了 "此次赴京之使命" 以及 "留此之原因"，称政府打算让刘 "作说客"，劝陈寅恪北返，而刘文典希望吴宓代替自己完成此项任务；3 月 10 日，吴宓去招待所访刘文典，未遇，遂留下一束，表明 "不愿赴粤说寅恪"。（吴宓著、吴学昭整理注释《吴宓日记续编》第 2 册，生活·读书·新知三联书店 2006 年版，第 394、397 页）2022 年 4 月 13 日补案：1961 年 8 月底，吴宓赴广州探望陈寅恪。9 月 3 日，中山大学副校长陈序经约吴宓至其宅中早餐，吴宓在日记中录存了陈序经的介绍："解放后寅恪兄壁立千仞之态度：人民政府先后派汪篯、章士钊、陈毅等来见，劝请赴京居住，寅恪不从，且痛斥周扬（周扬在小组谈话中，自责，谓不应激怒寅恪先生云云）。今寅恪兄在此已习惯且安定矣。" 见《吴宓日记续编》第 5 册，第 166—167 页。

上，多次表现出最大限度的宽容和耐心。[1]

---

[1]　1953 年 12 月 1 日陈寅恪对昔日弟子汪篯口述《对科学院的答复》，汪篯
将笔录的"答复"带回北京后，"很快就到达了高层并在高层形成了对陈
寅恪的基本判断"。"1954 年 1 月 28 日，周恩来在政务院第 204 次会议
上的讲话中说：'老科学家中一部分思想未改造好，思想上的隔阂要进行
教育，使大家好好做工作，也会有个别坏的，在改造中个别淘汰，但绝
大多数要团结，有的思想上守旧者如陈寅恪为历史学家，但他是爱国的，
英国不去，美国不去，俞大维是他的妹夫，傅斯年也是他的亲戚，我们
请他作中古所所长，他要两个条件，第一个是不研究马克思列宁主义，
另一个要毛、刘二长保证，我们怎么办呢？第一我们问他是否是爱国者？
是否新中国比旧中国好一些，因为他不去台湾，与美英帝国主义国家比
较也好些。思想界线很保守，有反动思想不待言，他身体很坏，学问也
不是了不起的，我们等待他，他已六十多了，曾留学美国，在旧中国呆
了五十多年，在新中国只有几年，能有我们这样觉悟吗？他对参加政协
的先生们大骂；虽然旧思想很严重，但是爱国者（根据我们的材料），我
们等待他，看他四年、八年、十年，他会变的，苏联科学家十年之久才
转变的很多。这样人科学院为极少数，大多数热爱祖国，是爱国知识分
子，学习苏联很赞成，因而更应团结，思想方法上有问题慢慢教育帮
助。'"（周恩来讲话记录稿，见王少丁、王忠俊编《中国科学院史史料
汇编（1954 年）》，中国科学院院史文物资料征集委员会办公室 1996 年
12 月印行；此转录自谢泳《周恩来谈陈寅恪》，载 2016 年 11 月 9 日《中
华读书报》）至 1955 年中科院选举学部委员时，对于要不要将陈寅恪选
上，中科院不敢决定，只好请示毛泽东，"毛主席批示：'要选上。'""这
样，陈寅恪就进了哲学社会科学的学部委员会。"（据张稼夫著《庚申忆
逝》，山西人民出版社 1984 年版，第 131 页；此转录自谢泳《1949 年后
知识精英与国家的关系——从院士到学部委员》，载《开放时代》2005
年第 6 期）"对于科学院的领导工作，政治局表示不满。对学部委员名
单，少奇同志指出必须十分慎重，要真是在学术上有地位的人；共产党
员的安排亦必须是有学术贡献的，不能凭资格和地位，党派去科学机
关服务的人则不能以学者资格出现，要老老实实为科学服务。（转下页）

对于陈寅恪而言，在经历过赴港、赴台的尝试之后，最终还是放弃了出走海外的念想——1951 年 9 月 14 日，陈小彭奉父母之命取回寄存在香港大学冯平山图书馆的行李，[1] 可以视为一个标志。"去""留"已定，剩下来的只有"出"或"处"的抉择——北返，无异于"出"，不论是到中科院任职，还是回清华任教，身处北京这样的政治中心，前述矛盾势难掩藏；南留，尚可称"处"，僻处相对边远的岭南可以避免正面冲突的出现，鹤立鸡群的学术地位又可以为他赢取更加优越的待遇，而陶铸、陈序经等人的关爱有加无疑也会增大岭南的吸引力。[2]

（**接上页**）共产党员不能靠党的资格作院士。"（见杨尚昆著《杨尚昆日记》上册，中央文献出版社 2001 年版，第 199 页；此转录自谢泳《1949 年后知识精英与国家的关系——从院士到学部委员》）应该说，毛、刘、周等最高层领导在当时均表现出很开明的认识和很宽容的态度。

1　详谢荣滚主编《陈君葆日记全集》卷三，商务印书馆（香港）有限公司 2004 年版，第 129 页。

2　陆键东对胡文辉、张求会等关于陈寅恪去留问题的研究结果并不完全认同，在其《陈寅恪的最后二十年（修订本）》中增补了这样一条注释："近年，有关晚年陈寅恪'欲移居海外'的个别议论再起，一些间接的资料面世。只是这些材料仅能证明在 1950 年前后，海外的一些机构仍对招揽陈氏在做工作。而对于'去'或'留'最能一锤定音的陈寅恪，在适应了岭南大学的环境后，已抱'不动'之旨。实际上此时陈序经已是陈寅恪身边最大的'保护人'与最信赖的人。欲移此陈，必先经过彼陈。陈序经改朝换代之际坚不移身海外，其心志是毋庸置疑的。"（见陆著，第 39 页脚注）"个别议论再起"云云，笔者暂不予评议；"此时陈序经已是陈寅恪身边最大的'保护人'"，笔者则甚为赞同。

至于留守广州还是迁居庐山，充其量只是大局已定之后的一个次要问题。

从情感角度出发，陈寅恪应该不会排斥上庐山自由讲学、生活的邀请。在陈寅恪心目中，南昌西山的崝庐和庐山的松门别墅，才称得上真正的"故居"。[1] 相比之下，西山崝庐因为祖父的猝逝而留下太多的悲伤和哀怨，[2] 庐山松门别墅留给他和家人的，更多的是温馨和欢乐。松门别墅原本是用江西省欠付他的留学款购置的，父亲在此静养四载，散居各地的亲友或上山探视，或徜徉山水，或称觞举寿，既为亲情增添了新内涵，也见证了与李一平等人的友情。[3]

然而，从最现实的生活、医疗、研究条件出发，庐山与广州、北京自然无法相提并论。早在 1933 年，陈三立之所以离开匡庐北上燕京，主要原因之一就是身受癃闭症折磨，而庐山缺医少药、冬季严寒，十分不利于老年患者。[4] 1950

1　详陈寅恪《忆故居（并序）》，见陈寅恪著、陈美延编《陈寅恪集·诗集（附唐篔诗存）》，生活·读书·新知三联书店 2015 年版，第 42 页。

2　"崝庐述哀"是陈三立诗作中最为重要的主题之一，详孙虎《家国旧情迷纸上，兴亡遗恨照灯前——陈三立"崝庐诗"主题思想研究》，载《湖北民族学院学报（哲学社会科学版）》2010 年第 1 期。

3　详《义宁陈氏与庐山》，第二章、第四章、第五章、第六章，分见第 21–41、66–83、84–103、104–120 页。

4　详李开军撰《陈三立年谱长编》下册，中华书局 2014 年版，第 1456–1457 页。

年的陈寅恪、唐筼夫妇同为身体欠佳之人，陈寅恪更是双目失明、行动不便，岭南大学医学院"很好的医疗保健服务"便显得尤为重要。[1] 因此，留在广州更为"康乐便适（生活、图书）"绝非托词，而是实际考量。

即便是与陈寅恪面议（或函商）共同上山生活的李一平，除却夫人曹毓德"安土重迁"的顾虑之外，时过境迁，此时的庐山早已无书可教、无徒可授，放弃庐山只能是他和陈寅恪的共同选择。[2]

1　据陆键东披露，陈寅恪受聘岭南大学不久，该校医学院的医学教授"受命定期上门为陈寅恪检查身体"，"令陈寅恪生平第一次享受到很好的医疗保健服务"。（详《陈寅恪的最后二十年（修订本）》，第 37 页）又，1949 年人民解放军进入北平后，新成立的清华大学校务委员会数次邀请陈寅恪返回清华任教。同年 10 月 25 日，陈寅恪在广州致函清华大学校务委员会主任叶企孙、副主任吴晗，表明自己无法北返的各种"苦衷"："弟在岭大，其薪水系向华侨募捐而来，岭大当事人曾向捐款人言，在此聘约期内弟不他往。故弟今夏受其一年聘约时，已同意此点，以免岭大失信于人，此弟所以不能即返之最大原因也。又北地苦寒，煤炭火炉设备等等，耗费极巨，值此时艰，北地此项御寒工具，恐亦更难与昔比，弟性畏寒，兄等所夙知者也。又第二小女小彭，今夏已考入岭大农学院，岭南规章，每一学生之学杂等费，其数甚巨，约合数百美元，惟教员子弟，可以优待。若弟一旦他去，小女又不能中途转学，则亦颇困难，此等又其小原因也。"（详陈寅恪著、陈美延编《陈寅恪集·书信集》，生活·读书·新知三联书店 2015 年版，第 264 页）据而推测，陈寅恪 1950 年接获居住庐山之邀请后，仍会从方方面面予以综合考虑。

2　李一平此函称"居素决卖屋回国，即赴庐山从事著述"，当时也并未迅速变为现实。直至 1955 年 9 月，黄居素始"赴北京小住"，并任中央文史馆馆员及北京中国画研究会会员。1957 年 5 月，黄居素仍返香港（转下页）

结语

新中国成立之后，中央高层一直没有放弃邀请历史学家陈寅恪北上的意向。1950 年，与陈寅恪有世交之谊的爱国民主人士李一平，在向中央高层建议之后，又代表中央邀请陈寅恪居庐山讲学、生活。1950 年 10 月 9 日李一平在写给老友陈铭枢的一封信里，简要地提到了这件事的进展。陈寅恪定居庐山一事最终未果，但该信的出现有力地证实了此事确曾发生。相比于各类传闻和口述资料，当事人李一平的这封信堪称迄今为止最原始、最重要的直接证据。随着公、私文献的进一步披露，此事必将得到更加完整、真实的还原。

（本文在写作、修订过程中，得到李春年、朱邈、马忠文、韩策、吕瑞哲、朱和双等师友的无私帮助，谨致谢忱！）

（接上页）定居。详幼苗《黄居素传略》，见《中山文史》总第 11 辑，第 13 页。2022 年 6 月 12 日补案：据朱邈分析，黄居素为人圆通机敏，"赴庐山"云云可能只是一种说辞。1957 年，黄居素在京似对政治动态有所察觉，一转身回了香港，再也没回来。因行动仓促，连字画、印章等都未及携带，后由李一平之家人代为清理，并托人送到香港。

附：陈隆恪 1952 年 7 月 9 日致陈方恪函浅释

2019 年 12 月，西泠印社秋拍"中外名人手迹暨五四百年纪念专场"涌现一批陈方恪旧藏家族文献（文物）。[1] 其中第 5101 号拍品为"陈隆恪、陈方恪致刘少奇感谢信及家书"，内含隆恪致方恪家书两通，第二封与陈寅恪 1949 年后被邀北返一事有关。现附录于此，并稍作笺释，为上文提供一旁证。

---

1 西泠印社拍卖有限公司 2019 秋季 15 周年拍卖会"中外名人手迹暨五四百年纪念专场"，拍卖时间为 2019 年 12 月 16 日 13:00，拍卖地址在浙江世贸君澜大饭店（杭州市曙光路 122 号）A 厅。其中第 5083 号至第 5104 号拍品为"陈方恪上款及旧藏义宁陈氏专题"，所涉人物之繁、品种数量之多，堪称空前绝后。"陈寅恪四书"之三《世外文章：陈寅恪集外文钩沉》另有专文予以研究，可参阅。

陈隆恪 1952 年 7 月 9 日致陈方恪函

陈隆恪原信如下：

七弟览：

叠接来书，久稽作复，非病也，实懒于执笔。我病虽时发时愈，尚不甚剧，惟五嫂奶上之块日前忽作痛，（现痛已止，日服六神丸。）日见长大，颇为可虑耳。小从于五日放假归来，大约八月底即须返京。四哥不知已否赴川？衰年末路，亦复可怜。

文管会可不常去，日昨晤见龙君，尚好。病树闻已到沪，以道远，无机会把晤。与我同入文管会之郭组南君，已于月前因胃病去世，平生素不相识，竟结一面之缘，亦甚奇也。

六哥前患血压高，卧床数日，并非中风。李四光等邀彼赴京，恐彼尚不愿往。

房子成问题否？南京房屋总较此间为易觅，想不致十分为难。

隆上

七、九

陈宝箴孙辈大排行如下：衡恪行大，覃恪（三畏之子）

行四，隆恪行五，寅恪行六，方恪行七，登恪行八。[1] "五嫂"，隆恪妻喻徽，字婉芬。"小从"，隆恪独女，经李一平、徐悲鸿帮忙，自1950年秋开始，在中央美术学院就读。[2]

"龙君"，疑即龙榆生，与陈家两代人皆有交往，故隆恪告以其在沪之近况。[3] "病树"，陈病树，名祖壬，字君任，陈三立门弟子，[4] 陈隆恪诗友之一。[5] "郭组南"，即书法家、篆刻家郭则豫，"文艺之作皆署枫谷，遂以此行"。[6]

1951年，得力于李一平之助，中共中央统战部函荐陈隆恪于上海文物管理委员会，"任顾问（可不去坐班），月薪九十元"。[7] 约在同一年，方恪由郑振铎介绍，到国立南京图书馆工作。[8] "南京房屋"云云，或与此有关。

隆恪晚年深受溺血症之苦，后转为膀胱癌，1956年1月

1　刘经富《义宁陈氏恪字辈的其他人物》，见刘著《陈寅恪家族稀见史料探微》，中华书局2013年版，第179页。

2　陈小从《同照阁诗本事拾零》，见陈隆恪著、张求会整理《同照阁诗集》，中华书局2007年版，第442页。

3　1949年11月，龙榆生被聘为上海市文物管理委员会编纂；1950年，仍在该委员会任职；1951年，调任上海市博物馆编纂；1952年，任该馆资料室主任。详张晖著《龙榆生先生年谱》，学林出版社2001年版，第160—165页。

4　陈小从著《图说义宁陈氏》，山东画报出版社2004年版，第124页。

5　陈小从《同照阁诗本事拾零》，见《同照阁诗集》，第442页。

6　马国权著《近代印人传》，上海书画出版社1998年版，第251页。

7　陈小从《同照阁诗本事拾零》，见《同照阁诗集》，第442页。

8　潘益民、潘蕤著《陈方恪年谱》，江西人民出版社2007年版，第191页。

病故；同年 6 月，妻子喻徽以乳癌去世。[1]

经查，郭则豫生于 1890 年，卒于 1952 年。[2] 据而可断隆恪此信写于 1952 年 7 月 9 日，[3] 其时寅恪任教于广州岭南大学。进而可以推知，1949 年之后，北京高层屡屡向陈寅恪抛出橄榄枝，而中国科学院副院长李四光确曾参与其事，事属机密，但在至亲之间还是有所传播、议论。

---

1 陈小从《小从笔记》，见蒋天枢撰《陈寅恪先生编年事辑（增订本）》，上海古籍出版社 1997 年版，第 163 页；陈小从《同照阁诗本事拾零》，见《同照阁诗集》，第 441、442、443 页；刘经富《陈隆恪先生年表》，见《陈寅恪家族稀见史料探微》，第 291 页。

2 马国权《近代印人传·郭枫谷》称其以胃癌病逝，详《近代印人传》，第 252 页。

3 陈隆恪 1952 年（壬辰）存诗最多，《喜小从自北京归》颔联作"二老尪嬴联楊病，一身喜惧入门来"，与此信所述病中情形相符。且此诗诠次于《端午日作》（1952 年 5 月 28 日）与《立秋后三日值欧公生日颂洛病树召饮病树寄庐赋呈同坐诸公步前韵》（8 月 7 日立秋）之间，可证此信中"八月"与"七、九"皆为阳历。三诗详《同照阁诗集》，第 296、297、299 页。

《陈寅恪授史图》初探 *

　　《陈寅恪授史图》其实只是一幅陈先生给学生上课的照片，此前一直没有名称，我之所以代取了这样一个名字，除了"授史"比"授课""讲课"稍显古雅外，主要还是受到陈先生的启发——他有一句诗是"群趋东邻受国史"[1]，又有一首诗的标题是《题冼玉清教授修史图》[2]。不少著作、文章都曾

＊　本文原刊于《关东学刊》2020年第5期。此次重刊，补入最新寻获的材料，并对局部文字作了修改。

1　陈寅恪《北大学院己巳级史学系毕业生赠言》，见陈寅恪著、陈美延编《陈寅恪集·诗集（附唐筼诗存）》，生活·读书·新知三联书店2015年版，第19页。
2　陈寅恪《题冼玉清教授修史图》，见《陈寅恪集·诗集（附唐筼诗存）》，第86页。

将这张照片作为插图，然而，无论作者还是读者，对它的了解都十分有限：除了拍摄地点可以确定之外，拍摄时间有不同说法，拍摄者的信息也长期付诸阙如，听课者的身份（姓名、年级等）更是从未被确认。

目前已知信息的汇总

今天看来，《陈寅恪授史图》的传播，有可能起始于作为宣传照片刊登在中山大学的内部报刊上。目前能够确定的最早一次公开发表，似乎是作为插图刊登在 1980 年 6 月上海古籍出版社所出《陈寅恪文集·寒柳堂集》卷首，文字说明是这样的："作者在广州中大寓宅廊中授课。"[1] 1995 年 12 月生活·读书·新知三联书店所出《陈寅恪的最后二十年》也刊登了此照，该书作者陆键东先生为之配文如下："陈寅恪将家中二楼的阳台走廊辟作课室。图为陈寅恪向选修《元白诗证史》一课的同学授课。"[2] 2002 年 5 月生活·读书·新知三

1　陈寅恪著、蒋天枢整理《陈寅恪文集·寒柳堂集》，上海古籍出版社 1980 年版，卷首。

2　陆键东著《陈寅恪的最后二十年》，生活·读书·新知三联书店 1995 年版，第 171 页。案：陆著十余年后修订再版，修订本仍配有此照，文字说明只是将课程名称的书名号改为双引号。详《陈寅恪（转第 127 页）

陈寅恪授史图

联书店所出《陈寅恪集·讲义及杂稿》，卷首所配插图仍有该照，文字说明作："于广州中山大学东南区一号楼上寓所走廊内授课（一九五七年三月八日）。"[1] 2005 年 3 月湖北教育出版社所出《陈寅恪"元白诗证史"讲席侧记》，卷首也配有此图，该书整理者刘隆凯先生在前言和后记中两次提到照片由陈美延女士"特意提供"，[2] 文字说明也一并承接："1957年 3 月 8 日，陈先生在寓所走廊内讲授《元白诗证史》时留影。"[3]

众所周知，上海古籍版《陈寅恪文集》的编者蒋天枢教授是陈寅恪先生最为信任的弟子，他的编辑工作得到了陈寅恪女儿们的支持，故而可以推测，这张照片应该是陈先生的家属提供的。陆键东先生为了撰写《陈寅恪的最后二十年》，大量使用了广东省档案馆、中山大学档案馆的有关资料，很有可能在尚未公开的历史档案中见过这幅照片。其后，三

（接第 125 页）的最后二十年（修订本）》，生活·读书·新知三联书店 2013 年版，第 164 页。又案：以下对陆著多有摘引，如初版本与修订本表述无异，则一律以后出之修订本为据。

1　陈寅恪著、陈美延编《陈寅恪集·讲义及杂稿》，生活·读书·新知三联书店 2002 年版，卷首。案：生活·读书·新知三联书店版《陈寅恪集·寒柳堂集》，卷首则不再配有此照。

2　陈寅恪讲授、刘隆凯整理《陈寅恪"元白诗证史"讲席侧记》，湖北教育出版社 2005 年版，"整理者言"及"后记"，分见第 11、210 页。

3　《陈寅恪"元白诗证史"讲席侧记》，卷首。

联书店版《陈寅恪集》推出，编者陈美延女士是陈寅恪第三
女，新编较之旧编，青胜于蓝原本在情理之中，而配图更加
丰富、文字说明更趋准确也是后出转精的具体体现之一。因
此，尽管《陈寅恪集·讲义及杂稿》同样没有交代这张照片
的出处，授课日期从何而来亦未见说明，但应该具有较高的
可信度。

若将上引四处文字说明汇合在一起，可以得出如下看似
完整的信息：这是一张陈寅恪先生为选修了"元白诗证史"
一课的学生授课的照片，时间是 1957 年 3 月 8 日，地点在
广州中山大学东南区一号二楼陈先生寓宅的走廊上。

然而，照片里的人物，除了讲课的陈寅恪教授之外，听
课的到底是些什么人，数十年来似乎从来无人提及。避而
不谈听课人，无形中也就成为上述四次公开发表时的共同
选择。

听课人汪廷奎的口述

2018 年 3 月 31 日，澳门城市大学《社会经济发展研究》
副主编洪光华博士，约我一起登门拜访了广东省社会科学院
退休副研究员汪廷奎先生。这位汪老先生，正是《陈寅恪授
史图》中的听课学生之一。于是，围绕着这张照片的人物身

份之谜，在尘封多年之后，终于开启了破解之路。

　　洪光华君的另一个身份，是已故中山大学历史系教授刘节先生的外甥。近年来，他与刘节教授之子显曾、颂曾昆仲一起，致力于整理刘节遗稿、研究其生平。我则较长时间关注陈寅恪家族史料的搜集、整理，对于和陈寅恪相关的人物也有所留意，而刘节教授恰是陈寅恪先生的重要弟子之一，因此，我也曾经写过两篇与刘节教授相关的文章。[1] 因缘如此，这才得以先结识洪光华君，再拜识刘显曾、颂曾二老。此次结伴拜晤汪老，正是颂曾先生[2] 牵的线。

　　那天上午，汪先生一口气和我们谈了三个小时。除了双耳重听，他的精神和动作看起来完全不像 90 岁的老人，说话更是声音洪亮、中气十足，不时发出爽朗的笑声。因为听力欠佳，绝大多数时间是他说给我们听，遇到不大好懂的乡音、容易混淆的人名之类，则以纸笔辅助口述。汪老所言，既涉及刘节，也涉及陈寅恪，还牵涉其他许多人和事。现仅将与《陈寅恪授史图》相关的内容整理如下：

1　张求会《〈刘节日记〉里的"陈寅恪话题"》，载《中国文化》2017 年春季号（总第 45 期）；张求会《一桩公案：刘节有没有代替陈寅恪挨斗》，载方韶毅主编《瓯风》第 13 集，文汇出版社 2017 年版，第 1—14 页。

2　据洪光华披露，"2022 年 12 月 15 日凌晨，二表哥刘颂曾先生于广州因病不治离世，享年八十三岁"。详洪光华为刘颂曾遗稿《往事随想录》所加按语，载洪光华微信公众号"刘节先生研究"，2022 年 12 月 23 日推出。

2018 年 3 月 31 日，汪廷奎（左）向洪光华等介绍当年听课情形

我是安徽芜湖人，1928 年出生，今年 90 岁。1954 年到 1958 年，我在中山大学历史系学习。我读大学读得迟，到中大读书时，已经 26 岁了，年纪算是比较大的。在读大学前，我在一所大学的图书馆里做过七年职员，读了很多书才考大学。不是我自夸，我的知识比一般同学高，古文程度也比一般同学好，当时在中大历史系算是有点名气的一个学生，成绩也比较好，所以就会"作怪"，"反右"的时候就会被打成"右派"。大学毕业后，我被分配到广西玉林专区教育系统，教育部门的人说我暂时还不适合安排具体工作，就把我下放到北流县的一个土法上马的水泥厂去"监督劳动"，干了四年苦力。后来，我又被一脚踢回安徽老家，拉了十年板车，刻了几年蜡纸。前前后后一共耽误了我 21 年，不能读书。我到 1979 年才"改正"，后来在淮北煤炭师范学院教了几年书。那个时候，以前的知识差不多丢完了，一切从头开始，一天工作十几个小时，拼命干——读书，讲课，写文章。再后来，1984 年，我的同班同学把我从安徽调到广东省社科院，那一年我已经 56 岁了，那个时候调进广州，非常之不容易。到了新单位，我继续拼命地干，一直到 1989 年退休。我这一辈子也是九死一生，不过，在"右派"里面算是幸运的，下放时没有饿死，后面这些年没有继续被荒废，在历史研究方面还是做了一些工作。

关于我个人的情况[1]，就讲这么多。

这张照片[2]，据我了解，是现在保存的陈寅恪先生唯
一一张教课的照片，其他书上用的都是以这个为基本的。
听过陈寅恪先生的课、现在还活着的人，恐怕不超过五
个了。[3]

我在中大学习期间，只听过陈寅恪先生一门课，就

---

1 广东省社会科学院官方网站内"专家学者·老专家"栏目下，有汪廷
奎的个人简介："汪廷奎，男，1928 年 5 月出生，安徽芜湖市人。1958
年中山大学历史系毕业。广东社会科学院副研究员。1989 年退休。主
要研究方向为广东古代史。著有论文约 50 篇文，多属于考证文。参与
著书七种，其中包括广东省志四种，如《广东省志·大事记》。校点古
籍（含《林则徐全集》）三种，共约 700 万字。主要论文有：《两宋市舶
贸易出口税初探》《孙蕡'广州歌'内容的时代和写作时间表》《两宋广
东区域经济及其变化》。主编《广东通史》第一册，参与编写的《广东
航运史》近代册、《林则徐全集》等。"网址：http://www.gdass.gov.cn/
ExpertsIntroduction_5417.shtml，下载日期：2020 年 4 月 18 日。案：简
介有脱字、衍字，如"广东社会科学院"脱"省"，"写作时间表"衍
"表"等，此暂从之。
2 汪廷奎先生当天所用照片，来自《陈寅恪文集·寒柳堂集》（上海古籍出
版社 1980 年 6 月第 1 版第 1 次印刷）之卷首插图，清晰度远不如本文所
用照片。在那张插图中，低头做笔记的汪廷奎同学只有一个模糊身影，
根本看不清面部轮廓。
3 据笔者所知，截至 2018 年 3 月 31 日（汪廷奎接受采访当天），听过陈寅
恪讲课、依然健在的人，至少有以下数位：岭南大学（1952 年并入中山
大学）历史政治学系 1949 级学生胡守为，中山大学历史系 1953 级学生
蔡鸿生，1954 级学生汪廷奎，1955 级学生邱胜威、姜伯勤。2024 年 2 月
14 日补案：蔡鸿生于 2021 年 2 月 15 日去世，汪廷奎于 2022 年 12 月 16
日去世。

是"元白诗证史"。我们第三学年开始有选修课，我前前后后选了五门，包括陈寅恪先生的"元白诗证史"，你舅舅（张求会按：刘节教授）的"中国史学史"，岑仲勉先生的"隋唐史"，商承祚先生的"古文字学"，还有一门"日本语"。选"元白诗证史"这门课的，都是我们班上的人，时间大概是三年级上学期。大家都是慕名而来，因为陈先生已经有好几年没有开课了，我们在校期间，他这是第一次开课。一开始，我们班有39个同学选修了这门课[1]；后来，半途跑了一大半；最后，只剩下13个。你们看这张照片，前后两排，加起来不过十来个人吧，就是因为中途走了好多人。

前排左边第一个，叫蔺存方，河南人。左边第二个，是张映秋，后来成了胡守为（也是陈寅恪的学生，做过陈寅恪的助手，后来当了中大副校长）的夫人，已经死了。左边第三个，叫高守真，比我还大一岁，陈寅恪先生想让她做助手，大概是陈先生跟她的先辈有关系，其实她并不聪明，程度也不好。左边第四个，叫庄礼伦，广东潮汕人，成绩也比较好，"反右"的时候好像被内定为"中

1　据陆键东调查，1954 年 9 月，"中山大学历史系招收新生七十九名，全系学生共有一百六十三名"。见《陈寅恪的最后二十年（修订本）》，第123 页。

右"，毕业后也被分配到广西，现在在泰国。我唯一一次出国，就是去泰国，在曼谷和庄礼伦会过一面。现在还活着的人，唯一知道的就是他。[1] 右边第一个，叫郑宗琳，可能已经死了。[2] 这个人年龄也偏大，程度也不好。我在哪里呢？你们找不到的。我在右边第二个位子，正在埋着头做笔记。前面我说过了，我读大学前读书比较多，所以基础比一般同学要好一些，古文程度也要高一些，陈寅恪先生讲这门课，只有我一个人基本上能够把他讲的内容记下来。在大多数同学抬头望着他的时候，只有我一直在埋首疾书，头都顾不上抬。同学们坐的是扶手椅子，我坐的是一张小饭桌，这个是我的固定座位。后面一排的同学，我就记不得了。这就是照片里的主要人物，现在能够辨识的人也不多了。

我们选了这门课的同学，一开始是坐在客厅里等陈先生，后来是坐在座位上等他。上课地点在陈先生家二楼的走廊上，除了他坐的藤椅、学生坐的扶手椅子，藤

1　庄礼伦先生是否健在，仍有待访查。2020 年 5 月 2 日中午，笔者将此文草稿用电子邮件寄呈汪廷奎先生审阅，在当天傍晚回复笔者的电邮中，汪先生对一起听课的同学有如下补充说明："关于我提到的听课诸人，你都打听到了。除蔺存方外，我回到广州后都见到。庄礼伦每年都要从泰国打电话或发电邮来，二年前停了，我今年发电邮去，无回音。"
2　汪廷奎 2020 年 5 月 2 日《复张求会》（电子邮件）另有补充："郑宗琳晚年多病，很严重，多年无音信，可能已去世。"

椅后面还有一块黑板。这边是个小房子，这里有一条过道，连着一个小房子，小房子这边连着他的卧室。这门课每个星期两节课，分两次上，一次一个钟头。陈先生家里装了电铃，电铃一响，他就拄着拐杖，从卧室出来，经过小房子，走到走廊的课堂上来。"笃笃笃"，"笃"到藤椅前，他止步了，坐下来，马上就开口，非常准时。下课了，铃一响，他马上住口。天气冷的时候，他会戴着瓜皮帽子，上身穿着马褂子。

陈先生讲课，也不是很生动，但是讲得比较好。你舅舅讲课不行，照本宣科，没有陈先生讲得好！陈先生不同的，他随口讲，一坐下来就开讲。岑仲勉先生讲课也不行！他那个广州官话，难听得要命！咬牙切齿的！

"元白诗证史"这门课很特殊，是用元稹、白居易的诗作证据，来讲唐朝的历史。他讲课，主要是引中国古书里的各种资料，这门课引的主要是唐代的书籍。但是，有时候他也岔开来，偶尔讲到他过去在美国、德国、瑞士等地到处跑，有时候也会插几句外文——英文、法文、德文、俄文，有时还会冒两三句突厥文，甚至一两句梵文。他懂十几国语言。这些外国文我们就听不懂啦，我也没办法记下来。

陈先生讲课有个特点，我来简单说一下，别的同学可能体会不到。他上这门课，很注重引史料。引这个史料，引那个史料，一条条的。东一下，西一下，南一下，北一下，你不晓得他到底要讲什么。但是，搞了老半天后，他忽然归结到某一点，一下子你就会觉得所有的材料都只能归结到这一点，甚至之前所有的研究都只能归纳出这个结论，而且这个结论在前面引材料时已经得到了证实。我就学到了这么一点点方法。这需要多么广博的知识啊！这是他讲课的基本特点，我自己受益最大的就是这种研究方法，其他的谈不上了。讲课内容，早就记不得了。其他同学是不是有我这样的体会，我就不知道了。当时，我是竖着耳朵听啊。

你舅舅当年在清华读研究生，开始并不是追随他的，而是跟梁启超、王国维两位导师的。但是你舅舅对陈先生执弟子礼，十分恭敬，后来在中大的时候，每年都要给他拜年，下跪的。你舅舅有一次和我们几个学生谈话，亲口告诉我们：当时在清华，除了上课之外，他们做学生的，受益最大的是听几位导师闲谈（聊天）。遇到这个情况，他们当学生的就会自动地坐到角落里，像小鬼一样，竖着耳朵听。这是他亲口讲给我听的。

陈先生这门课，我听了一年，当时做的笔记，有厚厚的一本。可惜，这个笔记本后来被一个叫程万里的同学借走了，没有还给我，不知下落。不然，整理出来就是一本书。程万里也是中大历史系的学生，比我低一届，

当过抗美援朝志愿军，后来也被打成"右派"。程万里是
江西鄱阳人，去年我还给他写过信，他没有回我，不知
道还在不在世。[1]

那个陆键东，当年写《陈寅恪的最后二十年》的时
候访问过我，也是在这里，他来过一次。不过，他那本
书里没有提到我，也就是说，他没有选择我讲的内容。[2]

---

[1] 2022 年 4 月 26 日补案：程万里在刘节日记里曾经出现过。1957 年 2 月
13 日："下午江升日、程万里来谈。"同年 10 月 17 日："今日程万里来访。"
见刘显曾整理《刘节日记（1939—1977）》上册，大象出版社 2009 年版，
第 420、451 页。

[2] 经查对陆键东著《陈寅恪的最后二十年》（初版本、修订本），对于接受采
访的当事人、知情人，既有像对待高守真那样直接表明身份的，也有出
于各种原因而有所保留，甚至屏蔽的——如"据中山大学一位老教师的回
忆，谨尊此意，隐其名"。（见《陈寅恪的最后二十年（修订本）》，第 229
页脚注）应该说，无论采取哪一种处理方式，既合情合理，也符合学术规
范。更重要的是，陆键东先生为了还原走廊授课的历史场景，采访了不止
一位当年的听课者，而从最终面世的文本看来，不少内容与汪廷奎老人的
口述高度接近，因此，我推测，陆先生在写作过程中实际上采信了不少
汪先生的回忆。试举数例，以为佐证："初时参加选修的同学达三十多人，
将陈寅恪辟作课室的二楼走廊坐得满满的，走廊上放着的饭桌也被同学当
作书桌使用。""陈寅恪穿一长袍，天寒时犹戴上一顶瓜皮帽，身上再裹马
褂。"（原书页下注："据部分当年参加过选修课的人追述。"）"曲高和寡，
似乎是陈寅恪三十多年教学生涯的一个特点。三十多个同学到最后能坚持
选修完这一门课程的据说只剩下十三人。"（原书页下注："有几种说法，姑
从此说。"）"一些当年的学生，至今仍对陈寅恪上课的情景作这样的追忆：
陈寅恪阐述问题时旁征博引，史料的运用常常是古今中外信手拈来，还不
时夹杂着所引史料的数种语言文字，听起来不免有东一句西一句，不知所
云之感。太难为了这些五十年代的大学生，他们绝大部分人外（转下页）

其他几位听课者的情况

访谈当日，汪廷奎老人身体之康强、思维之缜密、性格之爽直，给洪君和我留下了十分深刻的印象。时隔两年，2020 年 4 月，当我将一帧更为清晰的《陈寅恪授史图》转发给汪先生后，老人迅速用电子邮件回复我："寄来的照片，是寅老现存唯一授课的照片，非常珍贵。这一张比《寒柳堂集》中的清楚多了。我已下载保存。附带将照片上的学生介绍一下：前排左起——蔺存方、张映秋（即后来胡守为的夫人）、高守贞、庄礼伦。方桌旁的白衣者为郑宗琳，郑旁低头记笔记者是我。最初选课时为 39 人，这时只剩下 13 人。"[1] 不难看出，92 岁的汪老，和 90 岁时一样，依然对关键信息——60 多年前同班同学们的姓名——记得非常清晰。仅凭这一点，就让我对他的口述倍感兴趣、充满信心。[2]

（接上页）语尚未过关，文史基础知识贫乏，陈寅恪的'高谈阔论'，自然无法引起他们的共鸣。"（见《陈寅恪的最后二十年（修订本）》，第 162–163 页）

1　汪廷奎 2020 年 4 月 18 日《复张求会》（电子邮件）。

2　2022 年 4 月 26 日补案：2022 年 3 月，笔者为修订此文，又将 2018 年 3 月采访汪廷奎先生的录音反复听了数次。采访那天，汪老回忆说，大概二年级的时候，由他牵头，组织了十几个同班同学，向刘节先生私下求教，请刘先生给他们讲《诗经》。大约讲了一个学期，是在一个教室里，不是在他家里。为了感谢他，大家凑钱买了两瓶酒、两只咸鸭子送给刘先生。又说（转下页）

按图索骥，我试着在网上网下搜索了一番另外五名听课学生的情况，不得已时又向好几位师友伸手求援。多管齐下，几经努力，所得信息虽然有限，至少可以将相关探索再往前推进一步。

蔺存方，男，河南人，[1]生年不详。1958年自中山大学历

（接上页）自己去刘节先生家里至少有五次，不过上门请教（包括借书、还书）的次数远远比不上另外两位同学——江升日、李叔华。他们和姜伯勤一样，都是和刘节先生关系最密切的人。来广州拜访汪老之前，洪光华君发表过一篇文章《寻找刘节弟子李叔华》（载2017年10月30日《南方都市报》），最主要的材料来源正是刘节日记：刘节在家里为李叔华讲解过《左传》《古诗十九首》《悲愤诗》《咏怀诗》《咏史》等，甚至在1957年1月30日旧历除夕那天下午，还在"为李叔华讲五言诗"。在前后13年的日记里，"李叔华"出现多达55次，看得出刘节对他的器重。另外的"书证"是一封信：刘节先生去世后，李叔华写信给师母钱澄，表达悲痛、追悔之情。可惜的是，年代久远，李叔华是男是女都不敢确定。这一次采访汪老，洪君获得了最重要的"人证"：李叔华也是一位男生，他是1956级，比汪廷奎低两届；江升日、程万里、姜伯勤1955级，比汪廷奎低一届；王荣武和汪廷奎同班。笔者重新翻阅刘节日记，发现江升日、姜伯勤登门求学的次数果然也相当多，而汪老那天提醒过我刘节先生日记里也有他，却被我疏忽了。现将这三次拜晤的记载移录于此，作为口述材料同样可以信从的一条有力证据。刘节1956年9月12日日记："晚汪迁奎（张求会案：'迁'应是'廷'之误认或误植）、王荣武、简默来谈。"同年10月22日："汪廷奎来借书。"1957年5月30日："汪廷奎来谈。"见《刘节日记（1939—1977）》上册，第398、404、433页。

1　中国家谱网（河南省家谱研究会主办）之"蔺氏家谱网"，刊有《北京湖北蔺氏字辈》一文，内云："河南焦作蔺氏字辈：'朝法永宗成修德鸿志明堂传存祖训道厚继昌兴'。"据而推测，蔺存方可能是河南焦作人。该文网址：https://www.jiapu.tv/bbs/134/153239.html，下载日期：2020年4月26日。

史系毕业,去向待查。

张映秋,女,广东普宁人,1934 年生。1958 年毕业后,留校任教于历史系亚洲史教研室(1979 年扩建为东南亚研究所),1984 年至 1990 年任该所所长,1991 年晋升为教授。主要研究方向为泰国史、泰国华侨华人史以及东南亚现代史等。[1] 2003 年 12 月去世。[2]

高守真,又名高守贞,女,广东澄海人,1927 年(一作1925 年)出生。[3] 高守真 1954 年入读中大前,在澄海中学担任教师;1958 年大学毕业后,"分配到广西一所中学当历史教员";

1 　易汉文主编《中山大学专家小传》,中山大学出版社 2004 年版,第 526 页;
　　另可参阅广州高校潮汕文化促进会编《广州高校潮籍人才录(初编)》,
　　1989 年 12 月编印,第 193 页。2022 年 4 月 26 日补案:中大历史系教授
　　梁方仲 1958 年 10 月 28 日日记略谓:"下午……张映秋报告参加东莞县
　　积极分子会议:开展深耕培土、建立人民公社。"其时,中大历史系教师
　　组队下乡,在东莞县参加"劳动锻炼","为东莞服务"。从梁氏日记看,
　　张映秋此时已是历史系教师身份。详梁承邺等整理《梁方仲遗稿·案头
　　日历记事》,广东人民出版社 2019 年版,第 82 页。
2 　此承中山大学中文系黄仕忠教授代为查询,2020 年 4 月 20 日见告。
3 　《陈寅恪的最后二十年(修订本)》:"高守真,广东澄海县人,1927 年生。"
　　见陆著,第 169 页。同页脚注有云:"本节史实均据高守真回忆,以及高
　　伯雨有关高氏家族史的回忆文章。"但据高守真去世后澄海中学所印讣告
　　(详后)内之享年来推算,其生年应为 1925 年。又,高守真之父为著名
　　掌故家高伯雨,原名秉荫,又名贞白,"守贞"之名或与此有关。

"1961年调回澄海县中学";¹ 2001年6月去世。² 高守真因《陈
寅恪的最后二十年》一书而走入公众视野，相关情况留待下
文再作补充。

　　庄礼伦，男，广东普宁人，³ 1929年生。据汪廷奎回忆，
庄礼伦1958年从中大毕业后，⁴ 也被分配到了广西。从现有
资料来看，至少在20世纪70年代，庄礼伦已经在广西壮
族自治区博物馆任职，并且开始了对于中国古代铜鼓的研

1　《陈寅恪的最后二十年（修订本）》，第169-170、179页。

2　2022年4月26日补案：在多位友人的帮助下，笔者于2022年2月21
　　日寻获澄海中学工会在高守真去世后印发的讣告（照片），内云："我校
　　原教师、离休干部高守真同志因病医治无效，于2001年6月26日下午2
　　时去世，享年76岁。"

3　广西区科技干部局、广西职称改革办公室编《广西高级专业技术人员名
　　录》第2卷"庄礼伦"条，广西人民出版社1989年版，第1963页。案：
　　"普宁县于明、清时期隶属广东省潮州府"，"中华人民共和国成立后隶属
　　广东省潮汕专区，1952年属粤东行政区，1956年属汕头专区，1968年
　　属汕头地区，1983年属汕头市，1991年属揭阳市。1993年普宁撤县设
　　市起由广东省直辖，广东省人民政府委托揭阳市代管"。（见普宁市地方
　　志办公室编、黄增权等主编《普宁市志（1989—2004）》，广东人民出版
　　社2011年版，第24页）又，"潮汕"一词，既是行政区划名称，更是地
　　域文化名称。（参阅陈泽泓著《潮汕文化概说》，广东人民出版社2013年
　　版，第20-21页）因此，汪廷奎在接受访谈时称庄礼伦为"潮汕人"，符
　　合约定俗成的使用习惯。

4　2022年4月26日补案：庄礼伦在刘节日记里也曾出现过，如1957年5
　　月14日："今日庄礼伦来访。" 5月31日："上午庄礼伦来谈。"见《刘节
　　日记（1939—1977）》上册，第431-432、433-434页。

究。[1] 庄礼伦"长期从事文博工作"，主要研究方向为"古
代铜鼓"，[2] 是中国古代铜鼓研究会代表人物之一。[3] 除担任
广西博物馆研究员的本职工作外，庄礼伦还曾兼任广西华侨
历史学会副秘书长。[4] 1983 年，庄礼伦作为广西侨联的代表
之一，应邀赴泰国首都曼谷，出席该年 5 月 10 日世界广西
同乡联谊会成立大典和 5 月 12 日曼谷广西会馆落成典礼。[5]
1985 年 7 月，他"利用在泰国探亲的机会参观了泰国首都曼
谷国家博物馆所陈列的铜鼓"，对其中几面古代铜鼓"作了
摄影和实测记录"，后撰成专文，与同行交流。[6] 广东普宁是

1　广西壮族自治区博物馆"大事记"1973 年条下有谓："1972 年至 1973 年，
　　由王克荣主持，张世铨、邱钟仑、庄礼伦等组成写作组，撰写《广西古
　　代铜鼓研究》论文，署名洪声在 1974 年第一期《考古学报》上发表。"
　　见黄启善主编《广西博物馆七十年（1934—2004 年）》，文物出版社 2004
　　年版，第 79 页。又，据后来的一份"广西博物馆在职职工名录"显示，
　　庄礼伦所在部门为"陈列部"，负责"内容设计"，职称为"正研"。见
　　《广西博物馆七十年（1934—2004 年）》，第 104 页。
2　《广西博物馆七十年（1934—2004 年）》，"学者风采"，第 34 页。
3　据《中国古代铜鼓研究会介绍》，见广西民族博物馆官方网站之"研
　　究·铜鼓研究"，网址：http://www.amgx.org/news-3448.html，下载日期：
　　2020 年 4 月 19 日。
4　《广西高级专业技术人员名录》第 2 卷"庄礼伦"条，第 1963 页；广西
　　壮族自治区地方志编纂委员会编《广西通志·侨务志》，广西人民出版社
　　1994 年版，第 263 页。
5　庄礼伦《泰京广西会馆和世界广西同乡联谊会的成立》，载《八桂侨刊》
　　1987 年第 1 期。
6　庄礼伦《介绍泰国出土的几面古代铜鼓》，载《中国古代铜鼓研究通讯》
　　第 4 期（1985）。

著名的侨乡，庄礼伦后来侨居（或移民）泰国，应该与他来自侨乡、在泰国有亲人有一定关系。

郑宗琳，男，广西平南人，1923 年（一说 1928 年）生，[1]中学教师。1949 年 6 月参加工作，1958 年中山大学历史系毕业后，"在融水县中学从事历史课的教学工作"，兼任"柳州地区历史教学研究会副理事长"。[2]

拍摄时间和拍摄者

汪廷奎先生所作忆述，不仅首次披露了《陈寅恪授史图》中六位听课者的身份，而且部分还原了陈寅恪教授讲课、治学的特点。寥寥数语，虽无法弥补听课笔记本亡佚的巨大损失，依然可以对另外三位听课人——陈寅恪夫人唐

1　柳江县志编纂委员会编《柳江县志》第二十四编《人物》收有"郑宗琳"条（广西人民出版社 1991 年版，第 741 页），与广西区科技干部局、广西职称改革办公室编《广西高级专业技术人员名录》第 1 卷"郑宗琳"条（广西人民出版社 1989 年版，第 674 页）相比较，姓名、性别、民族、籍贯、工作单位、职称等信息均一致，只有出生年月有异：前者标为"1923.10"，后者称"1928 年 10 月生"，相差整整五年。细究其缘由，不排除因阿拉伯数字"3"与"8"形近而致。孰对孰错，仍待知情人赐教。

2　《广西高级专业技术人员名录》第 1 卷，"中学高级教师"，第 674 页。

筼女士[1]、中大历史系 1954 级学生高守真[2]、1955 级学生刘隆凯[3]——的记录起到一定的补证作用。限于篇幅，本文暂不论列，留待将来另撰专文。

《陈寅恪授史图》的拍摄时间，迄今为止，只有《陈寅恪集·讲义及杂稿》确切地标注为 1957 年 3 月 8 日。陆键东先生的《陈寅恪的最后二十年》修订再版于 2013 年，从时间上讲，完全可以参考、借鉴 2002 年所出《陈寅恪集·讲义及杂稿》及 2005 年所出《陈寅恪"元白诗证史"讲席侧记》的图片说明，[4] 但是陆著修订本只是将初版本文字说明中的"《元白诗证史》"改成"'元白诗证史'"，并未增添时间要素，看来陆键东先生对于"1957 年 3 月 8 日"这一上课时间似乎并不怎么认同。

据陆键东先生调查、研究，1956 年 1 月 14 日，关于知

1　陈寅恪讲授、唐筼整理《元白诗证史第一讲听课笔记片段》，见《陈寅恪集·讲义及杂稿》，"附录"，第 483—484 页。

2　陆键东 1993 年对高守真进行过采访，高守真手头历经浩劫而残存的"一些课堂笔记及零星的谈话记录"得以再见天日。这些课堂笔记、谈话记录，散见于《陈寅恪的最后二十年（修订本）》，第 176、234—235 页。

3　《陈寅恪"元白诗证史"讲席侧记》，第 13—27、37—52、59—76、81—91、94—165 页。

4　《陈寅恪的最后二十年（修订本）》所附《主要参考书目》，包括"陈美延编：《陈寅恪集》，生活·读书·新知三联书店 2009 年版"（陆著，第 510 页），但正文、注释及《主要参考书目》均未提及《陈寅恪"元白诗证史"讲席侧记》，未审何故。

识分子问题的中央会议在北京隆重开幕，"各省市的负责人、在京的中央领导以及'科、教、文、卫'等有关部门的负责人参加了会议"。"2 月 24 日，中共中央政治局通过了《中共中央关于知识分子问题的指示》，宣告了知识分子政策已成为一项关系到新中国建设成败的重大政策。"陈寅恪所在的中山大学迅速响应，为落实知识分子政策制订了多项照顾性措施，"最重要的部分，几乎全都专为陈寅恪而设"：其一，"学校为四户专家住宅修建了专用通道，陈寅恪最先得益"；其二，"《中山大学学报》专为陈寅恪等人设了一个'特级稿费'制度，每千字稿费可达二十元"，"而一般的稿费千字十二元"；其三，"学校再次向陈寅恪表达了可以为其多配备一名助手的意思"——"但没有得到陈寅恪的回应"；其四，"学校专门订了一条规定，凡是陈寅恪、姜立夫两人需要用车，随时可调学校的小汽车"。[1]

　　正是在 1955—1956 学年，早几年"曾只为一个学生上课"[2]的陈寅恪教授，在诸多利好条件下，"继续在家中开'元

1　《陈寅恪的最后二十年（修订本）》，第 154、157、159、160、162 页。
2　《陈寅恪的最后二十年（修订本）》，第 162—163 页。案：据当事人胡守为回忆："我是在岭南大学附属中学毕业的，陈寅恪先生 1949 年到岭南大学时，我正好升入岭南大学。他在政治历史系（张求会案：应为'历史政治学系'）任教，我读的是历史专业。我们班只有三个同学，我、胡景钊、张观呼（张求会案：应为'张观富'）。有一个学期，是 1950 年，陈先生讲唐代乐府，当时只有我一个人选了这门课。"见胡守为口述、（**转下页**）

白诗证史'的选修课"。"在 1955 年的秋天"，高守真成为慕名选修这门课程的"三十多个同学中很普通的一个"。"若按陈寅恪晚年授课惯例，1955 至 1956 学年他开设了'元白诗证史'一课，1957 学年休息一年，则 1958 至 1959 学年应该是他又开设新课的学年。"然而，1958 年的政治风暴，使得陈寅恪在无比悲愤中毅然决定"永别讲坛"，"他的教学生涯终于在这年永远停了下来"。于是，为高守真等人开设"元白诗证史"选修课，在陈寅恪三十多年教学经历中，可谓"空前"又"绝后"。[1]

从 1956 年 1 月开始，广大知识分子迎来了一个"很美好""也很罕有"的春天；[2]同年 6 月，高守真将乃翁新作《听雨楼杂笔》代呈陈寅恪，显示出双方已经比较熟络；[3]1957 年 6 月 8 日，中共中央发出《关于组织力量准备反击右派分子

（接上页）刘建勇整理《陈寅恪：从未后悔留在大陆》，载《文史博览》2019 年第 1 期。又可参阅陆键东 1993 年 7 月 3 日对胡守为的采访，详《陈寅恪的最后二十年（修订本）》，第 22 页。

1　《陈寅恪的最后二十年（修订本）》，第 162、163、171、236 页。

2　《陈寅恪的最后二十年（修订本）》，第 157 页。又，陆著第六章的标题即为《1956 年：一个罕有的春天》，见《陈寅恪的最后二十年（修订本）》，第 150 页。

3　"1956 年 6 月，移居香港已近二十年的高伯雨，随一个观光团到北京观光，回香港前停留广州。高伯雨得悉女儿师从陈寅恪，非常高兴，将他最新出版的《听雨楼杂笔》让高守真转送陈寅恪。该书辑录了高伯雨对近代中国名流掌故奇闻轶事的记叙。高伯雨终因很快要返回香港（转下页）

进攻的指示》，"反右"运动正式开始。[1]——循着陆键东先生频频征引、细细演绎、层层铺垫的写作思路，隐而未发的推论呼之欲出：这张授课照应该拍摄于 1956 年春。

然而，中大历史系 1955 年学生刘隆凯及其同班同学姜伯勤的回忆，与 1954 级学生高守真的回忆并不一致。两相比较，《陈寅恪授史图》拍摄于 1956 年春的说法很难站得住脚。

刘隆凯（1935—2015），男，江西高安人。1959 年从中山大学历史系毕业后，"走上了中学的教学岗位"，后成为中学语文特级教师。曾担任武汉市第一中学教科室主任、武汉市中学语文研究会副会长。[2]

据刘隆凯老师自述，1957 年秋至 1958 年夏，他曾在中山大学东南区一号陈寅恪先生二楼寓宅走廊课室听过"元白诗

（接上页）而未能与陈寅恪见上一面，但《听雨楼杂笔》一书显然给了陈寅恪很深的印象。事后陈寅恪数次对高守真提到该书写得不错。"见《陈寅恪的最后二十年（修订本）》，第 172 页。

1 《陈寅恪的最后二十年（修订本）》，第 190、197 页。

2 邹时炎主编《中国特级教师辞典》"刘隆凯"条，湖北科学技术出版社1993 年版，第 333 页；《匠心独具的语文教师刘隆凯》，载中共武汉市委组织部、武汉市科学技术委员会、武汉市人事局《江城英才》，光明日报出版社 1995 年版，第 86—87 页；网友"kpqc"《武汉一中教育专家刘隆凯老师因病去世》，信息发布时间：2015 年 1 月 17 日 20 时 10分，见"百度贴吧·武汉一中教师吧"，网址：https://tieba.baidu.com/p/3534298182?red_tag=2826310796，搜索日期：2020 年 12 月 12 日。

证史"选修课，并且用三个练习本做了"接近八万字"的听课
记录。[1] 2003 年，在姜伯勤教授的推荐下，刘隆凯老师摘选其
中部分内容，以单篇论文的形式首次予以披露；[2] 2005 年，刘
老师又整理、出版了全部听课记录——《陈寅恪"元白诗证史"
讲席侧记》，而作为这门选修课"见证者"的蔡鸿生（1933—
2021）、姜伯勤教授，分别为此书撰写专文，以示支持。[3]

为慎重起见，有必要将刘隆凯先生的忆述摘录于此：

> 我于一九五五年秋走进中山大学所在的康乐园。历
> 史系为新生介绍老师时，在群星闪耀的教授群中，最显
> 出异样光亮的是这两位：家学渊源、学识惊世的盲者陈
> 寅恪先生，中年治史、蔚然大家的聋者岑仲勉先生。……
> 两年以后，我在进入三年级后终于如愿地选修了二老的
> 课：陈先生的《元白诗证史》和岑先生的《隋唐史》。当

---

1 《陈寅恪"元白诗证史"讲席侧记》，"整理者言"，第 1、2、3、9 页。
2 陈寅恪遗作、刘隆凯整理《元白诗证史之〈莺莺传〉》，载《广东社会科
　学》2003 年第 4 期。
3 刘隆凯《陈寅恪"元白诗证史"讲席侧记·整理者言》有谓："蔡鸿生和
　姜伯勤二位先生特为本书撰写了专文。他们二位毕生致力于史学研究，
　都是卓有成就的学者。二位早年都曾师从陈先生，是《元白诗证史》选
　修课的见证者。二位对于陈先生的著述，研读至勤且精，由他们来介绍
　陈先生的治学特色，展示《元白诗证史》的学术价值，最为恰当。……
　他们的热心参与，同样也是寄寓了他们对大师的真诚的敬意。"见《陈寅
　恪"元白诗证史"讲席侧记》，"整理者言"，第 11 页。

时，别位先生的选修课都安排在教室里上课，只有陈先生的课是安排在他的家中授课。如今人们都很熟悉那座位于校园中心的二层小楼了，陈先生住在楼上。二楼小客厅连着一条宽宽的内走廊，那便临时当作教室使用。靠窗那边安排了十来张课椅，课椅当面放一张藤椅，旁边安置一块小黑板。

……

选修课开始的时间已难记确，大约是在一九五七年的九月底或者十月初吧。那时，反右的运动大潮刚过，学校又恢复了正常的上课秩序。开学后先有选报选修课、其后批准公布名单的事务过程，然后才开始上相关的选修课。选修课一周两节，一般都是连堂讲授。陈先生因健康关系，一周分上两次，一次只上一节课。我记忆当中他的课都在上午第三节，一次应该在星期三，还有一次不太记得是星期一还是星期五，我印象中有些倾向后者。我的笔记，上学期记录了三十五次听课的内容，恰合十七周半之数。下学期记录的是三十次听课的内容，只合十五周之数。这当中除开节假日的影响，更重要的还有临时政治活动的干扰，只是有关情况已无从记忆了。

选修课是结束于不该结束的时候。这种不幸并不是某一门课的，而是属于所有的课程。一九五八年掀起的大跃进热潮让校园又远离了平静。上面一个动员，全校

停课下乡，投身跃进狂潮。我清楚记得，我们年级是下
到东莞一个叫篁村的地方，参加双抢之类的劳动。……
大约入冬以后才回到学校。上课是恢复了，原来中断的
选修课却一律不再续开。所以，《元白诗证史》的中断
乃是一种共有的不幸。它具体中断的时间，应当是在
一九五八年的夏天。我查看了笔记，恰好在记录《黑潭
龙》的内容时，我附记了一个时间：六月二十九日。而
此后的《天可度》只刚刚开了个头，整个的讲授就中断
了。查看内容，它们显然是属于同一节课。因此，我可
以确切判定：《元白诗证史》的讲课是在一九五八年的六
月二十九日划上了句号，这同时也是给陈先生的授课生
涯划上了句号。

　　……

　　我毕业离校后，听说校园又回复了平静，系里师生
一再敦请陈先生继续开课，但他始终未加首肯。此后，
他住所的长走廊上，不再出现弦歌不辍的景象。亲聆过
先生最后一课的我们，真正感受到的，是自身的幸运，
还是学术的不幸呢？[1]

1　《陈寅恪"元白诗证史"讲席侧记》，"整理者言"，第2-4页。案：陆键
　　东著《陈寅恪的最后二十年》引用当年中大内部刊物，对中大师生赴东
　　莞参加劳动及返回广州等事也有提及，可与刘隆凯所忆相互印 （转下页）

"好记性不如烂笔头"，虽为俗语，亦是真理。经过认真查对《陈寅恪"元白诗证史"讲席侧记》，刘隆凯先生昔日所作听课记录的确真实可信，理应较一般性回忆更加可靠，[1]

（接上页）证："（1958 年）10 月，中山大学进入'双改'运动的第二阶段，文科三大系历史系、中文系、外语系一同实践'教育必须与生产劳动相结合'的口号，六七百人拉大队奔赴东莞县篁村参加人民公社化运动去了。这是自 1949 年之后在校学生第一次大规模走出课堂走向社会。历史系能走的师生都走了。""1959 年 1 月 17 日夜，中山大学历史系师生经历了一百天生产劳动、学习批判的洗礼，连夜从东莞乘船回广州，挟更为成熟的批判斗争手段，更自觉的'革命意识'，重返校园。"见《陈寅恪的最后二十年（修订本）》，第 257、259 页。又案：陈寅恪 1958 年因遭受批判愤而表明"坚决不再开课"一事，以陆键东调查所获最为详尽、准确，可参阅。详《陈寅恪的最后二十年（修订本）》，第 233–237 页。

1　刘隆凯老师整理、出版之《陈寅恪"元白诗证史"讲席侧记》，笔者购而未读，直到汪廷奎老人审阅拙稿后予以特别提示，笔者才有所警醒，遂从书柜中寻而读之，并将"整理者言"与"后记"拍成图片传呈汪老阅看。2020 年 5 月 3 日，汪廷奎先生在致笔者电邮中有如下一段话："发来的刘隆凯文，我全看了。1957 年下半年，我进入四年级时，正被整、孤立，当时的听闻可能不正确。其时我听说陈师欲开'魏晋南北朝史'而未开，遂从此停教课。实际上，该学期我选修了商承祚先生的'古文字学'和岑仲勉先生的'隋唐史'，但是，才一个月多一点，即在九月，全校停课，毕业论文也不让写了。我深深记得，'古文字学'才讲了'一'到'十'这十个古汉字，就停了。如照刘隆凯之说，陈师仍开的是'元白诗证史'，那也应在停课之列。不过陈是特殊教授，他可能未停。如此，则刘所说当全是真情，即 1957 下半年到 1958 上半年，陈又开了一年的'元白诗证史'，且终止于刘隆凯笔记中的 1958 年 6 月某日。则该日为陈教课的最后一天，确定无疑，此问题彻底解决。"

而学长蔡鸿生、同班同学姜伯勤妙手加持，[1]无疑增大了三册笔记的历史含金量。因此，"陈寅恪先生平生授课的最后一次，又是最后未能终篇的一次"[2]，应该起始于 1957 年秋，终止于 1958 年夏。而《陈寅恪授史图》的拍摄时间，基本上可以确定为 1957 年春，极有可能正是 1957 年 3 月 8 日——那一天正逢星期五，越发给这一时间的确定增添了更多可靠性。[3]

至此，蕴涵在《陈寅恪授史图》的历史信息，更加趋于完整和准确：这是一张陈寅恪先生为中山大学历史系 1954 级学生开设"元白诗证史"选修课的照片，上课时间是 1957

---

1 蔡鸿生教授在为刘隆凯老师操作的专文中，开篇即云："刘隆凯先生珍藏四十多年的这份听讲笔记，既表现出一个青年学子的勤谨和虔诚，又传达了金明馆教泽的遗响，相信它的出版，必将博得当代读者的重视和欢迎。"见蔡鸿生《金明馆教泽的遗响》，载《陈寅恪"元白诗证史"讲席侧记》，第 199 页。姜伯勤教授则在所撰专文中自谓："笔者有幸于 1957 年秋至 1958 年夏，在中山大学陈寅恪先生寓所，恭听先生开设的历史系选修课《元白诗证史》。"见姜伯勤《〈元白诗笺证稿〉"以诗证史"之史的意义——学习陈寅恪先生〈元白诗证史〉课程札记》，载《陈寅恪"元白诗证史"讲席侧记》，第 205 页。

2 《陈寅恪"元白诗证史"讲席侧记》，"整理者言"，第 1 页。

3 汪廷奎 2020 年 5 月 2 日《复张求会》（电子邮件）有如下补充说明："当时中山大学的制度，是三年级才能上选修课。我们这次选修'元白诗证史'，是在三年级的第一学期，即在 1956 年的下半年。下一学期是 1957 年上半年，这张照片便是此时期的，定在 1957 年 3 月 8 日没错。关于这一点，不要再质疑了，可省去一些笔墨。1957 年下半年，本听说陈师将新开'魏晋南北朝史'，因'反右'之故而停开，从此陈不再讲课。"

年3月8日，地点在中山大学东南区一号二楼陈先生寓宅的走廊上。

当然，历史拼图尚有残缺，遗失的最后一块是《陈寅恪授史图》由谁摄制。以常理推测，这幅相片的拍摄者很有可能是中山大学党委宣传部的工作人员，拍摄、报道的主题应该和当时中大落实知识分子政策直接相关。[1] 我之所以只能推测而不去查阅档案，非不为也，实不能也——陆键东先生因"擅自公布档案"而侵害龙潜名誉权，被对方家属告上法庭，最终败诉。此案的标本意义在于，它是在《中华人民共和国档案法》实施以后很长一段时间内，"因利用和引用档案而引发的唯一一起司法案件"[2]。从此以后，去某校查阅相关档案，几乎成了一项不可能完成的任务。[3]

---

1 《陈寅恪的最后二十年》既刊登了陈寅恪在走廊为学生上课的照片，也刊登了他的另一幅工作照——陆键东所配说明文字为"陈寅恪在助手黄萱的协助下正在著书（1957年）"。经认真比对两张照片，可以发现陈寅恪所穿服装（包括方格围巾及其围戴方式）、发型、面部特征等都十分相似，因此，我怀疑拍摄于同一时间，都是为了配合宣传落实知识分子政策这一现实主题。详《陈寅恪的最后二十年（修订本）》，第164、200页。2024年12月27日补案：据实地调查发现，为庆祝中山大学建校100周年，陈寅恪故居重新作了布展，二楼走廊同时展示了这两幅照片，配文均将拍摄时间确定为"1957年3月8日"。可见我的推测能够得到官方文献的支持。

2 冯伯群《引用档案惹出的一场官司：〈陈寅恪的最后二十年〉出版以后》，载《档案春秋》2006年第3期。

3 此承数位知情人见告，其中既有该校教师，也有校外研究者，甚至包括该校档案馆工作人员。

永远的"陈寅恪的学生"

《陈寅恪授史图》中身份得到确认的六名学生（蔺存方先生暂且不论），若用世俗的眼光来衡量，张映秋教授无疑名气最大、成就最高，庄礼伦研究员紧随其后，汪廷奎副研究员也是科研机构的高级知识分子，而高守真老师、郑宗琳老师只是中学历史教员，并没有走上"专业史学研究"的道路[1]，学术成就、社会名声确实难以相提并论。

高守真老师一生"苦寒"[2]，倘若没有《陈寅恪的最后二十年》这本书，她的名字估计很难再被人提起。平心而论，即使在同班同学中，高守真也不是天资最好、潜力最大的学生，当年陈寅恪、唐筼夫妇何以对她青眼有加[3]，陈寅恪甚至在1957年年底"向学校表达了希望高守真毕业后能留校当自己助手的愿望"[4]，至今仍让人费解。

从已有材料来分析，陈寅恪与高家先辈有交情的说法很难成立。勉强谈得上有关联的，仅仅是这样两件平常小事：

---

1 《陈寅恪"元白诗证史"讲席侧记》，"整理者言"，第 7 页。

2 《陈寅恪的最后二十年（修订本）》，第 180 页。

3 《陈寅恪的最后二十年（修订本）》第七章《欢乐走到了尽头》，几乎用了一半篇幅专门描述高守真与陈寅恪、唐筼的交往。详《陈寅恪的最后二十年（修订本）》，第 169–180 页。

4 《陈寅恪的最后二十年（修订本）》，第 178 页。

其一，20世纪初，澄海高氏家族有一位高八爷，与吴昌硕、陈衡恪（陈寅恪长兄）等书画名家往来密切；为人豪爽的高八爷，"给陈衡恪等人画画的润金就比常例要多一倍"。[1] 其二，1956年，高伯雨托女儿呈送陈寅恪一本自己写的《听雨楼杂笔》；1958年，高守真毕业，"陈寅恪亲手赠予高守真两本刚再版重印的《元白诗笺证稿》，吩咐一本是送给高伯雨的"。[2]

高守真何以深受陈寅恪夫妇的"喜爱与信赖"[3]，答案其实就在陆键东2013年接受采访时的自述中：

1993年，在掌握了一定的材料后，我将主要精力放在追寻知情者上。高守真是一个快将被淹没的普通中学老师，历史系的现职教授从未有人提起过她，我只是有一次听端木正老师说过一句"陈师母唐篔很喜欢一个叫高守真的女生"，便从此追寻她的下落。费了很大力气，才获得她在广东澄海县的情况。首先和她通电话，记得首提陈寅恪，我明显感到电话那边她要把在脑海里已经封存的记忆重新"拉回来"。我印象中她没有当场答

---

1 《陈寅恪的最后二十年（修订本）》，第171页。
2 《陈寅恪的最后二十年（修订本）》，第172–173页。
3 《陈寅恪的最后二十年（修订本）》，第178页。

复我，而是说你第二天再打电话来。她给自己留了一个
时间，以便重新返回那个世界。第二次、第三次、第四
次……就完全不同了。一进入陈寅恪的世界，一生所感
好像泉水一样汩汩而涌，才华在那一刻展现。让我最难
忘的是，她只谈先生的好，其谦恭让我震惊。直到两人
见面时，才知老人其实不太善言辞。再后来，少数与她
中大同班的老人提起她，只说她是个普通的学生。但恰
恰是在对陈寅恪老师的"谦恭"上，高守真是我在岭南
地区见到的极少数人之一。

邓广铭先生一提起陈寅恪，脸上就放着光，王永兴
先生基本上也是这个情形。王、邓两老是名教授，陈先
生是他们的学术指路人，他们谈先生是理所当然的。老
师与学生都成就了学术史上的佳话。高守真却没有这些
光环，但从她身上完全可以看出知识分子修身带来的烙
印。为什么陈氏夫妇那么喜欢她，只有一个解释最接近
真实：高守真非常忠厚。陈寅恪夫妇不一定看中所谓的
才华，而是在她身上可以感触到传统家风与道德习气的
优良。

中国传统知识分子有一套自我认知的价值标准，在
这个标准里"修身"是第一位的。我研究陈寅恪最大的
收获，是在寻找先生的好友、学生的过程中，从这些前
辈追忆里看到了知识分子修身的作用。而这个作用半个

世纪以来都被不屑一顾的。[1]

另一个被遗忘的，是同样在中学教书的郑宗琳老师。郑先生是广西融水县中学的历史教师，而他的籍贯是广西平南县。融水县中学的前身，是创办于 1924 年的"融县县立初级中学校"。1952 年 11 月，融县分为融安与大苗山苗族自治区两个县，原校名随即改为"大苗山中学"。1955 年，大苗山苗族自治区改称自治县。1966 年，大苗山苗族自治县又改名为融水苗族自治县，"大苗山中学"遂更名为"融水苗族自治县中学"。[2] 因此，我推测，郑先生应该和他的同事谭嗣雄老师一样，虽然不是大苗山人，"大学毕业时响应国家号召，来到了一贫如洗的大苗山，然后就把自己的一生都奉献

---

1 邵聪《"要对得起陈先生，要对得起历史"》，载 2013 年 2 月 1 日《南方都市报》。案：汪廷奎 2020 年 5 月 2 日《复张求会》（电子邮件）对高守真也有补充回忆："高守真很惨，她曾参加革命，中大毕业后，不知怎么打成了'反革命'，受委屈很多，'平反'还在我之后。陈寅恪先生曾要她当助手，料是她与陈先生接触较多，陈先生觉得她听话，靠得住，不会反叛也。高送其父的书给陈一事，我不知道，应是他们接触较多的起点。陈师母说陈先生喜欢高，说明接触也很多。这，我们别人毫不知情。我不是不想单独向陈师请教，而是觉得自己的知识太不够，而不敢惊动。"
2 "百度百科·融水苗族自治县中学"，网址：https://baike.baidu.com/item，下载日期：2020 年 4 月 28 日。

给了这块贫瘠的土地"。[1]

　　为谭嗣雄老师写下上述这句话的，是一位网名叫作"丑丑的小丫"的中学语文老师，她在融水县中学就读时，英语老师谭嗣雄是她的班主任。学生们后来一直心怀感激、念念不忘这位"永远的谭老师"。[2]而历史老师郑宗琳，也给包括"丑丑的小丫"在内的许多同学留下了美好而深刻的回忆：

　　　　高中阶段我感觉读得最好的科目是历史，高考填志愿时，我在选专业时是没有任何犹豫的，第一是历史系，其次才是中文系（可不知为何，在录取时中文系却把我给留下了）。我的选择历史，没有什么特别的原因，只是觉得历史容易学。我并不是特别聪明的学生，能在一个科目上表现得比较突出，毫无疑问地，只能把功劳归于我的历史老师。

1　网友"丑丑的小丫"《当时只道是平常：回忆我的老师》，提交时间：2007 年 10 月 13 日，见"天涯论坛·散文天下"，网址：http://bbs.tianya. cn/post-no16-126819-1.shtml，下载日期：2020 年 4 月 18 日。案：谭嗣雄曾与郑宗琳等数位融水县中学的高级教师一起，被收录于《柳江县志》第二十四编《人物》。基本信息如下——性别：男，民族：壮族，出生年月：1944.11，籍贯：柳州市，工作单位：融水县中学，职称：中学高级教师（已故）。见柳江县志编纂委员会编《柳江县志》，第 741 页。
2　网友"丑丑的小丫"《当时只道是平常：回忆我的老师》，见"天涯论坛·散文天下"。

　　我的历史老师叫郑宗琳，上我们课时已白发苍苍。听他口音不是本地人，那时我们学校还剩有一些外地来的优秀老师，他们大多知识渊博，才华横溢。郑老师年纪虽大，可脑子清醒之极，历史事件理得清清楚楚，让人感觉你只要跟着他，就可以从古代从容地走到今天。我跟他学了两年，捡到一个本事，就是可以顺着历史年代清晰地记下所有历史事件。至今我都是一个对未来缺乏分析与判断能力的人，但我对曾经经历的事情有着超出普通人的记忆力，我常觉得这是"历史"带给我的影响。

　　郑老师身材不高，脸微圆，喜欢戴副圆形眼镜，常给人菩萨般的感觉。他喜欢笑，笑起来的模样很是慈祥。记忆中他没骂过我们，那时当学生挨老师骂是很平常的事，一日为师，终身为父，一个父亲责骂自己的孩子，自然是天经地义的，所以对于老师的训斥我们大多可以木然接受。有次学校把我们年级全体学生召集到操场训话，也不知道到底是我们做了什么不堪的事引发了轩然大波，一个副校长立在高高的站台上，一手叉腰，一手不停地挥舞着，唾沫四溅，面部扭曲，说到最后，他大喊一声："有种的，站出来！"惊得我们大眼瞪小眼，大气不敢出。好像当时是没有一个同学敢于站出来的，后来怎么收场我是没有印象了，不过我们都私下里认定这是一个没有风度的校长。

可是我们的郑老师是极有风度的，郑老师的温和让我们全班同学都爱戴他，即便那些考试从不及格的也如此。那时我们考试不多，有限的几次测验总让我们如临大敌，不过对历史是个例外，因为每次测验发卷对我们来说都是一种成长的经历，我们会很安静地坐在座位上等着郑老师拖长声调念我们的名字，我们会很从容地走到讲台上双手接过我们的试卷，然后会很坦然地把试卷平摊在书桌上，不管试卷上是怎样的一个分数。虽然我们会为试卷上的九十分而惊喜，也会为不及格而伤神，但这一切都是放在心里的，因为郑老师他总是那样微笑着，他的微笑让你感觉很安全，让你坚信"面包会有的，一切都会有的"。

关于测验我还记得一件小事。那天发试卷了，我们还是照样安静地坐在座位上等着郑老师拖长声调念我们的名字，然后一个一个很从容地领下卷子。最后一个念的是"苏红萍"，郑老师习惯把"苏"字念成"sī"音，换着以往，几个调皮的男同学也会跟着他喊"sī红萍"了，可那天没有，因为大家都听出老师的声调不对了，由悠长突然变得短促，而且他刚一看到苏红萍从座位上站起来，就马上快步走下讲台，亲自把卷子送到红萍手中，吓得红萍愣了好长一会儿回不过神来。后来郑老师解释说他的孙子不小心把水洒在试卷上，匆忙擦拭时把试卷给弄模糊了。他说了好几次对不起，把我们大伙儿都说得心里暖洋洋的，我看见红萍都不知所措了。后来红萍在高考中历史有超常的发挥，不知与这事是否有关系。

郑老师的微笑一直陪伴到我们高考结束，我不知道我们的高考成绩是否给他的教学生涯画上圆满的句号（后来听说我们这一届学生是郑老师的关门弟子），但我知道不管生活发生怎样的改变，老师的微笑是永远不会变的。

今天我也是一个老师了，我尽心尽力地教着一拨又一拨的学生，我努力引领着这些文学圣殿旁的驻足者一步一步走进这座金碧辉煌的圣殿。我承认，我在乎这前行过程的美丽，但我同样也很在乎目的地的耀眼光芒。所以我常想，郑老师对经过艰辛跋涉后的终点所表现的从容淡定是我终其一生都无法达到的境界，这是需要阅历，需要风度，更需要智慧的。

我仰慕我的老师！[1]

---

1 网友"丑丑的小丫"《当时只道是平常：回忆我的老师》，见"天涯论坛·散文天下"。

"身材不高，脸微圆，喜欢戴副圆形眼镜，常给人菩萨般的感觉"，郑宗琳老师在学生笔下的形象，让我相信他就是《陈寅恪授史图》里那位年轻的郑宗琳同学。岁月会改变容颜，但改变不了的，是做人的谦恭、忠厚、温和，是做事的严谨、负责、从容。无论被怀念或是被遗忘，也无论被尊重或是被忽视，[1] 郑宗琳、高守真和他们的同学一样，永远无愧于"陈寅恪的学生"这个共同的历史标签。

（本文在写作、修改过程中，先后得到洪光华、汪惟定、刘小磊、黄仕忠、陆键东、李开军、吕瑞哲、周伟川、林勇超、吴海璇、王旭宜等多位师友的帮助，初稿承汪廷奎先生亲自审订并赐示关键性修改意见，谨向他们致以最诚挚的谢意！）

1　陆键东曾这样评述："很奇特，高守真的命运其'苦寒'色彩与老师竟有些相似。高守真在三十九岁那年才结婚，很快文化大革命全面爆发。高守真因在四十年代末在澄海参加了一个读书会之类的组织而在'文革'期间被打成反革命分子。这顶帽子一直戴了多年，等到获得'平反'时，人已到花甲之年。"在晚年，高守真老人无限内疚地称自己是'陈老不成器的学生'。"见《陈寅恪的最后二十年（修订本）》，第180页。

附记：

2022 年 12 月 30 日，惊悉汪廷奎先生已于 12 月 16 日仙逝，悲痛难已！谨以此文纪念这位耿直、真诚的知识分子。

唐景崧内渡：一个让陈寅恪为难的话题 *

缘起

　　从 2009 年下半年开始，为了纪念历史学家陈寅恪（1890—1969）120 周年诞辰，有关学术机构相继举办了数场研讨活动。笔者不揣谫陋，围绕着陈寅恪 1949 年的去留问题草成二文 [1]，力图从常识、常情、常理的角度出发，寻获

---

* 本文首次发表于《中华文史论丛》2012 年第 2 期；后收入张求会著《陈寅恪丛考》，浙江大学出版社 2012 年版，第 251-285 页。此次重刊，正文略有调整，注释多有增订。

1 张求会《陈寅恪 1949 年有意赴台的直接证据》，载 2010 年 4 月 29 日《南方周末》；张求会《陈寅恪 1949 年去留问题补谈》，载 2010 年 5 月 18 日《南方都市报》。

历史疑难的真解。现继续本此原则，尝试着探讨另一个疑
难——陈寅恪如何面对唐景崧内渡这一敏感而尴尬的话题。

唐景崧的诗幅：成就陈寅恪婚姻

　　1928年，大龄男青年陈寅恪（38岁）与大龄女青年唐
篔（30岁）结缡于上海。这门亲事，颇为般配——男方之
祖父是前湖南巡抚陈宝箴，女方之祖父是前台湾巡抚唐景
崧。二人喜结连理的媒介，是唐篔出生那一年祖父手书的一
件诗幅。[1]光绪戊戌（1898）春间，全国上下竞言改革，去
官数载的唐景崧"自伤闲居，无缘补天"，故有诗句云："补
天万手忙如许，莲荡楼台镇日闲"，"一管书生无用笔，旧曾
投去又收回"。[2]唐篔成年后，这件作品长随左右，一直等来
了陈寅恪，转而成为夫妇二人共同珍宝的纪念物，纵使战乱
频仍、南北转徙，始终不离不弃，却最终失踪于文化浩劫之

1　详陈寅恪撰、石泉整理《寒柳堂记梦未定稿（补）》，见陈寅恪著、陈美
　　延编《陈寅恪集·寒柳堂集》，生活·读书·新知三联书店2009年版，
　　第235页。
2　《寒柳堂记梦未定稿（补）》，见《陈寅恪集·寒柳堂集》，第235–236页。

年代。[1]

1931 年"九一八"事变之次日，胡适应陈寅恪之邀，为唐景崧诗幅题诗一首："南天民主国，回首一伤神。黑虎今何在？黄龙亦已陈。几枝无用笔，半打有心人。毕竟天难补，滔滔四十春！"[2] 至抗战居港时，陈寅恪又请许地山为题一绝："自立民声压怒雷，何端天意竟难回。鸡峰陷没鲲洋沸，一去东滇永不回。"[3] 胡适之父胡传系唐景崧部属，"台湾民主国的殉难者之一"[4]；许地山之父许南英亦为唐氏旧部，同为台湾民主国之旧人。既有此渊源，应邀题诗之际又适逢倭难再度当头，故二人所题之诗均以感喟沧桑为主调。

1953 年，陈寅恪本人在诗幅上"谨题四绝句"，其一云："横海雄图事已空，尚瞻遗墨想英风。古今多少兴亡恨，都付扶馀短梦中。"[5] 叹息家国兴亡之余，"雄图""英风"二语

1　据陈流求、陈小彭、陈美延著《也同欢乐也同愁：忆父亲陈寅恪母亲唐筼》（以下简称《也同欢乐也同愁》），生活·读书·新知三联书店 2010 年版，第 62 页。

2　胡适《题唐景崧先生遗墨（陈寅恪嘱题）》，见胡适著、曹伯言整理《胡适日记全编》第 6 册，安徽教育出版社 2001 年版，第 156 页。

3　许地山《题唐南注公手迹》，载胡从经编纂《历史的跫音：历代诗人咏香港》，香港朝花出版社 1997 年版，第 261—262 页。此转引自胡文辉著《陈寅恪诗笺释（增订本）》下册，广东人民出版社 2013 年版，第 630 页。

4　胡适著、唐德刚译注《胡适口述自传》，华东师范大学出版社 1993 年版，第 17 页。

5　《陈寅恪集·寒柳堂集》，第 236 页。

尤能看出对于南注公往迹的赞赏之情。

唐景崧内渡：曾经是一边倒的笑骂

　　自谓"曾读唐公《请缨日记》"、对其家世"知之尤谂"[1]的陈寅恪，对于唐景崧光绪二十一年乙未（1895）内渡前后的那一段往事，真的只有叹息与赞赏么？此处暂且按下不表。不可否认的一个事实是，唐景崧内渡之后，嬉笑怒骂不绝于耳，公私记载所在皆是。

　　比如陈寅恪的父执文廷式，就曾经指斥唐景崧"携巨赀内渡而犹欺人以贫窭"，"既不能筹措于前，又仓黄奔遁于后，难以逃责备矣"。[2]文字虽简短，却抓住了三大关键：一是战前部署失当，二是临战贪生怕死，三是卷带公款潜逃。

　　而在影射小说《孽海花》中，用来影射陈季同的"陈骥东"则语出惊人，索性将唐景崧当年上演的这出"虎头蛇尾"的"滑稽剧"归咎于"女祸"：同为"唐景崧"扈从的"李文魁"与"方德义"，为了唐府一个叫"银荷"的丫鬟争

1　《陈寅恪集·寒柳堂集》，第 235 页。

2　文廷式著《闻尘偶记》，见汪叔子编《文廷式集（增订本）》第三册，中华书局 2018 年版，第 1100–1101 页。

风吃醋，大厦将倾之际，旧恨新仇最终迸发——"李文魁"率众哗变，"方德义"屈死于"李文魁"刀下，"银荷"为"方德义"殉情而死，"李文魁"越发无所顾忌，再生叛心，"想驱逐景崧，去迎降日军"。于是，"唐景崧"的败因便有了这样一番解释："议论他的，不说他文吏不知军机，便说他卤莽漫无布置，实际都是隔靴搔痒的话。他的失败，并不失败在外患，却失败在内变。内变的主动，便是他的宠将李文魁。李文魁的所以内变，原因还是发生在女祸。……这种内变，事生肘腋，无从预防，固不关于军略，也无所施其才能，只好委之于命了。"[1]

陈季同曾助唐景崧守台，署布政使，后任台湾民主国外务衙门督办，也是台湾往事的重要经历者之一。《孽海花》的作者曾朴是陈季同的学生，他笔下的"陈骥东"颇有乃师不拘礼法、落拓不羁的影子。[2] 这段故事是否听闻于陈季同，暂难考证，但空穴来风，事出有因，至少能从成书较早且影响较大的纪实性文献《东方兵事纪略》中找到原型。[3] 成书晚于《东方兵事纪略》的《台湾通史》和《清史稿》，虽然

1　曾朴著《孽海花（增订本）》，上海古籍出版社 1980 年版，第 323-326 页。
2　可参阅桑兵《陈季同述论》，载《近代史研究》1999 年第 4 期。
3　详姚锡光著《东方兵事纪略》，光绪二十三年（1897）武昌刊本，卷五《台湾篇上第九》，第 4-5 页。

各有出入，[1]但都基本采信了这一节——当然，"银荷"应属虚构，不在其内。

光绪二十四年四月二十九日（1898年6月17日），台湾战事的另一位重要当事人丘逢甲，在答复丘菽园询问台事的一封信里，结合自身感受，对唐景崧、刘永福有这样一段评议："平心而论，唐、刘均未可厚非。是时如为身计，已奉朝命，即以地委日而去，岂不足以自全？而皆不忍去者，犹冀万一保全此土此民。非特此土此民也，台弃而天下大局遂不可问，今日胶、澳、旅大之势，当时已早忧之。故权为自主，以振人心，丛受笑怜，亦不敢辞。然其时守台，固自守之，非为君守，固无异与存亡之义。唐变起而去，刘力绌而去，虽责以不死，以义无可殉而死也。"[2]不到一个月，此信就正式披露于新加坡《天南新报》，可惜就其影响而言，甚至连微乎其微都称不上。因为，当指斥、怒骂成为主调时，同情、体谅之声只能让步，直至销声匿迹。

1　《东方兵事纪略》所记为"李文奎""方副将"；连横著《台湾通史》卷三十六《列传八》之《唐景崧、刘永福》作"李文魁""方元良"，见《台湾通史》下册，商务印书馆1996年版，第729、730页（案：该版第730页之"杜文魁"，似为误植）；《清史稿》卷四百六十三《列传二百五十》之《唐景崧、刘永福》则作"李文奎""余副将"，见赵尔巽等撰《清史稿》第42册，中华书局1977年版，第12735页。

2　丘逢甲《致菽园》，原载1898年7月16日新加坡《天南新报》。此转引自广东丘逢甲研究会编《丘逢甲集》，岳麓书社2001年版，第759页。

此后的半个多世纪里，伴随着内忧外患的层出不穷，抵御外侮的呼声越来越高亢，成为时代的最强音。在此背景下，尽管"台事传闻异辞"，一般人"如坠五里雾中"，[1] 上述三大关键一直存有疑点，但对于唐景崧"普遍持否定态度"[2] 成为史学界的主流观点，直至 20 世纪五六十年代依然如此。

俞明震笔述台湾旧事：仍然留有余地

如果说文廷式的指斥属于事后算账，《孽海花》的描述属于小说家言，那么身为陈寅恪舅父的俞明震（字恪士，号觚庵）在事发不久留下的日记和谈话应该更加可信，因为俞明震不仅是台岛抗战的亲历者，而且临时受封为台湾民主国内政衙门督办的他更是内渡前最接近唐景崧（字维卿，又作微卿）的重要人物之一。

俞明震的《台湾八日记（附台湾唐维卿中丞电奏稿）》堪称台湾近代史的重要文献。这一文献由两个相对独立的部分组成：一是俞明震在内渡后补作的战时日记，记载了光绪二十一年五月初五日之后中、日两军数日间的战况，以及

1　《孽海花（增订本）》，第 323 页。
2　文小科《关于唐景崧研究述评》，载《广西地方志》2008 年第 4 期。

十二日台北兵变之情形；二是唐景崧该年二月二十八日至五月初二日的电奏稿 38 件，由俞明震在乱兵中藏入衣带携出，事后俞氏对于其中不可信的文字添加了按语。

综观《台湾八日记》，作为部属的俞明震确实对唐景崧颇为不满与失望。举例来说，光绪二十一年三月初三日唐景崧在电奏稿中援引传闻，称："贼用气球登岸，人执一铁板，聚成炮台，手炮开花弹极猛速。"俞明震所加按语云："此电仓卒据各路探报之言，实在情形，全不相同。中国人无识，有专造谣言者，有随口演说者，有人云亦云、一犬吠影百犬吠声者。所遣侦探，亦不过传述若辈之言而已，可为痛恨。电中所言'气球'，后始悉系在海水浅处，用礬〔帆〕布船登岸，一人乘一船，远望之若气球。然后闻总署以'气球登岸'之语，行知各处，岂非大笑话？又，'人执一铁板，聚成炮台'之说，尚待考，大约亦误认也。"[1]

又如，三月二十二日唐景崧续奏略云："现招粤中义士骁将集万人，有自备船械者。拟由粤用渔船航海夺澎，幸得手，即乘胜入倭。"俞明震的按语虽然对故主仍留有情面，但不平之气、不屑之态难以遏制："'义士饶〔骁〕将'，只

1　俞明震著《台湾八日记（附台湾唐维卿中丞电奏稿）》，载左舜生选辑《中国近百年史资料续编》下册，中华书局民国二十二年（1933）版，第308–309 页。案："帆"，据文意校订。

就唐镜沅一面之词，遽尔轻信，其实一大骗局耳！事过境迁，念之尚令人发指。先是，上年十一月，唐镜沅即有密电与维帅，言'访得有一大侠，将来可令多带兵，可以往攻日本，其手下义士骁将极多'云云。维帅初尚秘而不宣，潜令往招。乙未三月，始告余大侠即吴国华，将倚以复澎湖。余心非之，而不敢尽言，盖其时吴已到台湾矣。复令回粤招勇，将与以重任。其实吴乃一赌博无赖子，后为盗，有司出花红访拿，镜沅遂目为大侠云。"[1]

作为亲历者的俞明震，他的这些按语无疑佐证了唐景崧不知军机、卤莽轻率、用人不当等罪责。

与这些按语不同，俞明震在自己的诗作里对于台事则显得颇为矜持。在他唯一的诗集《觚庵诗存》里，"乙未年"仅存诗一首——《登厦门南普陀和易实甫原韵》："登临初见海嵯峨，回望神州感逝波。坐久自疑趋大壑，再来应恐泣磐陀。愁边草树天风急，泪眼乾坤落照多。今日五洲成大梦，独留残梦在岩阿。"[2] 此诗作于该年八月，于台事仍无放言。半个世纪后，抗战胜利，俞氏弟子章士钊应邀多次赴台，写

---

1 《中国近百年史资料续编》下册，第311-312页。案："骁"，据上下文订正。

2 见俞明震著《觚庵诗存》，上海聚珍仿宋印书局民国九年（1920）排印本，卷一，第11页。

有《台湾行卷》[1]，第一首就是《台北城楼怀觚庵师》："燕居未肯言台事，我自南来便怳然。不是边才亦同慨，得逢旧雨定随缘。江山无改风云地，忠孝难禁忧患年。谁向师门潜印证，白头弟子破垣前。"[2]章诗首句，至少可以作为旁证——俞氏后来对台事的议论变得稀少而谨慎。

俞明震口述实录：理应更加可信

相比之下，俞明震在光绪二十一年十一月至二十二年七月这段时间里，对于新结识的姚锡光（字石荃）倒是敞开了心扉，一次次详尽地回答了姚氏关于保台一役的各种提问，完全称得上有问必答。这些在南京和武昌的答话，较为完整地保存在姚锡光的日记[3]里，成为理应更加接近原貌的珍贵文献。

姚锡光愤于甲午战败之耻，立志编纂一部"昭示国人""生其怒敌之心而作其同仇之气"[4]的纪事本末体史书，这便是最早全面系统地叙述甲午兵事的《东方兵事纪略》的由

---

1 载 1948 年 11 月 2 日《京沪周报》1 卷 43 期，此承朱铭见告。
2 此据朱铭《白头咏师门》（载 2008 年 9 月 21 日《文汇报》）转录。
3 《姚锡光日记》，载刘家平、苏晓君主编《中华历史人物别传集》第 73 册，线装书局 2003 年影印版。
4 姚锡光《〈东方兵事纪略〉序》，见《东方兵事纪略》，卷首。

来。此书取材广泛，"本所见闻，证其异同，并参以中外人士纪载诸书，厘而辑之"[1]，俞明震的《台湾八日记》即为重要的文献来源之一。俞氏日记被姚锡光改写后，辑存于姚著卷五《台湾篇上第九》。

综上可见，俞明震内渡后关于台事的回忆，至少有以下三种文献：一是俞氏本人的《台湾八日记（附台湾唐维卿中丞电奏稿）》，成稿于光绪二十一年，1933 年 9 月被左舜生选入《中国近百年史资料续编》，自此广为人知；二是经由姚锡光改写而保存在《台湾兵事纪略》里的部分文字，成文时间在光绪二十二年七月，次年与其他各篇汇刊于武昌，流传也颇为广泛；三是回答姚锡光询问的多次口述，录存于《姚锡光日记》。

在上述三种文献中，《姚锡光日记》稿本、《台湾八日记》稿本均庋藏于北京图书馆（现中国国家图书馆），前者直至2003 年始影印出版[2]，后者的影印本更是迟至 2006 年方才问世。比较而言，《姚锡光日记》稿本尤须给予足够的关注：

首先，这些文字形成于友朋间的闲谈，最少顾忌，体

---

1 姚锡光《〈东方兵事纪略〉序》，见《东方兵事纪略》，卷首。

2 2024 年 8 月 29 日补案：拙文 2011 年 4 月定稿后，时逾半载，方知国家图书馆所藏《姚锡光日记》手稿已有王凡、汪叔子点校本（易名为《姚锡光江鄂日记》，中华书局 2010 年 7 月出版），遂据此点校本改订了拙稿误认之五字。

现了原汁原味的特点。其次，姚锡光的访谈时间，起于光绪二十一年十一月初九日，止于光绪二十二年七月十五日，与唐景崧内渡这一历史事件的时间距离最短，误差也应该最小。再次，姚锡光采访的战争亲历者除了俞明震之外，至少还包括江苏人茅子修、四川人吴质卿（号桐林）、台湾台南府人陈望曾（字省三）等。其中，吴质卿也撰有一册"乙未夏秋间台湾日记"，"言台南事甚详"；[1] 陈望曾"曾在南湾当差，复当台湾支应局委员，故知台湾事甚详"，同样向姚锡光"历言台湾之将士不和、勇丁冗杂、官吏贪婪、军政废弛诸事"，[2] 还应邀"搜括许多台湾往事共一本"，名曰《台湾杂记》，专门赠送给姚锡光，以备采择。[3] 这些见证人的口述与笔录，在丰富俞明震回忆的同时，无疑也起着纠偏、补漏、防伪的作用。

以下按照《姚锡光日记》原文顺序，摘引俞明震等人的

---

1 姚锡光光绪二十二年八月初三、十一日日记，此据《中华历史人物别传集》第 73 册之《姚锡光日记》，第 856、858 页。案：吴质卿"乙未夏秋间台湾日记"，即吴著《台湾战争记》，揭载于《近代史资料》1962 年第 3 期。据《近代史资料》编者按，吴质卿当光绪二十一年乙未（1895）时为刘永福文案，亲身参加刘永福保台活动。正与姚锡光光绪二十二年六月初一日日记（见《姚锡光日记》，第 839 页）所述相吻合，可见确为同一人。

2 姚锡光光绪二十二年六月二十五日日记，见《姚锡光日记》，第 843 页。

3 姚锡光光绪二十二年八月二十四、二十六日日记，见《姚锡光日记》，第 860 页。

部分口述，必要时酌加按语。透过这些跳跃性颇强的零散文字，唐景崧内渡前后的一幕幕场景大体可以得到还原；而笔录者姚锡光所作评议或讥弹，也似可代表当时士林的集体性感受与评价。

光绪二十一年十一月初八日：

> 善馀又谓，伊昨宵赴王木斋招饮，同坐为俞恪士秋曹诸君子。恪士言台湾事，事甚详：今年春正，台湾唐蔚帅方招集名士置酒高会，蔚帅自制灯虎，有"主人颠，将乔二姑爷溺壶偷去"，打唐诗一句（"东风不与周郎便"）；"秋声尽在月明中"，打《书经》一句（"惟影响"）。此颇似前明宏光时南都春灯谜故事。是时，倭焰方张，京师危逼。台湾孤悬海外，危若累卵。而自大帅以降，流连诗酒，酣嬉淋漓，不恤军事，欲不亡，得乎？[1]

十一月初九日：

> 早八点钟，起。俞恪士秋曹（名明震，顺天宛平人。

---

1 《姚锡光日记》，第763–764页。

庚寅庶常，改官刑部。原籍浙江。以唐维帅奏调往台湾，曾代理藩司）自对过房间来晤。询之，乃戊子乡试同年。因谈及台湾兵事。诸将之不用命，土民之观望，且台湾孤悬海外，我无兵轮，万不能守，自是实情。并言今年五月初四日倭从台湾□□登岸时，我苟兵轮壹只驻守，亦必能截伊登岸之路。且我兵勇一见贼即开枪，不知枪能及贼与否，及贼枪能及我，而我弹子已罄，率以此败。是我驱市人为兵，不知教练之故。恪士又言，伊见台湾炮台放炮，炮口吐出生药，而弹子不能及远，问何以故。余告以此药包用佛蓝绒传火过缓，药包内药不及尽燃，而弹已出口，故炮口吐出生药，则药力减，自不能送弹子及远。又言，放炮后炮向后坐，而跳高五尺。余告以此严密筒内无油之故。[1]

十一月初十日：

是日，见俞恪士今年五月初五日起至五月十五日止十天日记，历言台北失守及唐维帅内渡情状。见维帅之暗弱，将士之不用命，乱民之降贼，以致严疆不守。阅之愤闷欲

绝。留录一底，以备异日考证。[1]

十二月初九日：

> 又闻唐维帅之自台湾内渡，实兑银四十万到上海，
> 为其僚佐旧部分去大半。照此，则自蔚帅以下，皆贪婪
> 委琐之人，台湾其能守乎？闻台湾称自立之国时，蔚帅
> 已受总统名号，而电奏谓臣奉旨内渡，而军民阻遏不得
> 行，不得不受总统名号，暂用权术，为脱身内渡之计。
> 是其首鼠两端，外受军民推戴，内复自站地步，为万一
> 兵败张本。诚小人也。[2]

按：此日所记，得自当晚姚锡光在蔡乃煌（伯浩）宅与
众人一同吃饭时的谈话，俞明震已于该月六日前离开南京。
唐景崧是否携带巨款内渡，堪称其一生最大的悬案。俞明震
是否也向姚锡光谈及此事，至少在姚氏日记里无法证实。等
到姚锡光正式撰作《台湾兵事纪略》时，并未出现唐景崧卷
走40万两白银的字样。相关的文字一共出现过两次，一次
是光绪二十一年四月下旬："斯时，台湾藩库尚储银四十余

---

1 《姚锡光日记》，第764页。案："严疆"，应作"岩疆"，此暂从原稿。
2 《姚锡光日记》，第774页。

万（三月间，台湾曾兑银四十万至上海，初次二十二万，二次十八万，皆善后局提调任某手兑，不知何用）。"[1] 另一次是五月中旬："自景崧去，城中散勇游匪沿途劫掠，藩库犹存银二十四万，劫夺互斗，库中积尸四百余。"[2] 这前后相差的16万两白银，是拨给义军充饷？还是去向不明？著名史学家范文澜根据姚锡光的记载，较早提出质疑。[3] 此后，围绕这一公案的争议一直没有停歇，各持己见，迄无定论。[4]

二十二年正月十二日：

---

1 《东方兵事纪略》，卷五《台湾篇上第九》，第5页。

2 《东方兵事纪略》，卷五《台湾篇上第九》，第12页。

3 范文澜著《中国近代史》上册，人民出版社1962年版，第275–276页。

4 时隔多年，戚其章根据日本间谍的一份侦察报告作了进一步探究，认为"台北藩库所少的16万两，乃是被唐景崧汇走，决非丘逢甲领去，他完全是清白的"。（见戚其章《丘逢甲离台内渡考》，载《学术研究》2000年第10期）刘雄对此则另有看法："关于唐氏曾提库银40万两汇往上海，并在内渡前又汇走16万两之事，前者源自范文澜所著《中国近代史》，实际上由于范先生对唐氏是否为侵吞这些银两而将之汇往上海，抑或内渡后确实已将这些银两侵吞不确定，因而仅以怀疑的语气称这些银两'一去不知下落'。若联系到唐氏署理台抚后派茅延年驻上海专事购械济台，显然，上述汇款也可能是供茅氏购械之用。至于后者，则源自戚其章所撰《中日甲午战争史研究的世纪回顾》一文，戚先生所据者则为日谍的一份报告。该份日谍报告内容大多来自途说道听，多为不实。……何况该日谍之报告仅提及唐氏向追上船来的沪尾王统领承诺，只要不杀他，放他走，他将赠王16万两。可见，断定唐氏于内渡前又提库银16万两汇走并将之侵吞，显然亦无确据。"（见刘雄《试析唐景崧应允留台思想上的自愿因素》，载《东南学术》2007年第2期）

　　跋俞恪士比部台湾日记（光绪乙未闰五月起，十二日止，共八天）一则，盖痛台湾之沦为异域也。[1]

　　按：此则题跋，书于俞明震《台湾八日记》稿本上，不见于姚氏日记。文曰：

　　此余恪士比部（明震）日记也。比部，予戊子同年，浙人，寄籍顺天，家湖南。咸庚寅进士，以庶常改官比部。光绪甲午，倭事起，冬间，以唐维卿中丞（景崧）奏调赴台湾。乙未夏，和议成，朝廷弃台湾，藩司以下多内渡，复经维帅电奏，暂署藩司，理善后。顷台湾自立民主国，恪士以藩司兼营务处，往前敌督战。及台湾溃败，比部内渡。十一月初旬，余与遇于金陵客邸，叩以台湾事，比部出日记以示。不能不太息痛恨于当事者之调度乖方，竟不能为一日之守，苍皇奔北，草间求活，尚复靦然人面！礼义廉耻，国之四维，四维不张，国乃灭亡。三复斯言，令

----

1 《姚锡光日记》，第788页。

人短气！丙申正月，石荃记。[1]

1　此据李德龙、俞冰主编《历代日记丛钞》第 65 册之《余比部台湾日记》，学苑出版社 2006 年影印版，第 386—387 页。案："俞明震"之所以误为"余明震"，可参阅拙文《〈台湾八日记〉探微：稿本与刊本的差异》，载《九州学林》2008 年冬季号。2024 年 9 月 6 日补案：此次修订旧稿，才发现曾有学者对拙文《〈台湾八日记〉探微：稿本与刊本的差异》进行批驳，认为中国国家图书馆所藏《余比部台湾日记》并非俞明震的手稿本，而是姚锡光的抄本。概括起来，两位学者的理由有三点：一、姚氏自言，借阅俞氏日记时，"留录一底，以备异日考证"；二、在别人的手稿上题跋"显然不合乎常情"，"俞明震显然没有向姚锡光求'跋'，且显然也未将手稿赠予姚锡光"；三、《余比部台湾日记》中的夹注与正文、眉批、跋语字迹一致，"明显到无需笔迹鉴定"。（详郭洁、孙建军《〈余比部台湾日记〉才是抄本》，载大连市近代史研究所、旅顺日俄监狱旧址博物馆编《大连近代史研究》第 9 卷，辽宁人民出版社 2012 年版，第 114—120 页）两位学者在文章中批评我"自寻烦恼""黑白颠倒""南辕北辙"，言词之犀利让我颇感意外且难堪。事实上，我的"自寻烦恼"源于一个发现：《姚锡光日记》使用了四种稿纸，其中第三种稿纸与《余比部台湾日记》所用稿纸相同（朱丝栏，每页六行，每栏二十格）。这就带来一个问题：两部手稿是否由同一人书写？当年，在专业人员朱万章、收藏家陈俊明等各界朋友的帮助下，我找到了俞明震的四件手迹，将这些手迹与《余比部台湾日记》合而验之，可以得出判断：这部日记出自俞明震之手。我将这一成果《〈台湾八日记〉稿本是不是俞明震的手迹？》发表在 2011 年 3 月 31 日《南方都市报》上，并且配了四张图片。现在看来，因为是报刊文章，中国知网并未收录，估计郭、孙二位没有看到。尽管《余比部台湾日记》稿本、抄本之争与本文主旨并无多少关系，但我还是想借此机会简要回应一下。第一，两位学者的质疑确实很有价值，台湾东吴大学的郭明芳也认为《余比部台湾日记》是姚锡光传抄本（详郭明芳《1895 年台湾乙未战争现有中文文献整理述评》，载大连市近代史研究所、旅顺日俄监狱旧址博物馆编《大连近代史研究》第 13 卷，辽宁人民出版社 2016 年版，第 53—63 页），可见持此观点者或许不（转下页）

七月初五日：

　　午后，俞恪士比部来，自上海回……少间，恪士又谈台湾往事。光绪乙未四月廿四日，台湾接总理衙门弃台湾公文，省垣罢市，游棍散勇思变，人心惶惧。绅民入抚署，请维帅为统领台湾自主，始安堵。旋送维帅之太夫人、夫人内渡，太夫人、夫人号咷出署，市人皆哭。五月初五、六等日，东洋兵轮炮攻金包里甚急，为声东击西之计，而从澳底登岸。及十二日，维帅出亡，乘小舟，拟往沪尾，上驾时轮船内渡。于时游勇地痞严搜逃官内渡者，维帅行至□□，有炮台，台上炮弹截行舟，

（接上页）在少数。因此，《俞比部台湾日记》是俞氏稿本还是姚氏抄本，仍有再作探讨的必要。第二，在别人的手稿上题跋，而且写错对方的姓氏，确实有违常情。但已有材料既不能证实俞氏将日记手稿赠予了姚氏，也不能证明他没有这么做。陈望曾既然愿意将《台湾杂记》专门赠送给姚锡光以备采择，俞氏把日记稿本赠给姚氏以示支持也不是完全不可能。第三，《俞比部台湾日记》中的夹注与正文、眉批、跋语字迹一致，"明显到无需笔迹鉴定"，这个说法难免有些言过其实。因为仅从影印件就能看出，夹注与正文笔迹一致，眉批与跋语笔迹一致，但前者与后者的区别还是比较明显的。当然，书法鉴定一直充满争议，"公说公有理，婆说婆有理"。如能看到原稿真迹，并请专业人士介入，也许有助于破解谜团。2008 年 3 月，我曾在国家图书馆对《俞比部台湾日记》进行第二次"追踪"，据馆内人员介绍，该书约在 2007 年"提善"（由普通古籍升级为善本），虽已登记，但迟迟未能上架。现在能否外借（或有高清图片以供查阅），则有待第三次进行"追踪"。

扼不得进。随有游勇上船搜查，维帅乃弃小舟登陆，仍
折回，道遇德国德几理和洋行买办薛□□，挈维帅入洋
行匿焉。未几，台湾人侦知维帅匿洋行中，将往搜，不
可匿。十五日，洋行东□□□乃杂维帅于洋行练勇队中。
维帅易洋兵服，短衣革履，从练勇队中，呼啸偕行。至
海口，杂洋练勇上舢板，上南精小轮船，始得内渡。其
草间求活如此！维帅初心，何尝不思身殉台湾，特为爱
妾娈童所困，易其初心，一失足成千古恨。可胜太息！[1]

按：这段文字所描述的唐氏内渡情形，颇为罕见，值得
特别关注。文中所称"爱妾娈童"，未详所指；但姚锡光很
快在《东方兵事纪略》里径直使用了"景崧嬖人吴觐庭（沪
尾守备，充武巡捕）"[2]这样的措辞，丝毫不假情面。

七月初九日：

> 早起，入学堂，续成《台湾兵事纪略上篇》，推溯
> 光绪甲申台湾之建行省，而言兵事起于光绪甲午六月台
> 湾之办海防，迄于乙未五月十六日倭人之入台北省会，
> 是为《上篇》。午后，往户部街程公馆，拜俞恪士比部，

1 《姚锡光日记》，第847—848页。
2 《东方兵事纪略》，卷五《台湾篇上第九》，第12页。

因晤程子达大令、黄伯香贰尹。[1]

七月十五日：

自李直刺处散后，遂往户部街程公馆，至俞恪士处
晤谈，访伊台湾事，至二鼓始归寓。[2]

按：这是姚锡光日记所载姚、俞二人的最后一次晤
谈，地点在武昌，内容仍以台事为主。从光绪二十二年六
月二十六日姚锡光撰作《台湾兵事纪略上》开始[3]，到七月
二十三日将该篇"检校改正数处"[4]，直至九月初一日写完《台
湾兵事纪略下》[5]。俞明震的口述，不仅为姚著提供了重要的素
材，而且影响、强化了姚锡光对于唐景崧的评判。

---

1 《姚锡光日记》，第 848 页。

2 《姚锡光日记》，第 851 页。

3 《姚锡光日记》，第 843–844 页。

4 《姚锡光日记》，第 854 页。

5 《姚锡光日记》，第 861 页。

尊长们的"幸运"：避开了尴尬

唐筼出生于1898年，没有赶上1895年祖父内渡这一历史事件；陈寅恪出生于1890年，其时年幼，应该也不会留下什么深刻的印象。不过，陈寅恪的祖、父，都曾经间接参与过光绪乙未年的援台抗倭，尤其是陈寅恪之父三立，因为好友易顺鼎两次渡台策助刘永福抗战，与易氏有多封电信往还，对于台事也称得上"知之尤谂"。

当时，易顺鼎与刘永福有患难相守之约，甘冒风险来往于台岛与大陆之间，在清廷明旨严禁济台饷械之后，仍屡屡向湖广总督张之洞、湖北巡抚谭继洵等要员求助，又多次商请陈三立（陈父宝箴时在直隶布政使任上，三立携家留守武昌）疏通关节，设法筹款济台。张之洞数次复电易顺鼎，声言台事奉旨不准过问，劝易速离险境，从此不管台事，免生枝节；谭继洵也以司道阻挠为由，加以拒绝。无奈之余，陈三立只得连连规劝易顺鼎偕同俞明震迅速内还。直到光绪二十一年九月初七日，就在陈三立前往上海迎候父亲（自直隶赴湖南巡抚任）的前夕，仍然苦劝两人"速还"。[1]

1　详张求会著《陈寅恪的家族史》，广东教育出版社2007年版，第103–105页。

俞明震在《台湾八日记》里自述，他脱险逃至厦门是在光绪二十一年五月十五日。八月，俞明震与易顺鼎同游南普陀，俞氏作《磐陀对话图》，易氏有诗纪，俞氏和作即前引《登厦门南普陀和易实甫原韵》。九月，全台尽失，二人一前一后内还。易顺鼎于十月奉父回长沙，次年汇刊《四魂集》，又整理赴台日记为《南行记》，与在此期间所撰奏疏等合刊为《盾墨拾馀》，轰动一时。光绪二十三年之后，易顺鼎受命督管湖南矿务。[1]

大约在易顺鼎返回长沙两个月后，[2] 俞明震投奔于姻丈陈宝箴幕下，在新成立的湖南矿务总局当差——姚锡光光绪二十二年六月初七日日记称，陈宝箴有意派俞明震总办湖南矿产转运局，"故命恪士往上海探价值焉"。[3] 光绪二十六年（1900）之后，俞明震、陈三立先后移居南京，陈寅恪所云"两家衡宇相望，往来便近"[4]，即在此时。

1　王飙《易顺鼎年谱简编》，见易顺鼎著、王飙校点《琴志楼诗集》，上海古籍出版社 2004 年版，附录四，第 1569–1570 页。

2　2024 年 8 月 29 日补案：皮锡瑞光绪二十一年十二月二十六日日记："（颂年）云俞墙士至，住东长街左首俞宅。"二十七日日记："往俞墙士处，谈日本、台湾事甚悉。"见皮锡瑞著、吴仰湘点校《皮锡瑞日记》第一册，中华书局 2020 年版，第 353、354 页。案："俞墙士"，即俞恪士。

3　《姚锡光日记》，第 841 页。

4　陈寅恪著、陈美延编《陈寅恪集·柳如是别传》上册，生活·读书·新知三联书店 2001 年版，第 3 页。

以常理来推测，光绪二十一年十月后，易顺鼎、俞明震在与陈家三代人交往的过程中，不大可能不提到台湾战事和战败后的内渡。因为，根据陈寅恪的自述，1928年初春，唐篔之所以引起他的关注，首先是那条署名"南注生"的诗幅——大概只有既读过唐景崧的《请缨日记》，又有"亲友当马关中日和约割台湾于日本时，多在台佐唐公独立"的陈寅恪，才会将"南注生"这一别号与一位陌生的唐姓女士联系在一起，断言："此人必灌阳唐公景崧之孙女也。"[1]

当然，陈寅恪晚年的自述也未必字字句句皆精准无误，比如"亲友……多在台佐唐公独立"一句至少有以下两个疑点：其一，"亲"自然指俞明震，"友"却未必是易顺鼎，因为易顺鼎在台直接佐助的是刘永福，而且刘永福曾向易顺鼎言及唐景崧排挤倾陷之状，"几痛哭流涕"[2]；其二，"多"字也难以立说，因为陈家"亲友"除俞、易之外，到底还有几人"在台佐唐公独立"，迄无确据。

1903年，唐景崧辞世；1918年，俞明震故去。时空交错，两人均没有见到陈、唐联姻，也就免去了可能出现的尴尬。

---

1 据《寒柳堂记梦未定稿（补）》，见《陈寅恪集·寒柳堂集》，第235页；另参《也同欢乐也同愁》，第58—59页。

2 易顺鼎著《魂南记》，光绪二十一年五月二十九日。此据王飚《易顺鼎年谱简编》，见《琴志楼诗集》，附录四，第1565页。

唐篑与陈寅恪的态度：只能如此

尴尬与难题往往也是前人的"遗产"之一，不管后人是否情愿，也不管有没有准备，都只能继承与接受。这一次也不例外。

约在 1943 年春，应邀参观广西桂林景崧中学的唐篑，曾以简约的文辞概述祖父的乙未往事："当时国际形势孤立，英国等既不予援助，而国内又不便接济，故军力不足，遂致失败。归来退隐桂林五美塘旧宅，读书著作，又别号退怡庐老人。"[1] 作为嫡亲的女孙，唐篑如此立说，既合乎讲话的特定场景，又没有违背历史的原貌，颇显大方得体。

与唐篑相比，陈寅恪对于此事的感触可能更加复杂，"处理"的难度也会更大。个中缘由，可能有以下五点：

第一，双重身份的尴尬。陈寅恪既是唐景崧的孙女婿，又是俞明震的外甥，而且后一种身份远远早于前一种。无论他是否看过《台湾八日记》或《姚锡光日记》，以他的见闻和学养，不难推断出大致的情形。是维护南注公的形象，还是肯定觚庵先生的言论？这不能不说是一种左右为难的窘境。

1　唐篑《参观景崧中学的讲话稿》，见《也同欢乐也同愁》，第 297 页。

第二，职业操守的考验。陈寅恪是历史学家，一生的使命无非是寻求历史的真相与教训。摒除个人情感因素的影响，如实还原历史场景，探寻前人成败得失的经验教训，原本是史学家的基本操守。晚清史虽然不是他的专项和特长，但无论如何也不能据此自欺欺人，置史德于不顾。

第三，研究条件的制约。陈寅恪一生，遭际坎坷，命运多舛。身体之弱，家累之重，文献之匮乏，环境之险恶，常常成为他从事学术研究的掣肘。仅就乙未内渡这一并不算太大的课题而言，待发之覆虽多，发覆的重任却非陈寅恪所能承担——终其一生，海峡两岸的中文资料尚且无法一一寓目，遑论日文以及其他外文资料。

第四，个人观点的影响。首先，陈寅恪对于国难当头的和战之争远较一般人更加冷静。1937 年 7 月 14 日，也就是卢沟桥事变发生后的第 8 天，陈寅恪在与挚友吴宓交谈时就表现出异于常人的悲观："抵抗必亡国，屈服乃上策。保全华南，悉心备战；将来或可逐渐恢复，至少中国尚可偏安苟存。一战则全局覆没，而中国永亡矣。"[1] 在他看来，"胜败系于科学技术与器械军力，而民气士气所补实微。况中国之人

1　吴宓著、吴学昭整理注释《吴宓日记》第 6 册，生活·读书·新知三联书店 1998 年版，第 168 页。

心士气亦虚骄怯懦而极不可恃"。[1] 这些判断虽然不会影响到陈寅恪的个人出处，因为"策略上的主和者并不必然就是实践上的妥协派"[2]，但无论如何也难以成为主流。其次，陈寅恪对于纲纪伦常的信从持守远较一般人更加执着。陈寅恪绝非抱残守缺者，并不反对和拒绝合理的变易，但是一切变易与调适都不能超越"中国文化本位"这一底线。甲午乙未之后，民族危亡接连不断，否定传统俨然成为拯救时局的题中应有之义，最终演变为彻底的颠覆与摧毁。在陈寅恪生命的最后20年，政治上的跃进再度导致传统文化的衰歇，对此的深忧巨痛自然成为其晚年诗作的主要内容之一。[3]

1　《吴宓日记》第 6 册，第 169 页。

2　《陈寅恪诗笺释（增订本）》上册，第 162 页。

3　陈寅恪 1952 年有诗《吕步舒》："证羊见惯借粗奇，生父犹然况本师。不识董文因痛诋，时贤应笑步舒痴。"胡文辉笺释此诗的主旨："陈诗首句即以证父攘羊、借父穰锄典暗指胡思杜对其父胡适的政治批判；二句谓儿子对父亲尚且如此，学生批判老师更不在话下；三、四句反用吕步舒误驳董仲舒事，形容当时胡适的学生们公开批判胡适。"（见《陈寅恪诗笺释（增订本）》下册，第 615–620 页）作于同年的《春秋》复云："石碏纯臣义灭亲，祭姬一父辨人伦。春秋旧说今皆废，独讳尊贤信是真。"胡文辉以为，此诗的真实用意"谓《春秋》为亲者讳的传统伦理已被废弃，而为尊者讳、为贤者讳的传统倒更加发扬光大；此当指舆论一律，不得批评政府及其领导人"。胡氏又有所发挥，指出陈寅恪在论著中多次引用"为尊者讳，为亲者讳，为贤者讳"，"中国传统伦理强调顺乎人情，故承认各亲其亲的合理性，即以家庭伦理优先于政治伦理"，两诗的意旨均在表明对当时政治伦理严重违背传统人伦的不满与担忧。（同前，第 621–623 页）

第五，特定环境的顾虑。尽管围绕唐景崧的诸多疑窦一直难以破解，但在主战虽败犹荣、主和虽全犹耻的主旋律下，一切为唐景崧鸣冤、声辩的言行，必定冒天下之大不韪，即便不会招致杀身之祸，至少也会自取其辱。加上范文澜著《中国近代史》已经对唐景崧内渡作出了最权威的定性——范著 1947 年出了第 1 版，到 1955 年就已出至第 9 版，"故影响巨大"。[1]

此情此景之下，唯一的选择似乎只有一个——避而不谈。即便是最有可能谈及乙未旧事的两次机会，陈寅恪也没有留下直接、显豁的评价。

第一次是 1944 年冬。当时，陈寅恪因目疾致盲，"在成都存仁医院手术后，生活不能自理，夜间尤需人照料"。[2] 作为入室弟子的硕士生刘适（后常用别名"石泉"，以下统称"石泉"），经常去值夜班。某夜叙及学位论文的选题，石泉答以"对中国近代史感兴趣"，不料得到了陈寅恪的首肯。[3] 陈寅恪又对石泉说："其实我对晚清历史一直是很注意的，不过我自己不能作这方面的研究，认真作，就容易动感情，那

1　戚其章《中日甲午战争史研究的世纪回顾》，载《历史研究》2000 年第 1 期。

2　石泉《〈甲午战争前后之晚清政局〉自序》，见石泉著《甲午战争前后之晚清政局》，生活·读书·新知三联书店 1997 年版，"自序"，第 1 页。

3　《甲午战争前后之晚清政局》，"自序"，第 1 页。

样，看问题就不客观了，所以我不作。你想要作，我可以指导你。"[1] 这篇题为《中日甲午战争前后之中国政局》的学位论文，开始于 1947 年春，写成于 1948 年夏，半个世纪后幸而得以问世。读者于此书（出版时更名为《甲午战争前后之晚清政局》）字里行间颇能看出陈寅恪的影子，以至于同为陈氏弟子的卞僧慧认为："此书是在先生直接具体指导下完成的，因此在很大程度上可以视为先生观点的体现，对于人们理解先生对中国近代史的看法有重要意义。"[2]

卞氏此语，诚为知言。石泉此书虽小有瑕疵——仅以与陈寅恪家世相关者为例，如偶将"陈宝琛"误为"陈宝箴"[3]、"俞明震"误为"俞应震"[4]、"唐景崧"误为"唐学崧"[5]等——仍然堪称深得陈氏治学之精髓，尤其是立论之持平、公允、

1　《甲午战争前后之晚清政局》，"自序"，第 1 页。

2　卞僧慧纂、卞学洛整理《陈寅恪先生年谱长编（初稿）》，中华书局 2010年版，第 354 页。

3　《甲午战争前后之晚清政局》，第 52 页。

4　《甲午战争前后之晚清政局》，第 200 页。案：今人陈义杰整理之《翁同龢日记》刊本，亦作"得台湾门人俞应震、邱逢甲电"。（见《翁同龢日记》第 5 册，中华书局 1997 年版，第 2795 页）又，仲伟行编著《〈翁同龢日记〉勘误录》（上海古籍出版社 2010 年版，第 355 页）亦未予校订。据此，或翁氏稿本已误书，而后来者各仍其谬？

5　《甲午战争前后之晚清政局》，第 260 页。

深刻，最能彰显"了解之同情"[1]这一研究品质。无怪乎甫一面世，即令人耳目一新，其后亦有常读常新之感。

　　石泉在写作时，多次引用了姚锡光的《东方兵事纪略》。石著所附"参考书目"仅列出姚氏此书的书名、版次（光绪二十三年武昌刊本），[2]而没有像对待《中东战纪本末》《容庵弟子记》那样分别留下必要的评析。[3]据此看来，石泉（理应包括其导师陈寅恪）至少在当时对于姚著是认可的。[4]然而令人不解的是，石著对于唐景崧保台期间的种种失当行为只字未提，似乎对于姚锡光的评判并不赞同；不仅如此，"身当其冲"和"势成骑虎，不得不进而继续努力，以成此自主自保之局，而观后变"等词句[5]，反倒表现出对于唐氏的

1　陈寅恪《冯友兰中国哲学史上册审查报告》，见陈寅恪著、陈美延编《陈寅恪集·金明馆丛稿二编》，生活·读书·新知三联书店 2001 年版，第279 页。

2　详《甲午战争前后之晚清政局》，第 277—278 页。

3　石泉评《中东战纪本末》："此书取材甚杂，往往未可轻信，然其节录或译出之中外使馆官电，或抄录当时奏折，皆颇可征信。"评《容庵弟子记》："此书为辛亥以前袁世凯之略传，其中颇多为袁氏讳（例如戊戌政变即全阙），然就其所引叙之有关上谕、奏折、函电等言，则仍多可信也。"俱见《甲午战争前后之晚清政局》，第 278 页。

4　史学界后来对《东方兵事纪略》的评价，可参阅廖宗麟《试评姚锡光〈东方兵事纪略〉》（载《文献》1986 年第 4 期）、舒习龙《姚锡光与〈东方兵事纪略〉》（载《历史档案》2006 年第 3 期）、舒习龙《〈东方兵事纪略〉考补》（载《北京教育学院学报》2015 年第 1 期）等文章。

5　《甲午战争前后之晚清政局》，第 224 页。

某种体谅和认可。

第二次是 1965 年夏至 1966 年春。1965 年夏，自忖时日无多的陈寅恪，"改变往昔不研究晚清政局之初衷，决心在晚年亲自着手阐明所知晚清史事真相"[1]，这便是陈氏遗作《寒柳堂记梦未定稿》的由来。直到第二年春天，"未及完成而难作"。[2] 此稿生不逢辰，其后虽经陈美延追索、石泉增补，迄今仍非全璧——第四章、第五章依然阙如。

在《寒柳堂记梦未定稿》的《弁言》中，陈寅恪明确表达了"排除恩怨毁誉，务求一持平之论断"[3]的写作态度，希望此稿"既不诬前人，亦免误来者"[4]，成为一部"家史而兼信史"[5]。

应该说，在除《弁言》以外的其他七章中，最能体现义宁陈氏与清流、浊流二党错综复杂的关系，也最能考验陈寅恪能否做到持平公允的，大概要算第二章《清季士大夫清流浊流之分野及其兴替》、第三章《孝钦后最恶清流》、第四章《吾家与丰润之关系》、第六章《戊戌政变与先祖先君之关系》

1　石泉《〈甲午战争前后之晚清政局〉自序》，见《甲午战争前后之晚清政局》，"自序"，第 3 页。

2　蒋天枢撰《陈寅恪先生编年事辑（增订本）》，上海古籍出版社 1997 年版，第 178 页。

3　《陈寅恪集·寒柳堂集》，第 187 页。

4　《陈寅恪集·寒柳堂集》，第 186 页。

5　《陈寅恪集·寒柳堂集》，第 188 页。

这四章。其中的第二、三、六章，经石泉校补之后，颇觉完整。不在此列的第五章《自光绪十年三月至二十年十一月间清室中央政治之腐败》虽然亡佚，但其基本内容仍可于石著"得其概貌"[1]；唯独第四章，从头至尾，了无痕迹。笔者20余年前曾专门草撰一文[2]，推测第四章的"主角"应是义宁陈宝箴、陈三立父子与丰润张佩纶、张人骏叔侄，于今察之，尚非不着边际之论。至于第七章《关于寅恪之婚姻》[3]，集中介绍

1　刘桂生《〈甲午战争前后之晚清政局〉序》，见《甲午战争前后之晚清政局》，"序"，第4页。

2　张求会《陈寅恪佚文〈吾家与丰润之关系〉试考》，载《近代史研究》1997年第6期。

3　2024年8月29日补案：现将《关于寅恪之婚姻》全文移录于后，以便就近观览、通篇考量。文曰："寅恪少时，自揣能力薄弱，复体屡多病，深恐累及他人，故游学东西，年至壮岁，尚未婚娶。先君先母虽累加催促，然未敢承命也。后来由德还国，应清华大学之聘。其时先母已逝世。先君厉声曰：'尔若不娶，吾即代尔聘定。'寅恪乃请稍缓。先君许之。乃至清华，同事中偶语及，见一女教师壁悬一诗幅，末署'南注生'。寅恪惊曰：'此人必灌阳唐公景崧之孙女也。'盖寅恪曾读唐公《请缨日记》。又亲友当马关中日和约割让台湾于日本时，多在台佐唐公独立，故其家世，知之尤谂。因冒昧造访。未几，遂定偕老之约。兹录唐公原诗，并寅恪和诗于后。唐公诗云：'苍昊沉沉忽雾颜，春光依旧媚湖山。补天万手忙如许，莲荡楼台镇日闲。（寅恪案：唐公归来后，家居桂林之环湖边，故云莲荡。光绪戊戌春间，全国竞言改革，公自伤闲居，无缘补天也。）''盈箱缣素偶然开，任手涂鸦负麝煤。一管书生无用笔，旧曾投去又收回。''为人作书，口占二绝。冬阴已久，立春忽晴，亦快事也。南注生。'寅恪诗云：'南注公诗幅藏之有年，旅居香港时，适值太平洋之战，仓促携以归国，颇有割损，兹重付装裱，谨题四绝于后。''横海雄（**转下页**）

与唐氏婚姻之由来，自然涉及唐景崧，不过，对于弃台内渡
诸事也并未论列。

　　当然，避而不谈或者说不主动提起并不意味着只是一味
地噤若寒蝉，只要条件允许，必要的反弹还是会呈现的，更
何况陈寅恪从来"不是轻易能够被胁迫的人"[1]。据陈门弟子金
应熙回忆："陈氏夫妇还很重视台湾历史的研究。陈夫人的祖
父唐景崧在第一次中日战争时署台湾巡抚。当时陈先生的舅
父俞明震也在台湾与唐共事。'马关条约'签订后，唐、俞
两人曾联络台湾士绅宣布成立民主国，抵抗日本，但不久就
失败了。唐景崧因此遭到清朝一些官僚的攻讦，他曾写信给
大臣李鸿藻解释，对此事经过纪述颇详。陈家藏有这封信的

（接上页）图事已空，尚瞻遗墨想英风。古今多少兴亡恨，都付扶馀短梦
中。''当时诗幅偶然悬，因结同心悟夙缘。果剩一枝无用笔，饱濡铅泪
记桑田。''一卷新装劫后开，劫痕犹似染煤煤。湖山明媚虽依旧，旧日
春光去不回。''频年家国损朱颜，镜里愁心锁叠山。历书太行人事路，
倘能偕老得馀闲。'一九二八年旧历七月十七日与唐筼结缡于上海。余尧
衢丈（肇康）贺以一联。其上句云'天孙七夕展佳期'，即指是而言也。
后生三女。长女流求，适钱塘董有淞，生三女：景宜、景同、鹤孙（拟
以鹤孙为寅恪夫妇二人之孙）。次女小彭，适文昌林启汉，生一子曰晖。
三女美延，尚未适人。一九六六年六月二十三日端午，寅恪书于广州康
乐，中山大学东南区一号楼上。时年七十六。"见《陈寅恪集·寒柳堂
集》，第 235—237 页。

1　陈流求、陈美延姐妹语，详张求会《往事如烟耐追摹》，载 2010 年 6 月
　13 日《南方都市报》。

原稿，陈氏曾借给学生供写作台湾史论文的参考。"¹陈君葆
（陈寅恪滞留香港大学时期的同事）的日记和陈寅恪后人的
追忆²，都印证了金应熙所述真实可信。值得注意的一个细节

---

1 金应熙《陈寅恪》，见陈清泉等编《中国史学家评传》下册，中州古籍
  出版社 1985 年版，第 1363 页。案：唐景崧内渡前为自己预留退步的言
  行，学界自来关注较多，但并非没有疏漏，如吾友李开军所示，翁同龢
  光绪二十一年四月十八日日记有云："唐春卿函来诉台苦。"唐景崇（字
  春卿）此举疑似受其兄景崧之托，为他日落败张本。而据易顺鼎《盾墨
  拾馀》卷六《魂南记》，唐景崧内渡后，曾于光绪二十一年闰五月二十九
  日在南京拜谒张之洞，不料与易顺鼎巧遇。唐氏此行似颇隐蔽，据易氏
  言，唐"昨始来南京，与余同舟而竟不知，盖踪迹甚秘云"。张之洞以"同
  见不便"，有意错开了接见时间。唐景崧此次南京之行是否为了"自站
  地步"而来，亦未可知。联系到唐景崧致函当权派李鸿藻辩诬之事，则
  唐氏内渡后曾有所托请当属无疑。台湾内渡官绅未受到严惩，唐景崧也
  是仅仅得了一个"休致回籍"的处置，除清廷对绅权民权有所忌惮的大
  背景（参阅桑兵《甲午战后台湾内渡官绅与庚子勤王运动》，载《历史
  研究》1995 年第 6 期）之外，似不能排除各类请托活动所起的作用。再
  案：光绪二十一年闰五月初一日，唐景崧内渡后不久，曾有家书致其三
  弟景崇（原件藏中国社会科学院近代史研究所，载中国社科院近代史所
  编《近代史所藏清代名人稿本抄本》第一辑，大象出版社 2011 年版，第
  206—213 页，此承李开军 2012 年 9 月 29 日电传摄片），对弃台内渡、卷
  款潜逃各节颇多辩解，且欲通过其弟"使都中人知之"。笔者于此另有专
  文论列——《唐景崧内渡后的一份"自辩"：跋〈唐景崧致春卿三弟函〉
  之一》，载《中国文化》2013 年春季号（总第 37 期），可参阅。
2 据陈君葆 1938 年 2 月 3 日日记，"陈寅恪藏有光绪年间'福建台湾巡抚
  关防'银印一方及唐景崧回上海后手上李高阳书一通，均富有文献价
  值"。当天，陈寅恪将银印和唐景崧手札一并寄存在香港大学冯平山图书
  馆。（据谢荣滚主编《陈君葆日记全集》卷一，香港商务印书馆有限公司
  2004 年版，第 374 页）1949 年 8 月 23 日，陈寅恪委托一位邓（**转下页**）

是，陈寅恪曾经将唐景崧上李鸿藻函"借给学生供写作台湾史论文的参考"，这固然是导师风范的展现，但据此作出另一种解读似乎也未尝不可。

结语

合而观之，陈寅恪的相关言说，总体上确实做到了"既不诬前人，亦免误来者"。但不得不提的是，陈寅恪身为史学大家，文章自是作手，像所有的作者一样，他不可能也不必要把自己的观点和想法完全述诸笔端。就此而言，或许借用传播学上的另外十个字来评价他可能会更加准确一些，那就是"假话全不说，真话不全说"。

即以胡适和许地山而论，二人书写于唐景崧诗幅上的题诗也未必是内心世界的完全反映。1931 年 9 月 26 日，胡适

（接上页）姓人士，将一批行李搬到冯平山图书馆寄存。（详《陈君葆日记全集》卷二，第 648 页）到了 1951 年 9 月 14 日，陈寅恪次女陈小彭"来图书馆要回寅恪先生的东西"。（据《陈君葆日记全集》卷三，第 129 页）但陈小彭所取物件，似乎并没有包括银印和手札，因为陈氏三姐妹后来说："我们家现在仅存有这颗印的印谱，而银印本身及唐景崧上李高阳（李鸿藻）书一通，父母有无于何时取回，我们姊妹都不清楚，其去向就更不得而知了。"（见《也同欢乐也同愁》，第 68 页）据此，借阅唐景崧手札的学生似乎并不是石泉，具体时间也待考。

在写给周作人的一封信里曾主动谈及题诗之事："十九那天，什么事也不能做，翻开寅恪要我题的唐景崧（他的夫人的祖父）遗墨，见那位台湾民主国伯里玺天德说什么'一枝无用笔，投去又收回'，我也写了一首律诗在上面：……"[1]"说什么"三字，流露出的或许才是胡适的真实感受。

1933 年，许地山在为亡父撰作《窥园先生诗传》时，以乃翁"自定年谱"为依据，对于乙未年唐景崧、刘永福的内渡有如下记述："七月，基隆失守，唐大伯理玺天德乘德轮船逃厦门，日人遂入台北。……八月，嘉义失守，刘永福不愿死战，致书日军求和，且令台南解严，先生（张求会按：即许地山之父许南英）只得听命。和议未成，打狗、凤山相继陷，刘永福遂挟兵饷官帑数十万乘德船逃回中国。旧历九月初二日，安平炮台被占。大局已去，丘逢甲也弃职，民主国在实际上已经消灭，城中绅商都不以死守为然，力劝先生解甲，因为兵饷被刘提走，先生便将私蓄现金尽数散给部下。几个弁目把他送出城外。……本集里，辛丑所作《无题》（六四页）便是记当日刘帅逃走和他不能守城底愤恨。"[2]数年

1　见耿云志、欧阳哲生编《胡适书信集》上册，北京大学出版社 1996 年版，第 558 页。

2　许地山《窥园先生诗传》，见许南英著《窥园留草》（此据沈云龙主编《近代中国史料丛刊》第 80 辑，文海出版社 1972 年版），《窥园先生诗传》，第 7—8 页。案：据《窥园留草》"辛丑壬寅"各诗， **（转下页）**

后，许地山应陈寅恪之邀题诗时，于诗前另有一序，略云：
"乙未之变，先父在台南领兵防匪，部署粗定，而台北莠民
资敌，情况转劣，唐公不得已，挂冠内渡，民主国亦随之沦
没。寅恪同事，近以公手迹见示，且命题识，敬涂芜句，用
寄感喟。"[1] 诗序虽未涉及刘永福，至少评判唐景崧的情词已
有所调整。

　　再举最受陈寅恪信任的弟子蒋天枢为例，他在为唐景崧
的那两首七绝添加按语时的措辞——"光绪二十一年三月马

（接上页）《无题》与《题苏文忠遗像》等诗均作于任职徐闻期间，《题苏
文忠遗像》诗前小序已云"余以壬寅出宰徐阳"，且《无题》诠次于后，
故二诗应同作于壬寅年（1902），而非辛丑年（1901）。《无题》共计六首：
"请缨日记笔如椽，纸上谭兵是汝贤。急智刘锜能步武，北船去后又南
船。"（其一）"出走亏他计不粗，遗黎今尚有周馀。纵然一战遭屠戮，此
罪仍难罄竹书。"（其二）"毁家纾难作王民，铁马金戈剩此身。寄语多金
文弱士，莫将成败刻论人。"（其三）"缠腰有客号知儿，官帑搜罗十万归。
太息蓬门贫女命，为他人作嫁时衣。"（其四）"贻书本欲求王蠋，图貌翻
为索伍员。无用恩威相促逼，本来与汝不同群。"（其五）"压境分驱十万
师，家家齐插顺民旗。伤心狐鼠凭城社，还喉胡儿杀汉儿。"（其六）其中，
第一、二、五首或讽刺唐景崧如赵括一般只知纸上谈兵，或以"神机武
略，出奇制胜"（见《宋史》卷三百六十六《列传》第一百二十五《刘锜、
吴玠、吴璘》）的南宋名将刘锜反讽唐、刘二人不知军机，或用齐国人
王蠋以死激励士民大夫复国之志的典故讥诮两人未能以身殉国；第四首
则专讽刘永福挈公款败逃。综观许南英所作诗、词及自定年谱，对于唐、
刘之愤恨与嘲讽可谓一以贯之，且对许地山撰作《窥园先生诗传》影响
至深。

[1] 许地山《题唐南注公手迹》之序，此转引自胡文辉著《陈寅恪诗笺释
（增订本）》下册，第 630 页。

关条约订立，唐始离台湾巡抚职，退隐桂林。"[1] 也颇见良苦用心。

胡适、许地山、蒋天枢等三位学者的道德文章，有口皆碑。即便是上述言辞，也都经得住推敲，立得住脚跟。他们在面对唐景崧内渡问题上的一致"微调"，似乎是碍于某种因素未便直抒胸臆的共同选择，而不像是一种简单的巧合。

申而论之，"史氏有事涉君亲，必言多隐讳，虽直道不足，而名教存焉"。[2] 作为史学家的陈寅恪，同样很难奋身跃出"为尊者讳，为亲者讳，为贤者讳"[3] 的樊篱。为尊者、亲者、贤者讳，既可以表现为温情与敬意，也可以沦落为傲慢与偏见，更经常外化为障碍与羁绊。就拿姚锡光来说，《东方兵事纪略》到底有多少文字是"以个人好恶为转移"[4]，蓄意地"曲笔回护"[5] 或"简单地丑化"[6] 李鸿章的，现在也还没有定论。相比之下，姚锡光本人在自序里的一段话倒能看出他的冷静与清醒，也在不断提示着后来者："盖在官文牍，每以隐饰而掩其真；私家记载，又以暧昧而丧其实，甚或援尊

1　陈寅恪著、陈美延编《陈寅恪集·诗集（附唐筼诗存）》，生活·读书·新知三联书店 2015 年版，第 93 页。

2　刘知几著《史通》，卷七《内篇》，"曲笔第二十五"。

3　《春秋公羊传·闵公元年》。

4　廖宗麟《试评姚锡光〈东方兵事纪略〉》，载《文献》1986 年第 4 期。

5　舒习龙《姚锡光与〈东方兵事纪略〉》，载《历史档案》2006 年第 3 期。

6　廖宗麟《试评姚锡光〈东方兵事纪略〉》，载《文献》1986 年第 4 期。

亲之义，为曲讳之文。"[1] 照理说，身为石泉导师的陈寅恪也应该看过姚著，这番话会不会触动他的内心，今天不便妄加猜测。

不过，大致可以确定的是，身处特定年代的陈寅恪，面对唐景崧内渡这一尴尬话题，在无法凭借突破性的研究成果改写既定的主流观点时，不得已采取了避而不谈的做法。这样做，不但勉力维护了传统的伦理，更重要的是守住了史家不掩其真、不丧其实的底线。平心而论，无可非议。

1　姚锡光《〈东方兵事纪略〉序》，见《东方兵事纪略》，卷首。又，姚氏光绪二十二年六月二十六日日记曾自述："盖去岁东方兵祸，非特为中国运数一大节目，乃古今奇变，且关系欧亚两州全局，是不可无纪载，故拟作是篇。特余识见庸疏，见闻寡薄，中国又多忌讳，恐不足纪大当大故。"（见《姚锡光日记》，第 844 页）可参阅。李吉奎在整理姚氏此书时曾予综论："该书是亲历其事者根据充分资料而撰写的。不过，因为该书成书较早，许多国内外公私文书档案，当时尚无法引用，加上许多当事人当时仍然健在，故在写作时不能不有所忌讳，写出来难免粗疏。"（见李吉奎整理《东方兵事纪略》，中华书局 2010 年版，卷首"整理说明"）

康乐园里难康乐：《守望：陈寅恪往事》中的匿名人（存目）[*]

---

* 本文曾以《〈守望：陈寅恪往事〉的错名和匿名》为题，刊发于澳门城市大学《社会经济发展研究》2017 年第 2 期。原拟录入本书之改稿，选摘初刊本之后半部分单独成文，且对部分文字作了调整（如删除"陈垣""翦伯赞"两节，以符新题）。现遵从有关方面之要求，删除全文，仅存其目。

一桩公案：刘节有没有代替陈寅恪挨斗？[*]

　　1926 年，刘节（1901—1977）考入清华学校研究院，从此成为陈寅恪（1890—1969）的弟子。自清华毕业后，刘节与老师"一直保持联系"，"特别是在中山大学期间成为同事，更是亦师亦友的关系"。[1] 在前后长达 43 年的交往中，最能反映师弟情谊之深，也最为人津津乐道的，大概是"文

* 本文原刊于方韶毅主编《瓯风》第 13 集，文汇出版社 2017 年版，第 1—14 页。此次重刊，正文、注释均有调整，并改订了引文的一两处错讹。
1 陈流求、陈小彭、陈美延《缅怀刘节先生》，载 2010 年 7 月 22 日《南方周末》。

革"时刘节代替陈寅恪挨斗这件事。这一最具传播价值的细节，在当事人刘节的日记里却没有直接记载，显隐起伏之间，最终成为一桩悬而未决的公案。

蒋天枢最早披露

刘节代替陈寅恪挨斗，最早似由另一陈门弟子蒋天枢（1903—1988）于1981年正式披露。蒋著《陈寅恪先生编年事辑》将此事系于旧历丁未年（1967），该年所辑诸事主要源自陈妻唐筼"文革"期间代写的"交代"、长女流求"文革"后之"追记"、幼女美延"一九七七年十二月来信"。[1]蒋天枢的转述是这样的：

> 本年底红卫兵要抬先生去大礼堂批斗，师母阻止，被推倒在地。结果，由前历史系主任刘节代表先生去挨斗。会上有人问刘有何感想？刘答：我能代表老师挨批

---

1 蒋天枢撰《陈寅恪先生编年事辑》，上海古籍出版社1981年版，第167–169页。

斗，感到很光荣！¹

此后，这一表述被广为引用，而且在"陈寅恪热"——陆键东《陈寅恪的最后二十年》厥功至伟²——不断升温的过程中成为不容置疑的定论。1997年6月，《陈寅恪先生编年事辑（增订本）》问世，所附《陈寅恪先生传》沿用了这一说法。³

陈寅恪女儿正式确认

2001年12月28日，浙江省温州市举办"纪念文化名人刘景晨、刘节座谈会"，陈流求、陈美延姊妹在贺电中写道：

> 刘节先生是大家公认的刚直不阿的学者，其道德文章更为学界所传颂。记得"文革"中一九六七年刘节先

1　《陈寅恪先生编年事辑》，第168页。案：该书书稿在"感到很光荣！"后原有"'群众'对此亦无如之何。"一句，1981年正式出版时被删除，直至1997年增订再版，才恢复了书稿旧貌。详见蒋天枢撰《陈寅恪先生编年事辑（增订本）》，上海古籍出版社1997年版，第180页。
2　陆键东著《陈寅恪的最后二十年》，生活·读书·新知三联书店1995年版；《陈寅恪的最后二十年（修订本）》，生活·读书·新知三联书店2013年版。
3　《陈寅恪先生编年事辑（增订本）》，第232–233页。

生曾代表先父陈寅恪去大会挨批斗。批斗者问他有何感想时，刘先生答："我能代表老师挨批斗，感到很光荣。"得到的自然是一顿痛打。在当时的那种情势下，此事确使先父母及我们姐妹永远不能忘怀。而从这例子也可以看到刘节先生做人所恪守的道德标准。[1]

直接出自陈寅恪女儿的书面表述，无疑在蒋天枢转述的基础上进一步强化了刘节事迹的可信度。2007 年 7 月，陈其泰在为《刘节日记（1939—1977）》（以下简称《刘节日记》）作序时，不但引用了这段文字，而且有所补述："此事在北京学者中传为美谈，许多人都对刘先生的重视师道和崇高气节肃然起敬。"[2]

引发争议的一篇访谈

2010 年 7 月 3 日，广州《羊城晚报》以一个整版刊发

---

1 杨瑞津编《刘景晨刘节纪念集》，香港出版社 2002 年版，第 5 页。案：此贺电"于二〇〇一年十二月二十七日收到"，据《刘景晨刘节纪念集》，第 6 页。
2 陈其泰《刘节先生日记序》，见刘节著、刘显曾整理《刘节日记（1939—1977）》，大象出版社 2009 年版，卷首，第 4 页。

纪念陈寅恪诞辰 120 周年的专访《学生眼里——一个真实的陈寅恪》，始料不及的是，访谈中的一些说法成了争议的导火索：

> 蔡鸿生表示，陈先生生活上得到照顾，学术上被批判，在精神上不会没有痛苦。但就如我六年前在《仰望陈寅恪》一书里说的，不应该把他的悲剧结局扩大化。事实上，晚年的陈寅恪并不是度过漫漫寒夜，其间也有阳光和欢乐。和同时代人相比，可以说他活得尊严，也死得尊严。
>
> ……
>
> 那么，在"文革"期间，陈寅恪究竟有没有挨过批斗？胡守为肯定地回答："陈先生没有被斗过。"
>
> 有些书中写道，当时的历史系主任刘节曾经表示："能代老师挨批斗是我的荣幸！"既然没有被斗，为什么刘节会说这样的话？胡守为说："刘节是那样表示过，但最终是否代替陈先生挨斗了，并没有依据。"
>
> 姜伯勤认为，当时中大的领导冯乃超、杜国庠都是真正的教育家，他们很懂陈先生的价值。中大的周连宽老师、黄萱老师等都通过各种关系为陈先生寻找学术研究资料。至于后来的磨难，姜伯勤说："文革"是佛学所

说的劫。这是人类的灾难，谁能幸免？[1]

陈、刘后人迅速反驳

陈氏三姐妹率先在广州本地媒体刊发回应文章，以丰富的细节还原当年的场景：

> 1968年初，农历丁未年末的一天，有红卫兵来通知：明日要批斗陈寅恪，他不能走，就抬去现场，接受革命群众批判；届时来抬人，你们不得阻挠、拖延。父亲此时年近八旬，除双目失明二十余年外，股骨颈骨折卧床业已六年，身体极其衰弱。我们心里都明白，一旦他被抬到批斗会场，定然无法承受此番摧残，怕是很难活着回来了。
>
> 第二天，一个寒冷的早晨，家人替父亲穿好棉袄和扎裤腿的棉裤，尽量做到保暖。朱佩贞女士自告奋勇，愿意全程陪护父亲去挨斗，表示要尽医务人员的天职，保护病人。长女流求时居四川，在广州的两个女儿做了

---

1 何硕华、沈平《学生眼里——一个真实的陈寅恪》，载2010年7月3日《羊城晚报》。

分工：次女小彭去大礼堂现场观察，幼女美延则留守家中陪伴母亲，那时母亲也已是衰病之身，随时可能发生意外。安排停当不久，突然有人来通知：现在暂不抬陈寅恪去现场，你们在家中仔细听好喇叭播放的批斗内容。小彭戴着大口罩，来到大礼堂窗外，窥视里面批斗的情形，看见现场被斗者中山大学原党委书记冯乃超和教授刘节，分别跪在台上。斗冯时呼口号：包庇纵容反动学术权威陈寅恪！……以后方知，批斗大会完毕，红卫兵问刘节有何感想，刘答：我能代表老师挨批斗，感到很光荣。此言一出，难免不受到拳脚回应。父母和我们姊妹得知此事后，深受感动，更为刘节先生的人格所震撼。

……刘先生后期写日记，只有最简单的记事，不再写感想、评论，所以我们未能从他的日记里看到这次批斗的详情及感想。但是，并不可借此而抹去这段历史。[1]

刘节之子显曾、颂曾，随即也在文章里表达了不满：

最近有人在报上否认"文革"中陈寅恪先生被批斗的事，并说父亲虽说过"能代老师挨批斗是我的荣幸"

---

[1] 《缅怀刘节先生》，载 2010 年 7 月 22 日《南方周末》。

这样的话，但最终是否代替陈寅恪先生挨斗了，并没有依据。这是前后不一致、矛盾的话。"能代老师挨批斗是我的荣幸"是有人问父亲在挨斗中挨打的感觉时他才说的，既然承认父亲说过这话，怎么会"最终是否代替陈先生挨斗了，并没有依据"呢？这些人也实在太不了解父亲了，他从不作秀，敢说这样的话，是"预备下满腔能死的精神"了。批斗会陈寅恪可以不在现场，但父亲去代替，是不是可以说陈寅恪未被批斗呢？这应该是常人可以理解的事。

父亲逝世33周年了，我们祝愿他在天国安息，也希望尘世间不再有怀疑、甚至贬低其人格的声音叨扰他。[1]

刘节的外甥洪光华撰文予以声援，与两位表哥一样不假辞色：

"文革"中刘节先生挺身而出代替卧病的陈寅恪先生挨斗，并大义凛然地回答红卫兵说"能代表老师挨批斗是我的光荣"，此事随着陆键东《陈寅恪的最后二十年》（三联书店，北京1995年12月版）的热销而家喻户晓。

---

1 刘显曾、刘颂曾《"能代老师挨批斗是我的荣幸"》，载2010年8月14日《温州日报》。

刘先生尊师重道，从 1950 年代初期他任中大历史系主任的时候，就已经不怕引火烧身去保护老师了。当时他曾反对说：批判陈先生有如大兴文字狱。因此，了解他的人，都知道他代替陈先生挨斗并引以为荣，对他来说是自然而然、顺理成章的事。

有人认为《陈寅恪的最后二十年》是文学创作不可信。其实，最早以文字记录下这段历史的并不是陆键东。

蒋天枢 1979 年撰《陈寅恪先生编年事辑》：丁未年末，"红卫兵要抬先生去大礼堂批斗，师母阻止，被推倒在地。结果由前历史系主任刘节代表先生去挨斗。会上有人问刘有何感想？刘答：我能代表老师挨批斗，感到很光荣！"（P180）

与《刘节日记》相互印证：1968 年 1 月 15 日，"上午斗陈寅恪、冯乃超，我去陪斗。"这一天是丁未年腊月十六日，应即蒋先生所说的"丁未年末"的那一天。刘先生代替陈先生挨斗，应该就是此日。而刘先生为什么用隐晦之笔写下"我去陪斗"而不直接写"代斗"，也没有记下缺席批斗陈先生的详情，以及他回应红卫兵的话呢？刘先生解放后的日记简之又简，至"文革"日记最少时只得三个字，应该就是为了避免留下文字上的把柄吧。

　　……

《一个真实的陈寅恪》文中这位胡教授也同意"刘节是那样表示过"，可话锋一转，胡说"但最终是否代替陈先生挨斗了，并没有依据"！是他对刘先生的诚信有所怀疑吗？

直至刘先生逝世（1977 年），国家还处于未能拨乱反正的混沌之年，陈寅恪仍是人人避之唯恐不及的人，说代斗光荣这样的话等于惹祸上身，而并非往脸上贴金的事。如果没有的事，刘先生为什么要这样说？

刘节先生一生不做欺心之事，不作违心之语。他是那个年代用生命抵抗一切威逼利诱，一生不批孔、不欺师的为数不多的传统知识分子。在刘先生忌日（7 月 21 日）和冥寿（农历六月二十四日，今年为 8 月 4 日）前夕，一个他曾经的学生、下属，在没有给出任何证据和解释的情况下这样怀疑他，情以何堪！[1]

争议难以不了了之

胡守为（1929— ）、蔡鸿生（1933—2021）、姜伯勤

---

[1] 洪光华《陈寅恪没有被批斗吗》，载《博览群书》2010 年 10 期。案："陆键东"，原文两次误作"陆健东"，现予径改。

（1938— ）三人，既是陈寅恪、刘节的学生，又是其晚辈同事，同时也是那段非常岁月的亲历者。身份的特殊性和话题的敏感性，使得他们的那些被媒体公开报道的言说迅速成为争议点和火力点。不知出于何种原因，胡、蔡、姜不约而同地选择了不再发声作为因应之策。2010 年的这场争议，骤起骤落，最终不了了之。

不过，争议一旦开启，总会有所反响。尤其是深感受到伤害的人们，往往更加难以释怀。2013 年，刘节后人在接受《南方日报》采访时，依然不忘对关键信息再作强调：

> 如今在中山大学校园中，关于刘节尊敬老师陈寅恪及代陈挨斗的故事仍广为流传，在整个中国学术界，刘节与陈寅恪的师生情谊也广为人知。……
>
> 陈寅恪致函刘节称"子植兄"，但刘节对陈寅恪行弟子礼却一点也不含糊。据中山大学历史系老师回忆，逢年过节，刘节去拜望陈寅恪时，必对老师行下跪叩头大礼，一丝不苟，旁若无人。刘节还曾对学生说："你们想学到知识，就应当建立师生的信仰。"但这句话在当时被当作罪证受到学生猛烈批判。1952 年到 1969 年，在送恩师陈寅恪最后一程的陈门弟子中长期陪伴老师左右的，唯独刘节一人。他是在任何压力下都绝不批陈的学生，义无反顾地陪伴恩师同甘共苦，其自身所受苦难之

深重已达无以复加之地，却还经常主动把老师要受的苦难都揽到自己头上。1967 年底，红卫兵要抬陈寅恪教授去大礼堂批斗，陈夫人出面阻止，被造反派狠狠推倒在地。于是刘节挺身而出，代替老师去挨斗。批斗会上，"小将"们对刘节轮番辱骂、殴打，之后又问他有何感想，刘节昂起头回答："我能代替老师挨批斗，感到很光荣！"[1]

一同接受采访的中大历史学系教授章文钦，在转述旧说的同时提供了一则新的佐证材料：

蔡鸿生先生在《仰望陈寅恪铜像》一文写道，陈寅恪精神的核心，通俗地说就是"二要一不要"：要独立自由，要脱俗求真，不要曲学阿世。刘节先生是体现陈寅恪精神的一个典范。其中一个例子就是他在重庆中央大学任教，他的岳父钱稻孙任伪北大校长，刘节先生以此为耻，辞去重庆中央大学教授，卖文为生。

另一个例子就是为陈寅恪先生"挨斗"，陈家三小姐陈美延教授回忆说，办会的人前一天来到陈家，要陈寅恪

---

1 周豫《刘节：史家风骨士子魂》，载 2013 年 4 月 17 日《南方日报》。

先生第二天到现场去接受批斗，当时老人家是病目膑足，卧病在床。如果真的要去现场，就是推着一个躺着的老人去接受批斗。当时有两姐妹在家，姐妹二人商量好一人留在家里照顾母亲，一人和护士一起陪陈寅恪先生去现场批斗。但是到了晚上，办会的人过来跟陈家说不用去了，听广播接受批斗。暨南大学袁钟仁教授回忆说，刘节先生一听到说要批斗陈寅恪，他就跑去找办会的人说，陈寅恪先生"又老又盲，你们不怕把他斗死？"并表示他可以代陈寅恪先生接受批斗，所以才没有让陈寅恪先生到现场接受批斗。第二天，陈家二小姐陈小彭去了现场，在那里接受批斗的就是冯乃超和刘节先生。

我理解，刘节先生这个做法是中国传统文化中"师道尊严"的体现，当这种"师道尊严"在文化大革命中受到野蛮践踏的时候，他还出来维护，是一个尊师重道的典范。[1]

第二年（2014），中山大学建校 90 周年之际，《南方日报》开辟专栏予以纪念。中大子弟王则楚（中文系教授王季思之子）也为刘节代替挨斗贡献了一条新的旁证：

---

[1]　周豫《曾宪礼、章文钦谈历史学家刘节：他是独立自由精神的典范》，载 2013 年 4 月 17 日《南方日报》。

　　在听说陈寅恪先生要被批斗的消息之后，刘节先生挺身而出，说陈先生身体不好，我替陈先生去接受批斗，听听你们能够讲出些什么道理。事后包括王越先生都对刘节先生的此举表示敬佩。[1]

　　"中山大学新闻网"一直关注校外媒体对于该校的公开报道，每每予以转载，上引访谈录及王则楚文章也不例外。令人不解的是，在前后相隔五年的两个时间点，笔者在该网站内反复进行搜索，唯独《学生眼里——一个真实的陈寅恪》始终难觅其踪。[2]个中缘由，难以猜度。

回忆或转述并非总是可靠

　　平心而论，代替老师挨斗这样的事发生在刘节身上，完

1　王则楚《90年中大精神应发扬光大》，载2014年11月13日《南方日报》。
2　中山大学新闻网，网址：http://news2.sysu.edu.cn，搜索日期：2017年2月1日、2022年6月18日。2024年2月14日补案：截至今日，依然无法在该校新闻网（http://www.sysu.edu.cn/news）找到何砚华、沈平的这篇文章。

全符合其个性、道德的逻辑——"余生性偏强"[1]"我相信为学同做人当相一致"[2]，也与他者对陈刘师生关系的定型化认知若合符节。然而，历史研究毕竟不同于文学创作，不能根据作者的道德评判或价值取向来虚构故事情节、预设人物命运，而只能以事实作为唯一的依据，方能"既不诬前人，亦免误来者"[3]。可惜的是，历史研究者——包括记录者、回忆者——在材料取舍、立论侧重等方面，与文学创作者一样，难免会受到主、客观条件的影响或制约，由此呈现出倾向性表达、选择性记忆或过度性阐释也就不足为奇了。

试举一例。刘节有没有为老师、师母送终？答案同样不是那么肯定。对此稍予梳理，愈发可见轻易采用回忆录的风险。刘节自述："（1969 年 10 月 7 日）上午出席大会，因知陈寅老今日五时逝世，享年八十岁。午前与梁方仲同去吊唁。下午在家学习。"[4] 可见老师去世时刘节并不在病榻前。[5]10 月 17 日日记："上午在大礼堂听黄先同志报告。下午去东

1　《刘节日记》上册，第 92 页。

2　《刘节日记》下册，第 952 页。

3　陈寅恪《寒柳堂记梦未定稿》，见陈寅恪著、陈美延编《陈寅恪集·寒柳堂集》，生活·读书·新知三联书店 2009 年版，第 186 页。

4　《刘节日记》下册，第 632 页。

5　刘节 1969 年 10 月 6 日日记："上午在东区宿舍学习，下午在生产科劳动。晚接洪国琛信。"（《刘节日记》下册，第 632 页）也没有前往陈宅照料、帮忙之类的记录。

山送陈寅恪老师出殡。中夜大雷雨。"[1] 刘节夫人钱澄（字清之）是否同去送殡，未详。11 月 21 日，师母唐篔病逝，[2] 刘节当天的日记简略如故："上午下午都在文物馆工作。晚阅果戈理小说。"[3] 次日日记："上午在陈家吊寅恪夫人丧，下午到东山送葬。晚阅《科学和近代世界》。清之今日到东平农场未返。"[4] 因此，师母临终时刘节是否在旁，钱澄第二天是否同往吊丧、送葬，皆难遽断。而在《刘节日记》出版之前的 1979 年，蒋天枢是这样转述的："两位老人逝世时，仅小女美延和及门刘节在旁"[5]；在《刘节日记》面世之后的 2010 年，陈氏三姐妹又是如此回忆的："双亲先后去世，刘节先生夫妇均来家中吊唁，去殡仪馆送别。"[6] 应该说，事后的追忆或转

---

1 《刘节日记》下册，第 633 页。

2 《陈寅恪先生编年事辑》，第 172–173 页；《陈寅恪先生编年事辑（增订本）》，第 185 页。

3 《刘节日记》下册，第 638 页。

4 《刘节日记》下册，第 638 页。

5 《陈寅恪先生编年事辑（增订本）》，第 185–186 页。案：1981 年初版本无此句。2022 年 5 月 30 日补案：这一说法传播颇广、影响颇大，朱浩熙在为蒋天枢撰写传记时也采信了这一说法：蒋氏为了抢救陈寅恪的生平资料，"给中山大学老同学刘节写信，询问陈先生在'文化大革命'中的情况——刘节不仅曾代替陈先生接受批斗，而且在陈先生去世时一直守在床边"。见朱著《蒋天枢传》，作家出版社 2002 年版，第 236 页。

6 《缅怀刘节先生》，载 2010 年 7 月 22 日《南方周末》。案：笔者 2017 年 6 月 11 日与陈美延老师通话时，曾就此事向她请教，承其亲口告知：1969 年父、母亲去世时，刘节先生并不在身旁，后来才到家中吊唁。

述都与刘节当时的日记不尽相合，似难完全采信。

再举一例。描绘陈、刘深情厚谊的另一个经典片段，是刘节逢年过节给老师行跪拜礼。陆键东的原文是："据说，这位已负盛名，并已过知天命之年的教授，逢年过节到陈宅看望老师，不仅执弟子礼甚恭，而且正式行传统的叩头大礼，一丝不苟，旁若无人。"[1] 到了郝金红的笔下，引述中开始出现了过度阐释的迹象："逢年过节，刘节一定要去拜望陈寅恪，每次见面都对老师行传统叩头大礼，一丝不苟，旁若无人。"[2] 事实上，刘节在兼任中大历史系主任期间（1950 年至 1954 年），至少有一次是和其他同人进行团拜的："（1953 年 2 月 14 日）上午与文史两系同人至许、陈、冯三位校长及王教务长处贺年，又至陈寅恪师、王了一兄、丁文治兄、岑家梧兄、梁钊韬兄处坐谈。"[3] 很难想象，身为系主任的刘节在团拜队伍中独自行跪拜礼会是怎样一幅场景——生性倔强未必一定时时处处表现为特立独行，须知刘节的人生信念中还有"和平才有办法，刚毅可以永久"[4] 这一句。而 1958 年的春节，刘节"一家六人返乡省亲"，2 月 13 日（丁酉年十二

1 《陈寅恪的最后二十年》，第 246 页；《陈寅恪的最后二十年（修订本）》，第 233 页。

2 郝金红《刘节代陈寅恪挨打》，载《钟山风雨》2013 年第 3 期。

3 《刘节日记》上册，第 323 页。

4 《刘节日记》下册，第 953 页。

月廿五日）离穗，在浙江温州度过春节后，2月26日始返至广州，3月15日（戊戌年正月廿六日）才"走访陈寅老"。[1]

郝文篇幅虽短，"合理性的想象"却不在少数：

> "文化大革命"中，陈寅恪受到造反派的批斗。以前陈寅恪的那些学生们见风使舵，调转枪头，无情地批斗昔日的老师。唯独刘节是在任何压力下都绝不批斗老师的学生，他义无反顾地陪伴恩师同甘共苦，本来自己就经常受到造反派无情的殴打，他还经常主动把老师要受的苦难都揽到自己的身上。

> 1968年的一天，红卫兵又要将陈寅恪抬去大礼堂批判，陈寅恪的夫人唐篔也因阻拦而被推倒在地。这时，刘节挺身而出："陈老师身体不好，我是他的学生，我愿意代他受过！"于是，刘节被红卫兵们拉走了。在批斗现场，刘节的身心受到了极大的摧残，当批斗者问他有何感想时，满身血污的刘节正义凛然："我能代表老师挨批斗，感到很光荣。"这句话让造反派很感冒，于是又得到一顿劈头盖脸的痛打。事后，刘节在自己著述的《刘节日记》中对此事做了简单的记述："一九六八年一月

---

1 《刘节日记》上册，第466-470页。

十五日……上午斗陈寅恪、冯乃超，我去陪斗……"虽
然只是寥寥数言，但其中所经历的苦痛，只有刘节自己
知道。[1]

无独有偶，两年后的另一次转述步郝文之后尘，又对
关键性细节作了"合情合理"的加工，仿佛转述者也曾亲临
其境：

造反派粗暴地殴打刘节，还问他有何感受。刘节回
答说："能够代替老师来批斗，我感到很光荣！"这个回
答让造反派恼羞成怒，有人狠狠地抽了刘节一个耳光，
鲜血顺着嘴角流了出来。因为他的挺身而出，陈寅恪躲
过了一场劫难。[2]

行文至此，笔者深感极有必要恢复刘节 1968 年 1 月 15
日日记之全貌：

上午斗陈寅恪、冯乃超，我去陪斗。下午东区作清

---

1 《刘节代陈寅恪挨打》，载《钟山风雨》2013 年第 3 期。
2 王新芳《替老师挨打》，原载《演讲与口才》（红版）2015 年第 15 期，此
转录自《中外文摘》2016 年第 2 期。

洁。晚穗孙回家，明日要到市人委开会。[1]

前此，1月4日，冯乃超被斗，刘节等十六人"陪斗"；[2]10日，刘节"早起发现有黑屎，即卧床休息"；[3]12日，刘节"又被斗一次"，"下午因病请假，不到东区作清洁"；[4]13日，"大便颜色已复原"。[5]刘节其时年老体弱且在病后初愈，当天上午先是被打得"满身血污"，随即又遭受"一顿劈头盖脸的痛打"，下午仍能"作清洁"如常——揆情度理，实在难以言喻。

显而易见，过度性阐释貌似合情合理，实则在不知不觉间偏离了构建史实的正轨，因此，遏渐防萌确有必要。

继续等待被全面认知的程曦、龙潜

作为受众的读者——无论是文学作品的读者抑或史学著作的读者——往往因为被打动而情不自禁地与作者同频共

1 《刘节日记》下册，第 557 页。
2 《刘节日记》下册，第 555 页。
3 《刘节日记》下册，第 556 页。
4 《刘节日记》下册，第 556 页。
5 《刘节日记》下册，第 556 页。

振，并由此固化对于特定人物（事件）的评判或认知。简言之，读者会有意无意地以作者或人物的是非为是非，以作者或人物的好恶为好恶。只有为数极少的读者，才能够在自身较为强烈的主体性的驱使下表现出逆向性互动。一般说来，文学作品越成功，影响力越大，读者与之同步的概率就越高，逆向性互动的难度也越大。

《陈寅恪先生编年事辑》及其增订本对于 1951 年程曦弃陈寅恪而去，两次都使用了相同的表述："助教程曦因故不愿协助先生工作，师母自任助手。"引以为据者乃是陈小彭、陈美延姊妹的一封信："有以讲师诱程者，程遂坚决不再协助先生做事，虽经校长陈序经婉劝亦不肯。"[1] 增订本再添一条有力的证据："流求信：'两老都曾亲自告我，对程曦事很生气。'"[2] 在这样的单向度叙述场景中，对程曦其人其事抱有同情、理解之心或者愿意进一步探求究竟的读者，估计少而又少。[3]

1　《陈寅恪先生编年事辑》，第 139 页；《陈寅恪先生编年事辑（增订本）》，第 149 页。

2　《陈寅恪先生编年事辑（增订本）》，第 149 页。

3　2022 年 5 月 30 日补案：可参阅下列三篇文章：宗亮《陈寅恪与弟子程曦》，载 2013 年 10 月 9 日《中华读书报》；李国庆《陈寅恪佚文两则订正拾遗》，载《中山大学学报（社会科学版）》2014 年第 5 期；李国庆《现代杂剧作家程曦生平及著述考略》，载《上海师范大学学报（哲学社会科学版）》2017 年第 2 期。

　　同样需要被全面认知的历史人物，还有龙潜。从实际传播效果而言，此人在《陈寅恪的最后二十年》初版本中几乎被判处了负面形象的"无期徒刑"，引发名誉权官司后，该书修订本一律以"□□"代替龙潜，而且补充了一些有利于读者更全面客观认识龙潜的新材料。[1] 随着这些新材料的不断披露，龙潜的形象逐渐被赋予了新的内容。

　　不难看出，对龙潜的研究和再研究[2]，终究不同于文学形象的塑造、传播和再塑造、再传播。类似的个案，反复提醒历史研究者：必须广搜博采，必须客观中立，必须谨慎立论。

---

1 详《陈寅恪的最后二十年（修订本）》，第137—145页。

2 2022年5月30日补案：刘节、梁方仲虽与陈寅恪交好，但在与龙潜交往时并未表现出决绝的言行。比如，1956年4月5日上午，被迫离任的龙潜主动向刘节辞行，当天下午刘节到中大车站"送龙副校长行"；同年7月16日，出差到京的刘节等中大历史系教授，与在京的旧同事聚餐叙谈，"座客有龙潜同志"。（详《刘节日记》上册，第376、390页）又如，梁方仲对龙潜等"革命老干部"也能客观对待，"对龙氏某些简单粗暴的做法并不赞同"，但又认为"龙氏还是属好人未办成好事的范畴"，故而颇能获得龙潜的认可——在离开中大时有向梁方仲"辞别、赠画之举"，到京任职后又为梁氏及其研究生查找、利用资料"提供了方便和帮助"。（详梁承邺著《无悔是书生：父亲梁方仲实录》，中华书局2016年版，第312—315、327页）仅就目前已被发掘的史料而言，龙潜仍不乏可敬之处。

没有结论的结论

回到本文探讨的那桩公案上来。于今观之，最为人乐道的未必就是最无可置疑的，《陈寅恪的最后二十年》初版本及修订本始终未采用这一传闻，或许不是一个巧合。毕竟，两位当事人确实没有留下直接记录；毕竟，众人的回忆仍有难以自圆其说之处。因此，在最有力的书证、人证依然未被完整呈现的前提下，对此事的存在表示怀疑，完全应该得到尊重。合情合理的怀疑有助于完善证据链、还原历史场景，毕竟"考据学是求真之学"[1]，"自然而然、顺理成章"式的推论并非每次都能服众，也无益于争议的解决。

当然，即使刘节逢年过节从未行跪拜之礼，即使刘节从没有代替陈寅恪挨批斗，即使刘节并没有为老师、师母送终，依然削弱不了陈、刘师生伟大人格的无限魅力，依然改变不了师生二人饱受无情迫害的惨酷事实，依然消解不了悲剧何时重演的深忧巨患。这桩公案的争执双方，至少有一些人在那个尴尬的年代也曾有过令人尴尬甚至不堪回首的往事，时

1　刘节语，分见《陈寅恪的最后二十年》第 225 页、《陈寅恪的最后二十年（修订本）》第 214 页。

过境迁，是追随周一良幡然悔悟、终得加持，[1]还是继续口吐莲花、化有若无，实在又是一次不乏尴尬的新选择。就此而言，重提这桩可了于一时但难了于一世、可了于一人但不可了于一族的公案，自有其意义和价值。

1　2024 年 2 月 12 日补案：参阅周一良《向陈先生请罪》，载中山大学历史系编、胡守为主编《陈寅恪与二十世纪中国学术》，浙江人民出版社 2000 年版，第 8–12 页。

陈寅恪、唐篔骨灰安葬侧记 *

一

　　1969 年 10 月 7 日、11 月 21 日，陈寅恪、唐篔夫妇经历四年折磨，"终于俱不能支，相继逝世"。[1] 此后，二人的骨灰先是寄放火葬场，后改存广州银河公墓。"文革"结束后，长女流求和幼女美延做了分工：流求负责动用一切关

---

* 本文最初以《国学大师陈寅恪魂归故里》为题，发表于 2003 年 6 月 16 日《南方都市报》；后经增补，改换新题《陈寅恪、唐篔骨灰安葬侧记》，刊载于《东方》2003 年第 8 期；继而收入张求会著《陈寅恪丛考》，浙江大学出版社 2012 年版，第 70—82 页。录入本书时，增补了四位当事人的姓名，修订了部分注释，添写了两则附记。

1　蒋天枢撰《陈寅恪先生编年事辑（增订本）》，上海古籍出版社 1997 年版，第 184—185 页。

系，解决父母骨灰"入土为安"的大事，完成父亲归葬杭州祖墓的遗愿；美延负责追讨浩劫时散失的文稿，在上海古籍版《陈寅恪文集》的基础上重新整理、出版亡父遗集。承董秀玉等人破除重重束缚，三联书店版《陈寅恪集》于 2001 年至 2002 年陆续问世；"入土为安"之事虽经 20 余年上下奔波，却始终无法圆梦。

　　义宁陈氏杭州祖墓的由来，可以追溯到 1925 年。这一年 12 月，陈寅恪之母俞明诗卜葬杭州牌坊山，于穴左预留陈三立生圹，并附陈衡恪茔次。[1] 1948 年夏，陈三立的遗柩在暂厝北平长椿寺 11 年后，由次女陈新午、三孙陈封雄等人护送至杭入葬。[2] 从此以后，归葬杭州祖墓，"塪簋鼎足侍，万劫依恃怙"[3]，便成了"恪"字辈兄弟的共同心愿。

　　1951 年 6 月，解放军海军某部拟征用牌坊山之地修建荣军疗养院，"限二十日内迁葬"，"如逾期未迁，当由公家发

1　详陈三立《继妻俞淑人墓志铭》，此据陈三立著、李开军校点《散原精舍诗文集（增订本）》下册，上海古籍出版社 2014 年版，第 1024 页。

2　据陈封雄 1995 年 7 月 19 日致张求会函。参阅陈流求、陈小彭、陈美延著《也同欢乐也同愁：忆父亲陈寅恪母亲唐篔》，生活·读书·新知三联书店 2010 年版，第 225-226 页。

3　陈小从《乙丑夏北游燕京趋谒先君挚友李一平世伯于复外寓庐历数五十年间往事娓娓移晷归而成六十韵以献》，句下有自注："先君葬杭州杨梅岭，距祖墓三数里。寅叔亦有葬祖墓旁之议。"见陈小从著《吟雨轩诗文集》，中华书局 2015 年版，第 68 页。

掘"。[1] 此为杭州祖墓第一次劫难，亦即陈寅恪 1951 年《有感》诗句"空闻白墓浇常湿，岂意青山葬未安"[2] 的由来。陈隆恪接此消息后，焦急万分，遂恳托挚友李一平设法挽救。李一平乃在京联络民主人士，通过各自渠道请求最高层出面制止此非礼举动。陈方恪则以兄弟四人名义上书华东军区司令员、上海市市长陈毅："寻思再四，惟有呈恳我公，可否设法保护，只求得免迁移，其他无不祗遵。至墓旁茶山余地，悉听征收，以急公家所需，亦义不容辞也。"[3] 多方努力之下[4]，终获高层批示：责令某部撤销征用墓地之计划，陈墓周围若干距离内不得再建屋舍。嗣后又经李一平出面，陈墓于 1956 年被定为浙江省二级文物保护单位（1962 年复审时被撤销）。[5]

1　陈方恪等《为保存杭州牌坊山茔地致陈毅司令员的信》，见潘益民辑注《陈方恪诗词集》，江西人民出版社 2007 年版，附录一，第 189 页。另参阅潘益民、潘蕤著《陈方恪年谱》"一九五一年辛卯"条，江西人民出版社 2007 年版，第 191–192 页。

2　陈寅恪著、陈美延编《陈寅恪集·诗集（附唐篔诗存）》，生活·读书·新知三联书店 2015 年版，第 83 页。

3　陈方恪等《为保存杭州牌坊山茔地致陈毅司令员的信》，见《陈方恪诗词集》，第 189 页。

4　2023 年 4 月 28 日补案：最新研究表明，时任中央人民政府副主席刘少奇也曾在陈叔通的呈请下介入此事。详张求会《陈方恪旧藏家族文献中的陈寅恪唐篔信札》，见"陈寅恪四书"之三《世外文章：陈寅恪集外文钩沉》。

5　据陈小从著《图说义宁陈氏》，山东画报出版社 2004 年版，第 160 页。

1957 年秋，陈隆恪、喻徽夫妇归葬于杭州杨梅岭。隆恪之女小从原拟遵从父亲遗愿，葬于祖父母茔旁，但格于风景区不得再建新坟之令，只得改葬他处。[1] 回头再看，陈隆恪夫妇被迫改葬之举，似乎早已预示了陈寅恪入土之难。

"文革"期间，杭州祖墓再次遭劫，墓园内外的大小建筑物一扫而空，深埋地下的三副灵椁幸而丝毫未损。1986 年夏，经李一平奔走呼吁达七年之久，始获重修墓茔之批复，由公家拨款八千元作为经费。因墓地早已辟为茶园，重建需将茶树斫去若干株，当地茶农颇吝惜之。寸土寸金，只得量体裁衣，紧挨着两座坟头，围以砖墙，勉强为"白墓浇常湿"保留了最基本的环境。[2]

不数年后，报载西湖风景区开始清理墓葬，凡未重新登记者均将以无主坟论处。远在成都的陈流求闻讯后，于 1991 年底专程赴杭，幸亏已由程融钜嘱其学生代办了登记手续。事毕，散居各地的亲友尚未周知，本已不在清理范围之内的祖墓却仍然受到波及，散原墓碑惨遭腰斩。陈流求只得再度赴杭，因旧碑仅存"之墓"二字（原作"诗人陈散原先生暨夫人俞氏之墓"），苦于无法重书，遂将旧碑照片放大，摹写

---

1 《图说义宁陈氏》，第 165 页。
2 《图说义宁陈氏》，第 160 页。

勒石，重新竖立在祖父墓前。¹

　　数十年间，杭州墓园三历沧桑之劫。有鉴于此，陈氏姐妹决定退而求其次，努力谋求改葬江西庐山松门别墅。松门别墅的修建款项，主要用的是民国时代江西省教育厅补偿陈寅恪的留学官费，散原老人曾于此幽栖数载，陈寅恪本人在诗中也曾将此处视为故宅²，因此陈氏姐妹认为归葬庐山并未违背亡父的意愿。此外，庐山既为风景区，游人不断，且海内外知名，众目睽睽之下，远比杭州安全可靠。

---

1 《图说义宁陈氏》，第160-161页。2022年6月18日补案：程融钜（1918—2010），湖南武冈人。1937年至1940年就读于湖南第一师范，其间加入中国共产党。1942年至1946年在浙江大学学习，毕业后从事新闻工作，同时开展地下活动。1949年后，曾任杭州市人民政府秘书科科长、杭州师范专科学校校长、中共杭州市委文教部副部长、市委宣传部副部长、杭州市教育局局长等职，1978年至1985年任杭州师范学院党委书记。2010年去世。(据湖南省第一师范学校编《湖南第一师范名人谱（1903—1949）》，2003年11月印行，第363-364页；"百度百科·程融钜"，下载日期：2022年6月18日）又，程融钜之名，经富《白墓青山一徘徊——杭州九溪谒陈三立、陈衡恪父子墓》（载《南方文物》2001年第1期）错成"程钜融"，《图说义宁陈氏》（第160页）误作"程融呒"，现予径改。

2 陈寅恪1945年诗《忆故居》小序略云："寒家有先人之敝庐二：一曰崝庐，在南昌之西山，门悬先祖所撰联，曰'天恩与松菊，人境托蓬瀛'。一曰松门别墅，在庐山之牯岭，前有巨石，先君题'虎守松门'四大字。"见《陈寅恪集·诗集（附唐篔诗存）》，第42页。

二

正当陈氏姐妹为了归葬之事四处奔波时，江西的文化人也意识到了迎葬陈寅恪的重大价值。1989 年初，江西诗词学会率先上书省人民政府，建议将松门别墅改建为陈三立故居。第二年年末，此建议又送进了省委统战部。据说，陈寅恪归葬庐山以及松门别墅改建纪念馆等事，并没有明显的反对迹象，似乎只是时运不佳：第一次是因为九江市某分管领导吝于钱财，不愿出资 18 万元合建纪念馆；第二次是九江方面想通了，答应合资营建，偏偏赶上中央下令不准兴建新的楼堂馆所。

转眼到了 1994 年，江西学术界在得到义宁陈氏某后裔的赞助下，召开了"首届陈宝箴、陈三立学术研讨会"，会议日程之一便是赴庐山参观松门别墅。破败早在意料之中，一直有人居住也不算意外。借着会议的东风，又有老先生、小先生们重提旧事。江西方面出于某种考虑，一口答应了迎葬、改建之事。当权者的一番应景之词，自然再次换来一片颂扬与一片感激。岂知人事难料，随后的若干年内，省长换了，厅长也换了，迎葬、改建的事似乎从未提出过，送上去的申请居然连找都找不着了。惊诧之余，扼腕者有之，痛斥者有之，伤感者有之，绝望者有之，唯独是无形的管理"机器"照常运转，大大小小的阻力依然如故。三番两次的延宕之下，当年一同参与此事的长者，不少人还来不及看到迎葬、改建之事稍有眉目，便身不由己地进入了被人追思的行列。

2000 年 9 月，拙著《陈寅恪的家族史》在广东出版，最后一段文字借题发挥，谈及陈寅恪夫妇骨灰归葬的难题，[1] 也是试探着能否再现一线生机。此段文字，恰巧引起了画家黄永玉的关注。黄永玉本是湘西人，感念陈宝箴（陈寅恪之祖）在湘西治河、养民的恩德，景仰陈寅恪的道德文章，因此十分愿意帮助陈氏后人了却心愿。起初他认为归葬是经济上有困难，等到第二年通过卢申、杨向群等人辗转找到我，初步知道内情后，这才觉察到"迁葬不光是钱的问题"，继而感慨道："我不知迁葬寅恪先生有这么多阻难，真令人伤怀。其实陈寅恪先生生前何曾计较点数过身外细软？为何有人至今尚抓住不放？"此后，黄永玉"随刻在找机会，看世上还有没有为这件事出些真力气的人"。[2]

1　内有句云："1999 年 5 月 28 日承陈美延见告，乃翁归葬杭州事，多年来虽屡经申请，迄今未果。"见张求会著《陈寅恪的家族史》，广东教育出版社 2000 年版，第 382 页。

2　黄永玉 2001 年 6 月 14 日致张求会函。

2001 年 7 月，黄永玉联系到全国政协副主席毛致用 [1]，请毛致用在陈氏姐妹写给黄永玉的信上作出批示，转交给江西。江西省民政厅遂在省长亲自督促下，联合省建设厅和庐山管理局，起草了一份"意见"：

一、陈寅恪先生是中国国学大师、著名大学者、一代文豪，在中国乃至世界上都是一位有着重要影响的人物。其骨灰葬于庐山，有利于发挥名山、名人的作用，促进江西旅游的发展。对其后裔要求将陈寅恪夫妇安葬庐山的愿望表示欢迎。

二、将陈寅恪先生骨灰葬于庐山，可以更好地发挥名人效应。只要充分考虑人文环境和自然景观的和谐统一，不会影响景区的观瞻。因此，我们赞成将原陈三立先生所住庐山松门别墅定为陈三立先生纪念馆，在靠近"月照松林"景点处修建陈寅恪先生纪念园，在园内建石亭一座，在附近自然裸露的巨石中凿洞安放陈寅恪夫妇骨灰，辟陈寅恪先生的诗文石刻组群，并修卵石小道与松门别墅连接，使之成为瞻仰和研究陈三立和陈寅恪先

1　2022 年 6 月 18 日补案：毛致用（1929—2019），湖南岳阳人，1988 年至 1998 年先后任中共江西省委书记、江西省人大常委会主任，1998 年 3 月当选为政协第九届全国委员会副主席。

生的场所。[1]

8月初，省长作过批示的"意见"送达毛致用处。"如陈先生的子女认为可行，即可具体商定实施"的郑重承诺，使得所有人都倍增希望。

三个月后，黄永玉亲自将"意见"带到广州。陈美延因为摔伤了腿脚，只得在电话中向黄老致谢。永玉老人的答词颇奇妙："大家都是中国人，应该的！"当时我就想，又没有外宾在场，怎么会冒出这么一句话？是不是老人在境外住得太久，一时改不了口？抑或是秉承了从前的做法，再次以此彰显那句悲愤交加的名言——"我恨的理由就是我爱的理由"？

三

对于受伤卧床的陈美延来说，2001 年 11 月下旬可能是一生中最为焦灼的一段日子。躺卧在床上，不断地拨打电话，从江西省政府到民政厅，到建设厅，再到庐山管理局。感恩戴德之余，不断地寄出《陈寅恪集》聊表谢意，不断地

---

1 据笔者藏复印件。

寄出感谢信，不断地陪着小心试探、跟进。唯一庆幸的是，民政厅的当家人是中文系毕业，在文化厅任过职，十分熟悉陈家的事情，去过修水陈氏祖居。且爱好书法，正在举办一个包括陈三立在内的江西名家书法展览，拟进京展出。碰到这样一位懂行的文化人，怎能不令人鼓舞？

岂知一个多月后，变故再起。临近年终的某一天，陈流求在与江西省民政厅某官员通话时，对方的态度忽然有了转变，称陈氏姐妹提出的"江西省人民政府落款在前、陈氏姐妹落款在后"的署名方式不具可行性，理由是陈寅恪既不是英雄，也不算烈士，从来没有这样的先例。（陈氏姐妹的一点"私心"，无非鉴于杭州祖墓多次被毁，希望借助政府的"威名"加强保护而已。）至于下一步如何办，民政厅让陈家直接与庐山管理局联系。

新年过后，黄永玉自意大利来到广州，听闻事情出现波折，老人似乎不算太吃惊，对此事仍颇有信心。他极力反对在墓碑上题署"江西省人民政府立"之类字样，认为太俗："陈先生不需借政府来立名，反倒是政府要借陈先生来扬名。"当晚会面时，陈美延仍拄拐杖，因为时时想着不能误了行程，锻炼过度，踝关节反而出了些问题。步出电梯时，女儿许郁葱搀扶着母亲，缓慢迈向会客厅。此情此景，顿时令人联想起 1961 年 9 月 1 日吴宓日记中的片段："小彭搀扶目盲之寅恪兄至，如昔之 Antigone。"[1]

此次见面，约定数事：墓碑请黄永玉题写；暂不打搅江西方面，待全国"两会"后由黄请毛副主席出面，陈氏三姐妹（小从、流求、美延）同赴江西，毛副主席坐镇，安葬骨灰、建立纪念馆等事一举而成；安葬事毕，黄亲自来穗为陈寅恪塑一铜像，永留庐山。[2]

四

2002 年 4 月，黄永玉亲自出马，陪同毛致用南下江西。二人在南昌与省委书记、省长交换了意见，由省里指派专人具体负责，安葬工程终于重新启动。

4 月 20 日下午，民政厅安排小车开赴庐山，我与陈流求夫妇及民政厅三位代表同行。毛致用、黄永玉在南昌多待一

1　吴宓著、吴学昭整理注释《吴宓日记续编》第 5 册，生活·读书·新知三联书店 2006 年版，第 163 页。整理者原注："Antigone，即安提戈涅，希腊神话中俄狄浦斯之女。陪同目盲之父从底比斯开始流放，直至其父在雅典附近死去。"
2　2024 年 8 月 29 日补案：记得当时黄永玉老人不止一次地谈起这个设想。此外，他还想再做一个群雕——陈宝箴一手牵着陈衡恪、一手牵着陈寅恪，安放在长沙时务学堂旧址。斯人已逝，梦想成空，补记于此，聊作纪念。

天，与许郁葱（代表陈美延）会合后再上山。安排停当，由庐山管理局的一位女处长陪同，实地看了看松门别墅的周边情形。管理局没有明说反对入葬松门别墅附近，只是反复强调几点困难：庐山列入了世界遗产名录，原有景观不容破坏；国家风景名胜区内，不能出现新的墓葬，即使是在门前巨石上凿挖孔穴安放骨灰盒，也还存有违反规定的成分，不便操作；巨石坚硬无比，施工难度极大。返回住处途中，女处长执意邀请客人绕道参观管理局的长青园，建议改在长青园内购置永久墓地，价格可以最优惠。陈流求虽未明言，但显然与对方无法沟通。

第二天早饭后，我和刘仁勇（陈流求之女婿）一道，陪同董有松、陈流求夫妇再上松门别墅。[1] 陈流求根据幼时的

1　陈流求夫婿之姓名，或作"董有淞"（陈寅恪《寒柳堂记梦未定稿（补）》，见陈美延编《陈寅恪集·寒柳堂集》，生活·读书·新知三联书店2001年版，第237页），或作"董有松"（吴应瑜编著《陈寅恪家族旧事》，中国文史出版社2016年版，第125页），现据其外孙女回忆文章《适宜《纪念我的外婆》，载《龙门阵》2022年第3期）予以确认。又，据该文介绍，董有松系浙江嵊县（今嵊州市）人，其弟董季平是陈流求在国立上海医学院（1952年更名为上海第一医学院）的同班同学。1953年，陈流求大学毕业，孤身来到重庆工作，董季平遂委托在重庆的哥哥董有松照顾她，二人因此结缘。另可参阅以下文献：蒋天枢撰《陈寅恪先生编年事辑（增订本）》，上海古籍出版社1997年版，第155-156页；嵊州市政协文史资料委员会编《天南海北嵊州人》（《嵊州文史资料》第十七辑），2005年5月印行，第298页；《也同欢乐也同愁：忆父亲陈寅恪母亲唐筼》，第231-232页。

记忆，特意从不同的路径上山、下山，走走停停，凭空添出不少趣味。下山途中，大家议及民政厅"意见"中的石亭、诗文廊、纪念馆等，估计不可能一步到位，最为迫切的还是尽快入土为安，归葬骨灰才是头等大事。至于修筑墓碑，都觉得不太可能，充其量树一块碑，简简单单几行字，说明墓主是谁，碑石上还不能出现"之墓"一类的字词，以免扎眼。我因想到三联版《陈寅恪集》封面嵌入的"独立之精神，自由之思想"十字，建议碑文干脆如此处理：右侧书"陈寅恪、唐筼夫妇永眠之地"，中间书"独立之精神，自由之思想"，左侧留给黄永玉题识。陈流求沉吟半晌，想和妹妹商议再定。

临近中午，各方车辆陆续到齐。陈流求领着代表陈家第三代的刘仁勇、许郁葱，陪同黄永玉登临松门别墅。一行人在门前一块较为平坦的巨石前驻足，详细地商议了凿洞、封顶、刻字等细节。松门别墅环境之清幽，周围巨石之天生雄伟，颇让黄永玉吃惊，连连让人摄影留念。略显荒凉但气势犹存的方寸之地，经由书画大家的鉴赏，越发令人相信这里正是安葬陈寅恪夫妇的牛眠佳壤。

江西之行虽然短促，但在黄永玉的一手策划下，惊动了高层，应该说获得了前所未有的大进展。省委、省政府同意的事情，省长亲自过问的项目，哪里还用得着担心？这么一想，我便觉得应该放下心来，学一学黄永玉老人急流勇退的做法，不再参与此事。回广州后不久，小女艾如出生，抢救、治疗、惊心动魄，自然无暇他顾。一晃又是大半年，从偶尔的联系中获悉：陈美延已进京求到了黄永玉的墨宝，仍然采用在庐山时商议的内容。此外的事项则再次陷入僵局，问题仍然卡在九江。黄永玉也已知晓情况，仍然允诺继续管下去。

五

转眼又入新年（2003），正当所有人都精疲力竭、不复奢望时，事情却出现了戏剧性的变化。2月中旬前后，经陈美延告知：庐山植物园有意安置陈寅恪骨灰，据说是江西省科技厅厅长李国强牵的线。妙就妙在植物园归中科院管理，不受地方辖制，完全可以自主安排。想不到，体制上的特别之处居然成全了一桩善举。

直到5月22日，我才从陈美延那里得知较为详尽的内容：庐山植物园接触此事后，始终觉得能够迎葬陈寅恪夫妇骨灰是植物园的光荣，上上下下均高度重视此事，连退休的老专家们都纷纷出谋划策。选择基址，安排施工，迎来送往，事无巨细，均做得十分体面、周到。对植物园而言，陈寅恪1955年曾当选中国科学院哲学社会科学学部委员，与中科院早有关联；其次，北京植物园此前已经迎葬梁启超家族的几位重要人物，可谓有例可循；再次，义宁陈氏于中国植物园事业贡献良多，陈封怀（陈衡恪之子）是庐山植物园的创始人之一，1993 年辞世后，遵从其遗愿，将其骨灰与另一位创始人秦仁昌的骨灰一同埋葬在胡先骕墓茔两侧，此即今日植物园内的"三老墓"，坐落于松柏区水杉林内，离松门别墅不远。有此三大因缘，庐山植物园自然觉得责无旁贷。对陈氏姐妹来说，山穷水尽之时，谁能料到柳暗花明？此为第一重惊喜；父母身后既有亲人陪伴，永眠之地又邻近祖居，此为第二重安慰；"三老墓"已成景点，游人穿梭，常年不乏管理，此为第三重放心。有此三大欣慰，自然是乐观其成。

　　虽说 2002 年未能上山，陈美延后来却连着两次登山陟冈。第一次是应邀面议选址、安葬等具体事宜，第二次则是护送父母骨灰入山。2003 年 4 月 30 日，植物园主任郑翔在事先征得陈氏姐妹同意后，选择吉时良辰将骨灰入土。入葬当日，天空难得放了晴，甚至出现了日晕，一片吉祥。主事者考虑周详，特意录了像，刻制成光盘，分寄成都、广州等地。至此，实质性的入土为安已是大功告成。在此前后，安置骨灰的小山冈已被正式命名为"景寅山"，连接"三老墓"与"景寅山"的小路也已开通，地面景观也在陆续添置。

　　6 月 16 日（旧历五月十七日）这一天，是陈寅恪 114 岁冥诞。陈氏姐妹在家人陪同下，出席了庐山植物园举行的墓碑揭幕仪式。至此，陈寅恪夫妇终于入土为安，一代史学名家的身后事总算画上了句号。

附识：

陈流求、陈美延、胡迎建、李国强、郑翔等当事人均有
文章记述归葬始末，先后为《庐山植物园八十春秋纪念集》
《陈寅恪魂归庐山实录》等书收录，[1] 可参阅。

陈寅恪墓，已于 2018 年 3 月 9 日被确立为第六批江西
省文物保护单位，编号：6—5—016。[2]

再识：

谨以此文哀悼 2023 年 6 月 13 日逝世的黄永玉先生。

1　详胡宗刚编《庐山植物园八十春秋纪念集》，上海交通大学出版社 2014
　　年版，第 342–350 页；汪国权、汪洁著《陈寅恪魂归庐山实录》，江西
　　高校出版社 2021 年版，第 319–341 页。
2　《江西省人民政府关于公布第六批江西省文物保护单位的通知》，印发时
　　间：2018 年 3 月 9 日，发文字号：赣府发〔2018〕14 号。

附：托葬之缘：迎葬陈寅恪先生夫妇于庐山植物园亲历记（郑翔）[*]

---

* 本文作者是陈寅恪、唐篔夫妇骨灰安葬庐山植物园一事的具体主持者和经办者，事后仅发表短文《天人之间——陈寅恪先生安墓庐山的因缘》（载《中国文化》2008 年秋季号）稍作提要，此次撰作长文忆述迎葬始末，细节越发完备，激情依然不减。我于郑君，先读其文，后识其人。前述短文内有自作七律二首，我最爱第一首之颔联、颈联："一捆旧书成旧日，几怀流絮思流年。不曾懈怠不曾懒，未敢苟活未敢闲。"数年后，初次识荆于庐山，果然人如其诗。再相会时，刘梦溪先生于众人广坐之中自称第一爱陈（寅恪）先生，第二爱郑翔。梦老情词恳切，听者心悦诚服，盖皆以郑君为寅恪先生后世相知，迎葬之举，功莫大焉。其情其景，至今难忘。2024 年 9 月，修水县拟迎请陈宝箴遗物归葬于其祖宅陈家大屋，郑君命我为作专文鼓而吹之。10 月 20 日，我以微信奉上作业求正，郑君曰可，旋即赐示本篇。文中各节，有熟知者，有陌生者，有似曾相识者，亦有共同亲历亲见者。诸多巧合，迄难解释，只能归诸天意。世人皆谓寅恪先生为一代大儒，幽草尚有天意垂怜，鸿儒岂无人间关爱？陈、唐夫妇得以安葬匡庐，足证天意犹存，未敢苟活者尚不乏其人。讽诵再三，慨叹不置，遂恳请于郑君，获蒙俞允，名为附录，实则压台戏也。又，郑君引用寅恪先生著述时仍循守繁体排印之规，以示尊重寅翁遗愿。然为全书统一格式计，只得代改成简体。原文共计 23 节，各节首句即为小标题（字体加粗，前设序码），现析为独立小标题，居中排列，同时取消序码，以期与全书体例一致。句中夹注，从其原貌。脚注两则，由我代为添加，以便读者明了其意。

　　陈寅恪先生夫妇归葬庐山，转眼已经二十一年了。这期间，媒体上有一些讲述归葬来龙去脉的纪实文章。作为亲历者，我只接受过陈祖芬、李辉两位作家和学者的采访，并拜读、认可、感谢他们的文章。还接受过湖北省社科院马社香的采访，但没有看到过她的文章。

　　有不少知情的朋友建议我把迎葬陈寅恪夫妇的过程写出来。我一直犹豫，因为写出来，对我是一件很庄重的事。季羡林先生迟迟不写回忆陈寅恪的文章，他说："我对先生的回忆，我认为是异常珍贵的，超乎寻常地神圣的。我希望自己的文章不要玷污了这一点神圣性，故而迟迟不敢下笔。"（季羡林《回忆陈寅恪》）我也有这种体会，不可轻易动笔。但是不写，一是怕日久遗忘细节，好记性不如烂笔头；二是怕那些以讹传讹、似是而非甚至张冠李戴的文章无法纠正。因此，必须要写，但又必须等待合适的机缘。

　　今天，这个机缘来了。作为江西省文史馆新受聘的馆员，我接受了省文史馆交给我的一项工作，就是把当年迎葬陈寅恪先生夫妇的过程，真实、完整地记录并写成文章，因为陈寅恪是 1960 年周恩来总理聘任的中央文史馆副馆长，在中华优秀传统文化受到高度重视、重放异彩的今天，这样的文章无疑是有意义的。我欣然接受了任务。

　　下面，为了叙述方便，我就以第一人称，以时为序，以题记事，以事系人，汇报如下。

漫漫归葬路

陈寅恪先生 1969 年 10 月 7 日在广州离世，终年 79 岁；夫人唐筼女士在处理完先生后事之后 34 天，[1] 也撒手人寰，终年 71 岁。他们夫妇去世后，三个女儿一直没有能力和机会按父亲生前愿望完成安葬，直到"文革"结束，改革开放开始，陈家姐妹才开始着手办理父母骨灰安葬大事。姐妹们做了一个分工：长女陈流求负责父母遗骨安葬；次女陈小彭因定居香港无法参与其事，未与分工；三女陈美延负责父亲失散遗稿的追讨及遗著的出版。想不到，从 1978 年，到 2003 年，归葬之路一走就是 25 年。

按照陈寅老生前意愿，百年之后想葬在父母兄长身边。其父陈三立、母俞明诗、长兄陈衡恪（字师曾）都葬在杭州九溪十八涧。于是陈流求跟杭州方面打了无数次交道，动用了官方、民间各种关系，包括清华校友会、西南联大校友会等，"写信等身"（陈美延语），但始终不能如愿。陈家姐妹一筹莫展，也不堪其累。

转眼到了 1994 年 9 月，江西省社联和省诗词学会联合

1　张求会代案：据刘节、梁方仲 1969 年 10 月 17 日日记（详"陈寅恪四书"之二《古调犹弹：六位学人日记中的陈寅恪》，第 81、299 页），二人该日同为陈寅恪送殡。从是日起算，至 11 月 21 日唐筼逝世，中间相隔 34 天。

主办"陈宝箴、陈三立学术研讨会"，邀请了陈流求等几位陈家后人参会。会后，主办方组织外省人员赴庐山考察松门别墅（松门别墅是 20 世纪 30 年代陈家在庐山购买的别墅，陈三立曾在此寓居四年有余，写下大量庐山诗）。陈寅恪也曾在这里参加父亲八十大寿的祝贺活动，陪父亲小住。睹屋思事，归葬杭州无望，陈流求萌生了父母归葬庐山的想法。此议一出，江西方面立即出现了一批热心帮忙出力的人士，其中最有力、最直接的推动者是省社科院院长、省社联主席李国强和省社科院赣鄱文化研究所研究员胡迎建。他们甚至惊动了当时的省长吴官正，吴省长在省社联的报告上作了颇有分量的批示。但也是周折不断，障碍丛生。而与此事无甚关系、只是抱不平的湖南凤凰（陈寅恪祖父陈宝箴曾主政凤凰，造福一方）人黄永玉先生，更是搬请了全国政协副主席、江西省的老省委书记毛致用同志专程来庐山，竟然也未办成。葬在风景名胜区之难，可想而知（2003 年之前的漫长过程，李国强的《陈寅恪的庐山缘》一文、张求会的《陈寅恪、唐筼骨灰安葬侧记》一文均有详述）。

　　五年后的 1999 年，李国强由省社科院院长、省社联主席，调任省科技厅党组书记、厅长。归葬庐山之事，由此出现转机。等到我参与此事时，已经到了 2002 年。

无意有心的"好主意"

2001 年 7 月，我由江西省计算技术研究所所长，调任庐山植物园党委书记、主任。这两个机构都是江西省科技厅的厅属单位，只是庐山植物园由江西省和中国科学院双重管理，以地方为主。到 2002 年 11 月，我在植物园已经工作了一年半，对这里的情况很熟悉了。

2002 年 11 月的一天，省科技厅厅长李国强来庐山植物园检查工作。工作结束后，我到招待所跟李国强厅长汇报、聊天。李国强是庐山人，1965 年从庐山中学考入复旦大学历史系。他在来科技厅工作之前，曾长期担任江西省社会科学院院长、社科联主席，我们就聊起了社科工作。他详细聊到在社科院工作时的一个遗憾，就是没能按陈家人的愿望，完成把陈寅恪夫妇安葬在庐山松门别墅近旁。陈寅恪先生离世 33 年，至今没有入土为安。李国强不由得一声长叹。

言者无意，听者有心。我的情绪也随着李厅长的讲述有所激动，此时脱口说道："葬在植物园！"李厅长似有期待，我话音未落，他一拍茶几："好主意！"

迎葬陈寅恪先生夫妇于庐山植物园的事，就这样定了。之后，按照李国强的指示，我到省社科院去拜访胡迎建研究员，他自 1994 年后与陈流求一直保持联系，由他负责联络陈家。当时胡迎建还送了一本他的著作《独上高楼·陈寅恪》

（"二十世纪华人名人小传记丛书"之一）给我。

成都来电

2003 年 1 月 4 日，我在上海出差时，突然接到一个陌生电话。对方开口就说："是郑翔主任吗？我是陈流求……"好啊，我心想，这事有希望了！

山不厌高，水不厌深。庐山植物园早已美名远播，但如能迎葬陈寅恪大师夫妇，岂不是锦上添花。

陈流求在电话中告知，接到江西省社科院胡迎建先生的电话后，她们三姐妹（陈流求住成都，陈小彭居香港，陈美延家广州）连夜电话商量，一致表示非常高兴父母骨灰能够葬在庐山植物园。现在庐山天气太冷，三月底，她们来庐山具体商议、选址。

紧急"补课"

我当时对陈寅恪先生了解并不太多，从上海回来后把能找到的介绍陈寅恪先生的各种书籍、文章统统找来，日以继夜地阅读。主要有张杰、杨燕丽选编的《追忆陈寅恪》《解析陈寅恪》，蒋天枢撰写的《陈寅恪先生编年事辑》，张求会著《陈寅恪的家族史》，陆键东著《陈寅恪的最后二十年》，胡迎建著《独上高楼·陈寅恪》，叶绍荣著《陈寅恪家世》，汪荣祖著《陈寅恪评传》，等等。由此，我对陈寅恪先生愈加崇敬，更感到迎葬先生的荣幸和分量。当年读过的这些书至今还保存在我的书柜上。从那时起，直到今天，陈寅老写的书和写陈寅老的书，就一直没有离开过我。

植物园内出现不同声音

迎葬陈寅恪先生的消息，很快在植物园职工及家属中传开了。其中有一两位老专家，由于不了解陈寅恪，觉得我们把非植物学家的人葬在植物园是在"瞎搞"，因为植物园内已经有"三老墓"，是庐山植物园三位创始人（胡先骕、秦仁昌、陈封怀，其中陈封怀是陈寅恪的亲侄子）的墓。三老都对植物园的创建和发展做出过历史性贡献。

我知道老专家是出于爱护植物园之心，就请同样是老专家的汪国权同志找机会给他们介绍情况。汪国权老先生可能是植物园老专家中最了解陈寅恪先生的，而且与陈封怀（陈封怀1946年抗战结束后回到庐山植物园，主持战争破坏后满目疮痍的植物园恢复重建工作，直到1954年受中科院指派，主持设计并建造南京中山植物园）是忘年之交，交情很深。20世纪50年代共事时，二人常在一起小酌，唱和丹青（陈封怀是陈寅恪长兄陈师曾之子，也是大画家），苦中作乐。很快，这短暂而微弱的不同声音就消失了。

选址方案三选一

为了吸引将于三月底到庐山的陈家人，我们预备了三处墓址供陈家人对比选择。除了后来选中的墓址，还有另外两处：

一是在图书楼前的草坪上，拟用花岗石做成一本打开的书的雕塑，一面刻上陈寅恪夫妇的尊姓大名，另一面刻上陈寅老的介绍。整个石雕一米多高，白色，纯洁而厚重。这个设计有点类似清华校园内的闻一多、朱自清雕塑。

二是在松柏区（植物园内的裸子植物专类园）小山顶上有一个亭子，是陈封怀先生任植物园主任时修建的，古朴、典雅，远看是"万绿丛中一点红"。陈封怀为它取名"叠翠亭"，并题写了"叠翠亭"的匾额挂在亭楣上。骨灰就葬在亭内地下，上立一块墓碑。这个设计有点类似杭州西湖十景之一的"苏堤春晓"。

我让卫斌同志按照上述设想，画出几张不同的设计样稿来，供陈家人参考。卫斌是庐山植物园科普旅游科科长，35岁的胖小伙子，曾经在安徽一个中专学校学习过古建筑设计，会画古建、园林之类的画稿，做喜欢的事很细心。他在植物园的小河沟里搜寻到几块形状各异的小石片，做出了一个颇精致的陵墓模型。

陈美延上山

3月30日一早，陈美延与陈贻竹、胡启明三人乘火车到达南昌火车站，我去接站，一起上庐山。

陈贻竹是陈封怀之子，从小跟着父母在庐山长大，对植物园很熟悉，后随陈封怀在广州中科院华南植物园工作。陈寅老在中山大学任教时，陈贻竹每周六都去看望他。陈寅老只要听到上楼的脚步声，就会对夫人唐篔说"贻竹来了"。

胡启明是胡先骕先生的侄孙，1950年15岁时就来庐山植物园做实习生，学历不高，但很刻苦，白天工作，晚上和其他员工一起，跟着陈封怀先生的夫人张梦庄女士学习英文，1962年随陈封怀到华南植物园工作，后成为一位很有成就的植物学家，获得过国家自然科学一等奖。

顺便说说陈贻竹的母亲、陈封怀的妻子张梦庄女士。张梦庄是1949年前清华大学西语系学生，校女子篮球队队长，毕业后放弃工作，随陈封怀来到庐山，白天教养二子，操持家务，晚上义务教植物园员工学英文。许多员工都受益，如胡启明就是在这里打下英文基础的。

一行人到达庐山植物园后，立即到实地考察选址。汪国权已在园内等候他们，一起参加选址。实地考察了三处备选墓址，感觉各有千秋，都很满意。然后坐下来休息、喝茶。卫斌送来他做的模型，被陈美延一眼看中，当场拍板：就它了！

设计选型

当天下午，我们一行人一起讨论建墓方案，商定：

（1）选址定在三老墓旁的小山丘上，墓型就按卫斌所制模型修建。此地与陈封怀墓直线距离只有 20 多米。陈寅老与陈封怀叔侄二人关系十分亲密，陈寅老 12 岁留学日本，就是陈封怀的父亲陈衡恪带着他去的。后来陈寅老留学十余年，回国暂住时，多数是与陈封怀同住一室，两人还经常同逛书店。有此侄儿在侧，陈寅老夫妇应入土更安了。

（2）墓石就地取材，选择植物园内杜鹃谷中漂砾石。这其中又有与李四光的渊源。20 世纪 30 年代，李四光带着学生作庐山冰川地质科考。而 20 世纪初，14 岁的李四光与 13 岁的陈寅恪同在日本弘文学院留学，两个少年相知相友，关系甚好。用李四光认定的庐山冰期漂砾石，再合适不过了。

（3）石椁选用庐山脚下星子县的花岗石。星子县以盛产石材著称，又是陶渊明的故乡。而陈寅老又研究过陶渊明，写过论文《陶渊明之思想与清谈之关系》，对陶渊明评价甚高。此文被收录在陈寅老《金明馆丛稿初编》中。他在文章的最后写道："就其（陶渊明）旧义革新、'孤明先发'而论，实为吾国中古时代之大思想家，岂仅文学品节居古今之第一流，为世所共知者而已哉！"因此，用星子石材，想必陈寅老会认可的。

上述三件事很快就商定好了，接着一行人到杜鹃谷选看河溪中的漂砾石，天黑方归。

第二天，3 月 31 日上午，考虑到临近清明节，陈美延三人赶巧在植物园，我们就提前为三老墓举行集体祭扫活动（那些年，每逢清明节，我们都组织植物园全体员工举行集体祭扫"三老墓"仪式，缅怀他们的贡献、成就，学习他们的精神。为此，我还写过《且把清明祭先人》，请员工代表现场诵读），邀请他们三人参加。下午，我陪他们三人去南昌，他们次日返回广州。

大约就在这前后，杭州方面致电陈流求，表示可以考虑陈寅恪先生夫妇遗骨安葬杭州，但陈流求婉言谢绝了。这是陈流求后来跟我说的。

迎灵托葬

4 月 20 日上午，陈美延带着父母的骨灰盒乘火车到达九江，陈贻竹夫人罗广华、罗广华的学生邓缓二人陪同前来。我从南昌赶到九江接站，但因有重要项目要谈，没有陪同上山，即从九江赴上海。她们三人在山上等了我一天，22 日我赶回庐山，同陈美延等商量各种具体安排。整个墓建要分两个阶段进行：先把地下墓穴做好，骨灰盒入土安葬；再做地上部分。落成典礼定在 6 月 16 日（农历五月十七日，陈寅老诞辰）。时间不足两个月，陈美延担心我们能否完成。我说，两个月可以干很多事。

就在这天下午，陈美延正式口头委托我全权办理后续事务，包括入土安葬的具体日期、参加人员、用何仪式等等，完全由我视工程进度、天气晴雨等具体情况决定并完成。陈家姐妹考虑到当时正值"非典"严防严控期间，不便在庐山与外地之间频繁往返，陈家人遵照政府不出行的纪律要求，不派人参加入土安葬活动。他们只参加 6 月 16 日的落成典礼。我顿时感到既荣幸，又有压力和责任，决意不能辜负这份信任。

标本馆七天

两尊骨灰盒已经送来，墓地地下部分尚未完工，四月的庐山又几乎天天下雨，下葬的日期无法提前预知。在等待下葬期间，这两尊分量极重的骨灰盒如何安全保存，是我立即要处理的事情。我考虑好了之后，和陈美延商定，两尊骨灰盒暂存植物园标本馆木质标本柜内。

植物园大楼共三层，第三层是植物标本馆。数十年来采集的标本，以及与国外植物园交换的植物标本，全部保存在标本馆的一百多个实木标本柜里。我们派保卫科副科长丁国忠、干事梁同军二人在标本馆内日夜值守，外面的人不进去，里面的人不出来，一日三餐派人送饭。

4 月 23 日上午，小雨。梁同军已在标本馆内找好了某号标本柜，并在馆内待命。陈美延和我把两尊骨灰盒送到大楼门前，交给保卫科正、副科长雷荣海和丁国忠。陈美延随同他二人将骨灰盒送到三楼标本馆门口，雷、丁二人不进门，陈美延进入，把两尊骨灰盒安放在某个标本柜中，安放妥后方才离去，并在自己的笔记本上记下了标本柜的编号。就是说，里面一百多个柜子，具体放在哪个柜子里，只有陈美延和梁同军二人知道。此后的七天里，丁国忠与梁同军一起昼夜值守标本馆，寸步不离，直到两位老人遗骨入土安葬。

事后才知道，梁同军选择的柜子是报春花标本柜，其中的标本竟然是陈封怀采集的。陈封怀除设计植物园园区外，主要研究报春花。在一百多个柜子里碰巧选择了这一个，小于百分之一的小概率事情居然发生了。

入土为安

4 月 30 日，庐山久雨放晴，竟是万里无云的大好晴天。早上七点钟，我就独自到墓区工地查看。墓穴已经在几天前做好，穴池中有大约一寸深的积水。我马上决定，舀尽穴池中的积水，擦干后，再让穴池晒四个小时太阳，上午十一点下葬入土，通知全体员工参加，同时报告省科技厅李国强。之后，厅里的摄像师吴晓平赶到，准备全程摄像；全体员工也陆续到齐；保卫科两位科长也护送骨灰盒到场；石椁也已就位，一切准备停当。

十一点整，鸣放鞭炮。员工们站立在墓穴两侧。花岗石石椁（整石镂空，四周和椁盖刻有花纹）由四位工人安放至穴池正中。首先，我捧起陈寅恪老骨灰盒，心情激动，高举着向大家展示，然后单腿跪着（因为低于地面）奉入石椁内左侧（按照"男左女右"的习俗）安放，再以同样方式奉先生夫人唐篔骨灰盒于石椁内右侧安放；随后，由植物园副主任詹选怀、副书记徐宪二人（代表园领导）抬着石椁盖，将石椁盖好，由工人密封；最后，四位科长（代表中层干部）鲍海鸥、卫斌、雷荣海、吴欣抬着墓穴盖，将墓穴盖好，由工人密封。

密封完毕，我招呼在场员工排好队，每人培土一锹。我先培第一锹。当我这一锹土培下去时，队伍中忽然有人高声叫喊："啊！快看，天上！"所有人都应声抬头举目看天空，天哪，太阳周围出现了一个巨大、完整的七彩光环，是日晕！人群顿时欢呼起来。当然，培土还在有序进行着。

日晕在庐山每几年才会出现一次半次，但大部分是上午或下午，因此多数都是半个日晕。此次时近正午，而且是一个完整的日晕，实属罕见。日晕持续了一个多小时。

在我们为日晕欢呼的时候，有一个背着双肩包的游客路过现场，是一位个头不高的小伙子。"非典"期间，庐山几乎没有游客。我立即把他叫住，邀请他代表全国的游客来为陈寅老夫妇墓培一锹土。他听完缘由，乐呵呵地挥锹培土。下葬工作完成后，我请这位小伙子到我办公室小坐，请他喝了一杯云雾茶，又让他把姓名、工作单位写在我办公桌的台历上。原来小伙子叫马辉，是河南省国际经济技术合作公司的职工。这事虽小，也是当日值得一记的一个小插曲、一件趣事。

5月8日，"入土为安"实况录像合成 VCD 光碟（由吴晓平配音，再配上字幕）完毕，即由科技厅叶萍同志分寄陈流求、陈美延姐妹。

百米之内分雨晴

"入土为安"之后，地上工程加紧进行，其中有一项是墓碑文字镌刻。漂砾石十分坚硬，堪称顽石，非常难刻，于是就请来一位有名的石匠师傅——九江县（今九江市柴桑区）新河镇的陈义涛。当刻到"陈寅恪"时，他跟卫斌说，陈寅恪是他家的远房亲戚，他家的族谱上有这个名字。因为漂砾石太坚硬，陈义涛刻得左手掌满掌起水泡。回老家休息几天后，他又回到植物园，还带来族谱给卫斌看。果然，族谱上有"陈寅恪"。大家都觉得很凑巧。陈义涛把手掌作了简单处理后，继续镌刻。

有一天我在办公室，看到又在下雨，就让人给刻字的陈师傅送伞去。不一会，传回话来，陈师傅说："送伞干什么？我这里没下雨。"奇怪！从办公楼到墓区工地，直线距离也就是两三百米，居然此雨彼不雨。

墓碑无"墓"字

早在一年前，2002 年 4 月，毛致用、黄永玉与陈流求等专程上庐山落实墓葬之事。与庐山方面商妥一切之后，第二天大家返程，信心满满。陈流求回到成都，写信给黄永玉先生，请他为墓碑题字。黄永玉很谦虚，觉得自己不够格，推荐陈寅老的学生某某某题写，但陈流求还是坚持请黄永玉题写，因为曾祖陈宝箴曾主政黄永玉家乡湖南凤凰，与黄永玉算是有隔代渊源。黄永玉在家里练了几天，考虑到早有风景区内不能新添墓地的规定，又按照原定葬在松门别墅前巨石内的方案，就按陈流求要求题写了两幅：一幅是"陈寅恪、唐筼夫妇永眠于此"，避开了"墓"字；另一幅是"独立之精神，自由之思想"。第二幅的落款"后学湘人黄永玉"七个字写得很小，离得很远，很低调（后来刘梦溪先生听我说起此事，当即评论道：这体现了黄永玉心中有一个"敬"字）。据说，黄永玉的第二幅题字是从他练习的 20 张字中选了一张自己比较满意的，邮寄给陈流求的。

主碑背面要注明立碑者和立碑时间。背面的字（"陈流求、陈小彭、陈美延 庐山植物园 敬立；公元二〇〇三年六月十六日"）是我写的。这算是我个人的永久留念，或者说一点私心吧。

尺寸巧合

5 月下旬，墓园主体基本成型，漂砾石组构砌搭也完成了。6 月 2 日下午，我也不知怎么突发奇想，叫上卫斌，带上卷尺，来到墓园工地，希望能从墓碑主体漂砾石组构中找出几个有意义的尺寸数字。真是奇怪，我们居然一口气找到了六个巧合的尺寸数字：189.0 厘米、196.9 厘米、79 厘米、71 厘米、113 厘米、200.3 厘米，这六个数字与两位墓主生前身后的自然数字高度吻合。[1] 我对卫斌说，把刻墓主名字的主碑方框的宽度定为 34 厘米，因为陈寅老从去世到安葬相隔 34 年。这七个数字中，六个是无意巧合，一个是刻意为之。

---

1 张求会代案：陈寅恪生于 1890 年，卒于 1969 年；陈寅恪 79 岁病故；唐篔 71 岁去世；2003 年，陈寅恪诞辰 113 周年。

墓区布置

整个墓区面积不大，只有30多平方米，但是我们在这个范围内对植物配置做了用心的安排。陈寅老生前曾去过五个国家留学，我们把其中四个国家的植物都布置在墓区内，有日本鸡爪槭、美国凌霄、法国冬青、德国鸢尾，只缺少瑞士植物。

我们还在墓园左下方准备了一块厚薄恰当、形状大小合适的漂砾石，又邀请胡迎建研究员撰写陈寅老的生平介绍短文，打算刻在这块漂砾石上，权当墓志铭。短文写好后，发传真给陈家姐妹过目。几天后，陈家姐妹回话说，感谢胡迎建先生，但陈家人不立墓志铭，陈家无此传统。

于是，我们把这块无字的漂砾石按设计方案仍立在左下位，只是大部分埋在地下，小部分露出地面。

贺信纷至沓来

大事不能小做。6月初，我们致函陈寅老生前工作过的单位，或关心关注陈寅老身后事的各有关方面，告知其事。又说明因为"非典"，不能邀请到场，能有片言信函志贺，足矣。发送对象（包括清华大学在内的十几个单位和若干个人）名单及联系方式由陈美延提供，植物园办公室主任鲍海鸥起草信函，并以特快专递发送。几天后，各方贺信纷至沓来，主要有：中国科学院院长路甬祥（时任全国人大副委员长）、清华大学、清华校友总会、中山大学、国家图书馆、九江市人民政府、生活·读书·新知三联书店、中国社会科学院历史研究所、北京大学中国古代史研究中心、修水县人民政府、南昌大学、江西师范大学、西南联大校友会、香港大学、台湾中研院史语所等。

还有一些个人名义的贺信，主要有吴宓先生之女吴学淑、吴学文、吴学昭三姐妹，陈寅老的学生石泉、李涵夫妇，以及卞僧慧、钟秉刚等。

6月13日上午，陈流求由女儿董晓红陪同，从成都飞抵南昌，我去接机，一同上山。她们母女二人提前三天到达，帮助我们做准备工作。此后两天，陈家数人分别从广州、上海、武汉陆续到达。15日下午，省政协副主席、省委统战部部长王林森同志到植物园看望陈氏姐妹及家人，并在别墅村请陈家人晚餐，气氛温暖。

落成典礼

6月16日的庐山植物园，风和日丽，百花盛开。陈寅恪先生墓落成仪式隆重举行。陈家来了三代10人：陈流求、陈美延、陈小从、陈贻竹、董晓红、许郁葱、俞声恒等，人数也是尽量精简；专程从南昌赶来的领导有：王林森、陈癸尊（省政府原副省长，清华大学江西校友会会长）、李国强、黄庆来（江西日报社总编辑）等等。九江市政协副主席、统战部部长赵登荣，庐山管理局相关领导，修水县人民政府副县长周三连，省文史馆馆员廖宇阳等也参加了仪式。

仪式由我主持，仪程如下：

（1）鸣炮；

（2）介绍出席仪式的各级领导、陈家人员、嘉宾；

（3）介绍发来贺信和敬献花圈的单位和主要个人；

（4）庐山中学四位学生代表分别诵读中国科学院、清华大学、中山大学、九江市人民政府的贺信；

（5）中共九江市委常委、庐山管理局党委书记致辞；

（6）省科技厅厅长李国强致辞；

（7）省政协副主席、省委统战部部长王林森讲话；

（8）王林森、陈流求、陈癸尊为墓碑揭幕；

（9）陈流求代表陈家致答谢辞；

（10）全体三鞠躬；

（11）宣布仪式结束。

整个仪式简朴、简短、热烈、庄严。

至此，历时6个月的迎葬工作全部结束。这件事不仅完成了陈家的一件重大家事，更了却了学界以及关心先生后事的人们的心愿，也算是学界的一件大事。感谢李国强厅长的及时决策和此前做出的种种努力；感谢胡迎建先生的积极联络和动笔撰文；感谢庐山植物园全体员工的积极参与；感谢王林森副主席和陈癸尊老副省长的大力支持；感谢各方贺信的鼓励和高度评价；更感谢陈家姐妹、贻竹和全体家族成员的真诚信任！李国强厅长、胡迎建研究员和我，都为此感到荣幸之至！

落成仪式结束，来宾各返其程，标志着迎葬大事的完成。但是还有几件后续之事也值得一记。

陈流求坚持付费

大事办完了，陈流求把她们三姐妹凑的三万元钱一定要交给植物园。我再三跟她解释，是她们帮助植物园增添了一处有十分重大价值的文化遗存，属植物园的建设内容，感谢还来不及，岂能让她们出钱。但再三再四拗不过，我就说让财务部门核算一下，看看发生了多少费用，多退少补。她同意了。结果算下来，总共只用了一万多元，因为材料是就地取材的，只有石椁是订做的，其余都是人工费，所以费用很节俭。

第二天，6月17日，陈家姐妹用剩余的钱在牯岭街的一家大餐馆办了一个答谢宴会，邀请植物园全体员工出席。餐后，陈家姐妹用还剩余的钱在牯岭街电影院为植物园全体员工包场观看电影。陈美延后来说："场面温馨，至今历历在目。"

彩蝶飞舞复盘桓

落成仪式当天，就一直有几只蝴蝶在墓碑上时舞时停，时停时舞。起初大家都没在意，植物园内百花盛开，蝴蝶自然很多，在墓碑上舞舞停停，也很正常。后来很多人都注意到，那段时间天天都有蝴蝶在墓碑上飞舞盘桓，大约持续了20多天。

造访文物局局长

落成典礼之后不久，7月7日，我在南昌造访省文物局局长孙家骅同志，就陈寅恪墓和三老墓申报省级文物保护单位一事寻求支持。孙局长热情接待，帮助分析，积极建议。他告诉我：（1）"省保"当之无愧，"国保"也够条件；（2）四个墓并作一个项目申报，想好一个名称。根据这个建议，我们回去组织材料。

十五年后的2018年，江西省人民政府公布"陈寅恪墓"为省级文物保护单位。

定名"景寅山"

2002年8月某日，李国强找我商量，要给陈寅恪墓区所在地取一个名字。李国强说起一个故事：花径是庐山著名景点，因为是白居易咏桃花的地方。20世纪30年代，李拙翁在此地发现石刻"花径"二字，就与陈三立等在山名流商议，并出资建了一个小亭子，把石刻保护起来。因为猜测这两个字可能是白居易题写的，属重大发现，必须记载下来，就又出资建了一个大亭子，并刻了一块石碑记载其事。陈三立给此亭取名"景白亭"。李国强说，我们按陈寅恪父亲的取名思路，给那块小高地取名"景寅山"，岂不妙哉！于是定名"景寅山"。此名既有来历，又与陈寅老有渊源，还有"山不在高，有仙则名"的含义。

定名后，我邀请著名书法家杨农生老师题写了这三个字。又邀请另一著名书法家尹承志先生，为通往景寅山的小门亭题写了"仰止"二字的匾额，悬挂在亭楣上。

不敢与先生同高

墓地位于从温室区通往三老墓的小路的左侧，背山，面南，前面还有一块比墓园略大的空地，与墓地原是同一块平地。因此，游客和凭吊者站在墓前，就显得与墓碑高度同等，我始终感觉不合适、不舒服。

当年国庆长假后，我们经过实地勘察，决定把从小路登上来的台阶削去两级，使前场与墓区形成半米左右的落差。这个高度供人瞻仰、凭吊比较合适。一个月后，施工结束，就成了现在的样子。同时，我们决定在前场空地上不设座椅设施，因为在先生面前都要保持站立，不可坐着。

一绺银发陪寅兄

第二年（2004）的 6 月 16 日，落成典礼一周年纪念日，陈美延由女儿许郁葱及小外孙女（大约四五岁）陪同来到植物园祭扫。她们带来了陈寅恪的妹妹陈新午的一绺遗发，说陈新午的遗愿是要用这一绺头发陪着哥哥。我大为感动，立即想到当年著名的《与妹书》，就是陈寅老写给妹妹陈新午的（关于《与妹书》的故事就不在此赘述了）。考虑到她们自带了工具，葬下这一绺头发就由陈美延祖孙三人独立完成，我们退场。就是说，这一绺头发陪葬在墓园的具体位置，只有她们三人知道，我们都不知道，由此留下一个"谜"——一个有答案的悬念。

总之，类似这样的事还有好几件，不再多讲了。上述过程讲得有点啰唆，枝蔓已经不少了。

二十一年过去了！我也退休四年了，每次回想当年，依然激情不减，而荣幸与欣慰则与年俱增。

2024 年 3 月 16 日初稿
5 月 2 日定稿于南昌卢塞恩小镇

之
间
Balancing

平　衡　你　自　己

陈寅恪四书·之二

古调犹弹

张求会——著

六位学人日记中的陈寅恪

SPM
南方传媒
广东人民出版社
·广州·

图书在版编目（CIP）数据

古调犹弹：六位学人日记中的陈寅恪 / 张求会著 .

广州：广东人民出版社，2025.2. --（陈寅恪四书）.

ISBN 978-7-218-17933-9

I. K825.81

中国国家版本馆 CIP 数据核字第 202489XU83 号

GUDIAO YOU TAN：LIU WEI XUEREN RIJI ZHONG DE CHEN YINKE

古调犹弹：六位学人日记中的陈寅恪

张求会　著

出 版 人：肖风华

策划编辑：陈　卓
责任编辑：钱飞遥　陈　卓
封面设计：周伟伟
责任技编：吴彦斌

出版发行：广东人民出版社
地　　址：广州市越秀区大沙头四马路 10 号（邮政编码：510199）
电　　话：（020）85716809（总编室）
传　　真：（020）83289585
网　　址：http://www.gdpph.com
印　　刷：广东信源文化科技有限公司
开　　本：787 毫米 × 1092 毫米　1/32
总 印 张：40.25　　**总字数：**914 千
版　　次：2025 年 2 月第 1 版
印　　次：2025 年 2 月第 1 次印刷
定　　价：288.00 元（全四册）

如发现印装质量问题，影响阅读，请与出版社（020-87712513）联系调换。
售书热线：（020）87717307

目录

导语

  "古调犹弹"，源出陈寅恪《戊戌六月廿九夕，听南昌市京剧团李今芳演〈玉堂春〉，戏题三绝句》之一："竟如古调不多弹，听唱苏三亦大难。今夕得闻堪一笑，况同乡里旧长干。"[1] 学者严晓星认为，首句化用了唐人刘长卿的《听弹琴》："古调虽自爱，今人多不弹。"[2] 陈诗写于 1958 年，虽在黄钟尽毁之荒唐年代，此诗倒未必有太深的用意。我改造陈诗用作书名，则是有所引申，与刘、陈原意不尽相合。简言

---

1 生活·读书·新知三联书店 2001 年、2009 年、2015 年版《陈寅恪集·诗集（附唐筼诗存）》均失收，张晖《新发现的陈寅恪给龙榆生诗函》率先披露，此转录自胡文辉著《陈寅恪诗笺释（增订本）》下册，广东人民出版社 2013 年版，第 933 页。

2 《陈寅恪诗笺释（增订本）》下册，第 933 页。

之，本书所收六篇文章，铺陈的是夏鼐、刘节、郑天挺、陈君葆、梁方仲、竺可桢等六位学人与陈寅恪的交往史，表彰的是变雅之声盛行而犹弹古调的仁德义举、真情实谊。

六位学人，每人一篇。六篇文章的原始材料，都是日记（旁及个人记事、笔记、书信等私人文献），私密性强，可信度高。说起学人日记，与陈寅恪关系最密切的，吴宓日记无疑位居榜首，学术价值最大，关注度也最高。既然其精华已被吸取殆尽，也没必要炒冷饭，反倒是那些尚未被关注或者关注得不够的日记可以小试拳脚。"夏鼐""郑天挺"这两篇，就被我抢了个先，在两部日记推出不久，我便将其中与陈寅恪相关的内容胪列成文；其余四篇，则属于在已有研究基础之上的进一步挖掘和拓展。六人之外，顾颉刚、杨树达、夏承焘等陈氏故旧的日记，或整理出版，或增订再刊，为研究者提供了一座又一座"金矿"。在我看来，"日记里的陈寅恪"和"报刊里的陈寅恪"，有可能是未来若干年助推陈寅恪研究深化、细化的两个重要领域。本书算是第一个领域的试验品，学者周运最有希望在第二个领域取得重大收获。

此次将六篇文章汇编成集，我曾经想过以六人的年齿为序，又想过以结识陈寅恪的先后为序，甚至打算以交谊之深浅为序，权衡再三，最终选取了以完稿先后为序。为什么这样安排？有必要做出解释。

各篇文章叙写的是与陈寅恪的交往史，各人年龄大小没有什么特殊意义，因此，这个排序标准很快被我否定了。

那么，以结识陈寅恪的先后为序呢？竺可桢与陈寅恪同一年出生，1908 年曾在复旦公学同窗一年；刘节受业、夏鼐听课，各有比较准确的时间记载；陈寅恪何时与陈君葆共事于香港大学，也在陈君葆日记里写得分明；梁方仲正式拜识陈寅恪的时间，目前只能推算在 1937 年至 1938 年之间；郑天挺日记尚有未刊部分，他与陈寅恪结识于何时，现在还不敢贸然断定。显然，这个顺序也不完全可行——即便可行，意义也不大。

六人与陈寅恪的交往，既有早有晚，也有深有浅。如以交谊深浅为序，排序难度则更大。举例而言，竺可桢认识陈寅恪最早，从 1908 年起算，截至 1966 年最后一次晤谈，两人断断续续交往了 58 年。仅从竺氏日记来看，无论是公谊还是私交，竺、陈二位皆称得上中规中矩、不愠不火。无论政局如何变易，陈寅恪始终是一个纯粹的学者，竺可桢则一直兼有多个重要的社会角色，因此，陈从竺那里获得的帮助明显更多，也就不足为奇。

夏鼐亲炙于陈氏门下虽然很早，但在清华仅仅听了一个学期的选修课，十年后（1943）途经桂林，前往拜晤陈老师（时任教于广西大学），未遇。此后，直到陈寅恪 1969 年去世，至少在夏氏日记里没有发现两人见面的记载。夏鼐比陈寅恪整整年幼 20 岁，属于弟子辈，他对老师的敬重维持了一生，但就交谊深浅而言，还真不好下结论。

再以陈君葆为例，他与陈寅恪共事的时间虽然很短，对陈寅恪的关怀、照顾却始终不渝，战火中救饥拯溺，动乱时代购药品。然而，两人在政治主张上区别甚大，交往的深度必然受到影响。

刘节、梁方仲都是清华出身，刘是陈氏入室弟子，梁正式拜识陈氏却在毕业之后。1949 年，陈寅恪、梁方仲几乎同时受邀任职于岭南大学。三年后，两人一并转入中山大学历史系，与刘节成为同事。自此，刘节、梁方仲共同见证了陈寅恪最后的岁月。尽管有学者早在 1995 年就将刘、梁并列为"与陈寅恪关系最密切、情感最有共鸣的人"[1]，但是新见史料足以表明，刘、陈之交与梁、陈之交，有同有异，且异大于同。打一个未必恰当的比喻：前者是酒，后者是茶。

有鉴于此，无论以年齿为序，还是以相识先后、交谊深浅为序，都难以让人满意。相比之下，按照六篇文章的完稿时间来排序，反而简单了许多："夏鼐"一篇草于 2011 年，"刘节"一篇写于 2017 年，"郑天挺"一篇作于 2018 年，"陈君葆""梁方仲""竺可桢"三篇完成于 2022 年。前三篇发

---

[1] 陆键东著《陈寅恪的最后二十年》，生活·读书·新知三联书店 1995 年版，第 230 页；《陈寅恪的最后二十年（修订本）》，生活·读书·新知三联书店 2013 年版，第 218 页。

表过，后三篇是首发。编次完结，我发现这样的顺序真实地记录了个人书写的变化：前三篇紧扣交往双方的史实而叙述，写得相对节制；后三篇则有些任性，不厌其烦地考证起所涉人物之行迹，篇幅也一发而不可收——"陈君葆"篇超过四万字，"梁方仲"篇五万字有余，"竺可桢"篇接近三万九千字。

细细想来，现在的排序可能也暗合了我对书名的理解：变雅既作而犹弹古调，从来有多种表现——可以是挺身护卫，也可以是嘘寒问暖；可以是仗义执言，也可以是静默不语；可以是一袋救命米，也可以是一句问候语。每一段交往史中，几乎都有为数不少的参与者，共同构建起一幕幕历史场景，然而他们却在不知不觉间被岁月的风沙吹落出史册。张向天、罗文柏、罗慕华、梁受洪、谭幹、李宗瀛、王庆菽、曾昭权、楼桐茂……他们是谁？他们与陈寅恪有过怎样的人生交集？他们的温情和善意不应该永远被遗忘，陈寅恪的世界应该给他们留下一个个位子。我知道我啰唆，不过，为了古调犹弹的他们，烦琐一点、枝蔓一点，也是可以容忍的吧。

2022 年 9 月 1 日写

2024 年 2 月 16 日改

《夏鼐日记》里的"陈寅恪话题"*

  感谢上海师范大学陈丽菲教授和她的六位学生,他们花费两年半时间,为皇皇九卷四百万字的《夏鼐日记》编制了"交往人物索引",[1] 大大方便了使用者。笔者利用该索引,很偷懒地将夏鼐(1910—1985)与陈寅恪(1890—1969)相关联的 22 处检索了一遍,果然发现了颇有价值的话题。以

---

* 本文首刊于 2011 年 11 月 20 日《东方早报·上海书评》;后收入张求会
 著《陈寅恪丛考》,浙江大学出版社 2012 年版,第 48—69 页。录入本书时,
 正文、注释均有增补或改动。又,网友"Carrle" 2012 年曾在"E 书园"
 发表读书札记《张求会〈夏鼐日记里的"陈寅恪话题"〉补注若干》,此
 次增补,吸纳了"Carrle"的两条补注,谨此鸣谢。

1 夏鼐著《夏鼐日记》(全十卷),华东师范大学出版社 2011 年版。案:日
 记正文共九卷,卷十为《生平事迹年表·交往人物索引·主要亲属一览》。

下不厌其烦，抢先做一回文抄公，将各条予以摘录，必要时略加说明，或许可以激发"好事者"更深地刨根问底。

1933 年 11 月 12 日

　　晚间吴春晗君来，这是下学期的第一次会谈，我将上学期所作书评给他看。他说萧一山的书实在大不高明，商务的大学丛书列入这书，大部分是面子关系，审查委员顾颉刚、陈寅恪诸先生都不赞成列入。萧先生得蒋介石的补助费 3 万元，到欧洲研究去，商务印书馆殊又欲得罪与政府有关之人物也。[1]

　　按：时陈寅恪任教于清华大学，夏鼐于 1931 年 9 月从燕京大学社会学系"转学至清华大学，改入历史学系"[2]，故陈、夏有师生之谊。"吴春晗"，后改名吴晗。陈寅恪担任商务印书馆大学丛书审查委员一事，不见于蒋天枢《陈寅恪先生编年事辑》[3]，卞僧慧《陈寅恪先生年谱长编（初稿）》[4]亦未载。又，末一句之"殊又欲"，似宜作"殊不欲"。

1　《夏鼐日记》卷一，第 201 页。

2　据《夏鼐日记》卷十，"生平事迹年表"，第 2-3 页。

3　蒋天枢撰《陈寅恪先生编年事辑》，上海古籍出版社 1981 年版；《陈寅恪先生编年事辑（增订本）》，上海古籍出版社 1997 年版。

4　卞僧慧纂、卞学洛整理《陈寅恪先生年谱长编（初稿）》，中华书局 2010 年版。

夏鼐

网友"Carrle"补注:"萧一山,历史学家,以研究清代著称;《日记》中所记萧一山收入商务印书馆大学丛书之著作,为《清代通史》。"[1]

张求会再按:1932 年,商务印书馆重启出版大学教材五年计划。10 月,总经理王云五致函国内大学校长和知名学者,聘请他们担任"大学丛书"委员会委员。此后,"该委员会人员相对稳定,在五年间人数略有调整,前后共计五十八名"。[2] 未审何故,陈寅恪并不在委员会名单内。1933 年 1 月,商务印书馆初步拟定《大学科目草案》,送交委员会成员审

---

1 网友"Carrle"《张求会〈夏鼐日记里的"陈寅恪话题"〉补注若干》,发表时间:2012 年 11 月 30 日 04 时 38 分,网址:https://www.eshuyuan.net/thread-160304-1-1.html,下载时间:2013 年 1 月 24 日。

2 刘文波《商务印书馆"大学丛书"出版研究(1932—1949)》,西南大学教育学部硕士学位论文,2020 年 6 月,详第 19、20、21、23、24 页。此由"中国知网"下载而得,网址:http://kns.cnki.net/kcms/detail/,下载日期:2022 年 12 月 25 日。案:据刘文波所绘《"大学丛书"委员会委员一览表》,58 名(马寅初、郑贞文之名重复出现,实为 56 人)委员包括李建勋、李书田、王世杰、任鸿隽、朱经农、朱家骅、何炳松、辛树帜、竺可桢、胡适、胡庶华、翁之龙、翁文灏、程演生、邹鲁、刘湛恩、黎照寰、蔡元培、蒋梦麟、欧元怀、颜任光、颜福庆、罗家伦、马君武、徐诵明、郭任远、陈裕光、曹惠群、张伯苓、梅贻琦、程天放等 31 位大学校长,唐钺、李四光、余青松、马寅初、丁燮林、周仁、陶孟和、傅斯年、姜立夫等 9 位中央研究院各研究所所长,李书华、秉志、马寅初、郑贞文、顾颉刚等 5 位学会发起人或负责人,郑振铎、李圣五、王云五、李权时、周昌寿、陈可忠、郑贞文、傅运森等 8 位商务印书馆或其他出版机构编审,吴经熊、吴泽霖、孙贵定、冯友兰、刘秉麟等 5 位(转下页)

阅。"草案"后改名《大学丛书目录》，于该年4月再次送各委员征询意见。"除了向丛书委员会征求意见外，商务印书馆还将此目录印发一定数量寄与其他学者，或刊发于报纸杂志上，征求社会各界的意见，寻求各界专家的积极反馈。"8月，《大学丛书书目》定本告成。[1] 顾颉刚作为委员，曾被指定担任吕思勉《白话本国史》、萧一山《清代通史》二书的审查人。[2] 陈寅恪是否作为"其他学者"而应邀审查书目、书稿，尚有待考索。

1934年1月5日

阅书：《通鉴纪事本末》卷十九上，刘宋初年的内忧外患，即"刘裕篡位"，"徐傅废立"，"彭城王专政"，"元魏寇边"。读这书时想乘机得些益处，所以加以标点，并于书眉上做撮要，但这样一来所花费的时间实在太多，不要说整部的《通鉴纪事本末》难看完，便是陈寅恪先生所指定的到第二十六卷"高祖兴唐"为止的一部分，也一时难读完。我预备读到第二十卷为止，暂告一段落。

（接上页）学科代表人物。又，刘文第29页多出委员"许璇"（第30页多出之委员"孙蔚孙"即孙贵定，可不计），可见该名单虽为目前所见人数最多的一份，但仍不够完备。

1 《商务印书馆"大学丛书"出版研究（1932—1949）》，第29、30页。
2 《商务印书馆"大学丛书"出版研究（1932—1949）》，第26、27页。

至于晋南北朝隋史，撰作论文以代考试。[1]

按：1933 年秋季，夏鼐选修了陈寅恪的"晋南北朝隋史"。[2]

1934 年 2 月 6 日

明天要开学了，今天到注册部去看分数，只发表两样功课，宋辽金元史是 E，晋南北朝隋史是 S^+。前者得 E 者颇多，并不稀罕，后者得 S^+ 仅我一人，更没有一个得 S^+ 以上，颇感欣然。这科试卷已发还，有陈寅恪先生的评语："所论极是，俱见读书细心，敬佩！敬佩！"像小孩儿骤得大人的赞许，不觉有点飘飘然。[3]

按：陈寅恪为学生论文所作评语，陆续仍有发现，不妨补入生活·读书·新知三联书店（以下简称三联书店）版《陈寅恪集·讲义及杂稿》，体例相符，正可扩容。

网友"Carrle"补注："E 即为 Excellent，为成绩等级中最优者。S 为 Supper，成绩中次优者。夏鼐能在陈寅恪先生的'晋南北朝隋史'课程中获 S^+ 的成绩，实属非常不易。又据《日记》记载，夏鼐后虽获考古学博士学位，然其对历史

---

1 《夏鼐日记》卷一，第 213 页。
2 《夏鼐日记》卷十，第 3 页。
3 《夏鼐日记》卷一，第 218 页。

学仍充满兴趣，时常阅读史学类著作与期刊，尤其《历史研究》更是每期不落。"[1]

1936 年 1 月 31 日

昨天与曾君谈起忠王供状，据云尚藏其家中，近已改存上海银行保险库中，陈寅恪先生曾托人接洽由清华出款千元影印，已有成议，后来不知如何作罢。又云：曾文正公日记影印本，删节不少，尤以关于批评时人之部分。此删去之部分，闻已毁弃，殊为可惜。[2]

按："曾君"非他人，正是曾昭燏，夏鼐留英时的友人。此节所述，有两点值得注意：一是曾国藩日记被删节，虽有言者涉及，但出自曾昭燏之口，自然更加可信。二是陈寅恪对李秀成供状尤为关注，或许与其家世有关，此一层尚有未发之覆。[3]

---

1 网友"Carrle"《张求会〈夏鼐日记里的"陈寅恪话题"〉补注若干》。2024 年 5 月 21 日补案："supper"意为"晚饭"，有误。经查询"知乎"《季羡林在清华园日记中曾提到成绩等级如 I、E、S，这些级别代表什么，是怎样排序的？》(https://www.zhihu.com/question/47624658)，得知"S"应为"Satisfactory"。
2 《夏鼐日记》卷二，第 8 页。
3 汪叔子《〈陈宝箴集〉叙言》有云："宝箴有家仆姓李，至宝箴孙寅恪幼时犹及见之。据史家简又文、盛巽昌等先后详细考证，则指谓此李姓之仆，即忠王李秀成之子，当太平天国覆亡之际，为宝箴解救于（转下页）

至 1963 年初，陈寅恪仍有诗《病中南京博物院长曾昭
燏君过访话旧，并言将购海外新印〈李秀成供状〉，以诗纪
之》。[1] 可参阅。曾、陈此次广州相晤，研究者较少涉及，胡
文辉笺释陈诗，于此诗多有阐发，[2] 但也未提及具体情形。[3]
据悉，陈寅恪的三个女儿正在赶写《也同欢乐也同愁：忆父
亲陈寅恪母亲唐筼》之续编，[4] 不知对此次会面有无新的披露。

1937 年 4 月 1 日

傍晚至李先生处，约他明天到大学学院参观博物馆，
曾、俞二女士皆在座，坐到夜深 12 时许始散。他们所谈

（接上页）俘囚中，携归义宁，抚养成立者。又尝读太平天国干王洪仁玕
供词，自述被俘之后，席宝田军中有红顶营官陈某特给礼遇。拙见亦颇
疑此陈姓营官又是否宝箴？真相若何，未敢妄断。学者欲研究宝箴与太
平天国关系，则无妨撷供参考。"见汪叔子、张求会编《陈宝箴集》上册，
中华书局 2003 年版，"叙言"，第 6 页。

1 详陈寅恪著、陈美延编《陈寅恪集·诗集（附唐筼诗存）》，生活·读
书·新知三联书店 2015 年版，第 145 页。

2 详胡文辉著《陈寅恪诗笺释》下卷，广东人民出版社 2008 年版（软精
本），第 790-793 页；《陈寅恪诗笺释（增订本）》下册，广东人民出版社
2013 年版，第 1021-1025 页。

3 曾昭燏 1963 年 1 月 1 日探视陈寅恪事，可参阅本书所收《〈梁方仲遗稿〉
中的陈寅恪》相关内容。

4 陈流求、陈小彭、陈美延《也同欢乐也同愁：忆父亲陈寅恪母亲唐筼》，
生活·读书·新知三联书店 2010 年版。2022 年 2 月 22 日补案："续编"
迄未出版，作者之一陈流求女士已于 2022 年 2 月 12 日辞世，令人惋惜。
2024 年 2 月 14 日再案：另一作者陈小彭女士，于 2023 年 2 月 24 日离世。

的，几可作《儒林外史》读。俞女士很健谈，说有一次在德国，数个人一同游湖，有人套《儒林外史》的句法，说"赵元任雍容大雅"，"徐志摩文采风流"，"陈寅恪呆头呆脑"，"罗志希怪模怪样"。俞大维有一次请客，陈寅恪央求排座位的人，不要将他排在女人旁边。[1]

按："李先生"为李济，时在英国访问，夏鼐陪同至各处活动；"曾女士"，即曾昭燏；"俞女士"，未详。[2]

1939 年 9 月 28 日

旋赴王维诚君寓所，知陈寅恪先生以战事关系，已中止来英。[3]

按：据夏鼐同年 9 月 24 日日记，"王维诚君自牛津来"。[4]

1　《夏鼐日记》卷二，第 101 页。

2　高山杉君 2011 年 12 月 1 日提示笔者："'俞女士'，不是俞大缜，就是俞大纲。姐妹俩当时都在英国留学，可看杨绛《我们仨》。"案：1935 年 7 月，钱锺书、杨绛新婚后"同到英国牛津求学"，"当时中国同学有俞大缜、俞大纲姊妹，向达、杨人楩等"，除向达是家中常客外，钱、杨夫妇还"和俞氏姐妹略有来往"。见杨绛著《我们仨》，生活·读书·新知三联书店 2003 年版，第 68、74、81 页。2013 年 11 月 3 日补案：宋希於君《夏鼐日记里的"俞女士"是谁》认为，"'俞女士'更像是俞大缜"，"但确实不能完全排除俞大纲"，当事人"留英时期的记录既已散佚"，"这个小小的疑团或许永远没法查考清楚了"。宋文载《中国文化》2013 年秋季号（总第 38 期）。

3　《夏鼐日记》卷二，第 260 页。

4　《夏鼐日记》卷二，第 260 页。

欧战爆发，导致陈寅恪无法赴牛津任教，此为旁证之一。

1943 年 5 月 13 日

告辞出来后，拟谒陈寅恪先生，未遇。[1]

按：夏鼐受邀赴四川李庄中央研究院历史语言研究所（简称中研院史语所）工作，途经桂林，陈寅恪时任教于广西大学。

1943 年 7 月 16 日

下山归来后，阅陈寅恪先生著《唐代政治史述论稿》（1—116 页）。[2]

按：夏鼐已在李庄。

1945 年 1 月 26 日

上午李嘉言君来，系清华同级级友，现在西北大学师范学院中国语文学系任教，闲谈别后情况，询及师友近况。李君言陈寅恪先生最近有信来，意兴萧条，有集句对联："今日不知明日事，他生未卜此生休。"下联为

---

1 《夏鼐日记》卷三，第 104 页。
2 《夏鼐日记》卷三，第 122 页。

李义山诗句。[1]

按：时夏鼐在兰州公干。日记所称陈寅恪致李嘉言之书信，未详。[2] 陈氏此联，胡文辉较早从沈祖棻《涉江词丙稿》、林思进《清寂堂集》、夏承焘《天风阁学词日记》等文献中稽出。上联出自宋人邵伯温《邵氏闻见录》卷十六，下联取自李商隐《马嵬》。又据胡文辉比照，陈寅恪对李义山此句再三引用，感触良深。[3]

此联来路极正，三联书店版《陈寅恪集·诗集（附唐筼诗存）》一再失收，[4] 颇觉遗憾。

1947 年 10 月 23 日

晚间至胡适之先生处送行，谈及院士提名单考语，说昨天费了一天工夫，完全加以修改，以求与数理及生物两组一致，因之有些带有色调的句子，例如胡先生给

1　《夏鼐日记》卷三，第 283 页。

2　2022 年 2 月 22 日补案：陈寅恪致李嘉言函，现仅存一封，写于 1942 年 10 月 5 日（详李之禹编《李嘉言纪念文集》，河南大学出版社 2015 年版，第 402-405 页；李之禹《陈寅恪先生给李嘉言的信》，载《书屋》2016 年第 2 期）；抄示集句联一函，则已佚失。

3　详《陈寅恪诗笺释》下卷，第 940-941 页；《陈寅恪诗笺释（增订本）》下册，第 1214-1217 页。

4　《陈寅恪集·诗集（附唐筼诗存）》，2001 年 5 月第 1 版，2009 年 9 月第 2 版，2015 年 7 月第 3 版。

他自己的考语:"研究中国思想史与文化史,曾有开创新风气的贡献",初拟将末句改成"侧重治学方法",后来索性删掉。又如陈援庵先生考语原为:"专治中国宗教史,搜集材料最勤,考订最谨严,论断亦最精确,其余力所治校勘学、年历学、移译学皆为有用工具。"陈先生自己提出建议,谓不仅为有用之工具而已,乃改为"亦均有特殊贡献",最后改为"专治宗教史,兼治校勘学、年历学、移译学"。陈寅恪先生考语原为:"天才最高,功力亦最勤谨,往往能用人人习知之材料,解答前人未能想到之问题,研究六朝隋唐史最精。"最后改为:"研究六朝隋唐史,兼治宗教史与文学史。"傅斯年先生考语原为:"治中国上古史,能利用新材料与新眼光,考订旧史料,于古代制度、地理及文籍体制,有独到之见解或新鲜之说明。"顾颉刚先生考语原为:"以怀疑精神研究古史,对于古代传统有廓清之功,倡导古地理学之研究,亦甚有贡献。"后来亦稍加删改。冯友兰先生考语原为:"研究中西哲学思想,曾试作融会贯通之探讨。"徐炳昶先生考语原为:"治古史,时有大胆的假设,所著《中国古史的传说时代》颇多创见。"后亦均加修改。[1]

---

1 《夏鼐日记》卷四,第152页。案:录入本文,标点略有调整,并将"迻译学"径改为"移译学",以求规范。

按：夏鼐次日又记："将胡先生所托的事办完"，最主要的是与李济商定、修正"人文组院士候选人之考语"。[1] 查胡适日记，1947 年 10 月 13 日："到南京。下午开中研院院士选举筹备委员会。原提名五百一十人，初步审查，留了四百零二名。"[2] 15 日："中研院评议会开会。"[3] 16 日："评议会分组审查会。（一）数理组，（二）生物组，（三）人文组。人文组由我召集。""晚上拟'人文组'诸人的'合格之根据'，到四点才完！"[4] 17 日："评议会续开大会。决定候选人名单，并推人整理各组所拟'考语'。连日讨论甚热烈，最后尚有增减。最后名单有：数理组 49，生物组 46，人文组 55，共150 人。此单晚七点公布。"[5] 22 日，缺。23 日仅一句："上午十一点，在考试院讲演。"[6] 至 11 月 15 日，中研院公告云："人文组陈寅恪，研究六朝隋唐史，兼治宗教史与文学史。人文组语言文学学科院〈士〉候选人陈寅恪在学术上贡献要

1 《夏鼐日记》卷四，第 152 页。
2 胡适著、曹伯言整理《胡适日记全编》第 7 册，安徽教育出版社 2001 年版，第 683 页。
3 《胡适日记全编》第 7 册，第 683 页。
4 《胡适日记全编》第 7 册，第 683、684 页。
5 《胡适日记全编》第 7 册，第 684 页。
6 《胡适日记全编》第 7 册，第 685 页。

点：唐史及唐代文学。"[1]

　　夏鼐当时虽然只是史语所内一名资历甚浅的副研究员，但与所长傅斯年的关系非同一般。1946 年 11 月，傅斯年因为第二年将去美国考察、医病，特意在临行前安排夏鼐"代理所长职务"。[2] 从 1947 年 2 月开始，直到 1948 年 8 月傅氏归国，均由夏鼐代理所务。[3] "夏鼐经办的最重大的一件事，便是代表傅斯年列席 1947 年 10 月中旬举行的中央研究院评议会第二届第四次会议，审查决定中央研究院第一届院士候选人名单。"[4] 故此，夏鼐所记，既可知其然，又可知其所以然，其意义已超出了"陈寅恪话题"这一范围。[5]

1　刘桂生、欧阳军喜《〈陈寅恪先生编年事辑〉补》，载王永兴编《纪念陈寅恪先生百年诞辰学术论文集》，江西教育出版社 1994 年版，第 443 页。案："士"，现由笔者据文意补入。
2　《夏鼐日记》卷四，第 80 页。
3　夏鼐 1947 年 2 月 24 日记："上午开所务会议，傅先生对于使余代理一事正式提出。"1948 年 8 月 21 日再记："上午所中开茶话会，欢迎傅所长及傅太太。……晚间与傅所长谈所中各事，自下星期起即不再负责。"《夏鼐日记》卷四，分见第 105、199—200 页。
4　王世民《夏鼐和傅斯年的师承与别离》，载中国社会科学院考古研究所编《夏鼐先生纪念文集：纪念夏鼐先生诞辰一百周年》，科学出版社 2009 年版，第 307 页。
5　夏鼐 1948 年 11 月撰作《中央研究院第一届院士的分析》（载《观察》第 5 卷第 14 期），"他的文字虽然尚显活泼，但完全是从纯学术的立场上分析当选院士，实际上也是对中国现代学术成长过程的一个概述，尤其是关于人才发达经过的思考。"见罗丰《夏鼐与第一次院士选举》，载《夏鼐先生纪念文集：纪念夏鼐先生诞辰一百周年》，第 321—331 页。

1950 年 6 月 23 日

晨间至严仁赓君处访梁方仲君，梁在岭南大学任教，现将功课提早结束，赶赴北京。谈及岭南近况，谓陈寅恪先生仍牢骚甚大。又谈及中山大学杨成志君受训时，批评讲师《从猿到人》讲辞之错误，全班响应，结果被罚延长受训时期。容庚君在岭南，亦不得意。[1]

按：上一年，夏鼐应浙江大学人类学系之邀，在该系开设三门课程。[2] 本年 6 月 24 日至 7 月 4 日，在杭州为诸生补课。[3] 梁方仲与夏鼐为清华校友，1934 年 5 月共同发起成立"史学研究会"，[4] 后同在中研院任职。其时，梁氏"经过杭州赴北京"，"住在严仁赓君处"，[5] 得与夏鼐相遇于他乡。严仁

1　《夏鼐日记》卷四，第 305–306 页。

2　《夏鼐日记》卷十，第 16–17 页。

3　《夏鼐日记》卷四，第 306–308 页。

4　夏鼐 1934 年 5 月 20 日日记（《夏鼐日记》卷一，第 240 页）较为详细地记载了当天"史学研究会"成立之经过，可证梁承邺著《无悔是书生：父亲梁方仲实录》（中华书局 2016 年版，第 63–64 页）所称研究会成立于"1934 年 5 月 2 日"有误。

5　夏鼐 1950 年 6 月 22 日日记，见《夏鼐日记》卷四，第 305 页。案：夏鼐与梁方仲相遇于杭州这一年（1950），梁与陈寅恪、容庚仍同在岭南大学任教，1952 年全国高校院系调整后，三人一并转入中山大学。另据梁方仲之子梁承邺回忆：1950 年暑假前，"岭南大学已决定派人到北京高校参观访问，了解课程改革等情形。父亲被定为赴京小组成员之一。8 月间父亲等人到了北京"。（见梁著《无悔是书生：父亲梁方仲实 （转下页）

赓，时在浙大任教。

1950 年 7 月 2 日

上午在家阅《岭南学报》最近一期，有陈寅恪先生关于元白诗文章数篇。[1]

按：岭南大学《岭南学报》为半年刊，第 10 卷第 2 期出版于 1950 年 6 月，共刊发陈寅恪元白诗研究论文三篇：《白香山琵琶引笺证》《元微之古题乐府笺证》《秦妇吟校笺旧稿补正》。[2] 夏鼐所见，当为该期。

1951 年 1 月 25 日

赴向觉明君家中闲谈，向君云小公子小燕，此次参军，已赴张家口训练。向君谈及陈寅恪先生最近有信致周一良君云："《元白诗笺证》分赠诸友，留一纪念，然京洛耆英，河汾都讲，皆尽捐故技，别受新知，又不敌

(接上页)录》，第 196–197 页）验以夏鼐日记，1950 年 7 月 25 日夏氏已在京陪同梁氏走访丁声树、梁思永二友（《夏鼐日记》卷四，第 312 页），可见"8 月间"到京之说不确。

1 《夏鼐日记》卷四，第 307 页。

2 马幼垣《陈寅恪已刊学术论文全目初稿》，载中山大学历史系编、胡守为主编《陈寅恪与二十世纪中国学术》，浙江人民出版社 2000 年版，第 617 页。

以陈腐之作，冒昧寄呈。"又有诗一首，题曰《霜红龛集望海云："一灯续日月不寐照烦恼不生不死间如何为怀抱"感题其后》："不死不伤最堪伤，犹说扶余海外王，同入兴亡烦恼梦，霜红一枕已沧桑。"《霜红龛集》为傅青主所著，此诗盖吊新逝世之傅公也。[1]

按：1950 年 12 月 20 日，傅斯年在台病逝。陈寅恪此诗，很容易让人联想到是"借同为姓傅的傅山之作为题，以作悼念"。[2] 向达（觉明）、邓广铭、周一良、傅乐焕（傅斯年堂侄）、夏鼐等人皆与傅斯年有旧，陈氏在分赠《元白诗笺证稿》时附录此诗，用意显然，故上述诸人皆以为此诗意在"吊新逝世之傅公"。曾经得到傅斯年格外赏识与器重的夏鼐，想必感触更深更多。陈寅恪晚年诗作，意旨愈加深邃，此首亦不例外，但在强调以明清易代比拟现代政局的同时，似不宜轻视悼念傅斯年这一层寄托，毕竟追挽傅斯年才是此诗的近因。

此处所引陈寅恪致周一良函，另见录于郑天挺 1953 年 5 月 19 日读书笔记：

---

1 《夏鼐日记》卷四，第 361 页。案：原刊有误，如"不敌"应作"不敢"（详后），"《元白诗笺证》"脱"稿"，此暂仍旧。

2 《陈寅恪诗笺释》上卷，第 406 页；《陈寅恪诗笺释（增订本）》上册，第 536 页。

晚读陈寅恪先生《元白诗笺证稿》，极精。近来学者每举寅老考证杨太真入宫是否处女为史学界之病态，颇多诽议，具有诋諆之意。两年前首闻×××于大会中言之而未举其名；其后又闻某首长谈之（忘记是××还是×××）。当时未见寅老书，而心疑寅老何能"闲逸至此"！前日××又诟病及此，今日小组×××亦举以为言。适见谢国桢有此书，乃假之以归。穷一夜之力毕之。书印于一九五〇年十一月，为岭南学报丛书之一。凡六章，附论五篇。书前，谢公题记曰："陈寅恪师寄周一良函云，《元白诗笺证稿》分赠诸友留一纪念。然京洛耆英、河汾都讲，闻皆尽捐故技，别受新知，故又不敢以陈腐之作冒昧寄呈。《霜红龛集·望海》云：'一灯续日月，不寐照烦恼，不生不死间，如何为怀抱。'感题其后：'不生不死最堪伤，犹说扶余海外王。同入兴亡烦恼梦，霜红一枕已沧桑。'"[1]

两相对照，不难看出《夏鼐日记》所刊文字略有失误。向达、谢国桢在前，夏鼐、郑天挺在后，纷纷录存陈寅恪此

1　郑克晟《陈寅恪与郑天挺》，载胡守为主编《陈寅恪与二十世纪中国学术》，第 749 页。案："入宫"后似脱"前"，此暂仍旧；"×"似为引用者郑克晟所改，此处照录。

函，似可推知这封信当年在学术圈的影响。此札既然在不同文献中反复出现，出自陈寅恪之手当属无疑，三联书店版《陈寅恪集·书信集》完全应该收录。

1955 年 12 月 31 日

阅陈寅恪《元白诗笺证稿》。[1]

1956 年 1 月 1 日

阅毕陈寅恪之《元白诗笺证稿》。[2]

1980 年 1 月 15 日

上午赴院部，参加重建中国史学会的筹备会议，由梅益同志主持。开会前散发当时（1951 年）第一届理事会名单（去世者已占三分之二以上）：

主席：郭沫若　副主席（二人）：吴玉章，范文澜。

理事（41 人）：郭沫若、吴玉章、范文澜、徐特立、郑振铎、吴晗、陈垣、华岗、向达、陈寅恪、翦伯赞、吕振羽、侯外庐、汤用彤、裴文中、陈翰笙、陶孟和、周谷城、潘梓年、翁独健、嵇文甫、邓初民、叶蠖生、

---

1 《夏鼐日记》卷五，第 199 页。
2 《夏鼐日记》卷五，第 200 页。

徐炳昶、邵循正、白寿彝、金毓黻、马衡、叶恭绰、宋云彬、杨东莼、罗常培、周予同、楚图南、尹达、金灿然、杜守素、夏鼐、郭宝钧、杨树达、季羡林、吴泽、马坚。

候补理事（9人）：杨绍萱、唐兰、钱杏邨、王伯祥、蔡尚思、李则纲、赵宗复、杨荣国、孙叔平。[1]

按：蒋天枢《陈寅恪先生编年事辑》、卞僧慧《陈寅恪先生年谱长编（初稿）》均未收录此名单。又，"理事（41人）"有误，实为43人。[2]

1981年7月23日

徐中舒先生由林向同志陪同，前来拜访，谈及川大与哈佛大学合作考古事，及顾颉刚、陈寅恪二先生身后家庭情况。[3]

按：徐中舒，1926年毕业于清华学校研究院国学门，为陈寅恪弟子辈，后在四川大学任教多年。

1 《夏鼐日记》卷八，第375页。
2 中国史学会第一届理事会名单，另见张篷舟、张仪郑编《1952人民手册》，上海大公报1952年版，第254页。原刊即作"第一届理事会理事【四三人】"，姓名、顺次皆与《夏鼐日记》同。此承周建增博士2022年6月26日代为搜索、传示相关图片。
3 《夏鼐日记》卷九，第55页。

1982 年 3 月 6 日

至杨向奎同志处，送还唐德刚《胡适杂忆》，谈当年史语所情况。读《胡适往来书信选》下册，乃 1945—1948 年者，真是"同入兴亡烦恼梦，霜红一叶已沧桑"（陈寅恪诗）。[1]

1982 年 7 月 6 日

下午阅《晋阳学刊》新出一期中《陈寅恪传略》等。[2] 按：《陈寅恪传略》，中山大学历史系胡守为撰。

1982 年 7 月 23 日

下午在家，阅蒋天枢《陈寅恪先生编年事辑》（1981 年上海出版）。关于"文化大革命"中受迫害情况，还是初次读到。作者为陈先生弟子，能向先生家属询问资料，故多未曾发表的史料。编年诗文也颇完备。但对于先生的学行，似乎未抓住要点，反不及俞大维所写的《怀念陈寅恪先生》一文。而不相关的旁人诗，收入过多。

---

1 《夏鼐日记》卷九，第 115 页。案："一叶"，陈诗原作"一枕"，此暂仍旧。
2 《夏鼐日记》卷九，第 149 页。

（1—195 页，约 13 万字）[1]

按：蒋著《陈寅恪先生编年事辑》，16 年后（1997）有了增订本，夏鼐未及见。新附录的《陈寅恪先生传》于陈氏学行要点有所概括，[2] 虽不及俞文鞭辟入里、深入人心，亦属不易。至于旁人诗"收入过多"，则见仁见智：其一，蒋著体例颇似年谱长编，录入相关人士尤其是父兄友朋的诗文，无可非议；其二，蒋著成书之时，义宁陈氏研究尚非显学，陈寅恪本人的作品尚且亟待辑佚，乃祖、乃父、乃兄之诗文更是搜寻无门，蒋著得益于谱主亲朋故旧的帮助，至少提供了无数线索，使后来者按图索骥，各成尺寸之功，共同完成陈氏家族文献的整理工作。

1983 年 4 月 18 日

下午至鲍正鹄同志处，送余 × 时关于陈寅恪先生的

1　《夏鼐日记》卷九，第 153 页。2022 年 6 月 26 日补案：末一句，《夏鼐日记》原刊作："而不相关的旁人诗，收入过多（1—195 页，约 13 万字）。"实则蒋著全书共计 195 页、总字数为 129 千字，如此标点，与蒋著原貌、夏氏原意皆不相符，颇易引起误解，现予纠正。

2　蒋天枢《陈寅恪先生传》，见蒋撰《陈寅恪先生编年事辑（增订本）》，第 213–234 页。

文章，因为院中托他处理此事也。[1]

按：这一节看似平淡无奇，实则暗含玄机，反映的恰是1949 年之后陈寅恪研究史上的第二次风波——两次风波，均与美国学者余潜山有关。

第一次风波，发生在 1958 年至 1962 年间，引燃导火索的是余潜山在香港《人生》杂志 1958 年 12 月号发表的《陈寅恪先生〈论再生缘〉书后》一文，余文推断《论〈再生缘〉》"实是写'兴亡遗恨'为主旨，个人感怀身世，犹其次焉者矣！"第二年 6 月，香港友联出版社推出《论再生缘》，[2]书前增添《关于出版陈寅恪先生近著〈论再生缘〉的话》，说这样的书籍在内地是不能出版的。[3]余文、陈书在海外轰动一时，消息传到中国大陆，引起广东和北京方面的关注。

---

1 《夏鼐日记》卷九，第 233 页。2022 年 6 月 26 日补案：鲍正鹄，时任中国社会科学院科研局局长，据《夏鼐日记》卷十，第 58 页。又，此处之"×"，现由笔者临时改换，尚乞矜怜宽宥。以下同此处理，不再说明。

2 "友联出版社"，拙文原作"友谊出版社"，此承吕瑞哲 2013 年 7 月 29 日指正。

3 《关于出版陈寅恪先生近著〈论再生缘〉的话》，落款"友联编译所 1959 年 6 月 6 日"。李怀宇推测，"油印书稿是余先生提供的"，"从行文语气、风格看"，这篇文章"似乎也是余先生手笔"。见"李怀宇 _ 快雪时晴"新浪微博（2013 年 8 月 5 日 23:00 推送）。但余氏早已明言："《论再生缘》在香港出版也当由我负责，不过'关于出版的话'却不是我写的。"详余潜山《"弦箭文章"那日休？》，见余著《陈寅恪晚年诗文释证（增订新版）》，台湾东大图书股份有限公司 1998 年版，第 253 页。该文作者究竟为谁，仍有待考定。

郭沫若在一年之内排炮般地发表研究《再生缘》的系列文章，"实际上是对余×时以此做文章的回应"。[1] 当时，有关方面还曾打算在内地同时出版陈寅恪的《论再生缘》和郭沫若校订的《再生缘》，以回应海外议论。由于《再生缘》语涉"征东"，在 20 世纪 60 年代的特殊国际环境下，周恩来、康生出面中止了对《再生缘》的讨论，加上陈寅恪不肯迁就出版者的任何修改或补充的要求，陈著出版无望，郭氏校订本也被搁置起来。[2] 对于此次风波，《夏鼐日记》全然无所涉及。

两次风波之间，1978 年 10 月 16 日到 11 月 17 日，余潜山率领"美国汉代研究考察团"在中国各地进行学术交流，接待方正是中国社会科学院，由副院长之一的于光远出面主持。10 月 17 日下午，代表团到夏鼐担任所长的考古研究所参观访问，[3] 此似为夏鼐与余潜山的首次相见。在这一个月中，代表团受到了高规格的礼遇，作为团长的余潜山，"所

1　徐庆全《陈寅恪〈论再生缘〉出版风波》，载 2008 年 8 月 28 日《南方周末》。

2　徐庆全《陈寅恪〈论再生缘〉出版风波》。案：另可参阅以下三文：高克勤《陈寅恪先生致中华书局上海编辑所书信辑注》，载《中华文史论丛》2008 年第 2 期；徐俊《一个未能实现的出版计划——1960 年代中华书局与陈寅恪先生的交往》，载《书品》2010 年第 6 期；高克勤《花开两枝——中华上编、中华书局与陈寅恪著作出版概观》，载 2012 年 8 月 5 日《东方早报·上海书评》。

3　《夏鼐日记》卷八，第 247 页。

得到的照顾更是特别周到"。余氏此行虽然并未见到院长胡乔木，但还是在与俞平伯、钱锺书谈话时接收到了"乔木同志"间接表示的"善意"。[1]

五年后，第二次风波再现。1983 年，余潜山在香港《明报月刊》该年 1 月号、2 月号连载长文《陈寅恪的学术精神和晚年心境》。一年半后，余氏又在该刊 1984 年 10 月号、11 月号发表《陈寅恪晚年诗文释证》和《陈寅恪晚年心境新证》两篇长文，并在同年 7 月的台湾《中国时报》刊载《陈寅恪的"欠砍头"诗文发微》等文。同在 1984 年，余潜山《文史互证·显隐交融——谈怎样通解陈寅恪诗文中的"古典"和"今情"》一文，在 10 月份的台湾《联合报·副刊》连载五天。余氏的系列文章，再次在海外学术界引起相当反响。作为回应，1984 年 8 月，署名"冯衣北"的辩驳文章《也谈陈寅恪先生的晚年心境——与余 × 时先生商榷》在《明报月刊》该年 8 月号刊出。一年后，"冯衣北"又发表了《陈寅恪晚年心境的再商榷》一文（载《明报月刊》1985 年 7 月、8 月合刊）。两个月后，余潜山以《"弦箭文章"那日

1　余潜山《陈寅恪研究的反思和展望》，载 2011 年 1 月 16 日《东方早报·上海书评》。

休?》作答,发表在同年《明报月刊》10月号。[1] 直到1986年7月,"冯衣北"把自己的两篇"商榷"和余潜山的五篇文章合成一"书"——《陈寅恪晚年诗文及其他》——在广州花城出版社出版,第二次风波才告一段落。

据余潜山回忆:"事实上,早在1983年年尾,我已知道胡乔木在积极布置向我进攻了。事有凑巧,当年中国社会科学院有一位明清史专家来耶鲁大学访问,一见面便向我索阅《明报月刊》所刊长文。我很诧异,问他怎么会知道我写了此文?他说,在他访美前,社科院院长胡乔木曾有意让他出面写反驳我的文章,并说明:只有在他应允以后才能将那两期的《明报月刊》交给他。他婉拒了这一任务,因此也失去了读我原文的机会。很显然的,胡乔木在北京一直未能觅得他所需要的写手,最后才通过'广东省委文教战线负责人'找到了一个'冯衣北'。"[2]

---

1 以上据陆键东著《陈寅恪的最后二十年》(生活·读书·新知三联书店1995年版,第500–501页)、余潜山著《陈寅恪晚年诗文释证(增订新版)》(第131、184、243页)、周言《〈陈寅恪的最后二十年〉的一段公案》(载《凤凰周刊》2013年第25期)相关文字改写而成。案:陆著《陈寅恪的最后二十年(修订本)》(生活·读书·新知三联书店2013年版,第478–480页),相关内容无异。

2 余潜山《陈寅恪研究的反思和展望》。2023年3月26日案:"广东省委文教战线负责人""冯衣北"为谁,周不言《陈寅恪晚年诗文释证之争中的钱锺书》(载2020年5月7日《南方周末》)有所披露。2023(**转下页**)

这位"明清史专家"是谁？余潜山不便说，但至少可以从夏鼐的这一则日记管窥当时组织反击文章的大致情形。1983 年是夏鼐退休后的第一年，"也是当上中国社会科学院副院长后的第一年度"。[1] 估计是因为有了副院长的头衔，院中处理余文的大事，夏鼐才得以知晓。"按照当时的意识形态管理体制，海外学者对内地学者的作品如有涉及到政治层面上的非议，一般说来，内地都会有文章作答。而这作答的文章，虽然是个人署名，但大致都有官方背景。"[2] 这套规则，身为领导干部的夏鼐无疑是熟悉的，而且也是要自觉执行的。于是，1983 年 8 月 12 日，他留下了另一则相关的日记：

> 下午在家，阅由鲍正鹄同志处借来的香港《七十年代》1983 年第 3 期，该刊总编辑李怡所写《余时 × 教授访问记》。这位余教授是国民党陈雪屏的女婿，虽然入了美国籍，仍是国民党的立场。[3]

（接上页）年 6 月 12 日补案：钱锺书致"广东省委文教战线负责人"函、"广东省委文教战线负责人"致"冯衣北"函虽未正式披露，但早已在朋友圈中有所流传。假以时日，内中详情终将大白于天下。

1　《夏鼐日记》卷九，第 311 页。

2　徐庆全《陈寅恪〈论再生缘〉出版风波》。

3　《夏鼐日记》卷九，第 272 页。

此处犯了一个不该犯的错误——"余 × 时"变成了"余时 ×",原因何在,暂难查考。根据这两则日记足以推断,夏鼐至少是第二次风波的知情人之一。一句"虽然入了美国籍,仍是国民党的立场",或许可以解释余潜山研究陈寅恪的文章何以"一律为政治编辑所否决","各处皆然","自始至今无不如此"。[1]

1984 年 10 月 6 日

阅《胡适年谱长编》第 5 册,1947 年前后,胡适来南京,都住在史语所,我第一次与之有所接触,他的日记中可能会有提到我的地方。这时期我在南京,一度代理史语所所长。读《年谱》,颇有陈寅恪的诗所谓"同入兴亡烦恼梦,霜红一枕正沧桑"之感。[2]

按:这已是夏鼐第三次引用陈寅恪的诗句"同入兴亡烦恼梦,霜红一枕已沧桑"。"正"误,似宜校订。

---

1 余潜山《陈寅恪研究的反思和展望》。
2 《夏鼐日记》卷九,第 401 页。

结语

陈寅恪年长夏鼐整整 20 岁，作为弟子辈的夏鼐，始终对陈寅恪充满了尊敬，即便在 1949 年之后，这种尊崇与敬仰之情依然充溢于字里行间。两人年辈不同，研究领域各异，人生轨迹的时空交集也不多，因此，《夏鼐日记》中可资利用的直接史料确实有限。然而，跨度长达半世纪的片言只语的记载，还是保留了难得一见的珍贵文献，透露出特定年代的若干信息，为陈寅恪研究提供了新鲜的材料、可信的佐证和重要的线索。

（2011 年 10 月 7 日定稿，谨以此文纪念陈寅恪先生逝世42 周年）

《刘节日记》中的陈寅恪 [*]

　　1926 年，刘节（1901—1977）考入清华学校研究院国学门，从此成为陈寅恪（1890—1969）的弟子。自清华毕业后，刘节与老师"一直保持联系"；[1] 1952 年全国高校院系调整，陈、刘师生共事于广州中山大学历史系，直至 1969 年陈寅恪辞世。探讨陈、刘二人长达 43 年的交往史，对于学人个体研究或现代学术史研究，无疑都有着相当重要的价

---

* 本文曾以《〈刘节日记〉里的"陈寅恪话题"》为题，首刊于《中国文化》2017 年春季号（总第 45 期）。录入本书，正文、注释皆有增订。

1 陈流求、陈小彭、陈美延《缅怀刘节先生》，载 2010 年 7 月 22 日《南方周末》。

刘节

值。日记作为私密性、实时性、连续性十分明显的特殊文献，历来备受研究者青睐。陈寅恪似没有作日记的习惯；刘节日记历经劫难，幸运地留存了下来。

令人惋惜的是，今本《刘节日记（1939—1977）》（以下简称《刘节日记》），仍是残本，[1] 缺失相当严重：1939 年之前的日记，付诸阙如；1939—1977 年之间，尚有近二十年缺失；[2] 1952 年以后——"特别是 1966 年以后的日记"，"所写的内容像是简略记事的流水账，既无评论又无自己感情的抒发；既无悲哀也无愤怒，更无喜悦"，[3] 亦可谓另一种残缺，甚至是更大的残缺。可以想见，种种缺失背后，必然隐藏着许多重要的历史信息。后人如欲一探究竟，不得不广搜博访、

---

1 刘节著、刘显曾整理《刘节日记（1939—1977）》，大象出版社 2009 年版。

2 整年缺失的有：1940、1942、1943、1944、1946、1947、1948、1949、1950、1951、1955、1959、1960、1961、1962、1963、1964、1965 年，共计 18 年；残缺不全的有：1941、1945、1952、1953、1954、1958、1966、1975、1976、1977 年，合计 10 年。2022 年 4 月 13 日补案：据刘显曾《〈刘节日记〉再版前言》（写于 2021 年 3 月 20 日），即将面世的新版刘节日记已完成如下增补："1937 年 11 月至 1938 年 12 月 31 日；1951 年 11 月末到年底；1952、53、54、56、57、58 年都在初版基础上加进许多内容；1959 年和 1962 年也增添了纪年。"增订本拟由中华书局刊行。刘显曾此文，载温州博物馆、温州衍园美术馆编《瓯越此门两代贤——刘景晨诞辰一百四十周年刘节诞辰一百二十周年纪念展》图册，2021 年 11 月印行，第 296–300 页。

3 刘显曾《〈刘节日记〉编后记》，见《刘节日记》下册，第 955 页。

钩沉抉隐。[1]

因此，仅凭一部《刘节日记》，暂不足以完成一篇"陈刘关系考"的大文章。笔者只得退而求其次，且将刘节日记中与陈寅恪——旁及陈妻唐筼、女儿女婿、友人吴宓、学生蒋天枢等——相关的记载依序胪举，必要时引入相关文献并酌添按语，期盼着能为有心人作深入探讨提供一二线索。

1939 年

1 月 1 日（香港）：

九时左右抵陈寅恪师母家，始悉寅恪师下学期有英

1　试举两例：其一，刘节 1939 年秋应聘为浙江大学（广西宜山）史地系教授，1940 年春即离职他去，散木等人将原因归结为刘节的"孤傲性格"；洪光华（刘节之外甥）既以《刘节日记》为据，又辅以顾颉刚日记和张其昀言论，认为刘节被迫离开的根源在于他不肯屈从于张其昀等人主导的"非胡化"和"非顾化"倾向——既与胡适等自由知识分子主张的科学民主思想格格不入，又与顾颉刚为代表的"古史辨派"针锋相对，学术之争最终演变为门派之争、排挤之术。详洪光华《刘节与张其昀的恩怨》，载 2015 年 10 月 14 日《中华读书报》。其二，1963 年，刘节奉命进京参加"二十四史"点校工作，具体负责《旧唐书》；1965 年，点校工作尚未完成，刘节提前离开校史组。个中缘由，令人费解。洪光华借助于《刘节日记》之外的文献，作出了与他人不尽相同的解读——"刘节是因为他不接受当时的政治要求来做点校工作，而不是因为他的点校质量不佳而离开校史组的"。详洪光华《刘节缘何离开"翠微校史"》，载方韶毅主编《瓯风》第 11 集，上海远东出版社 2016 年 6 月出版，第 112-125 页；洪光华《刘节进京校史前与中华书局往来函电探秘》，载方韶毅主编《瓯风》第 12 集，上海远东出版社 2016 年 12 月出版，第 159-175 页。

伦之行，该国大学聘为教授，年俸千镑，可谓丰矣！[1]

求会谨按：《刘节日记》始于此，其时刘节"正在由香港取道越南、再辗转经昆明而至重庆中央大学任研究员的途中"。[2] 陈寅恪只身在昆明西南联合大学文学院任教，夫人唐筼与三个女儿——流求、小彭、美延——避难于香港。上一年"开春不久"，陈家已搬到"九龙城附近的福佬村道 11 号三楼"。[3]

　　1 月 13 日（昆明）：

　　至靛花巷中央研究院，访陈寅恪师，又与寅恪师同出访徐森玉丈。……中饭，寅恪师、森玉丈同邀至金碧路一西餐社午饭，森玉丈破费五元之多。[4]

求会谨按：1938 年暑假，陈寅恪随西南联大文学院、法商学院从云南蒙自迁回昆明，"住在中央研究院历史语言研究所（后为北大文科研究所）的宿舍，青云街靛花巷 3 号三楼"。[5]

1　《刘节日记》上册，第 4 页。

2　陈其泰《刘节先生日记序》，见《刘节日记》上册，序言，第 2 页。

3　陈流求、陈小彭、陈美延著《也同欢乐也同愁：忆父亲陈寅恪母亲唐筼》，生活·读书·新知三联书店 2010 年版，第 141 页。

4　《刘节日记》上册，第 11 页。

5　《也同欢乐也同愁：忆父亲陈寅恪母亲唐筼》，第 147 页。

1 月 15 日（昆明）：

访陈寅〈恪〉师及傅孟真二氏，谈甚久。[1]

求会谨按："傅孟真"，即傅斯年。

1 月 17 日（昆明）：

今日得读寅恪师所为律诗一首：《咏翠湖上所见》。诗曰："照影桥边驻小车，新装依约想京华；短围貂被称腰细，密卷螺云映额斜。赤县尘昏人换世，翠湖春好燕移家；昆明残劫灰飞尽，聊与胡僧话落花。"[2]

求会谨按：陈诗第三句之"貂被"，《刘节日记》该页脚注云："据《陈寅恪全集》，'被'又作'陂'。"[3] 经查，可称为"陈寅恪全集"者，计有《陈寅恪先生全集》（台北九思出版有限公司）、《陈寅恪先生全集》（台北里仁书局）、《陈寅恪文集》（上海古籍出版社）或《陈寅恪集》（生活·读书·新知三联书店）等数种，此处所言《陈寅恪全集》，版次难详，未便核验。

陈寅恪昔日曾手书此诗持示浦薛凤，诗稿幸而得以保

---

1 《刘节日记》上册，第 13 页。案："〈恪〉"，系《刘节日记》整理者所增补。
2 《刘节日记》上册，第 15 页。
3 《刘节日记》上册，第 15 页。

存。[1] 观陈氏手迹，[2] 与刘节所录微异：题作《翠湖书所见》；[3]
"新装"，作"新妆"；"貂被"，作"貂帔"；[4] 末有附言："庾
子山《哀江南赋》云：'谈劫尽之灰飞，辨常星之夜落。'今
日必有南京明星流落昆明者矣。一笑！"[5] 浦薛凤当年不仅收
藏了陈氏手迹，还抄存了包括此诗在内的数首陈氏诗作。此
诗之浦氏抄存稿，标题、内容均与陈氏手迹相同，唯诗题下
另注"廿七年十二月"，[6] 似为陈诗写成时间。

据胡文辉分析，此诗前四句描绘的是抗战时期南北人物
避居西南后昆明服饰时尚之变化："短围，当时旗袍流行短袖，
短至肩部，近于无袖；貂，貂皮，当指皮草；帔，上衣。"[7] 综

1　浦薛凤在《记忆精确、学识广深之陈寅恪教授》中回忆：他曾与陈寅恪
　　在西南联大同住一室，"朝夕相处，无语不谈，彼此极为熟悉"，陈寅恪
　　"每有新作，辄取纸笔写出相示"。此据浦丽琳编著《海外拾珠——浦薛
　　凤家族收藏师友书简》，百花文艺出版社 2012 年版，第 50 页。

2　陈氏手迹影印图片，见《海外拾珠——浦薛凤家族收藏师友书简》，第 48 页。

3　唐筼抄稿题作《昆明翠湖书所见》，见陈寅恪著、陈美延编《陈寅恪集·诗
　　集（附唐筼诗存）》，生活·读书·新知三联书店 2015 年版，第 27 页。

4　唐筼抄稿作"貂帔"，陈寅恪诗集"编者注"有云："作者手迹及吴宓钞
　　存稿第三句为'短围貂帔称腰细'。"见《陈寅恪集·诗集（附唐筼诗
　　存）》，第 27 页。

5　《海外拾珠——浦薛凤家族收藏师友书简》，第 48 页。

6　《海外拾珠——浦薛凤家族收藏师友书简》，第 46 页。

7　胡文辉著《陈寅恪诗笺释（增订本）》上册，广东人民出版社 2013 年版，
　　第 176-177 页。案：胡著所用陈诗底本，为三联书店版《陈寅恪集·诗
　　集（附唐筼诗存）》，故第三句亦作"短围貂帔称腰细"。

上可知，无论"被"或"陂"，均为"极"之误书或误认。
又，《陈寅恪集·诗集》将此诗写作时间标作"一九三九年
春"；[1] 据《刘节日记》，创作时间可上推至 1939 年 1 月；而
据浦薛凤抄存稿，则可定为 1938 年 12 月。[2]

再按：刘节该日走访、对谈之客，除徐森玉外，[3] 另有陶
音、王力、梁思成、吴晗、张荫麟、浦江清等，[4] 出示陈诗者
未知为谁。

1 月 18 日（昆明）：

上午往访寅恪师不遇。[5]

1 月 21 日（昆明）：

下午往访吴辰伯辞行，不遇。即买车出城，访吴雨

1　唐篔抄稿题下署"己卯春作"，见《陈寅恪集·诗集（附唐篔诗存）》，第
　　27 页。
2　浦薛凤所书"廿七年十二月"，若为阳历，则在 1938 年 12 月；若为阴
　　历，则在戊寅年十二月——起于阳历 1939 年 1 月 20 日，止于 2 月 18 日。
　　（据郑鹤声编《近世中西史日对照表》，中华书局 1981 年版，第 847 页）
　　因刘节 1939 年 1 月 17 日（值戊寅年十一月廿七日）已看到陈寅恪此诗，
　　亦即陈诗写成时间不可能迟于戊寅年十一月廿七日，故可确定"廿七年
　　十二月"只能是阳历 1938 年（民国二十七年）12 月。
3　刘节此次在昆明，自 1 月 13 日至 22 日，皆借宿于徐森玉处。详《刘节
　　日记》上册，第 11、12、18 页。
4　详《刘节日记》上册，第 14-15 页。
5　《刘节日记》上册，第 15 页。

僧先生，稍谈即出。……至中央研究院访陈寅恪师，于
座上晤吴禹铭兄。[1]

求会谨按：刘节将赴重庆中央大学，依约完成"管理中
英庚款董事会"资助的科学研究工作（详后）。"吴辰伯"，
即吴晗；"吴雨僧"，即吴宓；"吴禹铭"，即吴金鼎，与刘节
同年考入清华学校国学研究院，后又同期获得"管理中英庚
款董事会"资助。

3月4日（重庆）：

至中央研究院访陈寅恪师、李济师，始知陈师未到
渝。[2]

求会谨按：据竺可桢日记，1939年3月13日至14日，
与姜立夫、叶企孙、陈寅恪等二十余人在云南大学（昆明）
出席"中央研究院第一届第四次评议会"。[3]

6月1日（重庆）：

下午作函寄陈寅恪、黄仲英，及家中。[4]

求会谨按：恰在同日，陈寅恪因赴牛津大学讲学之约而

---

1 《刘节日记》上册，第17页。
2 《刘节日记》上册，第43页。
3 详《竺可桢全集》第7卷，上海科技教育出版社2005年版，第47-48页。
4 《刘节日记》上册，第93页。

函请于清华校长梅贻琦：一、请假一年，二、提前领取五、六、七月薪水；次日，梅贻琦除于原函批准支给三个月薪金外，又亲笔撰作复函，告知陈氏一切"照允""照备"。[1]

再按："黄仲英"，刘节在日记中又写作"黄中英"，[2] 其夫卫聚贤（字怀彬），为刘节"在清华国学研究院的同学"。[3]

> 6月8日（重庆）：
>
> 昨日接寅恪师快信，知庚款会下年度仍可继续，但以成绩报告为标准；余拟于七月初到成都，以一月工夫作成之，彼有徐中舒、吴子馨、商锡永三人书籍，谅可足用矣。……余之情性，长于思考，静坐揣摩所得者，时常出人头地；而表现能力不精，故绘画、诗文诸道皆不及人。今岁学为诗，所得七古二首，寅恪师以为"不独文章之美，即修养亦不可及"，此虽过誉，然谓我诗中"幽忧、闲适两有之"，确系事实，"已得风人之旨"——

1 《陈寅恪函梅贻琦谈应聘牛津事（1939年6月1日）》，见北京大学、清华大学、南开大学、云南师范大学编《国立西南联合大学史料》第四册《教职员卷》，云南教育出版社1998年版，第404–405页。案：黄延复《关于陈寅恪四十年代初滞港前后的一些史料》（载《香港文学》1989年第5、6期）较早披露相关文档，可参阅。
2 《刘节日记》上册，第94页。
3 《刘节日记》上册，第57页脚注。

所谓"乐而不淫、哀而不伤"者——能得之矣。[1]

求会谨按：此"庚款会"，即"管理中英庚款董事会"，其职能为管理和分配英国退还的庚子赔款，1931 年 4 月 8 日正式成立，朱家骅久任董事长，杭立武为总干事，傅斯年担任其执行机构之一——协助科学工作人员委员会——的人文科学组主席，陈寅恪则为人文科学组评审专家之一。[2] "1938 年 3 月，管理中英庚款董事会在香港召开董事会议决定救济文化机构，并拨专款资助科学研究。"[3] 经陈寅恪推荐，刘节通过评审，成为第一届获得资助的科学工作人员，[4] 分配在人文科学组"考古及艺术史门"，月薪 140 元，工作地点定在重庆中央大学。[5] 因此之故，刘节 1939 年日记之"绪言"在

---

1 《刘节日记》上册，第 96 页。案："吴子馨"，即吴其昌；"商锡永"，即商承祚。又案：本文引录时，标点略有调整。

2 据康兆庆《抗战时期管理中英庚款董事会科研资助研究》，山东大学历史文化学院博士学位论文，2016 年 5 月，详第 27、28、30、34、39、48、86 页。此由"中国知网"下载而得，网址：http://kns.cnki.net/kcms/detail/，下载日期：2017 年 1 月 30 日。

3 《抗战时期管理中英庚款董事会科研资助研究》，第 62 页。

4 《抗战时期管理中英庚款董事会科研资助研究》，第 92、99、108 页。案：刘节在日记里称作"庚款协助"人员、"庚款研究补助"人员或"中英庚款研究员"，详《刘节日记》上册，第 43、78、95 页。

5 《抗战时期管理中英庚款董事会科研资助研究》，第 47 页。案：吴金鼎经李济推荐，同样成功获得资助，与刘节同在人文科学组"考古及艺术史门"。又，刘节 1939 年 1 月 14 日日记："九点出门，访傅孟真，谈〈中〉英庚款会派我至中央大学工做事。据云非孟真之意，乃出（转下页）

谈及全年工作计划时才会特别提示自己："庚款会的报告及河南通志局的文章当尽三个月以内交去。"[1] 是年 2 月 3 日，刘节抵达重庆中央大学。[2] 3 月 1 日日记："上午接中英庚款会来信，催作两月来工作报告。"[3] 3 月 2 日再记："下午草庚款会报告书，其大要如下：……报告共正、副二份，正寄庚款会，副在中大史学系。今日已与朱希祖先生约好，明晚至朱先生房中，请教该题报告书内容，并请签字盖章。"[4]

　　再按：据刘节 1939 年日记，6 月 8 日前所作"七古二首"，应即《乌江渡头观战马渡江》（4 月 26 日写成，4 月 28 日、5 月 1 日、5 月 25 日等日不断修改）和《自堤坎入南泉》（5 月 27 日作）。师生间 6 月初的这次通信或已亡佚，从上引日记推测，此"七古二首"似曾寄呈陈寅恪求正，陈氏评语因而得以留存片段。刘节虽不以诗词名，但其日记中

（接上页）于杭立武氏；派至中大，大约为该处书籍多，并无其他原因。"见《刘节日记》上册，第 12 页。再案："中"，系《刘节日记》整理者增补之字；据洪光华 2017 年 3 月 24 日传示刘节日记手稿之图片，"工做"原为"工作"。

1　《刘节日记》上册，第 4 页。案：《刘节日记》此页之脚注，引用刘节"1952 年 3 月 24 日工作笔记中之自我检查"，自述其为中日庚款会续修《四库全书》作提要之往事。此注实属张冠李戴，错将中英庚款会当成中日庚款会。

2　《刘节日记》上册，第 25 页。

3　《刘节日记》上册，第 41 页。

4　《刘节日记》上册，第 42 页。案：朱希祖，时为重庆中央大学历史系主任。

多有研读佳作、创制新篇、切磋诗艺、唱和诗词之记载，且
屡有一己之得散见多处。此前十数日（5月28日），刘节自
述振兴诗道之志愿，涉及陈寅恪之父陈三立（字伯严，号散
原，清末民初"同光体"诗派代表人物之一），或可为研究
刘节诗艺者提供参考，故抄录于后：

> 余近日多为七言古诗，往后将致力于五古，自此以
> 后，则从事于近体，更前则尽康庄大道矣。余于诗道将
> 努力不倦，散原以后，此道无人，小子何多让焉。[1]

6月12日（重庆）：
> 顾颉刚约余至云南大学教书，余尚迟疑不能决，当
> 函寅恪师商之。[2]

求会谨按：6月14日，吴宓有诗《陈寅恪兄赴牛津讲学
行有日矣赋诗叙别》；6月21日（阴历己卯年五月初五日），
吴宓设宴为陈寅恪饯行，复有诗纪——《己卯端阳（昆明海
棠春）饯别陈寅恪兄赴英讲学》。[3]

1　《刘节日记》上册，第90页。
2　《刘节日记》上册，第98页。
3　吴宓二诗，详吴宓著、吴学昭整理《吴宓诗集》，商务印书馆2004年版，
　　第349—350页。

　　再按：是年秋至 1940 年春，刘节曾在浙江大学（广西宜山）短暂执教。1940 年 2 月，刘节请托陈寅恪老师再次争取中英庚款协助，又问及金陵大学与云南大学之去取。陈寅恪 3 月 12 日复函略云："前月得来函，即与孟真商量后，知今年庚款协助非于去年十二月十五日前申请不可，且已审查讫，更难设法。弟曾与当局商量，与此次兄事类似者别有他例，亦格滞难了，故英庚款协助事，暂时必不易也。金陵大学环境似较好，姑得其复书再酌。将来云南大学若有机缘，似亦可设法。但据云大友人言，待遇尚可而别有难处之事，纷纷求去，则又不知其内容实情究如何？总之，先俟金大回音，然后别图可也。"[1] 7 月 26 日陈寅恪致傅斯年函仍涉及争取庚款协助事："刘节君来函言英庚款事，兄言可由弟介绍；如果可，则乞径书弟名介绍可矣。"[2]

1　陈寅恪《致刘节（一）》，见陈寅恪著、陈美延编《陈寅恪集·书信集》，生活·读书·新知三联书店 2015 年版，第 224—225 页。案：刘节 1940 年 3 月 10 日曾致函金陵大学中国文化研究所所长李小缘、教授商承祚："日前得昆明方面消息，知贵校文化研究所正在延揽人才，力图发展，寅恪师即以贱名奉达左右，私以为喜。弟书生习气，不通世故，开罪于浙大当局，故未敢妄有希冀。顷得大札，不以弟愚钝，愿引为同列，曷胜欢忭！"至 4 月 12 日，顾颉刚于日记中记载刘节、李小缘、商承祚一同来访，可证刘节此时已到金陵大学中国文化研究所履职。详张求会、洪光华《刘节与李小缘等往来信函释读》，载《古今论衡》第 35 期（2020 年 12 月出版）。

2　陈寅恪《致傅斯年（四十）》，见《陈寅恪集·书信集》，第 67 页。

1941 年

7 月 29 日（重庆）：

接尹石公、蒋秉南及教育部吴司长函。[1]

求会谨按：蒋天枢（字秉南）1927 年考入清华，成为国学研究院第三届学生，故与刘节有同门之谊。毕业后，曾执教于辽宁省第三高级中学、河南省开封高级中学，后调入东北大学（开封），1938 年随校迁至四川省三台县。蒋天枢、蓝文徵（字孟博）、姜亮夫（又作姜亮甫）等教授作为东大首批入川人员，奔波数日后，始于 1938 年 3 月 6 日到达三台。[2] 刘节 1941 年 7 月 5 日日记："今日接姜亮甫兄电，约至东北大学教书，即以快信辞谢。"[3] 同月 17 日："作函复姜亮甫。"[4] 25 日："接蓝孟博兄函，即复一书。"[5] 26 日："接高晋生兄函，即复一信。"[6] 颇疑蓝、高、蒋诸人（与刘、姜同为清华故人）仍在努力为东北大学延揽刘节。

再按："吴司长"，即吴俊升，字士选，教育部高等教育司

---

1 《刘节日记》上册，第 231 页。

2 据朱浩熙著《蒋天枢传》，作家出版社 2002 年版，第 1、3、39、45—47、58—59、65 页。

3 《刘节日记》上册，第 226 页。

4 《刘节日记》上册，第 228 页。

5 《刘节日记》上册，第 230 页。

6 《刘节日记》上册，第 230 页。案："高晋生"，即高亨，时与蒋天枢同为东北大学国文系教授。据《蒋天枢传》，第 72 页。

司长。[1] 刘节在日记中数次误写为"吴士献"，[2] 当系音近而致。

　　7 月 30 日（重庆）：

　　上午作函复蒋秉南、尹石公。[3]

　　8 月 14 日（重庆）：

　　上午作函复蒋秉南。[4]

　　8 月 15 日（重庆）：

　　作函复蒋秉南、姜亮甫二兄。[5]

1945 年

　　5 月 7 日（重庆）：

　　接正中书局及蒋秉南二函。[6]

---

1 《竺可桢全集》第 8 卷，上海科技教育出版社 2005 年版，"附录一　第 8 卷人名简释表"，第 756 页。又，刘节 1941 年 3 月 31 日日记："至教育部晤吴士献司长，领来本月份生活费一百元。"（《刘节日记》上册，第 211 页）恰在同日，竺可桢也曾与吴见面："至教育部遇胡彦久、蒋志澄、郝更生，并晤吴士选，据云龙泉分校二年级势在必办，无论浙省是否出经费。"（《竺可桢全集》第 8 卷，第 48 页）可参阅。
2 《刘节日记》上册，第 211、216、217 等页。
3 《刘节日记》上册，第 231 页。
4 《刘节日记》上册，第 234 页。
5 《刘节日记》上册，第 234 页。
6 《刘节日记》上册，第 245 页。

求会谨按：前此，蒋天枢已于 1943 年秋自东北大学转至复旦大学（重庆北碚）任教。[1]

5 月 10 日（重庆）：
作函复蒋秉南。[2]

7 月 26 日（重庆）：
作函寄王了一、姜亮甫、蒋秉南。[3]
求会谨按："王了一"，详后。

8 月 24 日（重庆）：
接蒋秉南函。[4]

9 月 14 日（重庆）：
下午作函寄陈寅恪师及司徒雷登先生。[5]
求会谨按：恰在同一日，陈寅恪由学生刘适（石泉）陪送，自成都飞往昆明；21 日，复由邵循正、孙毓棠等人陪同

1 《蒋天枢传》，第 86 页。
2 《刘节日记》上册，第 245 页。
3 《刘节日记》上册，第 257 页。
4 《刘节日记》上册，第 261 页。
5 《刘节日记》上册，第 263 页。

飞往印度，再转英国疗治目疾。[1]

再按：刘节是年 9 月 13 日日记："上午进城访司徒雷登，不遇。"[2] 据吴宓日记可知，司徒雷登（时为燕京大学校务长）当天上午"由渝来蓉"，15 日晨离蓉赴渝。[3]

1952 年

1 月 30 日（广州，下同）：[4]

上午到岭南大学访陈寅恪师及王了一太太，挈清之、穗孙、颐曾同行。下午返石牌。[5]

求会谨按：时在全国高校院系调整之前，刘节任教于中山大学，住宅区在广州珠江北岸之石牌；陈寅恪仍在岭南大学，住珠江南岸之康乐村。"王了一"，即王力，与刘节数度同学，时任岭南大学文学院院长；夫人夏蔚霞。"清之"，刘节妻钱澄，与陈寅恪夫人唐篔"关系很好"，陈寅恪的女儿

---

1 卞僧慧纂、卞学洛整理《陈寅恪先生年谱长编（初稿）》，中华书局 2010 年版，第 231–232 页。

2 《刘节日记》上册，第 263 页。

3 吴宓著、吴学昭整理注释《吴宓日记》第 9 册，生活·读书·新知三联书店 1999 年版，第 505–506 页。

4 以下所引刘节日记，除另行标明（北京一次、英德两次）外，其余皆作于广州。

5 《刘节日记》上册，第 265 页。

们"亲切地呼为'钱三姐'"。[1] "穗孙",刘节之女。"颐曾",刘节幼子。[2]

再按:1952 年 1 月 30 日为阴历壬辰年正月初四。据陈家女儿们回忆,"文革"前,刘节"夫妇二人每年必来贺岁"。[3] 又,"据说,这位已负盛名,并已过知天命之年的教授,逢年过节到陈宅看望老师,不仅执弟子礼甚恭,而且正式行传统的叩头大礼,一丝不苟,旁若无人"。[4]

10 月 31 日:

上午进城访曾纪经、梁钊韬、朱杰勤。即至岭南报到。中午在王了一家午饭。又走谒陈寅恪师。[5]

11 月 3 日:

向中大住宅区同人辞行。……下午二时离石牌住宅,在此整整住六年。三时十分到康乐村西南区六十一号住宅。蒋相泽同志带历史系同学来搬行李。姜立夫、梁方

1 《缅怀刘节先生》。
2 刘节、钱澄夫妇共有四子一女——显曾、颂曾、顺曾、颐曾、穗孙,此承洪光华 2022 年 3 月 1 日见告。
3 《缅怀刘节先生》。
4 陆键东著《陈寅恪的最后二十年(修订本)》,生活·读书·新知三联书店 2013 年版,第 233 页。
5 《刘节日记》上册,第 306 页。

仲、王了一、容希白、陈寅恪师母先后来访。[1]

求会谨按：1952 年高校院系调整，"岭南大学名义取消，原中山大学迁入岭南大学校舍，而原中大校舍则让与师范学院"。[2] 梁方仲，1949 年 2 月应聘到岭南大学经济商学系任教授；[3] 岭大撤销后，于 1953 年下半年留转中大历史系，与陈寅恪、刘节等共事。[4] 刘节、梁方仲相知甚笃，二人"最大的相似之处"在于"他们同是与陈寅恪关系最密切、情感最有共鸣的人"。[5]

11 月 5 日：

系务工作小组由予召集在招待所开第一次会，即与蒋相泽、陈锡祺同访寅恪师，又同访陈华、戴裔煊。[6]

求会谨按：1950 年至 1954 年，刘节兼任中山大学历史系主任。[7]

---

1 《刘节日记》上册，第 306-307 页。案："容希白"，即容庚。
2 蒋天枢撰《陈寅恪先生编年事辑（增订本）》，上海古籍出版社 1997 年版，第 154 页。
3 梁承邺著《无悔是书生：父亲梁方仲实录》，中华书局 2016 年版，第 186 页。
4 《无悔是书生：父亲梁方仲实录》，第 212-213 页。
5 《陈寅恪的最后二十年（修订本）》，第 218 页。案：梁方仲在中山大学与陈寅恪之交往，可参阅《无悔是书生：父亲梁方仲实录》，第 217-227 页。
6 《刘节日记》上册，第 307 页。
7 据陈其泰《刘节先生日记序》，见《刘节日记》上册，序言，第 1 页。

11 月 17 日：

傍晚与詹祝南、王季思同访陈寅恪师。[1]

求会谨按："詹祝南"即詹安泰，"王季思"即王起，同为中山大学中文系教授。1954 年后，王起与陈寅恪上下为邻（同住东南区一号，王家住一楼，陈家住二楼）。[2] "1957 年之前，陈、王两人偶尔有诗词唱和，之后则极少交往。王季思比喻为'鸡犬之声可闻，而老死不相往来'。"[3]

11 月 21 日：

傍晚访陈寅恪师一谈。[4]

---

1 《刘节日记》上册，第 309 页。

2 王则柯（王起之子）《与陈寅恪先生做邻居》（原题《闲居麻金墨屋》）略云：1954 年秋，"我们家从原来的西南区十一号楼上迁入东南区一号的楼下，与陈寅恪先生一家上下为邻，前后差不多有十五年时间，直到'大革文化命'期间相继被逼迁出去"。王文 2017 年 2 月 10 日首发于"澎湃新闻·上海书评"（http://www.thepaper.cn/newsDetail_forward_1612756）。

3 《陈寅恪的最后二十年（修订本）》，第 63 页。案：古典文学出版社 1958年 4 月 21 日致陈寅恪函有云："本社久拟印行先生旧著，曾两度函浼王季思先生面请俞允。顷获王先生来函，藉悉先生已在着手整理，无任欣慰。"（高克勤《陈寅恪先生致古典文学出版社／中华书局上海编辑所书信辑注》，载高著《拙斋书话》，上海辞书出版社 2016 年版，第 69 页）据此可知，直至 1958 年，陈、王二人仍有一定程度的往来。

4 《刘节日记》上册，第 309 页。

11 月 28 日：

下午与陈锡祺、蒋相泽同访本系各同学及陈寅恪师。[1]

12 月 13 日：

下午中国史教研组开会。会散与戴裔煊、朱杰勤、丘陶常同访陈寅恪师。[2]

1953 年

1 月 1 日：

早起天晴团拜。上午访陈寅恪师。至文物馆值班。[3]

2 月 6 日：

下午访王了一兄坐谈。即访陈寅恪师。[4]

2 月 7 日：

作函复南方日报馆及钟道铭。[5]

1　《刘节日记》上册，第 310 页。
2　《刘节日记》上册，第 312 页。
3　《刘节日记》上册，第 316 页。
4　《刘节日记》上册，第 321–322 页。
5　《刘节日记》上册，第 322 页。

2月9日:

南方日报社及钟道铭函发出。[1]

求会谨按:钟道铭(1908—1954),字新甫,安徽和县人,1930年毕业于清华大学历史系,1937年获英国伦敦大学历史学博士学位,归国后在重庆中央大学、西南联大等校任教,亦曾在中央研究院工作,1947年后辗转任职于国内多所高校,1953年秋"从河南大学借调到安徽大学任教",旋于1954年1月29日因病去世。[2]

1952年,钟道铭曾请托于陈寅恪,拟由河南大学调入中山大学,陈寅恪该年12月29日曾为此致函刘节:"弟两接钟道铭兄自开封河南大学来函,欲移调中大授西洋史。弟已与了一兄谈及此事,渠意河大既决改专科师范,而河南在中南大行政区内,自可由中南教育部决定。弟已函复道铭,请其自行向中南教部申述理由,请改调中大,以此事须由组织决定故也。道铭函言:因思想改造后血压大高188度,卧病在家云云,并以附闻。"[3]刘节1953年2月6日与王力、陈寅恪晤谈,2月7日致函钟道铭,自当皆与钟道铭谋求移调事有关。

1 《刘节日记》上册,第322页。

2 艾文、王耀恕《史学博士钟道铭》,载方兆本主编《安徽文史资料全书·巢湖卷》,安徽人民出版社2007年版,第1684–1685页。

3 陈寅恪《致刘节(三)》,见《陈寅恪集·书信集》,第227–228页。

2月14日：

上午与文史两系同人至许、陈、冯三位校长及王教务长处贺年，又至陈寅恪师、王了一兄、丁文治兄、岑家梧兄、梁钊韬兄处坐谈。……今日旧历元旦。[1]

求会谨按："许、陈、冯三位校长"，许崇清、陈序经、冯乃超；"王教务长"，王越。

3月8日：

下午陈寅恪太太来访。[2]

3月30日：

下午冯副校长来访。晚预备功课。今日访陈寅恪师，坐谈甚久。[3]

求会谨按：此前数日（3月27日），刘节"作函向学校辞系主任职"，[4] 本日冯乃超副校长来访，4月1日下午"三位校长约邀茶会"，[5] 或皆与此有关。其后，刘节履职依旧。

---

1 《刘节日记》上册，第 323 页。
2 《刘节日记》上册，第 326 页。
3 《刘节日记》上册，第 330 页。
4 《刘节日记》上册，第 329 页。
5 《刘节日记》上册，第 330 页。

至 1954 年 2 月 18 日，再次"向学校辞系务"；[1] 然 4 月 20 日、21 日仍在起草"本系发展计划"，23 日复"召开观摩教学座谈会小组会议"。[2] 1954 年 4 月 25 日至 1955 年 12 月 31 日刘节日记久已缺失，故暂不知晓刘节何时正式卸任。[3]

4 月 12 日：

下午访陈寅恪师及朱杰勤一谈。[4]

1954 年

2 月 3 日：

早起与清之同出拜年，至古文捷、姜立夫、陈寅恪、周其勋、冼玉清、王德辉、陈序经、连珍、吴印禅、许崇清、王力、王越、冯乃超、曾旭果、谭彼岸等处拜年。[5]

---

1 《刘节日记》上册，第 352 页。
2 《刘节日记》上册，第 361 页。
3 钟显华《刘节学术年表》推测其辞去历史系主任之职应在 1955 年，详杨瑞津编《刘景晨刘节纪念集》，香港出版社 2002 年版，第 236、237、252 页。
4 《刘节日记》上册，第 332 页。
5 《刘节日记》上册，第 349 页。

4 月 6 日：

上午准备功课。又走访陈寅恪师及黄萱。[1]

求会谨按：黄萱之夫周寿恺，曾任岭南大学医学院院长，与陈寅恪、唐篔夫妇熟稔。[2] 1952 年，因院系调整，"陈寅恪一家搬到周寿恺家的楼上，也即东南区一号二楼"，成为邻居。[3] 同年 11 月 22 日，"中山大学聘任黄萱为陈寅恪的兼任助教"。[4] "1954 年夏，已任华南医学院副院长的周寿恺，要搬到市区竹丝村的宿舍"，黄萱克服困难，每天搭乘公共汽车往返于市区与中大之间，继续助教之职。[5] "1955 年 9 月 15 日，由陈寅恪提出，陈序经亲自承办，中山大学正式聘任黄萱为陈寅恪教授的专任助教。"[6] 直至 1966 年 7 月，"黄萱被历史系召回参加运动"，"从此不能到陈宅工作"。[7]

---

1 《刘节日记》上册，第 359 页。

2 据《陈寅恪的最后二十年（修订本）》，第 57 页。

3 《陈寅恪的最后二十年（修订本）》，第 61 页。案：陆著称此次搬家在"1953 年夏"，有误。陈寅恪 1952 年 12 月 4 日致陈君葆函有云："弟等因院系调整关系，自动让出前住之三层楼房，而迁入东南区一层二楼，只一层楼，比较紧凑。"（见谢荣滚主编《陈君葆书信集》，广东人民出版社 2008 年版，第 42—43 页）可见搬迁之举此前已经完成。蒋天枢《陈寅恪先生编年事辑（增订本）》将此次迁居系于 1952 年夏，可从。（详蒋著，第 154 页）

4 《陈寅恪的最后二十年（修订本）》，第 61 页。

5 《陈寅恪的最后二十年（修订本）》，第 63—64 页。

6 《陈寅恪的最后二十年（修订本）》，第 64 页。

7 《陈寅恪的最后二十年（修订本）》，第 451、436 页。

1956 年

1 月 1 日：

下午龙潜、连珍来访。少顷余走访梁方仲、董每戡、龙副校长、许校长、陈寅恪师、姜立夫、陈序经诸家。[1]

求会谨按："龙副校长"，即龙潜。

1 月 14 日：

上午访梁方仲，约在愉园共饯吴晗、陆侃如、陈守一赴印度。下午吴晗来谈，与访陈寅老，在座者梁方仲、金应熙。晚赴印度代表团约，至爱群十一楼，看游艺会。[2]

求会谨按：据吴定宇披露，"中山大学档案馆存有一份1957 年填写的关于陈寅恪的'中山大学教学人员工资调整情况调查表'。……在'政治态度'一栏中填的是：'忠于祖国。对历史科学问题能积极提意见。如去年吴晗访印，陈曾提出将玄奘法师骨灰送给印度，对中印文化关系有所改进。'"[3]

1　《刘节日记》上册，第 362 页。
2　《刘节日记》上册，第 364 页。案：录入本文，标点略有调整。
3　吴定宇著《守望：陈寅恪往事》，中国社会科学出版社 2014 年版，第274 页。

1 月 29 日：

上午访陈寅老谈话。[1]

2 月 12 日：

十时出席全校团拜会。……余访候陈寅老、姜立老

及周达仁三家。[2]

2 月 14 日：

早起陈寅恪夫人来访。[3]

4 月 15 日：

上午访陈寅恪师谈话。[4]

5 月 24 日：

中午黄萱在此午饭。陈寅恪太太挈其女婿夫妇来访。[5]

求会谨按：此陈寅恪"女婿夫妇"，应指陈氏次女陈小

彭及其夫婿林启汉（详后）。

---

1 《刘节日记》上册，第 366 页。

2 《刘节日记》上册，第 369 页。

3 《刘节日记》上册，第 369 页。

4 《刘节日记》上册，第 377 页。

5 《刘节日记》上册，第 382 页。

6月16日：

下午访陈寅老一谈。[1]

6月28日：

下午访寅老一谈。[2]

求会谨按：次日（6月29日），刘节与王起、朱杰勤等中山大学教授前往北京，"开审订教学大纲会议"；[3] 7月1日抵京；[4] 7月20日，返至广州；[5] 次日，即往访"陈寅老"（详后）。

7月15日（北京）：

起身时已六点，即乘车访蒋秉南于鼓楼东大街，与同出至中央公园早餐。餐后同访侯芸圻、刘盼遂。[6]

求会谨按：据《蒋天枢传》，蒋氏此次到京，是专程将陈寅恪《金明馆丛稿初编》书稿"送交古典文学出版社（今

1　《刘节日记》上册，第385页。
2　《刘节日记》上册，第387页。
3　《刘节日记》上册，第387页。案：高教部在京主持召开综合大学语言文学、历史两个专业18种（教材）教学大纲审订会，中山大学赴会者11人，其中历史系7人。详《无悔是书生：父亲梁方仲实录》，第229–230页。
4　《刘节日记》上册，第387页。
5　《刘节日记》上册，第391页。
6　《刘节日记》上册，第390页。

中华书局前身）编辑陈向平先生"。[1] 该传误将蒋氏赴京时间系于"1956年8月"，笔者曾撰文予以辨析，[2] 惜未及利用《刘节日记》，兹略予补述。此外，蒋天枢1956年7月赴京所送之书稿是否《金明馆丛稿初编》，仍可存疑。[3]

　　7月21日：

　　下午访陈寅老，坐谈久之。[4]

1　《蒋天枢传》，第151页。案：据上海古籍出版社张旭东编辑提示，此处"古典文学出版社（今中华书局前身）"表述有误。经查阅高克勤《陈寅恪先生致古典文学出版社／中华书局上海编辑所书信辑注》一文，古典文学出版社1956年11月成立于上海，1958年6月与中华书局上海办事处合并成立中华书局上海编辑所，习称"中华上编"，复于1978年1月与上海人民出版社古籍编辑室整合为上海古籍出版社。陈向平先为古典文学出版社副社长，后任中华上编副总编辑。1959年7月，陈向平曾在广州拜访陈寅恪，向其赠送中华上编1957年12月新出之线装《古本董解元西厢记》，并了解陈寅恪《金明馆丛稿初编》之整理情况。详高著《拙斋书话》，第60、62、72、73页。

2　张求会《有这样一本〈寒柳堂集〉》，原载《收藏·拍卖》2006年第3期，收入张著《陈寅恪丛考》，浙江大学出版社2012年版，第33—44页。

3　1958年9月6日，陈寅恪致函中华书局上海编辑所，称"拙著拟名为'金明馆丛稿初编'，若无特别事故，大约可在1959年2月以后8月以前交稿"。其后因患病等多种缘由，延至1963年3月，"终于将整理好的《金明馆丛稿初编》寄给中华上编，内收文章二十篇"。1980年8月，始由上海古籍出版社将其作为《陈寅恪文集》之二，正式出版。详高克勤《陈寅恪先生致古典文学出版社／中华书局上海编辑所书信辑注》以及《〈陈寅恪文集〉出版述略》，见《拙斋书话》，第70—79、3—9页。

4　《刘节日记》上册，第391页。

8月23日：

五时至陈寅老处小坐。[1]

9月30日：

中午史学会在大同酒家欢送杨荣国至德国。下午返校。访寅老，坐谈久之。[2]

求会谨按：杨荣国，1953年由湖南大学调入中山大学。"一年后，杨荣国'反客为主'取代刘节成为中山大学历史系主任。"[3]

11月12日：

走访陈寅老。[4]

12月14日：

今日走访陈寅老。[5]

1 《刘节日记》上册，第 395 页。
2 《刘节日记》上册，第 401 页。
3 《陈寅恪的最后二十年（修订本）》，第 122 页。
4 《刘节日记》上册，第 407 页。
5 《刘节日记》上册，第 411 页。

1957 年

1 月 1 日：

早起团拜，与清之同至梁医生、陈寅老各处拜年。[1]

求会谨按："梁医生"，即"中山大学卫生保健室主任"梁绮诚，[2] 历史系教师钟一均之夫人。[3]

1 月 14 日：

晚，余与清之访陈寅老夫妇。[4]

求会谨按：是年 1 月 7 日至 16 日，杭州大学中文系教授夏承焘、张仲浦应邀出席中山大学科学研究第三次讨论会，与王起、刘节、陈寂、黄海章、詹安泰、董每戡、冼玉清、容庚、商衍鎏、商承祚、梁方仲、岑仲勉等均有晤谈。

夏承焘同月 9 日日记："八时半与季思、仲浦访陈寅恪

1　《刘节日记》上册，第 414 页。
2　陈寅恪《致梁绮诚》所附受信人简介，见《陈寅恪集·书信集》，第 285 页。又，刘节 1973 年 8 月 14 日日记："上午梁绮诚、季佩杰来看病。"见《刘节日记》下册，第 803 页。
3　刘节 1957 年 1 月 9 日日记："晚，钟一均夫妇来访。"见《刘节日记》上册，第 415 页。又，钟一均 1970 年 2 月 25 日因心脏病暴卒于中山大学英德干校（《刘节日记》下册，第 651 页），梁绮诚为之哭诉："没想到自己当了一辈子医生，却无法救治眼前的亲人……"见吴国钦《中山大学干校杂忆》，载江惠生、黄伟宗主编《英州夜话——知名文化人在英德"五七干校"的日子》，花城出版社 1999 年版，第 294 页。
4　《刘节日记》上册，第 416 页。

先生，唐晓莹夫人出应门。与寅恪先生二十年前通数函，彼尚记忆历历。谈近治柳如是遗事甚详，予告高野侯家有原印本柳与汪然明尺牍，寅公大喜，属予必为代求。"14 日日记："晓枕成一诗赠寅恪先生，今日承其写示一诗。"16 日日记："晨过子植，写诗赠寅恪先生。与子植入城，过师范学院附中，访岑仲勉先生，七十三岁，尚甚康健，以《唐集质疑》一册为赠。归途遇刘仲博夫妇，子植介弟也。午饭季思家。季思谓寅恪先生甚爱予赠诗，属写一直幅付装潢。午后上楼辞行，值其午饭，立谈数语即别。"17 日日记："八时余过株洲，见冰花满树。作《水调歌头》一章，别寅恪诸公。"22日日记："发季思函，附一笺与寅恪先生，告柳如是尺牍高家借与北京沈蔚文（衡山之弟），并寄《水调歌头》词。"[1]

1 月 21 日：

晚，访端木正夫妇，坐谈一刻，又访林启汉夫妇，未遇，共至陈寅老处坐谈久之。[2]

---

1 夏承焘著、吴蓓主编《夏承焘全集·夏承焘日记全编》第九册，浙江古籍出版社 2021 年版，第 5386、5387、5388、5391 页。案：陈氏"写示"之诗、夏氏之"赠诗"，究为何篇，迄难定论，可参阅胡文辉"陈寅恪诗笺释"之《马克思主义的"格义"》一则，详胡著《陈寅恪诗笺释（增订本）》下册，第 853—862 页。

2 《刘节日记》上册，第 417 页。

1 月 31 日：

与清之至陈寅老处拜年，又至王季思夫妇处一坐。[1]

2 月 1 日：

中午杨鸿烈、万家淑夫妇率二子来访，在此午饭。下午同访陈寅老少坐。陈老夫人来访。[2]

2 月 19 日：

下午至文娱剧场取戏票。返校。……晚，看《霍小玉传奇》，陈寅老亦在座。[3]

3 月 1 日：

今日购来《玉堂春》戏票十张。[4]

3 月 2 日：

晚，同许校长夫妇、陈寅老夫妇、张仲新夫妇、仲博夫妇看京剧《玉堂春》。[5]

---

1 《刘节日记》上册，第 419 页。
2 《刘节日记》上册，第 419 页。
3 《刘节日记》上册，第 421 页。
4 《刘节日记》上册，第 422 页。
5 《刘节日记》上册，第 423 页。

　　求会谨按："1957 年 3 月的一个晚上"，陈寅恪夫妇"乘上学校的小汽车"，"兴冲冲进城前往东乐戏院观看广州京剧团的演出"。"一个星期后，在学校工会戏剧小组的穿针引线下"，"京剧团的名角来到中山大学与一群教授联欢，躬逢盛会的陈寅恪兴奋难平，赋诗三首"。[1] 三诗即《丁酉上巳前二日广州京剧团及票友来校清唱即赋三绝句》。[2] 东乐戏院所观之剧未必即《玉堂春》，然事属同类，故附记于此，略备管窥之用。又，据文意，此次似由刘节购票邀请陈寅恪等人看戏——五对夫妇（含刘节、钱澄），正好十张票。现特予标出，以待查验。

　　再按："仲博"，即刘节之弟刘约（1904—1959），"早年曾在北京外交部俄文法政专门学校学习俄文，解放初期经刘节介绍调到中山大学任教，1958 年因'历史问题交代不清'被送去劳改，一年后郁郁中患了水肿病去世"。[3]

1　《陈寅恪的最后二十年（修订本）》，第 177、184 页。

2　详《陈寅恪集·诗集（附唐篔诗存）》，第 124-125 页。案："丁酉上巳前二日"，值阳历 1957 年 3 月 31 日。

3　方韶毅《刘景晨和他的儿女们》，载 2014 年 4 月 11 日《温州商报》。2022 年 4 月 13 日再案：刘约生卒年，方文原作"（1903—1959）"，此据洪光华整理《刘约抗战时期家书一组》（载卢礼阳主编《温州历史文献集刊》第 6 辑，黄山书社 2022 年版，第 349 页）校订。2022 年 7 月 31 日补案：刘约生平，另详洪光华《我的二舅》（《二舅刘约》），见"洪光华的杂文"微信公众号，2022 年 7 月 31 日 18:30 推出。

5 月 12 日：

上午访陈寅老一谈。下午到古籍书店购物。晚看江西戏《梁祝姻缘》。[1]

求会谨按："1957 年 4 月，江西赣剧团到广州演出，期间专程赴中山大学演出《牡丹对药》《梁山伯与祝英台》等剧目。祖籍为江西修水人氏的陈寅恪，欣然前往礼堂聆听乡音。"[2] 陈寅恪随后有《丁酉首夏赣剧团来校演唱牡丹对药梁祝因缘戏题一诗》，句中自注："年来颇喜小说戏曲。"[3] 故蒋天枢云：丁酉年前后，"先生喜听京剧、昆曲等，藉抒思古之幽怀，如遇京中名角来穗，时驱车市内欣赏之"。[4] 陈诗之古典今情，可参胡文辉所作笺释。[5]

再按：江西景德镇人余懋盛，曾在中山大学中文系师从董每戡、王起学习戏曲，毕业后分配至湖南郴州专区湘昆剧团担任编剧，在一篇回忆董每戡的文章里提到过这次演出：

---

1 《刘节日记》上册，第 431 页。2022 年 4 月 13 日补案：梁方仲当晚也前往观剧："夜 雨。看梁山伯祝英台赣剧。"见梁方仲著，梁承邺、李龙潜、黄启臣、刘志伟整理《梁方仲遗稿·案头日历记事》，广东人民出版社 2019 年版，第 17 页。

2 《陈寅恪的最后二十年（修订本）》，第 188 页。

3 《陈寅恪集·诗集（附唐篔诗存）》，第 126 页。

4 《陈寅恪先生编年事辑（增订本）》，第 164 页。

5 《陈寅恪诗笺释（增订本）》下册，第 877–882 页。

　　一九五七年春末，时任江西省赣剧团团长的流沙老相识率团到广州演出，我和他初次在外地见面，家乡剧团来穗演出，我自然非常高兴。蒙他看得起，要请我帮忙宣传赣剧，为了赣剧在广州的顺利演出，我特地写了篇介绍赣剧的小文，并由董先生推荐给《广州日报》上发表了。我又代表流沙团长去游说江西老乡史学界大师陈寅恪教授、中文系的戏剧权威王起系主任和董每戡教授，终于促成了赣剧团到中大校园演出了一场《梁祝姻缘》，完成了老友所托。因为中大的小礼堂舞台太小，演不了大戏，最后还是借了近邻荣军学校的礼堂来演出。赣剧《梁祝姻缘》一剧，梁山伯由童庆祁饰，祝英台由潘凤霞主演，唱腔以轻盈优美的文南词谱就，即江南流行的滩簧音乐。童、潘的表演雅致脱俗，载歌载舞，美不胜收！与越剧《梁山伯与祝英台》有异曲同工之妙。赣剧团在中大的首次演出，获得了巨大成功，陈寅恪、詹安泰、容庚、王季思、董每戡等许多教授学者不仅出席观赏，还争相和诗以示赞美。好像在《南方日报》上还曾专版发表了先生们的和诗。[1]

1　余懋盛《患难师生情——忆董师每戡先生》，载方韶毅主编《瓯风》第9集，中国文史出版社2015年版，第62—63页。案：陈寅恪、董每戡诗先后刊载于1957年6月18日《南方日报》、6月29日香港《文汇（转下页）

6月28日：

傍晚访陈寅老，寅老夫妇皆有病。[1]

7月25日：

今日寅恪夫人来访。[2]

8月4日：

下午陈寅老夫人来访。[3]

8月8日：

今日余生日。下午访陈寅老一谈。[4]

（接上页）报》，详陆键东著《陈寅恪的最后二十年（修订本）》，第 188、195-196 页；陆键东著《历史的忧伤：董每戡的最后二十四年（1956—1980）》，香港中和出版有限公司 2017 年版，第 59 页。又案：1957 年 6 月 18 日《南方日报》第 3 版共刊载了五首诗，依次为：陈寅恪《丁酉首夏，赣剧团来校演唱牡丹对药、梁祝姻缘，戏题一诗》、董每戡《奉和陈寅老原韵，兼赠赣剧团诸同志，并坚后约》、詹安泰《寅老见示戏题赣剧团演唱牡丹对药、梁祝姻缘之作，次韵奉答》、陈寂《寅老以近诗见示，予方拟为秦陇之行，依韵写心，谬附大雅》、王季思《奉和陈寅老赣剧团来校演唱牡丹对药、梁祝姻缘戏。时潮剧团在京公演"苏六娘"并寄》。

1 《刘节日记》上册，第 437 页。
2 《刘节日记》上册，第 440 页。
3 《刘节日记》上册，第 441 页。
4 《刘节日记》上册，第 442 页。

9 月 21 日：

晚与陈寅老同看《彩楼记》，即从元杂剧《吕蒙正风雪破窑记》本事而出。[1]

9 月 29 日：

晚同陈寅老夫妇及清之、显曾、颂曾看《风筝误》。[2]

10 月 5 日：

晚同陈寅老看《玉堂春》。[3]

求会谨按：陈寅恪对京剧《玉堂春》似情有独钟，次年 8 月 14 日（阴历戊戌年六月二十九日）又曾往观一次，[4] 且纪之以诗《戊戌六月廿九夕听南昌市京剧团李今芳演玉堂春戏题三绝句》，今存二首。[5]

---

1 《刘节日记》上册，第 447 页。

2 《刘节日记》上册，第 448 页。案："显曾、颂曾"，分别为刘节长子、次子。

3 《刘节日记》上册，第 449 页。

4 刘节 1958 年 8 月 14 日日记："上下午都在家抄思想总结及红专计划。今日有学生罗晃潮来访。"（《刘节日记》上册，第 489 页）据此，当日似未陪侍陈老师听戏。

5 详张晖《新发现的陈寅恪给龙榆生诗函》，载 2013 年 1 月 23 日《南方都市报》。案：蒋天枢所录陈寅恪戊戌年（1958）佚诗诗题，其一为《戊戌六月廿九日听南昌市剧团李今芳演玉堂春戏题三绝句》，与此微异，见《陈寅恪先生编年事辑（增订本）》，第 166 页。2022 年 4 月 13 日补案：张晖一文，后改以《忍寒庐所藏师友书札之一：陈寅恪的佚诗（转下页）

10 月 17 日：

访陈寅老、王季思一谈。[1]

11 月 9 日：

陈寅老夫人来访。[2]

12 月 25 日：

晚同陈寅老看《秦香莲》。[3]

　　求会谨按：陈寅恪本年有诗《丁酉春日听唱西厢记戏题一绝》《听刘映华张淑云演唱穆桂英剧戏题（三绝）》《听演清宫怨感赋一律》《听新谷莺演秦香莲京剧》《丁酉小雪后六日晓莹以微病未能偕往市区听新谷莺演王宝钏意有不乐赋此慰之》等，仅存题。[4]

　　（接上页）与佚函》为题，收入张晖著、张霖编《朝歌集》（浙江大学出版社 2014 年版，第 61-71 页），陈氏佚诗题作《戊戌六月廿九日听南昌市京剧团李今芳演玉堂春戏题三绝句即希哂正》。

1　《刘节日记》上册，第 451 页。
2　《刘节日记》上册，第 454 页。
3　《刘节日记》上册，第 459 页。
4　《陈寅恪诗笺释（增订本）》下册，第 916-917 页。案：刘映华、张淑云、新谷莺，皆为广州京剧团演员；"丁酉小雪"，阳历 1957 年 11 月 22 日。

1958 年

1 月 1 日：

访陈寅老一谈。[1]

3 月 15 日：

今日走访陈寅老。[2]

求会谨按：本年，刘节"一家六人返乡省亲"，2 月 13 日自广州出发，在浙江温州度岁后，2 月 26 日返至中山大学。[3]

7 月 6 日：

上午系会毕看大字报。下午金应熙来访，与同访陈寅老，坐谈久之。[4]

求会谨按：同年 10 月，"广东的理论刊物《理论与实践》登出了金应熙撰写的一篇接近一万字的论文：《批判陈寅恪先生的唯心主义和形而上学的史学方法》"。"在 1958 年的众多批判文章中，这是唯一一篇从人生背景揭批陈寅恪的文

---

1 《刘节日记》上册，第 461 页。
2 《刘节日记》上册，第 470 页。
3 《刘节日记》上册，第 466-468 页。案：刘节之父刘景晨 1957 年在温州被划为"右派"，免去市政协副主席一职，故刘节携全家回乡探视。详《刘景晨刘节纪念集》，第 140-141、238-239 页。
4 《刘节日记》上册，第 484 页。

章。"[1] 时金应熙担任中山大学历史系副主任，1962 年"正式
开为历史系主任"。[2]

7 月 13 日：

上午休息，访陈寅老一谈。下午开大会，批评陈寅
老思想与学风。[3]

7 月 14 日：

上午批判陈寅老大会。[4]

7 月 20 日：

陈寅老夫人来访。[5]

8 月 27 日：

整日看自著《历史论》，准备作自我批评。下午访陈
寅老一谈。[6]

---

1 《陈寅恪的最后二十年（修订本）》，第 241–242 页。
2 《陈寅恪的最后二十年（修订本）》，第 237、246 页。
3 《刘节日记》上册，第 485 页。
4 《刘节日记》上册，第 485 页。
5 《刘节日记》上册，第 486 页。
6 《刘节日记》上册，第 490 页。

9月14日：

晚同陈寅老看《望江亭》剧。[1]

求会谨按：次年3月15日下午，广州京剧团傅祥麟、李文秀、新谷莺、孙艳琴、胡芝风、何英华等六位演员上门探望陈寅恪一家，并分别清唱一曲，"陈寅恪的二女儿陈小彭也代表父母清唱了一段"，随后在陈宅共进晚宴。陈氏作《春尽病起宴广州京剧团并听新谷莺演望江亭所演与张君秋微不同也（七律三首）》志其事。[2] 据此，颇疑本年陈、刘所观之剧同为广州京剧团演出。因刘节1959年日记全佚，故改系于此。又，陈寅恪1958年有诗《戊戌中秋夕首创初愈入城重听新谷莺望江亭》，[3] 1960年有诗《庚子春日听广州京剧团演新排西厢记悲剧新谷莺饰莺莺孙艳琴饰红娘戏作一律寅恪昔年尝撰读莺莺传论文故诗语及之》，惜皆亡佚；[4] 后有《一九六二年三月二十九夕广州京剧团新谷莺诸君来中山大学清唱追感六年前旧事仍赋七绝三首以纪之》，

1 《刘节日记》上册，第492页。
2 《陈寅恪的最后二十年（修订本）》，第270–273页。案：七律三首，详《陈寅恪集·诗集（附唐筼诗存）》，第131–132页。
3 "戊戌中秋"合阳历1958年9月27日，此夕既为"重听新谷莺望江亭"，则十余日前（9月14日）与刘节同观之《望江亭》似同为新谷莺所演。2022年4月13日补案：参阅胡文辉《陈寅恪诗笺释（增订本）》下册，第937页。
4 《陈寅恪的最后二十年（修订本）》，第275页。

幸存二绝。[1] 附记于此。

1967 年

7 月 7 日：

清之去看护寅老夫人病。[2]

求会谨按：陆键东曾如此描述陈寅恪该年之遭际："折磨，在 1967 年 1 月后进入高潮。陶铸被打倒，各路打着不同旗号的'造反派'纷纷上门逼令陈寅恪交代与陶铸的'黑关系'。用'惨无人道'一词来形容，并不为过。1967 年夏，唐筼心脏病发作，濒临死亡。大概是在这个时候，陈寅恪写下一副'遗恨塞乾坤'的预挽爱妻的对联。"[3] 另据陈家女儿们回忆："'文革'前刘节先生经常来我家访谈，夫妇二人每年必来贺岁，多次陪同我们父母去欣赏京剧。钱三姐探视老人时，不仅嘘寒问暖，还具体帮助缝制冬衣等。'文革'中钱三姐依然常到我家，母亲生病时曾帮助看护。"[4]

---

1 《陈寅恪集·诗集（附唐筼诗存）》，第 141 页。

2 《刘节日记》下册，第 534 页。

3 《陈寅恪的最后二十年（修订本）》，第 461 页。

4 《缅怀刘节先生》。

1968 年

1 月 15 日:

上午斗陈寅恪、冯乃超,我去陪斗。下午东区作清洁。晚穗孙回家,明日要到市人委开会。[1]

求会谨按:刘节在"文革"风暴中代替老师陈寅恪挨批斗一事,最早似由蒋天枢于 1981 年正式披露。[2] 其后一直被广为引述,传为美谈的同时,几乎成为定论。直至 2010 年某日《羊城晚报》刊发一篇对中山大学历史系三位教授的访谈之后,[3] 刘节有没有代替陈寅恪挨斗开始转变成一桩悬而未决的公案。笔者另有专文分析这一公案,[4] 此不赘述,仅将基本观点概括于后:陈寅恪在"文革"期间确曾被批斗,但迄今仍无直接证据显示刘节曾经代替老师挨斗。

再按:该年 1 月,刘节共记录了三次批斗:4 日,"下午红旗斗冯乃超,我们十六人陪斗";[5] 12 日,"上午梁方仲来,同至历史系,又被斗一次";[6] 15 日,见前。1 月 12 日被批斗

---

1 《刘节日记》下册,第 557 页。

2 蒋天枢撰《陈寅恪先生编年事辑》,上海古籍出版社 1981 年版,第 168 页。

3 何砚华、沈平《学生眼里——一个真实的陈寅恪》,载 2010 年 7 月 3 日《羊城晚报》。

4 张求会《一桩公案:刘节有没有代替陈寅恪挨斗?》,见"陈寅恪四书"之一《馀生流转:陈寅恪的生前身后事》。

5 《刘节日记》下册,第 555 页。

6 《刘节日记》下册,第 556 页。

后，按照中山大学红卫兵组织"红旗公社"的要求，刘节等人"每星期一、三、五下午三时以后到东区作清洁"。[1] 刘节之女穗孙当时在广州嘉禾东平农场工作，钱澄经常前往探视。[2]

1969 年

10 月 7 日：

上午出席大会，因知陈寅老今日五时逝世，享年八十岁。午前与梁方仲同去吊唁。下午在家学习。[3]

求会谨按：据刘节自述，10 月 7 日当天上午出席大会时才得知老师辞世的凶讯，前一日（10 月 6 日）日记也没有前往陈宅的记录，[4] 故蒋天枢所述——"两位老人逝世时，仅小女美延和及门刘节在旁"[5]——似难以采信。[6]

再按：陈寅恪辞世时间，刘节所记与陈美延 1969 年 10 月 11 日致蒋天枢函（详后）所云完全一致。

1 《刘节日记》下册，第 556 页。

2 《刘节日记》下册，第 527、531、543 等页。

3 《刘节日记》下册，第 632 页。

4 刘节 1969 年 10 月 6 日日记："上午在东区宿舍学习，下午在生产科劳动。晚接洪国琛信。"见《刘节日记》下册，第 632 页。

5 《陈寅恪先生编年事辑（增订本）》，第 185-186 页。

6 2022 年 4 月 13 日补案：2017 年 6 月 11 日，承陈美延女士电话告知："父、母去世，刘节均不在身旁。"

10 月 17 日：

　　上午在大礼堂听黄先同志报告。下午去东山送陈寅恪老师出殡。中夜大雷雨。[1]

　　求会谨按：陈美延 1969 年 10 月 11 日致蒋天枢函有云："父亲于本月七日晨五时病逝。校革委会和省革委会都有同志（即派人之意）前来慰问母亲。母亲现重病卧床，嘱我写这封信给您。我自己因小孩病，由英德茶场干校回广州，恰好遇上此事。二姐小彭也在英德干校，已由校革委会通知其返广州，十号回来。在四川的大姐流求，也打电报去了，但他们干校在西昌，不知能否收到电报。我们希望大姐能赶到才安葬。留尸至十六号，如大姐赶不到，也将于十月十六日火葬。"[2]

11 月 22 日：

　　上午在陈家吊寅恪夫人丧，下午到东山送葬。晚阅《科学和近代世界》。清之今日到东平农场未返。[3]

　　求会谨按：陈寅恪夫人唐篔，病逝于 1969 年 11 月 21 日"晚八时半"。[4]刘节是日日记仍十分简略："上午下午都

1　《刘节日记》下册，第 633 页。
2　《陈寅恪先生编年事辑（增订本）》，第 184–185 页。
3　《刘节日记》下册，第 638 页。
4　陈美延 1969 年 12 月 28 日致蒋天枢函，详《陈寅恪先生编年事辑（增订本）》，第 185 页。

在文物馆工作。晚阅果戈理小说。"[1]

再按：2010 年 7 月，陈氏三姐妹回忆："双亲先后去世，刘节先生夫妇均来家中吊唁，去殡仪馆送别。敢于来吊唁送殡者还有其他少数几位亲朋好友，这在当时皆属不寻常之举，我们极为感激。"[2]

> 12 月 13 日：
> 晚作函寄蒋秉南。[3]

> 12 月 25 日：
> 接蒋秉南信。[4]

1970 年

> 1 月 8 日：
> 接吴雨生信。[5]

求会谨按："吴雨生"，即吴宓（字雨僧），[6] 陈寅恪挚

---

1 《刘节日记》下册，第 638 页。
2 《缅怀刘节先生》。
3 《刘节日记》下册，第 641 页。
4 《刘节日记》下册，第 642 页。
5 《刘节日记》下册，第 645 页。
6 《刘节日记》下册，第 645 页脚注。

友，时在重庆西南师范学院中文系任教。因时空相隔，直至 1971 年 9 月 8 日，吴宓仍致函"广州国立中山大学革命委员会"，询问陈寅恪生死存亡之"确实消息"，[1] 故此推测，1970 年 1 月吴宓致刘节此函，应与"探问陈寅恪先生、夫人消息"相关。[2] 查刘节 1970 年日记，虽无一日之缺，却未见函复吴宓的记载；吴宓该年日记，"于'文化大革命'中，全部丢失"，[3] 同样无从查证。

再按：1 月 10 日刘节被下放到中山大学英德干校劳动，6 月 8 日始返回广州。[4]

5 月 23 日（英德干校）：

上午写大字报，叶显恩来访谈。下午写关于陈寅恪、林起汉的材料。晚写大字报。[5]

求会谨按："林起汉"，应即林启汉，陈寅恪次女陈小彭之夫婿。在 1957 年"反右"运动中，陈寅恪被划为"中右分子"；林启汉"成为右派"，"不能从事教学和科研工

1 吴学昭整理、注释、翻译《吴宓书信集》，生活·读书·新知三联书店 2011 年版，第 434 页。

2 吴宓著、吴学昭整理注释《吴宓日记续编》第 9 册，生活·读书·新知三联书店 2006 年版，第 316 页。

3 《吴宓日记续编》第 9 册，1970 年事辑篇首之"整理者按"，第 133 页。

4 详《刘节日记》下册，第 645-663 页。

5 《刘节日记》下册，第 661 页。

作"。[1] 1959 年 6 月，"右派分子"林启汉"从外地劳动返校，被安排在校内养猪"，陈寅恪接获通报后，在致校方信中"自动请求组织将小彭调走"，"以免仍有祸根"，又称："有人说小彭的思想影响林启汉。就是说我的思想影响小彭。照此逻辑，林启汉是小右派。陈小彭是中右派。我是大右派。如果依他们的话推论起来，我是应该处死刑的。他们要打击我，便直接打击我。用不着这种绕湾（弯）的手段，未免太不光明磊落了。我被此辈捉弄。走或死皆不甘心。所以把数

---

1 《守望：陈寅恪往事》，第 322 页。2022 年 4 月 13 日补案：1963 年 10 月 30 日，陈序经、王越趁参观访问重庆之便，在渝与吴宓晤谈。二人向吴宓介绍了陈寅恪上一年摔倒骨折之事。（详吴宓著、吴学昭整理注释《吴宓日记续编》第 6 册，生活·读书·新知三联书店 2006 年版，第 100—101 页）1964 年 9 月 3 日，吴宓收到昔日女学生高棅华（1949 年至 1952 年曾与陈寅恪共事于岭南大学，时在北京中国科技大学任教）的一封信，信中也有内容涉及陈寅恪近况。第二天（9 月 4 日），吴宓将高信所述与 1963 年冬陈序经所言一并写进了日记："昨接高棅华八月二十八日函，答宓七月二十七日托其调查之事，……又告陈寅恪先生健康已有进步，政府屡派专人至港及内地为购贵重药品，关怀备至。惟其次婿林启汉，原系岭南大学农学院毕业，（补考乃得及格）与次女小彭同班，遂结婚。当时寅恪夫妇俱不赞成，组织上为照顾寅恪，特由海南岛调次女次婿来，同住寅恪家中。乃林婿乖戾成性，竟对面载指斥骂寅恪，问寅恪究竟对国家有何贡献，而受此破格优待。又骂寅恪不自觉，思想腐朽，等等。林婿'反右'时定为'右派'，（今已揭帽），彼乃质问寅恪，谓彼之右派帽子，是替代寅恪而戴者，问寅恪自己知道不知道、明白不明白，云云。陈府下逐客令，而次女次婿坚不迁出，最后由党组织出而强制执行，彼等乃迁出另居焉。（以上情形，宓去冬闻陈序经言之。）"（《吴宓日记续编》第 6 册，第 321—322 页。"出而"应系"出面"之误书或误刊，此暂从之）

年来心里要说的话，乘此机会，说个痛快。"[1]

5月29日（英德干校）：

在宿舍写材料及大字报。晚有外单位来谈陈寅恪托抄稿件问题。[2]

求会谨按：其时，外调内查十分普遍，可惜此处语焉不详，无法探究"外单位"为谁、"托抄稿件"为何。

1971 年

4月14日：

上午小马医生来针灸。作信寄蒋秉南。[3]

求会谨按：该年2月16日夜间，刘节"又发脑血管痉挛，左半身不能动"；次日，"病加重，小便不能控制"；20日被抬至校卫生所针灸治疗，"住卫生所"；4月5日出院，"回家养病"。[4]

是年，蒋天枢仍在上海复旦大学中文系担任教授。前

---

1 《守望：陈寅恪往事》，第343-344页。案：陈函署时作"1959年6月28日"，原件藏中山大学档案馆。"（弯）"，系《守望：陈寅恪往事》作者所作校改。

2 《刘节日记》下册，第662页。

3 《刘节日记》下册，第703页。

4 《刘节日记》下册，第697、698、702页。

此，1964 年 5 月 29 日，蒋天枢自上海驰抵广州，为陈寅恪预祝七十五寿诞，盘桓十余日，6 月 10 日离穗返沪。"陈寅恪先生乘蒋天枢来粤之际，将为自己编辑出版一套文集的工作，郑重地托付给蒋天枢。"[1] 1967 年 10 月，蒋天枢因血小板减少住院治疗。1969 年 4 月始出院，改为家居养病，是年 12 月方接获陈美延报丧之信。"1971 年初，他刚刚能离开病榻，就写信给昔日老友、山东大学教授、时在国务院文化组出版组工作的高亨，请他向中华书局询问，为何长期搁置陈寅恪先生的《金明馆丛稿初编》而不予出版，并请他从中做些工作。"[2]

　　4 月 24 日：

　　针灸。接蒋秉南信。[3]

1972 年

　　6 月 23 日：

　　大便出血，王医生来看病，下午金医生来看病，刘

1 《蒋天枢传》，第 177–185 页。
2 《蒋天枢传》，第 196–205 页。
3 《刘节日记》下册，第 704 页。

庆珍来看病，陈小彭夫妇来探访。[1]

12 月 18 日：

荫曾、谭彼岸、陈小彭先后来访。[2]

求会谨按："荫曾"，刘节之侄（刘约之子）。谭彼岸，中山大学历史系教师。

1973 年

12 月 12 日：

作函寄蒋秉南。[3]

12 月 20 日：

接蘅香、蒋秉南信。[4]

求会谨按："蘅香"，刘节二妹刘蘅。据《蒋天枢传》，"'文化大革命'中，早在 1973 年，蒋天枢就已拖着病体，着手陈寅恪先生论著的整理工作了"。"蒋天枢一次又一次地写信给在广州工作的陈先生的女儿，殷殷嘱咐按照当时的抄家清单，向有关单位索取文稿，务求全部追还。"遭到有

---

1 《刘节日记》下册，第 754 页。
2 《刘节日记》下册，第 774 页。
3 《刘节日记》下册，第 815 页。
4 《刘节日记》下册，第 816 页。

关方面拒绝后，"蒋天枢转而又通过上海一家出版社，以编辑出版陈寅恪文集的名义，向中山大学索要陈寅恪先生的文稿。结果，对方不予响应，此举也落了空。"[1] 由此推测，蒋天枢致函刘节，似与追索陈寅恪文稿或询问陈氏晚景有关。

12 月 21 日：

作函寄蒋秉南。[2]

求会谨按：刘节本年查验出癌症，接受放射治疗。6 月 28 日日记："到医院检查血、照肺。据昨日检查，发现喉有鳞状上皮癌。" 7 月 3 日日记："今日起开始放射，每次四十五秒。" 8 月 27 日日记："最后一次放射。" 12 月 17 日日记："上午潘世义、罗畹华送省府结论来：'作为内部矛盾，免予处分，立即解放。'金医生来看病。"[3]

1974 年

1 月 14 日：

接健养、蒋秉南信。[4]

---

1 《蒋天枢传》，第 228–229 页。
2 《刘节日记》下册，第 816 页。
3 《刘节日记》下册，第 797、798、804、816 页。
4 《刘节日记》下册，第 819 页。案："健养"，即何剑养，刘节大儿媳（刘显曾之妻）。详《刘节日记》下册，第 536 页脚注。

1月18日：

作函寄蒋秉南。[1]

1977 年

5月5日：

接蒋秉南来信。[2]

5月6日：

寄信蒋秉南。[3]

求会谨按：此为《刘节日记》最后一篇。"两个多月后，1977 年 7 月 21 日作者逝世"。[4] 蒋、刘最后一次来往函札虽未寻获，但基本可以判断仍与陈氏晚景有关。两年之后，蒋天枢依然有感而发："刘子植兄以喉癌病逝世于一九七七年七月，逝世前余曾函询寅师生前受迫害情况，复函于此不置答。时'四人帮'已倒，可见其心有余悸。"[5] 刘节晚年日记

1　《刘节日记》下册，第 820 页。

2　《刘节日记》下册，第 951 页。

3　《刘节日记》下册，第 951 页。

4　《刘节日记》下册，第 951 页脚注。

5　《陈寅恪先生编年事辑（增订本）》，第 180 页。案：蒋著卷首"题识"之署时为"一九七九年六月二十日"，卷末识语复自署"一九七九年十二月"（同前，第 189 页），故而推断此按语也写于 1979 年。2022 年 4 月 13 日再案：1977 年 3 月 20 日，谭其骧出差广州，次日即写信给 （转下页）

只记述而不评论、罕有喜怒哀乐的表达，其子显曾认为这种对所有事情都"很冷静"的"白描手法"来源于"作者已经站在了历史的高度"，"已经把'文革'的本质看透了"。[1] 然而，蒋天枢的分析未尝不可视为另一种答案——身处铁幕重重的特殊年代，罹患绝症的长者为了避祸逃殃，不得不采取谨言慎行的处事方式。[2]

（接上页）刘节，希望见见这位多年未见的老同事、老朋友。27 日下午，谭其骧来到中山大学西南区 74 号之一楼刘节家里。正巧洪光华当天去探望舅父刘节，无意间成为"这两位老朋友最后一次面晤的见证人"。据洪光华回忆："喉癌术后，舅父脖颈处留有切口，覆以医用纱布。简单一些的话，舅父按住喉部切口，是可以发声的。不过他说的话，需请舅母钱澄女士或颂曾表哥才能翻译个大概。那时我并不知道访客是谭其骧先生，只见他们一个说，一个在白纸上写。我印象最深的是来客压低声音告诉舅父，某某因为上了'贼船'而出事了。某某是不遗余力批判舅父二十多年的人，我听到此消息，内心高兴极了。令我不解的是，舅父闻言后并未动笔在白纸上写字答复来客，甚至脸上都没有任何表情的变化。后来我终于理解，虽然舅父非常欢迎谭先生的到来，但乍暖还寒时节，多年未见的朋友也不可能敞开心扉对话。"（洪光华《新发现的一通谭其骧致刘节函》，载 2017 年 5 月 11 日《南方都市报》；另可参阅葛剑雄著《悠悠水长：谭其骧前传》，华东师范大学出版社 1997 年版，第 58 页）

[1] 刘显曾《〈刘节日记〉编后记》，见《刘节日记》下册，第 955—956 页。

[2] 据洪光华《刘节进京校史前与中华书局往来函电探秘》一文（载《瓯风》第 12 集，第 159—175 页）披露，1962 年 11 月山东省第二次孔子讨论会"开启了对刘节的全国性批判"，刘节成为 1963 年"全国学界、思想界集中批判的首要对象"，"而广州和中大，是批判刘节的主战场"。于是乎，虽然中华书局 1963 年急于借调刘节入京校点《旧唐书》，"中大却屏蔽消息、拖延时间"，直到刘节参加了 10 月 5 日专门为他安排的"高规格的批判会"之后，才获准赴京。在此期间，刘节曾于 1963 年 9 月 26（转下页）

残存于世的"刘节日记"，起于 1939 年 1 月 1 日，止于 1977 年 5 月 6 日，也许是一种巧合，"日记"第一天和最后一天，都和陈寅恪相关。纵观师生 43 年的交往史，刘节的确是"与陈寅恪关系最密切、情感最有共鸣的人"，1966 年 9 月 26 日所写《我之信条三则》可为这一判断提供最有力的证据：

　　我相信为学同做人当相一致，二者之中如果有了矛盾，必定是其中有一方面的信仰发生动摇。我之个性偏于静的方面，自以忠于研究学问为最适宜。假定有一种势力要打破我的信仰，使我不能安静为学，我当然要抵抗。做人为学已四十年了，心中光明，对于做人为学的兴味如泉之始涌。设若有一种势力要阻碍我的志向，使我不能如愿以偿，我当然要拿出毅力来。

（接上页）日主动致函中华书局总经理兼总编辑金灿然，询问有关事宜。洪文尝试着分析了刘节写此信时的复杂心态："对于这些'离题万里'的批判，自己孤立无援，最好离开这个'炮火连天'的广州，躲到千里之外的北京校史去。即使不赴京，起码参加校史，人事关系可以暂离中大这个是非地。这可能是刘节主动去信相询，甚至主动放弃带夫人同往照顾生活的个人要求的原因。而主动谈及自己受批判，是因为此事一定已尽人皆知，刘节试探一下中华会不会因为这个原因，不再借调他了。"洪光华虽为刘节之外甥，但此文据实而论，推陈出新，为解读刘节晚年日记提供了新材料、新视角。

要知道人格同学问是一致的，决没有学问好而人格有亏的伟人。假定有这样的人，我们来仔细考查他的学问，其中必定有欺人之谈，因为他心中根本是不光明。凡是不光明，即是无力的表现。学问的好坏，全在他的力之强弱上。为学同做人能打成一片，这样的学问才不仅是为谋生的职业，而是造次必于是、颠沛必于是的真生活。这种生活是很快乐的，是前途无量的，这才是真正的成功。

孔子说："己欲立而立人，己欲达而达人。"立，即是自立系统；达，即是通达无碍。凡是能立、达人的人，必定他自己真有所立，确是通达，然后才能立、达人。要达到这种境界，决不能把为学同做人分成两段，此所谓一本之学。做学问的最大需要是精神上的，就是失掉做学问的能力，日久就无所不为了，这即是生机于无形中受了摧折，此所谓哀莫大于心死。身死同心死，必定要同时。这可以证明，此人心身力量的均衡，有了这种体质上的不矛盾，然后才可以产生学问上和做人上的不矛盾。我现在客观的生活很令人烦闷，而心中则无一毫痛苦，此即不矛盾之乐趣。社会的竞争是很激烈的，因是要结成团体，共同进行一种事业。假定这团体以利害为出发点，而没有道义和同情，则内部的磨擦反因团结而增多，看不见互助的精神而流弊无穷。人之所以多冲突，即因为太接近了。天体循环不知几千万年了，至今没有［没有］冲突，此所以成为天地悠久之理。

《易经》上说："履霜坚冰至，阴始凝也。"所以君子的行为在慎始。凡是一种错误的心理同错误的行为，都是在一刹那之间造成的。一个人精神上稍有不振，则邪气应之，因是做成不可挽回的错误。所以《易经》上说："君子终日乾乾，夕惕若厉，无咎。"宋儒主敬，也是有见于此。凡是恶的势力，总是要你先上一回当，以后的手段源源而来了。这第一脚是何等的重要，所以有志之士宁死不能上当。我觉得孔子有一句话说得最好，他说："知及之，仁能守之。"真是立身的格言。仁的方面是很广的，而孔子又说："刚、毅、木、讷近仁。"《庄子》上说，仁者"与物为春"。我以为刚毅同和平，是"仁能守之"的最好注脚。因为和平才有办法，刚毅可以永久。凡是恶势〈力〉，其破坏人无所不用其极，威逼利诱还不算厉害，最历〔厉〕害的莫过于制造空气来动摇你心理上的常态，使你逐渐失掉自信心，觉得害怕，觉得前途无望，而自己投降。所以我须预备下满腔能死的精神，才能有长生的出路。我不相信社会上的习惯风俗是不能改的，只要我确实有改他的志愿。[1]

---

1 刘节《我之信条三则》，见《刘节日记》下册，第952-953页。案：刘
  节所作《我之信条三则》，其子刘显曾推测写于1966年9月26日，现
  存手稿之所以是母亲钱澄的字迹，"估计是为防止麻烦而采取的障眼法"。
  见《刘节日记》下册，第500页脚注。又案：《刘节日记》所附刊之《我
  之信条三则》，间有脱字、衍字或未必允洽之改字，现据手稿（原件由杨
  瑞津收藏，此承洪光华传示照片）予以校订，标点符号亦在原刊基础上
  略作调整。"决没有学问好而人格有亏的伟人"之"决"，《刘节日记》改
  为"绝"；"日久就无所不为了"，《刘节日记》衍为"日久就无所而不为
  了"；"内部的磨擦"，《刘节日记》改为"内部的摩擦"；"没有没有冲突"
  应有衍字，《刘节日记》已径予删除，为存原貌，现添加衍字符号〔 〕；"履
  霜坚冰至，阴始凝也"，《周易》原为"初六：履霜，坚冰至。象曰：履
  霜坚冰，阴始凝也。驯致其道，至坚冰也"，此暂仍刘节原稿；"都是在
  一刹那之间造成的"，《刘节日记》脱"之间"；"做成不可挽回的错误"，
  《刘节日记》改作"造成不可挽回的错误"；"有见于此"，《刘节日记》改
  为"有鉴于此"；"凡是恶的势力"，《刘节日记》衍为"凡是恶性的势力"；
  "何等的重要"，《刘节日记》脱"的"；"凡是恶势〈力〉"，"〈力〉"为
  《刘节日记》所补，现予移录；"最厉害的"，原稿误书为"最厉害的"，
  《刘节日记》已予径改，现添加改字符号〔 〕；"你心理上的常态"，《刘节
  日记》衍为"你的心理上的常态"。

日记内外的郑天挺和陈寅恪 *

　　1999 年 11 月下旬，承蒙胡守为教授寄赐邀请函，笔者有幸参加了中山大学举办的"纪念陈寅恪教授国际学术研讨会"，南开大学郑克晟教授（郑天挺之子）有没有与会，现已记不起来，不过，第二年出版的会议论文集倒是收录了他的《陈寅恪与郑天挺》[1]。文章用的是第三人称，篇幅虽不

---

* 本文首刊于 2018 年 3 月 7 日"澎湃新闻"官方网站，分别题为《张求会评〈郑天挺西南联大日记〉：陈寅恪的"西南联大时期"》《张求会评〈郑天挺西南联大日记〉：对陈寅恪的负面评价》。现恢复旧题，另有增订；一二错讹字词、标点等，同步纠正。

1　郑克晟《陈寅恪与郑天挺》，载中山大学历史系编、胡守为主编《陈寅恪与二十世纪中国学术》，浙江人民出版社 2000 年版，第 744-751 页。

长，也没有注释，提供的却都是"干货"，隐隐看得出背后应该有一个可靠的"资料库"。等到今年（2018）初，《郑天挺西南联大日记》（以下简称《日记》）正式出版，[1] 我才明白，《陈寅恪与郑天挺》的"资料库"就是已刊和未刊的郑氏日记。

利用春节假期，我将《日记》翻阅一过，觉得"郑天挺和陈寅恪"这一话题仍有待完善，或者说尚有待发之覆。现将一己之见拉杂写出，以求正于各位方家。

长乐郑氏与义宁陈氏的"世交"问题

《陈寅恪与郑天挺》是这样介绍陈、郑关系的：

> 陈先生长郑先生 9 岁，是他的师长，或亦可说系师友之间。陈之父陈三立先生与郑之父郑叔忱先生清末曾共过事，可谓世交。抗战前，陈三立老先生曾为郑先生书写"史宦"之横幅，郑先生一直高悬书房之中。但陈、郑两人的熟识，还是在西南联大及北大文科研究所

1　郑天挺著、俞国林点校《郑天挺西南联大日记》（上、下册），中华书局2018 年版。

期间。[1]

《日记》起自 1938 年 1 月，讫于 1946 年 7 月，上引文字至少在《日记》里没有看见，是否源自郑氏未刊"日记"，不敢遽断。郑天挺的自述《滇行记》（郑克晟整理），在回忆 1938 年 5 月 3 日入住云南蒙自歌胪士洋行之后，专门有一段文字谈到邻居陈寅恪：

> 寅恪先生系中外著名学者，长我 9 岁，是我们的师长。其父陈三立先生与先父相识。此前数年三立先生尚为我书写"史宦"之横幅，我郑重挂于屋中。抗战不久，因北平沦陷，先生乃忧愤绝食而死，终年 85 岁。[2]

郑氏父子二人的文字，大同而小异，值得推敲者在于郑、陈两家是否"世交"，以及陈三立与郑叔忱有没有"共过事"。

郑天挺（1899—1981），生于北京，祖籍福建长乐（今福州市）；陈寅恪（1890—1969），生于长沙，祖籍江西义

1　《陈寅恪与郑天挺》，见《陈寅恪与二十世纪中国学术》，第 744 页。案："史宦"，原书误刊为"史宦"，现予径改。

2　郑天挺著《及时学人谈丛》，中华书局 2002 年版，第 578 页。

宁（今修水县）。郑父名叔忱（1863—1905），谱名允迪，字宸丹，光绪十六年庚寅恩科（1890）进士——第二甲第一一七名；[1]陈父名三立（1853—1937），字伯严，号散原，光绪十五年己丑科（1889）进士——第三甲第四十五名。[2]也就是说，郑叔忱与陈三立并不是科举同年。不过，郑叔忱与俞明震（陈寅恪的大舅父，俞大维的大伯父）倒是同榜进士——俞是该科第三甲第六十二名。[3]

排除了科考同年，再看郑叔忱与陈三立之行止有无交集。郑天挺在《五十自述》里这样回忆父亲：

父亲郑叔忱是清末科举时代的一个知识分子。他是光绪十六年（1890）的进士，后在翰林院任职，光绪二十年（1894）做过顺天乡试的同考官，庚子（1900）以后又到奉天（沈阳）做过一年多的学政。后以丁忧回到北京，在京师大学堂（即北京大学前身）做过很短时期的教务提调（教务长），于一九〇五年病死，那时他才四十二岁，我只有六岁。父亲没有给我留下什么直接印象，我只在亲戚谈话中和他遗留下来的藏书中，知道他

1　江庆柏编著《清朝进士题名录》中册，中华书局 2007 年版，第 1227 页。
2　《清朝进士题名录》中册，第 1210 页。
3　《清朝进士题名录》中册，第 1230 页。

是一个留心新政和爱好文史的封建教育官吏。[1]

有别于郑叔忱的声名不彰，陈三立的生平从来不乏"粉丝"关注，依据目前已有材料来看，二人极有可能因为在京参加会试而结识。考陈三立曾赴京参加光绪九年癸未科（1883）会试，未中。十二年丙戌（1886）再战，成贡士，未应殿试。十五年己丑四月，补应殿试，成进士；五月，签分吏部考功司，以主事用；七月，因为觉得"浮沉郎署，难有展布"，于是请假返回长沙，未再任职。[2]

尽管郑叔忱与陈三立相识的时间、地点仍不够清晰，但基本可以确定的是：两人既非同年，也非同事。因此，郑、陈两家很难称得上"世交"，郑天挺的自述更显规范、准确。毕竟，郑天挺、陈寅恪那个时代的读书人，对于"世交"的理解还是与今不同。试举一例：1945 年 10 月 31 日，急于飞返北平接收北大校产的郑天挺，在焦急等待航班之际，曾与蒋复璁（慰堂）"谈及旧事"，"知其叔祖廷黻与先君庚寅会

---

1 郑天挺《五十自述》，载中国人民政治协商会议天津市委员会文史资料研究委员会编《天津文史资料选辑》第 28 辑，天津人民出版社 1984 年版，第 1 页。

2 据李开军撰《陈三立年谱长编》上册，中华书局 2014 年版，第 123、124、156、201、216 页。

榜同年，盖世谊焉"。[1] 查蒋复璁之叔祖蒋廷黻（与历史学家、外交家蒋廷黻同名），庚寅恩科会试后，复于壬辰科（1892）"补殿试"，中式第三甲第八十五名。[2] 可见，直至民国，即便是接受过西式教育的现代学者，其所谓"世交""世谊"，还是习惯于指称上代曾经同榜或同僚。

当然，从郑克晟、陈美延（陈寅恪之女）这一代来说，祖父辈"相识"，父辈同事且谊在"师友之间"，陈美延整理《陈寅恪集·书信集》，郑克晟为之提供复印件，[3] 此时称两家"可谓世交"也未尝不可。

之所以锱铢必较一般地抠字眼，我的另一个意图是想借此说明：郑天挺行文如治事——有据可依，认真周全。

陈寅恪西南联大时期几类活动场景的还原

陈寅恪西南联大数年间之行止，从 1981 年的《陈寅恪先生编年事辑》到 2001 年的《陈寅恪集·书信集》，再到 2010 年的《也同欢乐也同愁：忆父亲陈寅恪母亲唐篔》（以

---

1 《日记》下册，第 1122 页。
2 《清朝进士题名录》中册，第 1250、1256 页。
3 陈寅恪著、陈美延编《陈寅恪集·书信集》，生活·读书·新知三联书店 2001 年版，第 260－262 页。

郑天挺

下简称《也同欢乐也同愁》）、《陈寅恪先生年谱长编（初稿）》，又到 2014 年的《吴宓与陈寅恪（增补本）》，尽管还有不少盲点，还是变得越来越清晰、准确。在这一过程中起着关键作用的，除了不断披露的陈氏本人文献以外，便是和他患难与共的友朋的日记、书信或忆述，如吴宓"日记"、傅斯年"遗札"和浦薛凤《太虚空里一游尘——八年抗战生涯随笔》（《浦薛凤回忆录》中册）等。此次《日记》出版，又为还原陈寅恪当年的几类活动场景提供了新鲜材料。

其一，散步、远足、饮食、观戏、跑警报等活动

陈寅恪的身体从来难称康强，陈夫人唐筼是体育教师出身，在她的劝导下，陈寅恪"养成午睡、散步的良好习惯"。[1]至少从《日记》来看，陈寅恪很听夫人的话，将散步的习惯从北平带到了蒙自，又从蒙自带到了昆明。与陈寅恪、郑天挺一同散步的，有罗常培、汤用彤、陈雪屏、闻一多、容肇祖、邱椿、刘文典等。散步的地点，蒙自时期较多的是军山、菘岛，昆明时期几乎都是翠湖。

毕竟是文人，散步也与一般人不同，字里行间不乏情趣。如 1938 年 5 月 25 日：

---

1 陈流求、陈小彭、陈美延著《也同欢乐也同愁：忆父亲陈寅恪母亲唐筼》，生活·读书·新知三联书店 2010 年版，第 254 页。

下课后偕寅恪、莘田、雪屏、大年至军山散步，较菘岛尤幽静，青岭四合，花柳绕堤，不意边陲有此曼妙山川也。五时半归。[1]

又如1940年1月22日：

晚与寅恪、锡予、莘田至翠湖步月，并各进米酒一盂。月色清朗，树影在地，悄步其间，深得静趣。然吾辈外，堤上行人或未足以语此也。[2]

散步之外，"教授团"在蒙自甚至安排了一次远足，归途偶遇大雨，可谓苦中作乐之"经典"。参加这次郊游（1938年7月23日）的，除了郑天挺、陈寅恪，另有陈岱孙、浦薛凤（逖生）、赵凤喈（鸣岐）、余肇池（舞咸）、周先庚和邱椿：

八时偕寅恪、岱孙、逖生、鸣岐、舞咸、先庚、大年步行往黑龙潭。据土人云凡十五里，行两小时乃达。

1 《日记》上册，第64页。案："莘田"，罗常培；"雪屏"，陈雪屏；"大年"，邱椿。
2 《日记》上册，第238页。案："锡予"，汤用彤。

沿途皆水田，无可观，惟登高而望，青碧无垠，不觉叹此邦之富也。潭为人工所筑，所以灌溉也，深五丈许，狭而有阶，与所想像深险峻峭者迥殊。水黄色，上有龙王庙、三楹庙，左数武有乾隆二十七年勘界碑，知其地名"龙潭"，属布衣透。布衣透，其村庄名也。就潭侧进餐毕，天雨，避庙上，久之雨止，乃行。行三五里，有玉皇阁，道观也，大殿三层，甚壮，有螺旋梯，殊精巧，不知何时建，阒无一人，不可得询。门前有布衣透小学區，亦不知废自何时。出玉皇阁，行三数里，天大雨，衣履尽湿。急入村，就一家大门避之，雨过复行。下午二时始抵校，狼狈不堪矣。[1]

也许是对这次远足印象深刻，郑天挺后来在《滇行记》里仍有追忆："寅恪先生到蒙自稍晚，未带家属。经常与我们一起散步，有时至军山，有时在住地附近。当时他身体尚好，我们还一起去过蒙自中学参观图书。临离开蒙自时，即7月23日，大家曾去该地之黑龙潭游玩，往返15里，历时

数小时。"[1] 验以《日记》所述当天长距离、长时间之户外活动，"当时他身体尚好"应该不是误记。因此，游伴浦薛凤所称陈寅恪其时"体质太弱，大有弱不禁风之感"，[2] 今人还须辩证看待。小小一个细节，似乎也可提醒后人：日记较追忆更可信，众人所记较一己所述更可靠。

陈寅恪"有慢性胃病"，"常年消化吸收功能欠佳"，"胃口差、进食量少"，"且有偏食的坏习惯"。[3] 国难当头，生活条件极差，孤身一人来到云南，可以想见饮食问题会如何让他头疼。不过，从《日记》来看，点心、包子可吃，米酒、咖啡可饮，酒宴酬酢尚能应付，[4] 至少没有留下一次被特殊关照的文字记录。

陈寅恪对京剧之喜好，众所皆知，《日记》再次提供了可信的佐证，值得特别拈出。

1940 年 5 月 29 日：

> 饭后偕寅恪、锡予、从吾、莘田、恭三、泰然至昆

---

1 《及时学人谈丛》，第 578 页。

2 此转录自卞僧慧纂、卞学洛整理《陈寅恪先生年谱长编（初稿）》，中华书局 2010 年版，第 187 页。

3 《也同欢乐也同愁》，第 255 页。

4 1939 年 6 月 21 日至 23 日，陈寅恪连续三天出席为他举办的饯别宴。详吴学昭著《吴宓与陈寅恪（增补本）》，生活·读书·新知三联书店 2014 年版，第 214 页；《日记》上册，第 160—161 页。

明戏院，观京戏《一捧雪》，剧本甚佳，十二时归。为寅恪饯行，兼请泰然也。[1]

同年 6 月 12 日：

午饭后寅老坚邀观京戏，偕锡予、恭三、泰然同往昆明戏院。四时四十分戏散，往南屏加非室饮加非，遇树人、大猷诸人。候至六时往芝生许，天大雨，食薄饼甚美。[2]

山河破碎风飘絮，既为生人，自当寻找生之乐趣。一个"坚"字，既可见众人对陈寅老的尊敬，又可证陈寅恪堪称真"戏迷"。

让情趣画风陡变的，是跑警报和谈战局。1940 年 5 月 9 日郑氏日记：

食饭进，一盂未尽而警报作，时十二时三十五分。

1 《日记》上册，第275–276页。案："从吾"，姚从吾；"恭三"，邓广铭；"泰然"，郁泰然。

2 《日记》上册，第279页。案："树人"，饶毓泰；"大猷"，吴大猷；"芝生"，冯友兰。又，"候至六时往芝生许"恐有讹字或错字，此暂仍旧貌。

余以往返工学院倦甚，决不出避。至十二时五十五分，紧急警报又作，乃与寅恪、莘田、恭三诸人坐防空壕侧闲话，欲待其至而入壕。候至二时，敌机未至，以为必不来矣，上楼而寝。二时四十分醒。以四时与人约在办公室会晤，遂不再睡。三时下楼询泰然警报已否解除，泰然方怪久不解除，而机声远远而至，继闻枪声一响，急避入壕。寅恪、莘田均自睡梦中惊醒，苍皇下楼避。迄四时半警报解除，传言纷纷。[1]

数日后（5月18日）再记，已是对整个战局的关注：

晚饭后与寅恪、从吾谈欧局。[2]

郑、陈、姚当日所谈为何，可惜没有记录。郑与陈对于战局的判断可能不大一致，似有必要多说两句。

抗战初期，陈寅恪曾"主张妥协，反对力战"。迁徙西南联大后，其悲观论点"并不孤立"，部分同仁也"着重理智，取客观态度，持戒慎恐惧之心理，认为当初倘能拖延时

1　《日记》上册，第 270 页。案："食饭进，一盂未尽而警报作"，断句或应作"食饭，进一盂未尽，而警报作"。
2　《日记》上册，第 272 页。

日，充实准备，形势较优，倘能保持主权，虽暂时委曲，可
徐图伸张"。另一部分联大教授则持主战论，"着重情感"，
"表示乐观"，"无论如何，不可委屈求和，必须作战到底，
而且宁为玉碎，不为瓦全"。[1] 1942 年 4 月 17 日，郑天挺
在与潘家洵（介泉）谈及时事时，坚信"明年夏，同盟军必
胜，中国必胜"，潘氏不信，郑氏谓"余确有此信念，其理
由则说不出也"，"乃写一条"，请潘氏为证。[2] 由此而言，郑
氏当属典型的主战派、乐观派。然主和、主战，理据虽殊、
言辞各异，共赴国难、矢志不渝则一也。陈氏也不是固执己
见之人，随着抗战持续，太平洋战争一起，中国危局得以缓
解，"虽仍对重庆政府缺乏信心，但对国运显然已不再那么
悲观"。[3]

其二，切磋学问、审阅文稿

郑天挺以明清史专家著称于世，实则对隋唐史也有贡
献，赖其弟子和再传弟子不断挖掘、彰显，近些年才逐渐为
人所知。[4] 当然，《日记》所载，更多的是处于起步阶段的郑

1　据胡文辉著《陈寅恪诗笺释（增订本）》上册，广东人民出版社 2013 年
　　版，第 154—163 页。

2　详《日记》上册，第 542 页。

3　《陈寅恪诗笺释（增订本）》上册，第 220—224 页。

4　参阅段晓亮《郑天挺隋唐史研究的成就与特色》，载《安徽师范大学学报
　　（人文社会科学版）》2015 年第 3 期。

天挺向隋唐史大家陈寅恪的追随和看齐。西南联大时期，郑天挺除了坚持研读陈寅恪的著述，还曾就相关问题与陈寅恪进行探讨。"陈寅恪的研究对郑天挺影响很大，陈寅恪所注意的问题亦为郑天挺关注。郑天挺的研究多是在陈寅恪研究基础上的深化。"[1]

陈寅恪"天分最高"，"渊博之至"，"记忆力极强"，浦薛凤对其"佩服不已"。[2] 对陈叹服者当然不止浦氏一人，西南联大时期与之共事、同居者，大多抓住难得的机会向他请教。仍以郑天挺为例，他的两篇名作——《多尔衮称皇父之臆测》和《发羌之地望与对音》——或得到陈称赏，或得到其指点。

1938 年 7 月 2 日《日记》：

> 诣从吾。去春余之《多尔衮称皇父之臆测》一文印行，曾以寄朱谦之。谦之复书，谓吴宗慈有文驳孟心史先生《太后下嫁考释》即将印行，近日闻已载于《史学专刊》，从吾处有之。余以为必有涉及余文之处，特诣从吾询之。值寅恪在座，告以吴氏见余文，颇悔其旧作，亟向从吾假，归读之。果于文后有按："此文草成后，得

1　《郑天挺隋唐史研究的成就与特色》。
2　此据《陈寅恪先生年谱长编·(初稿)》，第 187 页。

读郑天挺君著《多尔衮称皇父之臆测》一文,对多尔衮之所以称皇父,乃由于满洲旧制(其下撮举余说,但余实谓满洲旧俗,非旧制也)云云。由是言之,多尔衮之称皇父已不必有伦理上之嫌猜矣。……吾人今日殊不必于其事之有无多为辩证,但视为一种传说可耳。读郑君文既毕,续赘数语于本文后"之语,不胜惭愧。张怡荪往亦盛称此文,谓能以最习见、最平正之材料钩稽出最确实、最严整之结论。[1]

师友赞赏,闻之欣喜,自是人之常情。张怡荪盛赞《多尔衮称皇父之臆测》,在于"能以最习见、最平正之材料钩稽出最确实、最严整之结论",而这恰恰也是陈寅恪诸多名篇的特色。

郑氏另一名篇,原题曰《发羌释》,后遵从罗常培、陈雪屏的建议,改称《发羌之地望与对音》。写作过程中,除罗常培、陈雪屏外,还先后得到陈寅恪、魏建功、姚从吾、邵循正(心恒)、邱椿等人的帮助。据《日记》,1938 年 7 月 5 日,郑天挺将文稿送请邵循正、陈寅恪"审阅"。次日,"陈寅恪送还文稿",对其观点深予"赞许"。郑天挺对陈寅

---

1 《日记》上册,第 73 页。案:"孟心史",孟森。

恪订正之处深为折服，而陈的赞许尤增其"兴趣与努力"。[1]

郑天挺后来回忆，老友罗常培为《发羌之地望与对音》"帮忙最多"，"文章写成后，又代我请陈寅恪审正"。[2] 试与《日记》比对，请陈审稿似未必由罗"中转"。

其三，陈寅恪数次入滇、出滇的重要日期

时至今日，综合各家所记，终于可以将陈寅恪数次入滇、出滇的日期确定下来：

1938 年 4 月 23 日，夜间抵达蒙自。[3] 8 月 13 日，随众迁往昆明。[4]

1939 年 6 月 26 日，与蒋梦麟（孟邻）夫人陶曾榖、陈福田、胡适之子胡祖望等同乘火车往越南；[5] 7 月 3 日到达香港，探望妻女。[6] "10 月中旬启程返回西南联大，依旧取海道乘船去安南海防，经铁路于 10 月 20 日下午六时半抵昆明，

---

1 《日记》上册，第 72—74 页。

2 郑天挺《罗常培先生对我的帮助》，此转录自《陈寅恪先生年谱长编（初稿）》，第 189 页。

3 《也同欢乐也同愁》，第 142 页。案：《也同欢乐也同愁》对于部分史料之出处，交代得不够完整、规范，本文暂且将浦薛凤、吴宓等人之记载归属于该书。

4 《日记》上册，第 84 页。

5 《日记》上册，第 161—162 页；下册，第 1271 页。

6 《也同欢乐也同愁》，第 151 页。

仍住在靛花巷。"[1]

　　1940 年 3 月 20 日，从昆明飞重庆，出席中央研
究院第一届评议会第五次会议，[2] 3 月 28 日回到昆

---

1 《也同欢乐也同愁》，第 154—155 页。案：郑天挺 1939 年 10 月 22 日日
　记："检拾什物，拟明日移居靛花巷。……闻陈寅恪前日归，事前两接来
　书，嘱余派人往接。而前日余适下乡，竟无人至车站，为之怅然。今日
　下午欲往视，又以客多不果。"10 月 24 日日记："四时移行李箱枕至靛花
　巷三号北京大学文科研究所二楼西屋中间。孟真居吾之北，学生读书室
　居吾之南，莘田居吾对面，锡予、从吾、寅恪则居楼上。"见《日记》上
　册，第 201、202 页。
2 《也同欢乐也同愁》"一九四〇"条有谓："本年 3 月 5 日，中央研究院
　蔡元培院长病逝。父亲时为中央研究院历史语言研究所研究员兼历史组
　主任，并为评议员。3 月 22 日，中央研究院召开第一届评议会第五次年
　会，选举院长。从未到过四川的父亲，由昆明飞往重庆出席。虽然父亲
　与胡适伯父对待文言文的观点并不相同，但他说'此行只为投胡适先生
　一票'，意在坚持学术独立自由的理念，不能按照长官意志行事，选些
　政界人士当研究院院长。"（第 156—157 页）虽然陈家的女儿们在回忆录
　里没有点明此次旅行的起止时间，不过从陈寅恪 1940 年 2 月 26 日致傅
　斯年函可知，他是 3 月 20 日乘飞机抵达重庆的，机票系中研院总干事
　任鸿隽（字叔永）代订。陈寅恪在这封信里重点谈论的内容之一是自己
　的病情，兼及带病撰作《隋唐制度渊源略论稿》之事。陈寅恪的自述，
　对于了解他当时的处境极有价值，对于理解他与傅斯年的关系也很有帮
　助。故不厌其烦，节录于后："弟此次之病甚不轻，即心悸心跳，所谓怔
　忡者是也。其苦在将要睡时，忽然一阵心跳，使人吃一惊，甚至出汗发
　抖，故不吃安眠药不能睡。盖非麻醉使神经失知觉，则全不能睡也，其
　苦可知，而其倦尤可知矣。弟于心脏病略有经验，故颇难决请何人诊
　治，但又不能不治，因普通治心脏药皆有戟刺性，不惟无益而有害。姑
　往王苏宇处诊之，渠谓系神经衰弱影响心脏及脚气之故。弟曾患脚气，
　亦心跳，但程度不至此。神经影响心脏说，以前在北平检查（转下页）

明。[1] 6月17日与郑之蕃（桐孙）同乘火车前往海防，[2] 7月1日到港，"以后他再也没有重返昆明"。[3]

这就是陈寅恪的"西南联大时期"，历时三年，实际在滇时间大约22个月。

（接上页）身体时，医所言亦同，且其拟用注射之药，与内人在协和及香港治法略同，故从其治方已一星期矣，觉有微效，时好时坏，前天好，昨天不好，今天又好。现已请假一星期未上课（此为九一八以来所未有，惟除去至牯岭祝寿一次不计），且看如何。任叔永代弟定三月廿日飞渝机，因早则弟之身体如此，断无希望旅行也。尚有一原因即心跳与脚气之病，脚气固迁地即愈（此弟之往年经验如此），心跳则昆明地高，离此则心跳之程度较减（弟初来此亦有二星期之久，心跳后渐不觉），若病久不愈，则有性命之忧（弟素忧国亡，今则知国命必较身命为长），将由渝飞香港矣，但此点未决定，非俟在此间毫无治疗希望，或绝对不能授课，则不出也。仍欲善始善终，将校课至暑假六月完毕后，始返港也。""自一月三十日病起，迄今扶病写稿，尚欠一章论财政者未成。因此文等于作通史，极费力，匆匆一气写之（生病更无力前后照顾），但删改之工夫尚全未做也，甚希望能于神识未离身体时（此昔日和尚常语）得完成此作也。"（陈寅恪《致傅斯年（三十八）》，见《陈寅恪集·书信集》，第64—65页）又，拙文最初以郑天挺1940年3月18日日记（"至孟邻师寓晚饭，师于明晨飞往重庆。见《日记》上册，第254页）为据，推测陈寅恪或与蒋梦麟同于3月19日飞往重庆，误。

1 郑天挺1940年3月29日日记："寅恪昨日自重庆归，午饭时谈政局、时势甚详。"见《日记》上册，第257页。
2 《日记》上册，第281页。
3 《也同欢乐也同愁》，第157—158页。

一个未见实施的"挖人"计划

北大曾经打算从清华"挖来"陈寅恪，此事前所未闻，兹特予揭橥。为存原貌，本节换用逐条笺释的方式。

1940 年 8 月 25 日《日记》：

> 得陈寅恪函，将就香港大学之聘，闻之怅然。[1]

按：《也同欢乐也同愁》"一九四〇"条有云："既然今年仍不能赴英，便打算开学又回西南联大。但滇越路断，回滇益难。后来幸得杭立武与香港大学商洽，并得许地山周旋；聘为客座教授 Visiting Professor，每周约两节课。每月薪水港币三百元，曾欲月俸五百元，无法办到，全由中英庚款会支付。这样全家暂留香港。"[2] 又，陈寅恪该年 8 月 24 日正式致函清华校长梅贻琦，"向学校请假"；[3] 同日，中英庚款董事

1　《日记》上册，第 304 页。

2　《也同欢乐也同愁》，第 158 页。

3　《陈寅恪函梅贻琦报告滞港就聘港大客座教授事（1940 年 8 月 24 日）》，见北京大学、清华大学、南开大学、云南师范大学编《国立西南联合大学史料》第四册《教职员卷》，云南教育出版社 1998 年版，第 406 页。案：此函已录入《陈寅恪集·书信集》，详第 153–155 页。

会总干事杭立武也专为此事函商于梅贻琦。[1] 郑天挺 8 月 25 日既已收到陈寅恪寄自香港的信件，据而可知：陈寅恪在正式向清华请假之前，已经将留港任教的打算告诉了郑天挺。

1941 年 3 月 11 日《日记》：

> 作书致孟真，请其代约寅恪先生来北大任教，并商觉明延缓至史语所事。[2]

按：该年 2 月 5 日，傅斯年、邓广铭分别写信告知陈寅恪，3 月份即将召开中研院第二届评议会第一次年会；2 月 26 日，代理院长朱家骅、史语所所长傅斯年联名致电，请陈寅恪出席 3 月 12 日之评议会。陈寅恪遂由港飞渝与会。返港后，"本拟移家离港，写信给北大文科研究所，请求资助旅费"。[3] 后因许地山猝逝（8 月 4 日）等因素，原定计划不得不作出调整。

1941 年 4 月 15 日《日记》：

---

1 《杭立武函梅贻琦关于借聘陈寅恪为港大客座教授事（1940 年 8 月 24 日）》，见《国立西南联合大学史料》第四册《教职员卷》，第 405–406 页。案：黄延复《关于陈寅恪四十年代初滞港前后的一些史料》（载《香港文学》1989 年第 5、6 期）较早披露相关文档，可参阅。

2 《日记》上册，第 392 页。案："孟真"，傅斯年；"觉明"，向达。

3 《也同欢乐也同愁》，第 159–160 页。案：陈寅恪与北大文科研究所之关联，详下节。

> 欲作书致寅恪，未成，难下笔也。北大函思寅恪来任
教，处此合作局面，不便言，又不忍不言，且言之不当，
寅恪且将不复来也。[1]

按：陈寅恪该年 2 月 28 日致傅斯年一函，谓已决定从香港"迁内地"，待赴重庆会议后，"如有暇则赴李庄一看情形，以为迁居之预备。大约昆明地太高，心脏不能堪。如不能去李庄，叙永不知如何？叙永情形在渝可详问杨金甫兄一切也。"[2] 3 月 14 日，梅贻琦致信陈寅恪，坚其返校之念："本年授课港校，一切都顺利否，时以为念。最近，此间消息谓尊眷或与光钦眷属移住川中，想因港中局势加紧，故作此避地之计，但嫂夫人及侄辈旅行计划何如？吾兄是否同来，抑待夏间课毕再返国内？此间同人皆极关心，而尤欢迎文驾之早日返昆也。联大自去冬以来，计划可称大定。除将一年级学生安置叙永上课外，原校各部分皆未移动，惟图书仪器大部送往近郊疏散，同人家属十九已移居乡下，故教师上课时间改排于星期一、二、三或四、五、六，使城乡来往者较得便利耳。舍间一小部分亦移居梨烟村（海源寺附近），弟每

---

1 《日记》上册，第 409 页。

2 《陈寅恪集·书信集》，第 76 页。案："杨金甫"，杨振声，西南联合大学常务委员会委员兼秘书长，后任西南联大叙永分校主任。

周偷闲去住二三日。"[1]

傅斯年平生最恨"拆台主义",且此时与陈寅恪之关系已迥异于前,不大可能替郑天挺关说;郑天挺身为西南联大总务长,做事既要认真,更要周全。因此,这封难以下笔的招募信,估计最终没有完成。

北大"挖人"计划虽未付诸行动,但其史料价值仍值得注意,因为仅此一端已足以证明郑天挺当年"处处调停""维持全校""弥缝三校"之良苦用心。[2]

陈寅恪"不愿任课"?不肯"指导研究生"?

对于陈寅恪的负面评价,最狠的一句大概是胡适的"文

---

1 《梅贻琦函陈寅恪(1941 年 3 月 14 日)》,见《国立西南联合大学史料》第四册《教职员卷》,第 407 页。案:"光钦",彭光钦,四川省长寿县(今属重庆)人,清华大学、西南联大生物学系教授。陈、彭两家眷属"移住川中"云云,不详。2023 年 1 月 2 日补案:陈寅恪 1942 年至 1943 年受聘于广西大学期间,曾与彭光钦在该校短暂共事。详《也同欢乐也同愁》,第 168—173 页;郑公盾编著、郑维整理《一代宗师马君武》,中国科学技术出版社 2019 年版,第 284、285 页。
2 《日记》下册,第 994 页。

章实在写的不高明"，¹ 紧随其后的可能要算傅斯年的那句
"不肯指导人"、不肯"指导研究生"（详后）。胡适的评语与
本文无关，掠过不论；傅斯年的狠话，涉及他与陈之间"伟
大而又曲折的友谊"（张旭东语）。辨析傅陈关系史的最好文
字，迄今为止，窃以为仍然要数张旭东的那篇长文——《陈
寅恪与傅斯年》。² 旭东的文字历来亲切而有味，《日记》带
来的若干新材料或许可以为他的长文增添新内容。

　　1939 年 5 月，北京大学决定恢复文科研究所，由中研院
史语所所长傅斯年兼任主任，北大郑天挺担任副主任。傅主
任工作太多，且经常去重庆，实际负责较多的是郑副主任。
文科研究所聘请了陈寅恪、傅斯年、汤用彤、杨振声、向达、
郑天挺等人担任导师，同年夏即开始招生。³ 此时的陈寅恪，
一身兼三职：西南联大（清华大学）教授、史语所兼任研究

1　胡适 1937 年 2 月 22 日日记："读陈寅恪先生的论文若干篇，寅恪治史学，
　　当然是今日最渊博最有识见最能用材料的人。但他的文章实在写的不高
　　明，标点尤赖〔懒〕，不足为法。"见胡适著、曹伯言整理《胡适日记全
　　编》第 6 册，安徽教育出版社 2001 年版，第 657 页。案："懒"，据中国
　　社会科学院近代史研究所中华民国史研究室编《胡适的日记》下册（中
　　华书局 1985 年版，第 539 页）校改。
2　张旭东《陈寅恪与傅斯年（上、下）》，连载于 2016 年 11 月 20 日、11 月
　　27 日《东方早报·上海书评》。2022 年 7 月 10 日补案：傅陈关系，一
　　直为学界所关注，最新的研究成果是黄三鲁所撰《陈寅恪傅斯年"交恶"
　　说辨正》，载 2022 年 7 月 10 日《南方都市报》。
3　《陈寅恪与郑天挺》，见《陈寅恪与二十世纪中国学术》，第 746 页。

员、北大文科研究所导师。

1939 年 8 月、1940 年 8 月，汪篯、王永兴先后被录取为北大文科研究所第一届、第二届研究生，[1] 由陈寅恪担任"主任导师"，郑天挺"亦以导师名义协助指导"。[2] 仅从《日记》来看，陈寅恪由于各种原因，对名下两位研究生的指导确实出现过"缺位"现象，反倒不如郑天挺认真、周到。

事关导师尽职与否——无论基于主观原因还是客观条件——的原则性问题，所以，必须用事实说话：

1939 年 7 月 20 日，北大文科研究所委员会开会，确定研究生报考初审及格者十人；8 月 5 日，笔试；8 月 6 日，口试；7 日、8 日，研究所开会，议决录取名单。[3] 傅斯年与郑天挺主持、参与全过程，陈寅恪因为赴港探亲而缺席。1940 年 8 月 15 日，第二届研究生笔试；16 日口试，"全体九委员出席"，晚餐后"开委员会导师阅卷委员联席会议"，审查研究生考试成绩，确定录取、备取名单。[4] 傅、郑全程参加，陈在港准备赴英讲学。

1939 年 10 月 20 日至 1940 年 6 月 16 日，便是导师陈寅

---

1 《日记》上册，第 176、300 页。
2 《陈寅恪与郑天挺》，见《陈寅恪与二十世纪中国学术》，第 747 页。
3 《日记》上册，第 169、175、176 页。
4 《日记》上册，第 299–300 页。

恪指导研究生汪篯的全部时间；而对研究生王永兴的指导，至少在时间、空间上都很难成为现实。当然，抗战胜利后清华复员，陈寅恪通过郑天挺要来汪、王（皆为北大教师）担任助手，两位学生再执弟子礼，亲炙于门下，[1] 则另当别论。

陈寅恪在西南联大时对汪篯的指导，目前还缺乏最直接的史料；郑天挺的履职情况，在《日记》中有如下记载（二人交往，另有数则，此略）：

1940 年 6 月 16 日：

> 明日研究生考试，汪篯本由寅恪为主任导师，余辅之，寅老明日往香港，以试事嘱余。下午拟四题：……头闷甚，偕莘田步翠湖半匝而归。[2]

1941 年 2 月 23 日：

> 坐金华庵侧茶居，小坐读报，知昨日敌机四十架，分五批轰炸个旧及滇缅路西段，公路被毁甚长。十一时起行，十二时一刻抵龙泉镇宝台山。先至所内，与阴法鲁、杨志玖、阎文儒、王永兴、逯钦立谈，钦立患疟，

---

1 详《也同欢乐也同愁》，第 213 页。
2 《日记》上册，第 280–281 页。

差痊矣。更至观音殿，与王玉哲、周法高谈，王明、董
庶、汪篯在城，李埏还里未返。诸生情形尚佳。[1]

而对于王永兴，或许是因为已经知道陈寅恪一时难以返
滇，郑天挺对他的指导似乎更加用心尽力：

1940 年 10 月 6 日：

> 王永兴来，询作业。[2]

1942 年 7 月 2 日：

> 晚出王永兴年考试题。永兴导师为寅恪、觉明，寅
> 恪不在，觉明将去，乃以嘱余。本年其所留意者为姚
> 崇与张说交恶问题、都兵问题、募兵问题，乃就以问
> 之。……凡此盖均就其注意点以外启迪之，欲其更注意
> 及此也。旬后尚有初试，故较易。[3]

1942 年 9 月 24 日：

1 《日记》上册，第 384 页。
2 《日记》上册，第 322 页。
3 《日记》上册，第 574–575 页。

出王永兴初试试题，其论文为《中晚唐募兵制度》，凡出三题另附。[1]

1942 年 9 月 30 日：

王永兴君初试试题
论文部分
……
唐史部分
……[2]

1943 年 6 月 18 日：

晚饭后王永兴、汪篯来谈。[3]

1943 年 9 月 16 日：

---

1 《日记》上册，第 611 页。
2 《日记》上册，第 613–614 页。
3 《日记》下册，第 709 页。

　　十至十一时授隋唐史，此课与汪籛、王永兴同授。[1]

　　说完陈寅恪对于指导两位研究生的"缺位"，再回到傅斯年的那些狠话上来。

　　1942 年 4 月底，陈寅恪"忽得朱家骅营救之秘密电报"，5 月 5 日携家逃离香港，历经磨难，6 月 18 日才抵达桂林。[2]随后，他接受了广西大学之聘（中英庚款会在该校设立之讲座），结果引起傅斯年的强烈不满。

　　8 月 14 日，傅斯年致函陈寅恪，指责他返程一拖再拖，支专任研究员全薪却在广西开设讲座尤其违反史语所组织通则。[3]一并抄寄给陈的，还有傅氏同日复武汉大学（时在四川乐山）张颐函。傅在复张函中，丝毫不掩饰对陈之不满，且代替陈回绝了武大的邀请：[4]

　　　　弟于寅恪之留广西，心中亦不赞成，然寅恪既决定如此，故前次致弟信，弟即转托杭立武兄矣。至于明年

1　《日记》下册，第 736 页。
2　《也同欢乐也同愁》，第 164–168 页。
3　详王汎森、潘光哲、吴政上主编《傅斯年遗札》第三卷，台湾"中央研究院"历史语言研究所 2011 年版，第 1302–1305 页。
4　2023 年 1 月 2 日补案："武汉大学（时在四川乐山）张颐"，拙文 2018 年初刊时误作"广西大学张颐校长"，谨此更正。

寅恪入川（亦要看他夫人身体如何），弟等固极愿其在李庄，然如贵校确有何等物质上之方便，于寅恪之身体有益者，亦当由寅恪兄自决之，只是两处天气、物质，恐无甚分别，而入川之途，乐山更远耳。且为贵校办研究所计，寅恪先生并非最适当者，因寅恪绝不肯麻烦，除教几点钟书以外，未可请其指导研究生（彼向不接受此事），而创办一研究部，寅恪决不肯"主持"也。弟所见如此，此信及惠书均抄寄寅恪矣。[1]

傅在给陈的信中则说，武汉大学为了请他前去乐山主持研究所，张颐、王星拱、吴其昌最近"连来三信"，之所以"抄奉"复张一信，是希望陈"直告张以资实"，免得武大"再来信不休"。[2]"绝不肯麻烦""向不接受此事""决不肯主持"等等话语，是否真的原样"抄寄"，陈寅恪夫妇接信后作何感想，材料所限，皆难遽断。

8 月 31 日，傅斯年致叶企孙一函仍语带嘲讽：

寅恪就广西大学之聘，弟不特未加以阻止，且他来信派弟写信给杭立武兄，弟即办了。弟一向之态度，是

---

1 《傅斯年遗札》第三卷，第 1306 页。

2 《傅斯年遗札》第三卷，第 1302–1303 页。

一切由寅恪之自决，（实则他人亦绝不能影响他，尤其不能影响他的太太。）彼决后，再尽力效劳耳。其实彼在任何处一样，即是自己念书，而不肯指导人，（本所几个老年助理，他还肯说说，因此辈常受他派查书，亦交换方便也。一笑。）但求为国家保存此一读书种子耳。弟知他一切情形极详，看法如此。[1]

傅斯年放炮仗一般的言辞，郑天挺是否知晓，目前还不得其情。不过，从《日记》里的一条记载来推测，陈寅恪、向达等人"不愿任课"似早已为众友人所习知。郑天挺 1940 年 12 月 20 日的日记留存了汤用彤（锡予）的一条建议：

午间与锡予谈，锡予主以祝适之先生五十寿为名，请在美诸友向国外捐款五万至十万美金，为北大文科研究所基金设专任导师，凡不愿任课之学者，如寅恪、宾

---

1 《傅斯年遗札》第三卷，第 1313–1314 页。2022 年 7 月 10 日补案：黄三鲁《陈寅恪傅斯年"交恶"说辨正》有云："杨铨（号杏佛）、丁文江（字在君）是叶企孙之前的两任总干事，傅斯年称赞二人不曾干预史语所的内部事务，而反观叶企孙，未经作为史语所所长的傅斯年同意，就给陈寅恪发专任聘书，岂能为作风霸气的傅斯年容忍？因此，傅斯年要对叶企孙直接表达不满，以其风格，更不能不有示威的动作。陈寅恪收到的聘书引发了风波，忹傅斯年怒气的绝大部分，显然并不在陈寅恪的身上。"可参阅。

四、觉明诸公，皆延主指导。此意甚善，日内当与孟邻师详商之。[1]

"诸公"因各种因素作用而"不愿任课"，原本无可非议；但主事者为此有所苦恼，的确也有其情理在。缘于此，即便《日记》的这则新材料貌似更多地倾向于支持傅斯年的批评，依然动摇不了我对张旭东观点的认同：

> 我相信，以傅先生之资历、人品，其言必有所据，虽与其他大量记载不符，但傅先生所言当有其事。不过究其实，似非陈寅恪先生自私高傲不指导人，而由于其他事由，也有不指导人的时候。傅先生如此说，当非无中生有，而是夸大其词。[2]

---

1 《日记》上册，第 354 页。案："适之"，胡适；"宾四"，钱穆。
2 张旭东《也相倚靠也相难：陈寅恪与傅斯年（下）》，载 2016 年 11 月 27
  日《东方早报·上海书评》。2024 年 2 月 15 日补案：这段文字，张旭东
  后来调整了个别措辞，详张著《藕香零拾》，上海文艺出版社 2023 年版，
  第 69 页。

《日记》之外的"日记"值得期待

《日记》之外，郑天挺应该另有"日记"——1938 年 1
月 1 日之前、1946 年 7 月 14 日之后。它们的整理、出版，
同样值得期待。限于篇幅，以下试举两例，他者不难类推。[1]

1　郑天挺 1953 年初次读罢《元白诗笺证稿》后所作笔记，郑克晟曾在《陈
　　寅恪与郑天挺》一文中予以披露。笔者在《〈夏鼐日记〉里的"陈寅恪
　　话题"》中摘录了该条笔记的前半部分，现将后半段移录于此，借而窥
　　见郑氏未刊日记（笔记）之价值。郑克晟《陈寅恪与郑天挺》有谓：20
　　世纪 50 年代初，"全国高等院校教师思想改造不断升温，其中多以不点
　　名的方式批评陈老。说什么'目前尚有人在研究杨贵妃入宫前是否处女'
　　云云，以揶揄之。郑老多次闻此后，亦觉奇怪，不太相信陈老会'闲逸
　　至此'。1953 年 5 月 19 日夜晚，郑先生向同系之谢国桢先生借到陈老之
　　《元白诗笺证稿》一书。"读完该书后，他写了如下的读书笔记："晚读陈
　　寅恪先生《元白诗笺证稿》，极精。近来学者每举寅老考证杨太真入宫是
　　否处女为史学界之病态，颇多诽议，具有诋諆之意。……所谓考证太真
　　事，在第一章'长恨歌'中，盖考太真入宫始末，因而辨及朱彝尊《曝
　　书亭集》五十五《书杨太真外传后》，所据《旧唐书》五十一'后妃传'：
　　'（开元）二十四年（武）惠妃薨'之误（应为二十五年十二月丙午薨）。
　　朱氏以为太真在二十四年惠妃卒后即入宫，未尝先至寿王邸，故以张俞
　　《骊山记》所言'妃以处子入宫'为可信。陈氏辨武惠妃卒于二十五年
　　十二月，太真为道士最早亦在二十六年正月二日，或如《新书》所言在
　　二十八年十月，不能在二十五年正月也。陈氏之辨仅此。但有朱氏'妃
　　以处子入宫，似得其实之论，殊不可信从也'一语。此章凡十八页，约
　　二万余字（所占字数为二万六千字，有空格）。谈太真入宫者三叶，约
　　三千字，而兼涉他事。不应举此为病。书中考证社会生活及工业技术尤
　　精，更不应抹煞其工力也。"郑克晟总结如下："由此可见，即使是在当
　　时那样的学术批判惟恐不及之大环境下，郑先生也是最了解陈（转下页）

例一：陈三立为郑天挺书写横幅。

郑天挺曾自称，抗战前，陈寅恪之父陈三立老先生曾
为他书写"史宦"之横幅，他一直郑重地悬于屋中。此事自
2000 年由其子首次披露，至今难详内情，李开军《陈三立年
谱长编》征引极为博赡，对此也难涉及，看来只能留待"日
记"还原当年情景。

《日记》仅有一处与陈三立有关，事在 1938 年 1 月 18 日，
时郑天挺任长沙临时大学教授：

> 午莘田、雪屏约逖羽在长沙酒家饮馔，余及矛尘、
> 廉澄、建功陪坐。壁间悬有李梅盦（瑞清）联、陈散原
> （三立）诗扇。李联书于宣统元年，严整有逸趣，与晚年
> 所作若丘引状者迥殊。陈扇作于光绪七年，其少年作也，
> 极佳。散原老人于今秋（以阳历计则在二十六年）忧国
> 绝食，以致不起，对之肃然。[1]

于此既可见郑天挺对陈三立之敬重，又可见郑氏对于书

（接上页）先生的，他对陈此书的评论，也是很中肯的。"见《陈寅恪与
二十世纪中国学术》，第 748–750 页。案：郑天挺 1953 年 5 月 19 日读
书笔记，"杨太真入宫"后似脱"前"，此暂仍旧。

1　《日记》上册，第 7 页。案："逖羽"，樊际昌；"矛尘"，章廷谦；"廉澄"，
赵廼抟；"建功"，魏建功。

法确有心得。

例二：1948 年底陈寅恪飞离北平前夕，郑天挺、邓广铭与之夜话道别。

1948 年 12 月 15 日，陈寅恪携家人与胡适同机飞离北平。此前数日之情景，陈寅恪的女儿们是这样回忆的：

> 1948 年 12 月，战火逼近北平。
>
> 13 日星期一上午，清华大学及附属成志小学各年级的师生正在上课，流求、美延分别在自己教室里听课。大约 10 点到 11 点钟时，隆隆炮声，由远而近，越来越清晰，老师宣布停课，叫小学生们回家去别乱跑。流求骑车回家，见母亲、美延正忙着收捡几件随身换洗内衣，以及父亲的文稿箱等。父母告知，听说傅作义军队将要在清华驻防，这里难免有炮火，父亲是盲人，不像正常人行动灵便，我们得赶快进城，到大伯母家暂避。母亲找来一辆汽车，匆忙吃点东西，汪篯原住在我们家中未离开，父亲在他搀扶下上了车，并托他暂时照看几天这个家，待时局稳定，我们就马上回来，汪先生目送我们的车子开走。虽然父亲不久前有去南方的想法，但在这一天如此仓促地离开清华园，纯属临时决定。前一天 12 日是星期天，流求、美延都在家，全家没有说起也未作任何离开的准备，这次也只是打算去城里大伯母家暂住

几天，所以每人只有身上穿的一套冬衣，其他衣物都没有带。车快到旧校门，遇上陈庆华，他正骑着自行车往我家来，于是告诉他，我们现在进城避几天炮火。此次，汪篯、陈庆华两位先生看见我们离开。当日在大伯母家过夜。

第二天，胡适伯父请邓广铭先生寻找我们。邓先生通过俞大缜表姑才问到大伯母家地址，找到我们，告知国民政府由南京派飞机来接胡适等，交通部长俞大维带口信要陈寅恪一家随此机离开战火中的北平。父母与新午姑、大维姑父向来关系至为密切，相知笃深，听闻邓先生此话，稍做考虑后便随邓先生往胡适寓所，愿与胡先生同机飞离。据说飞机已降落南苑军用机场，遂驱车至宣武门，守军不让出城，于是仍折回胡宅。胡伯母招待我们吃晚饭并住下，胡伯父则忙得不可开交，不是电话便是有人来找或是安排事情。……这天夜里，父亲与郑天挺、邓广铭两位伯父彻夜长谈，几乎没有睡觉。[1]

而在邓广铭的记忆中，事情经过是这样的：

---

1 《也同欢乐也同愁》，第 228—230 页。

1948 年 12 月初，解放军占领了北平近郊，清华大学已经宣告解放。12 月 13 日，南京政府的教育部致电北大校长胡适，说第二天将派专机到南苑机场迎接，并请他邀陈寅恪先生一家同行。胡电清华问讯陈先生的情况，清华告以陈先生已经进城，但不知他住在哪里。14 日午间，胡到我家，问我能找到陈先生否，我答以可能找得到。随即到俞大缜教授处问明陈先生的大嫂（陈师曾先生遗孀）的住处（现已忘记，仿佛是东四北礼士胡同某号），我估计陈先生一家必在那里。到那里果然看到了陈先生，我把事情原委说了之后，便问他是否肯与胡同走。他答说："走。前许多天，陈雪屏曾专机来接我。他是国民党的官僚，坐的是国民党的飞机，我决不跟他走！现在跟胡先生一起走，我心安理得。"（按：到北平迎接胡的专机乃是由教育部派出的，而胡适又毕竟不是国民党官僚。于此也可看出陈先生总是要尽可能与国民党保持距离。）他本说，稍事午休即雇车前去东厂胡同胡宅，要我先回胡宅复命。我到胡家，胡即告以专机已到机场，深恐陈先生到迟了便赶不及了。不料说话间陈先生的全家便已到来。胡陈两家立即乘北大汽车出发。不料到宣武门时，城门紧闭，守门军队不肯放行。胡用电话与傅作义联系，亦未找到傅的所在。遂又原车返回东厂胡同。

这天晚上，陈先生全家都宿于东厂胡同，准备明早再走。我去与陈先生话别，他向我说："其实，胡先生因政治上的关系，是非走不可的；我则原可不走。但是，听说在共产党统治区大家一律吃小米，要我也吃小米可受不了。而且，我身体多病，离开美国药也不行。所以我也得走。"

胡在晚间与傅作义通了电话，约定明早到中南海他的司令部换乘他们的汽车，又经傅下命令给宣武门的守卫部队，遂得抵达南苑机场而飞往南京。[1]

两相比照，疑点浮现：1948 年 12 月 14 日夜间，郑天挺是否与邓广铭同在胡适寓所？陈、邓、郑三人是否"彻夜长谈，几乎没有睡觉"？谜底，看来只能留待"日记"来解开。

1　邓广铭《在纪念陈寅恪教授国际学术讨论会闭幕式上的发言》，载纪念陈寅恪教授国际学术讨论会秘书组编《纪念陈寅恪教授国际学术讨论会文集》，中山大学出版社 1989 年版，第 37 页。案："俞大缜"，原书误刊作"余大缜"，现予径改。

陈君葆日记里的陈寅恪 [*]

陈君葆（1898—1982），香港知名爱国学者，广东省香山县（今中山市）三乡平岚人。11 岁赴港，肄业于皇仁书院，1921 年毕业于香港大学文学院。1934 年起，任香港大学冯平山图书馆主任兼文学院教师，直至 1956 年退休。在港大任职期间，除与许地山（1894—1941）、马鑑（1883—1959）等人共同推进中文教育变革之外，陈君葆还积极参加社会活动，是香港新文字学会、港大中文学会、香港中英文化协会、华人革新协会等社团的重要成员或领导人。1941 年

---

* 2022 年 1 月 10 日完稿，7 月 16 日修订，10 月 10 日再修订，2024 年 2 月 15 日定稿，5 月 11 日增补。此为首次刊发。

参加宋庆龄发起组织的"保卫中国同盟"，担任宣传工作，用各种方法推动筹款，支援抗日战争。日寇侵占香港时期，陈君葆不顾个人安危，设法护存冯平山图书馆馆藏图书，又搜集、接收其他院校和有关部门的书籍进行保护。1949 年中华人民共和国成立后，陈君葆踊跃参与爱国事务活动，历任广东省政协委员、全国文联委员、广东省文联委员，受聘为广州暨南大学及香港一些爱国学校的校董。1951 年、1955 年和 1956 年，陈君葆或组织、率领香港青年回国参观，或陪同香港大学英籍教授到北京访问，数次获得周恩来总理等中央领导人的接见。1963 年，他在新华社香港分社的直接指导下，创办英文杂志《世界文摘》，向世界宣传新中国。1982 年，逝世于香港。[1]

　　陈君葆能文能诗，勤于述作，长于翻译，终生坚持撰写日记，各类著述总计超过一千万字，经其后人整理出版者，主要有《陈君葆日记全集》[2]《陈君葆全集》（内含《诗歌集》

1　据谢荣滚等《陈君葆先生小传》，载陈君葆著、谢荣滚主编《陈君葆日记全集》卷一，商务印书馆（香港）有限公司 2004 年版，第Ⅲ－Ⅳ页。

2　陈君葆著、谢荣滚主编《陈君葆日记全集》（全 7 卷），商务印书馆（香港）有限公司 2004 年版。案：在此之前，谢荣滚曾截取陈君葆 1933 年至 1949 年的日记，整理为《陈君葆日记》（上、下册），1999 年由商务印书馆（香港）有限公司出版。本文所据，为后出之《陈君葆日记全集》。

陈君葆

《文集》《书信集》）[1] 等。其中的"日记"，起自 1932 年，止于 1982 年，展示了 20 世纪 30 至 80 年代香港的"全息图景"或某一"侧面"，文献价值极高，最受学界关注。[2]

抗战时期，陈君葆曾与陈寅恪（1890—1969）在香港大学短暂共事，陈寅恪返回内地后，两人仍断断续续维持了较长时间的往来。关于二人的交往，香港作家、报人罗孚较早有所涉及；[3] 香港学者周佳荣则根据陈君葆日记，做过专题研究；[4] 广州学者胡文辉也曾撰有专文，解决了陈寅恪晚年去留的疑难问题。[5] 珠玉在前，原本无需再添瓦石，不过，细

---

1 陈君葆著，刘秀莲、谢荣滚主编《陈君葆全集》（全 6 册），广东人民出版社 2018 年版。

2 参阅以下三篇文章：周佳荣《大时代的证言——陈君葆及其日记（1933—1949）》及《新时代的期待——从〈陈君葆日记全集〉看香港与世界》，见《陈君葆日记全集》卷一，第 V-XXV 页；胡从经《新文化运动在香港回响与勃兴的实录——读〈陈君葆日记〉》，见《陈君葆日记全集》卷七，第 601-620 页。

3 罗孚《陈君葆与许地山陈寅恪》，载 1994 年 11 月 9 日香港《大公报》，后收入张杰、杨燕丽选编《追忆陈寅恪》，社会科学文献出版社 1999 年版，第 398-399 页。

4 周佳荣《从〈陈君葆日记〉看陈寅恪在香港期间的活动》，载《当代史学》第 5 卷第 1 期（2002 年 3 月）；周佳荣《国学大师陈寅恪的港穗因缘——〈陈君葆日记全集〉史料大披露》，载 2005 年 3 月 10 日《南方周末》。

5 胡文辉《陈寅恪 1949 年去留问题及其他》，载 2009 年 5 月 24 日《东方早报·上海书评》，后收入胡著《人物百一录》，浙江大学出版社 2014 年版，第 210-224 页。

究陈君葆日记,相关内容仍有补苴罅漏之必要。以下逐日铺排日记中与陈寅恪往还或有关之记载,根据需要配以长笺短释,以期呈现一部"二陈"交往之集大成式编年事辑。

1938 年 2 月 3 日

向庚款会请款发展中文学系的详细计划书,今晨到图书馆打好送给许先生签字送到副校长处后,到中文学院来上课,许先生和陈寅恪徐森玉等已在我的办公室等了好久了,我真有点不好意思。陈寅恪藏有光绪年间"福建台湾巡抚关防"银印一方及唐景崧回上海后手上李高阳书一通,均富有文献价值,因怕人家觊觎或别生枝节遂拟寄存图书馆内。下午我把关防和北平等古斋收据(陈以二百二十金从古董铺买来)封交总务主任并附函说明来历,刚交出去后,芬尼颜已出席校务会议去了,这印因此不能不暂放写字间陈君处,因此心里有点不自在。[1]

按:1937 年 8 月,国民政府教育部决定由国立北京大学、清华大学和私立南开大学合组长沙临时大学,三校师生辗转赶往长沙。陈寅恪挈妇将雏,历经磨难,于 11 月下旬抵达长沙。因战事告急,次年 1 月,长沙临时大学奉命迁往

---

1 《陈君葆日记全集》卷一,第 374 页。

昆明，改名为国立西南联合大学。陈家再次登程，由长沙经桂林、梧州，1月末到香港，暂住一旅店。许地山、周俟松（1901—1995）夫妇登门探视，很快在许家附近代为租好房子，并帮忙置备必要的用具。陈寅恪考虑到妻子唐篔（1898—1969）素有心脏疾患，云南地处高原，于心脏病患者极为不利，决定只身赶赴云南蒙自授课，妻女"暂时留在香港"。[1]

"图书馆"，香港大学冯平山图书馆。"许先生"，许地山，时任香港大学中文学院中国文史学系（简称"中文学系"或"中文系"）系主任。"副校长"，时任香港大学副校长（副监督）Duncan Sloss，一般译作"邓肯·斯洛斯"，[2] 在陈君葆日记中又写作"史洛司""史洛斯""史洛士""史乐诗""史洛诗""史罗诗"或"施乐诗""施乐斯"等。[3] 早在1937年12月，"为发展中文学系"，许地山"向副监督献议向庚款会请补助费八万元"，嘱陈君葆"从事起草计划书"。[4] 徐森玉

1　陈流求、陈小彭、陈美延著《也同欢乐也同愁：忆父亲陈寅恪母亲唐篔》（以下简称《也同欢乐也同愁》），生活·读书·新知三联书店2010年版，第119、133–141页。

2　伊斯雷尔·爱泼斯坦著、沈苏儒译《宋庆龄：20世纪的伟大女性》下册，新星出版社2015年版，第52页。

3　详《陈君葆日记全集》卷一，第321、323、347、360、406、452、453等页。

4　《陈君葆日记全集》卷一，第350页。

（1881—1971），文物学家、文献学家，抗战时避居香港，护存、抢救大量珍贵文献。"福建台湾巡抚关防"银印，为唐筼祖父唐景崧（1842—1903）任台湾巡抚时所用之物，1929年陈寅恪在北平琉璃厂"淘"到此印。[1]"李高阳"，即晚清大臣李鸿藻（1820—1897）。"芬尼颜"，又作"芬匿颜""芬尼汗""芬尼干"等，时任香港大学总务主任（又称"总务处长""注册官""注册主任"）。[2]"陈君"，应为港大办事职员。

又按：《陈君葆日记全集》之标点符号，颇多可再作调整者。为存原貌，现暂仍旧，确有必要者，另行出注。

1938 年 2 月 4 日

晨早到中文学院急致电话与芬尼汗问曾否收到银关防，他答说不曾，我心里有点忐忑不安，后来请他查问一下才知写字间的陈某竟忘却交出与他了。这银印本来可以放在图书馆中的古物陈列室的，但陈寅恪也许是地山——一定要把它送到总务处的夹万去不审何故。[3]

按："夹万"，广东方言，保险柜、保险箱。

1　《也同欢乐也同愁》，第 66-68 页。

2　详《陈君葆日记全集》卷一，第 183、233、243、315、326、375、438、457、501 页。

3　《陈君葆日记全集》卷一，第 375 页。

1940 年 8 月 15 日

晨晤许先生，他说庚委会拨款若干与港大，施乐诗拟聘陈寅恪在港大任哲学教授一年为期，待遇月薪五百元，这在目前情况倒不为过，惟陈为清华教授能否接受仍须由清华决定。这事许变了作中间人。[1]

按：1940 年 6 月，陈寅恪从西南联大返回香港，"准备暑假后依旧赴英国就牛津大学之职"。旋即接中英庚款董事会总干事杭立武（1903—1991）来电，转述驻英大使郭泰祺之语，"因时局关系可请假一年"，英方"未将入境许可书寄来"，"其不能去意义至明显"。另一面，"滇越路断，回滇益难"。两难之际，"幸得杭立武与香港大学商洽，并得许地山周旋，聘为客座教授 Visiting Professor，每周约两节课。每月薪水港币三百元，曾欲月俸五百元，无法办到，全由中英庚款会支付。"陈寅恪遂暂留香港，"再也没有重返昆明"。[2]

1940 年 9 月 26 日

林天任来访，他对于新文字和中英文化协会的活动都问到，我举实况语他后，并告以陈寅恪在港大任客座

---

1 《陈君葆日记全集》卷一，第 536–537 页。
2 《也同欢乐也同愁》，第 157–158 页。

教授的事情并着他把消息发表。[1]

按：据语意，此"林天任"似是一名香港记者，疑即陈君葆同乡林天任，曾就读于中山乡村师范学校，1931 年"九一八"事变后，积极投身抗日宣传活动，[2] 后加入"中国青年新闻记者学会"（抗战时期中国共产党领导下的青年新闻记者组织，简称"青记"），1941 年在香港参与范长江创办《华商报》之事。[3] "新文字"，即"香港新文字学会"，旨在"拉丁化中国语"，成立于 1939 年 7 月，陈君葆当选为常务理事。[4] "中英文化协会"，指香港中英文化协会（中英文化协会香港分会），1939 年 5 月成立，许地山兼任主席。[5]

1940 年 10 月 18 日

晨八时许到图书馆，把各种事宜弄停妥后，地山先生来了，跟着誉虎也来了。……拾点来宾都齐集了，有

1　《陈君葆日记全集》卷一，第 542 页。

2　详中共小榄地方史征编组著《中国共产党小榄地方史（1924—2008）》，广东人民出版社 2012 年版，第 30 页。

3　参阅下列二文：冯英子《"青记"当年》，载《新闻大学》2002 年第 1 期；陆浮《范长江和〈华商报〉》，载胡愈之等著《不尽长江滚滚来——纪念范长江文集》，群言出版社 1994 年版，第 126—131 页。

4　《陈君葆日记全集》卷一，第 459—460、468—469 页。

5　参阅陈君葆 1939 年 5 月 26 日、6 月 5 日、7 月 21 日日记，见《陈君葆日记全集》卷一，第 452、453、465 页。

罗旭和、罗文锦、傅士德和勃朗教授，陈寅恪也从九龙过来，这甚为难得。许先生主席请叶恭绰致了开幕词后则由他剪彩开放与各人参观。[1]

按：此为港大教授罗拔逊之个人画展。[2]"誉虎"，即叶恭绰（1881—1968）。当时，陈寅恪一家租住在"九龙太子道369号三楼后座"，地处太子道末端。[3]"港大则在香港岛薄扶林道，返校必须先乘公共汽车到码头，渡海之后再乘电车到港大附近，路途遥远，全程需要近两小时。"[4]本年3月12日，陈寅恪致刘节函有云："弟心脏病仍未痊，此病甚剧，颇以为虑也。"[5]11月14日致陈槃函仍称："弟旅港以来，几无日不在病中，又须奔走授课，益觉劳倦。"[6]陈君葆所云"甚为难得"，完全是写实笔法。

"罗旭和、罗文锦、傅士德和勃朗教授"，均为陈君葆港

1　《陈君葆日记全集》卷一，第546页。

2　据陈君葆1940年9月25日、10月17日日记，详《陈君葆日记全集》卷一，第541、545页。

3　《也同欢乐也同愁》，第155-156页。

4　周佳荣《国学大师陈寅恪的港穗因缘——〈陈君葆日记全集〉史料大披露》，载2005年3月10日《南方周末》。

5　陈寅恪《致刘节（一）》，见陈寅恪著、陈美延编《陈寅恪集·书信集》，生活·读书·新知三联书店2015年版，第224-225页。

6　陈寅恪《致陈槃（二）》，见《陈寅恪集·书信集》，第230页。

大同事。"傅士德"，又作"阜士德"，香港大学教育系教授。[1]

1940 年 10 月 23 日

课程委员会开会时间今日废的最多，从英皇书院出来时已是四点半，来不及去听陈寅恪的演讲了。[2]

按：参阅下引"1941 年 1 月 5 日"条。

1940 年 11 月 1 日

四点半左右与赖宝勤两人到罗文锦的公馆，则那里已有好些人早已来了，胡恒锦也由先到，司徒永觉夫人也来了。过了不久许多会员都齐集；天气虽然阴沉，但还好不至于下雨。大家都坐下来了，史沫黎女史才到，她和陈寅恪两人是今次游园会唯一的外宾。[3]

按：司徒永觉，即 Percy Selwyn-Clarke，英国人，时任港英政府医务总监；其夫人 Hilda Browning（希尔达·布朗宁，又称海弥达·沙尔文–克拉克夫人），1938 年应宋庆龄之

1　参阅：陈君葆 1936 年 2 月 17 日、2 月 19 日日记，详《陈君葆日记全集》卷一，分见第 232、234 页；陈君葆《车过粤北引起的思忆》，见《陈君葆全集·文集》上册，第 159–160 页。
2　《陈君葆日记全集》卷一，第 547 页。
3　《陈君葆日记全集》卷一，第 548 页。案："也由先到"疑有错讹，此暂仍旧。

邀加入"保卫中国同盟"。[1] "史沫黎"，即史沫特莱（Agnes Smedley，1892—1950），美国女作家、记者。

1940 年 11 月 22 日

今日中文学会假薄扶林运动场欢迎陈寅恪，我到的最早，好些时没有走进那里去了，今日天气陡变吹的很劲的东北风，向晚的云似乎表示做下雨的模样，我站在球场沿边的铁丝网里边望望海面却异样的平静，默示着战时可怕的寂静。香港过去的繁荣，好些年前做学生时期的光景一时都呈现在回忆的脑际。运动场里今天没有人来玩球，觉得格外的孤寂，左顾右望不禁有点悲从中来，但这悲感也许是因为看见屠场里的牛群而引起的。世界岂不一样地是个屠场么？究竟谁是刀俎，谁为鱼肉！

散会后许先生陪陈寅恪先走，我和吴正廷等冒雨步行回图书馆。[2]

按："中文学会"，香港大学中文学会。"吴正廷"，冯平山图书馆工作人员。

1　此节据以下文献综合而来：上海宋庆龄故居纪念馆编、邓广殷口述、郑培燕撰文《永不飘逝的记忆——我家与宋庆龄事业的情缘》，东方出版中心2013年版，第4页；《宋庆龄：20世纪的伟大女性》下册，第51页；《陈君葆日记全集》卷二，第18页。

2　《陈君葆日记全集》卷一，第551页。

1941 年 1 月 5 日

午前校读所成的陈寅恪先生武曌与佛教一文的英译稿。[1]

按：前述陈寅恪 1940 年 10 月 23 日所作演讲，即《武曌与佛教》。陈氏此文，1935 年 12 月刊发于《历史语言研究所集刊》第五本第二分。[2] 从陈君葆日记来看，陈寅恪当天应该是用中文演讲的，事后才由陈君葆翻译为英文。周佳荣《国学大师陈寅恪的港穗因缘——〈陈君葆日记全集〉史料大披露》有云："据说他这次是用英文演讲"，"讲稿或许是陈君葆替陈寅恪译为英文的"。证以陈君葆日记，此说似乎缺乏有力的证据。又，陈寅恪 1931 年 2 月 13 日致傅斯年函自言："弟英文不能动笔，否则亦不偷懒也。"[3] 1932 年 5 月 26 日致函罗香林时又称："至外国文字，弟皆不能动笔作文，尚希谅之。"[4] 皆可作为陈寅恪未必能够熟练使用英文演讲、

---

1 《陈君葆日记全集》卷二，第 3 页。
2 《武曌与佛教》，后收录于《金明馆丛稿二编》。
3 陈寅恪《致傅斯年（二十）》，见《陈寅恪集·书信集》，第 41 页。
4 陈寅恪《致罗香林（五）》，见《陈寅恪集·书信集》，第 145 页。

撰文之旁证。[1] 至于此英译稿作何用途，[2] 则仍待查究。

1941 年 2 月 4 日

　　许先生请吃饭原来大排筵席，陈寅恪先生言几不知原来今日系许先生生日也。陈亦素的太太真的是二十多

1　据学者宗亮调查发现，台湾中研院傅斯年图书馆所编"整编史语所档案目录"显示，大约仍有近 50 封陈寅恪致傅斯年信函、电文未被《陈寅恪集·书信集》收录。尽管这批信函、电文尚未完整披露，但从史语所工作人员所编"摘由"可以了解信件的大致内容。其中一封日期署为 10 月 21 日（大约写于 20 世纪 30 年代）的信函，"摘由"作"函达关于《韩愈与唐代小说》一文事，想须作罢"；另一封日期署作 11 月 16 日，"摘由"为"函达拙文论韩愈者固可不向美人发表，姑存之箧中以待改定"。《韩愈与唐代小说》是陈寅恪用中文写成的一篇论文，后由 J.R.Ware 博士译为英文，首发于《哈佛亚细亚学报》（ *Harvard Journal of Asiatic Studies* ）1936 年第 1 期（1936 年 4 月）；再由程会昌（程千帆）译回中文，刊发于《国文月刊》第 57 期（1947 年 7 月）。宗亮以这两封信件的"摘由"为据，作出如下推断："如果仅从这些字眼来看，陈寅恪当时似乎并不是十分愿意在美国发表这篇论文，且希望'存之箧中以待改定'，不过，该文还是在 1936 年被发表，这似乎有点让人难以理解了。程千帆在译文卷首曾有一按语：'Ware 博士于吾华文学，所知似不甚深，故英译颇有疏失，行文亦间之费解。'翻译质量不精，这或许是陈寅恪不急于向美发表的原因之一。"（详宗亮《陈寅恪致傅斯年未刊函电透露的信息》，见宗著《近代史学家生平探微》，湖北人民出版社 2020 年版，第 30—37 页；参阅马幼垣《陈寅恪已刊学术论文全目初稿》，见胡守为主编《陈寅恪与二十世纪中国学术》，浙江人民出版社 2000 年版，第 608、613 页）由宗亮的研究结果稍作延伸，也许可以借而管窥陈寅恪的英文水平。

2　我的同事周建增博士提示："香港当时官方语用英语，校方似也如此，有无可能用于发表在校内刊物？"录存于此，留待他日验证。

年前从谭根在沙田坐飞机的洪美英讲起来犹令人想见当年的英气也。[1]

按:“许先生”,许地山。“陈亦素”,应为“陈乐素”(陈垣长子)之误。“谭根”,又名谭德根,美籍华裔飞行家。1915年8月7日、8日,谭根驾驶自制水上飞机在香港沙田举行飞行表演。8月7日下午,香港《循环日报》编辑洪孝充之女洪美英(1900—1973)搭乘该机飞上天空,被香港《华字日报》《中西日报》赞誉为“我国女界航空第一人”。[2]洪美英后与陈乐素(1902—1990)结缡,一度寓居上海。1938年初,陈乐素拟赴西南联大之聘,遂与洪美英携带几个孩子逃离上海,途经香港时,因故滞留。陈乐素由许地山介绍,在教会学校英华女校当老师,教语文和历史。1940年,陈垣完成《明季滇黔佛教考》,邀请陈寅恪作序,陈乐素居间传递信件,陈寅恪之序也由陈乐素工笔誊录转寄至北平。[3]

1 《陈君葆日记全集》卷二,第7页。案:首个“原来”似为衍文。

2 详陈智超《第一位上天的中国妇女——洪美英》,见王春瑜主编《古今掌故(一)》,四川省社会科学院出版社1986年版,第66-69页;关中人《第一位在东方上天的中国妇女——洪美英》,载关中人编著《中国妇女航空钩沉(1915—1949)》(恩平文史专辑),广东省中山图书馆、广东省妇女联合会、恩平县政协文史组1988年印行,第70-77页。又,陈君葆1954年12月11日日记仍有回忆:“少年时曾到沙田看谭根放飞机表演。”见《陈君葆日记全集》卷三,第364-365页。

3 详陈智超著《殊途同归——励耘三代学谱》,东方出版社2013年版,第53-55、152-159页。

据陈君葆日记，陈乐素、洪美英夫妇是日似也受邀出席许地山寿宴。

1941 年 8 月 7 日

今日见史乐诗，报告他许先生身后情况。关于找继人教许先生的功课一层，他说，陈寅恪仍是要到牛津去的，便是留港也许不能很久。[1]

按：许地山于该年 8 月 4 日逝世。

1941 年 8 月 14 日

清早陪了伍藻池到罗便臣道去看梁漱溟后，到图书馆，傅士德教授邀往谈话，他问我关于中文教授的继任人的意见，我说，就中国历史说自然以陈寅恪为最理想而且合适，至于行政方面仍以季明先生补缺为宜，他说很对，便决定如此向当局提出。回头我把这事对季明先生说了，并约好如有机会的话晚上也可以对杭立武一疏通。

晚七点五十分到大华，杭立武已先在，而罗文锦、许乃波都还没来。略寒暄后，便谈到许先生来，最后他竟问到继任人的问题来，我只得把早上对傅士德说的话

---

1 《陈君葆日记全集》卷二，第 19 页。

大略对他一述，他不作一语，我觉得难于说下去便转道："固然陈寅恪先生身体不好，但学校也许不会多给他钟点的。"他点头道："正是。"这样大家又复默然，我因接着说："不晓得庚委会和先生的意见怎样？"他说，我一时还不能发表。我觉得事情这样又起了波折，深悔当时不应该来的这样早，所以终席都觉得有点不快。[1]

按："季明先生"，香港大学中文学院教授马鑑，继许地山之后掌管中文学院。杭立武长期担任管理中英庚款董事会总干事，兼任中英文化协会秘书长，在陈寅恪留港任教、赴英就医等事上出力甚多。[2]

1941 年 8 月 15 日

上午往见副校长报告了那天许先生身后事宜讨论会经过情形。关于龄仲请求免费的一层，他说可由我与马先生具函，更由他副署递与教育司。他又问了好些关于樊新的话，我都一一答复了；我心里正怪他何以知的这样多。关于陈寅恪，他说，寅恪是一定要到内地去了，这是今天杭立武说的；我听了，没甚可说，只应了一个

---

1 《陈君葆日记全集》卷二，第 21–22 页。
2 参阅宗亮《陈寅恪英国就医相关信札考释》，见《近代史学家生平探微》，第 119–128 页。

"是"。出来时，闷闷不乐，想道：难道是我为人谋而不忠乎？现在如何补救呢？想了又想，只得去告诉马先生，请他和徐森玉商量看可否请誉虎一设法。[1]

按："马先生"，马鑑。"龄仲"，应作"苓仲"，许地山之子。"樊新"（又作棥新），许地山长女，生母为许地山第一位夫人林月森（生年未详，1920 年病故）。[2]

1941 年 8 月 16 日

晨到图，誉虎已先在，说起陈寅恪事，他说昨天看到杭立武，据谓港大无表示，所以不能为谋，我因把几次和史乐诗谈话经过并和傅士德、杭立武交换意见时情形向他细细说述，结果大家认定关键在杭立武一人，只要他不加以阻力，港大方面是不会有问题的。同时我又告诉了他昨晚陈翰笙告诉我的甚么拥梅运动，这当然不足虑，而他又说郑振铎欲谋这位置也未始不可能，但他若进来，一定会把事闹得不可收拾为止，这样看来，他很反对郑，不晓得甚道理。我们谈了很久，结果仍请誉老下午再向杭立武方面疏通一下，同时也不妨请他解释

1　《陈君葆日记全集》卷二，第 22 页。
2　秦贤次《台湾第一作家——许地山》，载何标主编《老北京台湾人的故事》，台海出版社 2009 年版，第 11–12 页。

信里"人事"究何指。

徐森玉请午饭，我因十二点要去见史乐诗，所以只好后去。出乎意料之外的，史乐诗告诉我，樊新的事，已由重庆国际学生会去完全关照，陈寅恪呢，则决定由大学聘他为中国史教授，详细办法回头由他和杭商量。闻言之下我一时觉得乐不可支，出来急坐车到牛奶公司去告诉森玉和季明。"好极了，好极了。"下午大家并去告诉誉虎。[1]

按："拥梅运动"，未详所指；"郑振铎欲谋这位置"，或指郑振铎（1898—1958）有意在港大担任教职？

1941 年 8 月 19 日

晨到文学院长的办公室去会齐季明先生和傅士德教授一同往见史乐诗商量聘请陈寅恪的事情，同时并谈到他的功课一问题。结果一切进行均甚顺利。出来时马先生说，这样我们倒干了一件快意的事哩，我说"真的'天意欲怜才'了"。

下午追悼许先生大会的发起团体会在冯平山图书馆开会，一切讨论均甚顺利，各项进行均如预定计划实现

---

1 《陈君葆日记全集》卷二，第23页。

并无阻碍。[1]

按：是年 8 月 26 日陈寅恪致傅斯年函略谓："近因许地山逝世，其所遗之中国历史课二门（共八点钟）由弟暂代，其余行政事务一概不管，大约月可得港币四百元，以近一年港地物价计（每月渐涨），想可敷衍（近一年来每月约费三百六十元上下），惟求其不生大病，则大幸矣。"[2]

1941 年 8 月 21 日

依约在尖沙咀码头会齐李凤坡、陈寅恪同到牛奶公司去午餐。季明已在那里早等，徐森玉也同来了。[3]

按："李凤坡"，即李景康（1892—1960），广东南海人，毕业于香港大学，曾任香港官立汉文中学、汉文师范学校校长，又曾任香港大学历届考试委员。[4]

1941 年 9 月 21 日

许先生追悼会定下午三点开，正当着太阳全蚀的时

1　《陈君葆日记全集》卷二，第 24 页。
2　陈寅恪《致傅斯年（四十七）》，见《陈寅恪集·书信集》，第 78 页。
3　《陈君葆日记全集》卷二，第 24 页。
4　此节据以下文献而来：《陈君葆日记全集》卷一，第 34 页；顾明远主编《教育大辞典 4》，上海教育出版社 1992 年版，第 551 页；陈乔之主编《港澳大百科全书》，花城出版社 1993 年版，第 550 页。

候。……挽联中以陈寅恪的乙对为最亲切有味，可谓情
文兼至：“人事极烦劳高斋延客萧寺属文心力暗殚浑未
觉；乱离相倚托娇女寄庑病妻求药年时回忆倍伤神。”[1]

按：许地山留港六年，校内校外各项活动之频繁、辛劳，
陈君葆日记多有记载，“人事极烦劳”洵为的评。“高斋延客”
云云，作为许地山挚友、同道的陈君葆，因往还密切，更觉
“亲切有味”。“萧寺属文”，梁羽生谓许氏曾在香港青山寺院
写过论文，金应熙称许氏喜欢在大屿山寺院避嚣作文，胡文
辉则说“此处指许氏曾寄居佛寺作研究”。[2] 相比之下，秦
贤次所述源自许氏家人、弟子的回忆，更为接近当年的场景：
“三十年（1941）七月中旬起，为集中精神完成《道藏子目
通检》长序《道教原流考》一文，独往沙田埋头写作，因工
作过度，辛劳致疾。八月四日，卒因心脏病发作，逝于香港
寓所，年仅四十九。”[3]

1　《陈君葆日记全集》卷二，第 28 页。

2　胡文辉著《陈寅恪诗笺释（增订本）》下册，广东人民出版社 2013 年版，
　　第 1210 页。

3　秦贤次《台湾第一作家——许地山》，载何标主编《老北京台湾人的故
　　事》，第 16 页。案：周俟松 1941 年 8 月 16 日所撰《地山的永别》有谓，
　　7 月 28 日，许地山“在沙田孜孜于写作”四天后返回家中，29 日凌晨时
　　分忽感不适，数日后辞世。虽在病中，许地山仍不忘嘱咐妻子：“你明天
　　教人送那看房子的尼姑托我买的东西去，不要教她们久等。”许氏弟子李
　　镜池 9 月 12 日所撰《许地山先生与道教研究》则云，许地山打算在该年
　　暑假写好《道书源流考》（《道藏子目通检》序）一文，“因为常（转下页）

　　"娇女寄庑""病妻求药"，梁羽生解作："1939 年，陈寅恪和妻女到香港，得许地山招待。寅老是要往西南联大教书的，但因其夫人当时正患心脏病，因此寅老只好单身前往昆明，把'娇女'和'病妻'托给许地山照料，寄寓许家。"[1] 梁氏所述，不尽真实：陈家留港数年，前后搬了六次家，并非"寄寓许家"。[2] 另据陈寅恪三个女儿回忆，1938 年 1 月末陈家抵港，"刚入住环球旅店，襁褓中的美延突然发高烧，怀疑出麻疹"，许夫人周俟松随丈夫到旅店探视陈家人，见此情形，主动提出把陈家大女儿流求、二女儿小彭接到她家暂住，以便隔离，并减轻陈氏夫妇的劳累。[3] "娇女

（接上页）常有人来找他，不能安闲的写作，所以要找个僻静的而又不太远的地方去住上几个礼拜，有时候要回来参考需要底材料，可把这底工作成，所以到沙田去"。可惜天不假年，"他底《道书源流考》没有写成"，在沙田写成的《〈无上秘要〉所引道书目录》成为"他最后的手稿"。（周文、李文，载全港文化界追悼许地山先生大会筹备会编印之《追悼许地山先生纪念特刊》，国际商业印务公司 1941 年版，第 23-25、18-23 页）由此可知，"萧寺属文"之"寺"，尽管名称不详，但只能坐落在沙田，而不大可能在其他地点——青山寺位于新界屯门，宝莲寺则位于大屿山。

1　梁羽生《陈寅恪挽许地山联》，转引自胡文辉著《陈寅恪诗笺释（增订本）》下册，第 1211 页。

2　详《也同欢乐也同愁》，第 140、141、148、151、154、155 页。

3　详《也同欢乐也同愁》，第 138-139 页。案：2018 年年初，陈流求在与沈亚明通话时仍然提及此事："有次美延发烧，大人们担心两个姐姐被传染。许伯母把流求和小彭接去，'在许家暂住了两个星期，就住在客厅里'。"见沈亚明《悼念陈寅恪长女陈流求》，载 2022 年 2 月 18 日《文汇报·文汇学人》（"文汇学人"微信公众号）。

寄庑"应指此，而非其他。

陈寅恪与许地山相识于何时，暂难遽断，不过，陈的舅父俞明震与许的父亲许南英都是唐景崧部属，同为台湾民主国之旧人，上代人的交谊自然会影响到下一辈。[1] 而周俟松之父周大烈（1862—1934），曾在陈家担任塾师，且与义宁陈氏三代人皆有交往，周、陈两家是典型的世交。[2] 有此因缘，陈家滞港期间，许氏夫妇屡屡施以援手。1939 年 5 月中旬某个雨夜，唐筼心脏病突然加剧，只得打电话向许夫人求救。次日清晨，周俟松请胡惠德医院的医生出诊，将唐筼抬上救护车，送院治疗。唐筼住院，周俟松送来汤水，还不忘劝慰开导，许家女儿燕吉也曾随着母亲一同探病。[3] "病妻求药"等事，或许陈君葆也有耳闻，所以才会赞为"情文兼至"。

《挽许地山先生》一联，现已收入《陈寅恪集·诗集》。[4] 又，陈寅恪应马鑑之邀，为撰《论许地山先生宗教史之学》一文，原载《追悼许地山先生纪念特刊》，[5] 后录入陈氏《金

1　参阅张求会《唐景崧内渡：一个让陈寅恪为难的话题》一文，见"陈寅恪四书"之一《馀生流转：陈寅恪的生前身后事》。
2　详李开军《义宁陈家的馆师》，载李宁宁、曾晓云主编《陈寅恪研究》，江西人民出版社 2018 年版，第 283–289 页。
3　详《也同欢乐也同愁》，第 150–151 页。
4　陈寅恪著、陈美延编《陈寅恪集·诗集（附唐筼诗存）》，生活·读书·新知三联书店 2015 年版，第 184 页。
5　《论许地山先生宗教史之学》，载《追悼许地山先生纪念特刊》，第 6 页。

明馆丛稿二编》。

1942 年 4 月 1 日

陈寅恪先生介绍张向天欲在图谋一席，张为渠高足，意欲罗致，惜为时稍晚，位置无从，怅然久之。[1]

按：陈寅恪此信幸存于世，原文作：

敬启者：

友人张向天先生前毕业于清华大学国文学系，品学兼优。复在港曾任民生学校教员，经验颇富。近日失业，生计窘乏，闻贵图书馆现正整理书籍，张先生若承遴任以充整理员之一，必能胜任愉快。特此介绍，即希鉴酌任用是幸！

专此顺候

君葆先生撰祺

弟陈寅恪敬启

四月一日[2]

---

1 《陈君葆日记全集》卷二，第 67 页。

2 《陈寅恪致陈君葆函》，见《陈君葆全集·书信集》下册，第 575 页。又，陈寅恪此札图片见《陈君葆全集·书信集》上册卷首（插图第 19 页），从图片可知，原信由陈寅恪亲手写就。2024 年 5 月 11 日补案：承谢荣滚老人传示该信图片，信封上并无邮戳，想系当面递交而非通过（转下页）

由陈君葆日记可知，陈寅恪此信写于 1942 年 4 月 1 日，[1] 当天送达。

张向天（1913—1986），[2] 原名张秉新，又名张春风，辽宁沈阳人。[3] 张向天 1937 年毕业于清华大学中文系，陈寅恪"高足"之说由此而来。张氏毕业后移居香港，任教中学之余，以鲁迅研究驰名，著有《鲁迅旧诗笺注》等，1986 年去世。[4]

1942 年 2 月 7 日，陈君葆被日本人指令主持"香港图书馆"（据港大冯平山图书馆等改建而来），用人方面亦由其支

（接上页）邮局传递。信封正面有陈寅恪毛笔手迹："请交陈君葆先生大启　寅恪敬托"各字；背面有铅笔字数行："张向天　跑马地山村道四十一号二楼　电话 32730""年：三十""北平"，未审书者为谁。

1　《陈君葆全集·书信集》推测此信作于"约一九四〇年四月一日"，误。

2　张向天之生卒年，据《陈君葆日记全集》卷二（第 182 页）所附张春风简介而来。

3　《陈君葆日记全集》卷二（第 182 页）所附张春风简介，称张为"辽阳人"；陈子善《张向天的鲁迅研究》（见陈子善著《一瞥集：港澳文学杂谈》，广西师范大学出版社 2017 年版，第 57 页）则称，张向天曾在写给他的信中自言是"沈阳城北道义屯人"。此从陈子善之说。

4　张向天生平，据下列文献隐括而来：葛兆光《学术的薪火相传》，载葛氏选编《学术薪火：三十年代清华大学人文社会学科毕业生论文选》，湖南教育出版社 1998 年版，代序，第 5 页；闻一多《致高孝贞（一九三八年五月二十六日）》，载闻著《闻一多书信集》，群言出版社 2014 年版，第 141-143 页；陈子善《张向天的鲁迅研究》，载陈著《一瞥集：港澳文学杂谈》，第 55-58 页。

配，[1] 故陈寅恪有此之请。

又，1943、1958、1959、1967 等年，陈君葆日记中仍有与张向天（张春风、张秉新）相关之记载。[2]

1942 年 4 月 22 日

刘孙二人昨携米十六斤、罐头肉类七罐与陈寅恪，今日回来报告陈近况，据谓他已挨饥两三天了，闻此为之黯然。[3]

按：1941 年 12 月，日军占领香港。沦陷事出突然，居民毫无准备，没有储存食物，"商店闭门、学校停课、工厂停工，一时社会秩序大乱"。唐筼费尽心机，"寻找全家吃的口粮"，并不得不控制孩子们进食，"红薯皮都成了美食"。1942 年，"食物愈发紧缺"。[4] 陈寅恪 6 月 19 日在桂林致函傅斯年时，回顾前程，犹有痛言："数月食不饱，已不肉食者，历数月之久，得一鸭蛋五人分食，视为奇珍。"[5] 刘、孙二人，应是冯平山图书馆职员，"刘"应为刘国蓁，"孙"或

1　详《陈君葆日记全集》卷二，第 55 页。
2　详《陈君葆日记全集》卷二，第 182 页；卷四，第 179、180、181、207、214、216、219、260 页；卷六，第 109、132 页。
3　《陈君葆日记全集》卷二，第 70 页。
4　详《也同欢乐也同愁》，第 161–163 页。
5　陈寅恪《致傅斯年（五十一）》，见《陈寅恪集·书信集》，第 85–86 页。

指孙述万。[1]

1942 年 4 月 23 日

季明今天来说，昨天的计划，想设法替寅恪在港大的住宅找个住的地方，现在他又以为可以从缓了，我想他也是心里把持不定，审判很受一时的局势太骤剧的转移。不过在他现在的环境中，这样的心理变化是有理由的。[2]

按：许地山在世时，就曾希望陈寅恪向港大提出"供给住所"的要求，因陈寅恪"不欲与港大直接交涉"，[3] 未果。

1942 年 4 月 26 日

本来预备今天去看陈寅恪先生，早上吃完了粥后便渐渐沥沥地下起雨来，过海访友的兴趣便给打断了。[4]

1942 年 4 月 27 日

陈寅恪送我衣料一件，信笺一盒，令人受之甚过意

1　参阅《陈君葆日记全集》卷二，第 61、143、174、190、290、451、467、614 页；卷三，第 131、189 页；卷四，第 384-385 页；卷五，第 611 页；卷七，第 626 页。

2　《陈君葆日记全集》卷二，第 70 页。

3　陈寅恪《致傅斯年（四十一）》，见《陈寅恪集·书信集》，第 67-68 页。

4　《陈君葆日记全集》卷二，第 72 页。

不去。[1]

按：礼物两件，显然是对 4 月 22 日受赠"米十六斤、罐头肉类七罐"之回馈。据陈君葆日记，日军占领时期，港大图书馆工作人员，较之一般市民，食物供给尚属有所保障。如该年 3 月 16 日，日军肥田木中尉下令给每位馆员"米一包、肉类廿四罐"；[2] 4 月 9 日，肥田木又"赠给各人以米五十磅、罐头五罐，馆役则每人米廿五磅"。[3] 陈君葆自用之余，慨然以米赠送马鑑、李景康等友人，共度时艰。[4] 此外，陈君葆还设法增聘周俟松、马临（马鑑之子）等人来馆整理图书，借以帮补家用。[5]

1942 年 5 月 1 日

早上接到寅恪先生写给我和季明的信，说他日间要从广州湾归乡，过海后或到平山圃和中文学院作最后一眺望，并谓"数年来托命之所今生恐无重见之缘，李义山诗云，他生未卜此生休，言之凄哽"。我当时读到此不忍再读下去。午饭后从总督部出来径往过海轮渡趁船，

1　《陈君葆日记全集》卷二，第 73 页。
2　《陈君葆日记全集》卷二，第 65 页。
3　《陈君葆日记全集》卷二，第 68 页。
4　详《陈君葆日记全集》卷二，第 62、65 页。
5　详《陈君葆日记全集》卷二，第 66 页。

谁知一登船便遇海上戒严，比至到达尖沙咀已两点多。长途汽车挤满了人，因预备步行至九龙城去看陈寅恪。沿弥敦道一直走到太子道已觉有点累倦，不晓甚么缘故，没法只得到冯太太那里去谈了一回，看时间已近四点看再步行到九龙城也来不及，只好半途而废，放弃了去看陈、杨的本意，转由深水埗渡海回港。[1]

按：1942 年 4 月底，困居于港的陈寅恪接中央研究院代理院长朱家骅密电，又从不同渠道获得一些旅费，但因"欠债甚多"，"非略还一二不能动身"，"乃至以衣鞋抵债"，[2] 方得以实施离港计划。"冯太太"，疑即冯秉芬（详后）太太；"杨"，似为杨士端（又名杨章甫），陈君葆同乡兼友人。[3]

1942 年 5 月 3 日

在中环勾留时三次到大东去访寅恪，到下午还不见他搬进，不晓甚么缘故，敢真在他离港之前，大家终无一见之缘吗？[4]

按："大东"，旅馆名。据陈寅恪家人回忆："1942 年 5

1　《陈君葆日记全集》卷二，第 74 页。
2　陈寅恪《致傅斯年（五十）》，见《陈寅恪集·书信集》，第 83 页。
3　参阅张求会《中共早期党员杨章甫生平补述——以陈君葆日记为中心》，载《广东党史与文献研究》2022 年第 6 期。
4　《陈君葆日记全集》卷二，第 75 页。

月4日，闷热潮湿，全家到香港岛一码头岸边的旅社过夜。"[1]
是年5月2日，陈君葆之二弟君超忽然被日本宪兵部带走，
经君葆设法营救，4日幸而被释。[2] 陈君葆于万般煎熬之
际——5月3日从清早到下午不曾吃饭[3]——依然牵挂陈寅
恪远行之事，笃于友情，常人难及。

1942 年 5 月 5 日

陈寅恪先生今日趁轮往广州湾，卒不及去送行，心
仍萦念不已。[4]

按：陈流求姊妹回忆："5月5日凌晨即起，天朦朦亮，
我们和逃难的人群一起排队，通过日军关卡后，才能登上遣
送难民驶往广州湾（今湛江市）的海轮。"是日傍晚，"抵达
广州湾"。[5]

1942 年 5 月 7 日

为人谋自己总以为是尽忠的了，然而智者千虑却有
一失。

---

1 《也同欢乐也同愁》，第 165 页。
2 《陈君葆日记全集》卷二，第 74—76 页。
3 《陈君葆日记全集》卷二，第 75 页。
4 《陈君葆日记全集》卷二，第 76 页。
5 《也同欢乐也同愁》，第 165 页。

傍晚在马先生家里坐了许久才回家，这时又微雨霏霏了。陈寅恪在时，路费问题倒解决了，真使我欢喜不过，不过他前几个礼拜有好几天挨饿了，回想起来也可怜。[1]

按：陈寅恪携家返回内地的"路费问题"，至今仍有待发之覆。陈家女儿们回忆：5 月 5 日中午，船到澳门，"父亲带着小彭登上码头，与事先约好的一位先生会面，带回一个藤书箧。以后方知，书箧里面装着内地营救我们逃难的旅费"。[2] 陈寅恪本人所述，则极为惨烈："到澳门晤周尚君始知已先后派人五次送信，均未收到，闻送信之人，有一次被敌以火油烧杀一次，凡接信者皆被日宪兵逮问，此亦幸而未受害也。"[3]

1942 年 5 月 12 日

季明以寅恪先生"他生未卜此生休"一语，足成两绝，读后耿耿于怀不忘梦寐。深宵苦雨，坐对孤檠，以义山句，成辘轳体四绝哦咏未惬余怀也。

他生未卜此生休，太息人间有莫愁。江月山花浑漫

1　《陈君葆日记全集》卷二，第 77 页。
2　《也同欢乐也同愁》，第 165 页。
3　陈寅恪《致傅斯年（五十）》，见《陈寅恪集·书信集》，第 83 页。

与，长安西望几经秋。（其二）

梦想明时笑许由，他生未卜此生休。只应有地埋英骨，何处江田为鹤谋。（"只应"改"空教"）（其三）

朱节龙庭千载后，挽狂谁是捶钩手。他生未卜此生休，剩水残山重回首。（"狂"改"颓"）（其四）

高楼风雨送行舟，惜别伤春感旧游。书至可堪凄哽语，他生未卜此生休。（其一）[1]

按：此四诗，后题为《以陈寅恪他生未卜此生休语集义山句成四绝（五月十二日）》，收入诗集时用词微异。[2]

1942 年 5 月 14 日

和辛盦送陈寅恪先生归桂林诗四绝既成，馀意未尽，因续赋一绝呈寅恪先生：

白云一片去悠悠，春色天涯独倚楼。尚有欲归人未得，鹧鸪声里送行舟。[3]

按：此诗另题《送陈寅恪先生归桂林赋一绝（五月十四日）》。[4]"辛盦"，待考。

1 《陈君葆日记全集》卷二，第78-79页。
2 详《陈君葆全集·诗歌集》上册，第84页。
3 《陈君葆日记全集》卷二，第79页。
4 详《陈君葆全集·诗歌集》上册，第85页。

1942 年 10 月 6 日

这次许太太携两个小孩子，侍奉着一个老太婆，千山万水的回去，结果我不能帮助她一点，至觉难过，幸亏她是个能干的女子，否则谁还能应付这样困苦的环境呢！有些地方我真正佩服她。匡中回乡时，前后凡三度和我握别，当时情况耿耿于怀，曾写成一诗，现在重读，改上几个字作赠许太太的别，兼呈寅恪先生，几时有便，还要抄给阿慧一看：

萧萧草色被秋池，近识生儿错教迟。挥手送君愁日暮，更将何语慰想思！

万里烽烟又到秋，赤城遥望愧骅骝。何时五管重开道，也与渔樵话旧游！[1]

按："许太太"，许地山夫人周俟松，拖儿带女返回内地。"匡中"，待考。"阿慧"，陈君葆长子文蔚，又称文慧。[2]又，此诗收入诗集时，题作《赠匡中先生二首并呈陈寅恪先生（九月十七日）》。[3]

---

1 《陈君葆日记全集》卷二，第 140 页。
2 《陈君葆日记全集》卷二，第 68 页。
3 详《陈君葆全集·诗歌集》上册，第 93–94 页。

1944 年 2 月 19 日

下午三时许到东亚研究所赴小原的约。先是我对小原说，松荣此君，前曾闻马鑑屡道其人，日前在钱小川的席上匆匆未及细谈至怅，因而约定今日下午到他住所坚尼地道去看他，昨天小原打电话来说他下午刚要市里来处理事务，因此改在东亚研究所叙谈。我想这也好。结果我们说了差不多一个多钟头的话。松荣前曾努力过中日文化协进的工作，而且曾帮忙过不少中国文化人，如从前他曾送过米与陈寅恪，又据他自己说，战后几个月间林绍文也因苦异常，且无米，也由他资助不少。林辛到了昆明去，他言下似有点那个！¹

按："小原""松荣""小川"，皆为战时在港日本人。日人松荣送米给陈寅恪事，未详。林绍文（1907—1990），福建漳州人，海洋生物学家。1935 年，林绍文受聘担任山东大学生物系教授兼主任。抗战爆发后，山大迁往内地，林绍文携家随校南迁。1938 年，任贵阳医学院生物形态系教授兼主任。1940 年，应邀赴香港任海洋生物研究所技正，并在港大生物系担任客座讲师。"香港被日军侵占后，林绍文经过千

---

1 《陈君葆日记全集》卷二，第 230 页。案："因苦异常"，应作"困苦异常"，此暂仍旧。

辛万苦重回贵阳。"[1]

陈寅恪一家寓港期间，施以援手者不乏其人。另据陈流求姊妹回忆，1942 年初某一天，"陈乐素先生带领一个孩子"，"扮成携子回乡的难民，冒着生命危险，绕路把米送到我们家"。[2] "2 月中旬旧历年底（1942 年 2 月 14 日为辛巳年除夕），有人送来整袋面粉，父母因来路不明不肯接受，在家门口推出推进，最后来人扔下面粉就跑了，母亲只有将其分送给共患难的邻居们。"[3]

1945 年 11 月 18 日

六点许，到王国栋中校家里去，秉芬夫妇与李学良夫妇已早在了，王国栋太太颇慈祥和蔼。他们今晨曾说起陈寅恪来可是忘却他的名字，晚餐席上我说起他来才省悟过来，原来寅恪仍要到牛津去，但他的肝病恐不治，且恐失明为可虑耳。此公用功太苦了。[4]

1　青岛市史志办公室编《青岛市志·人物志》，五洲传播出版社 2002 年版，第 161 页。

2　《也同欢乐也同愁》，第 163 页。案：此"孩子"即陈乐素之长子陈智超，详陈智超著《殊途同归——励耘三代学谱》，第 58—60 页。

3　《也同欢乐也同愁》，第 164 页。

4　《陈君葆日记全集》卷二，第 414 页。

按："王国栋中校"，又作"王国栋教授"，[1] 英国人，英文姓名 Gordon King，香港大学医学院教授。[2] "秉芬"，冯秉芬（1911—2002），冯平山（1860—1931）之子，香港企业家、银行家。[3] "李学良"，疑即香港儿科名医李学良。[4]

1949 年 8 月 23 日

一位姓邓的来说，陈寅恪先生有几十件行李要搬到图书馆来，问我能否接纳，我说若在二十件以下倒还可以，太多不成。我有点疑惑并不是完全陈的东西，因此我问为甚么不见有寅恪信来，他说信快要来了，但我有点疑惑。[5]

1　详陈君葆 1946 年 6 月 4 日日记，见《陈君葆日记全集》卷二，第 443 页。

2　详《陈君葆日记全集》卷二，第 414、415、421、432、435、437、442、445、446、459–460、466、468、469、601 页；卷三，第 133、138、208、218、286、415、505 页。案：王国栋在华之经历，可参阅下列文章：肖温温《中国近代西医产科学史》，载《中华医史杂志》1995 年第 4 期；李均《抗战时期香港大学与内地大学互助史略》，载《现代教育论丛》2013 年第 3 期；吴苗《教育、临床与科研相结合：北京协和医学院妇产科学早期发展史（1919—1942）》，载《协和医学杂志》2023 年第 2 期。

3　冯悦多《香港著名华人企业家、慈善家冯秉芬爵士的一生》，载政协江门市新会区文史社会法制委员会编《新会文史资料》第 60 辑，2005 年 1 月印行，第 23–44 页。

4　详岑秉权《岑才生事略》，载恩平市君堂镇江洲侨联会主办《江洲侨刊》1992 年第 3 期。

5　《陈君葆日记全集》卷二，第 648 页。

按："姓邓的"，未详何人。陈寅恪为何搬运、寄存行李，可参阅1949年5月10日致马鑑、陈君葆函。[1]

1950 年 1 月 24 日

正要上课，冼玉清来，并示以寅恪近作：

纯阳观寻梅呈冼玉清教授：

我来只及见残梅，太息今年特早开。花事已随尘世改，苔根犹是旧时栽。名山讲席谁儒士，胜地仙家有劫灰。游览总嫌天宇窄，更揩病眼上高台！

冼子和作《侍寅恪先生颇珠园寻梅》用元韵：

骚怀惘惘对空梅，切镈谁来讯落开。铁干肯随春意改，孤根犹倚岭云栽。苔碑有字留残篆，药灶无丹冷只灰。何意两回花甲后，有人思古又登台。[2]

按：陈寅恪诗题另作《纯阳观梅花》，文字亦小异："我来只及见残梅，叹息今年特早开。花事已随浮世改，苔根犹是旧时栽。名山讲席无儒士，胜地仙家有劫灰。游览总嫌天宇窄，更揩病眼上高台。"[3] 冼玉清（1895—1965），岭南大

---

1 详张求会《陈寅恪1949年有意赴台的直接证据》，见"陈寅恪四书"之一《馀生流转：陈寅恪的生前身后事》。
2 《陈君葆日记全集》卷三，第7页。
3 《陈寅恪集·诗集（附唐篔诗存）》，第70页。

学中文系教授，与陈寅恪、唐筼伉俪相交甚深。1950 年 1 月
15 日，冼玉清在写给陈垣的信中说："陈寅恪先生身体日健，
常有晤言。前旬因登漱珠冈探梅，往返步行约十里。陈夫人
谓渠数年无此豪兴，附唱和诗可知也。"信末所附陈寅恪诗，
与陈君葆日记所录无异。冼玉清和作，题为《侍寅恪先生漱
珠冈探梅次元韵》，诗云："骚怀惘惘对寒梅，劫罅谁来讯落
开？铁干肯随春意改，孤根犹倚岭云栽。苔碑有字留残篆，
药灶无丹只冷灰。何意两回花甲后（纯阳观朝斗台建于道光
己丑，距今一百二十年。壁有碑记），有人思古又登台。"[1] 两
相对照，"颇珠园"显系"漱珠冈"之误认。

1950 年 10 月 2 日

下午只主席团开会，因趁空儿往岭南一走访陈寅恪。
谈至四时许才回来。[2]

按：1950 年 9 月下旬，陈君葆到广州参加华南文学艺
术工作者代表会议（"文代会"），随后出席广东省第一届各
界人民代表会议（10 月 5 日正式举行开幕典礼）。[3]"岭南"，

1　陈智超编注《陈垣来往书信集（增订本）》，生活·读书·新知三联书店
　　2010 年版，第 694 页。
2　《陈君葆日记全集》卷三，第 45 页。
3　《陈君葆日记全集》卷三，第 42—46 页。

岭南大学，陈寅恪 1949 年到该校任教。

1951 年 8 月 31 日

> 乘南郊线往岭南大学访陈寅恪。谈甚久，他并陪我往古物馆去找冼玉清。照我看，这古物馆许多东西都不大可靠，石湾陶器尚不错。
>
> 寅恪无意于入京，他以为重回清华未必得住如现在岭大所住那样宽敞的房子，而岭大也的确待遇他不坏，这在许多人说是陈序经在那里弄手腕。姑无论如何，若强寅恪入京反不如任其在岭大之为愈耳。寅恪的短处也许是他的长处！[1]

按：时陈君葆组织港大学生回内地观光，返途经过广州，便中前往岭南大学探视陈寅恪、冼玉清、王力（王了一）等友人。"古物馆"，即岭南大学古物馆，时冼玉清兼任馆长。陈序经（1903—1967），时为岭南大学校长。

此次北上观光的见闻，陈君葆随后以连载的方式在香港报纸发表了系列纪实文章，其中《在罗秘书长的宴席上笑谈谣言》一篇，开头三段文字可与前引日记相补充：

---

1 《陈君葆日记全集》卷三，第 124 页。

在北京的时候，有一次沈规徵大夫请吃饭，因此认识了罗文柏先生。他对我说，陈寅恪教授听见我要离开香港，心里十分焦急，因为他有好些书籍和旧稿都寄放在港大冯平山图书馆内，不晓得将来怎样。其实对于他的东西，我早就安排好了，倒用不着他操心，可是我自己倒颇悔不该在上一个月北上经过广州时，没有到岭南大学去看他。这样，这次重过广州便不能不去拜访他一次了。

清早，乘南郊线公共汽车直抵岭南大学，看到了陈寅恪先生，谈了很久。我告诉了他前次到广州来，实在因为时间太匆迫，所以没有来看他，同时我也没有想到，因寄存在冯平山图书馆的东西这一事，会使得他感到不安。我说我要看看冼玉清教授。他领我去参观岭大古物馆。我们看到冼玉清馆长后，大家又谈了好一会。

冼玉清馆长陪同我去访文学院〈院〉长王了一先生。见面后，王了一先生说："香港有些报纸说我给人打死了，你说奇怪不奇怪？"说时带着微笑。我一时也有点莫名其妙。[1]

---

1 《陈君葆全集·文集》上册，第 324 页。案："罗秘书长"，指罗理实，时任中共中央华南分局统战部秘书长，据《陈君葆日记全集》卷三，第 92 页。"〈院〉"由笔者代为补入。

陈君葆该年 7 月 14 日日记有云："在沈大夫处得识罗文柏先生，还有梁瓯第、何思贤；谈至十时。"[1] 7 月 15 日日记："清早沈规徵大夫来访。"[2] 陈、沈应是旧交，故有此邀宴。其后，观光团在京活动期间，未再看到二人往来的记载。沈规徵，原名沈桂珍，浙江嘉兴人，北京协和医学院毕业，妇产科名医，1949 年新中国成立后曾任北京公安医院妇产科主任。[3] 罗文柏，字节若，广东番禺人，曾在厦门大学、南开大学、西南联大等校担任英文教授。[4] 罗文柏与陈寅恪相交始于何时，暂不清楚；不过，1961 年，他与吴宓意外地在中

1　《陈君葆日记全集》卷三，第 94 页。

2　《陈君葆日记全集》卷三，第 95 页。

3　参阅以下文献：沈訏《堂侄沈人燕轶事》，载冯克力主编《老照片》第 94 辑，山东画报出版社 2014 年版，第 57-70 页；林巧稚《为制服子宫颈癌而奋斗的第一步：走出医院大门深入地段开展普查》，载全国医药卫生技术革命经验交流大会秘书处编《全国医药卫生技术革命经验交流大会汇刊》，人民卫生出版社 1958 年版，第 526-529 页。

4　罗文柏为民国名人罗文幹之弟，其生平行迹，今人所知有限。可参阅以下文献：《1931 年—1932 年度主要教员名单》，载厦门大学校史编委会《厦大校史资料》第 1 辑，厦门大学出版社 1987 年版，第 101 页；《南开大学外国语学院历届教职工名录（1919 年—2017 年）》，发布者：王泽璞，发布时间：2018 年 10 月 11 日，见南开大学外国语学院官方网站（https://fcollege.nankai.edu.cn）；吴宓著、吴学昭整理注释《吴宓日记》第 5 册，生活·读书·新知三联书店 1998 年版，第 19 页；《吴宓日记》第 7 册，生活·读书·新知三联书店 1998 年版，第 58 页；《吴宓日记》第 9 册，生活·读书·新知三联书店 1999 年版，第 133、141、142 页；浦江清著《清华园日记·西行日记（增补本）》，生活·读书·新知三联书店（**转下页**）

山大学陈寅恪宅中重逢，[1] 陈、罗之交似也不浅。

再按：1951 年 8 月 31 日在穗晤谈时，陈寅恪曾向陈君葆谈及庐山故居松门别墅事。1979 年 4 月 3 日，陈君葆有诗《风雨中登太古城太湖阁闲眺》："繁华事歇梦匡庐，（战前新会一方外人过港，登太平山赋诗，有句云：'百载繁华一梦消。'盖预言战祸也。事蒋法贤为予语者。）息影闲居道岂孤？（1952 年余自沪归，过穗，陈寅恪先生语余，谓渠有别业在匡庐山上，如再旅游江南，可到一住。）四面云山三面海，一城烟雨半城湖。（大明湖何子贞句：'四面荷花三面柳，一城烟雨半城湖。'云卿最喜爱。）横湄倘许怜舟楫，想象谁当拭泪枯？（湄，谓湄公河。象，指百象之国。均指印支半岛。）今日手持非玉杖，更于何处觅方壶！"[2] 诗注之"1952 年"，实

（接上页）1999 年版，第 73 页；黄际遇著，黄小安、何荫坤编注《黄际遇日记类编·国立中山大学时期》，中山大学出版社 2019 年版，第 22、23、25 页。

1　吴宓 1961 年 8 月 31 日日记："11:00a.m. 罗文柏（节若）来访寅恪兄，见宓甚欢：文柏豪爽如昔，述论杨宗翰 1950 由文柏引导护送由京到粤，由此赴港，任香港大学教授事，杨妻不从行，而今悔之。……寅恪兄留文柏午饭，宓 11:30a.m. 自回招待所午饭：米饭、茄子、丝瓜，较西南师范学院小灶之饭菜则超过之。午饭后寝息。"见吴宓著、吴学昭整理注释《吴宓日记续编》第 5 册，生活·读书·新知三联书店 2006 年版，第 161 页。

2　《陈君葆日记全集》卷七，第 449 页。

为 1951 年之误忆。[1]

1951 年 9 月 3 日

今日到图书馆略看看各处情形后，即往访季明，他说寅恪太太应向沙面英领事处去申请，在港办手续万分困难，绝对不会成功，同时他也不赞成我去找梅洛，以为没有用处。我听了这话，本来准备去找梅洛托他为陈太太设法的心也灰了一半。转到大学去时，自己盘算，不如待看他时，按情形再作道理罢。见到梅洛后，我先向他报告关于赠书的事，然后谈到国内各大学课程的编制等问题。关于这，他说要介绍比里斯利教授与我面谈。

这样，我们谈得十分欢洽，于是最后我提到寅恪先生的太太要来港取东西一事，他欣然答应为写信到移民局请取入境证，于是我立刻交了照片二张与他，他说大概证明天可领到，如此我取到证后即寄广州，想对于陈

---

1 查陈君葆日记，1951 年 8 月 4 日离开北京，途经青岛、济南，偕夫人郑云卿往游大明湖，11 日到南京，14 日抵达上海，20 日到杭州，29 日到广州，31 日往访岭大诸友，9 月 1 日返抵香港。1952 年，陈君葆再次组织港大师生北上观光，7 月 31 日先到广州，数日后出发继续向北，途中停留湖北参观各处，8 月 15 日抵京，25 日到上海，30 日到广州，31 日拜访杜国庠（杜守素），9 月 1 日返港。详《陈君葆日记全集》卷三，第 105-126、180-189 页。之所以记忆有误，想因两次返港皆在 9 月 1 日所致。

太太来还来得及的。下午我立刻草了一封信给寅恪太太。同时又希望这事不会再生枝节。[1]

按："梅洛"，又称"梅乐"或"梅乐尔"，英文名B.Mellor，时任香港大学教务长。[2]

1951 年 9 月 8 日

梅洛写给移民局为陈寅恪太太申请入境证的信的副本，今日交了一份给我，我怕陈太太等急了，便将原封转寄给她。备万一的用处。信刚写好正待封寄，寅恪的女儿小彭来了，原来她是五号来的，这样我便交代她自己去检查行李等东西，一面也依旧把信寄发，因为也许陈太太自己要来一趟。[3]

按："小彭"，陈寅恪次女陈小彭。

1951 年 9 月 14 日

陈小彭来图书馆要回寅恪先生的东西。

两封信（一）给寅恪太太，告诉她入口证须向沙面

---

1 《陈君葆日记全集》卷三，第 127 页。
2 《陈君葆日记全集》卷三，第 24、128 页。
3 《陈君葆日记全集》卷三，第 128 页。

英领事申请；（二）给广州交际处黄德存。[1]

1951 年 9 月 16 日

把云卿送给寅恪太太的东西送到渣华街托陈小彭带去。[2]

按："云卿"，郑云卿（1902—1965），陈君葆夫人。

1951 年 9 月 17 日

又写了一封信给寅恪太太，把梅洛送来的移民局的复函的副本寄去，她大概除向沙面英领事申请没有别的办法。[3]

1951 年 12 月 2 日

致寅恪先生函："得读大著《论唐高祖称臣于突厥事》一文，中若有所感，欲就剖疑，道阻未易言也！虽然，古今人同不同未可知也，然事之演变则有其不变者之逻辑在焉，若执彼以例此，疑或过当耳。"这话我想不

---

1 《陈君葆日记全集》卷三，第 129 页。
2 《陈君葆日记全集》卷三，第 130 页。
3 《陈君葆日记全集》卷三，第 130 页。

提起，然卒不能！[1]

按：陈寅恪《论唐高祖称臣于突厥事》一文，发表于《岭南学报》第 11 卷第 2 期，私立岭南大学中国文化研究室 1951 年 6 月出版。[2] 胡文辉对陈君葆此日所记有如下分析："余×时先生曾指出，陈氏《论唐高祖称臣于突厥事》是借古喻今，比拟中共向苏联'一面倒'，并寄希望于中共像唐高祖一样'初虽效之，终能反之'。显然，当时陈君葆也看出了陈寅恪的微意。但以陈君葆的思想倾向，想必不能认同陈寅恪将社会主义的苏联比作侵略中国的突厥，也不会相信中共会在政治上反其道而行，故忍不住有'执彼以例此，疑或过当'之语。"[3] 陈君葆一向思想"左"倾，自然对陈寅恪的"落后"言论有所不满；反之，陈寅恪对陈君葆，估计也不大可能推心置腹。但思想倾向上的差异并未妨碍二人的交往，陈君葆对于陈寅恪的关爱一如既往。

1951 年 12 月 14 日

得到几封信：（一）陈寅恪的，托为购药；（二）何世

1　《陈君葆日记全集》卷三，第 140 页。
2　《论唐高祖称臣于突厥事》，后收录于《寒柳堂集》。
3　胡文辉《陈寅恪 1949 年去留问题及其他》，见胡著《人物百一录》，第 220-221 页。案："×"，系笔者临时改换，读者察而谅之。

俭的;(三)黄励文的;(四)黄承燊的,谈刊物事。

即复陈寅恪的信。[1]

1952 年 2 月 1 日

徐伯郊到图书馆来,原来振铎过港没有停留。

闻寅恪太太病甚。[2]

按:徐伯郊(1913—2002),徐森玉之子,文物鉴藏家。"振铎",郑振铎。1949 年新中国成立后,在郑振铎的领导、指挥下,徐伯郊在香港秘密收购流失的珍贵文物,其间得到过陈君葆的积极支持和有力帮助。[3]

1952 年 2 月 2 日

徐伯郊来,我出万历本《吕氏春秋》相示。

写了一封信给陈寅恪。[4]

1952 年 6 月 24 日

陈寅恪来信,嘱为买 Vitamin B Complex,不含

1　《陈君葆日记全集》卷三,第 142 页。

2　《陈君葆日记全集》卷三,第 150 页。

3　详谢荣滚《战火中的国宝大营救——郑振铎与陈君葆的护书佳话》,载《百年潮》2008 年第 3 期。

4　《陈君葆日记全集》卷三,第 150-151 页。

Vitamin C，指定要柏克·戴维斯公司的，并且要大瓶的，要多带。[1]

按："Vitamin B Complex"，即复合维生素 B；"Vitamin C"，即维生素 C；"柏克·戴维斯公司"，即 Parke, Davis & Company，由赫维·帕克（Hervey C.Parke）和乔治·戴维斯（George S.Davis）等人于1867年创办的一家美国医药公司。[2]

1952 年 7 月 2 日

回陈寅恪函。[3]

1952 年 7 月 3 日

函罗慕华。关于带药给陈寅恪事。[4]

按：《陈君葆日记全集》所附人物简介有谓："罗慕华（1904— ），北京大学中文系毕业。曾任教于天津南开中学、新加坡南洋大学、香港真光中学、澳门培正中学。对

---

1 《陈君葆日记全集》卷三，第 171–172 页。
2 〔美〕亨利·科尔宾·富勒著、庄玉晨译《药物的故事》，天津科学技术出版社 2018 年版，第 27 页。
3 《陈君葆日记全集》卷三，第 172 页。
4 《陈君葆日记全集》卷三，第 173 页。

韩非子有专门研究。"¹ "罗慕华"，即辽宁籍作家罗煜汉，早年从事进步文学活动，在《盛京时报》等报刊发表小说、诗歌，² 曾经历香港沦陷，³ 后辗转至江苏徐州担任教职，⁴ 继而重回香港谋生。在港任中学教师时，陈香梅（1925—2018）

---

1 《陈君葆日记全集》卷二，第 57 页。案："北京大学中文系"，似应作"燕京大学国文学系"。陈君葆 1954 年 5 月 23 日日记有谓："罗慕华来访，并以《满江红》词见示。还有一首《金缕曲》是给他的一位燕京的旧同学秦希廉的。"见《陈君葆日记全集》卷三，第 323 页。又，王圣思著《智慧是用水写成的——辛笛传》在介绍辛笛的国文老师罗慕华时，亦称罗"毕业于燕京大学，平时喜欢写诗"。见《智慧是用水写成的——辛笛传》，华东师范大学出版社 2003 年版，第 13 页。

2 辽宁省地方志编纂委员会办公室主编《辽宁省志·文化志》，辽宁科学技术出版社 1999 年版，第 43 页；彭放编《黑龙江文学通史》第二卷，北方文艺出版社 2002 年版，第 47 页。

3 罗慕华 1955 年 10 月 2 日致陈君葆一函，录寄《过景光街故居杂忆》组诗二十首，题注有云："承君葆先生提示，成绝句廿首呈政，并以纪念港变十四周年。"详《陈君葆全集·书信集》下册，第 694—696 页。

4 罗慕华抗战后某年 1 月 8 日曾自徐州致函陈君葆，略谓："香江一别，于兹四载有余。……华自卅二年到徐，以小女患骨结核不获他去，遂仍事教读。后在一天主堂学校任教，当称相得。胜利后即进而主持校政。唯以体质不佳及习惯关系，于今春告退，在省立江苏学院任国文系讲师。半年暑假改组，乃专任省立徐州中学国文教员，每周十小时课，颇为清闲。居常忆及南中师友，尤对香港风物不容置忘。"（见《陈君葆全集·书信集》下册，第 691 页）陈君葆 1954 年 7 月 11 日日记有云："今日一日相当忙碌，清早罗慕华来谈了好一会。又谈到他在徐州时期当中学校长，怎样一面要应付天主教徒的旧校长，他原也是地主阶级，一面又要应付天主教会的德、意和西班牙传教士，另方面又要应付日本人的经过情况。这些情形，他回到香港来以后，因为大家都忙，总没有机会谈到过。徐州虽然是重要地方，但没有甚么风景，给罗的印象并不好。"（见《陈君葆日记全集》卷三，第 334 页）对照而读，可略知罗氏经历。

曾受教于其门下。[1] "最后终老在澳门"，[2] 卒年待考。[3]

1952 年 7 月 21 日

马先生交来的五瓶维他命丸，今日交了给罗慕华托人转带往广州陈寅恪先生。[4]

按："马先生"，马鑑。罗慕华与陈寅恪之关联，仍待查考。

1952 年 9 月 13 日

午后二时，伯郊来，带了寅恪几种著作来。[5]

按："伯郊"，徐伯郊。

1　陈香梅《我的老师》，见〔美〕陈香梅著，金宏达、于青编《陈香梅文集》第一卷，安徽文艺出版社 1995 年版，第 336-338 页。

2　王圣思著《智慧是用水写成的——辛笛传》，第 13 页。

3　陈君葆与罗慕华一直保持着联系：如 1960 年 12 月 5 日，陈君葆收到罗慕华寄自新加坡南洋大学的书信（详《陈君葆日记全集》卷四，第 491-492 页）；又如 1961 年 7 月有诗《罗慕华自澳携连士升春树集来诗以谢之》，再如 1972 年 4 月仍有诗《铜锣湾五福楼与罗慕华话旧（四月九日）》（详《陈君葆全集·诗歌集》下册，分见第 450、652 页）。案：连士升为福建福安人，1931 年毕业于燕京大学经济学系，与罗慕华为校友。

4　《陈君葆日记全集》卷三，第 178 页。

5　《陈君葆日记全集》卷三，第 190 页。

1952 年 10 月 20 日

岭大同学梁受洪持寅恪的名片来见我，问伯郊为买的西药。我只好着他星期四再来，因为仓卒找不到伯郊。[1]

按："梁受洪"，即 1952 年 12 月 4 日陈寅恪、唐篔致陈君葆函（详后）所称"梁君"，应为岭南大学医学院学生，生平有待详考。[2]

1952 年 10 月 22 日

伯郊已把寅恪托购的药送来了。[3]

1952 年 10 月 23 日

午间梁受洪来，把昨天老徐交来的几种西药给了他

1　《陈君葆日记全集》卷三，第 196 页。
2　笔者在互联网上检索"梁受洪"，发现有一人与陈君葆日记所载"梁受洪"颇为匹配：梁受洪，1955 年分配至张家口医学专科学校附属医院儿科，该校后升级为张家口医学院，后又与他校合并为河北北方学院，梁受洪一直在该校（院）附属医院儿科工作，曾主编全国医学专科学校教材《儿科学》（人民卫生出版社 1981 年版），20 世纪 90 年代仍有论文公开发表。可参阅张静《忆我的丈夫张汉鹏》，载陈韶旭主编《河北北方学院校史记忆》，中国言实出版社 2017 年版，第 252-262 页。又，互联网上搜索所见署名"梁受洪"之医学论文若干篇，专业领域以儿科为主，作者工作单位或为张家口医专，或为张家口医学院，或为河北北方学院，可见同属一人。目前所知仅此而已，仍乞知情人有所赐示。
3　《陈君葆日记全集》卷三，第 197 页。

带与陈寅恪。[1]

按："老徐"，徐伯郊。

1952 年 11 月 21 日

得启芳十九日的信，梁受洪竟"迄今未见"，怪异之至，难道他不是陈寅恪遣来的，一想起来有点着急了，立刻写信去问陈寅恪。[2]

按：陈君葆致陈寅恪此信，因故迟至 12 月 3 日才送到陈宅，陈寅恪、唐篔夫妇次日即行函复：

君葆先生大鉴：

尊函昨日始由冼玉清女士交到。盖学校正在院系调整紊乱中，新邮差同志将尊函放在收发处，迟迟无人过问，幸冼女士见着持来舍下，以致久不知详情。关于所带之药品及墨水笔两支，昨由梁君面述经过情形如下：药品因扣压海关很久，俟得到医生证明书始发还，但罚款 100/100，因无证件入口之故也。墨水笔事，上税每支 17 万圆，共 340,000 万〔圆〕，您交梁君 60 元港币，当天折合人民币 220,000〔万〕圆，尚少 120,000 圆。由

---

1 《陈君葆日记全集》卷三，第 197 页。
2 《陈君葆日记全集》卷三，第 200 页。

叶先生付或弟付皆可，请不必为念。惟叶先生不住校内，每上课后即回城中，故与梁君极难晤面。梁君每早入城，至晚始回校，医学院学生在城内上课，而住岭大校舍，故找叶先生数次不遇，而叶先生找梁君亦不能晤面。今将墨水笔置于弟寓，俟叶先生来取。一方面留一字条在中文系办公室，请叶先生来舍下坐坐，不知此方法可否能达到叶先生也？最好您写一信与叶先生（弟不知叶先生府上住址），请其来舍，方不致再误。弟等因院系调整关系，自动让出前住之三层楼房，而迁入东南区一号二楼，只一层楼，比较紧凑。近日大寒流到穗，天气骤冷，为数年来未有之寒冷。香港不知如何？今年文学院学生增多，上课仍在舍下，历史系学生弟班上亦多过往年，大约廿余人。组织只要寅恪开一课，此亦照顾之意也。今年所开之课为"唐诗证史"。

季明先生、北郊兄均此，乞代致意，恕不另函。弟之药品皆已收到，乞勿念。

专复，即请俪安！

弟寅恪、唐篔同启

十二月四日[1]

"启芳"，叶启芳（1898—1975），广东三水人，燕京大学毕业，曾任香港《星岛晨报》主编、香港中国新闻学院院长等职。1950年应叶剑英、陈汝棠之招，返回广州，出任私立广东国民大学教务长。1952年全国高校院系调整后，任中山大学中文系教授。[2] "北郊"，即徐伯郊。

陈寅恪、唐筼致陈君葆函，最早由胡文辉披露，写作时间也由胡文辉确定，与陈君葆日记相合。[3]

1952 年 12 月 9 日

汇了拾二万元去给陈寅恪，还他为垫支墨水笔的税

---

1 此函影印件（图片），最早收录于谢荣滚主编《陈君葆书信集》（广东人民出版社2008年版，第42-43页）；后经整理，发布于《陈君葆全集·书信集》下册（第577-578页），题为《陈寅恪、唐筼致陈君葆函（□□□□年十二月四日）》。现以整理件为主，参照原函图片，重新录入，以期恢复旧貌：如"100%"，原札作"100/100"；"340000圆"，原札作"340,000"，旁有小字"万"，而无"圆"；"220000圆"，原札作"220,000万圆"，"万"字仍细书，实属衍字；"120000圆"，原札作"120,000圆"。又，"东南区一号二楼"，《陈君葆全集·书信集》下册误作"东南这一号二楼"，现据原札图片径改。
2 易新农、夏和顺著《叶启芳传——从教堂孤儿到知名教授》，中山大学出版社2007年版，"前言"，第4-5页。
3 胡文辉《陈寅恪1949年去留问题及其他》，见胡著《人物百一录》，第213-217页。

款。

得陈寅恪的信，即复。[1]

按："陈寅恪的信"，即上引 12 月 4 日陈寅恪函（唐筼
代书）。

1952 年 12 月 31 日

下午接到国内来的两封信：（一）寅恪的一封，内引
杜句："多病所需惟药物，馀生此外更何求！"来描述近
况，似一肚子仍有不少不合时宜的因素。（二）许地山太
太十二月廿一日函，夹上贰百壹拾元支票一张。[2]

按：杜甫《江村》一律，原诗作："清江一曲抱村流，长
夏江村事事幽。自去自来堂上燕，相亲相近水中鸥。老妻
画纸为棋局，稚子敲针作钓钩。多病所须唯药物，微躯此
外更何求？"[3] 末二句或作："但有故人供禄米，微躯此外更
何求？"[4]

1　《陈君葆日记全集》卷三，第 205 页。

2　《陈君葆日记全集》卷三，第 210 页。

3　冯至编选，浦江清、吴天五合注《杜甫诗选》，人民文学出版社 1962 年版，
第 124 页。

4　萧涤非、程千帆等撰写《唐诗鉴赏辞典》，上海辞书出版社 1983 年版，
第 513 页。

1953 年 3 月 24 日

"岭大医学院"同学吕惠淞、何汝舒来访，携陈寅恪的名片。[1]

1953 年 4 月 3 日

给陈寅恪函告诉他已见到吕惠淞、何汝静同学。但药物伯郊未交代过，所以只由同学们替他买。[2]

按："何汝静"，与上引 3 月 24 日所记"何汝舒"，应为同一人。吕、何二同学——上一年则为梁受洪——如何与陈寅恪相识，尚无从知晓。不过，三人既为岭大医学院学生，替原岭大教授陈寅恪代购药物，颇为适合。

1953 年 4 月 8 日

午后我回到家里来不久，跟着郑恩和郑佩璋也到了，从佩璋口中听到一些关于"中大"各友人们的消息，他们大家对陈寅恪非常看重，说他是"国宝"，这使我听到非常的快慰。[3]

按："郑恩""郑佩璋"，未详。

---

1 《陈君葆日记全集》卷三，第 230 页。
2 《陈君葆日记全集》卷三，第 232 页。
3 《陈君葆日记全集》卷三，第 232 页。

1953 年 10 月 18 日

饮早茶后不久，便准备到康乐中大去赴耀真的约会。到旧岭大去后，云卿差不多记不起廿五年前的情况了。那时只能坐电艇来。

到校园后，我先找到了一的住宅，因为它最近图书馆的钟楼，但了一不在家，只好留字，后来又用电话约到了王越教务长，因得把关于丁骕的事告诉了他，但他却又托我再劝劝，并与黄用谔也谈。王越去后，我们由他指示地点往找寅恪，寅恪夫妇均抱病，大家都向我们诉说他们几个孩子的不良状况，大的毕业后到重庆的医院服务，任重事繁"苦不堪言"，第二个出嫁了随爱人到海南岛种树胶，又得了疟疾，没有药，据说他们做父母的更牵肠挂肚不已，至于最小的在穗读书但也有病，因此寅恪交给我的事情又是买药了。按重要性计分数种：（一）Vitamin B Complex in Capsules，多购；（二）Corpus Lutaum Tabs，200 粒以上；（三）Rutini，治血压药；（四）治心脏病药 Digitalis Tabs。他说，事可托伯郊，钱则仍有些美金存季明处。

关于寅恪自己的事，他把十月七日郭沫若拍给他的电报，并他的复电给我看。科学院是要聘他担任历史研究院的中古史一部分的领导，并约他为明年春出版的史学杂志一类刊物的头一期撰文；他复电坚决地推辞赴任，理由是病，但推陈援庵继，这态度似乎很难说得过去，但我想了一下，又不便对他提出甚么意见，同时也怕一旦辩论起来激起他生气更不方便，再则我也不是为中央作说客，非与他天天见面，更何从谈到劝驾呢？自然，我也很愿意寅恪能到北京去，南方岂是他税驾的地方！

在寅恪处谈了差不多一个钟头，然后转五号耀真的住宅。[1]

按：陈君葆偕妻子郑云卿来广州，遂一同前往中大与友朋晤面。"旧岭大"，1952 年全国高校院系调整，岭南大学并入中山大学，校园仍设康乐村。"耀真"，即陈耀真（1899—1986），广东台山人，陈君葆就读香港皇仁书院时的同学，眼科专家，其时任华南医学院（原中山大学医学院与岭南大学医学院合并组建而成）教授。"了一"，即中大中文系教授王力（1900—1986）。王越（1903—2011），广东兴宁人，时任中山大学教务长。[2] 丁骕（1913—2000），云南曲靖人，地理地质学家，早年就读于辅仁大学、燕京大学，在英国获博士学位，先后任教于广西大学、重庆大学、中央大学、中

1 《陈君葆日记全集》卷三，第 264 页。
2 黄茜《暨大老校长王越逝世》，载 2011 年 2 月 27 日《广州日报》。

山大学等校。[1] 黄用谂（1913—2004），广东广州人，时任香港大学数学系主任。"关于丁骕的事"，不详。"他们几个孩子"，陈寅恪、唐篑夫妇共生育三女：长女流求，次女小彭，幼女美延。

1953年10月，中共中央历史研究委员会决定在中国科学院增设两个历史研究所——第一所（也称上古史研究所，所长拟由郭沫若兼任）、第二所（也称中古史研究所，所长拟由陈寅恪担任），创办一份代表新时代历史研究最高水平的刊物——《历史研究》。[2] "十月七日郭沫若拍给他的电报"云云，当是中国科学院院长郭沫若（1892—1978）第一时间向陈寅恪直接发出邀请。11月下旬，北京大学副教授汪篯（1916—1966）奉命南下迎请陈寅恪北上，未果。[3] "陈援庵"，历史学家陈垣（1880—1971）。陈垣该年12月18日致冼玉清函有云："中古史研究所事情当汪君未南行前，曾到舍下商酌，同人意见以为所长一席，寅恪先生最为合适。今闻寅恪先生不就，大家颇为失望，奈何！"[4]

1　参阅景才瑞《地理学家丁骕治学之道——访大洋彼岸丁骕教授》，载《地理环境研究》1989年第2期。

2　陆键东著《陈寅恪的最后二十年（修订本）》，生活·读书·新知三联书店2013年版，第91-92页。

3　详《陈寅恪的最后二十年（修订本）》，第92-112页。

4　《陈垣来往书信集（增订本）》，第696-697页。

1954 年 8 月 10 日

读寅恪《桃花源记旁证》。[1]

按：8 月 7 日，陈君葆、郑云卿伉俪"冒雨来穗"，送幼女云湘北上就读于北京医学院，27 日始由穗返港。[2]《桃花源记旁证》，1936 年 1 月发表于《清华学报》第 11 卷第 1 期。[3]

1954 年 8 月 25 日

早饭后到中大去访陈寅恪，他卧病在床上，他的太太也病了，是流行感冒；我到他的卧室里去谈了大半个钟头，他说徐伯郊曾有信给他，曾过穗时不曾见到面，是否仍在穗不可知。他颇想得到中文系出版的东西，台湾出版的东西他曾看到过。我问他为甚么不到北京去，他仍是以前的理由，说到那里没有较宽大的房子，不能静养，病便要加剧了。这理由仍太牵强，难道他到京，他们不会给他在颐和园养病么？

访陈耀真，他们伉俪都开会去了。[4]

---

1 《陈君葆日记全集》卷三，第 338 页。
2 《陈君葆日记全集》卷三，第 338、340、341、342、343、346 页。
3 《桃花源记旁证》，后收入《金明馆丛稿初编》。
4 《陈君葆日记全集》卷三，第 342 页。

1956 年 3 月 4 日

转了陈寅恪的信给徐伯郊。[1]

1956 年 8 月 24 日

与汝老（陈汝棠副省长）往中大，看了冯乃超、陈寅恪、冼玉清，在校内还遇到王越。寅恪托买 V.B.Tab。汝老告诉了萧老（萧隽英）的电话，如时间来不及我从电话与他略谈问题罢。

在冯乃超的办公室时，陈汝棠说我要去访问一下陈寅恪，而他也拟陪着我同去。冯乃超说：陈寅恪家里昨日有过电话来，说他罹病，像相当严重的样子，不晓得今日是否能见客。于是他着书记打个电话去询问；在乃超的意见以为他正要去看他一下，还未来得及，因此我们也许去觉得不大方便，可是当寅恪家里接电话听说我去看他，便回道即请。冯乃超也像有点愕然，似乎怀疑陈寅恪昨天说病不知是否事实。当时我曾表示陈的病是时发时止的，"昔者病，今日愈"是可能的。不过也许问题并不如此简单，我自己心里在想！但无论如何，已举步前往寅恪住宅那边去了。一进到楼上去，我趋前与他

---

1 《陈君葆日记全集》卷三，第 469 页。

握手，他问与我同来的是哪一位，我说原来您们还未认识么？这是陈副省长，于是他听了没说甚么，坐定问我来几日后，突然他语气很紧张地转向着陈汝棠说："对不起，我要利用这个机会对你们说出些批评的话，我要批评你们的官僚主义！"这么一来，他举出些例如送戏票总是演出前两小时才送到，或请宴则在过了时两日才把请柬寄到等琐碎的事来大大地批评了，不，是骂了一顿"所谓照顾知识分子"的作风，倒使我非常难为情！汝老是接受了批评了，但陈是不是小题太大做了，或借题发挥呢？他说：许多人在敢怒而不敢言。这想是事实。不过，百家争鸣，也不是漫无原则的，小事固不能忽视，但巨细总得有个分寸！[1]

按：陈汝棠（1893—1961），广东高明人，著名民主革命人士，时任广东省副省长。[2]冯乃超（1901—1983），原籍广东南海，出生于日本。1951年至1975年间，担任中山大学党委第一书记、副校长。[3]萧隽英（1901—1988），又名萧鹏魂，广东大埔人，曾任中山大学教授、中大师范学院

---

1 《陈君葆日记全集》卷三，第530–531页。案："许多人"后似脱"现"，暂仍旧貌。
2 详谢奕《陈汝棠同志传略》，载高明县政协文史组编《高明文史资料》第1辑，1984年9月印行，第27–39页。
3 冯乃超生平，参阅《陈君葆日记全集》卷三，第124页。

院长等职，后担任广东省文教厅副厅长、广东省文化局局长等职。[1] 当时，陈君葆与港大师生参观团结束在内地的观光活动，返港路过广州。又，陈寅恪 1956 年 8 月 30 日致函郑天挺时，曾告以"近数月来血压较高"，[2] 可参阅。

又按：陆键东《陈寅恪的最后二十年》不止一次地言及陈寅恪"晚年爱发脾气"，[3] 其中一次发生在 1962 年。该年 1 月下旬，上海青年京剧团结束在香港的演出后，返沪途中经过广州，为羊城市民连续上演多场拿手戏。有关部门为陈寅恪安排了观赏的戏票，然而当戏票送达时，"演出日期已过"，陈为之"勃然大怒"。"刚好广东省一位副省长兴冲冲登楼前来拜访，陈寅恪把愤怒都倾泻在这位副省长的身上，'你这个副省长到底管事不管事？'副省长是一位民主党派人士，故陈寅恪有此怒问。副省长无法解释，只好扫兴而归。"[4] 广东省副省长陈汝棠已于 1961 年 1 月 4 日在广州病逝，[5] 陆著所记或另有其人，或另有其事。不过，从陈君葆亲闻亲见

1　萧隽英生平，参阅《陈君葆日记全集》卷三，第 79 页。

2　陈寅恪《致郑天挺（二）》，见《陈寅恪集·书信集》，第 261 页。

3　《陈寅恪的最后二十年（修订本）》，第 336、342 页。

4　《陈寅恪的最后二十年（修订本）》，第 335-336 页。

5　陈汝棠去世日期，来自佛山市高明区档案局《高明名人——陈汝棠》，见佛山市高明区政府网，网址：http://www.gaoming.gov.cn/gzjg/xzgllsydw/qdaj/dsfz/content/post_111800.html，上传日期：2017 年 10 月 9 日，下载日期：2022 年 7 月 15 日。

可知，此类传闻确实有凭有据，并不是无稽之谈。

1957 年 5 月 11 日

今日大会发言，紧接着曾靖侯之后，为红线女。红线女发言用北京话，很标准的北京话，真是个绝顶聪明的女子！散会时，陈汝锐接着我说：一老一幼，真是妙绝。我亦以为然，不过此中倒有"南腔北调"的分别。

午后散会，本来想坐一路公共汽车往百子路陈耀真与毛文书的住宅，后改坐三轮车，刚到他们门口，陈寅恪们也来了。同时还有陈序经夫妇。耀真伉俪原来是请北京的医学会方先生，他是秘书。饭后又到隔壁去访陈国桢医生伉俪，坐了一会才回来。回程是坐陈序经们的汽车，在车上，谈起红娘来，陈寅恪太太说她能讲话，"我也讲不过她"，陈寅恪接着说："这自然咯，唱戏的不会讲话，谁会讲话呢？"今天罗翼群见面时便问我对马、红的戏怎样意见。我说不错呀！他：尚方剑不符历史事实。我说：这自然咯，不过《苦凤莺怜》似乎不宜以历史剧一标准来绳它。罗：我说这样的违反事实的戏竟给通过，真贻笑大方！我心里在说：翼老未免小题大做了罢。[1]

---

1 《陈君葆日记全集》卷四，第 45 页。

按：当时，陈君葆正在广州出席广东省政协第一届会议。曾靖侯（1886—1966），广东三水人，香港华人革新协会第三、四、五届副主席，20世纪50年代回广州兴办工厂，支援内地建设，曾任历届广东省政协委员。[1]"红线女""红娘""红"，皆指著名粤剧演员红线女（1925—2013），籍贯广东开平，生于广州。"马"，马师曾（1900—1964），广东顺德人，粤剧名演员。1957年春节期间，马师曾、红线女在广州人民戏院联袂上演粤剧《苦凤莺怜》，马饰演余侠魂，红饰演崔莺娘。陈君葆该年5月10日日记："晚，看马、红演《苦凤莺怜》。"[2]则似为省政协委员安排的专场演出。陈汝锐（1891—1961），广东香山（今中山市）人，岭南学校毕业，曾任岭南大学附设中学校教务主任，岭大香港分校、上海分校校长。[3]毛文书（1910—1988），陈耀真夫人，四川乐山人，夫妇二人皆曾在岭南大学医学院任教。"方先生"，未详。陈国桢（1908—1998），广东顺德人，曾任岭南大学医学院教授。陈国桢夫人即关颂珊，1952年曾介绍黄萱

1　曾靖侯生平，据《陈君葆日记全集》卷三，第166页。
2　《陈君葆日记全集》卷四，第45页。
3　陈汝锐生平，据以下文献综合而来：《香港教育界闻人陈汝锐病逝澳门》，载1961年7月12日香港《文汇报》；"读史老张"《高境庙的"岭南"记忆》，载2017年1月8日《新民晚报》；"阿瑞"《归途》，见南粤古驿道网，网址：http://www.infonht.cn/ViewMessage.aspx?MessageId=8829，上传日期：2019年12月23日，下载日期：2022年7月16日。

担任陈寅恪助手（1955 年被正式聘为专任助教）。[1] 罗翼群
（1889—1967），广东兴宁人，时为民革中央委员、全国政协
委员、广东省文史馆馆员、广东省人民委员会参事室副主任。[2]

1957 年 9 月 27 日

晚，应邀到熊式一处晚饭，看方召麐的字和她写的
陈寅恪的诗："海外林熊……"和"名利仙班……"，还
有张倩英的字，倒真有丈夫气！[3]

按：熊式一（1902—1991），江西南昌人，1923 年毕业
于北京高等师范学校英语部，1932 年赴英国留学，后编译英
文话剧《王宝川》（又作《王宝钏》），又将《西厢记》译成
英文，1943 年出版长篇英文小说《天桥》。熊氏《天桥》畅
销欧美，与林语堂英文著作《京华烟云》（又译作《瞬息京
华》）齐名。1955 年底，熊式一从新加坡南洋大学文学院院
长卸任后迁居香港。[4]

1945 年，陈寅恪赴英医治眼疾，次年返国。在英期间

1　《陈寅恪的最后二十年（修订本）》，第 57、64 页。

2　罗翼群生平，据《陈君葆日记全集》卷四，第 46 页。

3　《陈君葆日记全集》卷四，第 95 页。案："名利仙班"，陈寅恪诗原作"名
　　列仙班"（详后）。

4　据郑达著《熊式一：消失的"中国莎士比亚"》，生活·读书·新知三
　　联书店 2023 年版，第 14、32、36-37、59、62-63、69-70、83、139、
　　208、213-218、308、313、393、407 页。

（1945 年 10 月 15 日至 1946 年 4 月 6 日，将近半年），与熊
式一（时携家赁居于牛津）相识，且得到其帮助、照顾。[1]
陈寅恪有诗《乙酉秋来英伦疗治目疾，遇熊式一君，以所著
英文小说〈天桥〉见赠，即题赠二绝句》："海外熊林（语堂）
各擅场，王前卢后费评量。北都旧俗非吾识（林著《瞬息京
华》），爱听天桥话故乡（天桥在南昌城外）。""名列仙班
目失明，结因兹土待来生。抱君此卷独归去，何限天涯祖国
情。"[2] 熊式一对此二绝句十分看重，在《天桥》中译本自序
中说："《天桥》在英国出版的时候，蒙文艺各界，一致予以
好评。可是我心中最引以为荣幸的，是这三个人的重视：一
是当今英国桂冠诗人梅斯菲尔的代序诗，二是大文豪威尔士
在他的著作中对《天桥》的评论，三是清华大学历史系教授
陈寅恪读后的赠诗。"[3] 陈寅恪另有一诗《乙酉冬夜卧病英伦
医院，听人读熊式一君著英文小说名〈天桥〉者，中述光绪
戊戌李提摩太上书事。忆壬寅春随先兄师曾等东游日本，遇
李教士于上海，教士作华语曰："君等世家子弟，能东游，甚
善。"故诗中及之，非敢以乌衣故事自况也》；诗云："沉沉

1　详宗亮《熊式一与陈寅恪》，载宗著《近代史学家生平探微》，第 110-
　　118 页。

2　《陈寅恪集·诗集（附唐筼诗存）》，第 54 页。

3　熊式一《天桥·序》，见熊著《天桥》，台湾正中书局 1967 年版。此转引
　　自胡文辉著《陈寅恪诗笺释（增订本）》上册，第 365 页。

夜漏绝尘哗，听读伬卢百感加。故国华胥犹记梦，旧时王谢早无家。文章瀛海娱衰病，消息神州竞鼓笳。万里乾坤迷去住，词人终古泣天涯。"[1]

方召麐（1914—2006），江苏江阴（今属无锡）人，书画家。早年留学英国，后居香港。[2]"张倩英"，即张蒨英（1913？—2003？），江苏无锡人，油画家，毕业于国立中央大学艺术科绘画班，后留学英国，长期旅居海外。[3]关于张蒨英的书法，曾有人评价："她的书法胜过她的绘画，有赵孟頫的神味。"[4]美学家宗白华也称她"爱画油画"，"但她一向又爱中国书法，用功颇深"。[5]皆与陈君葆所言相近。

---

1 《陈寅恪集·诗集（附唐篔诗存）》，第55页。

2 《祝塘镇志》编纂委员会编《祝塘镇志》，方志出版社2014年版，第736页。

3 张蒨英之生年，或说1904年，或说1906年，或说1913年；卒年也有两说：一为2003年，一为2004年。可参阅以下文献：徐伯阳主编《蒋碧微纪念册》，天津人民美术出版社2005年版，第37页；〔英〕Joshua Gong《永远的情影——费武成〈张倩英像〉赏析》，载吴为山、阮荣春主编《中国美术研究》第5辑，东南大学出版社2013年版，第147-148页；刘新《找回的张倩英》，载刘著《画史记丛》，广西师范大学出版社2016年版，第162-164页；张晨主编《艺为人生：1928—1949年国立中央大学美术专业学生文献集》上册，故宫出版社2016年版，第132-141页。

4 蔡甥《南京文人的动态：张蒨英与沈紫曼》，载《孤岛周刊》1938年第1期。

5 宗白华《题张蒨英画册》，载宗著《美从何处寻》，重庆大学出版社2014年版，第344页。

1960 年 1 月 24 日

《新洛阳在兴建中》送了到《大公报》去，转去看"春节书画展"。李可染的"看山图"是新近才运到的。山似青城山，着淡绿色，很可爱。陈师曾屏条，书法苍劲：

东海波平一苇轻，沿止处处见春耕。重来岛角温踪迹，又向人丛露姓名。款洽尊罍曾宿共，经过楼阁半新求。明朝莫问阴晴事，坐听风檐雨点声！

重至日本东京客馆用前韵

九铭我兄属录拙作从书就正

衡恪[1]

按：陈衡恪（1876—1923），字师曾，陈寅恪长兄，书画家。1910 年，陈衡恪毕业于日本东京高等师范学校博物科。1922 年 3 月，陈衡恪接到日本画家荒木十亩、渡边晨亩邀请赴日参加画展的电文，遂再作东游。衡恪诗集中所收此诗，题为《到日本用前韵（予不到日本已十三年矣）》，内容微异："东海波平一苇轻，沿山处处见春耕。重来岛角温踪迹，又向人丛露姓名。款洽尊罍曾宿共，经过楼阁半新

---

1 《陈君葆日记全集》卷四，第 363–364 页。

成。明朝莫问阴晴事，坐听檐前淅沥声。"[1] 据而可知，"沿止""新求"应有误。"九铭"，似指符九铭（1879—？），名鼎升，字九铭，江西宜黄人，曾留学日本，毕业于东京高等师范学校数理化科。回国后，历任国民政府江西教育司司长、广东教育厅厅长、江苏教育厅厅长，又曾代理交通部第一交通大学校长。[2] 陈君葆所见屏条，系陈衡恪应符九铭之邀而作，可见符氏与衡恪、寅恪兄弟皆有因缘。[3]

1960 年 8 月 30 日

午间雨亭邀冼子午膳于"康多尔"，互谈了几个钟头。……

我问冼子，叶启芳近况怎样，她说："右"过之后，帽子虽然揭了，但大家仍少与往来，只见面时招呼略谈几句而已。我问老叶当时究竟是怎样"右"起来的，原来

---

1 陈衡恪著《陈师曾遗诗》卷下，民国十九年（1930）石印本，第 27 页。另见陈衡恪著、刘经富辑注《陈衡恪诗文集》，江西人民出版社 2009 年版，第 117 页。

2 华新主编《百年树人——上海交通大学历任校长传略》，上海交通大学出版社 1997 年版，第 92-94 页。

3 1914 年秋，陈寅恪应江西省教育司副司长符九铭电召，从巴黎回南昌，审阅赣省选派留德学生考卷，符并许诺补发陈江西省留学官费。1918 年，陈寅恪得到所许官费后，原想重返德国柏林大学，后改赴美国哈佛大学。详《也同欢乐也同愁》，第 31-33 页。

是因为指摘过"旧中大"排挤"新中大"即"旧岭大"人物，把他们压低，这样起的，并且列举许多实例，而这些例子都是事实，是大家都知道的，陈序经也知道更详细。叶大概是所谓好打不平罢；抑或是太好放言高论呢？

陈寅恪据说颇好；好多年没有去看他了。[1]

按："雨亭"，黄荫普（1900—1986），字雨亭，广东番禺人，藏书家，时任香港商务印书馆顾问。[2] "冼子"，冼玉清。

1963 年 2 月 8 日

谭斡下午才从广州回来，到新华社找到他把马太太托为设法寄给陈寅恪的杜冷丁等药交给他，觅人带去；我还在唐笥致马鑑太太的信注上几行字，说明用药者的身分，以便海关明白关系，信的关于提到曾昭抢所要的一种叫长春花的药一部分，因药名关系，把它撕下来交回与马太太。[3]

1 《陈君葆日记全集》卷四，第 438 页。案："'旧中大'排挤'新中大'……把他们压低"云云，标点似宜作"'旧中大'排挤'新中大'（即'旧岭大'人物），把他们压低"。此暂仍旧。

2 吴敬强《黄荫普》，载《广东省志》编纂委员会编《广东省志（1979—2000）》第 32 册"人物卷"，方志出版社 2014 年版，第 122 页。

3 《陈君葆日记全集》卷五，第 125 页。

按：谭幹，广东开平人，曾在香港皇仁书院就读，后参加东江纵队，1949 年后返港，任新华通讯社香港分社副总编辑、外事组组长。[1]"马太太""马鑑太太"，名郑笑如。[2] 曾昭抡（1899—1967），湖南湘乡人，化学家、教育家，1949 年后历任北京大学教务长兼化学系主任，教育部、高等教育部副部长等职。[3] 曾妻俞大綑（1905—1966），浙江山阴（今绍兴市）人，陈寅恪表妹，曾在香港任中学教师，1950 年离港，至北京大学西语系任教。[4]

1963 年 2 月 11 日

谭幹打电话来，说给寅恪的西药，昨已托人带了到广州去，打了税港币拾六元，因即由电话告诉马鑑太太。[5]

1 谭幹生平，据《陈君葆日记全集》卷三，第 497 页。
2 据陈君葆 1966 年 4 月 6 日日记，见《陈君葆日记全集》卷五，第 515 页。
3 周川主编《中国近现代高等教育人物辞典》，福建教育出版社 2018 年版，第 632 页。
4 俞大綑生平，参阅以下文献：《陈君葆日记全集》卷三，第 40、102 页；夏自强《俞大綑》，载燕京研究院编《燕京大学人物志》第一辑，北京大学出版社 2001 年版，第 204-205 页。
5 《陈君葆日记全集》卷五，第 126 页。

1964 年 2 月 1 日

有由本港寄来的一封信，外写："Chan Kwan Po"，拆开，只两本小书，即青年出版社印行时事小丛书之四：《苏联是中国人民最可靠的朋友》和北京财政经济出版社一九五六年出版，黄陈明、黄润庭编著：《从中苏经济合作看中苏人民伟大友谊》；不知何人寄来！是谁呢？作用何在？他写的是 Chan Kwan Po 一名，显然是认识我的人，也可能是很熟悉的。他选了这两本小册子，显示他对中国的事情很熟悉，很有些研究。看来意，是要揶揄我一下了。

其实，这倒是个老问题了。解放后不久，陈寅恪便著文提出过"苏对我的友谊是否可靠"这一问题了。我的看法，今日仍和以前写信给他时一样。[1]

按："Chan Kwan Po"，陈君葆英文名。第一本书的相关信息如下："时事小丛书之四四"《苏联是中国人民最可靠的朋友（增订本）》，魏方艾编，青年出版社 1952 年出版。陈寅恪所著之文即《论唐高祖称臣于突厥事》，陈君葆"写信给他"所表达的看法，见前"1951 年 12 月 2 日"条。

---

1 《陈君葆日记全集》卷五，第 245 页。

1969 年 8 月 18 日

晓行，遇徐伯郊。无寅恪消息。[1]

按：陈君葆早起散步，偶尔会遇到同在红毛坟公园晨练的徐伯郊。[2]

1969 年 11 月 11 日

从《明报》看到一篇文字：《陈寅恪之逝》，据谓寅恪于十一月初去世。又闻此事《南方日报》曾有报道，但《人民日报》则并无提及。得此消息，为之黯然神伤者久之。[3]

按：陈寅恪去世时间为 1969 年 10 月 7 日"晨五时半"，[4] 同月 18 日，《南方日报》刊登了消息："中国人民政治协商会议全国委员会常务委员、中央文史研究馆副馆长、中山大学教授陈寅恪先生因病医治无效，于本月七日在广州逝世。终年七十九岁。十月十七日，中国人民政治协商会议广东省委

---

1 《陈君葆日记全集》卷六，第 367 页。

2 详《陈君葆日记全集》卷五，第 598 页；卷六，第 4、57 等页；卷七，第 76、91 等页。

3 《陈君葆日记全集》卷六，第 382 页。

4 蒋天枢撰《陈寅恪先生编年事辑（增订本）》，上海古籍出版社 1997 年版，第 184、185 页。

员会举行了向陈寅恪先生告别仪式。"[1]内地以外,最早报道陈寅恪死讯的媒体是香港《新晚报》。"1969 年 11 月 5 日,署名'丝韦'的作者在《新晚报》的专栏文章上首先公布了陈寅恪逝世的消息",文章题为《记陈寅恪在广州病逝》。[2]

1969 年 11 月 25 日

晚行,路遇伯郊,与谈了关于寅恪的事很久。渠仅得二女。[3]

按:"二女",应为"三女"。

1970 年 5 月 31 日

晨起,到外边散步,遇伯郊;他说,经友人查实,陈寅恪是去年十一月一日或二日病逝的,他曾看到过俞大维悼念他的文章。[4]

---

1 《政协全国委员会常委陈寅恪先生在广州逝世》,载 1969 年 10 月 18 日《南方日报》。

2 此据《陈寅恪的最后二十年(修订本)》,第 471 页。案:据宗亮《罗孚、陈寅恪及其他》,"丝韦"即香港著名报人罗孚,"1969 年陈寅恪去世的消息能够为海外人士周知,正是得力于罗孚的率先披露","罗孚之于陈寅恪事迹的传播实在功莫大焉"。见《近代史学家生平探微》,第 222-224 页。

3 《陈君葆日记全集》卷六,第 384 页。

4 《陈君葆日记全集》卷六,第 424 页。

按："俞大维悼念他的文章"，应指 1970 年 3 月 31 日台湾《中央日报》所登俞氏《怀念陈寅恪先生》一文。

1971 年 10 月 18 日

凌晨时，得一梦，颇怪异。梦见陈寅恪太太曾被狙击。心想：她原是体育家，身体本也硕健，最低限度拳术也懂得一些的，为何受辱而不还手抵抗！

醒来若有所感然，郁郁而不乐。[1]

按：陈君葆爱做梦，且梦境多"怪异"，日记里多有记载，此暂不论。唐筼在成为"陈寅恪太太"之前，无论在校学习，还是就业谋职，都以体育师范教育为主，"从事女子体育教育及体育活动组织工作"确实是她早年经历的主要内容。[2] 因此，"体育家"的称谓，基本属实。不过，唐筼"身体本也硕健"则不可信，真实情形是"他们夫妻二人身体都谈不上好甚至可以说是很差"。[3]

此梦是否因受传闻刺激而生成，外人难以猜度。俗语

1 《陈君葆日记全集》卷六，第 521 页。
2 《也同欢乐也同愁》，第 249–250 页。另可参阅宗亮《唐筼早年生平探微》，见《近代史学家生平探微》，第 42–53 页。
3 宗亮《唐筼早年生平探微》，见《近代史学家生平探微》，第 53 页。

有云："日有所思，夜有所梦。"故人辞世两年，[1] 依然梦寐不忘，兼之"很喜欢帮助人"的美德善行，[2] 无怪乎陈君葆能够赢得许多人的信任和敬重。

1972 年 3 月 12 日

还了《再生缘》一部小说给李子诵。并媵以诗二首。

重读《再生缘》毕书还与李子诵并赋两绝道谢意：

述古从来不自由，鲛人也问客途秋。如何夜半潇湘雨，还挟薰风入小楼！

（注：适"伦大"掌教维狄克尔夫人、赖宝勤博士度假到港觅专家为研求弹唱粤讴南音，故云。书有"潇湘居士""南风楼"两印。）

几回弹唱忆当年，曾损兰闺一夜眠。肯信红楼能续梦？细宜重读再生缘。

---

1 1969 年 11 月 21 日，在陈寅恪病逝 45 天之后，唐篔离世。"在这四十五天中，唐篔连一些细微的事情也安排考虑到了，她曾对人言，'待料理完寅恪的事，我也该去了'。"详《陈寅恪的最后二十年（修订本）》，第 464–465 页。

2 1999 年，商务印书馆（香港）有限公司出版《陈君葆日记（1933—1949）》（上、下册），结合纪念五四运动八十周年，"《陈君葆日记》——新文化运动在香港回响与发展的实录"座谈会在港举行，马临在会上发言时有谓："家母常说君葆先生很喜欢帮助人。"见《陈君葆日记全集》卷七，第 632 页。

（注：先室云卿归余时，犹心爱谈唱《再生缘》小说故事。闺中常集合姊妹同学，弹唱叙谈竟夕，以是皇甫、少华、孟丽君之流风余韵之描述，我亦耳熟，只以当时自己方醉心于西洋文学，故鲜加注意，掌平山图书馆事时始加意及之。若红楼则云卿所知较余多多矣。）[1]

按：李子诵（1912—2012），原名李诵，广东顺德人，长期在粤、港从事新闻工作，1951年后任香港《文汇报》总编辑、社长。[2]"膡"，应为"縢"之误。"皇甫、少华"，应作"皇甫少华"，《再生缘》男主人公。"先室云卿"，陈君葆妻郑云卿，1965年5月22日去世。[3]陈寅恪有《论〈再生缘〉》一文，[4]陈君葆妻郑氏尤爱《再生缘》，亦是一种因缘。

1973 年 1 月 9 日

叶启芳的《成吉思汗》序文上，写道：欧洲学者之东方研究加强我国学者对蒙古史地研究之热情和努力。

---

1 《陈君葆日记全集》卷七，第21页。案：此诗另题为《重读再生缘退书还与李子诵赋两绝道谢（三月十二日）》，见《陈君葆全集·诗歌集》下册，第651页。又，李子诵携《再生缘》到访，事在1970年12月12日。详《陈君葆日记全集》卷六，第454页。

2 据《陈君葆日记全集》卷三，第154–155页；《陈君葆全集·诗歌集》下册，所附"部分人物简介"，第780页。

3 详《陈君葆日记全集》卷五，第407–416页。

4 《论〈再生缘〉》，收入《寒柳堂集》。

明初，宋濂、王伟监修元史，为时只及一年，全书告竣，涉笔潦草，疏谬很多。康熙时，邵远平真元史类编四十二卷于史大加删纠，为后来学者修改元史之开始。乾隆年间，钱大昕亦曾决心修改，但只成元史艺文志及民族表两部分。道光咸丰年间，魏源著元史新编九十五卷，体裁新颖，颇多独见，惜未完稿而中辍，后人代为辑补始公开问世。上三种著作，对于修改元史，虽都有相当成绩，但均未及采取西方学者蒙古研究之成果。清末，洪钧出使俄国，得阿拉伯文剌失德史集，更佐以多桑贝勒津及其他各本参互考译，成元史译文证补，虽可补元史之缺漏，然取材甚难，未得称为善本。宣统间，有曾廉撰元书一百卷。近人屠寄集合父子数人之精力，根据中外学者之记载，详加考订，辑译而成《蒙兀儿史记》一书。而胶州柯绍忞承袭诸家之后，参考新旧著述，融合东西学者的可靠成果，又因为他在清室作官，得抄阅经世大典，典章各珍秘之书籍，成新元史二百五十七卷。这是近代对于蒙古史地之最优秀的作品。

自此以后，我们对于蒙古算是有了一种较清晰而详实的认识。可是关于成吉思汗生平的记载，还是不多。最近，坊间有冯承钧辑的《成吉思汗传》一小书，却只是他所译的多桑蒙古史中关于成吉思汗记载的撮录，此外没有甚么别的材料。作为较完备的成吉思汗传记看，是不够的。

这本书的辑成……（据著者在《序》里指出，是由于许地山先生的建议和鼓励以及供给他的材料。他写道："他（许先生）问我，假如把这些材料给我，能否愿意用几个年头，弄出一个成果来。他的一番话，并非无因，……"这便成了任务了。）

关于修蒙古史，陈寅恪先生在他的著作中也多次提到。如在《灵州宁夏榆林城译名考》一文。

把《成吉思汗传》《序》影印本寄出给叶老。[1]

按：这则日记，所引书名多未加标点，文字错漏也较多。"宋濂、王伟监修元史"，"王伟"应作"王祎"。"邵远平真元史类编四十二卷"，《元史类编》（又名《续弘简录》）四十二卷，清邵远平撰，"真"疑为"著"之误书或误植。"剌失德史集"，剌失德（拉施特）为波斯人，著有《史集》。"多桑贝勒津及其他各本"断句有误——多桑为法国人，著有《蒙古史》；贝勒津为俄国人，曾翻译剌失德《史集》。"柯绍虋"，应是"柯劭忞"（1850—1933）之误。冯承钧（1887—1946），湖北夏口（今汉口）人，中外交通史家，著有《成吉思汗传》，商务印书馆1934年4月初版。"《灵州宁

1 《陈君葆日记全集》卷七，第74-75页。案：省略号等，为原文旧有。

夏榆林城译名考》",全称为《灵州宁夏榆林三城译名考》,
此为陈寅恪"蒙古源流研究之二"。该系列研究"之一"为
《吐蕃彝泰赞普名号年代考》,"之三"为《彰所知论与蒙古
源流》,"之四"为《蒙古源流作者世系考》。四篇文章,后
一并录入《金明馆丛稿二编》。

1976 年 3 月 6 日

读了宗瀛的《李商隐诗论稿》深美之,尤其美他写
《安定楼城》与《无题:万里风波一叶舟》两首;多未
经人道义。如《安定城楼》的"永忆江湖归白发,欲回
天地入扁舟"这是王荆公所最爱句,从前已有人指出过,
但冯浩对此则似仅仅闲笔掠过,未有更多的发明,或者
亦不足以及此欤!《无题》一首,中间"益德冤魂终报
主"只此一句,记得陈寅恪讲是诗,曾费了一小时的时
间,以史实证诗,惜当时未得其讲稿,陈寅老遗作可能
在台湾出版,因托李为留意,购我一本。[1]

按:"宗瀛""李",均指李宗瀛(1915—1996),又作
李宗沄,江苏武进(今属常州市)人,1933 年考入燕京大学
医学预科,1936 年转入燕大历史系,后毕业于西南联大历

---

1 《陈君葆日记全集》卷七,第 288 页。

史系。抗战胜利后曾任上海《大公报》采访课主任，1948 年赴香港参与《大公报》复刊工作，历任编辑、副总编辑、英文版总编辑等职。[1] 李宗瀛著《李商隐诗论稿》（署名"蓝于"），中华书局香港分局 1975 年 12 月初版。"《安定楼城》"误，下文《安定城楼》是。"王荆公"，北宋王安石。冯浩（1719—1801），清代学者，著有《玉溪生诗笺注》。据陈君葆日记，陈寅恪似曾在港大讲过李商隐诗《无题·万里风波一叶舟》，详情待考。

又，据李宗瀛的同学兼妹夫程应镠回忆，二人从燕大转入西南联大历史系学习后，与徐高阮、王永兴以及清华助教丁则良等，都选读了陈寅恪的"魏晋南北朝史"。[2] 由此看来，陈寅恪与李宗瀛之间称得上是师生关系，因此，陈君葆请李

1　李宗瀛生平，综合以下文献而来：李宗瀛《回忆李宗恩》，载中国人民政治协商会议贵州省委员会文史资料研究委员会编《贵州文史资料选辑》第 29 辑，1990 年 1 月印行，第 58、59、63、68、82 页；周雨《沪馆采访课纪实》，载周雨编《大公报人忆旧》，中国文史出版社 1991 年版，第 111 页；李宗蕖《李宗瀛》，载燕京研究院编《燕京大学人物志》第二辑，北京大学出版社 2002 年版，第 28—29 页；周文业、史际平、陶中源等编著《清华名师风采（工科卷）》"李宗津"条，山东画报出版社 2012 年版，第 673 页；兰珩、胡琴主编《清华记忆》丛书之二《清华脊梁》，贵州教育出版社 2013 年版，第 35 页；虞云国编著《程应镠先生编年事辑》，上海人民出版社 2016 年版，第 98、533、535、619 页。

2　程应镠《树勋巷五号》，载云南省政协文史资料研究委员会、西南联合大学北京昆明校友会、云南师范大学合编《云南文史资料选辑》第 34 辑，云南人民出版社 1988 年版，第 417、418 页。

宗瀛代为留意台湾出版陈寅恪著作，也就不难解释了。

1978 年 6 月 14 日

郭沫若在京病逝，他已年逾八十六了。郭病逝，顿忆起二、三事。一是一次国庆节日游行会，周总理陪同乔森潘到一处参加盛会，鼎堂老人也在，片上引起我注意的是周总理对他的表现和态度。一是据徐伯郊告诉我的，郭对陈梦家的事，另一事则为他为甚么写武则天一剧本。动机何在？还有一事，他劝陈寅恪入京，陈拒绝，并把郭给他的亲笔信与我看，并语我为语港中诸友和季明。[1]

按："鼎堂老人"，即郭沫若，1978 年 6 月 12 日辞世。《武则天》是郭氏 1960 年创作的历史话剧。陈梦家（1911—1966），古文字学家、考古学家、诗人。"郭对陈梦家的事"，当指徐伯郊 1968 年 1 月 19 日对陈君葆所述以下传闻："陈梦家与鼎堂可谓死生知己了，郭'总理万机'忙不过来时，许多文章都是梦家为执笔的；然而梦家被斗，只要郭一言，即可以超出生天，而不料郭未仗义执言，这一份情谊也没有，

---

1 《陈君葆日记全集》卷七，第 409 页。

不念当年手足，结果终让梦家下放到山西掘坟去劳改。"[1]"劝陈寅恪入京""亲笔信"云云，详前"1953 年 10 月 18 日"条。

---

1 《陈君葆日记全集》卷六，第 145 页。案：此系传闻，多有不实之处，如 1958 年 12 月至 1959 年 12 月，陈梦家等人被下放至河南洛阳东郊白马寺 植棉场劳动，并非"到山西掘坟"。详方继孝《陈梦家年谱》，见方著《陈 梦家和他的朋友们》，生活・读书・新知三联书店 2021 年版，第 503- 504 页。

《梁方仲遗稿》中的陈寅恪 *

  梁方仲（1908—1970）、梁嘉彬（1910—1995）昆仲，同为史学名家，实属罕见。弟兄二人，又先后得入前辈陈寅恪（1890—1969）之法眼，尤为难得。

  梁氏兄弟，原籍广东番禺，出生于北京。弟弟梁嘉彬，1928 年考入清华大学历史学系，曾选修陈寅恪的"魏晋南北朝史""隋唐史""蒙古史料"等课程。不过，梁嘉彬的学术兴趣集中于中国外交史及中外交通史，自称对中国上古、中

* 2022 年 2 月 19 日完成初稿，9 月 17 日修订，10 月 11 日再次修订；2024 年 2 月 17 日定稿，9 月 10 日、16 日增订。此为首次刊发。

古、近古史"实未下工夫"，故而向陈氏求教并不算多，但陈寅恪对他"颇有夸奖"，每逢梁嘉彬晋谒请益，"必循循善诱，多方指示无倦"。个性"有如子路好勇"的梁嘉彬，有时登门拜访老师，"用意在得亲闻其一语之褒而已"。师生交好，真诚、坦荡而不失俏皮，其乐也融融。自清华毕业后，梁嘉彬"仍得两谒于香港，一谒于长沙"。1970 年 3 月，陈寅恪离世不到半年，梁嘉彬在台湾撰文回忆老师，文字虽短，信息量却不小，可信度也很高。[1]

哥哥梁方仲，1926 年考入清华，1934 年研究生毕业。与"为人好动、豪放，爱发议论，爱写文章"的弟弟不一样，[2] 梁方仲的性格显得沉稳许多，[3] 加上专业不同，因此，求学清华八年间，梁方仲似未曾走谒陈寅恪。两人正式结识，很有可能

1　梁嘉彬《陈寅恪师二三事》，原载台湾《清华校友通讯》新 32 期，后被收入张杰、杨燕丽选编《追忆陈寅恪》，社会科学文献出版社 1999 年版，第 112—114 页。

2　梁承邺著《无悔是书生：父亲梁方仲实录》，中华书局 2016 年版，第 38 页。

3　梁嘉彬《哭七兄病殁故里三首（1970 年 6 月）》（其一）有句云："兄性最淳谨，益友从而滋。我高谈国事，常反兄所为。我著论大黄，兄笑我为痴。"见梁方仲著《梁方仲文存》（《梁方仲文集》第八册），中华书局 2008 年版，第 354—355 页。

发生在抗战时期流亡长沙的那段时间内。[1]

　　1949 年 1 月、2 月，陈寅恪、梁方仲几乎同时入职岭南

1　梁承邺（梁方仲之子）所作忆述如下："在清华大学求学时，因专业不同缘故，父亲并未修读过陈寅恪的课，仅在抗战时期，中研院史语所和社会科学所都曾同在长沙、桂林、昆明、四川驻扎过，父亲才得以正式拜见结识了陈氏。"（《无悔是书生：父亲梁方仲实录》，第 218 页）对于二人结识的具体时间和地点，则未予确定。梁方仲 1934 年自清华毕业后，进入北平社会调查所工作，该所不久与中央研究院社会科学研究所合并，梁氏遂成为中研院研究人员。1937 年七七事变后，中研院史语所、天文所、心理所、物理所和社会科学所从南京迁到长沙，组成中研院长沙工作站。1937 年 8 月底，梁方仲与未婚妻陈瑛材、弟弟梁嘉彬由日本经香港返国。9 月初，梁方仲在广州完婚后，偕妻子到香港旅行数日，随后由广州直奔长沙，向社会科学所报到。1938 年底，随所撤离长沙，迁移到广西桂林附近的阳朔县。（《无悔是书生：父亲梁方仲实录》，第 50–52、77–78、82–84 页）而陈寅恪一家老小南下抵达长沙的时间在 1937 年 11 月底，1938 年 1 月再次登程，经桂林、梧州到达香港。据陈家女儿们回忆，短暂停留长沙期间，陈寅恪顾不上带着家人寻访故居，而是频繁外出，"多是去清华大学长沙办事处、长沙临时大学，及由南京内迁至长沙的中央研究院等处"。（陈流求、陈小彭、陈美延著《也同欢乐也同愁：忆父亲陈寅恪母亲唐篔》，生活·读书·新知三联书店 2010 年版，第 135–137 页）梁嘉彬的回忆则是：1937 年自日本回国后，只身自香港经广州、汉口入南京，投"留日学生归国服务团"；大场失守，遂自南京撤入江西庐山，继续受训；后离团走湖南长沙，"时寅师、家兄方仲皆在长，寅师为寄两函介见重庆国立中央大学校长罗家伦"。（梁嘉彬《陈寅恪师二三事》，此据张杰、杨燕丽选编《追忆陈寅恪》，第 113 页）综合上引各家记述，初步可以推断：陈寅恪、梁方仲极有可能在 1937 年至1938 年之交正式相识于长沙。

梁方仲

大学文学院，陈在历史政治学系，梁在经济商学系。[1] 1952年，全国高校院系调整，岭南大学被撤销，两人最终在中山大学历史系第三次成为同事。[2] 在岭大、中大的最后二十年里，陈寅恪与梁方仲的接触才"多起来"，无论风云变幻，梁对陈坚持"敬前贤而近之"的原则没有动摇，[3] 因而成为与陈"密切来往""情感最有共鸣"的极少数人之一。[4]

　　1995年，学者陆键东在《陈寅恪的最后二十年》里较早提及陈、梁交谊。[5] 2016年，梁承邺（1938—2020）所著《无悔是书生：父亲梁方仲实录》披露了更为详细的原始文献。2019年出版的《梁方仲遗稿》，[6] 同样包含了不少可资利用的素材。本文即以《梁方仲遗稿》为主要依据，结合相关资料，进一步钩沉两位史家多年交往的若干史实。

1　陆键东著《陈寅恪的最后二十年（修订本）》，生活·读书·新知三联书店2013年版，第18-22页；梁承邺著《无悔是书生：父亲梁方仲实录》，第183-186页。

2　《无悔是书生：父亲梁方仲实录》，第210-212页。

3　《无悔是书生：父亲梁方仲实录》，第218、293页。

4　《陈寅恪的最后二十年（修订本）》，第180、218页。

5　陆键东著《陈寅恪的最后二十年》，生活·读书·新知三联书店1995年版，第190、230-232页。

6　梁方仲著，梁承邺、李龙潜、黄启臣、刘志伟整理《梁方仲遗稿》（全八册），广东人民出版社2019年版。

壹、《读书笔记》

《梁方仲遗稿》凡八册，第一、二册即《读书笔记》（上、下）。遍览两册，与陈寅恪相关者仅发现三条，而且三条笔记围绕着同一话题。以下依次照录，[1] 并酌加按语。

一、梁山伯祝英台

梁山伯、祝英台者，自幼闻之，以其无稽，不之道也。近览《宁波志》，梁、祝皆东晋人。梁家会稽，祝家上虞，尝同学。祝先归，梁后过上虞，寻访之，始知为女。归乃告父母，欲娶之。而祝已许马氏子矣。梁怅然若有所失。后三年梁为鄞令（不回避本籍之证），病死，遗言葬清道山下。又明年，祝适马氏，过其处，风涛大作，舟不能进，祝乃造梁冢，失声哀恸。忽地裂，祝投而死焉。马氏闻其事于朝，丞相谢安请封为义妇。和帝时，梁复显灵异，效劳于国，封为义忠。有司立庙于鄞云。吴中有花蝴蝶，橘蠹所化也。妇孺以梁山伯、祝英

---

1 本节撷取的三条笔记，标题均采自《梁方仲遗稿·读书笔记》，序数词则由笔者添加。

台呼之。(《菽园杂记》卷十一,第六至七页)[1]

按:梁方仲《〈菽园杂记〉中史事重校》一篇,共计 19 则笔记,此为第一则。《梁方仲遗稿》整理者于篇首说明有谓:《菽园杂记》十五卷,明陆容(1436—1496)撰,有明刻本、清《墨海金壶》本,《四库全书提要》称其"于明代朝野故实,叙述颇详"。"该书尤重明代始发生的事物,可补史乘之缺,具有相当的价值。因此,在 20 世纪 30 年代,梁方仲先生便据完善的《墨海金壶》本,以此原则,移录以下数则,作为该书札记。梁山伯、祝英台一则,虽不是明事,却告诉我们:东晋时,任官不回避本籍,对明代现实有一定意义。"[2]

梁、祝传说原本属于无稽之谈,更不易成为经济史研究者的关注对象,梁方仲之所以抄录这段文字,重点应该在于:梁山伯以浙人而任官浙地,足以证明东晋时已有官员不回避本籍之实例。由此可证,"(不回避本籍之证)"诸字只能是梁方仲摘引时所作夹注。至于这一点与陈寅恪有何关联,将于下文集中讨论。

---

1 《梁方仲遗稿·读书笔记》上册,第 192 页。案:"冢",《梁方仲遗稿·读书笔记》原作"塚"(异体字),现予径改,以示规范、统一。

2 《梁方仲遗稿·读书笔记》上册,第 192 页。案:"移录""回避",原书刊作"迻录""迴避",现一并径改。

二、县佐回避本郡

陈寅恪:《隋唐制度渊源略论稿》，第 62 页[1]

按：1944 年 9 月，梁方仲等人获派前往美欧进行考察、进修；12 月，辗转到达哈佛大学做访问研究；1946 年 9 月，离美赴英；1947 年 5 月，回到中国。[2] 在美欧期间，除参观、调查、交流之外，最主要的活动仍然是听课、读书、购书，[3]《梁方仲遗稿》所存读书笔记和听课笔记，都有一部分完成于这一时期。

梁氏《哈佛大学读书笔记》篇首，有四行英文说明："F.C.Liang" / "Divinity Hall" / "Divinity Ave." / "Cambridge, Mass."[4] 第一行是梁方仲的英文名，[5] 第二行意为"神学

1　《梁方仲遗稿·读书笔记》下册，第 364 页。

2　《无悔是书生：父亲梁方仲实录》，第 140、144、160、165 页。

3　《无悔是书生：父亲梁方仲实录》，第 144–166 页。

4　《梁方仲遗稿·读书笔记》下册，第 364 页。

5　1945 年，梁方仲曾用英文撰写过一篇书评，署名即"F.C.LIANG"，详《评卜凯〈中国土地利用〉（英文）》，见《梁方仲遗稿·新拾文存》，第 286–292 页；1956 年，梁氏专著《一条鞭法》英译本在哈佛出版，书名即 为 Liang Fang-Chung：*The Single-whip Method of Taxation in China*，见《无悔是书生：父亲梁方仲实录》，第 152 页。

楼",¹ 第三行意为"神学大街",² 第四行即"马萨诸塞州康桥"(哈佛大学所在地)。四行英文,应由梁氏题写于当年做札记时。

上引这一则("县佐回避本郡"),为梁氏《哈佛大学读

---

1 吴宓 1918 年 9 月 18 日日记略谓:"前定住之寝室 Divinity Hall,自是亦均为政府收用,以驻'学生军'。美国备战,规模宏大,在在均足惊服。"吴宓日记之整理者已将"Divinity Hall"翻译为"神学楼"。见吴宓著、吴学昭整理注释《吴宓日记》第 2 册,生活·读书·新知三联书店 1998 年版,第 12 页。

2 哈佛燕京学社,即坐落于哈佛校园内的神学街 2 号。参阅潘玮琳、章可《梵瑟楼与哈佛往事》一文,载 2020 年 8 月 7 日《文汇报·文汇学人》。2024 年 9 月 10 日补案:复旦大学历史学系章老师对这条注释作了必要的补订,现将他当天发给我的电邮节录于后:"哈佛燕京学社是 1958 年才迁入神学街 2 号的现址,现址这幢楼 1930 年建成,梁方仲先生访问哈佛时,该楼为哈佛大学地理考察研究所。此外,神学楼('Divinity Hall')就在神学街('Divinity Ave.')上,现在的地址是神学街 14 号(14 Divinity Avenue),目前该楼属于哈佛大学神学院,历史上曾有过其他用途(如吴宓说)。看来梁先生当时读书做笔记就在此地。"2024 年 9 月 16 日再补:9 月 10 日那天,章可还向我传示了哈佛燕京学社副社长李若虹的文章《从哈佛园到神学街——哈佛燕京学社迁址忆述》(载《二十一世纪》2022 年第 4 期)。据李文,从 1928 年开始到 1950 年代初,哈佛燕京学社(Harvard-Yenching Institute)常驻老哈佛园(Old Harvard)内的博义思同楼(Boylston Hall),其名下的哈佛燕京学社汉和图书馆(The Chinese-Japanese Library of the Harvard-Yenching Institute)也坐落在该楼内,直到 1958 年夏,学社及其图书馆才搬入位于哈佛园外的神学街 2 号哈佛大学地理考察研究所(Institute of Geographical Exploration)。因此,似可初步确定梁方仲当时读书做笔记应该在学社旧址(博义思同楼),而非新址(哈佛大学地理考察研究所)。真相如何,尚待有心人继续考索。

书笔记》第一条，只有短短的六个字，既不是摘录，也不是评点，更像是关注的一个问题。

先说说梁氏所读陈书从何而来。查《隋唐制度渊源略论稿》完成于 1940 年，延宕至 1944 年 12 月，才作为"国立中央研究院历史语言研究所专刊"，由重庆商务印书馆初版，1945 年 3 月再版，1946 年 6 月由上海商务印书馆第三次出版。梁方仲启程在 1944 年 9 月，[1] 早于陈著初版时间三个月。仅此一点，也足以证明梁氏所读陈著只能是哈佛大学的藏书。无论哪一个版本，在这么短的时间内就能入藏哈佛图书馆并向读者开放，速度之快令人吃惊[2]——毕竟初版、再版时二战仍未结束，三版时中国国内局势也不明朗。

这本书的具体来历，目前尚不敢轻下结论，[3] 但我相信，

1　梁氏此行，系由重庆出发，取道印度、埃及，转赴美国。1944 年 9 月 11 日，梁氏临行前曾致函王崇武、陈槃、劳榦，告以"明早去印"。见《无悔是书生：父亲梁方仲实录》，第 144 页；《梁方仲遗稿·信札、珍藏书画、遗墨观痕》，第 380-381 页。

2　2024 年 9 月 16 日补案：梁方仲当年在哈佛大学所见学术期刊，包括"《中法汉学研究所图书馆馆刊》第一号，三十四年三月"（见《梁方仲遗稿·读书笔记》下册，第 376 页）。该刊 1945 年 3 月创刊于北京，最迟第二年，就能在哈佛大学图书馆供读者取阅，其速度不可谓不快。

3　刘承军《历史语言研究所与域外汉学的交流（1928—1949）》（载《国际汉学》2021 年第 3 期）略谓：在傅斯年的倡导和主持下，中研院史语所十分重视国际汉学的研究方法与成果，为此积极搜购、引进外文文献，同时不断推出高标准的研究成果（其出版物分为专刊、单刊、集刊和一般刊物），在国内外产生了重大的学术影响和声誉。法国远东学（转下页）

这本书应该还在哈佛大学，静静地等待着有缘人一探究竟。

接着说说梁氏当年所读陈书到底是哪一个版本。简而言之，这本书必须符合两个条件：一是出版年月介于 1944 年 12 月至 1946 年 9 月之间，二是第 62 页有"县佐回避本郡"之类内容。

考《隋唐制度渊源略论稿》于 1940 年完稿后，陈寅恪请人誊写成清稿寄往上海商务印书馆付印，然誊清稿不幸遗失，只得由史语所同仁（七人或七人次）代为抄录，拼凑成第二份誊写本，改由重庆商务印书馆印刷，1944 年 12 月初版本即以此誊写本为底本。历经劫难，陈氏手写底稿和第二份誊写本依然留存于天壤间，据目睹者郭长城介绍："誊写本首页钤盖'商务印书馆送审'方形章一枚，内容自第 1 页起，每隔数页即钤盖有'重庆市图书杂志审查处审查讫'圆形橡皮图章。"郭氏据而推断："足以证明当今所有版本的《隋唐制度渊源略论稿》，其源头皆来自此誊写本。"[1]

写作本文期间，我就近在广东省立中山图书馆搜寻此

（接上页）院、俄罗斯科学院、巴黎大学中国学院、京都大学等国外学术机构，陆续开始阅览、收藏、交换史语所的出版物。费正清主管的美国学术资料服务处，也代哈佛大学征求该所的学术出版物。笔者据此推测：陈寅恪的这本著作既然是史语所的"专刊"之一，那么，作为交换的出版物来到哈佛，也是极有可能的。

1 郭长城《陈寅恪抗日时期文物编年事辑》，载周言编《陈寅恪研究：新史料与新问题》，九州出版社 2014 年版，第 14—15、49—51 页。

书，只找到了 1946 年 6 月版。这个版本同时具有以下四个特征：封面、扉页、版权页，三次出现"国立中央研究院历史语言研究所专刊"字样；版权信息标识为"中华民国三十三年十二月重庆初版、三十四年三月重庆再版，中华民国三十五年六月上海初版"；封底左侧靠上方，印有两行字："重庆市图书杂志审查处" /"审查证忠图字第〇六〇二号"；第 62 页第 7、8 行，在摘引《隋书》和《通典》相关内容之后，有如下文字："寅恪案，若仅据此，似中央政府之吏部夺取地方政府州郡县令自辟之权，以及县佐之回避本郡，均始于隋代，然若就其他史料考之，则知殊不然也。"[1] 这些特征让我相信，郭长城的推论是信得过的——尽管第二份誊写本未能尽如人意，但它确实是该书多个版本的源头。

梁方仲在哈佛所读陈著，既可能是 1945 年 3 月重庆商务印书馆再版本，也可能是 1946 年 6 月上海商务印书馆初版本，而以前者的可能性为大。[2]

当然，无论是哪一个版本，更为重要的依然是"县佐回

1　陈寅恪著《隋唐制度渊源略论稿》，商务印书馆 1946 年版，第 62 页。

2　2022 年 10 月 11 日补案：2022 年 10 月 2 日，我的同事周建增博士在哈佛燕京图书馆网站（https://library.harvard.edu/libraries/yenching）上查找到了该馆所藏两种《隋唐制度渊源略论稿》（同为"国立中央研究院历史语言研究所专刊"）的版本信息：其一，重庆：商务印书馆，民国 34［1945］，117p.，21cm；其二，上海：商务印书馆，民国 35［1946］，117p.，21cm。据此可知我的推证大体不错。

避本郡"这一话题。

三、地方官回避原籍

Mason, *Western Concepts of China and the Chinese, 1840-1876*, p.71[1]

按：在没有得到同事周建增博士帮助之前，我根本不知道怎样查询这本英文书的相关信息，只得退而求其次，在中译本里寻找一些线索。等到建增应我的邀请审阅完书稿，他主动帮我在哈佛燕京图书馆[2]网站上找到了一册同名的英文书，从书名、版本信息，特别是正文第71页来看，建增找到的这本书和梁方仲当年所看之书应该是同一个版本。一并在该网站发现的，还有不久前我使用过的那个中译本——杨

---

1 《梁方仲遗稿·读书笔记》下册，第387页。
2 2024年9月16日补案：据李若虹《从哈佛园到神学街——哈佛燕京学社迁址忆述》（载《二十一世纪》2022年第4期），哈佛燕京学社汉和图书馆（The Chinese-Japanese Library of the Harvard-Yenching Institute）这一名称从1929年开始使用，一直到1965年才更名为哈佛燕京图书馆（Harvard‐Yenching Library）。梁方仲《哈佛大学读书笔记》共有三处使用了"哈佛中日图书馆"的名称（见《梁方仲遗稿·读书笔记》下册，第376、384、385页），这里的"中日图书馆"显然是"汉和图书馆"的一般性说法。由此可见，梁方仲当年正是在哈佛燕京学社汉和图书馆读到《隋唐制度渊源略论稿》的，亦可证今日哈佛燕京图书馆所藏该书传承有绪。

国立中央研究院历史语言研究所专刊

隋唐制度淵源略論稿

陳寅恪 著

商務印書館印行

《隋唐制度渊源略论稿》封面

中華民國三十五年六月上海初版
中華民國三十三年十二月重慶再初版

（※37029 道林紙）

國立中央研究院歷史語言研究所專刊

隋唐制度淵源略論稿一册

定價國幣貳元貳角
印刷地點外另加運費

著作者　陳寅恪

發行人　李宣龔　上海河南路

印刷所　商務印書館印刷廠

發行所　商務印書館　各地

《隋唐制度淵源略论稿》版权页

《隋唐制度渊源略论稿》审查证编号

同書卷伍儒林傳劉炫傳略云：

（牛）弘又問：魏齊之時令史從容而已，今則不遑寧舍，其事何由？炫對曰：往者州唯置綱紀，郡置守丞，縣唯令而已，其所具僚則長官自辟，受詔赴任，每州不過數十，今則不然，大小之官悉由吏部，纖介之跡皆屬考功。

通典卷参拾参職官典總論縣佐條漢有丞尉及諸曹掾句下杜氏注云：

多以本郡人為之，三輔則兼用他郡，及隋氏革選，盡用他郡人。

寅恪案，若僅據此，似中央政府之吏部奪取地方政府州郡縣令自辟之權，以及縣佐之遷避本郡，然若就其他史料考之，則知殊不然也。如北齊青州後主紀（北史捌齊本紀同）略云：

帑藏空竭，乃賜緒佞幸賣官，或得郡兩三，或得縣六七，各分州郡，下逮鄉官，亦有降中者，故有勅用州主簿勅用郡功曹。

通典壹肆選舉典略云：

其（漢代）州郡佐史自別駕長史以下，若刺史太守自辟，歷代因而不革。泊北齊武平中，後主失政，多有倖倖，乃賜其寵官，分占州郡，下及鄉官，多降中旨，故自勅用州主領郡功曹者。自是之後，州郡辟士之權浸移於朝廷，以故外吏不得精歆，由此起也。

後周勅用州佐佐則自著，府官則命於朝廷。

（隋）牛弘為吏部尚書，高構為侍郎，最爲稱職，當時之制，倘書集其大者，侍郎集其小者，則六品以下官威吏部所錄，自是海内一命以上之官州郡無復辟署矣。〔原注云：自後魏北齊州郡僚佐已多為吏部所授，至隋一切歸在省司。〕

寅恪案，北周制史向能自著僚佐，而後魏北齊州郡僚佐則已多為吏部所授，至隋一切歸之省司，此隋代政治中央集權之時微，亦卽其職官選任之制不因北周而承北齊之一例證也。

《隋唐制度淵源略論稿》第 62 頁

德山翻译、中华书局 2006 年 7 月出版的《西方的中国及中国人观念（1840—1876）》。建增发挥英语出色的专长，为我对照了英文原著和中译本的相关内容，让我的推论变得更加可信。

此书的作者 M.G. 马森（Mary Gertrude Mason），名气似乎不怎么大，时至今日，仍然只知道他是一位"生平不详"的"二十世纪上半叶美国研究中国问题的专家"。[1] 该书"旨在阐述 1840 年到 1876 年间西方人对中国和中国人的看法"，[2] "涵盖了近乎全部认识内容：性格、社会、文学、语言、哲学、宗教、科学、艺术、习惯、风俗等等"，[3] 这些，大概是吸引梁方仲阅读的原因。不过，从他留下来的这条只有七个字（"地方官回避原籍"）的笔记来看，马森的书似乎没有给予他太多的收获。

为了方便一般读者，以下我将直接从杨德山中译本摘取相关文字，用以揭示梁方仲这条笔记指向的到底是马森的哪些言论，进而管窥梁氏对其中某些说法的评判。

---

1 〔美〕M.G. 马森著、杨德山译《西方的中国及中国人观念（1840—1876）》，中华书局 2006 年版，勒口。

2 《西方的中国及中国人观念（1840—1876）·前言》，《西方的中国人观念（1840—1876）》，第 1 页。

3 《西方的中国及中国人观念（1840—1876）·译后记》，《西方的中国及中国人观念（1840—1876）》，第 324 页。

在中华民族所有的民族性格中，稳定性或者说不变性可能是最坚固和最独特的。欧洲人和美国人普遍认为：1840年的中国人和孔子时代的中国人别无二致。[1]

…………

另外一种通常在西方文献中出现的对中国人的认识——特别是在1850年之后，是中国的腐败堕落。提出这种看法的理由可能是认为1850年夏天爆发的太平天国叛乱导致了中国文明的崩溃。中国的情况似乎证明：这个国家在相当长的一段时间里都保持着它的稳定性，只是后来实际上一直处于倒退状态，他们的艺术水准已经衰落。不论是丝绸还是瓷器，其质量都不能与早先的产品同日而语。在北方，许多曾经繁荣兴旺的商业都市已经衰败，残垣断壁年久失修。如果仅仅是寺庙看上去残破不堪的话，还可以认为是由于人们对宗教产生的冷漠或怀疑情绪所致。但是，这些衰落的迹象几乎在这个国家的每个地方都俯拾即是。最令人害怕的腐败已经渗入到了整个社会的群体之中。地方官员为了最高的价码而出卖公义。朝廷命官不再去保护人民，而是用他们的各种权力手段压迫和掠夺人民。

---

1 《西方的中国及中国人观念（1840—1876）》，第81页。

WESTERN CONCEPTS OF CHINA
AND THE CHINESE, 1840-1876

哈佛燕京图书馆藏英文本书名

Printed in the United States of America by
The Seeman Printery, Inc., Durham, N. C.

哈佛燕京图书馆藏英文本版本信息

visible only in the temples, it might be explained by the increasing apathy or scepticism of the people in regard to religion. But these signs of decay extended into almost every department of state." The most frightful corruption penetrated the whole mass of society. Magistrates sold justice to the highest bidder. Mandarins instead of protecting the people oppressed and pillaged them by every means in their power."

The general disorganization, which had penetrated into every part of Chinese society, lay partly in a very important modification of the ancient system of government, introduced by the Manchus. They permitted no mandarin to stay in the same place for more than three years and no official to be appointed in his own province. The motives for such a measure are obvious. The Manchu Tartars, terrified at their small number in the midst of the Chinese, took steps to maintain their supremacy and prevent counter-revolution. But Huc pointed out another element which contributed towards disintegration. The great Chinese mandarins, wandering from province to province without becoming attached to a particular locality, had not time to make themselves all powerful with the people so that they could lead a rebellion. Their policy, perhaps judicious for the consolidation of Tartar power, only made for disorder in the end. Magistrates and public officials who remained only a few years in a post lived like strangers. Their chief interest was the accumulation of wealth which would make it possible for them to retire in luxury. The fundamental principle of the Chinese monarchy was thereby destroyed, for the magistrate no longer felt a personal responsibility for the people under his jurisdiction."

While Occidentals considered China a decadent nation they thought it could survive the period of retrogression." Again and again, it had reformed itself after a period of chaos and convulsion. Its periodic revolutions tended to throw off the corruption

---

" "The National Life of China," op. cit.
" Huc, op. cit., 66.   " Ibid., 252 et seq.
" John Thomson, The Straits of Malacca, Indo-China, and China (New York, 1875), p. 347; W. J. Hail, Tsêng Kuo-fan and the Taiping Rebellion (New Haven, 1927), Chap. I.

称：把业剩人看成是一成不变的思想完全是对他们历史的无知。

另外一种通常在西方文献中出现的对中国人的认识——特别是在 1850 年之后，是中国的腐败堕落。提出这种看法的理由可能是认为 1850 年更大爆发的太平天国叛乱导致了中国文明的崩溃。中国的情况似乎证明：这个国家在相当长的一段时间里都保持着它的稳定性，只是后来实际上一直处于倒退状态，他们的艺术水准已经衰落。不论是丝绸还是瓷器等，其质量都不能与早先的产品同日而语。在北方，许多曾经繁荣兴旺的商业都市已经衰败，视词断壁华久失修。但是，这些衰落的迹象几乎在这个国家的每个地方都显而易见。最令人吉怕的瘤疫已经渗入到了整个社会的群体之中。地方官员为了聚敛的价码而出卖公义，朝廷命官不再去保护人民，而是用他们的各种权力下役压迫和勒令人民。

已经渗入进中国社会各个角落的普遍的无组织性部分地侵蚀满人一贯采用的古代统治方式发生了重大变化。他们不允许朝廷命官在一个地方任职超过三年，不允许官员在自己的家乡做官。这种触拒的动机是明显的，中国人口中只占少数的满族鞑靼人采取各种步骤维护他们至高无上的权威、防止仅人发动叛乱。但是，古伯察称出，还有一个因素导致了中国的衰败，中国的高级官员从一个地方到另一个地方去任职，不可能与地方势力相结合，没有时间在人民中建立自己的权威，从而发动一场逼迫叛乱的抵抗。这种政策也许对此周错误的统治权力是明智的，只是最后逼成了混乱。只在一种官位上

任职几年的地方官员和公务官吏对他们治下的百姓来说形同陌生人。他们将主要的兴趣放在聚敛财富上，这样在他们退休之后可以享受荣华富贵，因为地方官员不再感到要对他们治下的人民负有个人的责任。

当西方人认为中国衰败是一个衰痛的民族时，他们又认为，它终过了一段时间的倒退后就能够起死回生。中国曾经一次又一次地在经过一段混乱与骚动后改革自身。周期性的革命常常会平除由停滞和诱毙所产生的腐败。西方人相信，中国将会永远生存下去，因为它拥有庞大的问题人口。

西方人日开始与东方接触以来，一直傲视自负和傲慢是中国人的民族特征。由于同世界其他部分分离，他们鄙视世界上的其他国家。中国人一直把自己的国家称之为"天联上国"，还称其为"中央王国"（中国）。其他民族都是蛮夷之邦，注定要生活在"西方大地"的某个角落上，或者生活过环绕"中央王国"四周大海的某个小岛上。

一些西方人把中国政府和人民对待外国人的态度区分开来分析。一般地说，中国人民对外国人并没有什么太的敌意。中国古代的留学家并没有向人民传授坚持待外国人的思想，孔子力劝统治者要宽泛且始款待外邦异客。玛斯（Sinibaldo de Mas）坚持说，人民对待中国人不是中国人不止外国人才这么对待外邦人。就收到说，人民对中国人怀有恶意自然是受了诛政府高官的挑唆。中国皇帝是全世界最高权威的思想也造成连西方人在中国不受好的主要原因。中国本土的人认为：外国人遵照当然地应为侮毕村一样地忠于中国的皇帝。中国上流社会官列居住在这个国家的西方人随然不受国家法律的约束，不过不受当地的调束，这使他们感到很不满。

哈佛燕京图书馆藏中译本对应内容

已经渗入进中国社会各个角落的普遍的无组织性部分地使满族人一直采用的古代统治方式发生了重大变化。他们不允许朝廷命官在一个地方任职超过三年，不允许官员在自己的家乡做官。这种做法的动机是明显的，在中国人口中只占少数的满族鞑靼人采取各种步骤维护他们至高无上的权威，防止汉人发动叛乱。但是，古伯察指出，还有一个因素导致了中国的衰败。中国的高级官员从一个地方到另一个地方巡回任职，不可能与地方势力相结合，没有时间在人民中建立起自己的权威，从而发动一场谋反朝廷的叛乱。这种政策也许对巩固清朝的统治权力是明智的，只是最后造成了混乱。只在一种官位上任职几年的地方官员和公务官吏对他们治下的百姓来说形同路人。他们将主要的兴趣放在聚敛财富上，这样在他们退休之后可以享受荣华富贵，因为地方官员不再感到要对他治下的人民负有什么个人的责任。[1]

从注释可见，马森引用了汉学家古伯察（Huc）之名著《中华帝国纪行》的部分文字。[2] 古伯察（Evariste Régis Huc，1813—1860）是法国天主教遣使会传教士，他在19

---

1 《西方的中国及中国人观念（1840—1876）》，第83-84页。
2 《西方的中国及中国人观念（1840—1876）》，第88、89页。

世纪 50 年代出版的两本书，对当时西方世界认识中国产生了巨大影响。一本是《鞑靼西藏旅行记》(*Recollections of a Journey through Tartary and Tibet,1850*)，另一本即《中华帝国纪行》(*A Journey through the Chinese Empire, 1854*)。[1] 马森写作时依据的是《中华帝国纪行》1859 年修订本（伦敦），只不过书名被简称为 *The Chinese Empire*（《中华帝国》)。[2]

幸而古伯察的这部名著也有中译本，通过比对，可以发现："不允许朝廷命官在一个地方任职超过三年，不允许官员在自己的家乡做官"的做法开始于清朝，[3] 马森的这一说法其实并非其原创，而是直接来源于古伯察——"按规定，清朝官员在同一地方任职不得超过三年，且不得在本省做官"；"也许是为了挫败这些反革命企图，鞑靼人规定汉人不能在自己家乡省份做官，不能在同一地方做官三年以上"。[4] 古伯察的这两句话出现在《中华帝国纪行》第九章的其中一节，这一节的重点在于分析"中国衰败的原因"——他认为，"清王朝对古代政治体制的重大修改"是导致中华帝国混乱并加

1 〔法〕古伯察著，张子清、王雪飞、冯冬译《中华帝国纪行——在大清国最富传奇色彩的历险》上册，南京出版社 2006 年版，"丛书导言"，第 2 页。

2 《西方的中国及中国人观念（1840—1876）》，第 22、65 页。

3 《西方的中国及中国人观念（1840—1876）》，第 83 页。

4 《中华帝国纪行——在大清国最富传奇色彩的历险》上册，第 196、197 页。

速其灭亡的根源之一，"自从清王朝即位以来，中国社会已经历了大的变革，似乎变得更糟了"。[1] 而"清王朝对古代政治体制的重大修改"的重要内容之一，就是"官员在同一地方任职不得超过三年，且不得在本省做官"。

古伯察的结论，至少获得了后辈学者马森的高度认同。上引马森之文，明显是对古伯察原著的隐括甚至直接引用。为了证明这一点，我把古伯察的文字相对完整地放在注释里，以便有兴趣的读者进行比对。[2]

1　《中华帝国纪行——在大清国最富传奇色彩的历险》上册，第196、199页。
2　古伯察的文字（中译本）原来分成若干段落，为了排印的便利，现合并为一长段（以"／"间隔各小段）："整个帝国开始混乱。很明显，腐败现象已侵入中国社会的每个阶层，正加速其灭亡。在寻找其根源的时候，我们发现清王朝对古代政治体制的重大修改是其中之一。按规定，清朝官员在同一地方任职不得超过三年，且不得在本省做官。我们不难猜测这条例背后的动机。／清朝鞑靼人一当上统治者，就感到恐惧，因为他们人数太少，被淹没在了广大的汉人之中。于是不得不寻思，怎样才能治理一个如此庞大而又天生仇视外族统治的国家。／从鞑靼人中挑选出官员来占据所有的行政岗位，这种做法是不够的，不能很好地平息众议，因为汉人好嫉妒，又自视甚高。因此大家达成协议，被征服的一方不会完全被排除于仕途之外。北京最高法庭都察院的官职被一分为二，鞑靼人和汉人各占一半。汉人在各省做官的很多，但不能担当最高军事首脑，也不能成为鞑靼人禁卫区的统帅。／尽管有着许多的防范措施，征服者要想巩固权力还是困难重重，他们时刻担心着谋反。在朝廷要员中，不可避免地有一些前朝遗民的朋党在内，他们在各省的大权和影响力十分便于煽动民众谋反。密谋策划对于他们来说并不难，他们也容易与当地百姓达成默契，一起破坏并最终推翻这个新政府。因此，也许是为了挫败这些反革命企图，鞑靼人规定汉人不能在自己家乡省份做官，（转下页）

梁方仲有没有读过古伯察的《中华帝国纪行》？至少在

（接上页）不能在同一地方做官三年以上。／当然清王朝为这种制度革新找了冠冕堂皇的借口，说是为了公众利益、百姓福利。他们还振振有词地说，地方官员都远非他们的亲戚朋友，这样他们就能更好地为着国家利益恪尽职守。／这些就是清王朝公开宣称的理由，旨在使帝国制度的变迁能为人所接受，但他们暗地里的目的是为了阻止有影响力的人士在任何地方落地生根、树立朋党。／这 200 年来，中国的征服者的这个目的算是完美地达到了。有能力的汉人官僚总是不停地在各省间漂泊，无一地可安身，他们之间已无法达成默契。朋党的首领——中国国民性的代表者，也不能再依靠那些只是临时掌权的官员了，他们之间的阴谋很容易被粉碎。这种政策对于巩固上升阶段的权力来说也许是明智的，到最终却免不了成为混乱的根源。把一个纯粹的权宜之计固化成一条帝国的法律，中国鲁莽的征服者正好在他们权力的根底下埋下了毒种，这个毒种已慢慢地生长，结出了毒果。／地方官和政府官吏们在同一个地方任职只有几年的时间，如同过客，一点也不关心他们治下百姓的疾苦。在他们与民众之间，毫无纽带可言。他们所关心的就是无论走到哪儿，尽可能地去聚敛财富，并不断重复这种做法，直到可以回到家乡安享他们压榨其他所有的人得来的钱财。大声疾呼他们的徇私与堕落是没有用的，他们可不管别人怎么瞧他们，他们不过是些过路的鸟儿，明天也许就被迁到帝国的另一端去了，再也听不到他们剥削过的那些受害者的哭喊声。／清朝官们因此变得极端自私，对公共利益漠然置之。中国君主制最基本的原则已被摧毁，因为地方官不再是生活在子民当中的父亲了，他变成了一个不知从何而来，不知去向何方的掠夺者。因此，自从满族鞑靼人即位以来，这个帝国里的一切事物都已堕入衰败、残喘的境地，你再也看不到曾经建立的丰功伟绩和那些显示国家强大与活力的宏伟工程了。／在各省，你可以看到需要巨大努力和毅力才竖得起来的纪念碑，可以看到无数沟渠、高塔、精致的小桥，以及山间大道、沿河固堤等等。但如今，不仅类似的工程无一再造，连前朝所建的工程也遭到了灭顶之灾。／如果不是基督徒，人很难不自私，他喜欢亲享用自己的劳动成果。他为一座大厦打下根基，不过是希望看到它的落成。'为什么，'这些身如转蓬的清朝官员也许会问自己，'要去从事我永远完（转下页）

其《读书笔记》里没有发现任何记载。他对古伯察的观点如何评价，我们同样不得而知。不过，试将关于官员回避本籍的三条读书笔记结合在一起进行考察，隐藏于这 19 个汉字背

（接上页）不成的事业？为什么要播种，却等别人来收获？'有了这些想法，百姓道德和物质上的利益就全被抛弃了。我们并不怀疑，有的总督和知府有能力实行有用的改革，创造有益的制度，处理亟需的工作。但他们一想到他们不过是在那儿稍作停留，就没有勇气大刀阔斧地干起来，自私与私利轻易地在他们的思想里占了上风。他们忙于私事，其他的事一律不干，把百姓的利益留给下一任考虑，而下一任又依次把它留给后面的人。／这种体制本来是用来防止清朝官员受私人与家族势力的影响，以使他们的治理更加自由、独立，但却起了反作用。各个地方的官吏走马灯似的换人，他们对于职责下的事务从不了解，他们常常发现自己被投进了一群他们连话都听不懂的人里面。辖区内人们的风俗习惯，他们通常都不熟悉。有人认为所有的中国人都持相同的观点，这实在是大错特错。中国各省之间的差异，比起欧洲诸国来，恐怕要显著得多。当地方官上任的时候，他们发现衙门已设好了译官和副官，这些人对于当地的情况无所不知，很容易使自己的服务变得不可或缺。就算在极小的事情上，没有这些代理官吏的帮助（他们才是实际上的地方官），地方官根本无法行事。／与法律诉讼相关的所有材料都在他们手上，他们独自起草材料，在判决下达前就定好了调子。地方官不过是公开宣布他们暗地里擅自安排好的事。如今，这些稳如泰山的杂役们都已粉墨登场，他们有他们的三亲四友。因此，司法与行政事务主要通过阴谋与小集团得以实施，这并不令人惊奇。衙门里到处都是这类吸血鬼，不停地吸干百姓的血汗，首先为清朝官员吸，然后为自己和朋友们吸。我们常有机会与这些乡绅打交道，我们目睹过他们肮脏的勾当，而这引起的愤慨与厌恶，我们很难说哪一样更多。／因此，自从清王朝即位以来，中国社会已经历了大的变革，似乎变得更糟了。"见《中华帝国纪行——在大清国最富传奇色彩的历险》上册，第 196-199 页。

后的结论应该是：对于地方官回避原籍始于清朝这一观点，[1]
梁方仲是不认同的。

重校《菽园杂记》所涉史事，发生在"20 世纪 30 年
代"，阅读陈寅恪、马森的著作，发生在十多年后，[2] 三条读
书笔记指向的却是同一个话题。从现有证据推测，梁方仲
对"回避"制度以及"兵制"等问题的长期关注，[3] 似乎与陈

1　关于中国古代人事回避制度的起源和变革，目前比较一致的看法是："创
　　立于两汉，成熟于唐宋，完备于明清。"详吕建中《中国古代的人事回避
　　制度及其意义》，载《青海民族学院学报（社会科学版）》2007 年第 3 期。

2　综合现有资料来看，梁方仲在哈佛阅读《隋唐制度渊源略论稿》，应该是
　　他第一次阅读陈寅恪此书。

3　《〈菽园杂记〉中史事重校》第二则为"土兵始于明代"（详《梁方仲遗
　　稿·读书笔记》上册，第 193 页），第五则为"长生军"（同前，第 194 页）。
　　梁方仲在"兵制"专题上的研究成果，除了集中于《历代兵制》讲演提
　　纲稿（见《梁方仲遗稿·新拾文存》，第 96—113 页）外，在其读书笔记
　　里也有体现：中山大学历史系晚辈学者姜伯勤的文章《隋末关陇山东农
　　民战争与少数民族的关系》，就曾让梁方仲留下了一条四百多字的笔记
　　（详《梁方仲遗稿·读书笔记》下册，第 353—354 页）。案：姜伯勤 1959
　　年毕业于中山大学历史系，随后继续在该系攻读硕士研究生，1963 年硕
　　士毕业后留校任教。据姜氏自述，其硕士毕业论文曾由导师董家遵代呈
　　梁方仲审查，梁氏亲笔为他修改论文。（《中国社会科学家自述》"姜伯勤"
　　条，见国务院学位委员会办公室编《中国社会科学家自述》，上海教育出
　　版社 1997 年版，第 814—816 页）梁方仲这则笔记未标明时间，整理者将
　　其归入《读书笔记零拾》。我推测梁氏所读、所批就是姜伯勤的硕士毕业
　　论文，时在 1963 年——该年 1 月 16 日梁氏日记："看姜伯勤毕业论文。
　　下午开两毕业生论文考试预备会议。"17 日日记："姜伯勤论文答辩五
　　分。"18 日日记："杨生民毕业论〈文〉答辩四分。"（《梁方仲遗（转下页）

寅恪并无直接关系，而是为梁氏本人研究需求所驱动，有其自身的逻辑性。博览群书、取材宏博原本是史学名家的"标配"，梁方仲与陈寅恪一样，都属于利用"非正史资料"最成功的学者。[1] 当然，在梁、陈第三次成为同事，双方交往真正"多起来"，尤其是梁氏坚持听完陈氏的部分课程之后，陈的研究方法重新对梁产生影响，也是有可能的。

贰、《听课笔记》

《听课笔记》为《梁方仲遗稿》第三册，选辑了梁方仲不同时期的各种听课笔记，包括 1953 年 10 月至 1954 年 6

（接上页）稿·案头日历记事》，第 253 页。第四个"文"，现由笔者代为补入》姜伯勤的成名作《隋末奴军起义试探》，即其硕士毕业论文之一章，发表于《历史研究》1963 年第 4 期。

[1] 黄启臣、梁承邺称梁方仲是"利用地方志、档案、族谱、契约、文书等非正史资料研究王朝制度和地方社会的学者最成功的一位"。见《梁方仲文存》，"编者弁言"，第 1 页。《广东省社会科学院历史研究所叶显恩研究员在纪念大会上的发言》有谓："梁先生善于把零散的似乎互不相干的、不说明问题的资料按时、空、人、事串起来，使它说出话来，说出甚至从来没有被人注意的历史现象。"见陈春声、刘志伟主编《遗大投艰集：纪念梁方仲教授诞辰一百周年》上册，广东人民出版社 2012 年版，发言贺信，第 10 页。

月的"两晋南北朝史料"[1]笔记、1954 年 9 月至 1955 年 6 月的"元白诗证史"笔记，这两门课的讲授者都是陈寅恪。梁方仲"以教授身份与选修生并排而坐"，"静气聆听，细心笔录"，"尊师重道"，"身体力行"，[2]一直传为美谈。

梁方仲的这两篇听课笔记，在正式出版前，蔡鸿生（1933—2021）已有专文予以解读；[3]在正式出版后，关注较为集中的学者是胡文辉。[4]蔡、胡二人所作研究，实际上都是分类摘引。蔡文在此基础上有所概括，凸显梁氏风貌之余，最能看出陈、梁关系；胡著所引梁氏笔记近二十条，既有与蔡文相一致的，也有体现选辑者个人兴趣和独特视角的。

斟酌再三，本节拟从两个角度展开论列，既吸纳旧成

1　这门课在多年开设过程中使用过不同名称，如"晋南北朝隋史""晋南北朝史""魏晋南北朝史""两晋南北朝史料"和"两晋南北朝史"等。现遵从不同年代不同听课人留存的课名，不强求一致，以符合历史原貌。

2　蔡鸿生《从手迹看心迹——读梁方仲教授听陈寅恪先生讲课的笔记》，见《遗大投艰集：纪念梁方仲教授诞辰一百周年》上册，第 5 页。

3　蔡鸿生《从手迹看心迹——读梁方仲教授听陈寅恪先生讲课的笔记》，见《遗大投艰集：纪念梁方仲教授诞辰一百周年》上册，第 4–10 页。

4　胡文辉编《陈寅恪语录》（上海文艺出版社 2021 年版）所引文献就包括《梁方仲遗稿·听课笔记》，共选辑梁氏听课笔记 18 条，分见胡著第 39、41、42、56、78、93、94、96、97、98、110、111、129、130、156、161、166、204 页。之所以未采取万绳楠《陈寅恪魏晋南北朝史讲演录》、刘隆凯《陈寅恪"元白诗证史"讲席侧记》所存陈氏讲课文字，缘于胡文辉认为"记录者已作整理加工，异于原始记录"。见《陈寅恪语录》，"编选说明"，第 2 页。

果，又挖掘新宝藏。

一、梁氏听课笔记的特色和价值

蔡鸿生也曾选修陈寅恪"两晋南北朝史料"和"元白诗证史"这两门课程，且亲身见证了陈、梁两位老师的最后二十年，故而在研读梁氏听课笔记时，可谓"别有一番滋味在心头"：

> 寅恪先生两门选修课的教材，用的是自编的《两晋南北朝史（高等学校交流讲义）》和已刊的《元白诗笺证稿》（岭南大学铅印线装本）。讲课没有严格按照章节顺序，而是作专题论述，并对原著有所补充和阐述。因此，听讲者如何笔录，往往可于详略之处见高低。方仲先生的《笔记》，反映出他对陈寅恪史学有独到的领悟，其特色是显而易见的。[1]

其下，蔡文以例证（各条笔记此处暂略）的方式，提炼出梁氏听课笔记的三大特色：

---

[1] 蔡鸿生《从手迹看心迹——读梁方仲教授听陈寅恪先生讲课的笔记》，见《遗大投艰集：纪念梁方仲教授诞辰一百周年》上册，第5页。

第一，方仲先生深知，在方法论上患贫血症的人，是成不了大器的。因此，他对寅恪先生提示的治学"轨则"，给予特别的关注。

第二，方仲先生研治明清赋税制度多年，早已养成善于观"变"的思维惯性。因此，《笔记》对中国古代的典章制度的沿革和社会风习的变迁，只要寅恪先生有所评说，几乎点滴不漏，录而存之。

第三，寅恪先生虽以个人专著为教材，但讲课绝不照本宣科，而是延伸和扩展原先的精思卓识，现场发挥，犹如神来之笔，给人一种意外的飞动感。方仲先生对此心领神会，录以存真，十分难得。《笔记》的特色在此，教授所记与学生所记的差别也在此。[1]

三大特色，主次分明，先后有度，不啻为解读梁氏听课笔记提供了一把钥匙。其中，梁方仲通过听课来借鉴陈寅恪之治学"轨则"，基本上成为研究者的共识。[2] 至若梁氏听课

1　蔡鸿生《从手迹看心迹——读梁方仲教授听陈寅恪先生讲课的笔记》，见《遗大投艰集：纪念梁方仲教授诞辰一百周年》上册，第 6—7 页。

2　赵德馨《我心目中的梁方仲先生》一文，将梁方仲取得巨大成就的原因归纳成四点："天资聪颖""异常勤奋""谦虚好学""职业选得好，甘坐冷板凳"。关于第三点，赵文有如下说明："《梁方仲遗稿》中的两份笔记，即 1944 年听胡适讲中国思想史课的笔记和 1953 年 10 月至 1955 年 6 月听陈寅恪讲两门课的笔记，是他的这一品格的生动证据。（转下页）

笔记之价值，真正的研究可能才刚开始，窃以为其价值至少包括如下三点：

第一，梁方仲细心地标注了每次听课的具体日期，这大概是陈寅恪授课日期安排（教学日历）的第一次相对完整而集中的披露。单单是这一点，就有助于研究者掌握陈寅恪在中大历史系开设选修课的具体安排（尽管只有两个学年），既可澄清此前的一些模糊说法，又能为编纂陈寅恪史事长编提供最可靠的原始素材。

（接上页）要知道，1944 年梁先生已是享誉国内外的知名学者，他的专业是经济史学，其时研究任务又很重，他却挤出时间去听胡适的中国思想史课。1953 年至 1955 年，梁先生已 40 多岁，是二级教授，与陈寅恪被列为中山大学历史系古代史'八大教授'之中，却按时到陈寅恪先生家里听他讲课，一听就是两年、四个学期，坚持听完两门课。这两门课也不属于经济史专业知识。可见，他去听这些课的目的不是为了增长专业知识，而是求新知，进一步扩大学识领域，学习他人的方法，以促进自己的创新。从他听课笔记的工整可以看出他的认真态度。这种年龄，这种身份，听这样的课，这样地认真，如此情景，历史上少见，也可能是绝无仅有。先天聪颖，后天勤奋、谦虚好学，是以梁先生博学。"（见《梁方仲遗稿·读书笔记》上册，序言，第 16–18 页）梁承邺的观察、分析，更为细致："事实上，听课后对父亲的教学与著述颇有裨益。我注意到他于 1955 年和 1956 年分别写有《户调制与均田制的社会经济背景》和《试论隋代经济高涨的原因》两篇论文，在其写作生涯中罕有地有两晋、隋代这两段历史的专门论述，显然与参阅了陈氏等的著述和听了陈氏课有关。其中《经济背景》一文所列的第一、二种参考书目便是陈氏的著作，而且在撰写该文的过程中曾得到过陈氏的帮助，并提醒他要参阅缪钺的有关论文。"（见《无悔是书生：父亲梁方仲实录》，第 218 页）

先看第一门课程：

"两晋南北朝史料"梁方仲听课日期一览表 [1]

序次	日期	星期	备注
1	1953 年 10 月 23 日	五	
2	10 月 26 日	一	
3	10 月 30 日	五	
4	11 月 2 日	一	
5	11 月 6 日	五	
6	11 月 9 日	一	
7	11 月 13 日	五	
8	11 月 16 日	一	
9	11 月 20 日	五	
10	11 月 23 日	一	
11	11 月 27 日	五	
12	11 月 30 日	一	
13	12 月 4 日	五	
14	12 月 7 日	一	
15	12 月 11 日	五	
16	12 月 14 日	一	
17	12 月 18 日	五	

1　据《梁方仲遗稿·听课笔记》编制而成，详该书第 187–210 页。

（续表）

序次	日期	星期	备注
18	12 月 25 日	五	
19	12 月 28 日	一	
20	1954 年 1 月 4 日	一	
21	1 月 8 日	五	
22	1 月 11 日	一	
23	1 月 15 日	五	
24	1 月 18 日	一	
25	1 月 22 日	二	"二"误,应为"五"
26	3 月 8 日	一	
27	3 月 10 日	五	"10"误,应为"12"
28	3 月 15 日	一	
29	3 月 17 日	五	"17"误,应为"19"
30	3 月 22 日	一	
31	3 月 29 日	一	
32	3 月 31 日	三	
33	4 月 14 日	三	
34	4 月 19 日	一	梁方仲自注:"缺席(因搬家)。"
35	4 月 22 日	四	
36	4 月 26 日	一	
37	4 月 29 日	四	原作"星期四上"
38	5 月 3 日	一	

（续表）

序次	日期	星期	备注
39	5 月 6 日	四	
40	5 月 10 日	一	
41	5 月 13 日	四	
42	5 月 17 日	一	
43	5 月 20 日	四	
44	5 月 24 日	一	
45	5 月 27 日	四	
46	6 月 7 日	一	梁方仲自注："上星期因疗疾缺席一次。"
47	6 月 10 日	四	
48	6 月 14 日	一	
49	6 月 17 日	四	
50	6 月 21 日	一	"星期一"旁,原有"总结"二字
51	6 月 24 日	四	

　　看得出来，该课程 1953—1954 学年上学期的授课时间是每周的周一和周五，下学期开课一个半月后，调整为周一和周四。

　　再看第二门课程：

"元白诗证史"梁方仲听课日期一览表 [1]

序次	日期	星期	备注
1	1954 年 9 月 7 日	二	
2	9 月 10 日	五	
3	9 月 14 日	二	
4	9 月 17 日	五	
5	9 月 21 日	二	
6	9 月 24 日	五	
7	9 月 28 日	二	
8	10 月 5 日	二	前有梁方仲自注："10 月 1 日国庆（星期五）放假。"
9	10 月 8 日	五	
10	10 月 12 日	二	
11	10 月 15 日	五	
12	10 月 19 日	二	
13	10 月 22 日	五	
14	10 月 26 日	二	
15	10 月 29 日	五	
16	11 月 2 日	二	

1　据《梁方仲遗稿·听课笔记》编制而成，详该书第 211-244 页。案：梁方仲 1955 年 2 月 9 日因"开市协委会"而缺课，"市协委会"应指广州市政协委员会所开会议。1957 年 4 月 17 日日记可为证据："上午　市政协第一届委员会第四次全体会议，冯秉铨报告后小组讨论。"见《梁方仲遗稿·案头日历记事》，第 13 页。

（续表）

序次	日期	星期	备注
17	11 月 5 日	五	
18	11 月 9 日	二	
19	11 月 12 日	五	
20	11 月 16 日	二	
21	11 月 19 日	五	
22	11 月 23 日	二	
23	11 月 26 日	五	
24	11 月 30 日	二	
25	12 月 3 日	五	
26	12 月 7 日	二	
27	12 月 10 日	五	
28	12 月 14 日	二	
29	12 月 17 日	五	
30	12 月 21 日	二	
31	12 月 24 日	五	
32	12 月 28 日	二	梁方仲自注："学期总结。"
33	12 月 31 日	五	梁方仲自注："总结。"
34	1955 年 2 月 9 日	三	梁方仲自注："开市协委会，缺课。"
35	2 月 11 日	五	
36	2 月 16 日	二	"二"误，应为"三"
37	2 月 18 日	五	
38	2 月 23 日	二	"二"误，应为"三"
39	2 月 25 日	五	
40	3 月 2 日	三	

（续表）

序次	日期	星期	备注
41	3月4日	五	
42	3月9日	三	
43	3月11日	五	
44	3月16日	三	
45	3月18日	五	
46	3月23日	三	
47	3月25日	五	
48	3月30日	三	
49	4月1日	五	
50	4月8日	五	前有梁方仲自注:"4月6日　春假。"
51	4月13日	三	
52	4月15日	五	
53	4月20日	三	
54	4月22日	五	
55	4月27日	三	
56	4月29日	五	
57	5月4日	三	
58	5月6日	五	
59	5月11日	三	
60	5月13日	五	
61	5月18日	三	
62	5月20日	五	
63	5月25日	三	

（续表）

序次	日期	星期	备注
64	5月27日	五	
65	6月1日	三	
66	6月3日	五	
67	6月8日	三	梁方仲自注："总结。"
68	6月10日	五	梁方仲自注："总结（二）。"

很明显，该课程1954—1955学年上学期的授课时间是每周的周二和周五，下学期调整为周三和周五。

听过陈寅恪这两门课并且留下笔记的，除梁方仲外，至少还有万绳楠、唐筼、黄萱和刘隆凯等人。[1] 唐筼（1898—1969）是陈妻，黄萱（1910—2001）是陈的助手，她们的笔记应该最有价值。可惜的是，两位女士的听课笔记都只留下

----

[1] 据万绳楠自述，1947年至1948年在清华大学历史研究所听陈寅恪讲授"魏晋南北朝史"（详后）。庄华峰《纯粹而坚韧的学人——回忆我的老师万绳楠先生》（载2023年12月6日《中国教师报》）则称：万绳楠1942年考入西南联大历史系，选修了"陈寅恪为本科三年级学生开设的'魏晋南北朝史'"。验以本书所收《日记内外的郑天挺和陈寅恪》，当以前说为是。又，现有材料尚难确认万绳楠是否选修过"元白诗证史"（或称"元、白诗""唐诗研究"等）。

了"片段"。[1] 两位学生的听课笔记侥幸逃过劫难，完整地保留了下来，一部是万绳楠（1923—1996）整理的《陈寅恪魏晋南北朝史讲演录》，[2] 另一部是刘隆凯（1935—2015）整理的《陈寅恪"元白诗证史"讲席侧记》。[3] 不过，万、刘两位弟子的听课笔记都没有留存具体而完整的上课时间，就此而言，梁氏听课笔记的价值是独一无二的。

刘隆凯是中山大学历史系 1955 级本科生，据其自述，大约在 1957 年 9 月底或 10 月初开始听陈寅恪的"元白诗证史"，次年 6 月 29 日戛然而止。在他的记忆中，1957—1958 学年这门课的授课情况大致是这样的：

> 选修课一周两节，一般都是连堂讲授。陈先生因健康关系，一周分上两次，一次只上一节课。我记忆当中他的课都在上午第三节，一次应该在星期三，还有一次

1　唐筼、黄萱《两晋南北朝史听课笔记片段》，见陈寅恪著、陈美延编《陈寅恪集·讲义及杂稿》，生活·读书·新知三联书店 2002 年版，第 469-474 页；唐筼《元白诗证史第一讲听课笔记片段》，见《陈寅恪集·讲义及杂稿》，第 483-484 页。案：据可靠消息，黄萱藏书已由其后人捐献给厦门图书馆，其中包括黄萱在担任陈寅恪助手时留下的十多册笔记、记事本等，有关方面拟影印出版。

2　万绳楠整理《陈寅恪魏晋南北朝史讲演录》，黄山书社 1987 年 4 月出版。

3　刘隆凯整理《陈寅恪"元白诗证史"讲席侧记》，湖北教育出版社 2005 年 3 月出版。

不太记得是星期一还是星期五，我印象中有些倾向后者。我的笔记，上学期记录了三十五次听课的内容，恰合十七周半之数。下学期记录的是三十次听课的内容，只合十五周之数。这当中除开节假日的影响，更重要的还有临时政治活动的干扰，只是有关情况已无从记忆了。[1]

下学期听课时，刘隆凯曾经就《卖炭翁》中的一个问题，通过助教黄萱送呈陈先生求教。1958 年 6 月 3 日那天，在讲课当中，陈寅恪突然当众说起这个问题，先是夸奖刘隆凯"肯用心思考"，然后"一条条说出理由"，证明刘隆凯提出的想法是"不必要的"，最后又很谦和地说，"他自己说的也未必一定对，还可以讨论"。随后，6 月 14 日、29 日，陈寅恪在讲课时又两次提到了刘隆凯的问题。[2]

这些细节（包括最后一次上课的日期——6 月 29 日），都被刘隆凯写进了听课笔记里，应该可以采信。但难以自圆其说的，还是时间：1958 年 6 月 3 日是星期二，6 月 14 日是星期六，6 月 29 日是星期日，都和刘氏自言周三、周五（或周一）的上课时间对不上号。特别是 6 月份，最少有三次上课时间被调整，是否因"临时政治活动"干扰所致，同

---

1 《陈寅恪"元白诗证史"讲席侧记》，第 2–3 页。
2 《陈寅恪"元白诗证史"讲席侧记》，第 5、6、150、151 页。

样只能暂存疑惑。

　　一般而言，每门课程的上课时间都会相对固定，因此，梁方仲所记两门课程的授课时间安排，基本上会延续到随后的几个学年当中。[1] 也就是说，刘隆凯模糊不清的记忆，可以在梁方仲确凿无疑的记录里得到一定程度的矫正或补充。

　　第二，梁氏对明清史的研究卓有建树，故其听课笔记对于陈氏所言明清（有时下延至晚清民国）制度变迁、学人著述、史料掌故等等情有独钟，透过这些零星记载，可以借而验证陈寅恪腹笥之丰赡、识见之通彻。

1　《无悔是书生：父亲梁方仲实录》（第 217 页）略谓："陈寅恪 1953 年 10 月起至 1954 年 6 月和 1954 年 9 月至 1955 年 6 月分别开了"两晋南北朝史料"和"元白诗笺证稿"两门课。每周 2 次，每次 1 节（45 分钟）。"又，中山大学历史系 1952 级学生郑佩欣在《忆陈寅恪师》（载《文史哲》1996 年第 6 期，署名"郑欣"）一文中有如下回忆："1953—54 年，我还曾听过陈大师的'两晋南北朝史'和'元白诗证史'两门课。别的教师上课，一般是每次二小时，但陈大师每次只讲一小时，如 53 学年他的'两晋南北朝史'课，课程表上定的就是星期一、五第三节各讲一小时。课堂就设在陈大师的住宅东南区 1 号 2 楼的长形走廊上，这个教室可坐三四十人。……在听'元白诗证史'时，历史系负责同志曾问我：'你听得懂吗？'我回答：'听得懂。'其实，因为我那时水平太低，对陈大师讲授的内容是不能很好地理解和掌握的。好在陈大师讲的是选修课，听课者可以来去自由，所以'两晋南北朝史'我大概只听四五次就不听了。我因喜爱唐诗，所以'元白诗证史'听的稍多一些，但大约也只听七八次。因为这两门课我都没听完，所以都没有取得成绩，这是我终生引以为憾的。"可参阅。案：梁承邺所记"元白诗笺证稿"名称有误，应为"元白诗证史"。郑佩欣所记课程名称未加引号，现由笔者代为补入。

试看以下三十余例：

乾隆纂（辽金元）《三史语解》，甚谬。[1]

姚范（桐城人）《援鹑堂笔记》讥弹何曾（？）不孝，实为失言。[2]

程树德《九朝律考·晋律序》谓贾充小人何能定此良法，列举他人参预其事者。其实殊嫌多事。盖晋以前犯法与犯儒家规律不同，后者仅受舆论制裁。至晋儒家思想始明定为法律，故有诸侯律等。故晋之为儒家，盛于两汉。《周礼》八议：议亲、议贵等，与法家思想绝不相容。[3]

今行世《十六国春秋》参考《四库提要》相传为明项琳、竺乔孙伪作，然有足参考处。抗战前发现有敦煌写本，为日本人买去。[4]

陕西霍去病墓，马下有挪威人等石像。此像当雕于六朝以前，可信为两汉作品。Siren 照相最好。颧骨高，

---

1 《梁方仲遗稿·听课笔记》，第 188 页。案："（辽金元）"与上下文同以宋体排印，应为梁方仲所加，此处依从整理本。下引各条，同此处理。

2 《梁方仲遗稿·听课笔记》，第 190 页。案："（？）"，与前后文同以宋体排印，应系梁方仲当日笔记时所留，而未及查验、删除。

3 《梁方仲遗稿·听课笔记》，第 193-194 页。

4 《梁方仲遗稿·听课笔记》，第 194 页。案："参考《四库提要》"，当补入圆括号；"竺乔孙"，应作"屠乔孙"，或因"竺""屠"音近而误写。

多须。白鸟库吉从数目字研究各民族。但数目字中亦有文化语在内，故价值不高。《史》《汉》《大宛传》："自乌孙以西，其人皆深目多须。"可见其面貌与中国人不同。而匈奴人与中国人似无甚差别，故李陵不言及之，此为默证。部落应分本部及别部，此必须分清。清《八旗氏族通谱》，满洲为本部，汉军、高丽等为别部。[1]

康熙时尼布楚战后，停虏俄人编为鄂罗斯旗（镶黄族鄂罗斯佐领）。清末升允即属此。[2]

清制汉人不得为将军都统，末年吴禄贞以汉人为之，乃岁例。[3]

清朝皇帝均有满名，用于家庭内，外面不用。同治名福临，便是。《翁同龢日记》，福隆阿，天上有福之人。钱振伦（初名福元，因犯讳改名）。[4]

乾隆平大小金川，得碉堡作法。今仍存北京至香山

1 《梁方仲遗稿·听课笔记》，第 194–195 页。案："Siren" 下有脚注："Borton，Artibus（Asiac），Siren." 未知是否由梁方仲添加。又，"Artibus（Asiac）"，疑即 Institute of Fine Arts New York University（纽约大学美术研究所）主办之学术期刊 Artibus Asiae（《亚洲艺术》）。
2 《梁方仲遗稿·听课笔记》，第 195 页。
3 《梁方仲遗稿·听课笔记》，第 195 页。案："岁例"，似有误，此暂从旧。
4 《梁方仲遗稿·听课笔记》，第 195 页。案："同治"后，有整理者之友人所补校订："（梁基永按：同治为顺治之笔误）。"

路上。[1]

郑文焯（汉军，其父名英棨）光绪间随父自豫省府去陕省府，途中其仆失路，数日始归，所遇与桃花源略同。郑刻陶诗，今日本有流传本，曾记此事。王先谦序吴大澂《桃源志》引唐刘禹锡武陵郡朗州司马事，疑为蛮族避秦时所筑。苏东坡、洪兴祖则疑其非神仙。[2]

福建正音书院之成立，乃因清世宗（雍正）听不懂土话。清高宗谕有"学习多年，乡音无改"，乃对召见之将军而言。贺知章"少小离家老大回，乡音无改鬓毛衰"（清时改为摧）。贺为不肯改乡音之人。[3]

庆亲王之子娶于孙宝琦之女（能德语而不能法语）。[4]

光绪间杨宗羲（原名宗广，后乃复姓改今名）著《宣室宛委》，盛昱之表弟。郑文焯（其父英棨，亦旗人）。[5]

道光沈垚据《通典》《水经注》"沃野、柔玄、抚冥、怀荒、怀朔、武川"为六镇，已成定论。顾祖禹、夏曾

1 《梁方仲遗稿·听课笔记》，第196页。
2 《梁方仲遗稿·听课笔记》，第196页。
3 《梁方仲遗稿·听课笔记》，第197页。
4 《梁方仲遗稿·听课笔记》，第198页。
5 《梁方仲遗稿·听课笔记》，第199页。案：杨宗羲，应为"杨钟羲"（原名"钟广"）。或因"宗""钟"音近，故而误写。

祐等将"薄骨律、统万、御戎城"等包括在内，皆误。沈垚为嘉兴人，与徐松同时，生平潦倒。其文集十余年前刊行。内有家信（与妻）言留京欲看《通鉴》胡注、《史记索隐》《嘉庆一统志》而不可得。[1]

清"超哈"——兵官名（炮兵，汉军之一种）。[2]

福临（顺治）在故宫博物院对门大高殿火葬，"茶毗天子"，讳莫如深，因与汉化不合。[3]

张謇乃高邮人，原籍不是南通。[4]

刘复愚（蜕）之遗文与不祀祖问题（陈先生生于长沙刘宅旧址，文载《历史语言研究所集刊》）。刘为阿拉伯人。[5]

徐世昌翻印白云观正统年道藏。藏及六朝人文集均以女为仙女。[6]

清殿试姓名公开，不用糊名，故同治四年翁录状元，

---

1 《梁方仲遗稿·听课笔记》，第202页。案："夏曾祐"，应作"夏曾佑"，此暂从旧。
2 《梁方仲遗稿·听课笔记》，第203页。
3 《梁方仲遗稿·听课笔记》，第203页。
4 《梁方仲遗稿·听课笔记》，第204页。
5 《梁方仲遗稿·听课笔记》，第204–205页。
6 《梁方仲遗稿·听课笔记》，第212页。

张之洞抑置第三。[1]

　　商务《四部丛刊》南宋楼钥《攻媿集》（武英殿聚珍本）中有许多名人之母均改嫁，经清人修订删改。李易安改嫁似应确有其事。[2]

　　朱竹垞《风怀诗》记其与姨妹冯寿嫦在嫁后私通事，其中有一段谓冯离婚仍处女也。此与其谓杨贵妃仍为处女似有潜意识之关系。[3]

　　夏曾佑《小说原理》（载《绣像小说》中，商务印）。[4]

　　王闿运《圆明园词》拟《连昌宫词》作，有徐树铮序。[5]

　　乾隆生于热河避暑山庄，但道光则谓其生于雍和宫，以此谴责诸修实录臣。[6]

　　江西茶非名贵品，但产量多，为平民所消费，不用于供奉。宋黄山谷双井茶。陈先生少年旅行时，九江至

---

1 《梁方仲遗稿·听课笔记》，第 213 页。案："翁"后，有整理者所作校订："（编者按：原缺两字，应为翁同龢）。"

2 《梁方仲遗稿·听课笔记》，第 214 页。

3 《梁方仲遗稿·听课笔记》，第 216 页。

4 《梁方仲遗稿·听课笔记》，第 218 页。案：句号由笔者代补。

5 《梁方仲遗稿·听课笔记》，第 219 页。

6 《梁方仲遗稿·听课笔记》，第 219 页。

扬州船只最大（盐船），九江至武汉、洞庭湖之船较小。[1]

涵芬楼据常熟瞿氏铁琴铜剑楼藏本影印白诗，"一·二八"被倭炸掉，今《四库丛刊》本用日本那波本，不佳。[2]

梨花园＝梨园，有两个：一在北门外，为拔河之所。另一在蓬莱宫侧，乃教坊所住（清升平署在颐和园侧可证）。两地均非册妃之所，诗中"梨花园中册作妃"不可解。《太真外传》"天宝四载七（当作八）月……于凤凰园册太真宫女道士杨氏为贵妃。"日本"凤凰间"为许世英见天皇之地，盖大礼堂也。[3]

唐中式进士者以京兆，同、华（二州）者为多。刘蜕"破天荒"。[4]

清代三品以上官始允立神道碑。[5]

清鉴于中官之病（与唐宪、顺宗时同），故设立内务府掌官市之事。[6]

1　《梁方仲遗稿·听课笔记》，第220页。案：三条笔记，内容相关，原刊单独成段，现合而为一。

2　《梁方仲遗稿·听课笔记》，第222页。

3　《梁方仲遗稿·听课笔记》，第227页。

4　《梁方仲遗稿·听课笔记》，第228页。

5　《梁方仲遗稿·听课笔记》，第234页。

6　《梁方仲遗稿·听课笔记》，第238页。

> 刘蜕家今在长沙通泰街（蜕宅）。[1]
>
> 清代书办房子外貌不扬，但内部甚壮丽。[2]

第三，梁氏向来尊老敬贤、谦虚好学，但从未丧失"独立思考"的学术人格，并不迷信学术权威，"不搞庸俗化的吹捧"。[3] 这一点，在其听课笔记中也能发现证据。

梁方仲对于史学前辈陈寅恪的尊崇、敬爱，在上引笔记中亦可略见一斑，如对于陈寅恪出生地刘蜕故宅的持续关注，对于陈氏家乡（也是黄庭坚故里）茶业的特别留意，均是真实而生动的例子。不过，梁方仲毕竟也是一位学殖深厚、长于治学的大家，更为重要的是，他同样具有独立思考、实事求是的优秀史德。因此，同为听课者，二级教授与普通学生的笔记肯定有高低之分，而能否辩证地看待授课老师（即使是陈寅恪这样的学界泰斗）的观点，或许是真正体现两者差别的重要方面。

1953 年 10 月 26 日，亦即梁方仲第二次听课那天，他在笔记本里郑重写下了对这门课的总体评价：

---

1 《梁方仲遗稿·听课笔记》，第 239 页。
2 《梁方仲遗稿·听课笔记》，第 240 页。
3 《无悔是书生：父亲梁方仲实录》，第 295 页。

　　　　将上开思想史（道、佛）与文学史（诗文集）拆开来，使其还原为现实化，构成血肉不可分离的关系，用以证史，知本无所谓空文。此本课之系统也。以思想、文化史为主。

　　　　本课弱点，对于经济、财政涉及甚少。[1]

　　这次听课笔记，和第一次（1953 年 10 月 23 日）笔记，书写于听课笔记本的同一页，[2] 就此可见，这两则总评似的笔记，并非补写于听完全部课程之后。真实情景极有可能是：做足了准备工作才去听课的梁方仲，仅仅听完"两晋南北朝史料"头两次授课，就能大体把握整门课程的框架，并根据自己的理解（专长、喜好）指出该门课程的强弱长短之所在。

　　听课后是否善于延伸和拓展，可能也是反映出教授和普通学生重大差别的另一方面。梁方仲在陈寅恪编著的《元白诗证史》（讲义）中选辑了元稹、白居易的若干首诗，"对陈氏所选之元、白诗作了旁批"，"一则可理解为听陈氏课的补

1　《梁方仲遗稿·听课笔记》，第 188–189 页。
2　《听陈寅恪"两晋南北朝史料""元白诗证史"课笔记首页》，见《梁方仲遗稿·信札、珍藏书画、遗墨观痕》，第 677 页。

充记录，二则也是他个人之看法"。[1]

既尊师重道，又不失自我，梁方仲努力实现了两者的矛盾统一。蔡鸿生笔下的两则轶事，也是有力的佐证：

> 梁方仲教授对寅恪先生当年的处境，深表同情，他曾在一次小型座谈会上，劝说过青年教师不要乱起哄。从此便有一句梁氏名言不胫而走，即所谓"乱拳打不倒老师傅"是也。在他心目中，没有看或看不懂"寅恪三稿"（指《隋唐制度渊源略论稿》《唐代政治史述论稿》和《元白诗笺证稿》）的人，是毫无资格七嘴八舌的。这种主张，当然与"在战斗中成长"的号召极不协调，因而梁先生本人，也很快成了"白旗掩护白旗"的活样板，招惹来了对他学术思想的"清算"。
>
> ⋯⋯⋯⋯⋯
>
> 谈到陈寅恪先生，梁先生总是推崇备至，认为他才、学、识、德四美俱全，但并未因此就奉若神明。60年代初，有一次他约我到家里聊天，顺带谈及对陈著的一点看法："开风气的大师有时说话也太绝对，寅老断定府兵

1　详《〈元白诗证史·选诗〉旁批（影印）》，见《梁方仲遗稿·听课笔记》，第245−285页。案："旁批"虽为影印，仍不够清晰，辨认既难，研读更感无望，深盼具备条件者继续深挖其内涵。又，此讲义已录入《陈寅恪集·讲义及杂稿》（第363−416页），题为《元白诗证史讲义》。

制前后期各为什么制、什么制，斩钉截铁，未免太对仗化了吧。"我说记得这段话前面有"大体"两个字，梁先生不以为忤，接着说："嗯，你读书还算细心。"[1]

第一则轶事表明，正因为梁认真研读过陈的代表作，这才敢冒天下之大不韪，公开维护其权威地位；而第二则轶事源自燕谈，师生之间知无不言，心无芥蒂，尽显君子之风。就目前所见，这大概是生性淳谨的梁方仲批评陈寅恪最为尖锐的一次，多少有些让人意外。

读过其著作、听过其课程，无疑是梁氏敢于在学生面前批评前辈人物的底气之一，而《历代兵制》讲演提纲稿的面世，[2] 直接证明了梁氏对"府兵制"也做过精心研究，也有着自己的独特见解，如"西魏北周和隋唐间行府兵制，实为一种复古的运动（①兵农合一。②兵民分治。③将不专兵）。""隋之兵制，大抵承周齐府兵之制，而特加润

1 蔡鸿生《学艺散录》，见蔡著《学境》，香港博士苑出版社 2001 年版，第 61—63 页。案："乱拳打不倒老师傅"，一作"盲拳打不死老师傅"，载《梁方仲遗稿·读书笔记》上册，"整理弁言"，第 1 页。

2 梁方仲《历代兵制》，见《梁方仲遗稿·新拾文存》，第 96—110 页。案：该文前有编者说明："本篇是讲演提纲稿，最后一页前关于太平天国时的民兵内容脱漏了，无法补齐，故注为'略'。但从夏、商至清的兵制，叙述系统、全面，且有研究心得，学术价值甚高，可供研究兵制的学者参考。"

色。""所应注意，唐代府兵实行时期，仍然要招募兵卒，以资调剂，并且利用番卒。"而自魏晋南北朝至隋唐，可统称为"企图恢复全国皆兵制度时期"等。[1] 细品之下，甚至嗅得出勇敢挑战权威的一丝丝气息。

梁氏观点与陈氏主张之比较，不是本文讨论的重点。陈著是否涉嫌武断、绝对，更容易引发我们的兴趣。

梁、蔡当日所谈，即陈著《隋唐制度渊源略论稿》第六章《兵制》之结语，原文是这样的：

> 总合上引史料及其解释，试作一结论如下：
>
> 府兵制之前期为鲜卑兵制，为大体兵农分离制，为部酋分属制，为特殊贵族制；其后期为华夏兵制，为大体兵农合一制，为君主直辖制，为比较平民制。其前后两期分画之界限，则在隋代。周文帝、苏绰则府兵制创建之人，周武帝、隋文帝其变革之人，唐玄宗、张说其废止之人，而唐之高祖、太宗在此制度创建、变革、废止之三阶段中，恐俱无特殊地位者也。[2]

平心而论，"寅恪三稿"名不虚传，《隋唐制度渊源略论

1　梁方仲《历代兵制》，见《梁方仲遗稿·新拾文存》，第 101–102 页。

2　陈寅恪著、陈美延编《陈寅恪集·隋唐制度渊源略论稿　唐代政治史述论稿》，生活·读书·新知三联书店 2001 年版，第 155 页。

稿》尤能彰显义宁史学之优长，堪称其学术巅峰之作，也最符合梁氏所称誉之"才、学、识、德四美俱全"。全书以"稿"命名，且文中多有"不敢自谓有所创获及论断""此无确证，姑备一说而已""尚希博雅君子不吝教诲""殊不敢自谓有所论断"之类语句，[1] 尽显谦冲之态。即便是最令梁氏不满的结语，亦如蔡鸿生所言，连用两个"大体"，酌留余地，最为得体；而骈偶句式的使用，与揭橥前后特征同道而行，既言简意赅，又对照鲜明，并无雕琢痕迹和卖弄之意。

于今察之，梁方仲昔日所言，是偶有误忆，还是另有所指？是一时兴起，还是久存此意？后来者不便妄加揣测，但可以肯定的是，这一次批评难称允洽，也难以令人信服。

二、与另外两种听课笔记的比较

万绳楠、蔡鸿生、刘隆凯这三位陈门弟子，离开师门后，以各自的方式继承遗志、传递薪火，在不同领域成就了不俗的业绩。三位学者已先后作古，钩稽他们与听课笔记的往事，也是对他们的特殊纪念。

万绳楠整理的《陈寅恪魏晋南北朝史讲演录》，以其

---

[1] 《陈寅恪集·隋唐制度渊源略论稿　唐代政治史述论稿》，分见第137、145、151、155页。

1947 年至 1948 年听陈寅恪讲述"魏晋南北朝史"时所作笔记为基础，参考了《两晋南北朝史（高等学校交流讲义）》和 1980 年上海古籍出版社所出《金明馆丛稿初编》《金明馆丛稿二编》等相关文献。这一点，万绳楠在该书"前言"讲得十分明白。令人不解的是，简体横排本《陈寅恪合集》的整理者居然称万书"系依据此讲义整理"而成。[1] 因此，有必要予以澄清，以免继续误导读者。

　　为了直观呈现，我将《陈寅恪魏晋南北朝史讲演录》和《两晋南北朝史（高等学校交流讲义）》的各章标题做成一份对照表：[2]

《陈寅恪魏晋南北朝史讲演录》目录	《两晋南北朝史（高等学校交流讲义）》目次
第一篇 魏晋统治者的社会阶级(附论吴、蜀)	一 魏晋统治者之社会阶级(附论吴蜀)
第二篇 罢州郡武备与封建制度	二 罢州郡武备与封建制度
第三篇 清谈误国(附"格义")	三 清谈误国(附"格论")
第四篇 西晋末年的天师道活动	四 西晋末年之天师道活动
第五篇 徙戎问题	五 徙戎问题

1　陈寅恪著、江奇勇选编《陈寅恪合集·史集·讲义集》，译林出版社 2020 年版，第 17 页。

2　各章标题，分见《陈寅恪魏晋南北朝史讲演录》"目录"第 1—4 页、《陈寅恪集·讲义及杂稿》第 83—84 页。

（续表）

《陈寅恪魏晋南北朝史讲演录》目录	《两晋南北朝史（高等学校交流讲义）》目次
第六篇 五胡种族问题	六 五胡种族问题
第七篇 胡族的汉化及胡汉分治	七 坞壁及"桃花源"
第八篇 晋代人口的流动及其影响（附坞）	八 司马氏渡江建国及侨民住地（附淝水之战）
第九篇 东晋与江南士族之结合	九 胡族之汉化及胡汉分治
第十篇 孙恩、卢循之乱	十 东晋时代北方徙民问题及北强南弱之形势
第十一篇 楚子集团与江左政权的转移	十一 江东统治阶级之转移
第十二篇 梁陈时期士族的没落与南方蛮族的兴起	十二 "六镇"问题（附北朝之兵）
第十三篇 南朝官制的变迁与社会阶级转变的关系	十三 北魏前期之汉化（附筑城问题）
第十四篇 南北对立形势分析	十四 北魏后期之汉化（附户籍问题）
第十五篇 北魏前期的汉化（崔浩问题）	十五 北齐之鲜卑化及西胡化
第十六篇 北魏后期的汉化（孝文帝的汉化政策）	十六 梁之灭亡
第十七篇 六镇问题（附魏齐之兵）	十七 宇文氏之府兵及关陇集团（附乡兵）
第十八篇 北齐的鲜卑化及西胡化	十八 南北社会异同
第十九篇 宇文氏之府兵及关陇集团（附乡兵）	十九 道教与佛教之关系
第二十篇 南北社会的差异与学术的沟通	
第二十一篇 佛教三题	

　　两者的区别，毋庸多言。在此列表对照，除了促请《陈寅恪合集》整理者改正错误说法，更主要的意图在于印证蔡鸿生所言真实不虚：首先，陈寅恪讲课，"没有严格按照章节顺序，而是作专题论述，并对原著有所补充和阐述"；[1] 其次，"听讲笔记也许可以看作是通俗化的口语版"，对阅读陈寅恪专著"起辅助作用"，但专著的"原典"地位"无可替代"，因此，必须将听课笔记与陈氏专著"区分开来"，"自觉地防止错觉"。[2]

1　蔡鸿生《从手迹看心迹——读梁方仲教授听陈寅恪先生讲课的笔记》，见《遗大投艰集：纪念梁方仲教授诞辰一百周年》上册，第5页。

2　蔡鸿生《金明馆教泽的遗响》，见《陈寅恪"元白诗证史"讲席侧记》，第199页。案：听课笔记与陈寅恪专著的区别，万绳楠同样有着清醒认识："本稿终究是一部笔记，不能说是陈老师的著作。在本稿中，不符合陈老师观点甚至有错误的地方，在所难免。"见《陈寅恪魏晋南北朝史讲演录》，"前言"，第1页。刘隆凯在整理听课笔记的过程中，曾问计于同门学长蔡鸿生、姜伯勤。三人均认为"书名应当准确、务实，要明白表示这只是听课者个人对陈先生的讲课内容所作出的记录稿"，蔡鸿生还"具体提出了在书名中标上'讲席侧记'字样的极好的建议"。刘隆凯在前言中又特别作出如下说明："陈先生为我们开讲'元白诗证史'时，他的相关著作《元白诗笺证稿》已经面世，是我们学习时重要的参读书目。先生所著之'稿'，显然是他所讲之'史'的学术基础，其以诗文证史的基本见解及考证论说的中心内容，在'稿'中都有明确的阐述。先生讲'史'，考虑到当时就学者的实际情况，在很多方面都作了基础性的解说和指点；当然，先生也就一些内容作了必要的发挥，以引导后学更主动地参与学习和进行思考。在内容顺序的安排上，'稿'与'史'也有不尽同处，如'稿'始于《长恨歌》，'史'则以《莺莺传》开篇。'史'之于'稿'，自有它的积极辅助作用在，但是，准确认识与领会陈先生（转下页）

与之相关，同一门课程的不同笔记之间，"差别"到底有多大？听课笔记与陈氏专著之间，能否发现陈寅恪"尽力提高历史学的科学性"的有效证据？[1] 这些无疑也是值得进一步研究的课题。

蔡鸿生应邀为同门师弟刘隆凯撰写专文《金明馆教泽的遗响》，时在 2004 年；应邀研读梁方仲听课笔记原件并撰作纪念文章《从手迹看心迹——读梁方仲教授听陈寅恪先生讲课的笔记》，时在 2008 年。因此，蔡氏所言"听讲者如何笔录，往往可于详略之处见高低""教授所记与学生所记的差别"，很容易让人产生对号入座的联想。我试着挑选了同一论题的不同记录进行对照：

（接上页）以诗文证史的治学特色，还是要以陈先生亲自写定并公开问世的《元白诗笺证稿》作为依据。"见《陈寅恪 "元白诗证史" 讲席侧记》，"整理者言"，第 10、6–7 页。

1　陈流求、陈小彭、陈美延姊妹回忆："我们常听父亲说，虽然史学目前难以达到数理学科的精确度，他仍尽力提高历史学的科学性。抗战胜利后，清华大学历史研究所研究生万绳楠教授在他整理的《陈寅恪魏晋南北朝史讲演录》前言中也谈道：陈老师治学，能将文、史、哲、古今、中外结合起来研究，互相发明，因而能不断提出新问题、新见解、新发现。每一个新见解、新发现，都有众多史料作根据，科学性、说服力很强，不断把史学推向前进。"见《也同欢乐也同愁：忆父亲陈寅恪母亲唐篔》，第 216–217 页。

梁方仲："元白诗证史"听课笔记	刘隆凯："元白诗证史"讲席侧记
北宋初乐史《太真外传》。 清初洪昇《长生殿传奇》。 陈与义（《简斋集》）《蜡梅诗》咏梅妃事。 梅花之赏识始于北宋，如真宗时林逋。 六朝赏识芍药，南齐后至唐遂爱牡丹。《太真外传》无梅妃事，添入梅妃疑始于宋真宗年间。 六朝人爱长脸、瘦瘦的女人，唐人爱圆脸、胖胖的女人。唐人爱牡丹，宋人爱梅花，故北宋末南宋初出现了伪撰的《梅妃传》。[1]	杨玉环是位美人，然而她的美丽后世不能见到。我们只能从文献上知道她美，所谓"燕瘦环肥"，美态各异，不过这毕竟是不可靠的。 "燕瘦环肥"，这是说汉代的赵飞燕瘦得可爱，唐代的杨玉环胖得可爱，自然同样是美。 赵飞燕的描写，见于六朝人写的《飞燕外传》。这只能说，在六朝人的眼里，女人要是长脸、瘦瘦的，才叫好看。同样，到了唐朝，女人应当是圆脸、胖胖的，才算绝色。不同时代的标准美人，必须具备当时代的特色。达到了这个时代确定的标准，才有可能入选后宫，才有可能执掌中宫。所以，我们看到某一个朝代后妃的外貌，脸形那么相似，应不足为怪，因为这样才符合那个时代的标准。[2] 关于杨玉环，北宋太宗时代的乐史，撰有《杨太真外传》，这是杨玉环故事的总结。 乐史以后，北宋末南宋初，出现《梅妃传》。原来《杨太真外传》中毫未提到梅妃。这是后人制作的，仿效《飞燕外传》，不能视作真有其人。梅花是瘦瘦的，在唐不算珍贵；唐所珍贵的，是胖胖的牡丹花。梅花到了宋代才渐渐名声广大。北宋真宗时

1　《梁方仲遗稿·听课笔记》，第 215–216 页。

2　《陈寅恪"元白诗证史"讲席侧记》，第 37 页。

（续表）

梁方仲："元白诗证史" 听课笔记	刘隆凯："元白诗证史"讲席侧记
	林和靖孤山赏梅，写出了"疏影横斜水清浅，暗香浮动月黄昏"的咏梅佳句。其后，苏东坡、王安石都有咏梅之作。谈《长恨歌》，是不可把《梅妃传》也掺入其内。后世艺术创作中则每每掺入，如《长生殿》的"序歌"中提到梅妃，近世梅兰芳的《醉酒》中也有"东宫""西宫"的字眼。[1]
杨贵妃结婚(美)之政治性。	杨玉环的美和美的政治性。[3]

顾顾(固固)画:《元代皇后像册》(多带波斯高帽)，相貌多为一样，盖先曾拟定一标准，合于此模型才合选也。日本藤原皇室面多长，与一般日人圆面者不同。
    寿王瑁(为武惠妃子)。
    贵妃之入宫，高力士之力为多，盖代替武惠妃之地位也。
    东晋顾虎头(恺之)画张华《女士箴图》，今归British Museum。女子多为长脸形，故与贵妃之圆脸不同，似与血统有关。[2]
	唐朝从武则天起，到杨玉环，中间形成一个婚姻集团。这时期中，李、武、韦、杨诸家的关系密切地交织着。
	    唐玄宗时，宫廷内部几乎全是武家的势力，武惠妃就最为玄宗所宠爱。在许多政治风浪中地位毫未动摇的太监高力士，就是出身武家的，他自然在各方面隐隐维护武家。唐朝选妃是有很多限制的，高力士参与选妃，一定尽量在武则天婚姻集团里挑选。后来，武惠妃病死，被追赠为皇后。武氏集团渐次凋零。其后，选妃的范围渐渐推到武则天婚姻集团的外围。杨家与武家是有关系的。杨玉环起初是寿王妃，而寿王是武惠妃的亲生儿子。杨玉环当然是当时的标准美人，然而绝不是最美的。她怎么会被选中呢？完全因为她是集团中人。在武、杨婚姻集团中，在李氏后廷中，她被认定为最美者。应该说，她的这种美是带有政治性的。

1　《陈寅恪"元白诗证史"讲席侧记》，第38-39页。
2　《梁方仲遗稿·听课笔记》，第216页。案："带"，当作"戴"，此暂仍旧。"女士"后，有"(梁基永按：当作史)"诸字，此略。
3　《陈寅恪"元白诗证史"讲席侧记》，第37页。

（续表）

梁方仲："元白诗证史"听课笔记	刘隆凯："元白诗证史"讲席侧记
	婚姻具有政治因素，这种情况在日本也是存在的。中国清代也是这样，只是已不太严，混有汉人血统。[1]
印度五明（五种科学）：医方明（医学）、声明（文化）、工巧明、因明和内明。 岐黄、岐伯、耆婆（"K"字多为中亚细亚音）。 《汉书》孔光情谨慎，不言温室术。温室乃热水浴。 长生殿为寝殿，为临死或有病求神斋戒清严之所（斋宫）。 贵妃与明皇决不会在夏天去华清宫。[2]	"春寒赐浴华清池"，这也是西胡的习惯，传到中国有所改变。汉武帝通西域，西胡的风俗习惯频频传入。温泉之浴，本是医学上的事情，用作治病。唐玄宗时，温泉便以治病为主，兼有游憩作用。早在汉代，宫中即有"温室"（浴室）。温汤疗疾的风气，盛行于北朝贵族间。这正是中亚细亚胡人的风习。温汤建置宫殿，常居游览，是后来的事。唐代就有温泉宫的建置。 如果说，在文化方面，玄宗时代的妆饰是全新的话，温浴则是旧中有新。 玄宗临幸温泉的时节为何？杜牧《过华清宫》绝句三首之一："长安回望绣成堆，山顶千门次第开。一骑红尘妃子笑，无人知是荔枝来。"这里面的描写存在错误。因为这时正是夏天，温汤治病必在寒冷季节，玄宗临幸当在冬季或春寒时节，而不会是在这时。杜牧是文宗时候的人，那时温泉全作游览用了，他便以为玄宗时候亦是如此，便在诗中写了玄宗夏天临幸

<hr>

1　《陈寅恪"元白诗证史"讲席侧记》，第37–38页。

2　《梁方仲遗稿·听课笔记》，第216页。案："不言温室术"，当作"不言温室树"，此暂存旧貌。

（续表）

梁方仲："元白诗证史" 听课笔记	刘隆凯："元白诗证史"讲席侧记
	温泉的情景。显然，他不知道温泉原有治病的用途。可见，外边输入的文化是有时代性的。以温泉而言，最初，功用全在治病；其后，如唐玄宗时，治病为主，兼为游览；再后，如唐文宗时，全为游览了。[1]
	"七月七日长生殿，夜半无人私语时。"这里存在问题。 就时间看，七月七日，自为夏天，玄宗是不会临幸长生殿的，因为此殿在华清宫。 就空间看，唐宫名长生殿者甚多，名同，地址不同，作用也有些不同。华清宫的长生殿，是斋殿。帝王先一日至此斋戒，清心寡欲，然后祀神。其他宫的长生殿，是卧殿，都是帝王病重才移来此处的。 由上观之，皆与发誓之说不合。显然这是误会。造成误会有两个原因，一是自从安史乱后，皇帝不再去华清宫了；再是道教风行，尤在肃宗时代和德宗初年。为什么故事不出于肃宗时代？因为此时离故事本身时间很近。到了德宗贞元年间，时间已过了三四十年，人们已不知皇帝夏日不去华清宫，加以道教盛行，故事乃产生于贞元时代。元和元年冬，白居易便把它写进了《长恨歌》。[2]

---

1 《陈寅恪"元白诗证史"讲席侧记》，第45—46页。
2 《陈寅恪"元白诗证史"讲席侧记》，第46—47页。

（续表）

梁方仲："元白诗证史"听课笔记	刘隆凯："元白诗证史"讲席侧记
唐人吃茶法：参考《全唐诗》第十四函卢仝二《走笔谢孟谏议寄新茶》："七碗吃不得也，唯觉两腋习习清风生。"盖有麻醉性。日本茶道，坐禅与茶。将茶磨成末，以筅（竹子，选《莺莺致张生书》）礴之，故必须放于大碗，而不用杯。东坡诗：蟹眼白，鱼眼，泼乳，乃指水之白泡。此种吃法，刺激性甚大。坐禅不能睡，故需此。今日之开水泡茶叶法，始于明。 茶的来源："谁谓茶苦，舌甘如荠"为黄河流域诗。荠乃草本。《古文苑》王褒僮约。 茶由南方传至北方，南北朝时北方仍不吃茶。茶由四川输入，梵文（梵文字母，待考）。（茶字，ch音）。茶为灌木。 Red Robin（知更鸟）。美洲与欧洲的不同。 Plum（湿梅），Prume（英）；Prume（干梅），Prumme［湿梅（法文）］。	唐人吃茶，要将茶叶礴细成末。茶能兴奋神经，尤其是新采的春茶。 中国茶是在开元年间由和尚传到日本的。因为和尚坐禅，是半眠睡状态，不能卧倒，故宜于饮茶提神。[1]

---

1 《陈寅恪"元白诗证史"讲席侧记》，第68—69页。

（续表）

梁方仲:"元白诗证史" 听课笔记	刘隆凯:"元白诗证史"讲席侧记
荈字乃借用同音之字以为从印度输入之茶之名。茗字后出。[1]	

篇幅所限，仅举四例。左右对照，差别之大，不言自明。[2] 简单地评判孰高孰低、孰优孰劣，至少在此无从谈起；彼此各有千秋、不可互替，倒是一目了然。遥想当年，刘对陈，仰望泰山，奉若神明，听课时当是尽己所能，逢言必录；梁更似望其门墙而已入其宫者，不到触类旁通、心领神会之时，不会轻易落笔。然而，没有刘之详细，梁之简约可能让人永远一头雾水。因此，如前所述，已刊听课笔记之间的比

1　《梁方仲遗稿·听课笔记》，第 228–229 页。案：苏轼《试院煎茶》首句为"蟹眼已过鱼眼生"。"僮约"，当有书名号，此暂仍旧。

2　当然，梁、刘二氏所作听课笔记，也有不少相对一致或可以互补者。聊举一例：陈寅恪讲解白居易诗《紫毫笔》（主旨在讽刺言官失职），延伸至起居注。梁氏记："清顺治无起居注，起于康熙三年（陈先生在京时调阅所得，无刻本）。吕留良孙女刺杀雍正案，雍正死前第三日尚召见四品知府（补缺）。"（《梁方仲遗稿·听课笔记》，第 241 页）刘氏记："清朝，康熙初年始有《起居注》。以前看过雍正死前一日的起居记载，他还曾召见一名知府，可见人是健康的。他的死，恐是快急之病。因为来得快，才产生了吕四娘报仇的谣言。"（《陈寅恪"元白诗证史"讲席侧记》，第 159 页）

较研究，值得期盼，值得介入。

叁、《案头日历记事》

此为《梁方仲遗稿》第六册，受制于当时的险恶环境，[1]文字大多短而又短，类似于工作、生活大事记或备忘录，而非一般意义上的、私密性极强的日记。《案头日历记事》起于 1957 年元旦，止于 1969 年 12 月，迟至 1957 年 6 月 25 日才首次出现"陈寅恪"，此后十年间也不多见——有违情理只是表象，背后或许隐藏着梁方仲的苦衷，也客观记录着一个时代的悲哀。

1957 年 6 月 25 日

晚饭后访陈寅恪。[2]

---

1 "文革"期间，梁方仲被批斗，被抄家，被抄没私人信件，被迫将工作记事本上交给中山大学历史系或"管教队"审查。详《梁方仲遗稿·案头日历记事》，第 332、345、347、456、473、513 等页。
2 《梁方仲遗稿·案头日历记事》，第 23 页。

1958 年 9 月 5 日

上午及夜　批判陈寅恪著作小组会。[1]

1959 年 1 月 1 日

往陈序经、冯乃超、商承祚、许〈崇清〉校长、陈寅恪、姜立夫诸先生家拜年。[2]

按：陈序经（1903—1967），广东文昌（今属海南省）人，时为中山大学副校长，中大历史系教授。冯乃超（1901—1983），原籍广东南海，出生于日本横滨，时任中大副校长。商承祚（1902—1991），广东番禺人，中大中文系教授。许崇清（1888—1969），广东广州人，时为中大校长。姜立夫（1890—1978），浙江平阳人，时为中大数学系教授。1952 年院系调整之前，梁方仲与陈序经、陈寅恪、姜立夫共事于岭南大学。

1960 年 5 月 7 日

下午　武汉大学。

---

1 《梁方仲遗稿·案头日历记事》，第 75 页。
2 《梁方仲遗稿·案头日历记事》，第 100 页。案："〈崇清〉"由《梁方仲遗稿》整理者添加（见卷首"整理说明"），此处仍旧。以下同类情形，不另注明。

……

历史系：压缩内容，提高质量，学习毛泽东思想，如何建立人民历史体系？不是统治阶级内部矛盾，以人民为主体的教学大纲，写出新的讲义。学生边上课，边鸣放。

中文系，党委抓，灵魂课（文学理论），学毛泽东思想，青年学生做得好。拟仿中文系将中国近现代史作灵魂课试点。论列宁主义三篇文章，一论再论。刘少奇：马列主义在中国的胜利。中国古代史以陈寅老思想批判为中心；近代史以尚钺思想批判为中心。世界史以客观主义、经济史观之批判为中心（个人英雄史观）。[1]

按：1960年4月10日至5月12日，梁方仲随广东省科教团访问华东、华中地区，[2] 此为5月7日下午在武汉大学听取情况介绍时所作记录。"陈寅老"，陈寅恪。尚钺（1902—1982），河南罗山人，历史学家，1950年中国人民大学成立后，历任中国历史教研室副主任、主任，兼任中国科学院哲学社会科学部历史研究所学术委员等职。1960年，继上一年庐山会议批判彭德怀"右倾机会主义"之后，尚钺的"修正

---

1 《梁方仲遗稿·案头日历记事》，第148—149页。案："( )"内文字，应为梁方仲当年所作。

2 《梁方仲遗稿·案头日历记事》，第122页，"整理者按"。

主义史学"作为"修正主义"在史学界的代表，遭到全国性的批判。[1]

值得一说的是，三天后，5 月 10 日下午，中山大学历史系毕业生刘隆凯主动上门看望了梁老师，当时刘隆凯在武汉担任中学教师。[2]

1962 年 4 月 11 日

上午　读陈寅恪《元白诗笺证稿》。[3]

按：该书曾多次出版、印刷，在 1962 年之前至少有如下版本：岭南大学中国文化研究室（广州）1950 年 11 月版，文学古籍刊行社（北京）1955 年 9 月版，古典文学出版社（上海）1958 年 4 月版，中华书局上海编辑所（上海）1959 年 11 月版。每次重版、重印，陈寅恪都会作出程度不同的修改。[4]

又，此前数日（4 月 8 日），梁方仲曾"读元稹《长庆

1　杜学霞著《史殇——二十世纪五六十年代的史学研究》，国家行政学院出版社 2014 年版，第 177-180 页。

2　《梁方仲遗稿·案头日历记事》，第 150 页。

3　《梁方仲遗稿·案头日历记事》，第 227 页。

4　本节文字据以下研究成果综合而来：高克勤《陈寅恪先生致古典文学出版社／中华书局上海编辑所书信辑注》，载高著《拙斋书话》，上海辞书出版社 2016 年版，第 60-83 页；陆键东著《陈寅恪的最后二十年（修订本）》，第 76、174 页。

集》诗"。[1]

1962 年 7 月 6 日

下午　开史学会。

看陈寅老（跌伤）于二院，与应熙、一均等晚饭于大三元。[2]

按：1999 年，陆键东寻获陈寅恪 1962 年在中山医学院第二附属医院"疗足疾"的病案卡一纸，"上面记载陈氏入院日期是 1962 年 7 月 5 日"，出院日期为 1963 年 1 月 22 日。[3] "应熙"，金应熙（1919—1991），祖籍浙江绍兴，出生于广州，时任中大历史系主任；"一均"，钟一均（1916—1970），广东五华人，时为中大历史系副主任。是日，金、钟二人似与梁一同前往探望。

1962 年 7 月 11 日

读陈寅恪《元白诗笺证稿》第一篇。[4]

1　《梁方仲遗稿·案头日历记事》，第 226 页。
2　《梁方仲遗稿·案头日历记事》，第 239 页。
3　《陈寅恪的最后二十年（修订本）》，第 360–361 页。
4　《梁方仲遗稿·案头日历记事》，第 240 页。

1962 年 7 月 12 日

读陈寅恪《长恨歌》笺证稿毕。[1]

按:《元白诗笺证稿》共六章,第一章即《长恨歌》。

1962 年 7 月 13 日

下午 与明橙往二院看陈寅老。[2]

按:"明橙",汤明橙(1926—1992),祖籍广东新会,出生于越南西贡(今胡志明市),1950 年毕业于岭南大学,1956 年调入中山大学,成为梁方仲的助手。

1962 年 7 月 17 日

下午 与子植等往看陈寅老于二院。

晚饭于大同(子植与家遵)。[3]

按:"子植",刘节(1901—1977),浙江永嘉(今温州市)人。"家遵",董家遵(1910—1973),福建长乐(今福州市)人。刘、董二人皆为中大历史系教授。

---

1 《梁方仲遗稿·案头日历记事》,第 240 页。案:整理者于本页脚注有所说明:"估计此指陈寅恪《元白诗笺证稿》中的一部分。"
2 《梁方仲遗稿·案头日历记事》,第 240 页。
3 《梁方仲遗稿·案头日历记事》,第 240 页。

1962 年 8 月 22 日

上午　看陈寅老、冼玉清病于一、二院。[1]

　　按：冼玉清（1895—1965），广东南海人，岭南大学、中山大学中文系教授。冼氏与梁氏为世交，且是陈寅恪晚年挚友。梁承邺对父亲这天的行动有如此评价："中山医院第一、第二附属医院分驻广州市区东部（东山区）和西部（荔湾区），整个上午不间歇地看望两位老者，可知父亲对他们的关切心情。"[2] 蔡鸿生评价道："1962 年夏季，陈寅恪先生跌断右腿，在中山二医院留医。成了残上加残的老病翁。方仲先生自当年 7 月 6 日至 8 月 22 日，连续四次前往探病，毫不忌讳，毫无疏离。据方仲先生哲嗣承邺世兄透露，梁先生亲口告诉过他：'尽管有些人对陈寅恪已经采取敬鬼神而远之的态度，我还是认定敬前贤而近之的原则不变，更不应变。'金玉之言，落地有声。梁方仲教授的高风亮节，充分证明他作为一位卓越的历史学家，是才、学、识、德全面发展的。"[3]

1　《梁方仲遗稿·案头日历记事》，第 243 页。
2　《无悔是书生：父亲梁方仲实录》，第 294 页。
3　蔡鸿生《从手迹看心迹——读梁方仲教授听陈寅恪先生讲课的笔记》，见《投大遗艰集：纪念梁方仲教授诞辰一百周年》上册，第 10 页。

1963 年 1 月 1 日

早起后往接曾昭燏汽车，陪尹焕章在梁钊韬府上谈话。[1]

按：曾昭燏（1909—1964），湖南湘乡人，时任南京博物院院长。尹焕章（1909—1969），河南南阳人，南京博物院保管部主任，和曾昭燏合作多年，此次与曾一同由宁来穗出差。梁钊韬（1916—1987），广东顺德人，中大历史系副教授。次日，梁方仲再记："上午 往省博物馆礼堂听曾昭燏'江苏原始文化、商周文化及其与邻省古代文明有关问题'。"[2]据而可知，曾氏一行当为访问、交流而来。

湘乡曾家与义宁陈家三世交好，且陈寅恪的舅母曾广珊既是俞大维的母亲，也是曾昭燏的堂姑，因此陈寅恪与曾昭燏又多出一层表亲关系。[3]表妹到广州公干，顺便探访表哥，最自然不过。

曾昭燏在日记里录存了当天的经过：

1 月 1 日，上午八时半林振名同志相陪，与尹往中

---

1 《梁方仲遗稿·案头日历记事》，第 252 页。
2 《梁方仲遗稿·案头日历记事》，第 252 页。
3 陈寅恪 1940 年 2 月 25 日有信答复曾昭燏，抬头即作"昭燏表妹"。详宋希於《曾昭燏与陈寅恪》，载周言编《陈寅恪研究：新史料与新问题》，第 237-240 页。

山大学下车，遇到梁钊韬先生夫妇及梁方仲先生。至陈
寅恪表兄家，看到六嫂及侄女美嫒，同六嫂谈半小时余，
同往中山医院二院看寅恪表兄，谈各家表兄弟姊妹少年
时事及现在情况，甚欢，十一时五十分归。[1]

陈寅恪有诗《病中南京博物院长曾昭燏君过访话旧，并
言将购海外新印〈李秀成供状〉，以诗纪之》。[2] 此诗在陈
氏"诗集"里诠次于《入居病院疗足疾，至今日适为半岁，
而足疾未愈，拟将还家度岁，感赋一律（旧历壬寅十二月
十日）》与《癸卯正月十一日立春，是夕公园有灯会，感赋》
之间，[3] 故可推知写于1963年1月5日（壬寅十二月初十日）
之后、2月4日（癸卯正月十一日）之前。

《病中南京博物院长曾昭燏君过访话旧，并言将购海外
新印〈李秀成供状〉，以诗纪之》："银海光销雪满颠，重逢
胼足倍凄然。涧瀍洛下犹馀地，韦杜城南莫问天。雄信漱词
传旧本，昆明灰劫话新烟。论交三世无穷意，吐向医窗病

---

1 南京博物院编《曾昭燏文集·日记书信卷》，文物出版社2013年版，第
   459页。此转录自宋希於《曾昭燏与陈寅恪》，见《陈寅恪研究：新史料
   与新问题》，第241页。案："尹"，即尹焕章；"六嫂"，即唐筼；"美嫒"，
   即陈寅恪幼女美延，想系音近而误写。

2 陈寅恪著、陈美延编《陈寅恪集·诗集（附唐筼诗存）》，生活·读书·新
   知三联书店2015年版，第145页。

3 二诗详《陈寅恪集·诗集（附唐筼诗存）》，第144、145页。

榻边。"梁方仲曾抄录此诗,五、六句作"雄信谶辞传旧本,昆明灰劫化新烟",七、八句作"论交三世无穷志,吐向灵窗病榻前",后被误收入《梁方仲文存》,错题作《无题》。[1]

1963 年 1 月 25 日

　　5:00 后往商〈商衍鎏、商承祚父子〉、陈〈寅恪〉先生二家。[2]

　　按:商衍鎏(1875—1963),广东番禺人,学者、书法家。商、梁两家为同乡、世交,商氏父子与梁方仲时有往来。[3]当天为旧历癸卯年正月初一,梁氏前往商、陈两家拜年。因前有"回家午饭"一句,可知"5:00"为下午五时。

1964 年 3 月 16 日

　　上午　陪觉明〈向达别字〉往谒陈寅老。

　　下午　小组讨论"比学赶帮"问题。

　　夜　觉明、希白来谈。[4]

　　按:向达(1900—1966),字觉民,又作觉明,湖南

1　《梁方仲文存》,第 312 页。

2　《梁方仲遗稿·案头日历记事》,第 254 页。

3　《无悔是书生:父亲梁方仲实录》,第 290–293 页。

4　《梁方仲遗稿·案头日历记事》,第 271 页。

溆浦人，北京大学历史系教授。"希白"，容庚（1894—
1983），广东东莞人，中山大学中文系教授。

　　向达与陈寅恪交谊甚好，也是梁方仲的老朋友。1964
年，向达自费由京来穗，"主要是就《大唐西域记》中一些涉
及梵文的问题请教陈寅恪"。[1] 向氏于 3 月 15 日到达广州，
梁方仲当天日记："下午　与序经、守为、一均往接向达车。
晚饭于我家中。"[2] 16 日，梁氏陪谒陈寅恪。17 日，梁氏再记：
"序经请觉明吃早点，我作陪。……瑛材请觉明晚饭于跃进
室。饭后同往看吴印禅夫人。"[3] 20 日，陈序经陪同向达往见
陈寅恪。当天适值甲辰年春分日，陈寅恪为作《甲辰春分日
赠向觉明》三绝句。[4] 25 日，梁方仲又记："晚饭后　至觉明
处，谈至 11：00 许回。"[5] 26 日，向达将陈寅恪所赠三诗抄录

1　《陈寅恪的最后二十年（修订本）》，第 393 页。

2　《梁方仲遗稿·案头日历记事》，第 271 页。案："守为"，即胡守为，中
　　大历史系教师，"兼任历史系党政干部"。"向达在中山大学探访的后期，
　　胡守为向陈寅恪提出想旁听陈寅恪与向达的谈话，陈寅恪答允。"见《陈
　　寅恪的最后二十年（修订本）》，第 392—393 页。

3　《梁方仲遗稿·案头日历记事》，第 271 页。案："瑛材"，即陈瑛材，梁
　　方仲夫人。吴印禅（1902—1959），江苏沭阳人，植物学家，中山大学
　　生物系教授；夫人李崇敬，江苏淮阴人，中大附属小学教师。

4　《陈寅恪的最后二十年（修订本）》，第 393—396 页。

5　《梁方仲遗稿·案头日历记事》，第 272 页。

给梁方仲，"以示老友同好之意"。¹

1966 年 3 月 20 日

午睡起后竺可桢先生来访。²

按：竺可桢（1890—1974），浙江上虞人，时任中国科学院副院长。1966 年 3 月 20 日，竺可桢从北京飞抵广州参加全国农业区划会议，当天下午就去中山大学看望老友陈寅恪、姜立夫，随后往晤五六年未相见的梁方仲。³ 3 月 25 日，全国农业区划会议正式召开，梁氏当天日记："夜　与董家遵、戴裔煊访竺藕舫〈竺可桢〉、黄秉维。"3 月 26 日日记："与家遵、裔煊、梁溥合请藕舫、秉维、林超晚饭于愉园。"⁴

1　向达转录陈寅恪赠诗全文如下："奉赠觉明兄即求哂政：'慈恩顶骨已三分，西竺遥闻造塔坟。吾有丰干饶舌悔，羡君辛苦缀遗文。''梵语还原久费工，金神宝枕梦难通。转怜当日空奢望，竟与拈花一笑同。''握手重逢庾岭南，失明膑足我何堪。傥能八十身犹健，公案他年好共参。'寅恪甲辰春分日。一九六四年三月廿六日向达录呈方仲仁兄。"见《梁方仲遗稿·信札、珍藏书画、遗墨观痕》，第 496–497 页；《无悔是书生：父亲梁方仲实录》，第 310–311 页。

2　《梁方仲遗稿·案头日历记事》，第 320 页。

3　《竺可桢全集》第 18 卷，上海科技教育出版社 2010 年版，第 64–65 页。

4　《梁方仲遗稿·案头日历记事》，第 322 页。案：竺可桢 1966 年 3 月 25 日日记："晚梁方仲、董家遵、戴裔煊等三人来开小组会，八点半至十点半。"次日日记："晚六点半至西关多宝路渝园，梁方仲约晚膳，到黄秉维、梁溥、林超、董家遵、戴裔煊等。"（《竺可桢全集》第 18 卷，第 69、70 页；"渝园"，应作"愉园"）正可与梁方仲所记相互验证。（转下页）

竺可桢与陈寅恪、梁方仲既是同事（中研院），也是故交。1949年政局变易，直到1950年7月4日，竺可桢才从来访的梁方仲处得悉陈寅恪、姜立夫等友人的确切去向。[1] 此后，只要到广州，且时间允许，竺可桢都会前往中山大学与故旧晤谈。仅在竺可桢日记里，就能找到五次登门探视陈寅恪的记载：第一次是1957年2月18日，[2] 第二次是1958年4月21日，[3] 第三次是1962年2月14日，[4] 第四次是1964年4月13日，[5] 最后一次即1966年3月20日。五次探访，都是抽空前往，来去皆匆匆，这大概也是没有邀约梁氏同往的原因之一。

（接上页）又案：戴裔煊（1908—1988），广东阳江人，中山大学历史系教授；梁溥（1910—2006），广东信宜人，中山大学地理系教授；黄秉维（1913—2000），广东惠阳人，中国科学院地理所研究员；林超（1909—1991），广东揭阳人，时为北京大学地理系教授。

1　详《竺可桢全集》第12卷，上海科技教育出版社2007年版，第134页。
2　详《竺可桢全集》第14卷，上海科技教育出版社2008年版，第516页。
3　详《竺可桢全集》第15卷，上海科技教育出版社2008年版，第79页。
4　详《竺可桢全集》第16卷，上海科技教育出版社2009年版，第200-201页。
5　详《竺可桢全集》第17卷，上海科技教育出版社2009年版，第99页。

1967 年 3 月 4 日

陈寅恪夫人还借诗集八本。[1]

1967 年 8 月 14 日

　　午饭前　往寅老〈陈寅恪〉家，因路上碰见其爱人，说即需搬家也。[2]

　　按：《梁方仲遗稿》整理者对此条记事有如下注释："'文化大革命'中不少老教师（多数为'反动学术权威'者）和'走资派'（走资本主义道路的当权派）被'革命群众'勒令搬出原住处或在原住处仅允许保留少部分住房。陈寅恪当时从东南区一号二楼原住处，被迫搬至条件差很多的西南区五十号平房宿舍。"[3] 陆键东则称："1969 年春节刚过，陈寅恪被勒令搬出东南区一号二楼已住了十六年的家。"[4] 然证以梁方仲日记，可知陆氏所云时间有误。另，陈寅恪长女流求

1　《梁方仲遗稿·案头日历记事》，第 384 页。
2　《梁方仲遗稿·案头日历记事》，第 419 页。
3　《梁方仲遗稿·案头日历记事》，第 419 页。
4　《陈寅恪的最后二十年（修订本）》，第 462 页。

所作回忆，[1] 可与梁承邺所作注释相互补证。

1969 年 4 月 18 日

下午　写补充材料［①伪〈中央〉研究院补助金。②哈佛燕京（学社）补助金。③抗战胜利奖状。共二千字，交林××］。

夜　写"伪中研院社会所迁沪"情况。[2]

按：《梁方仲遗稿》整理者所添注释如下："中央研究院人员，除发基本工资外，还发一定数量的研究（含生活）补助金，在抗战期间及抗战后，补助金的比例尤大。1943 年作者曾获哈佛燕京学社的一笔研究补助金（曰奖金），同获者有汤用彤、陈寅恪、闻一多、邵循正、陈梦家共十人。由于抗战期间作者和其他一些坚守中央研究院工作的研究人员

1　陈流求回忆："我最后一次见到父亲在一九六七年七八月间，因母亲病重，由周伯母（即黄萱）与护士小朱（自出资所雇）商量，电报通知我即搭班机返穗。那时家中仍住东南区一号楼上。对面办公楼已被'造反派'占领，终日高音喇叭噪音震耳。校园中很多大字报。因两派武斗激烈，暂时顾不上'反动学术权威'。我在家住半月余，母亲告我去年年底来抄家，取走贵重东西。抄家难记次数。……我走前父亲说：'这次算是生离死别了！'"见蒋天枢撰《陈寅恪先生编年事辑（增订本）》，上海古籍出版社 1997 年版，第 181 页。

2　《梁方仲遗稿·案头日历记事》，第 520 页。案："［］""〈〉""（）""×"等，皆为原刊旧有。

和职员获了总统府颁发的奖章和奖状。作者获得了奖章（勋章）。"[1]

1969 年 4 月 23 日

上午 7:30 大礼堂"兑现党的政策大会"（张海从宽，王起不戴历史反革命帽子，群众监督改造；刘节不戴反动学术权威，宣布陈寅恪为反动学术权威）。[2]

按："张海，时任中山大学（校长）办公室主任。"[3] 王起（1906—1996），字季思，以字行，浙江永嘉（今温州市）人，中大中文系教授。

刘节同日日记，可与此互补互证："上午在大礼堂作检查并认罪。今日解放张海、我、王起三人，各不戴帽子。下午在革命大楼召集我们两次解放的八人谈话。"[4]

1969 年 10 月 6 日

△陈寅恪今早 5:00 许逝世（旧八十一岁）。[5]

---

1 《梁方仲遗稿·案头日历记事》，第 520 页。

2 《梁方仲遗稿·案头日历记事》，第 521 页。

3 《梁方仲遗稿·案头日历记事》，第 521 页。

4 刘节著、刘显曾整理《刘节日记（1939—1977）》下册，大象出版社 2009 年版，第 611 页。

5 《梁方仲遗稿·案头日历记事》，第 544 页。案："△"为原刊旧有。下同。

按：梁承邺为之添加按语："作者误记在'六日'案历纸上，实应为 10 月 7 日事。"[1]

1969 年 10 月 7 日

△陈寅恪今天凌晨 5:00 许逝世（旧八十一岁）。[2]

按：梁承邺按语如下："刘显增整理：《刘节日记》（1939—1977）下册，大象出版社 2009 年，第 632 页亦写道：'（10 月 7 日）上午出席大会，知陈寅老今日五时逝世，享年八十岁。午前与梁方仲同去吊唁。'但案头日历却错记在 10 月 6 日页上，可能是一时疏忽［因 1969 年案历记录时，作者大概是为查看方便，将当天发生的事记在前一天页之背面（全空白，无印刷字）上］。同时，也看出当时作者的精神与体力状态已相当差了。"[3]

1969 年 10 月 17 日

上午　8:30 黄先作下厂接受工人阶级再教育学习班小结。

---

1 《梁方仲遗稿·案头日历记事》，第 544 页。
2 《梁方仲遗稿·案头日历记事》，第 544 页。
3 《梁方仲遗稿·案头日历记事》，第 544 页。案："刘显增"，应作"刘显曾"，刘节长子。又，"知"前脱"因"，此暂仍旧。

下午　1:30往黄花岗广州殡仪馆送陈寅恪火葬殡仪。[1]

按：据刘节同日日记，[2] 两人是日上、下午行动一致。

肆、《信札、珍藏书画、遗墨观痕》

此乃《梁方仲遗稿》第七册，所收之物颇为庞杂，与陈寅恪相关之信札共计 13 通，依次如下：

一、陈寅恪致梁方仲函（两通）[3]

（一）[4]

请代借或购下列二书：

1. 金梁《光宣人物志》（不是《光宣人物传》，北京图书馆及中大图书馆都弄错了。此书乃是索引性质，将《湘绮楼日记》《越缦堂日记》《翁文恭日记》中涉及诸人

1　《梁方仲遗稿·案头日历记事》，第 546 页。

2　详《刘节日记（1939—1977）》下册，第 633 页。

3　此题由笔者代拟；各家函札之序码（汉字小写）则由《梁方仲遗稿》整理者编排，现仅增添圆括号，以合本文体例。

4　此札在《梁方仲遗稿》内诠次为第二函，现以写信时间为序，重新调整。

作一索引）。

　　2. 陈夔龙《梦蕉堂笔记》。

　　方仲兄

寅恪

八月十二日九时 [1]

　　按：此信由唐篔代写。整理者所加注释曰："此函应写于 20 世纪 50 年代初，陈寅恪那时因眼睛失明，身体又不好，需托人帮忙借一些参考论著，故有此短简。后来中山大学为陈氏安排了助手黄萱和周连宽，基本上解决了借找参考书的困难。"[2] 如果将陈寅恪的助手由程曦（1919—1997）变为黄萱这条线索梳理一番，则可以推断这封信应该写于 1951 年或 1952 年。

　　1951 年 6 月 30 日，岭南大学中文系主任容庚致函学校聘任委员会，声明因中文系不再聘陈寅恪为该系教授，陈下学期专任历史系教授，故其助教程曦"拟请改用历史系名义"，且程曦"身有肺病性情乖僻""为保护同人的健康和

1　《梁方仲遗稿·信札、珍藏书画、遗墨观痕》，第 31 页。

2　《梁方仲遗稿·信札、珍藏书画、遗墨观痕》，第 31 页。案：学者程焕文研究发现，1954 年梁方仲曾推荐周连宽为陈寅恪提供搜集、整理资料之帮助。详《无悔是书生：父亲梁方仲实录》，第 219 页。又，陆键东曾采访周连宽，陈、周学术交往之内容，详《陈寅恪的最后二十年（修订本）》，第 133–135 页。

本系的秩序起见"，亦不拟再聘程为中文系讲师。因讲师职称问题正"与校方闹得不可开交"的程曦，最终选择离开，并于同年 10 月 15 日"正式被录用为香港大学中国语言学校的教员"。[1] 程曦离开陈寅恪的具体时间虽难确定，但从吴宓该年 8 月 26 日日记可知，至迟 8 月中旬，"寅恪写读各事，均筼夫人代职"。[2] 从此，陈寅恪"有一年时间没有专任助教协助教学与著述"，唐筼不得不"担负起为丈夫备课、抄写文稿、读材料的工作"，岭南大学文学院历史政治学系蒋相泽（1916—2006）等教师也曾临时客串陈的助手。[3] 直至 1952 年 11 月 22 日，业已完成院系调整的中山大学"聘任黄

1　此节源自《陈寅恪的最后二十年（修订本）》，详第 55—56 页。另可参阅宗亮《陈寅恪与弟子程曦》一文，见宗著《近代史学家生平探微》，湖北人民出版社 2020 年版，第 160—165 页。

2　吴宓 1951 年 8 月 26 日日记："接棣华八月十三日函，知寅恪兄与容庚甚不和，已改入历史系，而曦竟叛离寅恪。寅恪写读各事，均筼夫人代职云云。深为痛伤。"见吴宓著、吴学昭整理注释《吴宓日记续编》第 1 册，生活·读书·新知三联书店 2006 年版，第 199 页。案："棣华"，即高棣华，毕业于清华大学西洋文学系，时在岭南大学外语系任教。详《吴宓日记续编》第 1 册，第 52—53 页。

3　《陈寅恪的最后二十年（修订本）》，第 56 页；《也同欢乐也同愁：忆父亲陈寅恪母亲唐筼》，第 265—268 页。案："蒋相泽"，《也同欢乐也同愁：忆父亲陈寅恪母亲唐筼》（第 268 页）误作"蒋湘泽"，现据梁碧莹《师道无价　风范永存——纪念中山大学中美关系史研究奠基者蒋相泽先生诞辰 100 周年》（载 2016 年 11 月 7 日《中山大学报》）改正。

萱为陈寅恪的兼任助教"，[1] 1955 年 9 月 15 日正式聘其为陈的"专任助教"。[2]

该函既由唐筼代笔，极有可能写于黄萱接任助教职务之前，因此，我推测此信写于 1951 年 8 月 12 日或 1952 年 8 月 12 日。

陈寅恪当时为何寻找这两本书？目前尚不知道原因。不过，两本书的书名都被写错了。金梁（1878—1962）著述颇丰，包括《近世人物志》和《光宣列传》等。恰好胡文辉曾赠我一册《近世人物志》，现从中抄录一段金氏自序，陈函书名之误自然可见。金氏自谓："欲考人物，仅凭正传，既嫌过略，兼述野史，又虑传误，皆不必尽为信史也。昔校《清史》，深感其难。《光宣列传》，力矫斯弊，乃采及近人日记，终为史例所限，亦不能尽如我意也。近年所出名人日记，如翁文恭、李越缦、王湘绮、叶缘督诸家，为时所重，足与《曾文正日记》并传。其中知人论世，发潜搜隐，实可补正史所不及。分摘汇编，各成小传，近世人物，大略备见，亦一代

---

1 《陈寅恪的最后二十年（修订本）》，第 61 页。案：陆著对此有如下叙述："1952 年 11 月的某日，在医学院教授陈国桢的夫人关颂珊的带领下，黄萱怀着不安的心情踏入东南区十号去见陈寅恪。关夫人一向与黄萱相熟，当她知道陈寅恪欲找一助教时，没多想便推荐了黄萱。一'见'之下，陈寅恪马上要求黄萱到他身边工作。"见《陈寅恪的最后二十年（修订本）》，第 57 页。
2 《陈寅恪的最后二十年（修订本）》，第 64 页。

得失之林也。"[1] 陈夔龙（1857—1948），原籍江西，占籍贵州，晚清大臣，著有《梦蕉亭杂记》《松寿堂诗存》《花近楼诗集》等。[2] 陈夔龙与陈寅恪之父三立（1853—1937）有旧，算得上陈寅恪的父执，弄错书名，实有苦衷，思之令人兴叹。

（二）

尊作有真感情，故佳。

太平洋战后，弟由香港至桂林，曾赋一律。仲勉先生时在李庄，见之寄和一首，不知尚存其集中否？和诗仅记一二句，殊可惜也。拙作附录，以博一笑。

方仲兄

弟寅恪敬启

十月十六日

1　金梁《近世人物志叙》，见金氏辑录《近世人物志》，民国二十三年（1934）铅印本，第 1 页。案："李越缦"，原刊误作"李缦越"，现予径改。

2　关国煊《陈夔龙》，见刘绍唐主编《民国人物小传》第 5 册，上海三联书店 2015 年版，第 264–266 页。

壬午春日有感
寅恪

沧海生还又见春，岂知春与世俱新。读书渐已师秦吏，钳市终须避楚人。九鼎铭辞争颂德，百年粗粝总伤贫。周妻何肉尤吾累，大患分明有此身。

方仲兄吟正[1]

按：此函仍为唐篔代笔，当写于 1961 年。因涉及陈寅恪与岑仲勉（1886—1961）之关系这一敏感话题，故值得特别关注。

1961 年 10 月 6 日，岑仲勉"逝世于中山第二医院"；10 月 8 日，公祭于粤光殡仪馆；10 月 11 日，梁方仲"改作挽岑仲勉诗"四首："书难尽信奈书何，秦汉而还伪史多。驳正胡书存信史，如椽大笔泻黄河。"（其一）"转对音词百妙该，商量旧学合新裁。隋唐二代兴亡迹，辨证旁通见史才。"（其二）"闭门著述老弥勤，力疾犹思惠大群。薪火递承传绝世，手栽桃李郁芳香。"（其三）"当年避寇两家亲，漓水湘江共济频。我失北堂萱萎后，老成顿失复伤神。"（其四）[2]

---

1 《梁方仲遗稿·信札、珍藏书画、遗墨观痕》，第 29-30 页。
2 《梁方仲遗稿·案头日历记事》，第 202-203 页。案：岑仲勉与梁方仲之交往、梁方仲四首挽诗之解读，参阅《无悔是书生：父亲梁方仲实录》，第 289-290 页。

梁承邺回忆，乃翁曾将这四首悼诗"送给陈寅恪阅目"，"同时，也可能将其 20 世纪 40 年代用陈氏'壬午春日有感'韵写的一首诗一起送给陈氏"。[1] "陈氏看悼诗后（也可能包括先父在李庄时期，曾用陈氏诗韵所作的旧诗），认为'有真感情'，勾起与岑氏过往交谊的回忆，特地抄出与岑氏曾寄和过的一首旧诗赠先父并表达对岑氏辞世的悼念。同时，也不排除有藉送此诗抒发心曲的可能性。"[2]

陈寅恪此函，经梁承邺首次披露后，引发了谢泳等学者的研究兴趣，重点关注岑、陈微妙关系之余，谢泳也注意到了诗题有误。[3] 陈寅恪原诗写于癸未年（1943）而非壬午年（1942），题为《癸未春日感赋》，题下有注："时居桂林雁山别墅。"[4] 据胡文辉考证，陈寅恪曾将此诗抄赠中研院史语所同事，题为《癸未春日感赋寄呈史语所第一组诸友》。陈槃见而有和作《寅恪先生示诗依韵奉和》："故国城荒草自春，

1　《梁方仲遗稿·信札、珍藏书画、遗墨观痕》，第 29 页。案："阅目"，原刊如此，或为"寓目"之误。

2　《无悔是书生：父亲梁方仲实录》，第 222 页。案：梁承邺据此揣测这封信的写作年份"可能为 1956 年或 1961 年"，"1961 年的可能性可能更大些"；但在《梁方仲遗稿·信札、珍藏书画、遗墨观痕》（第 29 页）脚注里，因为将岑仲勉去世之年误记为 1960 年，故而得出了错误的推论："此函估计写于 1960 年或 1956 年，推断为 1960 年。"

3　谢泳《陈寅恪与岑仲勉关系小考》，载《书屋》2018 年第 10 期。

4　《陈寅恪集·诗集（附唐篔诗存）》，第 35 页。

山河事与泪痕新。宜修九逝心难悔，抗志分明国有人。工部早传诗当史，子思谁遣病为贫。堂堂料理千秋在，不坏天南劫后身。"梁方仲赓和之作为《赠陈槃庵用寅恪先生原韵》："历劫诗怀已不春，秋阳鼓吹号角新。玉壶一片冰调泪，古月三分色示人。爇灶漫兴童子喑，闭门唯食后山贫。南园寂寞今谁主，管领风骚要此身。"[1]

陈寅恪致梁方仲函所附录之诗，误题为《壬午春日有感》，或与陈氏目盲而由妻子代笔有关。吊诡的是，细绎陈函，令人难解之处还不止诗题里的时间错误。陈在信中说："太平洋战后，弟由香港至桂林，曾赋一律。"最符合此意的陈诗，其实不是《癸未春日感赋》，而是真正写于壬午年的那首七律《予挈家由香港抵桂林已逾两月尚困居旅舍感而赋此》。[2] 陈在信中接着又说："仲勉先生时在李庄，见之寄和

1　详胡文辉著《陈寅恪诗笺释（增订本）》上册，广东人民出版社 2013 年版，第 235–236 页。案：胡著所引梁诗，录自《梁方仲文存·梁方仲诗词》（第 288 页），其源头似为 1970 年梁方仲在病榻上所忆毕生自作诗（参《临终前于病榻上忆记自作诗散页》，见《梁方仲遗稿·信札、珍藏书画、遗墨观痕》，第 684 页）。《梁方仲遗稿·信札、珍藏书画、遗墨观痕》（第 373 页）所存诗笺之图片，文词则与之微异："历劫诗怀已不春，秋晴鼓吹竞声新。琼壶一片冰调泪，古月三分色示人。爇灶漫兴童子噫，闭门唯食后山贫。南园寂寞今谁主，管领风骚要此身。"

2　全诗如下："不生不死欲如何，二月昏昏醉梦过。残剩山河行旅倦，乱离骨肉病愁多。江东旧义饥难救，（支愍度事。）浯上新文石待磨。万里乾坤空莽荡，百年身世任蹉跎。"见《陈寅恪集·诗集（附唐篔诗存）》，第 33 页。

一首，不知尚存其集中否？和诗仅记一二句，殊可惜也。拙作附录，以博一笑。"从这几句话看，岑氏和诗曾寄陈氏，时隔近二十年（1942—1961），陈氏还记得当年岑氏和诗的一两句。因为岑氏和诗无法完整记忆，陈氏改而附录自己的诗作赠给梁氏，以资纪念。遗憾的是，岑氏和诗迄今仍未发现，相关的疑点——陈寄呈史语所同事的，是否另有其诗？岑所和者，到底是哪一首诗？[1]——也只能留待有心人去解答。

二、陶孟和致梁方仲函（十一选三）

（八）

方仲先生：

许久不通消息，深以为念。同人等盼先生回所已久，始终不见北来，极为失望。本所最近工作拟定为我国近百年经济史料的整理，全所人员参加此项工作，一俟思想学习结束，即将全力进行。因此尤盼先生能来指导。惟不知先生已否与中南教部说明并得其允许脱离现在岗位否。此事尚须先生事先办好。如需本院致函中南

---

1 岑诗既为和作，诗韵当与陈（寅恪）、陈（槃）、梁（方仲）所作一致。俟诸他日，岑氏诗集面世，谜底终将揭开。

教部，也请示知。如事先不明白说妥，院方去函调用不
特不能生效，反恐发生坏影响。务请注意此点为荷。陈
寅恪先生近况如何？科学院前年曾拟请其来京主持历史
研究〔所〕，迄无结果。请便中一询（最好直接不要经过
旁人），并代述科学院拟借重之意。陈先生离岭南有无问
题，也请调查一下为感。专此即颂

近安

陶孟和

5／22 [1]

按：陶孟和（1887—1960），天津人，社会学家，时任
中国科学院副院长。据梁承邺考证，陶孟和与梁方仲相交既
深且久，在陶主导下，1950 年中国科学院向梁发出聘书，梁
因各种原因未能北上。此函写于 1952 年，"可能为中国科
学院领导最早正式邀请陈寅恪回北京主持历史研究所的史
料"，[2] 换言之，"中国科学院起码早在 1952 年（可能还更早）
已议定并邀请陈氏北上主持历史学研究"。[3]

又，自此以下 11 封书信，皆与陈寅恪直接或间接相关。

---

1 《梁方仲遗稿·信札、珍藏书画、遗墨观痕》，第 147-149 页。案：经对
照所配陶札图片，"思想学习"，原札为"思改学习"；"科学院前年曾拟
请其来京主持历史研究〔所〕"，"〔所〕"由整理者增补，原札作"科学
院前曾拟请其来京主持历史研究"，"前"字右侧，以细字补书"（前年）"。
2 《梁方仲遗稿·信札、珍藏书画、遗墨观痕》，第 146-147 页。
3 《无悔是书生：父亲梁方仲实录》，第 224 页。

从内容可知，陈寅恪之友朋、学生，或设法邀其北上主持中古史研究所，或感念学术研究受益于陈氏启发，或请托梁方仲便中代致问候，在在可见纵使时局动荡、山水相隔，诸多友生对于陈寅恪依然牵挂不已。为存文献全貌而觇时代风雨，现将各札全文照录，而梁氏遗稿整理之一二舛讹，则仍以脚注方式稍予校订，以期为完善史料聊供芹献。

（九）

方仲先生：

日前收到六月四日来函，昨天罗勤生同志送来红茶及饼干两听，均极感谢。承告肺疾已愈，写作又趋活跃，闻之至为高兴。编写经济史极为重要。进行起来却非容易。如能在进行时经过教研室批评讨论，千锤百炼之后再拿出来，最为妥善。经济所数年以来搞近代经济史料至今还未能出版问世，足见今日写作之难。此言并非有意阻止先生进行此项计划，惟盼对于写作的各方面，如编写计划、资料、立场、观点等等多多请人参加意见而已。胡风集团问题是对于中国人民的一个大警告。胡风集团居然暗藏在人民队伍里二十年，继续不已地进行颠覆活动，一直到最近才为人民所识破。这证明了中国人民的思想性还不够高，政治性还不够强。因此，我更感觉到有加强思想学习与政治觉悟的必要。科学出版社近来出版的各种史学期刊（这几种刊物离着够标准，还差的远。几乎每一期都有些大大小小的毛病）谅均已读到，如尚未见到请告知，当设法觅出寄上。寅恪先生近来健康如何，晤见时请代致意。余不尽言。此致

敬礼

孟和

6／14

罗勤生告我先生近况，闻之欣慰。[1]

按：罗勤生，广东广州人，梁方仲执教岭南大学时所指导的研究生，毕业后由梁介绍到商业部工作，[2] 故梁氏托其捎带物品。胡风（1902—1985），湖北蕲春人，文艺理论家、诗人、翻译家。"胡风反革命集团案"发生于1955年，故梁承邺推断此函写于1955年，可从。[3]

（十一）

方仲先生：

1　《梁方仲遗稿·信札、珍藏书画、遗墨观痕》，第150–151页。案："近况"，
　　陶札原作"近状"。
2　《梁方仲遗稿·信札、珍藏书画、遗墨观痕》，第100页。
3　《梁方仲遗稿·信札、珍藏书画、遗墨观痕》，第151页。

　　数年不见，时以为念。承蒙寄来大作，感谢之至。近来工作谅必忙碌，政治学习必日有进步。今日欲求工作有成绩，非有马克思主义作基础不可也。兹有有事询者：

　　一、广州手表价较它处为廉，据说一百五十元即可买一个相当好的。

　　二、手表可以挂号邮寄到北京否？

　　三、如以上两事属实，托先生代买一个可否？如承同意代买，当即将款汇上。

　　专此奉询，并致

敬礼

陶孟和
3／17

　　尊体如何，较以前更康健否？家事较以前已改进否？均时在念中。寅恪先生晤见时请代候。[1]

　　按：梁承邺推断该函作于 1956 年。[2]

---

1 《梁方仲遗稿·信札、珍藏书画、遗墨观痕》，第 154-155 页。案："承蒙寄来大作"，原札无"蒙"；"兹有有事询者"，原札作"兹有奉询者"。
2 《梁方仲遗稿·信札、珍藏书画、遗墨观痕》，第 154 页。

三、王崇武致梁方仲函（九选四）

（二）

方仲吾兄史席：

别来瞬将一载，数年相依，情逾骨肉，忽此阔别，我劳如何。数月来每欲修问，然而每一握管，积思如麻，真如一部廿四史，有无从说起之苦矣。弟年来目疾又发，且常患感冒，然忧患之中，亦颇多追求，计已脱稿者有：（一）《奉天靖难记校注》、（二）《皇明本纪校注》两书，并旧撰（三）《靖难事变考证稿》，将次第整理刊布。弟意《靖难记》系《太宗实录》底稿，由两者相校，可以考见官书前后更改之迹，及其所以更改之原因，曩撰《靖难事变考》时，中有一节即由此观点出发，故（一）（三）两书，实有局部重复，惟在作法方面则彼此歧异，所谓一鸡两味也。《明本纪》虽非《实录》性质，然其取材则决出自《实录》，其所据底本为建文间初修本抑永乐初再修本，今虽不能详知（中称沧州为棣州，犹不避成祖讳），然与今本《太祖实录》比较，知决在其前（《四库提要》《续文献通考》等书谓《本纪杂钞》《实录》两本，真妄言也）。《太祖实录》初修本既经成祖焚毁，再修本又久失传（见《亭林文集》），考太祖史事者有每为之茫昧，今得此残缺不全之本（《本纪》）

可供为比较研究之资，亦可慰望梅之厌矣。弟校注《本纪》之办法，一如校注《靖难记》，即用《考证稿》中之比较研究法，故二书就方法观点言，亦可谓"一鸡三味"也。目下书籍无多，弟所阅览者又甚少，而文字间之疵类，亦不足以引起读者兴会，故将来补充修正之处必甚多，惟书中大体主干（主要的假定），弟自信或甚少修订也。又弟研究万历东征史事，以为当时糜饷耗师，庙堂用兵迄无善策者。有天时（朝鲜地气较暖，雨多）、地利（多水田，中国往调者多骑兵）、人事（南北两方军队水火）及火器（日本用鸟铳，国军无法接近）四因素。此事弟颇受陈寅恪先生论唐太宗伐高丽之启示。惟在方法上，弟与陈先生全不相同，盖太宗讨伐之高丽实即今之辽宁，与明征日本所在之高丽气候、地势全不相同，势难用同一方法也。日前晤全夫人，谓接汉昇兄信，傅孟真先生曾托袁守和先生为史语所同人留意罗氏基金会在美读书机会，弟亦厕名其中。据测此事，弟绝无望，惟在其他方面不审可否代为设法。弟不计报酬，亦不论工作（读书可，扫地亦可），只以早去为目的（近来常受刺激），惟在进行方式上，不必假借傅先生之力，因史语所竞争与醋者甚多，而傅先生于此类帮忙，似亦过分的看重也。弟三月中赴渝治病（割扁桃腺及鼻骨）小住两月始返，中有一次正式的晤及王庆菽，伊于弟印象似甚好，

日前曾致函嫂夫人，谓愿来李庄觅工作，昨日并有函致
弟，问"何时再去渝"。（惟据他方面传来消息，谓彼已
结婚，问之嫂夫人，谓不知道，岂是梦耶，传之配其真
耶？）将来发展如何虽不可知，惟就目前而言，则殊堪
骄傲也。近况何似？便中烦惠片纸，匆匆不尽百一。

　　即颂

旅安

　　　　　　　　　　　　　　　　　　　弟崇武顿首

　　　　　　　　　　　　　　　　　　　六月廿日

　　此函阅毕付丙！ [1]

　　按：梁承邺推断，"此函写于1945年无疑"。[2] 王崇武
（1911—1957），河北雄县人，长于明史研究，时在中研院
史语所任职，为梁方仲挚友。全汉昇（1912—2001），广
东顺德人，时同在史语所任职；夫人黄蕙芳，广东新会人。

---

1 《梁方仲遗稿·信札、珍藏书画、遗墨观痕》，第162–164页。案："追求"，
　原札作"造述"；"《本纪杂钞》《实录》两本"，原札作"本纪杂钞实录
　而成"（当标为"《本纪》杂钞《实录》而成"）；"考太祖史事者有每为
　之茫昧"，原札无"有"；"弟校注《本纪》之办法"，原札无"之"；"亦
　不足以引起读者兴会"，原札无"者"；"将来补充修正之处"，原札作"将
　来可补充修正之处"；"庙堂用兵"前，原札有"而"；"与醋者"，原札作
　"吃醋者"（"吃"，写作"喫"）；"正式的"，原札作"非式的"；"岂是梦
　耶，传之配其真耶"，原札作"岂梦耶，传之非其真耶"。
2 《梁方仲遗稿·信札、珍藏书画、遗墨观痕》，第164页。

"傅孟真""傅先生"，即傅斯年（1896—1950），山东聊城人，长期担任史语所所长。"袁守和"，即袁同礼（1895—1965），河北徐水人，出生于北京，时为北平图书馆馆长。"王庆菽"，详后。"嫂夫人"，梁方仲之妻陈瑛材。

（三）

方仲兄：

许久没有给你写信，想你的情况一定很好。

科学院近来又成立了两个历史研究所（上古史、中古史），我希望你能到中古研究所来（中古史是从隋唐至明清），我和这里的朋友们谈过，他们也愿意你来，但不知能否脱身，如可脱身，我便正式向领导提出这个问题（该所所长为陈垣，不管事，管事者似为副所长侯外庐君，贺昌群兄任科学院图书馆副馆长，兼该所研究员）。两所都还没有高级研究人员，现在是有所无人工作。我仍然在近代史所，所中有通史组，我系在通史组中（罗尔纲近亦转在近代史所，亦在通史组）。

我和内人近来翻译了一本《太平天国史料译丛》，另特寄给你一本。我翻译这些材料曾花了很多工夫，但稿本自视仍不满意，希望你翻看一下，提些意见。朋友中如有对此书有意见者，亦盼收集一下告诉我们，以便将来改正。

　我十分愿意你能到北京来。

敬礼

弟崇武

六月七日

　寅恪先生近况如何，盼代候。[1]

　按：自 1953 年起，王崇武任中国科学院历史研究所第三所（近代史研究所）研究员。陈垣（1880—1971），广东新会人，历史学家。侯外庐（1903—1987），山西平遥人，历史学家。贺昌群（1903—1973），四川乐山人，历史学家。罗尔纲（1901—1997），广西贵县（今贵港市）人，历史学家，时由经济研究所调入近代史所。"内人"，指王崇武夫人黎世清，王、黎夫妇合作编译之《太平天国史料译丛》（第一辑），由神州国光社出版于 1954 年 5 月，故梁承邺判断此函写于 1954 年。[2]

1　《梁方仲遗稿·信札、珍藏书画、遗墨观痕》，第 165-166 页。案："中古研究所"，原札作"中古史研究所"；"但不知能否脱身"，原札作"但不知你能否脱身"；"领导"，原札作"领导上"；"我系在通史组中"，原札似为"我便在通史组中"；"译丛"，原札误书为"译从"；"另特寄给你一本"，原札作"另封寄给你一本"；"稿本自视"，原札作"稿成自视"；"告诉我们"，原札作"告诉我"。

2　《梁方仲遗稿·信札、珍藏书画、遗墨观痕》，第 160、165 页。

（五）

方仲吾兄：

近来太忙，许久没有给你写信，想你一定原谅我。

关于你研究的题目，我提不〔出〕什么意见来，并不是懒，没有看你作品，主要是读书太少，理论水平又低，因此无意见。可是，我主观希望你写下去，以为将来修改的基础。

你的一条鞭法，需要大大修改，我以为交三联出版也好，因为科学院所印关于社会科学一类书，完全无人问津。

我在《历史研究》发展〈表〉的两篇关于元末农民起义的文章，原为青年出版〔社〕写的小册子，但现在看来，其中有很多处写得不够，因此我想改写再出版，希望你在百忙中为看之，提点宝贵意见。中大其他朋友如有意见，亦望示知。关于太平天国的英文资料，还曾译过一些，但需加工整理，才能付印，现在无此时间，也只有搁下去。关于明清史上的一些题目，也想整理整理，但也无时间。

我们最近接受了一项突击任务，标点《资治通鉴》及改绘杨守敬地图，在大学调了几位脱产的同志作此工作。为了避免杂事纷扰，我也迁在北海办公（假北京市北海文物组室，是吴晗帮助我的）。这里清静极了，可多作一些事。如来信，可寄北海北京市文物组转（每周只去三所一天，其余均在北海）。

彭雨新兄近况如何？和我同船归国，有位名叫端木正的朋友，他原在中大教书，现在还在否？陈寅老近况如何？

盼来信。致

敬礼

弟崇武敬上
三月十日 [1]

按：梁承邺根据王崇武文章发表之期次（第二篇刊发于《历史研究》1954 年第 4 期），判断该函应写于 1955 年。[2] 吴晗（1909—1969），浙江义乌人，历史学家，时任北京市副市长。彭雨新（1912—1995），湖南浏阳人，财政经济史专家，曾与梁方仲共事多年，1953 年由中山大学调至武汉大学任教。端木正（1920—2006），安徽安庆人，法学家，时

---

1 《梁方仲遗稿·信札、珍藏书画、遗墨观痕》，第 171–173 页。案："〔出〕""〔社〕"，由整理者增补；"〈表〉"，由整理者校改；"看之"，原札实为"看看"（第二个"看"采用略写符号，下文"整理整理"与此同）；"英文资料"，原札作"英文材料"；"但需加工整理"，原札作"但须要加工整理"；"纷扰"，原札作"纠扰"；"如来信"，原札作"来信"。
2 《梁方仲遗稿·信札、珍藏书画、遗墨观痕》，第 171 页。

为中山大学历史系副教授。

（六）

方仲兄：

日前谭彼岸先生带到惠赠《群书题跋》一部，这部书我从前没看过，莫氏也算是博览群书的人，其中有些地方是很好的，谢谢你赠书的雅谊。谭先生过访时我没有在家（可能是他托人送来的），事后我给他写了一封道谢的信，颇以未能晤而为憾。见到时请代致歉意。

我们标点通鉴已全部完工，交印刷厂付印，标点续通鉴亦开始，可是我又被调参加另一突击工作，科学院与文化部合编一部中国历史图解，用中外文出版，其中并有苏联专家参加，我写全书提纲（用中文写，将来译为各国文字），苏专家提供意见，另外由其他同志配图，我写作这类书的能力非常差，吃力极了，但也不得不勉强干，因此忙极了，也累极了。

中山大学有无中国史讲义？除岑仲勉先生隋唐史讲义外，我还没有看见其他的东西，请你告诉我一些内幕（都是有哪些讲义，讲义好坏无关，都有参考价值），以便通过组织写信去要。还有你编的经济史讲义，请见信后立即寄一份来，以做参考。千万千万！

我的一切情况都很好，只是身体愈来愈坏，近因工作忙，血压又略高，经常失眠。而且对于专业（明史）久不做，心里满长青草，不知这辈子还能否再写点有研究性的东西！

雨新是否已到中山？望代问候。陈寅恪先生近况如何？亦望致候，他现在正写什么书或文章？

敬礼

崇武

九月十九日 [1]

按：谭彼岸，1949 年由梁方仲介绍到岭南大学任教，后为中山大学历史系教师。直至 1970 年梁氏去世，谭在公事、私事上不间断地帮助梁，"可谓关系密切"。[2] "雨新"，彭雨新。梁承邺推测，此函应写于 1955 年。[3]

四、王庆菽致梁方仲函（一通）

方仲兄：

---

1 《梁方仲遗稿·信札、珍藏书画、遗墨观痕》，第 174–177 页。案："颇以未能晤而为憾"，原札作"颇以未能晤面为憾"；"哪些讲义"，原札作"那些讲义"；"寄一份来"，原札作"寄一分来"；"心里满长青草"，原札作"心里满长了青草"（"了"，以细笔补书于侧）。
2 《无悔是书生：父亲梁方仲实录》，第 240 页。
3 《梁方仲遗稿·信札、珍藏书画、遗墨观痕》，第 175 页。

前由邮寄上《新建设》杂志二本，从瑛材姊来信中知已收到，甚慰。我是希望得到你的指教的。另外一本《新建设》借你代送陈寅恪先生，并替我代达候意！

家兄衍孔来函曾提及你，知你对我关注，谨谢！

崇武兄已患病数月，现已在送医院，我看过他一次，很瘦，最近想已好转了。

《敦煌变文集》大概本年五六月可出版，《敦煌变文选注本》也已经组稿，明年大约会出版的。

我爱人张作梅去苏联已数月，下月回国，我大概两个月后就会调职离京了，余后谈。

并问

近好

庆菽上

三月廿九日 [1]

按：王庆菽（1915—2003），广东人，敦煌学家，曾与王重民、向达、周一良等合编《敦煌变文集》。[2] 写此信时，

1　《梁方仲遗稿·信札、珍藏书画、遗墨观痕》，第186-187页。案："借你代送陈寅恪先生"之"借"，原札作"倩"；"现已在送医院"，原札无"送"。

2　王庆菽之生年，据王继祥主编《中国学术著作总目提要·文学艺术卷（1978—1987）》（吉林教育出版社1996年版，第224页）"《敦煌文学论文集》"条所附作者简介；其卒年，由吉林大学郝长海教授于2022年2月12日赐示（东北大学宋伟教授、吉林大学孙东临教授热心施（转下页）

王庆菽仍在北京工作，不久随丈夫张作梅调至长春，后在吉林大学中文系任教。[1]"家兄衍孔"，即翻译家王衍孔，生卒年待考。"崇武"，王崇武。张作梅（1918—1998），广东兴宁人，金属材料专家。

《敦煌变文集》（上、下集），1957 年 8 月由人民文学出版社出版。梁承邺确定此函写于 1957 年，[2] 正与乃翁日记若合符节：1957 年 10 月 3 日，"王衍孔交来〈王〉庆菽《敦煌变文集》两册一部"；[3] 1958 年 3 月 2 日，"读王庆菽《变文的产生和影响》（《新建设》1957 年第 3 期）"。[4] 经查，《新建设》1957 年 3 月号（总第 102 期）刊载了王庆菽的论文

（接上页）援，或代为联系，或传递信息）。又，据郝长海回忆，王庆菽是"广东梅州人"。因其丈夫张作梅为广东兴宁人，故笔者猜测，张、王夫妇或为兴宁（1994 年撤县设市，为梅州市代管县级市）同乡。

1 《梁方仲遗稿》整理者据此函内容（邮寄《新建设》杂志），推测王庆菽曾在该杂志社工作，误。据王庆菽自述，1951 年冬随丈夫从英国回国后，1952 年开始在沈阳（师专）从事教学工作，1954 年冬暂调到北京人民文学出版社，利用业余时间与王重民、向达、周一良等合编《敦煌变文集》，1957 年 9 月调至吉林大学中文系任教。（详王庆菽《殷切的期望》，见甘肃省社会科学院文学研究室编《关陇文学论丛·敦煌文学专集》，甘肃人民出版社 1983 年版，第 201—202 页）其生平，另可参阅张松如为王著《敦煌文学论文集》所作序言。（见王庆菽著《敦煌文学论文集》，吉林大学出版社 1987 年版，序言，第 1—4 页）

2 《梁方仲遗稿·信札、珍藏书画、遗墨观痕》，第 187 页。

3 《梁方仲遗稿·案头日历记事》，第 32 页。

4 《梁方仲遗稿·案头日历记事》，第 52 页。

《试谈"变文"的产生和影响》，文中直接引用了陈寅恪《西游记玄奘弟子故事之演变》《敦煌本维摩诘经文殊师利问疾品演义跋》等论文，故而她会将该期杂志请梁方仲送呈陈寅恪，并"代达候意"。陈寅恪是否与王庆菽相识，[1] 待考。

五、严中平致梁方仲函（五选一）

（二）

方仲兄：

　　数日前曾上一函，传达陶公意见，忘记了一件事：

1　王庆菽早年在中山大学中文系学习，1941 年或 1942 年毕业于中大文科历史学部，毕业论文为《唐代小说中所表现的妇女问题》，获硕士研究生学位。与她同时毕业于中大文科历史学部的，另有徐中玉、戴裔煊、梁钊韬等人。据前引王崇武《致梁方仲函（二）》，王庆菽抗战时期似曾在四川工作、生活。1948 年，王庆菽赴英国，与丈夫张作梅（1941 年毕业于中山大学机械系，1945 年赴英国雪菲尔德大学机械系留学）团聚，并从事英法文博机构所藏敦煌卷子的搜集、影印和研究工作。1951 年，王庆菽随丈夫回国。由上述王庆菽简历来看，如果她与陈寅恪曾经见面，最有可能发生在 1944 年至 1945 年流寓成都期间。可参阅下列文献：张作梅《我的留学生涯》，载中国科学院院士工作局《科学的道路》下卷，上海教育出版社 2005 年版，第 1637-1639 页；涂上飙著《民国时期的研究生教育发展史》，湖北美术出版社 2014 年版，第 118 页；《徐中玉学术年谱》，载《徐中玉文存》，上海人民出版社 2019 年版，第 420 页；章文钦《戴裔煊》，载《广东省志》编纂委员会编《广东省志（1979—2000）》第 32 册"人物卷"，方志出版社 2014 年版，第 171 页；梁钊韬小传，载易汉文主编《中山大学专家小传》，中山大学出版社 2004 年版，第 232 页。

现在调动干部，非先得原机关及其所属机构的同意不可。
兄来院时，事先务必取得中南教育部与岭南的同意，否
则颇可能徒劳往返也。对于我所的新工作方针与兄个人
方面，有暇请示知高见为感。此请

近好

弟中平

五、二三

　　又，陶先生嘱打听陈寅恪先生近况，有无北来之意，
请早复！ [1]

　　按：严中平（1909—1991），江苏安东（今涟水县）人，
经济史学家，时任中国科学院经济研究所研究员、副所长。
"陶公""陶先生"，指陶孟和。"岭南"，岭南大学。梁承邺
断定，此函写于1952年。 [2]

1　《梁方仲遗稿·信札、珍藏书画、遗墨观痕》，第 245–246 页。案："对于
　　我所的新工作方针与兄个人方面"，原札作"对于我所新工作方针与口个
　　人方向"（信纸中间有折痕，"与""个"之间某字难以辨识，依文意，应
　　为"弟"，而不应为"兄"）；"此请"，原札似作"此颂"。
2　梁承邺共为此信添加了五条注释，第四条注释为："1952 年秋冬岭南大学
　　撤销，并入中山大学。此函明显在陶孟和 1952 年 5 月 22 日函后接着写的，
　　综合分析此函应写于 1952 年。"第五条注释为："1952 年 5 月 22 日陶孟
　　和致梁方仲函曾托梁氏代转中国科学院邀请陈寅恪北上主持历史研究所
　　之意，严中平在此再提陶的想法，可能是陶氏急于了解陈氏的反应。"见
　　《梁方仲遗稿·信札、珍藏书画、遗墨观痕》，第 245 页。

六、袁震致梁方仲函（二选一）

（一）

方仲：

九月四日信收到多日，我们九月初到杭州休养两周，回来后晗列席八大旁听，又忙着过国庆节，直到今天才回信，请原谅。王静安纪念碑拓本昨已寄出，因为清华负责人外行，找人拓了两次都不清楚，最后还是北京文化局派人才搞好，所以耽搁了许多日子。

尊稿已读过，限于知识和理论水平，提不出什么意见，只有几个问题向你请教：1.中国经济史和中国通史的区别；2.中国经济史的分期是否要和通史一样；3.在几千年经济发展的总情况下如何突出各个时期的特点。

另有几处不成熟的意见，随手画在稿纸上，请参考。

晗休养一次，身体略好，此人不善养生，故进步不大。现将中国经济史稿寄上，其余户口表再过一些时日寄来。用宋地理志的户口数计算，各州求其每户平均人口数，我也作过，想和你核对一下。

祝

健康并请代候

伯母大人安康

袁震

十月六日 [1]

　　按：袁震（1907—1969），湖北光化（今老河口市）人，吴晗夫人。吴晗、袁震伉俪，与梁方仲皆为挚友。[2] 梁承邺考证此函写于 1956 年，且推测"拓王静安（王国维）纪念碑事可能与陈寅恪所托有关"。[3] 又，梁承邺《无悔是书生：父亲梁方仲实录》略谓：1953 年陈寅恪谢绝北上主持中国科学院第二历史研究所，专门写了《对科学院的答复》。"不过从《答复》中可猜想，陈氏当时手中可能未保存碑的拓本，否则《答复》中不会有'立碑时间有年月可查'之语。近从陈美延处得知其父 20 世纪 50 年代开始着手自编其著述集子，不断搜集其手头不存的著述自属必然。这就使我想起了袁震给先父的一封信，不知与此事有无关系，或者推论为：陈氏可能曾嘱托先父找人代办碑铭拓本，先父便请北京的吴晗、袁震夫妇帮忙，因为吴晗当时主管北京市的文教战线工作，袁震亦是市府机关人员，托他们自然方便有效。"[4] 真相如何，尚待查核。

1　《梁方仲遗稿·信札、珍藏书画、遗墨观痕》，第 255-257 页。案："各个"，原札误作"个個"；"现将"，原札作"现先将"；"我也作过"，原札作"我已作过"；"想和你核对一下"，原札作"想和你的核对一下"。

2　详《无悔是书生：父亲梁方仲实录》，第 38-42 页。

3　《梁方仲遗稿·信札、珍藏书画、遗墨观痕》，第 256、255 页。

4　《无悔是书生：父亲梁方仲实录》，第 220-221 页。

七、梁方仲致徐中舒函（一通）

中舒吾兄：

别七八年矣，时切怀念，近子植兄自首都回来，述及吾兄豪壮不异少季，闻之深为欣慰。年前承嘱寄岑家梧论文集一册，业已奉呈，未知收到否？

前岭大西南社会经济研究所出版之书，自院系调整以后，不论本校与外间人拟购置者，均须备函向校长办公室接洽，经批准后，始能发售。吾兄如仍有此需，请照手续进行可也。弟近拟对两晋南北朝之田制及赋役制有所论列，承陈寅恪先生见告：缪钺（彦威）先生有大作一篇可以参考，惟此间遍觅不得，敬请费神向缪先生代索惠赠一份，万一已无余本，亦请借阅，或倩人抄录一份（抄资请先垫，必当汇还），愈快寄到愈好。缪先生文名弟所素仰，十年前其令亲杨莲生兄拟为弟作为介通讯，惜弟因行踪靡定，未成事实，请兄为我先容为幸。兄年来著述定多，能否检寄数篇，以代面谭（兄所编讲义，尤盼惠寄）。川中出版刊物，此间甚少看见，尤盼随时惠寄一二，以匡未逮，感盼感盼。三年前中国科学院邀请寅恪先生北上，主持史所研究事宜，寅恪先生举兄以自代，系由弟代函达陶孟和先生者，前辈盛意殊可感念，盼兄得便与寅恪先生偶通消息也。弟今年未有开课，专门从事写中国经济史讲义稿，预计当须两年始可完成。希白兄正在重编《金文编》，大约亦要两年。锡永兄仍未返抵广州，但日间可到。匆匆敬请

教安

弟方仲再拜
九、十九早[1]

按：徐中舒（1898—1991），安徽怀宁人，时在四川大学历史系任教。"子植"，刘节。岑家梧（1912—1966），广东澄迈（今属海南省）人，时在中南民族学院工作。缪钺（1904—1995），江苏溧阳人，时为四川大学历史系教授。"杨莲生"，即杨联陞（1914—1990），原籍浙江绍兴，出生于河北保定，1937 年毕业于清华大学经济系，1946 年在哈佛大学获历史学博士学位，后在哈佛任教。"十年前其令亲杨莲生兄拟为弟作为介通讯"云云，当发生于 1945 年梁方

---

1 《梁方仲遗稿·信札、珍藏书画、遗墨观痕》，第 382-384 页。案："少季"误，应为"少年"（"年"，原札写作"季"）；"不论本校与外间人"，原札作"不论本校或外间人"；"如仍有此需"，原札作"如仍有所需"；"近拟对"，原札作"近拟对于"；"敬请费神"，原札作"敢请费神"；"作为介通讯"，原札作"作介通讯"；"惜弟因行踪靡定"，原札作"惜弟时行踪靡定"（"时"，原札写作"旹"）；"当须两年"，原札作"尚须两年"；"返抵"，原札作"反抵"。

仲在哈佛访学期间。[1]"希白",容庚。"锡永",商承祚。

　　梁承邺推断此函写于1955年,[2]并进而推论:"陈氏荐徐的意见后来显然未得到认同。1953年底,中国科学院正式再次动员陈寅恪时,陈氏乃推荐(或表示赞同)陈垣当二所所长。"[3]

1　梁、杨交往,参阅《无悔是书生:父亲梁方仲实录》,第150-154页。

2　《梁方仲遗稿·信札、珍藏书画、遗墨观痕》,第384页。案:1956年7月,高教部在京召开综合大学文史教学大纲审订会,刘节、梁方仲、徐中舒、缪钺等得以聚首一堂。此亦间接证明梁方仲此函确实写于1955年9月。详《无悔是书生:父亲梁方仲实录》,第229-233页;顾颉刚著《顾颉刚全集·顾颉刚日记》卷八,中华书局2011年版,第87-91页。

3　《无悔是书生:父亲梁方仲实录》,第227页。

《竺可桢日记》里的陈寅恪 [*]

竺可桢（1890—1974）与陈寅恪（1890—1969）同年出生，十八九岁时，两人曾在上海复旦公学同学一年。虽然是同窗，但由于专业不同等原因，此后的交往并不算多。在已刊陈寅恪诗集、书信集中，尚未发现二人往来的直接证据；不过，竺可桢日记倒是留存了一些与老同学当面晤谈、书信往还的记录。

竺可桢日记，曾于 1984 年至 1990 年出版过五册摘编

本，[1] 其规模尚不及日记总量（约 1000 万字）的三分之一。其后，随着《竺可桢全集》的整理、出版，[2] 现存竺氏日记终于得以完整入编全集，[3] 并且成为全集的主体——全集一共24 卷，第 6 卷至第 21 卷皆是日记。

从摘编本到足本，竺可桢日记一直受到学术界的广泛关注，华东理工大学张荣明教授较早聚焦"竺可桢与陈寅恪"这一专题。2012 年，也就是最后一册竺氏日记出版的第二年，张教授在不到一个月的时间里连续推出五篇文章；[4] 一年后，他将这些文章整合成了一本小册子——《竺可桢与陈寅恪：科学巨擘与史学大师的交往》（以下简称《竺可桢与陈

---

1 《竺可桢日记》第一、二册，1984 年由人民出版社出版；第三、四册，1989 年改由科学出版社接续出版；第五册，1990 年仍由科学出版社出版。五册日记，总字数为 321.9 万字。

2 《竺可桢全集》凡 24 卷，由上海科技教育出版社于 2004 年至 2013 年陆续出版。

3 相关情况，可参阅樊洪业《关于竺可桢日记》，载《竺可桢全集》第 6 卷，上海科技教育出版社 2005 年版，卷首，第 9–12 页。

4 张荣明的系列文章，连载于《东方早报·上海书评》，篇名及刊登日期依次如下：《"这小子倒还不错！"——竺可桢与陈寅恪之一》，2012 年 11 月 18 日；《不仅同班，还是同桌——竺可桢与陈寅恪之二》，2012 年 11 月 25 日；《陈寅恪为何"不以华罗庚为然"——竺可桢与陈寅恪之三》，2012 年 12 月 2 日；《"瞀史知天道"——竺可桢与陈寅恪之四》，2012 年 12 月 9 日；《见寅恪更苍老——竺可桢与陈寅恪之五》，2012 年 12 月 16 日。

寅恪》）。[1]

　　与张荣明教授的《竺可桢与陈寅恪》不尽相同，本文
将考察的范围延伸到竺可桢日记中出现"陈寅恪"的所有记
载，涉及的人物扩展至陈寅恪的亲戚、朋友、学生等，使用
的佐证材料、研究成果也都作了及时更新，以期在广度、深
度等方面实现对于张著的部分超越。当然，《竺可桢与陈寅
恪》首创之功永远值得肯定，本文在引用时自会如实道来，
以示不敢掠美之意；而对于张著最大的一处硬伤——认为陈
寅恪曾建议蒋介石成立科学青年团——本文也将客观地进行
辨析。

1936 年 4 月 16 日（南京）

　　　　晨七点二十分起。八点二十分至所。九点至总院开
　　　评议会，评议〔员〕缺席者周鲠生、陈寅恪、姜立夫及
　　　李仲揆四人。[2]

　　按："所"，中央研究院气象研究所。"评议会"，中研院
评议会。时陈寅恪任教于清华大学，因故未到会。"李仲揆"，

1　张荣明著《竺可桢与陈寅恪：科学巨擘与史学大师的交往》，漓江出版社
　　2013 年版。
2　《竺可桢全集》第 6 卷，第 56 页。案："〔员〕"系《竺可桢全集》编者
　　为原文所加的漏字，现予照录。

即李四光。[1] 同日，竺可桢"接教育部委任状"，[2] 出任浙江大学校长，仍兼中研院气象研究所所长。[3]

1936 年 7 月 16 日（杭州）

晨六点起。作函数通。……

寄陈寅恪函。……[4]

1936 年 7 月 30 日（南京）

十二点半偕涂长望、吕蕴明二人至寓中膳。据涂长望云，清华之权全在校务会长与评议会，有重要事务始决之于教授会议。谓学生对于陈寅恪及冯友兰有信仰，但于萧叔玉及蒋廷黼则不见佳。[5]

按：涂长望，中研院气象研究所研究员。[6] 吕蕴明，即吕炯，又名吕蔚光，号蕴明，同为中研院气象研究所研究

---

1 《竺可桢全集》第 6 卷，"附录一　第 6 卷人名简释表"，第 654 页。
2 《竺可桢全集》第 6 卷，第 57 页。
3 《竺可桢全集》第 6 卷，卷首，"第 6 卷说明"，第 15 页。
4 《竺可桢全集》第 6 卷，第 111–112 页。案："寄陈寅恪函"五字，属于日记中收寄函电类内容，《竺可桢全集》编者改以较小号字体排印于日记正文后。现将此类文字（含篇首之"事要"、篇末之"函电接寄"）处理如正文，并代为添加标点符号。以下同此处理，不另说明。
5 《竺可桢全集》第 6 卷，第 120 页。
6 《竺可桢全集》第 6 卷，"附录一　第 6 卷人名简释表"，第 659 页。

员。[1]"蒋廷黼"，应作"蒋廷黻"，[2] 与陈寅恪、冯友兰、萧蘧（字叔玉）皆为清华教授。

1936 年 8 月 19 日（杭州）

寄侠函，陈寅恪、傅孟真函。[3]

按："侠"，竺可桢夫人张侠魂；[4]"傅孟真"，即傅斯年。[5]

1936 年 8 月 20 日（杭州）

晨六点半起。作函与陈寅恪、傅孟真，托觅俞大纲至高工、高农为国文教员事。……

寄钱安涛快信……陈寅恪函、傅孟真函。[6]

1　《竺可桢全集》第 6 卷，"附录一　第 6 卷人名简释表"，第 655 页；吕笠渔《著名气象学家吕炯》，载中国人民政治协商会议江苏省无锡县委员会文史资料研究委员会编《无锡县文史资料》第 5 辑，1987 年 9 月印行，第 143—147 页。案：吕炯曾受竺可桢委托，代理气象研究所所长职务，故《竺可桢全集》收录《致吕炯函》颇多。作为师长，竺可桢在信函中有时称其为"蕴明同学"（《竺可桢全集》第 24 卷，上海科技教育出版社 2013 年版，第 23 页），有时又称为"蔚光同学"（同前，第 24 页）。

2　参阅徐卫东《当"蒋廷黻"错成"蒋廷黼"》，载 2019 年 12 月 18 日《中华读书报》。

3　《竺可桢全集》第 6 卷，第 131 页。

4　《竺可桢全集》第 6 卷，"附录一　第 6 卷人名简释表"，第 661 页。

5　《竺可桢全集》第 6 卷，"附录一　第 6 卷人名简释表"，第 651 页。

6　《竺可桢全集》第 6 卷，第 132 页。

按：俞大纲，俞大维幼弟。陈寅恪与俞氏昆仲为表兄弟——俞母曾广珊，即陈寅恪三舅母；傅斯年与俞氏兄弟则为郎舅关系——俞大维之妹俞大䌽，即傅斯年之妻。[1]

本年 4 月 13 日竺可桢日记略云："接傅孟真函（荐俞大纲为历史系教师）。"[2] 可见此事早有谋划，何以后来改聘俞大纲为国文教员，原因不详。

1936 年 8 月 25 日（杭州）

接杨昌业函、张季信函、张逸樵函、陈寅恪函、涂长望函……[3]

1936 年 8 月 26 日（杭州）

下午接傅斯年函，知俞大纲可就高工、高农教员，即发聘书。[4]

按：8 月 31 日，俞大纲已抵浙江大学。[5] 一年后，因战

1　陈流求、陈小彭、陈美延著《也同欢乐也同愁：忆父亲陈寅恪母亲唐篔》，生活·读书·新知三联书店 2010 年版，第 4-6 页。
2　《竺可桢全集》第 6 卷，第 55 页。
3　《竺可桢全集》第 6 卷，第 134 页。
4　《竺可桢全集》第 6 卷，第 135 页。
5　《竺可桢全集》第 6 卷，第 137 页。

事吃紧，离职他去。[1]

1937 年 10 月 16 日（南京）

十点至百水桥，因侠欲与俞太太陈星五一面，故在百水桥停半小时。据俞大维云，金陵兵工厂所造之迫击炮已较前大为改良，可射至三公里以外，远近与表相差不过 1%。渠并询及中国各地之空气密度，又谓浙大如有出类之毕业生，愿收在兵工署学习云云。[2]

按："侠"，竺夫人张侠魂。"陈星五"，应作"陈新午"，陈寅恪之妹，俞大维夫人。[3] 时俞大维任军政部兵工署署长，[4] 俞公馆即在南京百水桥兵工署。[5] 竺氏夫妇登门拜晤当日，爱好摄影的竺可桢曾为俞大维一家四口拍摄合照。[6]

又，张侠魂籍隶湖南湘乡，陈新午籍隶江西义宁，湘乡张氏与义宁陈氏原系世交——张侠魂之父张通典，青年时代即与陈新午之父陈三立交游，后来又共事于湖南戊戌维新大

---

1 详竺可桢 1937 年 11 月 24 日日记，见《竺可桢全集》第 6 卷，第 405 页。
2 《竺可桢全集》第 6 卷，第 385 页。
3 《也同欢乐也同愁：忆父亲陈寅恪母亲唐筼》，第 45—46 页。
4 《竺可桢全集》第 6 卷，"附录一　第 6 卷人名简释表"，第 664 页。
5 《竺可桢全集》第 6 卷，1937 年日记所附"通讯录"，第 440 页。
6 此照收录于《竺可桢全集》第 23 卷，上海科技教育出版社 2013 年版，卷首。

俞大维全家合照

业；[1] 张侠魂之舅何承道，尤与陈三立交好，曾应聘担任陈家
的馆师；[2] "及同居金陵，两家子女又相续为交游"。[3] 张侠魂
之二姐张昭汉（默君），与夫婿邵元冲同为政界要人，诗艺
也有过人之处，号称晚清诗坛祭酒的陈三立曾于 1933 年为
其《玉尺楼诗》题词，又于 1934 年为其《白花草堂诗》作
序。[4] 张侠魂、陈新午虽年龄稍小，但于父辈交谊自当了然。
张侠魂在离宁赴杭前欲与陈新午"一面"，似与此有关。

1938 年 3 月 2 日（香港）

又下午三点偕丕可至六国饭店，晤孟和、仲济、孟
真、戢哉、陈衡恪〔应为陈寅恪〕等。七点偕子腾赴金
龙饭店，应王云五之邀，蔡先生及骝先均来。[5]

按：本年 2 月 28 日，中研院在香港旅馆召开院务会议。[6]

1　参阅董俊珏《陈三立与近代女诗人张默君的文字因缘》，载《长春工业大
　　学学报（社会科学版）》2013 年第 6 期；张求会著《陈寅恪家史》，东方
　　出版社 2019 年版，第 154–163、351–354 页。

2　参阅李开军《义宁陈家的馆师》，载李宁宁、曾晓云主编《陈寅恪研究》，
　　江西人民出版社 2018 年版，第 272–274 页。

3　陈三立《张昭汉白华草堂诗序》，见陈三立著、李开军校点《散原精舍诗
　　文集（增订本）》下册，上海古籍出版社 2014 年版，第 1466 页。

4　李开军撰《陈三立年谱长编》下册，中华书局 2014 年版，第 1448、1476 页。

5　《竺可桢全集》第 6 卷，第 479–480 页。案："〔应为陈寅恪〕"，系《竺
　　可桢全集》编者所作校改。

6　《竺可桢全集》第 6 卷，第 478 页。

上引日记所载诸人，与竺可桢、陈寅恪一样，皆是（或曾是）中研院中人："丕可"，庄长恭，化学研究所所长。[1] "孟和"，陶孟和，社会科学研究所所长。[2] "仲济"，王家楫，动植物研究所所长。[3] "孟真"，傅斯年，历史语言研究所所长。[4] "戬哉"，又作"缉斋"，汪敬熙，心理研究所所长。[5] "子腾"，胡子腾，曾在气象研究所工作，司职会计兼庶务，时任职于香港交通银行。[6] 王云五，1929 年至 1930 年之间曾被聘为中研院社会科学研究所研究员，随即重返商务印书馆就任总经理。1937 年"八一三"事变发生，王云五于 10 月从上海到达香港，将商务印书馆之体制改为战时体制。[7] "蔡先生"，蔡元培，中研院院长。[8] "骝先"，朱家骅，中研院总干事。[9]

---

1 《竺可桢全集》第 6 卷，"附录一 第 6 卷人名简释表"，第 667 页。

2 《竺可桢全集》第 6 卷，"附录一 第 6 卷人名简释表"，第 659 页。

3 《竺可桢全集》第 6 卷，"附录一 第 6 卷人名简释表"，第 660 页。

4 《竺可桢全集》第 6 卷，"附录一 第 6 卷人名简释表"，第 651 页。

5 《竺可桢全集》第 6 卷，"附录一 第 6 卷人名简释表"，第 659 页。

6 《竺可桢全集》第 6 卷，第 479、480、652 页；《竺可桢全集》第 22 卷，上海科技教育出版社 2012 年版，第 449 页；《竺可桢全集》第 23 卷，第 640、738 页。

7 李辉《王云五与蔡元培的交往》，载《文史月刊》2005 年第 8 期；周荐著《王云五评传：多重历史镜像中的文化人》，上海辞书出版社 2019 年版，第 260、261、266 页。

8 《竺可桢全集》第 6 卷，"附录一 第 6 卷人名简释表"，第 648 页。

9 《竺可桢全集》第 6 卷，"附录一 第 6 卷人名简释表"，第 666 页。

陈衡恪，陈寅恪长兄，著名画家，生于 1876 年，卒于 1923 年。[1] 从现有资料看，陈衡恪生前与竺可桢似无交集。竺氏对陈衡恪其人其事或有所耳闻，因而会在不经意间不止一次地将同窗陈寅恪之名错写成乃兄陈衡恪。

1938 年 5 月 1 日（长沙）

晨六点半起。作函与俞大维，为介绍雄弟回湘担任军械库库长。此函由陈晤皆托交，因俞在香港也。……九点别外婆，偕侠出发。[2]

按："雄弟"，张侠魂之幼弟张元雄。[3] "陈晤皆"，即陈世觉，任职于上海技术合作厂。[4] "外婆"，张侠魂之母何承徽。[5] 时浙江大学从江西吉安迁至泰和已两月余。[6]

1938 年 12 月 23 日（昆明）

晨七点起。梁嘉彬来，交与款项四百元作为赴宜山

1　陈封可《陈衡恪传略》，转录自陈衡恪著、刘经富辑注《陈衡恪诗文集》，江西人民出版社 2009 年版，第 300-301 页。
2　《竺可桢全集》第 6 卷，第 513 页。
3　《竺可桢全集》第 6 卷，"附录三　张侠魂家系人物表"，第 672 页。
4　《竺可桢全集》第 6 卷，"附录一　第 6 卷人名简释表"，第 649 页。
5　《竺可桢全集》第 6 卷，"附录三　张侠魂家系人物表"，第 671 页。
6　《竺可桢全集》第 6 卷，第 471-472 页。

之旅费。渠系陈寅恪介绍，教日本〔语〕者。[1]

按：竺可桢时在昆明出席中研院院务会议。[2] 此前，浙大已于该年 9 月再迁至广西宜山，11 月 1 日开学。[3] 梁嘉彬出任浙大史地系历史学教授，[4] 在宜山停留一年后离去。[5] 梁嘉彬在清华大学历史系就读时曾选修陈寅恪的课程，陈对其颇为赏识，故有介绍工作之举。[6]

1939 年 3 月 13 日（昆明）

开中央研究院第一届四次评议会。

晨六点半起。八点半偕胡经甫、汪戬哉、晓峰三人

---

1 《竺可桢全集》第 6 卷，第 634 页。案："〔语〕"，由《竺可桢全集》编者增补。

2 《竺可桢全集》第 6 卷，第 633 页。

3 《竺可桢全集》第 6 卷，卷首，"第 6 卷说明"，第 15 页。

4 《竺可桢全集》第 6 卷，"附录一 第 6 卷人名简释表"，第 655 页。

5 详竺可桢 1939 年 1 月 30 日、12 月 1 日、12 月 2 日日记，见《竺可桢全集》第 7 卷，上海科技教育出版社 2005 年版，第 21、212、213 页。

6 据梁嘉彬《陈寅恪师二三事》，抗战军兴，梁从日本返国，参加留日学生归国服务团，不意蒙冤下狱，遂离团走长沙，"寅师为寄两函介见中央大学校长罗家伦"。梁走重庆，而罗不能用。后蒋廷黻施以援手，使梁受中英庚款委员会协助，在西南联大从事研究工作。"居无何，寅师自香港来电（系由云南大学吴晗教授转来），云已与国立浙江大学商妥，嘱即转往广西宜山就该校讲席"。吴晗力劝其离滇赴桂。梁见诸同学皆已在大学任教，"心窃羡之，因竟就道"。梁文原载台湾《清华校友通讯》新 32 期，此据张杰、杨燕丽选编《追忆陈寅恪》，社会科学文献出版社 1999 年版，第 112—114 页。

赴云南大学，在大楼下开中央研究院第一届第四次评议
会，计到凌竹铭、谢家声、姜立夫、叶企孙、陈寅恪、
张云等二十二人。……十二点散，在云大中膳。

三点又聚会，讨论议案，共十案，叔永提五案。关
于理、化、工三所之与实业机关合作、修改组织法俾总
干事得以列席等问题。傅孟真提出历史语言研究所大政
方针，晓峰批评颇率直。讨论至六点散。[1]

按："晓峰"，张其昀；[2]"凌竹铭"，即凌鸿勋；[3]"叔永"，
任鸿隽。[4] 3 月 14 日、15 日，评议会在昆明继续召开。[5]

1939 年 3 月 16 日（昆明）

又姜立夫来。十点偕立夫至华山南路省党部前待车，
先是陆崇仁、禄国藩、张邦翰及缪嘉铭四人今日请游西
山，约于上午十至十二〔点〕在省党部上车。余与立夫
等待久不至，乃偕企孙、叔永至大众影院旁早餐。回党
部遇委员赵澍，号公望，保山人，系东大商科毕业，与
梁庆椿同班。十二点余卡车来，偕赵澍、陈寅恪、孟真、

---

1 《竺可桢全集》第 7 卷，第 47-48 页。
2 《竺可桢全集》第 7 卷，"附录一　第 7 卷人名简释表"，第 572 页。
3 《竺可桢全集》第 7 卷，"附录一　第 7 卷人名简释表"，第 564 页。
4 《竺可桢全集》第 7 卷，"附录一　第 7 卷人名简释表"，第 566 页。
5 《竺可桢全集》第 7 卷，第 48-49 页。

常宗会、蔡无忌、谢家声、晓峰等赴西山。先在华亭寺
即云栖〔寺〕稍息，知太虚现在此间讲经。

……余与晓峰、叔永、企孙徒步至大华寺缥缈楼，
一年中此为第二次也。因乏时间未至太华山顶，即在华亭
寺中膳，吃海棠春送来之荤菜。四点由西山出发。回寓。[1]

按："企孙"，叶企孙。[2] "东大"，东南大学。此为评议
会结束后，众人同游昆明西山。

1940 年 3 月 21 日（重庆）

五点至美专校一号晤陈布雷，遇晓峰，谈及蒋先生
提出以顾孟余为中央研究院院长事，余谓恐评议会中通
不过。余表示决辞浙大。七点至外宾招待所 Hostel，叔
永与咏霓请客，到唐臣、竹铭、陈寅恪、姜立夫、郭任
远等卅人。膳后作一 Straw vote 民意测验投票，〔试〕院
长人选。咏霓得 21，适之 20，骝先 19，余仲揆 6，稚晖
先生、农山、孟真、君武与余各得一二票。[3]

---

1 《竺可桢全集》第 7 卷，第 49–50 页。案："〔点〕"与"〔寺〕"，均由
《竺可桢全集》编者添入。

2 《竺可桢全集》第 7 卷，"附录一　第 7 卷人名简释表"，第 566 页。

3 《竺可桢全集》第 7 卷，第 321 页。案："〔试〕"为《竺可桢全集》编者
所补之字。"余仲揆 6"之"余"，当用"馀"，此暂仍旧。

按："蒋先生"，蒋介石；"咏霓"，翁文灏；[1]"唐臣"，茅以升；[2]"竹铭"，凌鸿勋；"适之"，胡适；[3]"稚晖"，吴稚晖；[4]"农山"，秉志；[5]"君武"，马君武。[6]各人此次聚集重庆，既为参加中研院第一届评议会第五次年会，也为公祭新逝之院长蔡元培（1940年3月5日在香港病故）。[7]陈寅恪由任鸿隽代订3月20日机票，从昆明飞抵重庆。[8]

1940 年 3 月 22 日（重庆）

开第五次评议会。

晨六点半〔起〕。七点半乘凌竹铭车赴新昌旅馆晤竹铭夫妇。七点三刻偕竹铭至聚兴村八号研究院接孟和、缉斋等同乘1935号车赴两路口嘉陵宾馆。八点，评议员陆续来。计到立夫、企孙、左之、晓峰、郭任远、焕镛、农山、步曾、淬廉、寅恪、咏霓、雪艇、骝先、唐臣、润章、

1　《竺可桢全集》第7卷，"附录一　第7卷人名简释表"，第571页。
2　《竺可桢全集》第7卷，"附录一　第7卷人名简释表"，第567页。
3　《竺可桢全集》第7卷，"附录一　第7卷人名简释表"，第567页。
4　《竺可桢全集》第7卷，"附录一　第7卷人名简释表"，第573页。
5　《竺可桢全集》第7卷，"附录一　第7卷人名简释表"，第565页。
6　《竺可桢全集》第7卷，"附录一　第7卷人名简释表"，第563页。
7　《竺可桢全集》第7卷，第310页。
8　详陈寅恪1940年2月26日致傅斯年函，见陈寅恪著、陈美延编《陈寅恪集·书信集》，生活·读书·新知三联书店2015年版，第62页。

子春等。院中各所长均到，惟巽甫未来。林可胜于下午
始到。推雪艇为主席。行礼如仪，为蔡先生致哀。次叔
永报告蔡先生逝世前得病情形。八点五十分休息。

　　九点十分又召集会议。……十一点散会。……下午
二点开会，各所所长报告。第二届评议员选举筹备委员
会报告毕，已将六点。……

　　晚七点半至中四路 103 号官邸，应蒋介石先生之邀
晚膳。出席评议员除仲揆、缉斋、雪艇及林可胜四人以
外余均到。蒋对于未见过诸人一一问询。询余以浙大搬
何处，学生全到否。余告以战地服务团中有一学生戴行
钧被人打死。谈至九点回。[1]

　　按："左之"，叶良辅；[2]"焕镛"，陈焕镛；[3]"步曾"，胡
先骕；[4]"淬廉"，何廉；[5]"雪艇"，王世杰；[6]"润章"，李书
华；[7]"子春"，张云；[8]"巽甫"，丁燮林（丁西林）。[9]是日，

1　《竺可桢全集》第 7 卷，第 321-322 页。案："〔起〕"，为《竺可桢全集》
　　编者所添之字。
2　《竺可桢全集》第 7 卷，"附录一　第 7 卷人名简释表"，第 574 页。
3　《竺可桢全集》第 7 卷，"附录一　第 7 卷人名简释表"，第 562 页。
4　《竺可桢全集》第 7 卷，"附录一　第 7 卷人名简释表"，第 558 页。
5　《竺可桢全集》第 7 卷，"附录一　第 7 卷人名简释表"，第 560 页。
6　《竺可桢全集》第 7 卷，"附录一　第 7 卷人名简释表"，第 570 页。
7　《竺可桢全集》第 7 卷，"附录一　第 7 卷人名简释表"，第 566 页。
8　《竺可桢全集》第 7 卷，"附录一　第 7 卷人名简释表"，第 574 页。
9　《竺可桢全集》第 7 卷，"附录一　第 7 卷人名简释表"，第 570 页。

到会评议员摄影留念。[1]

　　此次为陈寅恪首度入川，也是第一次见到蒋介石，陈氏《重庆春暮夜宴归有作》即写于见面之后。诗云："颇恨平生未蜀游，无端乘兴到渝州。千年故垒英雄尽，万里长江日夜流。食蛤那知天下事，看花愁近最高楼。行都灯火春寒夕，一梦迷离更白头。"4月23日，陈寅恪向吴宓出示此诗，吴宓在抄存稿后留下附记："寅恪赴渝，出席中央研究院会议，寓俞大维妹丈宅。已而蒋公宴请中央研究院到会诸先生。寅恪于座中初次见蒋公，深觉其人不足有为，有负厥职，故有此诗第六句。"[2] 印象如此，既有对于国事之不满，[3] 似与蒋氏"下条子"圈定中研院院长（详后）也有关联。

1　31人该日之合影，题为"国立中央研究院第一届评议会第五次年会摄影（民国二十九年三月二十二日）"。此照见胡宗刚撰《胡先骕先生年谱长编》，江西教育出版社 2008 年版，卷首；又见胡晓江、郑诗亮《胡晓江谈祖父胡先骕的生平与学术》，载微信公众号"澎湃新闻·上海书评"，2023 年 6 月 18 日推出。

2　吴宓著、吴学昭整理注释《吴宓日记》第 7 册，生活·读书·新知三联书店 1998 年版，第 158 页；吴宓著、吴学昭整理《吴宓诗集》，商务印书馆 2004 年版，第 360 页。

3　参阅胡文辉著《陈寅恪诗笺释（增订本）》上册，广东人民出版社 2013年版，第 203—205 页。

1940 年 3 月 23 日（重庆）

中央研究院评议会选朱骝先、翁咏霓、胡适之三人为院长候选人。

晨七点起。九点至两路口嘉陵宾馆开中央研究院评议会。今日上午选举中央研究院〔院长〕候选人。照章推三人，由国府择定一人。用记名投票法。结果咏霓、骝先各得廿四票，适之得廿票。次多数仲揆六票，叔永四票，余得两票，顾孟余一票。次规定下届评议员初选人数与资格，分天地人三组审，理、化、工、天文、气象归天字组。……

下午选举评议员。……六点散。[1]

按：据竺可桢前两日（3 月 21 日、22 日）日记，陈寅恪此日（3 月 23 日）自应在渝出席最为重要的中研院院长之选举会议。然而，吴宓 3 月 23 日日记却称："上午 10—12 访寅恪，明日赴渝。……（下午）5—6 访寅恪，送款。"[2] 其时，陈、吴同在清华大学任教，驻居昆明。3 月 12 日下午，两人还曾绕着翠湖散步，陈寅恪劝谕吴宓对待钱锺书"不可

---

1 《竺可桢全集》第 7 卷，第 322 页。案："〔院长〕"二字，由《竺可桢全集》编者添补。
2 《吴宓日记》第 7 册，第 145 页。

强合，合反不如离"。¹ 如果吴宓 3 月 23 日所记无误，唯一的解释只能是：3 月 20 日，陈寅恪自昆明飞重庆；22 日在重庆开会，出席蒋介石所设晚宴后，连夜（或翌日一早）迅即飞返昆明；24 日，再次赴渝。显而易见，吴宓日记肯定有误。

1940 年 8 月 14 日，傅斯年致函胡适（时在驻美大使任上），详细汇报了此次评议会选举的相关情形，既可与竺可桢日记相互验证，更可还原当日陈寅恪异于平常之言行：

> 顷接雪艇一信，内中抄了一大段先生给他的信，附云："此信已抄送介公，实则介公近日已将调回之议搁下"，云云。

> 我许久未写信，因要说者多，不知从何说起，故一连迁延，近又因我们曾选了你，不愿以内容事先奉告，"正经事，正经办"，何必多说？反涉嫌疑。今见此信，实在忍不住，只好说几句。

> 先是，蔡先生去世后，大家在悲哀中，前两日未曾谈到此事。后来彼此谈，不谋而合，都说，要选您一票，其余则议论纷纭矣。有说咏霓好者，亦有反对者。在昆

---

1 《吴宓日记》第 7 册，第 141 页。

明时，我曾与枚荪谈过一下。我说："你想，把适之先生选出一票来，如何？"他说："适之先生最适宜，但能回来么？"我说："他此时决不能回来，此票成废票。"他说："这个 demonstration 是不可少的。"我又说："那么，选举出他一个来，有无妨害其在美之事？"他说："政府决不至此，且有翁、朱、王等在内，自然轮不到他。"此事，有若干素不管事之人，却也热心。如寅恪，矢言重庆之行，只为投你一票。到重庆后，评议会同人渐集，自非"科学社"几个外，平空谈到此事，都说先生一票不可少。是时雪艇以顾孟余之说提出，约我们去商量。我说，我个人觉得孟余不错，但除非北大出身或任教者，教界多不识也，恐怕举不出来。当时我谓缉斋说："我可以举他一票，你呢？"他说："我决不投他票，他只是个 politician！"我谓雪艇说："你看。"后来书诒与朱详细一算，只可有八票，连缉斋在内呢。此事，雪艇与书诒曾很热心一下，只是觉得此事无法运动。这一般学者，实在没法运动，如取运动法，必为所笑，于事无补。

忽在开会之前两天，介公下条子，举顾孟余出来。此一转自有不良影响。平情而论，孟余清风亮节，有可佩之处，其办教育，有欧洲大陆之理想，不能说比朱、王差，然而如何选出来呢？大难题在此。及介公一下条子，明知将其选出，则三人等于一个人，于是我辈友人更不肯，颇为激昂。（但仲揆对此说甚 favorable，且不以下条子为气，与其平日理想不同。）展转传闻，雪艇疑我是他鼓动下条子。我当时说，雪艇决不会做此事，若是有此理想，与布雷等谈及，无意中出此支节，容或有之，要之，亦是为研究院。但雪艇总不释然。次日晚翁、任出名请客，谈此事，寅恪始发言，大发挥其 academic freedom 说，及院长必须在外国学界有声望，如学院之外国会员等，其意在公，至为瞭然。（彼私下并谓，我们总不能单举几个蒋先生的秘书，意指翁、朱、王也。）接着叔永发言，大意谓在国外者，任要职者，皆不能来，可以不选。接着我发言，谓挑去一法，恐挑到后来，不存三四人，且若与政府不无关系，亦圈不上，办不下去。以后步曾提议 Straw vote。Straw vote 之结果：翁23票，胡21，朱19。是日雪艇只一票，大家皆诧异，且有外人疑是顾说之影响，但顾之一事，只有我们三五人知之，他人从未想到此，尤不能想到与雪艇联为一系也。（我们后来曾竭力使雪艇好过些，但总不释然。）

　　隔一日，正式开会投票。到场者30，雪艇主席，放弃投票。凡此29票中，翁、朱皆23，先生21（大约如此，亦许差一二票，记不清楚，但两次次叙皆无误也）。

　　此番经过，无组织，无运动，在翁、任请客外，亦未聚商，三五人闲谈则有之耳。举先生者之心理，盖大多数以为只是投一废票，作一个 demonstration，从未料到政府要圈您也。我辈友人，以为蔡先生之继承者，当然是我公，又以为就学院之身分上说，举先生最适宜，无非表示表示学界之正气、理想、不屈等义，从未想到政府舍翁、朱而选您。我初到渝时，曾经与雪艇、书诒谈过举你一票事，他们都说："要把孟余选出，适之也必须选出，给他们看看"，当时可以说是没人料到照顾到你。此会全凭各人之自由意志，而选出之结果如此，可见自有公道，学界尚可行 democracy！ [1]

1　傅斯年 1940 年 8 月 14 日致胡适函，原载耿云志主编《胡适遗稿及秘藏书信》第 37 册，黄山书社 1994 年版，第 454-457 页。释文录自王汎森、潘光哲、吴政上主编《傅斯年遗札》第二卷，台湾"中央研究院"历史语言研究所 2011 年版，第 1097-1099 页。案："介公"，蒋介石；"枚荪"，周炳琳；"翁、朱、王"，翁文灏、朱家骅、王世杰；"书诒"，段锡朋；"任"，任鸿隽；"科学社"，中国科学社，1915 年由中国留美学生创办，竺可桢为第一批会员，且自 1919 年起成为该社永久社员，自 1922 年起任理事会理事，自 1927 年起担任多年社长和其他重要职务。（据《竺可桢全集》第 22 卷，卷首，"前言""第 22 卷说明"）傅氏此信开篇所云"调回之议"，是将胡适从驻美大使调回国内接任中研院院长。1940 年 7 月 27 日王世杰致胡适电有谓："外传调兄返国，均由中央研究院问题引起，政府觉美使职务重于中研院，迄无调兄返国决定。"8 月 8 日，王世杰致信再作解释，并称："我不相信兄是头等外交人才；我也不相信美国外交政策是容易被他国外交官转移的。但是我深信，美国外交政策凡可以设法转移的，让兄去做，较任何人为有效。"（见耿云志著《胡适年谱》，中华书局香港分局 1986 年版，第 171-172 页）再，"顾孟余"，名从主人，应以《傅斯年遗札》所刊"顾孟馀"为是，（转下页）

1940 年 3 月 24 日（重庆）

上午渝各界公祭蔡先生，下午开追悼会。……

晨七点半起床。九点半偕允敏至美专校参与渝各界公祭蔡子民先生典礼。……中央研究院同人定在上午十点，余等到时已行过礼，乃在中英庚款董事会同人举行。[1]

按："允敏"，竺可桢第二任妻子陈汲；[2] "蔡子民"，即蔡元培。[3] 竺氏是日日记内虽未见陈寅恪消息，以情理推测，陈氏当出席公祭活动，随后于 3 月 28 日返回昆明。[4]

（接上页）然本文为与《竺可桢全集》保持一致，只得弃"馀"而用"余"。又，傅信中之英文单词，或可翻译如下：demonstration，示威、表达；politician，政客；favorable，赞许的；academic freedom，学术自由；Straw vote，民意测验、民意投票；democracy，民主、民主精神、民主权利。

1 《竺可桢全集》第 7 卷，第 323 页。

2 《竺可桢全集》第 7 卷，"附录一　第 7 卷人名简释表"，第 572 页。案：1938 年 8 月 3 日，张侠魂因染疾在江西泰和去世（《竺可桢全集》第 6 卷，第 559 页）；1940 年 3 月 15 日，竺可桢与陈汲在重庆举行婚礼（《竺可桢全集》第 7 卷，第 317 页）。

3 《竺可桢全集》第 7 卷，"附录一　第 7 卷人名简释表"，第 563 页。

4 郑天挺 1940 年 3 月 29 日日记："寅恪昨日自重庆归，午饭时谈政局、时势甚详。"（见郑天挺著、俞国林点校《郑天挺西南联大日记》上册，中华书局 2018 年版，第 257 页）吴宓 1940 年 3 月 30 日日记也有记载："4:00 欲访寅恪，旋折归。"翌日日记："晨 6:00 即起，为守和改蔡元培先生纪念文（英文）。9-10 送往。遇守和于华山西路，同访铉、彤、寅恪。陪寅出。"（见《吴宓日记》第 7 册，第 148 页）案："守和"，袁同礼；"铉"，刘崇铉；"彤"，汤用彤。

1941 年 3 月 12 日（重庆）

余偕正之至观音岩 23 号晤俞大维及陈衡恪〔陈寅恪？〕。陈假寐，与俞谈半小时。[1]

按："正之"，吴有训，与竺可桢、陈寅恪同为中研院评议员。[2] 陈寅恪此次由香港飞重庆，他的三个女儿后来对这次行程有如下回忆：

1941 年 2 月 5 日，傅斯年、邓广铭分别写信告知，3 月份召开中央研究院第二届评议会第一次年会。父亲犹豫：本次年会不如去年有选院长之重要，开会时间若非港大假期，耽搁功课，得失未偿，则不拟赴会。此时，他正发愁为期一年的客座教授 6 月份届满，若再居港，全无经济收入，而携家迁移，困难重重。欧战正酣，只身冒险赴英，又未得到英政府 Landing Permit（登岸许可证）。入内地无旅费，且道路常常不通。父母疾患时发，母亲又添妇科出血性疾病，身体更加虚弱，经济窘迫未能正规治疗。前途茫茫，行止两难，进退维谷。本

---

1 《竺可桢全集》第 8 卷，上海科技教育出版社 2006 年版，第 37 页。案："〔陈寅恪？〕"，为《竺可桢全集》编者所添补。证以此前此后数条日记之类似情形，可知此处"陈衡恪"是"陈寅恪"之误书，无需置疑。

2 《竺可桢全集》第 8 卷，"附录一 第 8 卷人名简释表"，第 756 页。

月宵日（即 26 日），中央研究院代理院长朱家骅、历史
语言研究所所长傅斯年联名来电，要父亲出席 3 月 12 日
之评议会。于是父亲由港飞渝，再次到会，本次年会主
要讨论加强国内外学术交流问题。这次父亲在重庆与会
期间仍宿新午姑母大维姑父家，并与他们商讨下半年行
止问题。会后一如去年，赋诗一首《辛巳春由港飞渝用
前韵》。[1]

1941 年 3 月 13 日（重庆）

开第二届研究院评议会第一次会议。……

晨六点半起。八点半至两路口图书馆开中央研究院
评议会，到评议员吴正之、姜立夫、张钰哲、曾昭抡、
茅唐臣、李润章、陈席山、谢季华、张云、翁咏霓等廿
九人。不到者汪缉斋、侯德榜、庄长恭、王宠佑、秉志、
林可胜、戴芳澜、唐钺、周鲠生、胡适、赵元任（十一
人）。凌竹铭于次日到。外宾来者有国府主席代表及戴季
陶、孔祥熙、陈立夫、于右任与孙科。首由朱骝先代理
院长致词，次国府代表读林主席训词，次戴、陈、孔均

---

1 《也同欢乐也同愁：忆父亲陈寅恪母亲唐筼》，第 159–160 页。案：陈诗
《辛巳春由港飞渝用前韵》之旨意，参阅胡文辉著《陈寅恪诗笺释（增订
本）》上册，第 206–210 页。

有演讲，翁咏霓亦致词。至中午拍照。中膳。膳后三点
继续开会，听取各所报告，以物理、化学二所为费时较
多，十所报告毕，已六点余矣。[1]

按："陈席山"，即陈桢。[2]"谢季华"，即谢家荣（字季
骅）。[3]"林主席"，国民政府主席林森。

1941 年 3 月 14 日（重庆）

晨六点半起。上午九点至图书馆开会。今日凌竹铭
自成都来，连昨到评议员朱骝先、翁咏霓、丁巽甫、任
叔永、周子竞、李仲揆、张钰哲、竺可桢、傅孟真、孟和、
仲济、立夫、吴正之、李润章、曾昭抡、茅唐臣、陈席
山、胡步曾、谢季华、张子春、吕蔚光、王雪艇、何涬
廉、陈寅恪、李济之、吴均一廿六人。上午讨论提案，
第一案为咏霓提，确定中央研究院评议会经常工作案，
与第二案吴正之提发刊科学方面定期院刊案，二案合并
讨论。……

至十点有警报，即散会。至英庚款委员会防空

1　《竺可桢全集》第 8 卷，第 37 页。

2　《陈桢》，载宋立志编著《名人与名校：芝加哥大学、哥伦比亚大学》，
　　北京联合出版公司 2015 年版，第 178–180 页。

3　郑仁佳《谢家荣》，载刘绍唐主编《民国人物小传》第 15 册，上海三联
　　书店 2016 年版，第 418–428 页。

室，因未有紧急警报，故即在会客室闲谈，并参观防空洞。……二点解除。三点在教育部中膳，由立夫及一樵等招待。四点回围开会，至六点半散。……[1]

按："周子竞"，周仁；[2] "立夫"（前），姜立夫；"李济之"，李济；[3] "吴均一"，吴定良；[4] "立夫"（后），陈立夫，教育部部长；[5] "一樵"，顾毓琇，教育部政务次长。[6]

1941 年 3 月 15 日（重庆）

晨六点起。昨晚雷雨，今日雨不止。八点即赴两路口中央图书馆继续开评议会。讨论提案，最费时间者为通过中央研究院各所组织通则。此外则选定杨铨奖学金得奖人，计劳干得 1500 元、王振铎得 500 元。又李承俊奖金约三千余元，给与李向云、张方佐等。中午散会。至中四路 103 号官邸，应蒋总裁之邀中膳。到评议员二十六七人，由陈布雷及蒋夫人招待，未几蒋先生亦来。即在去年招待评议员之房间，形式亦相若，惟蒋先生风

1 《竺可桢全集》第 8 卷，第 38 页。
2 《竺可桢全集》第 7 卷，"附录一　第 7 卷人名简释表"，第 573 页。
3 《竺可桢全集》第 8 卷，"附录一　第 8 卷人名简释表"，第 749 页。
4 《竺可桢全集》第 8 卷，"附录一　第 8 卷人名简释表"，第 755 页。
5 《竺可桢全集》第 8 卷，"附录一　第 8 卷人名简释表"，第 749、744 页。
6 《竺可桢全集》第 8 卷，"附录一　第 8 卷人名简释表"，第 747 页。

采奕奕，精神较去年尤佳。屋之四周虽落炸弹甚多，但屋中陈设与去年无多大变化，因弹均在墙外也。蒋询每人各数语，蒋夫人颇以无女评议员为恨。评议员到者以苏籍为最多，浙、赣各占四人。二点半回图书馆。三点开会。议科学发明奖金及组织各地调查研究各案。最后谈蔡先生纪念讲座案，议决拨款一万元。四点半散。回聚兴村。[1]

按："蒋总裁""蒋先生"，蒋介石；"蒋夫人"，宋美龄。评议会继续召开，陈寅恪是日理应参加全部议程。

1941 年 12 月 17 日（遵义）

接企孙函，谓蔡先生及骝先、叔永、巽甫之家属，寅恪、焕镛诸家，杨季璠、何淬廉、赵元任、王书庄本人，均在港云云。[2]

按："杨季璠"，又名杨寄凡，即杨肇燫。[3] 1941 年 12 月 25 日，香港陷于日寇，陈寅恪全家生活日益困顿；半年后，经援救始逃离出港；1942 年 6 月 18 日，抵达广西桂林。[4]

---

1 《竺可桢全集》第 8 卷，第 38 页。

2 《竺可桢全集》第 8 卷，第 204 页。

3 宗真《为科技书刊出版贡献甚多的杨肇燫》，载中共中央宣传部出版局编《编辑家列传（一）》，中国展望出版社 1986 年版，第 47-49 页。

4 《也同欢乐也同愁：忆父亲陈寅恪母亲唐篔》，第 161-168 页。

1942 年 11 月 28 日（遵义）

在寓中膳。膳后晓峰〔来〕，知明日张荫麟追悼会。翁
咏霓、陈衡恪〔疑为陈寅恪〕各有挽诗。委员长送赙仪万
元。又教育部丧葬费五千元。明日在十六号教室开追悼会。[1]

按：浙大史地系教授张荫麟，于该年 10 月 24 日凌晨三
点去世；[2] 11 月 29 日上午，校方为其举行追悼会。[3] "委员
长"，蒋介石。陈寅恪所撰挽诗，即《挽张荫麟二首》。[4] 其
时陈氏携家暂留桂林良丰，在广西大学授课。[5]

1943 年 2 月 5 日（遵义）

今日终日未出，但客人来者络绎至十余起之多。陈
援庵之公子陈乐素，广东人，向在香港教会学校教历史。

---

1 《竺可桢全集》第 8 卷，第 435 页。案："〔来〕"与"〔疑为陈寅恪〕"，
  皆为《竺可桢全集》编者所添加。
2 《竺可桢全集》第 8 卷，第 418 页。
3 《竺可桢全集》第 8 卷，第 436 页。
4 《挽张荫麟二首（良丰山居时作）》："流辈论才未或先，著书曾用牍三千。
  共谈学术惊河汉，与叙交情忘岁年。自序汪中疑太激，丛编劳格定能传。
  孤舟南海风涛夜，（戊寅赴越南，与君同舟。）回忆当时倍惘然。""大贾
  便便腹满胘，可怜腰细是吾徒。九儒列等真邻丐，五斗支粮更殒躯。世
  变早知原尔尔，国危安用较区区。闻君绝笔犹关此，怀古伤今并一吁。"
  见陈寅恪著、陈美延编《陈寅恪集·诗集（附唐筼诗存）》，生活·读
  书·新知三联书店 2015 年版，第 34–35 页。
5 《也同欢乐也同愁：忆父亲陈寅恪母亲唐筼》，第 161–170 页。

香港沦陷后，伪组织邀渠与陈焕镛、陈寅恪、袁守和诸人赴广州中山大学。陈焕镛以植物标本故受聘，余人均未往。陈带妻及子女五人来内地，共用二万七千元。校中为各方设法得万元作资助，均晓峰为之设法者。[1]

按："伪组织邀渠与陈焕镛、陈寅恪、袁守和诸人赴广州中山大学"，与陈寅恪 1942 年 6 月 19 日致函傅斯年时所云"广州伪组织之诱迫，陈璧君之凶妄"，[2] 应为同一事。此"广州中山大学"，当指日伪统治时期的"省立广东大学"。[3]

1942 年，经陈寅恪介绍，陈乐素改往浙江大学任教，遂与妻子洪美英携带五个子女离开香港，9 月抵达遵义。[4] 又，陈乐素到浙大任职及资助路费诸事，张其昀出力颇多。[5]

1　《竺可桢全集》第 8 卷，第 500 页。

2　《陈寅恪集·书信集》，第 83 页。案：赵志邦《陈璧君》略谓：1940 年 3 月，伪国民政府在南京成立。1942 年 1 月，陈璧君、林柏生等奉汪精卫之命，到达香港，"对滞留港九重要军政人员进行招降活动"。详刘绍唐主编《民国人物小传》第 14 册，上海三联书店 2016 年版，第 220 页。

3　参阅宋黎《日伪统治时期的"省立广东大学"》，载《教育史研究》2011 年第 4 期。

4　详陈智超著《殊途同归——励耘三代学谱》，东方出版社 2013 年版，第 160-161 页。

5　竺可桢 1942 年 11 月 30 日日记略云："午后晓峰来，为请陈援庵之子陈乐素为历史教授事。"（《竺可桢全集》第 8 卷，第 436 页）次年 2 月 4 日再记："晓峰偕陈乐素来。陈系援庵之子，向在香港，近携其眷属六人来此，费二万元。晓峰为之奔走，由于斌主教及教部资助，仅得万余金而已。"（同前，第 500 页）

1943 年 6 月 1 日（重庆）

十点半晤俞大维于兵工署，见 Dalie 云南图，乃
1906 年左右所印者。谈及欧战，渠以为德国在二年以内
决不致于崩溃，故战争至少尚有三年。余则以为德国于
一年内或不能支持。大维对于兵工署与大学合作，极不
赞同。偕大维夫妇及同事二人（总务周自安与云秘书）
在附近小馆吃牛肉。大维长子系德国夫人生，已入空军。
陈夫人所生子二人尚九八岁。[1]

按："大维长子"，俞扬和，1926 年由陈寅恪从德国带回
上海，交陈新午抚育；"陈夫人所生子二人"，长为俞方济，
幼为俞小济。[2]

1943 年 7 月 3 日（遵义）

寄罗凤超、陈寅恪、尹任先。[3]

1943 年 12 月 18 日（重庆）

陈寅恪诗嘲九鼎。甲子名称焉逢摄提格之来源。

晨七点起。……九点半偕典存至观音岩晤俞大维及

---

1 《竺可桢全集》第 8 卷，第 576–577 页。
2 《也同欢乐也同愁：忆父亲陈寅恪母亲唐篔》，第 6、44–46 页。
3 《竺可桢全集》第 8 卷，第 594 页。

陈寅恪。寅恪方自广西大学挟其夫人及三女往成都燕大。
渠夫妇身体均不佳，但三女儿均强健活泼。寅恪对于骝
先等发起献九鼎、顾颉刚为九鼎作铭惊怪不止。谓颉刚
不信历史上有禹，而竟信有九鼎，因作诗嘲之曰："沧海
生还又见春，岂知春与世俱新。读书渐已师秦吏，钳市
终须避楚人。九鼎铭词争颂德，百年粗粝总伤贫。周妻
何肉尤吾累，大患分明有此身。"余询以《史记·天官
书》中干支以焉逢摄提格字之起源，寅恪以为尚无定论。
但法国人 Chauvanne 译《天官书》，曾加以注释，谓系
出于印度、巴比伦 Sumerian 之说。又谓梁任公《说文解》
及郭沫若考古著作中均有提，饭岛忠夫与新城新藏并有
辩论。渠对于董彦堂主张夏正寅之说，以为无根据，因
殷正与外国相同，在农业社会最合理。子正以冬子所在
亦有理，惟寅正并无理由云云。大维对于战事，以为非
二三年可了。以为日本如守其国土，英美海军无法侵入。
余亦以为日本决不妥协，但余认以为日本将放弃长江，
固守华北或关外，大维则不以为然。[1]

---

1 《竺可桢全集》第 8 卷，第 690–691 页。案："焉逢"，应为"焉逢"，据
万国鼎编《中国历史纪年表》，中华书局 1978 年版，第 138 页。"余认以
为"，似应作"余仍以为"。此皆暂从原貌。

按："典存"，汪懋祖。[1] 陈寅恪讽刺顾颉刚之诗，题曰
《癸未春日感赋（时居桂林雁山别墅）》，写于 1943 年春。[2]
"董彦堂"，即董作宾。[3] "董彦堂主张夏正寅之说"，详董著
《殷历谱》。竺可桢在日记里曾多次谈及此书，有褒有贬。[4]

又，张荣明所著《竺可桢与陈寅恪》对于所涉问题之分
析，皆可信从；而点明陈之提示对于竺撰写《二十八宿起源
之时代与地点》具有参考价值，尤其值得肯定。[5]

1944 年 7 月 27 日（遵义）

报载陈寅恪被推为英国 British Academy correspond-
ing member 英国科学院通讯院士。[6]

按：学者陈怀宇对此事有专门的研究："在修中诚邀请
下，陶育礼和李约瑟作为英国文化与科学使团 1943 年 3 月

---

1 《竺可桢全集》第 8 卷，"附录一 第 8 卷人名简释表"，第 754 页。

2 详《陈寅恪集·诗集（附唐篔诗存）》，第 35 页。可参阅胡文辉著《陈寅
   恪诗笺释（增订本）》上册，第 235—241 页。

3 《竺可桢全集》第 8 卷，"附录一 第 8 卷人名简释表"，第 745 页。

4 如竺可桢 1945 年 12 月 12 日日记，见《竺可桢全集》第 9 卷，上海科技
   教育出版社 2006 年版，第 585 页；1946 年 2 月 1 日日记，见《竺可桢全集》
   第 10 卷，上海科技教育出版社 2006 年版，第 32 页；1950 年 10 月 9 日
   日记，见《竺可桢全集》第 12 卷，上海科技教育出版社 2007 年版，第
   198—199 页。

5 《竺可桢与陈寅恪》，第 25—30 页。

6 《竺可桢全集》第 9 卷，第 155 页。

到 8 月访问中国，受到国民政府的接待，并双双被聘为中研院通讯研究员。陶育礼访问了昆明、成都、桂林，在成都转达了英国学术院对中研院的问候。他在桂林很可能也见到了陈寅恪。他回国后，即在 1944 年邀请自己的好友、恩师穆雷的女婿汤因比以及老前辈库克一起联名推举陈寅恪为英国学术院通讯院士。1944 年 7 月 12 日在伦敦伯林顿花园六号召开的院士大会通过了陈寅恪当选英国学术院通讯院士的提案。此后陈寅恪作为通讯院士的记录一直出现在《英国学术院院刊》，直到 1975 年。"[1]

1945 年 3 月 5 日（重庆）

香港大学教授许地山传。《文史》一卷十二期，容肇祖著。许地山生于光绪十九年，殁于民卅年（1893—1941）。生于台湾，父名南英。中日战后，割台湾与倭，南英曾佐唐景崧抗日。许地山尝谓"中国目前的问题不怕新学术呼不出，也不怕没人去做专门各家之业，所怕的是知识不普及，读书人变成士大夫阶级，把一般群众

---

1 陈怀宇《1944 年陈寅恪当选英国学术院通讯院士始末》，载周言编《陈寅恪研究：反思与展望》，九州出版社 2013 年版，第 74 页。案：最新研究成果，详陈怀宇《东方学、西学与历史学：陈寅恪的学术世界》第三部分 "二十世纪四十年代陈寅恪所获英美学术荣誉始末"，见朱渊清主编《新史学发覆》，中西书局 2019 年版，第 253-279 页。

放在脑后，不但不肯帮助他们，而且压迫他们"。又谓许氏关于佛、道二教造诣极深，均有精深之评著，陈寅恪亦为心服云。[1]

按："陈寅恪亦为心服"云云，详陈氏 1941 年所撰《论许地山先生宗教史之学》。[2]

1945 年 3 月 29 日（重庆）

至兵工署与俞大维谈。余询以去年河南及长沙、桂林军事之失利由于士无斗志，近来老河口之陷落亦未见激战，与过去长沙会战迥不相同。大维以为由于通货膨胀，故士卒不能一饱，下级军官竟走私复囤积以营利，此固亦近理。大维提及历史上西辽民族之衰亡，其文字、种族均失传，颇值得研究也。关于成吉斯汗之成功，由于骑兵能挟粮而行。在大维家中膳，到大维太太与其妹（孟真夫人〈之姊〉）等。膳后并拜见大维母亲曾夫人。据云昭权系其亲侄，曾母已七十四岁，甚康健，系文正公孙女也。据大维〔云〕，渠一家均绍兴人，惟其母系湘乡籍。谓家藏文正公日记，为文正公手抄者，前曾由商

1　《竺可桢全集》第 9 卷，第 344—345 页。

2　陈寅恪《论许地山先生宗教史之学》，见《陈寅恪集·金明馆丛稿二编》，生活·读书·新知三联书店 2001 年版，第 360 页。

务印行，售十四元一部云。二点别大维回。[1]

按："大维太太"，陈新午。俞大维有三个妹妹，依序为俞大缜（适彭基相）、俞大纲（适曾昭抡）、俞大綵（适傅斯年），[2] 此处似指次妹俞大纲，时在重庆中央大学任教。[3]"大维母亲曾夫人"，即曾广册。"昭权"，曾昭权，曾国藩曾孙，竺可桢就读复旦公学时的同班同学（详后）。"文正公"，曾国藩。

1946 年 4 月 17 日（重庆）

九点偕王仁东、蔚光进城，至研究院，遇汪戢哉与萨本栋。萨于昨始抵此，据云在英国遇 Cockcroft，……萨由 Los Angeles 洛杉矶至上海，走十六天，价 240 元

---

1 《竺可桢全集》第 9 卷，第 361–362 页。案：据《竺可桢全集》卷首"日记编例"，"〈　〉表示置于其中的字，系原文中的赘字，可删除。〔　〕表示置于其中的字，系编者为原文所加的漏字或省略字。"此处补入"云"，颇为恰当；删除"之姊"，则为妄改。

2 《也同欢乐也同愁：忆父亲陈寅恪母亲唐篔》，第 5 页。案：《也同欢乐也同愁：忆父亲陈寅恪母亲唐篔》为长者讳，仅言"六表姑"俞大缜有子、女各一，不涉其他。所讳者，当为彭基相、俞大缜婚变之事，此事在胡适 1934 年 6 月 17 日、18 日日记中曾有记录，详曹伯言整理《胡适日记全编》第 6 册，安徽教育出版社 2001 年版，第 398 页。1939 年，彭基相"以伤寒病死"，详陈寅恪该年 8 月 6 日致傅斯年函，见《陈寅恪集·书信集》，第 60 页。

3 夏自强《俞大纲》，载燕京研究院编《燕京大学人物志》第一辑，北京大学出版社 2001 年版，第 204 页。

美金。如 Liner 班船之 Cabin 房舱则 350 元。自英至美 Queen Elizabeth 伊丽莎白女王号轮载一万人，一天只吃两餐。但在英国吃得更坏，偷盗亦多云云。又谓适之患心脏病，元任拟回国，衡恪目疾未愈，已不能看书。[1]

按："蔚光"，吕炯；[2] "元任"，赵元任；[3] "衡恪"，仍是"寅恪"之误书。[4]

1947 年 12 月 21 日（杭州）

在青年会举行李登辉（腾飞）追悼会。……

晨七点起。……十点偕允敏、松松出外。余至青年会四楼参加复旦同学会发起之李登辉先生追悼会。此事由许绍棣主持，推余为主祭。蔡竞平报告李先生生平事略，青年会干事王搋生代表来宾演说。余在复旦时间甚短，只一年，在第四班。而李先生时为总教习，即教务长，严几道及夏晋观相继为校长。余未曾有机会在李先生处听讲，但知全校师生均尊敬之而已。时在宣统元年、光绪卅四年之交，李先生新婚，与汤佩琳女士伉俪甚笃。

---

1 《竺可桢全集》第 10 卷，第 98 页。
2 《竺可桢全集》第 10 卷，"附录一 第 10 卷人名简释表"，第 651 页。
3 《竺可桢全集》第 10 卷，"附录一 第 10 卷人名简释表"，第 654、655 页。
4 《竺可桢全集》编者于此处未作订正。《竺可桢与陈寅恪》已指出此为竺氏"笔误"，详该书，第 33 页。

余所知者尽于此矣。当时余同班有陈寅恪、钱智修（经宇）、曾昭权，馀人已不能记忆。金通尹昆仲似比余等较高一班。读《李先生行状》及章友三作传略与蔡竞平、王揆生二人所云，可知其人品确极可佩，不愧为一代宗师也。[1]

按：李登辉，字腾飞，中国近代教育家。1873 年出生于荷属爪哇巴达维亚（今雅加达），1947 年 11 月 19 日逝世于上海。[2]"松松"，竺可桢与陈汲之女竺松。[3]"严几道"，即严复。"夏晋观"，当作"夏敬观"。[4]金通尹，即金问洙，以字行；兄金问源，字敬渊；弟金问泗，字纯孺。金氏兄弟三人，于 1905 年一同考入复旦公学。[5]陈寅恪、竺可桢与复旦公学之关联，可参阅复旦大学历史学系教授张仲民之专文

---

1 《竺可桢全集》第 10 卷，第 615–616 页。案："当时余……馀人已不能记忆"之"余"与"馀"，原整理者已区别处理，谨此照录。

2 《竺可桢全集》第 10 卷，第 588、589、616 页。

3 《竺可桢全集》第 10 卷，"附录一 第 10 卷人名简释表"，第 650 页。

4 1908 年，经严复（几道）推荐，夏敬观出任复旦公学监督。详陈谊著《夏敬观年谱》，黄山书社 2007 年版，第 31 页。案：张仲民《陈寅恪与复旦公学关系考》引用竺可桢此则日记时，已订正"夏晋观"之误，详《中国文化》2013 年春季号（总第 37 期）。

5 关国煊《金问洙》，载刘绍唐主编《民国人物小传》第 17 册，上海三联书店 2016 年版，第 102–108 页。案：关国煊此文仅称金问洙、金问泗二人一同考入复旦，但根据张仲民的研究，一同考入复旦的另有金问源。

《陈寅恪与复旦公学关系考》。[1]

1948 年 4 月 26 日（杭州）

下午阅陈寅恪《长恨歌笺证》（《元白诗笺证稿之一》），见《清华学报》十四卷一期，谓霓裳羽衣舞出自天竺，开元时始输入中国，又引欧阳修《归回录》"寇莱公尝知邓州而〔自〕少年富贵不点油灯，虽寝室亦燃烛达旦……杜祁公为人清俭，在官未尝燃官烛，油灯一炷，荧然欲灭，与客相对清谈而已"。评"七月七日长生殿，夜半无人私语时"云，玄宗临幸汤泉必在冬季春初，绝无七月七日去华清宫之理。又引《梦溪笔谈》23 白乐天"峨眉山下少人行，旌旗无光日色薄"，峨眉山在嘉州，与幸蜀路并无交涉云。"六军不发无奈何"，唐代实只四军。结论谓《长恨》为具备众体裁之唐代小说中之歌诗部份，与《长恨歌传》之为不可分离独立之作品。又谓白（乐天）陈（鸿）之《长恨歌及传》实受李（绅，公垂）元（稹，微之）《莺莺歌及传》之影响，而微之之《连昌宫词》又受白、陈之《长恨歌及传》之影响云云。《淳祐临安志》载白乐天《虚白堂诗》"平旦起视事，亭

1　张仲民《陈寅恪与复旦公学关系考》，载《中国文化》2013 年春季号（总第 37 期）。

午卧掩关。除亲簿领外，多在琴书前。况有虚白亭，坐
见海门山。潮来一凭槛，宾至一开筵。终朝对云水，有
时听管弦。持此聊过日，非忙亦非闲。"又"虚白堂前衙
退后，更无一事到中心。移床就日檐间卧，卧咏闲诗侧
枕琴。"又《留题郡斋》诗："吟山歌水嘲风月，便是三
年任满时。春为醉眠多闭阁，秋因晴望暂褰帷。更无一
事移风俗，惟化州民解咏诗。"[1]

按："《归回录》"，当作《归田录》"。[2] "《长恨》"，对
照陈寅恪原文，脱"歌"；"众体裁"，原作"众体体裁"。[3]
"《长恨歌及传》"，似应标为"《长恨歌》及《传》"；"《莺
莺歌及传》"，似应标作"《莺莺歌》及《传》"。又，"《淳祐
临安志》"以下并非陈寅恪此文所引，似为竺可桢另行摘录，
故整理、排印时宜单独成段，以免误解。

1948 年 9 月 23 日（南京）

十点至研究院开第一届院士会议，到院士五十余
人。骝先主席，将蒋总统致词〔读〕约十余分钟。次翁

---

1 《竺可桢全集》第 11 卷，上海科技教育出版社 2006 年版，第 97-98 页。案："〔自〕"为《竺可桢全集》编者所加。

2 《陈寅恪集·元白诗笺证稿》，生活·读书·新知三联书店 2001 年版，第 37 页。

3 《陈寅恪集·元白诗笺证稿》，第 45 页。

咏霓以评议会资格报告，述院士之责任。院士代表张菊
生（元济）及胡适之致词。十一点廿分即散。此次院士
八十一人，分三组，计数理组28人，生物组25人，社
会组28人。而其中有十八人在国外，如华罗庚、吴大猷、
郭沫若、李仲揆等。告假者吴稚晖、陈寅恪、梁思永等
又十余人。[1]

按：本年3月28日竺氏日记有谓："报载研究院第一次
院士选举结果，计物数组廿八人，生物〔组〕廿五人，人文
组廿八人。地理、天文无一人在内。"[2]

1948 年 12 月 16 日（杭州）

北平已被包围。适之昨飞京，陈寅恪夫妇同行。[3]

按："京"，南京。

1950 年 7 月 4 日（北京）

梁方仲来，知渠在岭南大学一年，与姜立夫及陈寅
恪同事。立夫夏季愿来京，因渠知数学筹备委员会渠已

1　《竺可桢全集》第 11 卷，第 214 页。案："〔读〕"为《竺可桢全集》编
　者所加。
2　《竺可桢全集》第 11 卷，第 73 页。案："〔组〕"为《竺可桢全集》编者
　所加。
3　《竺可桢全集》第 11 卷，第 282 页。

不在筹备主任之列，单任委员而已。寅恪则任唐代史及
元微之、白乐天之诗，目已几全失明，但由助教写黑板
云。方仲在杭州曾停数天，寓严仁赓家，与虞振镛同车
来京。在广州时曾常见谢文通、吴文晖、黄炳坤云。[1]

按：1949 年 10 月，郭沫若被任命为中国科学院院长，
李四光、陶孟和、竺可桢为副院长。[2] 此后，竺家长居北京。

1944 年 9 月至 1947 年 5 月，梁方仲等人获派在美欧进
行考察、进修。[3] 1946 年 11 月，中国派出代表团参加联合
国教科文组织在巴黎召开的成立大会，竺可桢为六名代表之
一。会后，竺可桢在欧美做学术考察，会见友人和学生，尤
注意为浙大延揽人才，1947 年 6 月始返国。[4] 机缘巧合，梁
方仲也部分参与了中国代表团参加联合国教科文组织成立大
会的相关工作，[5] 1946 年 11 月至 1947 年 1 月遂成为竺、梁
交往最为集中的一段时间。[6]

1 《竺可桢全集》第 12 卷，第 134 页。
2 《竺可桢全集》第 11 卷，第 548 页。
3 详梁承邺著《无悔是书生：父亲梁方仲实录》，中华书局 2016 年版，第
140、144、160、165 页。
4 《竺可桢全集》第 10 卷，卷首，"第 10 卷说明"，第 15 页。
5 《无悔是书生：父亲梁方仲实录》，第 162–164 页。
6 详《竺可桢全集》第 10 卷，第 253、254、265、272、278、282、287、
337、343、353 等页。

　　严仁赓，时仍任浙大法律系教授；[1] 虞振镛，曾任贵州农业改进所所长；[2] 谢文通，曾任浙大外文系教授；[3] 吴文晖，曾任浙大农经系主任；[4] 黄炳坤，曾任浙大法律系政治学教授。[5]

　　又，1950 年 7 月 26 日竺可桢日记有云："梁方仲赴粤。"[6] "赴粤"，实为离京返粤。由此亦可证明：《无悔是书生：父亲梁方仲实录》将此次北京之行系于本年"8 月间"，并不正确。[7]

1950 年 8 月 7 日（北京）

　　晨六点起。八点半至院。九点姜立夫来，渠现在岭南，下年仍将回该校。据云陈寅恪在彼尚好。渠此来系经过杭州、天津，谓渠家已全在广州，子女二人均十二三岁。岭南天气于彼相宜，因胃病天寒不相宜。此与余经验不同。[8]

---

1 《竺可桢全集》第 11 卷，"附录一　第 11 卷人名简释表"，第 628 页。
2 《竺可桢全集》第 9 卷，"附录一　第 9 卷人名简释表"，第 670 页。
3 《竺可桢全集》第 9 卷，"附录一　第 9 卷人名简释表"，第 669 页。
4 《竺可桢全集》第 9 卷，"附录一　第 9 卷人名简释表"，第 668 页。
5 《竺可桢全集》第 11 卷，"附录一　第 11 卷人名简释表"，第 622 页。
6 《竺可桢全集》第 12 卷，第 147 页。
7 《无悔是书生：父亲梁方仲实录》，第 196-197 页。
8 《竺可桢全集》第 12 卷，第 155 页。

按："院"，中国科学院。

1955 年 1 月 1 日（北京）

晨七点起。上午尤芳湖来谈。姜立夫来。他于明日即回广州中山大学。据云，陈寅恪与他统生于 1890 年，与我同年。寅恪虽目已失明，但记〈心〉〔性〕奇好，助教问他问题时，可以指出某书某卷某页云云。十点至院团拜。系郭院长、吴副院长发起，这样可以省掉许多时间。十一点和立夫至北海公园，遇彭桓武。送立夫至北京饭店后回。[1]

按："郭院长"，郭沫若；"吴副院长"，吴有训，1950 年10 月被聘为中科院副院长。[2]

1955 年 5 月 25 日（广州）

晨六点起。七点半早餐。和侯学煜至街上一走。爱群旅社在长堤，临珠江，为全城最高建筑物。八点半在爱群附近长堤码头上小火车，顺水至黄埔约十余公里。途中在中山大学码头一停，约地理系方君同往。……回

---

1 《竺可桢全集》第14卷，上海科技教育出版社2008年版，第3页。案："记〈心〉〔性〕"，系《竺可桢全集》编者所作改订。
2 《竺可桢全集》第12卷，第211、212页。

途在中山大学码头登陆，一游校园，惜未见姜立夫与陈寅恪。[1]

按：竺可桢此次南下公干，5月24日下午由南宁飞抵广州，旋即视察中大地理系、华南植物所，次日乘便往游中大校园，26日离穗飞往南京。[2]

1957年2月18日（广州）

下午二点至新港路87号华南植物所及中山大学，……出至中山大学宿舍晤陈寅恪及其夫人，系复旦同学，十余年未见，眼半盲，但尚能认人。相询年龄，知我们两人和立夫均1890年生，我二月生，长他们五个月。并知立夫初病胃，近忽病心脏，有动脉阻塞现象，住〔　〕医院五楼。渠意颇不以华罗庚为然，说其过去曾建议蒋介石成立科学青年团，认其有创造能力，但其言论作风之味不佳云。出。晤中大校长（副）冯乃超，知中大现有学生二千三百人，已成立研究组，有化学方面，招了研究生。余提及建〔　〕。[3]

1　《竺可桢全集》第14卷，第96-97页。
2　详《竺可桢全集》第14卷，第95-98页。
3　《竺可桢全集》第14卷，第516页。案：两处"〔　〕"，均系《竺可桢全集》编者所添加。

按：针对"渠意颇不以华罗庚为然"一句，研究者张荣明认为"渠"指代陈寅恪，第一个"其"仍指陈寅恪，第二、第三个"其"则指称华罗庚。[1] 虽经《东方早报·上海书评》主事人陆灏预先提醒，[2] 又有学者陈克艰撰文质疑，[3] 张荣明依然坚持自己的看法，[4] 因此，有必要饶舌几句。

张荣明的理据，概括起来有三条：其一，既然现有材料无法证明华罗庚曾建议蒋介石"成立科学青年团"，那么也就间接证明了陈寅恪极有可能有过此举动。[5] 其二，"人性是幽微复杂、奇幻多变的"，正如陶渊明兼有"静穆"和"金刚怒目"的双重性格一样，"平日里温文尔雅的陈寅恪"也有仗义执言、敢作敢当的另一种面相。[6] 其三，"《竺可桢日记》中某些文字有特殊性，不能仅以语气或语法去释读"。[7]

三条理由中，如果将第一条抽离出具体的语境，勉强站得住脚——目前确实既找不到华提建议的证据，也没有发现

1　《竺可桢与陈寅恪》，第 41、49、70、77、80 页。

2　《竺可桢与陈寅恪》，第 79 页。

3　陈克艰《陈寅恪不会这样建议》，原载 2012 年 12 月 16 日《东方早报·上海书评》，附入《竺可桢与陈寅恪》，第 69-75 页。

4　张荣明《究竟是谁向蒋介石提建议？》，原载 2013 年 1 月 13 日《东方早报·上海书评》，附入《竺可桢与陈寅恪》，第 76-87 页。

5　《竺可桢与陈寅恪》，第 80-81 页。

6　《竺可桢与陈寅恪》，第 85-87 页。

7　《竺可桢与陈寅恪》，第 79 页。

陈提建议的记载。不过，即便如张教授所猜测的那样——是
陈寅恪当面向蒋介石提出那条建议，那么，新的问题出现了：
陈、蒋相见不止一次，至少在《竺可桢日记》里就记载了两
次——第一次在 1940 年 3 月 22 日，蒋设晚宴招待中研院评
议员，地点在"中四路 103 号官邸"，时间是当晚七点半开
始，九点结束；第二次发生在 1941 年 3 月 15 日，蒋设午宴
招待评议员，地点不变，时间变成了当天中午开始，两点半
结束。[1] 凭什么断定提建议之事只能发生在第一次，而不是
第二次呢？

　　遍览张著《竺可桢与陈寅恪》，除了在第 22 页插入一张
1941 年 3 月 13 日中研院第二届评议会第一次会议与会人员
合影（共计 34 人，包括陈寅恪和竺可桢）以外，从头到尾
对 1941 年 3 月 15 日蒋介石再次邀宴之事只字未提。

　　按照张荣明自己的说法，他"追随《竺可桢日记》出版
步伐"，历时多年，终于"通读完这一部罕见的日记巨著"。[2]
以常理论，张教授不应该对竺氏 1941 年 3 月 12 日至 15 日
所记各节视而不见：

　　3 月 12 日，竺可桢与吴有训利用评议会召开前的空闲，
结伴前往观音岩 23 号俞大维寓所，探访俞氏及其表哥陈寅

1　引文或出处已见前文各条，为省篇幅，不再重复出注。以下同此处理。
2　《竺可桢与陈寅恪》，第 14–15 页。

恪。13 日，在两路口中央图书馆"开第二届研究院评议会第
一次会议"，评议员到会"廿九人"，不到"十一人"。竺氏
日记所载 29 人之名单虽不齐全，但未到会 11 人之完整名单
内并无陈寅恪，且陈氏既与诸评议员合照留念，自然在 29
人之列。14 日，评议员们接着开会。这一次，竺可桢在日记
里录存了包括陈寅恪在内的全部 27 位评议员姓名。15 日，
评议会继续。"讨论提案，最费时间者为通过中央研究院各
所组织通则"，"此外则选定杨铨奖学金得奖人，……又李承
俊奖金约三千余元，给与李向云、张方佐等"，"中午散会"。
蒋介石邀请午宴，"到评议员二十六七人"。"二点半回图书
馆。三点开会。""最后谈蔡先生纪念讲座案，议决拨款一万
元。""四点半散。"

　　相较于竺可桢日记，现存中国第二历史档案馆的《国立
中央研究院评议会第二届第一次年会记录》（油印件），保留
了更加可靠、完整的信息。其一，此次年会之"出席者"名
单：丁燮林、王世杰、王家楫、朱家骅、任鸿隽、吕炯、李
四光、李书华、李济、何廉、吴定良、吴有训、竺可桢、周仁、
茅以升、胡先骕、翁文灏、姜立夫、陶孟和、张云、张钰哲、
陈寅恪、陈桢、凌鸿勋、傅斯年、曾昭抡、谢家荣，计 27 人；
"在国外者"名单：周鲠生、胡适、赵元任，计 3 人；"请假
者"名单：王宠佑、汪敬熙、秉志、林可胜、侯德榜、唐钺、
庄长恭、陈焕镛、陈垣、戴芳澜，计 10 人。其二，会期 3 天，

安排如下：1941 年 3 月 13 日上午举行"开会式"，9 时开始，12 时结束，"摄影闭会"，下午 3 时至 6 时为第一次会议；14 日上午 9 时至 12 时为第二次会议，下午 3 时至 6 时为第三次会议；15 日（星期六）上午 8 时至 12 时为第四次会议，下午 3 时至 6 时为第五次会议，最后一项议程为"秘书致谢词闭会"。其三，"本院纪念创办人及第一任院长蔡孑民先生办法草案"为"临时提案四"，"决定杨铨奖金给予人案"为"第十三案"，"决定李俊承奖金给予人案"为"第十四案"。此三项提案，议决时间均在 3 月 15 日上午。[1]

很显然，这份原始记录更加有力地证明陈寅恪参加了 1941 年 3 月中研院评议会第二届第一次年会的全部议程。因此，即便尚未找到蒋介石宴客名单这样的铁证，依然可以推断陈寅恪出席了第二次宴会。

据竺可桢日记，1940 年 3 月 21 日，任鸿隽、翁文灏出

1　陈勇开、吉雷、邹伟选编《国立中央研究院评议会第二届历次年会记录》，载《民国档案》2018 年第 3 期。案：这份记录，还可以纠正竺可桢日记的三处错漏：实际到会的评议员为 27 人，竺氏 3 月 14 日所记诸人名单与会议记录完全一致，而 3 月 13 日之所以算成 29 人，可能是将主席朱家骅、秘书翁文灏重复计数所致；未到会者包括"在国外者"和"请假者"两类，合计 13 人，竺氏所记"不到者"仅 11 人，缺了陈焕镛、陈垣；奖金出资人"新加坡华侨李俊承"（参阅郭金海《民国时期中央研究院学术奖金的评奖活动》，载《民国档案》2016 年第 4 期），被竺可桢错写成"李承俊"。

面宴请来渝开会的评议员，到者 30 人，陈寅恪在内。第二天，蒋介石设晚宴招待评议员们，除李四光、汪敬熙、王世杰、林可胜四人外，其余评议员均参加。傅斯年在该年 8 月 14 日写给胡适的信中，也称 3 月 23 日正式开会投票时"到场者 30"。1941 年 3 月中旬，中研院第二届评议会第一次会议仍在重庆召开。如前引竺氏日记所述，13 日与会评议员为 29 人，14 日到会 27 人，15 日赴蒋介石午宴之评议员为"二十六七人"。因此，可以确定：两次宴会上的评议员均不少于 26 人。

作为东道主的蒋介石，两次都尽可能关照到出席宴会的每位学者：第一次，"对于未见过诸人一一问询"；第二次，则是"询每人各数语"。第一次宴会时长 1.5 小时，满打满算，蒋氏和众位评议员的人均交谈时间不足 3.5 分钟；第二次宴会开始的精准时间尚不知晓，暂以 2.5 小时（中午十二点至下午两点半）计，满打满算，人均交流时间不到 5.8 分钟。以常识而论，在人数达到相当规模（30 人左右）、仪式感十足的宴会上，在如此短暂的时间内，见缝插针地完成"成立科学青年团"的重要建议，真的有可能吗？

退一步讲，就算真的像张荣明所说的那样，陈寅恪在 1940 年仲春初见蒋介石时即当面献策，那么又该如何解释这一幕场景：刚刚完成向最高领袖郑重建言的举动，转身就写下"看花愁近最高楼"这样"深觉其人不足有为，有负厥职"的嘲讽诗句，一个月后又向好友吴宓展示全诗。这个当面一套背后一套的"双面人"，真的是陈寅恪吗？

张荣明的第二条理由也经不住推敲。陈寅恪一反常态的两次"高调"之举——1927年力挺梁启超[1]、1940年力挺胡适之[2]——借用足球比赛的战术用语来说，更像是被动"防守反击"，而非主动"高压逼抢"。换言之，当为人、为学的底线被外力强暴地撕裂时，消极、悲观的人也会出现罕见的积极、果敢之举，以此捍卫最后的一丝尊严。"但这份'积极'，绝不会衍生为政策建议或政治行为"，因为就陈寅恪而言，"唱出'独立之精神，自由之思想'，要算是他最积极的作为了"。[3] 在这一点上，我完全认同陈克艰的观点。[4]

第三条理由最难以接受。仅就"渠意颇不以华罗庚为然"一句而论，三个"其"只能而且必须指代华罗庚一人。诚如陈克艰所言，"一'渠'后面，三'其'排比，是陈寅恪对华罗庚的三个观感"。[5] 不然的话，语法不通畅，"文气不

1 《竺可桢与陈寅恪》，第 85–86 页。
2 《竺可桢与陈寅恪》，第 19–20 页。
3 陈克艰《陈寅恪不会这样建议》，见《竺可桢与陈寅恪》，第 73–74 页。
4 参阅胡文辉《"消极自由"是知识分子最后的尊严》，载微信公众号"历史的擦边球"，2021 年 11 月 23 日推出。
5 陈克艰《陈寅恪不会这样建议》，见《竺可桢与陈寅恪》，第 70 页。

连贯"。¹ 语法是约定俗成之"法",怎能任意解读?倘不讲
武德乱动刀枪,别人也是可以强行将"渠"解读为并不在场
的姜立夫的——因为华、姜二人并不友善,恰巧就在两年前
(1955 年 3 月),"华罗庚借政治上的原因排斥姜立夫入选中
国科学院学部委员",最终使得姜被除名。² 受了委屈的姜
忍不住向老同学陈抱怨,仗义执言的陈再转述给有足够话语
权的老同学竺。如此解释,不也说得通吗?

1957 年 3 月 9 日(广州)

下午四点至中山大学晤姜立夫及其夫人,知渠心
脏病已痊可,可以走动,但不能下楼。余劝其不再担任
课程。³

按:是日上午,竺可桢等人尚在高要县华南植物所鼎湖
山树木园。下午一点,乘船抵达广州沙面。⁴

---

1 张荣明《究竟是谁向蒋介石提建议?》引用陆灏的话,见《竺可桢与陈寅
    恪》,第 79 页。
2 《竺可桢与陈寅恪》,第 44-47 页。
3 《竺可桢全集》第 14 卷,第 533 页。案:"心脏病已痊可,可以走动"似
    衍"可"字,此暂仍旧。
4 《竺可桢全集》第 14 卷,第 533 页。

1958 年 4 月 21 日（广州）

……上午至中山大学晤陈寅恪、姜立夫。……

晨七点起。上午九点至科学馆看期刊室，有期〔刊〕二千多种，但1958年西文期刊，除俄文外，均未到。……十点至河南中山大学钟楼对面晤陈寅恪，他精神和去年相似，惟稍胖。我约其十二月去京参加学部委〔员〕会，他说他不耐开会，但〔愿〕到京听戏，不是听梅兰芳，而是听张君秋云云。他对于仲揆、孟和统问到了。至楼下，杨秘书为我们拍一照。寅恪夫人说我们是五十年前在复旦同桌读书的人。次晤姜立夫，他精神比去年好，也愿于政协开会时去北京，他和陈省身也久未通讯云。十二点半回。[1]

按："河南"，广州居民对珠江以南地区的俗称。中山大学通讯地址一度为"广州市河南康乐村"。[2] 陈寅恪对张君秋之偏爱，《竺可桢与陈寅恪》已有说明，[3] 此略。"杨秘书"，

1　《竺可桢全集》第15卷，上海科技教育出版社2008年版，第78—79页。案："〔刊〕""〔员〕""〔愿〕"等字，皆由《竺可桢全集》编者补入。

2　见梁方仲1955年9月19日致徐中舒函所用信笺，详《梁方仲遗稿·信札、珍藏书画、遗墨观痕》，广东人民出版社2019年版，第383页。

3　《竺可桢与陈寅恪》，第51—52页。

竺可桢（右）与陈寅恪夫妇 1958 年之合影

杨宣仁，中科院办公厅为竺可桢安排的专职秘书。[1] 杨宣仁
所拍之照，已录入《竺可桢全集》第 15 卷卷首。

"寅恪夫人说我们是五十年前在复旦同桌读书的人"云
云，有两点值得特别关注：

其一，陈寅恪与竺可桢同在复旦公学就读，究竟在哪一
年？前引竺可桢 1947 年 12 月 21 日日记略谓："余在复旦时
间甚短，只一年，在第四班。"陈寅恪 1956 年所填（夫人唐
筼代笔）"本人简历"，[2] 则将复旦求学的时间确定为"1905
秋起，1909 年秋止"。[3] 根据学者张仲民的研究，陈寅恪
1905 年 8 月（光绪三十一年乙巳七月）"插班"进入复旦公
学，竺可桢入学则在 1908 年 2 月（光绪三十四年戊申正月），
或许是陈寅恪"入学时被认为程度不够"，故而才会与晚他
两年半入校的竺可桢等人同在丁班（第四班）。1908 年夏考
时，陈寅恪的成绩是九十四分二，竺可桢八十六分六，钱智
修七十七分九，曾宝权（即曾昭权）九十四分二。1909 年
秋，陈寅恪没有毕业就离开了复旦公学；竺可桢也没有完成

1 《竺可桢全集》第 15 卷，"附录一 第 15 卷人名简释表"，第 805 页。另
  可参阅该年 4 月 14 日、4 月 24 日、6 月 15 日、6 月 18 日、6 月 19 日日记，
  详《竺可桢全集》第 15 卷，分见第 73、81、116、118、119 页。
2 此"本人简历"，最早由学者陆键东披露，见《陈寅恪的最后二十年（修
  订本）》，生活·读书·新知三联书店 2013 年版，第 13 页。
3 "1905 秋""1909 年秋"，原档如此，现悉仍旧貌。

在复旦公学的学业，而是在 1910 年与胡适等人考取了第二批留美学生资格，赴美留学。[1] 因此，可以确定陈、竺同在复旦公学之年正是 1908 年，唐筼所言"五十年前"准确无误。

其二，陈、竺二人是否同班又同桌？陈寅恪在"本人简历"中将竺可桢列为自己"在上海吴淞复旦公学读书"的证明人，两人的关系则是"在复旦同班同学"。[2] 个人简历是最重要的档案之一，虽由夫人代填，必经本人认可。因此，尽管"同桌"之说仅仅出自唐筼之口，竺可桢日记未置可否，其真实性同样毋庸置疑。

1961 年 1 月 30 日（广州）

谢三宾，《一笑堂诗集》，陈寅恪要，要抄一份，北京图书馆。在华南农学院看杨明汉远缘杂交〔稻〕，千粒穗，万粒斤。[3]

1　张仲民《陈寅恪与复旦公学关系考》，载《中国文化》2013 年春季号（总第 37 期）。案：《竺可桢日记》所记同班同学"曾昭权"，复旦大学档案馆所藏《复旦公学考试等第名册》、1907 年 3 月 9 日《中外日报》所刊《复旦公学录取新生案》均作"曾宝权"（详《中国文化》2013 年春季号，第 169、170、173 页），实则同为一人。详廖文伟《"祭祖单"的弦外之音》，见《打捞岁月——廖文伟古玩丛谈》，大众文艺出版社 2007 年版，第 57—63 页。

2　《陈寅恪的最后二十年（修订本）》，第 13 页。

3　《竺可桢全集》第 16 卷，上海科技教育出版社 2009 年版，第 17 页。案："〔稻〕"，由《竺可桢全集》编者添补。

　　按：竺可桢此次为考察、研究如何开发利用热带植物资源而来，[1] 至少在其日记里没有看到赴中大探视陈、姜两位老友的任何记载。从上引文字推测，陈氏请托找人抄写谢三宾诗集（撰作《钱柳因缘诗释证稿》之需），[2] 当与竺氏赴华南农学院参观杂交稻发生在同一天。陈氏有无专函送交竺氏，抑或委派专人当面传达，目前尚不知晓。《竺可桢与陈寅恪》以邓之诚日记为据，推论伦明将《一笑堂诗集》售与北京图书馆这一消息当由冼玉清告知陈寅恪，竺可桢身为中科院副院长，远较他人更为便利，故而陈氏有此托请之举[3]——此说可从。

1962 年 2 月 14 日（广州）

　　晨六点起，做太极拳。早餐后九点半，至河南区中山大学办公室，先由陈序经招待，通知我和吴〔副〕院

1　详《竺可桢全集》第 16 卷，第 17–27 页。

2　陈寅恪 1961 年 9 月 2 日致中华书局上海编辑所函略云："寅恪现正草钱柳因缘诗释证，尚未完稿。拟一气呵成后，再整理金明馆丛稿初编。"1962 年 3 月 30 日致该所另一函有谓："现正写钱柳因缘诗释证稿，已至最后一章，但因材料困难、问题复杂，非一气呵成然后再整理旧稿（即金明馆丛稿初编）不可，否则必将功亏一篑也。"详高克勤《陈寅恪先生致古典文学出版社／中华书局上海编辑所书信辑注》，见高著《拙斋书话》，上海辞书出版社 2016 年版，第 73–75 页。

3　《竺可桢与陈寅恪》，第 52–54 页。

长所要看的人，即陈寅恪和姜立夫。时去看中大物理系、生物系的人已有不少在等着。我和刘力、吴副院长乃去看寅恪。他住原住的宿舍二楼，精神甚佳而健谈，虽目盲而谈笑风生。吴副院长与彼乃 25 年前联大老同事，与其夫人亦相稔。谈及供应，说广东供应虽好，但为了北京和各方来人多也穷于应付。粤省对华侨为了赚外汇亦特别优待。谈到英国，云人只知英国博物馆的敦煌莫高窟的汉简，而不知 Aurel Stein 初发现莫高窟时取了许〔多〕藏文的稿件，对于唐和吐蕃史料尤可宝贵。其初存于 Indian Office，现不知在何处。曾函科学院图书馆，但迄无回信（云已去函二年，其夫人唐君不知其事）。我允回京后为之一查。又谈及今年壬寅，据印度历乃是大灾年。中国相传"日月合璧，五星连珠"。今年阴历年初是立春（晦日），而岁逢摄提格，是宋以来第一次（据我估计大约 450 年一次）。日月合璧无疑是有的，但五星连珠则未必，盖金木水火土聚于一宿（中国宿又大小不同）乃要数万年才有一次。十一点至姜立夫家，由其长子伯驹领往。知立夫近病感冒有温度，卧病已数日，由其夫人招待。其长子不日将回北大数学系任教云。[1]

---

1 《竺可桢全集》第 16 卷，第 200-201 页。案："〔副〕""〔多〕"，由《竺可桢全集》编者补入。

　　按：刘力，中科院办公厅秘书，[1] 杨宣仁的接任者。Aurel Stein，英国探险家、考古学家奥莱尔·斯坦因。Indian Office，《竺可桢与陈寅恪》认为"或指'印度事务部图书馆'"，[2] 所言甚是；不过，仍有必要用好用足相关研究成果，方能尽量完整地还原这一历史片段。

　　"印度事务部图书馆（India Office Library）创建于 1801 年，原是英国东印度公司为保存该公司和其他人士所获得的东方书籍和写本而设立的。1858 年，随着公司的权力和财产移交政府所有，该馆则转归新设立的印度事务部管理。1947 年印度和巴基斯坦独立后，该馆又归联邦对外关系部所属，因此，它既是对公众开放的专业图书馆，也是为负责印巴事务的政府官员提供参考材料的政府机构。"英国学者霍恩雷得自新疆的收集品，以及斯坦因三次中亚考察所获文献资料中与印度有关的梵文、于阗文、藏文、吐火罗文等文种的写本，主要收藏在该馆。[3]

　　陈寅恪之所以向竺可桢提起印度事务部图书馆，应当和 1956 年中国科学院图书馆从大英博物馆购买敦煌遗书缩微胶

1　《竺可桢全集》第 16 卷，"附录一　第 16 卷人名简释表"，第 693 页。

2　《竺可桢与陈寅恪》，第 56 页。

3　荣新江《英伦印度事务部图书馆藏敦煌西域文献纪略》，载《敦煌学辑刊》1995 年第 2 期。

卷有关。当时，刘铭恕受命负责为这批敦煌遗书编写目录。数月后，他在 1957 年第 1 期《中国科学院图书馆通讯》发表了《英国博物馆所藏的敦煌卷子》，并将此文寄呈史学前辈陈寅恪。[1] 1957 年 2 月 6 日，陈寅恪在回信中对刘铭恕的工作给予了积极肯定，又请刘在缩微胶卷中代为查找两则材料，还顺带提及印度事务部图书馆所藏文献：

> 伦敦印度部藏有敦煌西藏文卷子，其有关历史者，已陆续在法国亚细亚学报发表。但尚有可贵的材料，如能照中文卷子例，求得一全部显微影片，则大妙矣。先请兄一问科学院图书馆负责同志，不知用何种手续，可以办到？如事势简便，则拟建议于有关当局也。[2]

此事在《竺可桢日记》里似无下文。整整三十年后，刘铭恕在回忆文章里仍有涉及：

1　参阅以下文章：姜庆刚《陈寅恪与刘铭恕交往考略》，载 2020 年 11 月 18 日《中国社会科学报》；钱冠宇《望海难温往梦痕——脚注里的历史学家刘铭恕》，载微信公众号"澎湃新闻·上海书评"，2022 年 8 月 6 日推出。

2　陈寅恪《致刘铭恕》，见《陈寅恪集·书信集》，第 279 页。案："可贵的材料""建议于有关当局"，2001 年至 2015 年所出各版《陈寅恪集·书信集》均脱漏"的"和"于"，现据《刘铭恕考古文集》下卷（刘长文编，河南人民出版社 2013 年版）书前所刊此札影件校改。

除勉励有加外，信的着重点，就是渴望英伦所有的藏文卷子，也能搞到一份，以备学界研究。并言如有需要，愿意挺身而出，给有关领导写信。这种为西藏学术研究的一片积极而诚挚的心情，可以说溢于言表。……不幸的是，这个愿望的完成，当时尚不见具备其条件，稍晚又有"反右"等运动，故未能实现。[1]

另有一事发生在竺可桢此次南下期间，也值得关注：1962 年 2 月 16 日至 3 月 12 日，由国务院副总理聂荣臻召集，在广州召开了科学技术十年（1963—1972）规划会议。期间，文化部、中国戏剧家协会等单位主办的全国话剧、歌剧创作座谈会也在广州举行。3 月 2 日，国务院总理周恩来向科学家们作了题为《论知识分子问题》的报告。3 月 5 日、6 日，国务院副总理陈毅连续两天分别在科学会议和创作会议上作报告，内容之一是向知识分子行"脱帽礼"。[2] 有研究

1　刘铭恕《忆陈寅恪先生》，原载《敦煌语言文学研究通讯》1988 年第 1 期，此录自《刘铭恕考古文集》下卷，第 1197 页。案：荣新江《英伦印度事务部图书馆藏敦煌西域文献纪略》（载《敦煌学辑刊》1995 年第 2 期）虽然引用了刘铭恕这篇回忆文章，却将陈寅恪建议"把印度事务部图书馆所藏敦煌藏文写本胶片也收购进来"一事系于 1961 年，显然有误。

2　《竺可桢全集》第 16 卷，第 202–220 页；陆键东著《陈寅恪的最后二十年（修订本）》，第 354–358 页。

者将 1961 年至 1962 年称誉为中国学术界"一段昙花一现的
日子"。[1]

1964 年 4 月 13 日（广州）

上午从化回广州。下午至河南地理所，中山大学。

……

下午二点一刻去河南广州地理研究所属中南分院，
与沈文雄同〔往〕。和曹廷潘、梁志（行政副所长）、何
大章（气候）、楼桐茂（地貌）和罗开富（自然地理）诸
人〔谈〕。……

四点至中山大学，至姜立夫和陈寅恪家中。在姜家
先略坐，然后立夫同至寅恪处。见寅恪更苍老，因去年
臀部落地骨脱节未治〔愈〕，迄今接不上，所以只能卧床
或坐手推椅。寅恪对于渠为杨树达所著书一序未能刊出，
甚不以为然。又在 1962 年 9 月 Eastern Horizon《东方地
平线》中在 Mote 书评，曾提到渠近作明清之交历史问
题。我允为之查复。临行时在阳台上拍数照。晚至中山
堂，看新疆歌舞团演出。十点回。

陈寅恪所问《金明馆丛稿》由中华书局上海馆处理。

1　《陈寅恪的最后二十年（修订本）》，第 335 页。

陈寅恪托问他的著作，后由胡道静询明如下：《唐代政治史述要》和《隋唐制度渊源略编》已重印。但前者涉及征高丽事，所以要缓出版。后者已于去年五月出版。《元白诗笺稿》由上海分局重印。[1]

按：该年 3 月至 4 月，朝鲜科学院代表团在华访问，竺可桢代表中国科学院迎来送往，在北京、上海、杭州、广州、长春、大连等地陪同参观、考察。[2] 沈文雄，中科院办公厅秘书，[3] 1962 年 10 月开始为竺可桢提供服务。[4]

"为杨树达所著书一序未能刊出"，事在 1952 年，《竺可桢与陈寅恪》已有论列。[5] "《唐代政治史述要》"等三书，名称皆不尽准确，此略。"近作明清之交历史问题"，诚如《竺可桢与陈寅恪》所指，即《柳如是别传》（初名《钱柳因缘诗释证稿》）。据学者陈怀宇研究，此处之 "Mote"，即美国汉学家牟复礼（Fritz Mote）。"后来竺似未找到此文"——《东方地平线》1962 年只出到第 8 期，因主编突然去世，

---

1 《竺可桢全集》第 17 卷，上海科技教育出版社 2009 年版，第 98—99 页。案："〔往〕""〔谈〕""〔愈〕"三字，均系《竺可桢全集》编者所补。又，"《东方地平线》中在 Mote 书评"，据文意，"在"应为"载"之误。

2 《竺可桢全集》第 17 卷，第 76—116 页。

3 《竺可桢全集》第 16 卷，"附录一　第 16 卷人名简释表"，第 694 页。

4 《竺可桢全集》第 16 卷，第 358、360 页。

5 《竺可桢与陈寅恪》，第 60—63 页。

第 9 期迟至 1963 年才刊出，上面并未刊出牟复礼的文章。"[1]
陈怀宇继续发挥"在西方发现陈寅恪"的学术优势，[2] 分析
了《柳如是别传》"引用第一手资料极多"而"引用第二手
文献较少"的成因，得出了令人信服的结论："无论如何，陈
当时是很关注海外研究的。但不知为何，他没有引任何早期
西文钱谦益研究，也许因为缺乏能寻找和阅读西文文献的助
手吧。"[3]

"中华书局上海馆""上海分局"，均指中华书局上海编
辑所（习称"中华上编"），成立于 1958 年 6 月。"中华书
局上海编辑所虽然名义上是中华书局的分支，但却是一个相
对独立的出版机构。"[4]

1964 年 4 月 28 日（北京）

上午十点至院。把广州所照照片送给同人。

……

1　陈怀宇《〈柳如是别传〉之前的钱谦益研究》，载 2014 年 7 月 21 日《文
　　汇报》。
2　陈怀宇著《在西方发现陈寅恪：中国近代人文学的东方学与西学背景》，
　　北京师范大学出版社 2013 年版。
3　陈怀宇《〈柳如是别传〉之前的钱谦益研究》，载 2014 年 7 月 21 日《文
　　汇报》。
4　高克勤《花开两枝——中华上编、中华书局与陈寅恪著作出版概观》，见
　　高著《拙斋书话》，第 36—37 页。

寄姜立夫（照片）陈寅恪照片两张。[1]

按：此照当由随行之秘书沈文雄拍摄，现刊载于《竺可桢全集》第4卷卷首。[2]

1964 年 6 月 27 日（北京）

早餐后，八点半至院。得中华书局胡道静来函。知四月间我在广州中山大学时，陈寅恪要我询问《隋唐史稿》很久〔前〕交入后何以无消息，近又交《明清之交》一稿，也未知下落。我回后问胡愈之，他不知其事，但说此事中华书局经手其事。适胡道静以沈括《梦溪笔谈》注释事与我通讯，我因问陈《隋唐史稿》下落。他回信中说，《隋唐史稿》实名《金明馆丛稿》，"金明馆"系寅恪书斋名，此稿到中华书局已年余，因沪馆运动较多，所以被搁置，沪馆领导要我代向寅恪致歉意。至于《明清史稿》不在沪馆，可能在北京中华书局总馆，因北京总馆主要编发历史书籍及古典哲学书籍，而沪馆则编发古典文学书籍云。胡道静本人则在目录学部分做《中国丛书综录》《四库简明目录校注》云云。我得函后，于今

---

1 《竺可桢全集》第 17 卷，第 114–115 页。
2 《竺可桢全集》第 4 卷，上海科技教育出版社 2004 年版，卷首插图。

竺可桢（左）、姜立夫（右）与陈寅恪夫妇 1964 年之合影

日下午即作一函与陈寅恪，将胡函附去。[1]

按："《明清之交》一稿""《明清史稿》"，仍指《钱柳因缘诗释证稿》；"《金明馆丛稿》"，全称为"《金明馆丛稿初编》"；"沪馆"，仍指中华书局上海编辑所。中华上编继出版《元白诗笺证稿》后向陈寅恪再约新稿（"钱""金"二书）的经过，高克勤在文章里讲得最清楚，[2] 不须复述。

1964 年 7 月 12 日（北京）

中膳后睡一小时。作函与胡道静（上海中华书局）及黎无畏。[3]

按：1958 年，中华书局上海编辑所成立后，胡道静由华东军政委员会文化部文物处图书馆科调任该所编辑。[4] 胡道静间接参与陈寅恪著作出版之事，似只见录于竺可桢日记，故特予揭橥。

---

1 《竺可桢全集》第 17 卷，第 168 页。案："〔前〕"由《竺可桢全集》编者补入。

2 高克勤《陈寅恪先生致古典文学出版社／中华书局上海编辑所书信辑注》，见高著《拙斋书话》，第 60–83 页。

3 《竺可桢全集》第 17 卷，第 180 页。

4 虞庆棠、陈福康《胡道静传略》，载《文献》杂志编辑部、吉林省图书馆学会会刊编辑部编《中国当代社会科学家》第 7 辑，书目文献出版社1986 年版，第 258 页。

1966 年 3 月 20 日（从北京到广州）

晨五点半即起。六点李玉海秘书和允敏同早餐。六点半由樊孟超开车至东郊机场，会同黄秉维、于强所长乘 403 号民航英国 Viscount 飞机（四引擎，四十三座位）。……

……三点半楼桐茂及地理所办公室黄主任（♀）来，和黄、于、李等同赴河南地理所，知罗开富、何大章均去四清，现该〔所〕重点以广东省关系做粤北的农业区划。关于白藤岛筑堤引起四十万亩内涝事，近已由电排解决。次由楼桐茂介绍中山大学历史系的童君领路，至中山大学陈寅恪处。他卧在床上，由他太太招待，但寅恪仍健谈，我坐在床上与他谈一刻钟。关于两年前所托问中华书局印刷事，均与以交待。又至姜立夫家，其太太乃刚复之妹，据云她并不知道刚复有病，一旦逝世颇为突然。又晤历史系教授梁方仲，已五六年不相见矣。[1]

按：竺可桢此次来广州，是为了参加全国农业区划会议大会。[2] 李玉海，中科院办公厅秘书，[3] 来广州前三天刚被安

---

1 《竺可桢全集》第 18 卷，上海科技教育出版社 2010 年版，第 64—65 页。案："（♀）"，日记原有符号，表示女性；"〔所〕"，由《竺可桢全集》编者添入。

2 《竺可桢全集》第 18 卷，第 69—70 页。

3 《竺可桢全集》第 18 卷，"附录一 第 18 卷人名简释表"，第 709 页。

排到竺可桢身边工作。[1] 黄秉维，中科院地理所所长。[2] 于强，中科院地理所副所长。[3] 罗开富、何大章、楼桐茂，皆为中科院广州地理所研究人员。"童君"，不详。姜立夫太太胡芷华，为胡刚复之妹。[4] 胡刚复曾任浙大理学院院长，[5] 后为南开大学物理系教授，[6] 1966 年 2 月 19 日下午因肾脏病在天津去世。[7]

1966 年 3 月 21 日（广州）

八点早餐。餐后八点半华南科学院车子来接，遂与于强、郭敬辉、李玉海去本市东北方向的龙眼洞植物园。由叶玉燕（♀）同志招待，知园长陈封怀已去植物所等待，因昨打电话时原说明先去植物所，并知所长陈焕镛在北京，张肇骞去粤北搞猪饲料工作，而其余同志亦多四出。遂与陈封怀谈了三刻钟。[8]

---

1 《竺可桢全集》第 18 卷，第 62 页。

2 《竺可桢全集》第 18 卷，"附录一 第 18 卷人名简释表"，第 709 页。

3 《竺可桢全集》第 18 卷，"附录一 第 18 卷人名简释表"，第 710 页。

4 竺可桢 1936 年 10 月 15 日日记："下午六点姜立夫与刚复七妹胡芷华在上海新亚酒店结婚。"见《竺可桢全集》第 6 卷，第 163 页。

5 《竺可桢全集》第 7 卷，"附录一 第 7 卷人名简释表"，第 561 页。

6 《竺可桢全集》第 12 卷，"附录一 第 12 卷人名简释表"，第 767 页。

7 《竺可桢全集》第 18 卷，第 36、41、46 页。

8 《竺可桢全集》第 18 卷，第 65 页。

按：陈封怀为陈衡恪之子、陈寅恪之侄，长于植物分类学研究，时任中科院华南植物所副所长兼植物园主任，此前曾在庐山植物园、南京中山植物园、武汉植物园等处工作。[1] 因工作关系，陈封怀与竺可桢多有交集，竺氏日记里屡有记载。陈焕镛，时为中科院华南植物所所长；张肇骞，华南植物所副所长。[2]

1969 年 9 月 24 日（北京）

今日外边有一起外调人员，是哲学社会科学部的张连荣、王贵明二人了解顾颉刚。我和顾颉刚虽相识多年，但没来往。他们要知道的是 1943 年重庆中央训练班事，据说他也参加了四五月间那一次训练。我不记得见到他，但我记得金岳霖、费孝通是参加的。此外在中央研究院时，他是历史语言所兼任研究员。他在重庆复旦，并办《文史杂志》，我也与他很少来往。问到他和朱家骅关系，他只道陈寅恪为了朱家骅送蒋介石九鼎时，曾为诗讽刺了顾颉刚，但我不知道详情。要问丁声树，他在历史所，

1　陈贻竹《淡淡的人生　深深的追求——怀念父亲陈封怀》，载胡宗刚编《庐山植物园八十春秋纪念集》，上海交通大学出版社 2014 年版，第 328—335 页；刘经富著《义宁陈氏与庐山》，中国文史出版社 2004 年版，第 144—159 页。

2　《竺可桢全集》第 14 卷，"附录一　第 14 卷人名简释表"，第 756、760 页。

可能知道。[1]

1971 年 12 月 8 日（北京）

阅郭老所著《李白与杜甫》第一篇，李白出生于中亚碎叶。这我在两年前中苏珍宝岛冲突后，在 1969 年 10 月《人民日报》所发表外交部驳斥苏政府 6 月 13 日声明一文中见过，说"李白生于巴尔喀什湖的碎叶河上"。按巴尔喀什湖有伊犁河从新疆流入，而郭书中第三页则说素叶或碎叶是伊塞克湖，而素叶河乃是楚河，从西北流入，碎叶城即今托克马克。两湖两河不知孰是。下面第六页谈到卅五年（1970—1935）前陈寅恪谈到"李太白氏族之疑问"（《清华学报》1935），认为李太白是胡人，也是根据范传正著《新墓碑文》。郭老考据以为李白决不是胡人而是汉人，不过其父亲在中亚经商而已，以李白诗中从来不同情于胡人为证。而且李白入蜀只五岁，但他诗中自称"五岁通五家，十岁观百家"。二十岁已能作《大鹏赋》，气魄远超司马相如，而且讥诮胡人的面庞，有"不睹诡谲貌，岂知造化神"云云。[2]

按：郭沫若著《李白与杜甫》，人民文学出版社 1971 年

---

1 《竺可桢全集》第 19 卷，上海科技教育出版社 2010 年版，第 508 页。

2 《竺可桢全集》第 20 卷，上海科技教育出版社 2011 年版，第 539-540 页。

11 月第 1 版第 1 次印刷。竺可桢当日所读，似为此版。唐代
范传正《唐左拾遗翰林学士李公新墓碑文》有谓："其先陇西
成纪人，隋末被窜于碎叶。"[1] 陈寅恪《李太白氏族之疑问》
则认为李白生于西域而非中国，迁居蜀汉时至少已五岁，至
中国后始改姓李，其父李客之所以名"客"，"殆由西域之人
其名字不通于华夏，因以胡客呼之，遂取以为名"。考证的
结论是："夫以一元非汉姓之家，忽来从西域，自称其先世于
隋末由中国谪居于西突厥旧疆之内，实为一必不可能之事。
则其人之本为西域胡人，绝无疑义矣。"[2]

1972 年 7 月 13 日（北京）

　　晚间宴请美籍中国科学家任之恭夫妇、叶楷夫妇
等。……

　　今日晚餐地点安排定后也安排了座位，由吴老坐任
之恭夫妇旁。下午五点半任之恭、陶葆楷夫妇和三女峻
斐、四女峻瑞及叶楷、姜淑雁来寓，谈了半小时，并在
室内拍了照。任之恭很注意中国老同事和老物理学家，

1　〔后晋〕刘昫等撰《旧唐书》，见中华书局编辑部编"二十四史"（简体字
　　本），中华书局 2000 年版，第 3460 页。
2　陈寅恪《李太白氏族之疑问》，原载《清华学报》第 10 卷第 1 期（1935
　　年 1 月），后收入《陈寅恪集·金明馆丛稿初编》，生活·读书·新知三联
　　书店 2001 年版，第 311—314 页。

他问了钱临照、胡刚复（66 年去世）、陈寅恪（1968 去世）情况。叶楷说他们到广州时，姜立夫到站来接待，待离广州时又到站相送。[1]

按：任之恭，美籍华裔物理学家。1926 年毕业于清华学校，1931 年获哈佛大学博士学位。1933 年任国立山东大学物理学教授，1934 年至 1937 年任清华大学教授。抗战爆发后，任国立西南联合大学物理系教授。后赴美任教。[2] 叶楷，1931 年毕业于浙江大学电机系，后获哈佛大学电机工程博士学位。抗战时曾任教于清华大学、西南联大，1949 年去美国。叶夫人姜淑雁，为姜立夫侄女。[3] "吴老"，吴有训。此处称陈寅恪 "1968 去世"，有误。

1973 年 4 月 21 日（北京）

下午 3^h20—4^h20 看了郭沫若所著《李白与杜甫》。郭老写文无论你同意与否，他的主张很新鲜，有滋味。

---

1 《竺可桢全集》第 21 卷，上海科技教育出版社 2011 年版，第 145—146 页。

2 《竺可桢全集》第 21 卷，"附录一 第 21 卷人名简释表"，第 568 页；周川主编《中国近现代高等教育人物辞典》，福建教育出版社 2018 年版，第 133—134 页。

3 竺可桢 1972 年 4 月 18 日《致中国科学院外事组函》，见《竺可桢全集》第 24 卷，第 731 页；姜淑雁《回忆慈爱的先叔父姜立夫教授》，载中国人民政治协商会议天津市委员会文史资料研究委员会编《天津文史资料选辑》第 28 辑，天津人民出版社 1984 年版，第 54—58 页。

从书中所列表就可看出李白与杜甫于天宝三年在齐州李邑处二人首次相遇，同时尚有高适。但天宝四年二人分手后即不再见。虽然直至李白垂死，杜甫尚有《天末怀李白》纪念他。郭老看问题对于考据非常谨严，故能高瞻远瞩。书中卷首驳陈寅恪（第六页）以李白为胡人，这是正确，陈是胡说，但郭以李白上裴长史书中云"白本家金陵，世为右性……奔流咸秦，因官寓家"，所说金陵是指西凉，所设的建康地在酒泉与张掖之间，故李白称西凉之建康为金陵。问题在于"咸秦"二字如为建都咸阳，则与碎叶条支相抵触。郭老以为咸秦为碎叶之讹，这有疑问。[1]

1973 年 7 月 3 日（北京）

上午 10 点左右钱乙藜来谈。他和人大、政协委员赴广东、湖南一带视察了四十多天，方回北京。这是十

---

1 《竺可桢全集》第 21 卷，第 382 页。案："李邑"，应为"李邕"之误，参阅刘友竹《李白与李邕关系考》，载《中国李白研究》编辑部编《中国李白研究（一九九〇年集·上）》，江苏古籍出版社 1990 年版，第 222-233 页。又，李白《上安州裴长史书》略云："白本家金陵，世为右姓。遭沮渠蒙逊难，奔流咸秦，因官寓家。少长江汉，五岁诵六甲，十岁观百家，轩辕以来，颇得闻矣。"据而可知，"通五家"（前引 1971 年 12 月 8 日竺氏日记）"右性"皆非李文原貌。

年中一次的事情。记得十年前1963年我曾乘此机会到上海、杭州、南京去，还到了新安江。不过那是在十一月里，现在十年过去，我已为肺气肿弄得动弹不得了。据乙藜〔说〕，他曾到中山大学，未见姜立夫出来，大概也因太老不便会客。陈寅恪则已过世。我每次到广州总是见到他们的。[1]

按："钱乙藜"，即钱昌照，民革中央常委。[2]

1 《竺可桢全集》第21卷，第432页。案："〔说〕"，为《竺可桢全集》编者所加之字。
2 《竺可桢全集》第21卷，"附录一　第21卷人名简释表"，第568页。

之
Balancing
间

平 衡 你 自 己

陈寅恪四书·之三

世外文章

陈寅恪集外文钩沉

张求会——著

SPM 南方传媒 | 广东人民出版社

·广州·

图书在版编目（CIP）数据

世外文章：陈寅恪集外文钩沉 / 张求会著．

广州：广东人民出版社，2025.2. --（陈寅恪四书）.

ISBN 978-7-218-17933-9

I. K825.81

中国国家版本馆 CIP 数据核字第 20249TD889 号

SHIWAI WENZHANG：CHEN YINKE JIWAIWEN GOUCHEN

世外文章：陈寅恪集外文钩沉

张求会 著

出 版 人：肖风华

策划编辑：陈 卓
责任编辑：钱飞遥 陈 卓
封面设计：周伟伟
责任技编：吴彦斌

出版发行：广东人民出版社
地　　址：广州市越秀区大沙头四马路 10 号（邮政编码：510199）
电　　话：（020）85716809（总编室）
传　　真：（020）83289585
网　　址：http://www.gdpph.com
印　　刷：广东信源文化科技有限公司
开　　本：787 毫米 × 1092 毫米　1/32
总 印 张：40.25　　　总字数：914 千
版　　次：2025 年 2 月第 1 版
印　　次：2025 年 2 月第 1 次印刷
定　　价：288.00 元（全四册）

目录

导语

　　"世外文章"，出自陈寅恪1919年3月所作《〈红楼梦
新谈〉题辞》："等是阎浮梦里身，梦中谈梦倍酸辛。青天碧
海能留命，赤县黄车更有人。（虞初号黄车使者）世外文章
归自媚，灯前啼笑已成尘。春宵絮语知何意，付与劳生一怆
神。"[1] 与"陈寅恪四书"之一、之二有所不同，本书取名与
陈氏原诗并无直接关联，只是借作书名而已——这本书所收

1 　陈寅恪著、陈美延编《陈寅恪集·诗集（附唐筼诗存）》，生活·读书·新
　　知三联书店2015年版，第9页。

十三篇文章，皆与陈寅恪（唐筼）的集外文有关。

十三篇文章的编排，总体上以类别为序：首佚文（第一至第四篇），次佚诗（第五篇），再次信札（第六至第十三篇）。这样的排序，也和生活·读书·新知三联书店版（以下简称"三联书店版"）《陈寅恪集》保持了一致。三类文体中，信札最复杂，编列时不得不有所变通，没有采用写作时间这个常规标准。

第一、二篇，讨论的是陈寅恪佚文《敦煌本〈太公家教〉书后》（收录于《敦煌小说选读》讲义）；第三篇，披露的是陈寅恪阅读《宋诗精华录》时所作 19 条批注。《敦煌本〈太公家教〉书后》尽管未被收进各种陈集，但确实是他的作品；19 条批语出自陈寅恪之手，也无异议。第四篇，推测《吾家与丰润之关系》（陈寅恪最后一部著作《寒柳堂记梦未定稿》之第四章）针对的对象、可能选用的史料等问题。陈著缺失的文字，虽经后人补充，一直未能完全还原。拙稿《陈寅恪佚文〈吾家与丰润之关系〉试考》首刊于 1997 年，时至今日，佚文仍未发现，就此而言，旧文新刊尚有价值——当然，增订稿与初刊稿肯定有所不同。此四篇，依从的顺序是陈寅恪佚文完成时间的先后：《敦煌本〈太公家教〉书后》大约完成于 1932 年前后，《宋诗精华录》批注书写于 1938 年 5 月至 1944 年 11 月之间，《寒柳堂记梦未定稿》作于 1965 年至

1966 年间。

　　第五篇《陈寅恪兄弟诗词"误署"问题》，由分析《寄王郎》是否陈寅恪诗作开始，连带着对陈衡恪、陈寅恪、陈方恪兄弟几首词的署名问题进行厘定，最终回到《寄王郎》的真伪辨析。署名"陈寅恪"的七律《寄王郎》发表于1916 年，陈寅恪对三首词的"误署"正式进行交涉发生在1936 年。拙文刊发于《中国文化》2012 年春季号，胡文辉在 2013 年 4 月出版的《陈寅恪诗笺释（增订本）》里录入了《寄王郎》，文辉君给出的理由是："此诗的刊出似甚孤立，来历不明，但目前既无直接或间接的否证，自宜收入。"这话虽然无法辩驳，但我还是倾向于暂不宜归在陈寅恪名下。

　　以上五篇，涉及陈寅恪佚文、佚诗。佚文或已认定，或仍在寻觅，真实无疑为其共同特征；佚诗一首（《寄王郎》），则真伪待定。

　　第六篇研究的是同一本书（《近代名人书札》）所收义宁陈氏三代人的三通信函，其中第三封信是陈寅恪写给胡适的。这封信虽然已经收入三联书店版《陈寅恪集·书信集》，但其中的几个错字一直未被再版本纠正，原札本身的一个疑难点也依然存在。第七篇也是对已刊陈寅恪函札（致董作宾两通）的订补，考证出代替陈寅恪写信的"念和"是谁堪称此文最大的贡献。匡正、补充的内容，也算得上另外一种辑佚补遗，故而予以收录。

自第八篇以下，六篇文章辑录了多封佚札（陈寅恪五封、唐篔五封、陈寅恪与其兄弟等联名者两封）。若不论真伪，仅以写作时间言，排序应该是：陈寅恪致杨荫榆（1924年8月20日）、陈寅恪致蔡元湛（1930年至1937年之间）、陈寅恪致傅斯年（1932年5月4日）、陈寅恪致董作宾（1944年4月13日）、陈寅恪与陈方恪等致龙井乡乡政府（1950年10月至1951年2月之间）、陈寅恪致陈方恪（1951年2月4日）、陈隆恪与陈寅恪等致刘少奇（约在1951年6月）、唐篔致陈康晦（三封，1958年至1959年）、唐篔致殷德贞（1961年6月10日）、唐篔致潘承冠（1961年6月11日）。麻烦的是，信札（尤其是名人手札）除了文献价值，更富含文物价值，鱼目混珠早已成为拍卖场上的常态。纸、墨、笔、印等实物的介入，使得信札真伪的鉴别难度远远超过了佚文、佚诗。

简言之，陈寅恪、唐篔家书四封以及陈氏兄弟等联署的两封信札，收存于陈方恪旧藏义宁陈氏家族文献内，整批流出、整批上拍，笔者初步研究后，觉得可以排除仿冒的可能性；陈致董函，至少可以找到比较有力的旁证；唐致殷、潘函，基本上也能证其为真；陈致傅函，内容上先轻（归还所借通俗刊物）后重（校改傅氏学术著作），似不合常情；陈致蔡函，收藏家 W 君径称由沪上 Y 某伪造；陈致杨函，谢泳教授一口气向我列出了十点质疑，周明昭博士也认为"如果是真的，可谓奇闻"。权衡再三，我最终选取了真实性递减的特殊顺序，重新安排这六篇文章的位次。

我和 W 君在微信上结识，迄未谋面，不过我能感受到他的坦诚和关爱。某拍卖公司，未经我授权，擅自将我的文章（本书第十二篇）放入拍卖图册内，引发收藏圈怀疑我为其"站台""背书"。在微信上沟通了几条信息后，W 君相信我是"躺枪"了。我也告诉他，拙文并未把话说死，因为肉眼凡胎，实在无力辨别真伪。至于有没有收黑钱，高科技比天网严密得多，我从不担心被追查。

撇除无聊的话题，我和 W 君的分歧倒是值得一说：他认为，"文""物"不可分离，"物"假，"文"亦假。"皮之不存，毛将焉附"，此之谓也。窃以为，"文"真"物"亦真当然最理想，但也不能排除"物"伪而"文"真的可能性。俗话所说"照猫画虎"（我改称为"照虎画猫"），或许可以为之下一注脚。我们虽然难以说服对方，倒也相安无事，W 君还慷慨地将所藏义宁陈氏文物的图片惠赠与我。

"孤证不立"虽为通则，多少还是有些绝对化；"不信不弃"看似骑墙，仍然不失为一种尝试。

这三年，我天天牵挂在外留学的女儿，经常焦虑、失眠，不知不觉养成了听德云社相声的习惯。传统相声里有段著名的贯口《莽撞人》，而我这个文物鉴定、文献考证的双料外行，就来做一回探路的"莽撞人"吧。

2022 年 3 月 29 日写

2023 年 7 月 29 日补

2024 年 10 月 2 日改

陈寅恪佚文《敦煌本〈太公家教〉书后》考释 *

　　陈寅恪先生的著述，经过学者们的悉心搜集和整理，基本上已收入《陈寅恪文集》（以下简称"上古版陈集"）和《陈寅恪集》（以下简称"三联版陈集"）中，[1] 但零星的佚文仍有发现。2003 年 9 月，笔者在友人胡文辉君的帮助下，从孔夫子旧书网购得一册 20 世纪 30 年代陈先生在清华授课时

---

* 原刊于《历史研究》2004 年第 4 期；后收入张求会著《陈寅恪丛考》，浙江大学出版社 2012 年版，第 163−179 页。录入本集，除将陈寅恪佚文改为简体字外，正文改正了错字，注释有所增补。

1 《陈寅恪文集》（蒋天枢整理）由上海古籍出版社初版于 1980 年至 1982 年，《陈寅恪集》（陈美延整理）由生活·读书·新知三联书店初版于 2001 年至 2002 年。后者对前者既有承继，更多补益。又，"陈集"在台湾、香港地区另有数种版本，本文暂不涉及。

所用之讲义——《敦煌小说选读》，其中即含陈氏佚文一篇。现将讲义及佚文情况稍作考释，以求教于方家。

一

　　此册《敦煌小说选读》，高 28.5 厘米，阔 16.5 厘米，铅印直排，每页 12 行，每行 36 字，版心上镌"敦煌小说选读"，中镌各篇标题，下镌"国立清华大学讲义"，没有具体的印制时间。全书共辑录讲义 12 篇，各篇页数自为起讫，共计 41 页，以两根纸绳扭合成册，外添红色封面。这册讲义为清华大学毕树棠之旧藏，封面上贴有毕树棠毛笔题签"敦煌小说选读"；内页另有毕氏钢笔手迹两处，均题作"陈寅恪先生讲义"。[1]

1　毕树棠（1900—1983），原名毕庶滋，号树棠，后以号行。1920 年（一说 1921 年）至清华学校图书馆任职员，抗战期间留平。抗战胜利后，复任清华大学图书馆职员。1953 年调清华大学建筑系图书资料室工作，1973 年退休。（据苏云峰著《从清华学堂到清华大学（1911—1929）》，生活·读书·新知三联书店 2001 年版，第 113—114 页；吴宓著、吴学昭整理注释《吴宓日记》第 4 册，生活·读书·新知三联书店 1998 年版，第 266 页。案：《吴宓日记》该页之注释，误作"毕庶澄"）据毕树棠自述，他与陈寅恪相识、交往，一方面是因为吴宓的关系，另一方面是因为业务的关系——陈寅恪讲课所用的一些中外书籍和参考文献，几乎全是清华图书馆没有入藏的，必须临时置备供应，（转第 11 页）

《敦煌小说选读》书影

《敦煌小说选读》正文首页毕树棠之题字

《敦煌小说选读》共收讲义 12 篇，前九篇系陈寅恪授课时印发给学生的原始材料（其中《目连救母变文》分为两篇），后三篇则为陈氏自撰论文。现根据原书中各篇讲义装订的顺序依次简介如下：

1.《维摩诘经菩萨品演义 北平图书馆敦煌写本光九四号》，9 页。

2.《巴黎国民图书馆敦煌写本部伯希和收藏第二九二六号》，2 页。

3.《诸经杂缘喻因由记 北平图书馆敦煌写本腾二十九》，

（接第 8 页）他负责协助顾子刚、浦江清完成此项工作。对于陈寅恪治学之精神、方法与成绩，毕树棠深表钦敬，甚至认为："陈先生之文章亦绝不枯燥，然亦不华丽，似另有一种语言的句法组织，而又与我国考据传统之文章息息相通，似乎颇有些科学性，令人有耐读而不易学之概。"（毕树棠《忆陈寅恪先生》，原载《散文世界》1985 年第 6 期，转录自倪文尖编《文人旧话》，文汇出版社 1995 年版，第 1—7 页。又可参阅吴宓 1926 年 7 月 7 日、10 日、12 日日记）另据卞僧慧回忆，陈寅恪晚岁搜集旧著时，力有不及，或托诸友生。如《狐臭与胡臭》一文，曾刊在清华中文系一刊物上。1964 年秋，周一良因事来穗，陈以搜寻此文相托。"当时清华图书馆毕树棠先生，从二十年代即专司本馆中外杂志之管理，竟遍觅不得。此文刊出值卢沟变起前夕，曾否入藏，毕先生已难追忆。周先生转而他求，最后从出版时在系中任教之余冠英先生处得之。今收入《寒柳堂集》中。"（卞僧慧《未继承父业者即不能整理遗著欤？》，载 1998 年 10 月 21 日《中华读书报》。案：《狐臭与胡臭》最早刊于清华大学中国文学会编《语言与文学》，上海中华书局 1937 年 6 月出版）从各家回忆来看，毕树棠不但与陈寅恪有过交往，而且十分钦佩陈先生的学行，所以才会悉心保存陈氏旧文。

2 页。

4.《舍利佛起精舍因缘　上虞罗氏藏敦煌石室本》，2 页。

5.《维摩诘经押座文　伦敦博物馆敦煌写本》，2 页。

6.《慧远外传　伦敦博物馆敦煌写本》，2 页。

7.《目连救母变文》：（一）伦敦博物院藏敦煌写本，（二）北平图书馆藏敦煌写本成字九十四号，两种共 3 页。

8.《目连救母变文》：（三）北平图书馆藏敦煌写本丽字八十五号，（四）北平图书馆敦煌写本霜字八十九号，（五）伦敦博物院藏敦煌写本，三种共 7 页。

按：上述两篇讲义所引《目连救母变文》，合北平、伦敦两地五种写本，始成一足本，各本均不全，述同一事者，而文字有异同。然首尾相连，脉络尚清晰。

9.《太公家教》，4 页。

10.《敦煌本太公家教书后》，下署"陈寅恪"（铅印），2 页。

11.《莲花色尼出家因缘跋》，下署"陈寅恪"（铅印），4 页。

12.《西夏文佛母孔雀明王经考释序》，下署"陈寅恪"（铅印），2 页。

讲义所收三篇陈氏自撰文字中，《莲花色尼出家因缘跋》最初发表于《清华学报》第七卷第一期（1932 年 1 月），现已收入《寒柳堂集》；《西夏文佛母孔雀明王经考释序》最初发表于《国立中央研究院历史语言研究所集刊》第二本第四分（1932 年），同年又以《西夏文佛母大孔雀明王经夏梵藏汉合璧校释序》为题，刊于王静如《西夏研究》第一辑（中央研究院历史语言研究所单刊甲种之八），[1] 现已收入《金明馆丛稿二编》。此二篇之正文均与上古版陈集、三联版陈集大同小异，但部分文字或可正误，或堪比照，同样也有其价值。限于篇幅，择要列举如下：

1. 上古版、三联版陈集所收《莲花色尼出家因缘跋》中"诘慧可爱"一句，讲义作"黠慧可爱"；"亦应依比公式作七种"一句，讲义作"亦应依此公式作七种"；"自身生理"一句，讲义作"自身生埋"；[2]"而所生之子女皆离夫"一句，讲义作"而所生之子女皆离失"。[3]

2. 上古版、三联版陈集所收《西夏文佛母大孔雀明王经夏梵藏汉合璧校释序》一文中"据论者考定为明万历以后

1　马幼垣《陈寅恪已刊学术论文全目初稿》，载中山大学历史系编《陈寅恪与二十世纪中国学术》，浙江人民出版社 2000 年版，第 604 页。

2　讲义所收《诸经杂缘喻因由记》亦作"自身生理"。又，上古版、三联版陈集中的《莲花色尼出家因缘跋》较讲义多出"附注"。2024 年 2 月 16 日补案：拙文初刊本、再刊本，正文及注释中三处"自身生埋（理）"均错成"自身自埋（理）"。文责自负，与他人无关。幸而讲义仍在寒舍，二十年前错误得以纠正。

3　2012 年 2 月 10 日补案："诘""比""理""夫"等四字，三联书店 2009 年 9 月第 2 版《陈寅恪集·寒柳堂集》（第 170–172 页）已改正。又，着重号由笔者添加，下同。

之作"一句，讲义作"据胡君适跋文，考定为明万历以后之
作"；[1]"李氏仍藏有《西夏实录》之原本或译本"一句，讲义
作"李氏仍藏有《西夏实录》"；"敢请国内外此学之专家，
试一参究"一句，讲义作"敢请国内外治此学之专家试一
参究"。[2]

至于讲义所收《敦煌本〈太公家教〉书后》，则既未见陈
寅恪生前曾予刊布，也不见于上古版、三联版陈集，应该是
一篇佚文，值得专门研究。

二

兹将陈寅恪佚文《敦煌本〈太公家教〉书后》照录
如下：

> 《敦煌本太公家教》一卷，王静安先生国维为之跋。
> 极详审。（见《观堂集林》卷二十二及《鸣沙石室佚书》

---

1 2022 年 3 月 20 日补案："论者"，三联书店 2009 年 9 月第 2 版《陈寅恪
  集·金明馆丛稿二编》（第 225 页）已恢复为"胡君适跋文"。又，经查，
  上古版陈集早已将"胡君适跋文"换成"论者"，应当是整理者（或其
  他人）为避时忌而不得不有所调整。
2 2022 年 3 月 20 日补案：三联书店 2009 年 9 月第 2 版《陈寅恪集·金明
  馆丛稿二编》（第 226 页）已补入"治"。

附刊提要。）静安先生引王明清《玉照新志》三云：

太公者犹曾高祖之类，非渭滨之师臣明矣。

静安先生复识其后云：

卷中有云："太公未遇。钓鱼水。（原注水上夺渭字。）相如未达。卖卜于市。□天居山。鲁连海水。孔鸣盘桓。侯时而起。"书中所使古人事止此。或后人因是取太公二字冠其书。未必如王仲言曾高祖之说也。

寅恪案。卷中使古人事者实不止太公一条。在太公条前者，有"只欲扬□后代。复无晏婴之机。"及"唐虞吕圣。不能化其明君。徽子虽贤。不能谏其暗君。比干吕惠。不能自免其身。"在太公条后者，有"孟母三移。为子择邻。"等条。皆使古人事者。假如静安先生之说。后人何故独取其中太公一条之首二字冠其书。此理未喻。又静安先生意谓此书名之太公实指太公望言。《四库全书总目提要》卷一百十七《子部·杂家类》一《颜氏家训》条云：

陈振孙《书录解题》云"古今家训以此为祖"。（见《陈氏书》卷十杂家类）然李翱所称《太公家教》虽属伪书。至杜预《家诫》在前久矣。特之推所撰卷帙较多耳。

据此，可推知馆臣之意虽与静安先生不同。而以太公为太公望，则无二致。且列举此书与《家诫》《家训》并论。是以"家教"二字为一名词。而读作"太公之家

《敦煌本〈太公家教〉书后》

教"也。然此书乃剌取旧籍，联缀成文。实一格言熟语
之汇集。其中偶有涉及齐家之语。不过就教育男女，分
别立言而已。绝非垂训子孙之专书也。"家教"之名，虽
亦可通。按诸内容。究嫌不切。疑其命名取义，尚有不
止于是者。考唐义净译《根本说一切有部苾蒭尼毘奈耶》
卷五云：

云何十种私通？谓十人所护。父护，母护，兄护，
弟护，姊妹护，太公护，太家护，亲护种护，族护，王
法护。

摄颂曰：十种谓父母，兄弟及姊妹，太公与太家，亲
种族王法。

（上略）云何太公护？若女人父母宗亲并皆亡殁。其
夫疾患，或复颠狂，流移散失。依太公住。太公告曰。
新妇！汝可欢怀于我边住！我怜汝，念汝。如观已子。
太公即便如法守护。是名太公护。太家护亦然。

宋赞宁《高僧传》卷一《义净传》载其卒于唐玄宗
先天二年。（西历七一四年。）年七十九。是其生年为太
宗贞观九年。（西历六三五年。）李习之《答朱载言书》
既引《太公家教》为喻。则其书于唐之中叶必已流行。
据此推其著作年代。当不能后于唐初。义净所生之时适
与相值。其译佛经。盖兼采当时习用之语。此书标名之
义。即可藉以印证。不必广征不同时代之语言。以相比

傅。转致纠纷迷惑。无所折衷。然则当时呼夫之父母为太公太家。当亦为老翁老姬之通称。"《太公家教》"者或亦可释为"太公及太家之教言"，即"老生常谈"之谓。若依此为解。然后此书题名与其内容始相符合。并可见王仲言所说虽颇近似。仍有未谛。而诸家俱以"家教"二字为联语。疑皆不得此"家"字之义者也。故举义净译经之文。以资参证。固未必即为典据。要足为读是书者备一别解。或者"太公"二字可依义净译作语老翁之解。而"家教"二字则仍联读。书名标题之意即篇首所谓"为书一卷，助幼童儿"者。殆与"蒙求""幼学"之名同类欤？此书自来馆阁私家均未著录。其命名取义，亦解说纷歧。兹并列异说。以俟博雅君子论定焉。

按：原文未予纠正的错漏，[1]暂仍其旧，以存原貌。标点符号虽不尽合新规，亦维持原状。

关于陈氏此文的写作时间，或在 1932 年前后。众所周知，清华学校国学研究院于 1925 年 9 月开学，后来由于各

---

[1] 如《观堂集林》"卷二十二"，应为"卷二十一"；"徽子"，应为"微子"；"唐玄宗先天二年"，当西历七一三年，而非"七一四年"；"助幼童儿"，当作"助诱童儿"等。

种原因，"于 1929 年秋提前结束"。[1] 陈寅恪自 1926 年 7 月
到校后，一直与研究院相始终。1926 年暑假后开课，陈寅
恪开设题为"西人之东方学之目录学"的"普通演讲"，[2] 并
指导研究生。研究院结束后，陈寅恪改任历史、中文两系合
聘教授，不久又为哲学系所聘。开设的课程有"魏晋南北朝
史""隋唐五代史""佛经翻译文学""高僧传之研究""唐诗
校释""唐代诗人与政治关系之研究""中国文学中佛教故事
之研究""佛典校读""中国中世纪哲学史"等。[3] 也正是在
这一时期，陈寅恪"授课之余，精研群籍，于唐代文学及佛
经多所涉及。所特好者，用力尤勤"，[4] 开始了他学术生涯中
着力研究敦煌学的第一个主要阶段。所以，集中研究敦煌小

1　苏云峰著《从清华学堂到清华大学（1911—1929）》，第 282 页。案：该
书又引述 1929 年 6 月 21 日毕业典礼上罗家伦之致词："国学研究院的（九
位）同学，这也算是最后的一班"，视为"正式宣布清华国学研究院的结
束"。（第 330—331 页）齐家莹编撰《清华人文学科年谱》（清华大学出
版社 1999 年版，第 83 页）亦将研究院结束时间定为 1929 年"6 月底"。
蒋天枢则将这一时间系于 1930 年，详蒋天枢撰《陈寅恪先生编年事辑（增订
本）》，上海古籍出版社 1997 年版，第 74 页。
2　据齐家莹编撰《清华人文学科年谱》，第 39 页；苏云峰著《从清华学堂
到清华大学（1911—1929）》，第 296 页。案：蒋天枢撰《陈寅恪先生编
年事辑（增订本）》（第 61 页）称所开课程为"佛经翻译文学"，似不尽
准确。
3　据齐家莹编撰《清华人文学科年谱》第 7、85、87、88、119 等页综合
而来。
4　蒋天枢撰《陈寅恪先生编年事辑（增订本）》，第 75 页。

说并且给学生开设这方面的课程，应该是在清华国学院结束以后的事情。

尤其值得一提的是，1930 年 9 月 11 日《国立清华大学校刊》曾刊登消息，介绍中国文学系新设六门科目，其中就包括"敦煌小说选读"。[1] 授课教师应该就是陈寅恪。[2] 此课程可能从 1930 年下学期增开，到 1934 年《国立清华大学一览（1934—1935 年度）》公布中文系学程时，已经看不到该科目了。[3] 联系到《敦煌小说选读》中《莲花色尼出家因缘跋》及《西夏文佛母孔雀明王经考释序》二文的首次发表时间均为 1932 年，由此推测，《敦煌本〈太公家教〉书后》一文也极有可能撰写于同一时期，即 1932 年前后。

若将各种因素考虑在内，或许可将该文撰作时间的上限定于 1930 年，[4] 而其下限似可定于陈寅恪携家逃离故都的

1　齐家莹编撰《清华人文学科年谱》，第 97 页。

2　毕树棠《忆陈寅恪先生》有云："先生在学校讲课，多由口授，学生笔记，写成零篇散稿多发表于各学报，成单本的有系统著作不多见；都有待于后学之整理与审定。如在清华所讲的'敦煌小说选读'一课，即由北京图书馆和伦敦博物馆等处所藏的敦煌写本中选用若干篇，就原文加以考订与解释，即成精辟之论述是也。"（转录自倪文尖编《文人旧话》，第 3 页）据此推断，"敦煌小说选读"的授课教师正是陈寅恪。

3　齐家莹编撰《清华人文学科年谱》，第 145—146 页。

4　1928 年 8 月 17 日，清华学校始易名为国立清华大学，《敦煌小说选读》各页版心下镌"国立清华大学讲义"而非"清华学校国学研究院讲义"，据此亦可推断各篇讲义并非印于国学研究院期间。

1937 年。[1]

三

在《敦煌本〈太公家教〉书后》中，陈寅恪提出"太公及太家之教言"一说，这种见解即使在今天仍有启发意义，从历来各家对此问题的研究和探讨中即可见其学术价值。

最早对"太公"二字提出释义的，是宋人王明清（字仲言）。他认为此书"当是有唐村落间老校书为之"，"太公"二字，"犹曾高祖之类"，而非姜太公。[2] 王国维却认为《太公家教》之命名依循了古人摘字名篇的惯例，因此，"太公"正是"钓鱼渭水"的姜尚，而未必指曾高祖。[3] 余嘉锡则以《太公家教》卷首自序为据，指出王国维摘字名篇之说的失

---

1 蒋天枢撰《陈寅恪先生编年事辑（增订本）》"一九三七年"条："日军既入北平，散原老人终日忧愤，疾发，拒不服药，旧历八月初十日弃世。""先生料理父亲丧事，于满'七七'后，携家仓皇逃离北平。"见蒋著，第 112—113 页。

2 王明清著《玉照新志》（"丛书集成初编"本）卷三，中华书局 1985 年版，第 49 页。

3 王国维《唐写本太公家教跋》，见《观堂集林》卷二十一，中华书局1959 年版，第 1014 页。

误，认定"名书之意，仍当以王明清说为是"。[1]

值得注意的是，王国维、余嘉锡诸家（包括陈寅恪）所依据的《太公家教》写本，都来源于 1913 年罗振玉辑录出版的《鸣沙石室佚书》。[2] 而对于英、法博物馆收藏的其他写本，各家都只能望洋兴叹。此种局限，一直到了王重民才有所突破。王氏以海外亲眼所见原本《六韬》为证据，论定《太公家教》源于《六韬》，"是专取的太公对文王说的话"；而太公对武王说的话，则"别纂成一部《武王家教》"。[3]

周凤五则不同意"《太公家教》出于《六韬》"的含糊说法，认为《太公家教》实有先后二本：先出者为问答体，后出者为叙述体。叙述体本无标题，始则与问答体合抄，共用《太公家教》标题，但因为说理切合时代、文字浅显明白，竟夺《太公家教》之名而专之；问答体遂改题《武王家教》，且日渐式微，终于湮没不传。因此，《武王家教》才是《太公家教》的原本，是真正的《太公家教》，"《太公家教》的

---

1 余嘉锡著《四库提要辨证》第 2 册，卷十四《子部五》，中华书局 1980
   年版，第 853—854 页。

2 周凤五曾以《鸣沙石室佚书》写本作为底本，参酌他本，撰作《敦煌写
   本〈太公家教〉校勘记》，成《太公家教》之校勘本。详周凤五著《敦煌
   写本太公家教研究》，台湾明文书局 1986 年版，第 10—27 页。又，周著
   后附《鸣沙石室佚书》写本之影印件，可资参验。

3 王重民著《敦煌古籍叙录》，中华书局 1979 年版，第 221—222 页。

得名是由原本书中周武王与姜太公而来，太公是书中的主人翁，书名冠以太公正为此故"。[1]

郑阿财、朱凤玉却对《武王家教》是原本《太公家教》的说法表示怀疑，认为先后两本《太公家教》的命名取义"实无相同的必然性"，不能混为一谈。他们集众家之长，认为"《太公家教》一书当是唐代村塾教者，以家庭长者的口吻教喻儿童的格言谚语式通俗读物"。"'太公'一词，清赵翼《陔馀丛考》以为年老之通称，其引证详，则《太公家教》之太公，当如王明清所说，指的是'曾高祖之类'的家庭长辈。"[2]

众所周知，最早提出"敦煌学"这一名称，并且预言敦煌学将成为"今日世界学术之新潮流"的学者正是陈寅恪。[3]令人费解的是，半个多世纪以来，不同时代的研究者论及《太公家教》时，却从未提及陈寅恪《敦煌本〈太公家教〉书后》一文。答案应该只有一个，那就是此文从未公开发表，而只在清华大学的课堂上作为讲义使用过。

1　周凤五《〈太公家教〉研究》，载《古典文学》第 6 集（1984 年 12 月）。

2　郑阿财、朱凤玉著《敦煌蒙书研究》，甘肃教育出版社 2002 年版，第 356—357 页。

3　陈寅恪《陈垣敦煌劫馀录序》，见陈寅恪著、陈美延编《陈寅恪集·金明馆丛稿二编》，生活·读书·新知三联书店 2001 年版，第 266 页。案：此文最初发表于《学衡》第 74 期（1930 年 3 月），题为《陈垣编〈敦煌劫馀录〉序》。

陈氏此文专为考订《太公家教》"命名取义"而作。在他看来，此书"实一格言熟语之汇集"，而"绝非垂训子孙之专书"，"'家教`之名，虽亦可通，按诸内容，究嫌不切"。针对王国维的"太公之家教"一说，陈寅恪从推导成书年代入手，断定"其著作年代，当不能后于唐初"。继而以同时代僧人义净（635—713）翻译佛经"兼采当时习用之语"的做法为印证，认定书名中"太公家"三字应与义净译文一样，作"太公、太家"解，原本用于当时称呼"夫之父母"，"当亦为老翁、老妪之通称"。因此，《太公家教》之命名"或亦可释为'太公及太家之教言'，即'老生常谈'之谓"。

虽然陈寅恪相信"若依此为解，然后此书题名与其内容始相符合"，但他又认为仍有如下之可能："或者'太公'二字可依义净译作语'老翁'之解，而'家教'二字则仍联读，书名标题之意即篇首所谓'为书一卷，助幼童儿'者，殆与'蒙求''幼学'之名同类欤？"

客观地说，陈寅恪此文在推证的思路、过程及结果上，与后来者颇多契合相通之处。如对《太公家教》内容性质的鉴定就十分准确，对成书年代的考证也比较接近；[1] 再如对于

王国维之说的匡正，足以使后来者折服；又如独具匠心地将"太公"视为"当时习用之语"而加以分析，[1] 同样活跃了后来者的思维，指引了一条新思路。概而言之，陈寅恪此文虽然短小，却与王国维的跋记一样，堪称《太公家教》研究的先导。

但衡之以后来全面而细致的研究，陈寅恪将"太公家教"释为"太公及太家之教言"这一"别解"确实很难再令人信服。导致他失误的原因，可能主要还是限于当时的条件，只能以《鸣沙石室佚书》写本为底本，无法与庋藏在海内外的其他写本进行校勘，而该写本没有后跋，[2] 前序又缺失五字，[3] 必然

---

[1] 陈寅恪不取赵翼《陔馀丛考》为据，而举义净译文为证，可能与他这一时期对于唐代文学及佛经嗜好尤深、用力尤勤的特殊背景有关。又，周凤五以为，"广泛使用'太公'一词以尊称男性老者，似乎是宋以后的风气"，"南宋王明清《玉照新志》之所以力持太公为'曾高祖之类'，恐怕正是受到时代的影响"。见周凤五著《敦煌写本太公家教研究》，第 86 页。可参酌。

[2] 《太公家教》（校勘本）之后跋："余之志也，四海为宅，五常为家；不骄身体，不慕荣华；食不重味，衣不丝麻；唯贪此书一卷，不用黄金千车；集之数韵，未辨疵瑕；本不呈于君子，意欲教于童儿。"见周凤五著《敦煌写本太公家教研究》，第 27 页。

[3] 《太公家教》（校勘本）之前序："余乃生逢乱代，长值危时，亡乡失土，波迸流离；只欲隐山学道，不能忍冻受饥；只欲扬名后世，复无晏婴之机；才轻德薄，不堪人师，徒消人食，浪费人衣；随缘信业，且逐时之宜，辄以讨论坟典，简择诗书，依经傍史，约礼时宜，为书一卷，助诱童儿，流传万代，幸愿思之。"见周凤五著《敦煌写本太公家教研究》，第 10 页。案：《鸣沙石室佚书》写本卷首缺"余乃生逢乱"五字。

在一定程度上影响考证者的思路。或许正是基于谨慎从事的
考虑，陈寅恪才会说："举义净译经之文，以资参证，固未必
即为典据"，并在文尾留下这样的结语："并列异说，以俟博
雅君子论定。"推而论之，此文后来未收入陈氏文集，或许也
可借此寻觅蛛丝马迹。[1]

1　2004 年 2 月 21 日承陈美延女士见告，乃翁因旧作难称其意而删汰者不乏
　　其例，该文未能收入文集，或亦一例。2012 年 2 月 6 日补案：蒋天枢撰《陈
　　寅恪先生编年事辑（增订本）》"一九三五年"条之"编年文"，于"《元
　　微之〈遣悲怀〉诗之原题及其次序》"题下有按语："师云此文应删去不
　　存。"（见蒋著，第 97 页）《陈寅恪先生论著编年目录》"乙亥一九三五年"
　　条，于此题下复有按语："《清华学报》十卷三期，民国二十四年七月。
　　案：此文遵师嘱未编入文集。师云文中有误处。"（同前，第 196 页）2012
　　年 4 月 9 日再案：卞僧慧纂、卞学洛整理《陈寅恪先生年谱长编（初稿）》
　　"一九三五年"条有云："十一月二十二日，在刘、元、白诗课堂上，先生
　　以《元微之〈遣悲怀〉诗之原题及其次序》（民国二十四年七月《清华学
　　报》单行本）及《元白诗中俸料钱问题》（同年十月《清华学报》单行本）
　　分发听课同学。先生谓此二文，前文有误处，后文即为补正前文而用。及
　　编集时，遂不收前文。"（见卞著，中华书局 2010 年版，第 170-171 页）
　　蒋天枢、卞僧慧皆为陈门弟子，二人所述正可与陈美延之回忆相印证。

陈寅恪讲义《敦煌小说选读》相关问题续探 [*]

2003 年 9 月，笔者在友人帮助之下，通过网上竞拍，购得《敦煌小说选读》一册。此书原为清华大学毕树棠藏品，高 28.5 厘米，阔 16.5 厘米，铅印直排，每页 12 行，每行 36 字。版心有鱼尾，上象鼻有"敦煌小说选读"六字，[1] 下象鼻有"国立清华大学讲义"八字。各篇原系相对独立，合装成

---

* 原刊于《九州学林》2005 年冬季号（总十辑）；后收入张求会著《陈寅恪丛考》，浙江大学出版社 2012 年版，第 180—201 页。录入本书，有增有删，脚注还吸纳了后来发现的相关材料。

1 全书合计 41 页，仅第 16 页版心误作"敦煌小说读选"。

册，外加红色封面，贴有纸条，上有毕树棠毛笔手迹"敦煌小说选读"。内文另有毕氏钢笔手迹两处，均题作"陈寅恪先生讲义"。

经笔者初步考证，此书当系陈寅恪在清华大学授课时所用讲义之汇编，因其中藏有上海古籍版《陈寅恪文集》以及三联书店版《陈寅恪集》失收的陈氏佚文一篇——《敦煌本〈太公家教〉书后》，故此意义非同寻常。有关佚文的内容、撰写时间、历史价值以及失收原因，笔者曾有专文考证（本书上一篇），此不赘述。本文拟就相关问题再作探讨，以期海内外方家释疑、指正。

全书篇目及点校等简况

1.《维摩诘经菩萨品演义　北平图书馆敦煌写本光九四号》，9页。前书"陈寅恪先生讲义　毕树棠藏"（钢笔繁体字）。

按：此文有标点，有校勘。具体校勘符号约有三种：①（），表示改正错讹；②（？），表示存疑；③〔〕，表示补入文字。例如：

①如此丽质婵娟，争不忘（妄）生动念。

②身柔软兮，新下巫（？）山。貌娉停兮，才离仙洞。

③知喧哗为生死之因。悟艳质是〔轮〕洄（回）之本。

又按：此篇末页背面靠装订线处，有蘸水钢笔所书数字"3"，字迹远较篇首毕树棠题字（似用自来水笔写成）陈旧。

2.《巴黎国民图书馆敦煌写本部伯希和收藏第二九二六号》，2 页。前书"陈寅恪先生讲义　毕树棠藏"（钢笔繁体字）。

按：此文无标点，无校勘，仅于篇首、篇末分别注明"（前缺）""（下缺）"。

又按：此篇末页背面有蘸水钢笔字"9　第 2 学期起"。

3.《诸经杂缘喻因由记　北平图书馆敦煌写本腾二十九》，2 页。

按：此文有标点，有校勘。

又按：此篇末页背面有蘸水钢笔字"4"。

4.《舍利佛起精舍因缘　上虞罗氏藏敦煌石室本》，2 页。

按：无标点，无校勘。前注"前阙"，后注"下阙"。

又按：此篇末页背面有蘸水钢笔字"2"。

5.《维摩诘经押座文　伦敦博物馆敦煌写本》，2 页。

按：有标点，有校勘。最后一段作："不似听经求解脱。学佛修行能不能? 能者虔恭合掌著! 经提（题）名目（别本作字此本原作字复改目）唱将来！"其中"（别本作'字'，此本原作'字'，复改'目'）"不知是否陈寅恪选录时所作校注。

又按：此篇末页背面有蘸水钢笔字"5"。

6.《慧远外传　伦敦博物馆敦煌写本》，2 页。

按：有标点，有校勘。第一部分篇首注"阙"。第二部分内有句云："挞遣出九农。长养（此字涂傍注一字似是扬字）并五策。"圆括号内 11 字，似与上例同。

又按：此篇末页背面有蘸水钢笔字"6"。

7.《目连救母变文》：（一）伦敦博物院藏敦煌写本，（二）北平图书馆藏敦煌写本成字九十四号，共 3 页。

按：此篇末页背面有蘸水钢笔字"7"。

8.《目连救母变文》：（三）北平图书馆藏敦煌写本丽字八十五号，（四）北平图书馆敦煌写本霜字八十九号，（五）伦敦博物院藏敦煌写本，共 7 页。

按：此篇末页背面有蘸水钢笔字"10"。

又按：《目连救母变文》各本均不全，合北平、伦敦两地五种写本，始成一足本。各本述同一事者，文字有异同。又，各本均有标点、有校勘，首尾相连，脉络尚清晰。

9.《太公家教》，4 页。

按：有标点，有校勘。篇首注"（上阙）卷"。正文首句残缺开篇："（上阙）代。长值危时。"

又按：此篇末页背面有蘸水钢笔字"13　第 2 学期完"。

10.《敦煌本太公家教书后》，下署"陈寅恪"（铅印），2 页。

按：此篇末页背面有蘸水钢笔字"12"。

11.《莲花色尼出家因缘跋》，下署"陈寅恪"（铅印），4 页。

按：此篇末页背面有蘸水钢笔字"8　第 1 学期完"。

12.《西夏文佛母孔雀明王经考释序》，下署"陈寅恪"（铅印），2 页。

按：篇首天头另有蓝色圆珠笔字迹："王静如考释，陈为之序。"字体苍老，且以简体书就，或系毕树棠晚年补写。

关于清华讲义之编写

上述 12 篇讲义中，共有 11 篇在末页背面书有表示次序的数码，此数码应为各篇讲义最初的印发次序。除了第五、

六、七篇以外，其余八篇的装订次序与原来的印发次序并不一致。这一差异的形成，以及各篇讲义错漏的产生，应该与当年清华讲义的制发过程有直接关系。

事实上，装订次序与印发次序不相一致的情形，绝非仅此一例。以同为清华国学研究院导师的王国维为例，他发给学生的讲义和文章，都是根据授课进程而随印随发的，其制发过程一般是由助教赵万里将王氏手稿抄成清稿，交抄胥誊写油印，而先已印行的文章则往往直接将印本交给抄胥誊写油印。抄录、誊写、排印诸环节都可能发生错误，当然也不排除王国维本人偶尔笔误的可能。虽说各篇讲义所记页数自为起讫，但在讲义篇数较多的情况下，各篇先后次序难免混淆。遇到个别讲义因仅有一页而未记页数，或者讲课途中随时补发讲义，汇总编排时更是不易给出准确的顺序。[1]

王国维于 1925 年 4 月就任清华学校国学研究院教授，开普通演讲课并指导研究生，先后印发讲义 111 张，后来为了便于保存，由研究院办公室按线装书的形式汇订为一册，盖上研究院印章，注明"清华学校研究院讲义（王静安先生）"，并于首页之前编附"目录"两页，自《古史新证》至

---

[1] 据裘锡圭《〈古史新证——王国维最后的讲义〉前言》，见王国维著《古史新证——王国维最后的讲义》，清华大学出版社 1994 年版，"前言"，第 2、13 页。

《西吴徐氏印谱序》，共 29 篇。[1] 在这部讲义汇编中，《中国历代之尺度》《莽量释文》《蜀石经残拓本跋》《释乐次》等四篇，无论是写作时间还是印发时间，都晚于那些器铭考释和释文，但在装订成册时，或者前后倒置，或者穿插其间。"由此可知这本讲义的装订次序并不反映当时印发讲义的次序，至少并不完全反映那种次序。"[2]

陈寅恪应聘清华国学研究院的第二个月（1926 年 8 月），就由吴宓推荐，安排浦江清担任他的助教。1929 年研究院解散后，浦江清转至清华大学中文系任助教，1932 年任专任讲师，1937 年任教授，一直与陈寅恪共事。[3] 虽然目前还无法确定浦江清是否承担了《敦煌小说选读》的抄写工作，但浦江清与吴宓一样，也在日记中对于编写讲义留下了一些记载：

1.《吴宓日记》

1925 年 12 月 30 日："研究院学生来函，不肯应赵元任先生《语音学》考试。又来函，求梁任公著之《近三百年学

---

1 据季镇淮《〈古史新证——王国维最后的讲义〉跋》，见王国维著《古史新证——王国维最后的讲义》，第 333 页。

2 据裘锡圭《〈古史新证——王国维最后的讲义〉前言》，见王国维著《古史新证——王国维最后的讲义》，"前言"，第 5—6 页。

3 据齐家莹编撰《清华人文学科年谱》，清华大学出版社 1999 年版，第 39 页。

术史》等讲义。"[1]

1929 年 5 月 19 日："终日编讲义，苦作。"[2]

1929 年 5 月 22 日："type—write 讲义。"[3]

1929 年 9 月 19 日："晚饭时，有女生来索讲义。"[4]

1930 年 4 月 5 日："午饭后，女生欧阳采薇来索讲义。未见。"[5]

1930 年 4 月 23 日："9—11 欧阳采薇等三女生来求讲书，以考试在即故也。"[6]

1939 年 10 月 5 日："宓今日编讲义。于各国文字之源流，多请教于邵循正君。其绩学可佩也。"[7]

1939 年 10 月 6 日："下午，编理讲义。3—5 至系主任室打印。"[8]

1　吴宓著、吴学昭整理注释《吴宓日记》第 3 册，生活·读书·新知三联书店 1998 年版，第 115 页。
2　吴宓著、吴学昭整理注释《吴宓日记》第 4 册，生活·读书·新知三联书店 1998 年版，第 256 页。
3　《吴宓日记》第 4 册，第 256 页。
4　《吴宓日记》第 4 册，第 293 页。
5　吴宓著、吴学昭整理注释《吴宓日记》第 5 册，生活·读书·新知三联书店 1998 年版，第 50 页。
6　《吴宓日记》第 5 册，第 61 页。
7　吴宓著、吴学昭整理注释《吴宓日记》第 7 册，生活·读书·新知三联书店 1998 年版，第 86 页。
8　《吴宓日记》第 7 册，第 86 页。

2. 浦江清《清华园日记·西行日记（增补本）》

1932 年 1 月 19 日："下午返校，翻看余半年来所讲中国文学史之讲义，因明日考试须预先出题也。……讲义不甚满意，大概再教二三年后方能成书。"[1]

1942 年 12 月 26 日："上午未出门。读《散曲丛刊》，选关汉卿以下小令若干，抄写付讲义。"[2]

1943 年 1 月 3 日："此数日留研究所，选元人散曲作讲义。"[3]

1949 年 2 月 8 日："上午，上中文系办公室。交冯君抄印《唐诗选》讲义若干页。在图书馆查看《新唐书》。下午，读《闻一多全集》中《唐诗杂论》数篇，参阅其所选《唐诗大系》。"[4]

上引各条记载，时间跨度长达 20 余年，足以表明讲义作为一种为讲课而编写的教材，同样在清华教育史上发挥过不可低估的作用。清华大学至今仍然有评选优秀教材、讲义的制度，不过笔者更感兴趣的是以下这些问题：

第一，当年的讲义，从编写到印制再到散发，到底有哪

---

1 浦江清著《清华园日记·西行日记（增补本）》，生活·读书·新知三联书店 1999 年版，第 64-65 页。

2 《清华园日记·西行日记（增补本）》，第 229 页。

3 《清华园日记·西行日记（增补本）》，第 232 页。

4 《清华园日记·西行日记（增补本）》，第 289 页。

些明文规定的制度？像吴宓那样做事一丝不苟、勤勤勉勉的人，不惜自己打印讲义，但大多数教师是否都交由助教或抄胥代劳？此外，从研究院学生来函"求梁任公著之《近三百年学术史》等讲义"以及"女生欧阳采薇来索讲义"等文字来看，教师发放讲义的做法似乎也不一致。

　　第二，与此相关，清华讲义的收费情形也无从探究。当时，北京大学教员讲课，有指定课本者，有印发讲义者，课本由学生自购，讲义的印刷费最初似乎未向学生征收，后因"各科讲座大多增发讲义"，1922 年 10 月"北京大学评议会决定再收讲义费每位学生一块钱"，不料由此引发了一场"一块钱风潮"。[1] 时隔一年，鲁迅在北京的两所学校担任兼课教授，他上课使用的讲义《中国小说史略》在付印时，由本人负责销售 200 册，故而也采取了收取讲义费的做法。[2] 虽然清华经费充足且经济独立，但上述两例或许仍然有助于推测清华讲义费的情形。

　　第三，作为全校图书资料的大本营，清华图书馆在讲义的编写过程中无疑起到了资料库的作用，但除此之外，是否

1　据北京大学总务长蒋梦麟回忆，系每学期收一块钱；而据北大学生田炯锦回忆，则是"每学期每一门功课收讲义费一元"。详陈明远著《文化人与钱》，百花文艺出版社 2001 年版，第 45–46 页。

2　《文化人与钱》，第 49–50 页。

还承担了其他功能——例如讲义的整理成册、入库收藏、借阅流通等？与此相关的是，毕树棠个人拥有此册《敦煌小说选读》，究竟是图书馆剔旧时为毕购得，还是通过什么其他途径？

陈文失收原因补述

《敦煌本〈太公家教〉书后》未能收入陈集的原因，估计是最早整理《陈寅恪文集》的蒋天枢从未见过此文，当然也不排除其他可能。

清华国学研究院于 1925 年 9 月 9 日开学，后来由于各种原因，于 1929 年秋提前结束。陈寅恪自 1926 年 7 月到校后，一直与国学院相始终。1926 年暑假后开课，陈寅恪开设题为"西人之东方学之目录学"的"普通演讲"，[1] 并指导研究生。1928 年 8 月 17 日，清华学校易名为清华大学。陈寅恪于国学院结束后，"任中文、历史系合聘教授，并为中文研究所、历史研究所开专题课。中文系和研究所开'佛经文学''《世说新语》研究''唐诗校释'等。史学系则开'魏

1　据齐家莹编撰《清华人文学科年谱》，第 39 页；苏云峰著《从清华学堂到清华大学（1911—1929）》，生活·读书·新知三联书店 2001 年版，第 296 页。

晋南北朝史专题研究''隋唐五代史专题研究'等课"。[1] 也正是在这一时期，陈寅恪"授课之余，精研群籍，于唐代文学及佛经多所涉及。所特好者，用力尤勤"，[2] 开始了他学术生涯中着力研究敦煌学的第一个主要阶段。[3]

后来受命于危难之际、独力完成《陈寅恪文集》整理重任的蒋天枢，则是清华国学研究院招收的第三届学生，时在1927年。据陈寅恪1956年自述，他与蒋天枢1928年在清华国学研究院为"师生关系"，[4] 估计是指主要授课时间在1928年。[5] 蒋天枢1930年秋毕业后，先后在北平师范、河南大学、东北大学等校任教，1943年秋受聘为北碚复旦大学中文系教

1 蒋天枢撰《陈寅恪先生编年事辑（增订本）》，上海古籍出版社1997年版，第75页。

2 《陈寅恪先生编年事辑（增订本）》，第75页。

3 姜伯勤《陈寅恪先生与敦煌学》（载《广东社会科学》1988年第2期）一文认为，陈寅恪1927年至30年代初期发表的第一批敦煌学研究成果，与陈垣的《摩尼教入中国考》《敦煌劫余录》等，"标志着中国敦煌学进入了一个新的阶段"；而"陈寅恪先生在早期敦煌研究中划出了一个新时期，把题跋研究发展为有广阔世界文化视野的专题研究"。

4 陆键东著《陈寅恪的最后二十年》，生活·读书·新知三联书店1995年版，第143页；陆键东著《陈寅恪的最后二十年（修订本）》，生活·读书·新知三联书店2013年版，第137-138页。

5 1927年4月，蒋天枢参加清华国学研究院第三届新生考试，报考的导师原为王国维，未及报到而王已自沉，遂改由梁启超"指导写作"、陈寅恪"负责授课"。见朱浩熙著《蒋天枢传》，作家出版社2002年版，第3-4页。1928年6月14日，研究院为刘盼遂、戴家祥、蒋天枢等22名学生举行毕业典礼；7月，研究院教务会议批准罗根泽、蒋天枢等（转下页）

授。[1] 1949 年后至 20 世纪 50 年代末，陈寅恪与蒋天枢虽然天各一方，但师生间书信不断：陈寅恪托蒋天枢"在上海图书馆查材料"，蒋天枢则"常通信问业"。[2] 1964 年 5 月末，蒋天枢抵达广州，"陈寅恪将晚年编定的著作整理出版全权授予蒋天枢"。[3]

据此，笔者以为，蒋天枢在清华国学研究院期间（1927年至 1929 年），应该没有看过陈寅恪发放给学生用作讲义的《敦煌本〈太公家教〉书后》一文。离开清华后，1931年至 1932 年、1937 年在北平，[4] 1943 年在重庆，1946 年在南京，1948 年至 1949 年之交在上海，1953 年、1964 年在广州，蒋天枢曾有多次拜谒亲炙的机缘，[5] 如果陈寅恪有意将此文收入文集，应该不会不向蒋天枢提及。即便是陈寅恪

（接上页）10 人继续留校研究 1 年。是年陈寅恪所授课目为"梵文文法"（每周 2 小时）、"唯识二十论校读"（每周 1 小时）。见齐家莹编撰《清华人文学科年谱》，第 66、67、74 页。

1　据《蒋天枢传》，第 5、6、7、8、9 各章。

2　《陈寅恪的最后二十年》，第 143-144 页；《陈寅恪的最后二十年（修订本）》，第 137 页。

3　《陈寅恪的最后二十年》，第 420 页；《陈寅恪的最后二十年（修订本）》，第 399 页。

4　据《蒋天枢传》，第 42、60、61 页。

5　陈、蒋历年见面之记载，分见《陈寅恪先生编年事辑（增订本）》，第 133、140、142、156、175 页。可参阅《蒋天枢传》，第 88-90、99、108-111、126-132、177-185 页。

出于某种考虑，无意将此文收录，至少也会谈及，而蒋天枢编撰《陈寅恪先生编年事辑》时，于"论著编年目录"内至少也应该稍作提示。[1] 推测的结果是，蒋天枢应该从未看过，甚至从未听说过老师的这篇短文。至于陈寅恪本人，或因年代久远追忆未及，或另有他故，致使此文最终未能收入文集。

关于毕树棠

1. 毕树棠的名号

毕树棠原名毕庶滋，号树棠，后以号行。台湾学者苏云峰所著《从清华学堂到清华大学（1911—1929）》一书，根据 1927 年 5 月刊行的《清华一览》，列有 1920 年清华学校图书馆职员简介表，"毕庶滋"条云："毕庶滋，图书馆职员，号树棠，山东文登人，山东第一师范毕业，尚实英文学校肄业，曾任文登高小校长、师范教员及西伯利亚铁道监管会翻译。"[2] 这大概是今天所能看到的最早的毕树棠简介。

1　据《陈寅恪先生论著编年目录》前言，"一九五三年十月廿二日就所钞得者辑成此目"，"编年目录写成后，曾寄广州，请师订正"。见《陈寅恪先生编年事辑（增订本）》，第 193 页。

2　《从清华学堂到清华大学（1911—1929）》，第 114 页。

　　《吴宓日记》关于毕树棠的一条注释，则犯了一个不应该的小错误。"毕树棠"在《吴宓日记》中首次出现是在1929年7月2日："晨8—10在 Lib. 与毕树棠谈。"日记整理者于该页下注释云："毕树棠（1900—1983），名庶澄，山东文登人。济南第一师范学校毕业，尚实英文学校肄业。曾任小学校长、师范教员。1921年到北京清华学校图书馆任事务员。抗战期间留平。抗日战争胜利后，复任清华大学图书馆职员。1953年调清华大学建筑系图书资料室工作，1973年退休。"[1] 此处毕树棠的原名变成了"毕庶澄"。偏偏山东文登真的有一个在近现代史上小有名气的反派人物毕庶澄（字莘舫）。[2] 此人是直鲁联军张宗昌（字效坤）的部下，其人其事，丁中江《北洋军阀史话》、溥仪《我的前半生》、高阳《玉垒浮云》、金雄白《记者生涯五十年》等著述均有提及。据毕庶滋（毕树棠）自述，毕庶澄为其族兄，

1　《吴宓日记》第4册，第266页。

2　2022年3月21日补案：毕可生（毕庶澄次子）所撰《我的父亲毕庶澄》（载文登市政协文史资料委员会《文登文史资料》第6辑，1991年10月印行，第55-109页），是迄今所见最详尽的毕庶澄传记。据该传，毕庶澄生卒年应为"1893—1927"，而非某些工具书所标识的"1894—1927"。

且曾有所往还。[1]

有"笔名大王"之誉的陈玉堂，在其所著《中国近现代人物名号大辞典》中提供了毕树棠的两个笔名——碧君、民犹。[2]此外，笔者在网上搜索有关毕树棠的资料时，发现了毕氏的另一个名号——毕树堂。北京大学中文系学术论坛主页公布的《沈从文研究论文举要》，[3]收录了署名"毕树堂"的篇目——《评〈从文自传〉》（原载 1936 年 2 月 3 日天津《大公报·文艺》）。清华大学毕业生郑林宽在一篇文章里也使用了"毕树堂"这一名号："职员方面，比较熟悉的有图书馆几位老师。毕树堂先生当时在编目室工作，业余常写些

---

1 2022 年 3 月 21 日补案：毕树棠 1932 年 1 月 18 日日记有云："忆直奉内战之前，族兄莘舫随张效坤客居辽宁，率所谓'客军'驻扎于西丰县，当时曾传有此一段《双针公案》。后莘舫随奉军入关，某次来京，嫂氏尝为我言之。"（毕树棠著、赵龙江编《螺君日记》，海豚出版社 2014 年版，第 7 页）又，毕可生《我的父亲毕庶澄》对其家族有如下介绍："我的家族是山东省文登县的一支望族。文登县历来有全县四大姓（即丛、刘、于、毕）之说，所以，毕姓人丁旺盛，支系蔓延。我的家系又以'所以昭世序，庶可无重名，远延宏大业，永茂于文登'二十个字排辈。我的父亲即系远祖毕所密公以下第六世孙。"（《文登文史资料》第 6 辑，第 56 页）

2 陈玉堂编著《中国近现代人物名号大辞典》，浙江古籍出版社 1993 年版，第 140 页。2022 年 3 月 21 日补案：不少工具书称毕树棠"笔名犹民、忧民、民忧等"，如文登市史志办公室编纂《文登学人（第一册）》（中国城市出版社 1995 年版，第 51 页）、刘德龙等编著《山东籍的当代文化名人》上卷（山东人民出版社 2006 年版，第 12 页）等。

3 网址：http://chinese.pku.edu.cn/bbs，检索日期：2005 年 1 月 23 日。

短文和翻译西方小说。当他不知从哪里知道我常在报纸副刊上投稿，并撰写些介绍外国文坛动态报导时，竟主动地把新到的、外边不易看到的如英文《莫斯科新闻》《国际文学》以及美国的《群众》《新时代》《现代史料》借给我带出用，并指点我怎样把重要的国际文坛消息介绍出去。"[1] "堂"与"棠"同音，因音同或音近而派生出其他字号的例子，自古以来比比皆是，排除网络文字常见的失误因素之外，毕氏的这一名号极有可能确有其事。[2]

---

1 郑林宽《十八罗汉今何在，明岁值年倍思亲——回忆七级经济系学习生活片段》，此据清华经管校友网下载，网址：http://166.111.96.6/alumni/news/n3_030802.htm，检索日期：2003 年 11 月 21 日。

2 2024 年 9 月 22 日补案：本文写作、发表时，利用网络搜索文献远远没有现在这么便利。十余年来，随着技术水平的升级，加上其他因素的影响，部分网站、网页发生了很大变化，比如"http://chinese.pku.edu.cn/bbs"已关闭，"http://166.111.96.6/alumni/news/n3_030802.htm"也不可考，这就使得当时从网络上获得的资料面临着如今难以覆按的窘境。总体而言，文献搜索越往后越便捷，相关信息也越来越丰富。比如，现在稍加检索就能发现，署名"毕树堂"的书评《评〈从文自传〉》，除了发表在 1936 年 2 月 3 日天津《大公报·文艺》之外，还曾刊登在 1936 年 2 月出版的《宇宙风》第 10 期（据姜守文《沈从文研究资料目录补遗》，载《吉林大学社会科学学报》1986 年第 4 期）。研究者们也已将"毕树堂"与"毕树棠"完全等同起来，如万冲、顾金春《意义的分析、解码与传释——论现代文学书评的思维方式与语言表达策略》（载《江西社会科学》2022 年第 7 期）一文，在引述"毕树堂"的《评〈从文自传〉》时，每次都将"毕树堂"直接替换成"毕树棠"。又比如，本文所引郑林宽的这段文字，后来收入庄丽君主编的《世纪清华之二》（光明日报出版社2001 年版，第 254 页），只不过郑文的标题被改成了《十八罗（转下页）

2. 毕树棠的几件大事

毕树棠除一生致力于清华的图书事业外，还是清华文界元老之一，同时又是一位颇具声誉的翻译家。据笔者粗粗梳理，毕树棠至少有以下几件大事可以载入史册，值得今人研究。

一是直接参与二十世纪二三十年代的文学创作。在吴宓、浦江清等人的引导与鼓励下，参与天津《大公报》"文学副刊"的活动，应该是毕树棠从事现代文学创作活动的起始阶段。1925 年 2 月，吴宓到北京清华学校筹办研究院，任研究院主任。1928 年 1 月至 1932 年 12 月，吴宓主编天津《大公报·文学副刊》，清华的不少教师应邀参与其事。据毕树棠自述："我有时去投稿，偶得吴公及其门生浦江清、赵万里诸君所称许，因之关于英美文学的稿子，我借清华图书馆英美书刊之便，写得较多。"[1] 1929 年 10 月 6 日《吴宓日记》则

（接上页）汉今何在？——回忆七级经济系学习生活片断》，与当年"清华经管校友网"转载时的标题并不完全一致。不得不指出的是，"十八罗汉今何在，明岁值年倍思亲"的旧题实际上更加贴切，也更加符合作者的原意。换言之，曾经的旧题留存了特殊而重要的历史信息。有鉴于此，在确保相关论断没有错误的前提下，本文尽量保存原貌（曾经存在的网址、当年的检索日期等），没有对已用资料做全面的更新或补充。本书所收其他文章也有类似情况，不再另做说明。

1 毕树棠《琐忆吴宓》，原载《泾阳文史资料·吴宓专辑》，转录自李继凯、刘瑞春选编《追忆吴宓》，社会科学文献出版社 2001 年版，第 122 页。

云:"夕,宴毕树棠、浦江清、朱自清、叶崇智于室中,皆《文副》撰稿人也。"[1] 1930 年 1 月 21 日:"晚 7—10 在室中宴叶崇智、毕树棠、朱自清、浦江清(5.10),谈新文学。"[2] 除《大公报·文学副刊》外,毕树棠的文章另见《国闻周报》《新月》《宇宙风》《文学季刊》等期刊。

二是对现代文学作家、作品的批评。除了上引《评〈从文自传〉》之外,最著名的莫过于《鲁迅的散文》一篇。这篇最初发表于《宇宙风》第 34 期(1937 年 2 月 1 日)的文章,其后经常被人提起、最常被人引用的是这样几句:"最初写小说,一定就成功,却止于《呐喊》与《彷徨》;继之写散文,也一定就成功,却又止于《野草》和《朝花夕拾》。""缺乏一个哲学家的完整的中心思想,因此在气度上有了限制,不能产出长篇的巨作。""杂感是他的独造,殊难与他人相提并论,其实只可算他的散文的糟粕。"毕树棠对鲁迅散文(尤其是杂文)的批评,今天应该到了平心静气地予以再评论的时候,不能再随意地乱扣帽子、乱打棍子。

三是参与晨光版美国文学丛书的翻译。毕树棠一生译著颇多。据舒乙回忆,赵家璧经营晨光出版社时,曾经组织"晨光世界文学丛书"的翻译出版,译者队伍集中了当

---

1 《吴宓日记》第 4 册,第 300 页。
2 《吴宓日记》第 5 册,第 12 页。

时一大批国内最优秀的翻译家，其中就包括毕树棠。[1] 此外，毕树棠曾于 1942 年"在中德学者联合创办的综合性学术刊物《中德学志》（4 卷 1 期、2 期）上发表了《苏德曼论》的长篇专论"，对有"自然主义巨擘"之称的德国戏剧家、小说家苏德曼（Hermann Sudermann，1857—1928）作了全面深刻的评论。"这是二十世纪上半叶中国学者总结苏德曼文学创作的最翔实的一篇、也是最后的一篇文献。"[2] 由此不难看出毕树棠从事外国文学研究的广博与深湛。

至于毕树棠直接参与清华校园文学活动的描述，还可参阅张玲霞所著《清华校园文学论稿（1911—1949）》。[3]

而毕树棠次子毕可松所撰《回忆父亲毕树棠》，虽然篇幅不长，但作为一篇家传，仍可补充相关史料之不足，尤其是文中对于这位"着实作了清华的 Watchman"的清华前辈，有着不少亲切而感人的回忆。[4]

---

1 舒乙《赵家璧的两个高峰》，载 2002 年 11 月 18 日《解放日报》。

2 吴晓樵《苏德曼与中国文坛》，载 2001 年 4 月 18 日《中华读书报》。

3 张玲霞著《清华校园文学论稿（1911—1949）》，清华大学出版社 2002 年版。

4 载宗璞、熊秉明主编《永远的清华园——清华子弟眼中的父辈》，北京出版社 2000 年版，第 392—399 页。2022 年 3 月 21 日补案：抗战期间护存清华图书资料（担任图书馆校产保管员之一）、战后迅速恢复图书馆正常功能，或许称得上毕树棠的第四件大事。除毕可松《回忆父亲（转下页）

3. 毕树棠与陈寅恪

毕树棠与陈寅恪初见，时当清华学校国学研究院时期。根据吴宓日记的记载，陈寅恪抵京在 1926 年 7 月 7 日。[1] 7 月 10 日及 12 日，吴宓两度陪导陈寅恪参观图书馆，[2] 陈、毕二人相识，或即在吴宓导游图书馆前后。共事清华期间，吴宓在其日记里对陈、毕之交游并无直接记载，但据毕树棠自述，他为了协助顾子刚、浦江清为陈寅恪准备讲课用的书籍和参考文献，"有时到陈先生办公室，有时也到他家里去"，与陈寅恪也很熟悉。[3] 另据卞僧慧回忆，陈寅恪晚岁

（接上页）毕树棠》外，另可参阅以下文献：韦庆媛《平凡与伟大》，载《读书》2009 年第 9 期；秋禾《书林隐士毕树棠》，载臧杰主编《十年一觉》（"闲话丛书"第 19 辑），青岛出版社 2014 年版，第 111–129 页。

1　详《吴宓日记》第 3 册，第 188 页。

2　详《吴宓日记》第 3 册，第 190 页。

3　毕树棠《忆陈寅恪先生》略云："我和陈寅恪先生相识，是我与吴雨僧先生相过从之中开始的。当时，吴先生住清华西客厅，陈先生也住过那里，可是陈先生初住城里，上课时才来清华，在西客厅吃一顿午饭。……在其他时间里，他来清华，也总是在西客厅休息，我常常去看吴先生，有时就看见陈先生，简单地谈几句话，慢慢就熟了。其次是业务的关系。陈先生于 1926 年到国学研究院讲学，用的一些中外书籍和参考文献几乎全是清华图书馆所未入藏的，都得临时置备供应。当时主要由顾子刚先生与浦江清助教承办，我们作他们的下手，一面学习，一面工作，所以我有时到陈先生办公室，有时也到他家里去，慢慢也就熟悉了。"（见倪文尖编《文人旧话》，文汇出版社 1995 年版，第 1 页）毕树棠在此文中还提到了陈寅恪"敦煌小说选读"一课相关研究成果的形成——"由北京图书馆和伦敦博物馆等处所藏的敦煌写本中选用若干篇，（转下页）

整理诗文时困难重重，"在搜集旧著时，力有不及，或托诸
友生。如《狐臭与胡臭》一文，曾刊在清华中文系一刊物
上。1964 年秋，周一良先生因事南来，特探望先生，因以
搜寻此文相托。当时清华图书馆毕树棠先生，从二十年代
即专司本馆中外杂志之管理，竟遍觅不得。此文刊出值卢
沟变起前夕，曾否入藏，毕先生已难追忆。周先生转而他
求，最后从出版时在系中任教之余冠英先生处得之。今收
入《寒柳堂集》中。先生旧作当然不至篇篇如此，仅此一
端，当时困难情状，亦可想见矣。"[1]

　　行文至此，又浮现出新的问题：毕树棠既已知晓陈寅恪
四处搜集旧作，即使以常理来推测，他也不大可能不将珍藏
的《敦煌小说选读》寄赠给陈寅恪。再者，毕树棠 1983 年 4

（接上页）就原文加以考订与解释，即成精辟之论述是也"。又曾引用
《西夏文佛母孔雀明王经考释序》，以证明陈寅恪"研究过比较语言学甚
深"，"更可知其治学之精神为'知之为知之，不知为不知，是知也'"。
他认为陈寅恪《王观堂先生挽词（并序）》对于王国维死因的分析，"似
比他论更高更深些"；"陈先生之文章亦绝不枯燥，然亦不华丽，似另有
一种语言的句法组织，而又与我国考据传统之文章息息相通，似乎颇有
些科学性，令人有耐读而不易学之慨"；陈寅恪虽"不以诗称"，但"陈
先生的文学鉴赏之才还是非凡的"。（《文人旧话》，第 2—6 页）凡此种种，
足可见毕树棠不但钦敬陈寅恪治学之精神、方法与成绩，而且对于陈氏
之学确曾作过较深的研究。

1　卞僧慧《未继承父业者即不能整理遗著欤？》，载 1998 年 10 月 21 日《中
华读书报》。

月才因车祸不幸辞世，上海古籍出版社 1980 年、1982 年出版的《陈寅恪文集》以及 1981 年面世的《陈寅恪先生编年事辑》，毕树棠有可能见过。他是否与蒋天枢就陈寅恪佚文事有过联系，现在也只能悬而不决了。

此外，新中国建立后，毕树棠曾向清华大学图书馆捐赠了 120 种古籍，[1]这批捐赠的古籍中不知是否包含了《敦煌小说选读》。这些，同样只能留待高明指教了。

结语

三联书店版《陈寅恪集·读书札记二集》收录了陈寅恪在《须达起精舍因缘曲》《维摩诘经文殊师利问疾品演义》《有相夫人生天因缘曲》等三种佛曲上所作的札记（荣新江

---

1 《清华大学图书馆收藏古籍的历史》，此据清华大学科技史暨古文献研究所网页下载，网址：http://history.lib.tsinghua.edu.cn/treasure/shoucang.htm，检索日期：2003 年 11 月 21 日。又，据清华新闻网消息，2005 年 5 月 26 日，毕树棠的子女将父亲的书信、手稿、翻译稿等 44 件遗物以及各个时期的照片 32 张，一并捐赠给了"老先生衷心热爱的清华大学"。网址：http://news.tsinghua.edu.cn/new/news.php?id=10550，检索日期：2005 年 8 月 11 日。此外，网上书店"布衣书局"曾发布毕树棠藏书《东方杂志二十周年纪念号》(上、下册)相关信息，另附毕氏生平，均可参阅。网址：http://www.booyee.com.cn/bookdetail-used.jsp?bookid=36712，检索日期：2005 年 8 月 11 日。

辑录）。[1] 陈氏为上述三种佛曲所作的跋文（凡四篇），收入
《陈寅恪集·金明馆丛稿二编》；[2] 而《陈寅恪集·讲义及杂稿》
则录存《两晋南北朝史》《唐史讲义》《元白诗证史讲义》等
三篇讲义。[3] 笔者设想，日后如能修订再版陈集，是否可以
考虑将《敦煌小说选读》一并收入？

最后，引用陈寅恪的两段话作为全篇的结束语："总而
言之，考据之学，本为材料所制限。敦煌本是否为鸠摩罗什
所译，尚待他日新材料之证明。今日固不能为绝对否定之
论，亦不敢为绝对肯定之论，似为学术上应持之审慎态度
也。"[4]"此则未得确证，姑作假设，以供他日解决问题之参考，
所谓仅资谈助者是也。"[5]

1　陈寅恪著、陈美延编《陈寅恪集·读书札记二集》，生活·读书·新知三
　联书店 2001 年版，第 299–311 页。

2　陈寅恪著、陈美延编《陈寅恪集·金明馆丛稿二编》，生活·读书·新知
　三联书店 2001 年版，分见第 193–196、203–210、353–354、192 页。

3　《两晋南北朝史》题注云："高等学校交流讲义。"见陈寅恪著、陈美延编
　《陈寅恪集·讲义及杂稿》，生活·读书·新知三联书店 2002 年版，第 83
　页。

4　陈寅恪《敦煌本十诵比丘尼波罗提木叉跋》，见《陈寅恪集·金明馆丛稿
　二编》，第 295 页。

5　陈寅恪《敦煌石室写经题记汇编序》，见《陈寅恪集·金明馆丛稿二编》，
　第 233 页。

陈寅恪手书《宋诗精华录》批语辑注 [*]

      2004 年 12 月，承友人梁基永君慷慨相赠，笔者有幸获
得一份陈寅恪先生为《宋诗精华录》所作批语的复印件。据
介绍，原书系陈寅恪先生曾经藏阅之物，几经辗转，现归沪
上某藏家。

      《宋诗精华录》四卷，线装一册，是近代"同光体"代表

---

* 首刊于《文学遗产》2006 年第 1 期，改题为《陈寅恪手批〈宋诗精华
  录〉》。后恢复初名，收入张求会著《陈寅恪丛考》，浙江大学出版社
  2012 年版，第 202–229 页。录入本书时，陈寅恪批语不再使用繁体，部
  分文字排印格式也有所调整。

人物之一陈衍（1856—1937，字叔伊，号石遗）编选、点评的宋诗合集，商务印书馆民国二十六年七月（1937 年 7 月）初版。陈寅恪先生手批者，则为民国二十七年五月（1938 年 5 月）再版本。

梁君所赠复印件，共 23 页。除封面、扉页、封底之外，其余 20 页均与陈寅恪先生有关。开篇陈衍自叙右下方、正文卷一首页右下方，各钤有"陈寅恪印"隶书阳文章一枚，与三联书店版《陈寅恪集》扉页及插页书影的名章完全一致。[1] 分散于各卷（含卷首序言）的批语共计 19 条，均以毛笔写就，统书于书眉。批语原文，笔墨深浅不一，润枯各异，且多有涂改圈删之处。笔者所观虽为影件，然细加辨认，确系寅恪先生之手迹。批注之时间，或在 1938 年至 1944 年之间——其上限不早于《宋诗精华录》再版之时间（1938 年 5 月），下限则不迟于寅恪先生左眼恶化之时间（1944 年 11 月

---

1 陈寅恪著、陈美延编《陈寅恪集》，生活·读书·新知三联书店 2001 年 1 月至 2002 年 5 月第 1 版。除各册扉页均影印此名章外，以下书影亦依稀可见此印：《有学集》序（见《柳如是别传》上册插页）；一九五〇年岭南大学出版线装本《元白诗笺证稿》封面、扉页（见《元白诗笺证稿》插页）；一九五四年自刊油印线装本《论再生缘》封面、正文首页（见《寒柳堂集》插页）；《旧唐书》封面、扉页，《新唐书》卷一首页（均见《读书札记一集》插页）；《刘宾客集》封面及序，《沙州文录》封面，《资治通鉴考异》卷一首页，《唐人小说》封面（均见《读书札记二集》插页）；《高僧传笺证稿本》封面（见《读书札记三集》插页）等。

敍

孟軻氏有言曰由湯至於武丁賢聖之君六七作又曰武丁朝諸侯有天下猶運之
掌也詩車攻小序云宣王能內修政事外攘夷狄復文武之境土修車馬備器械復
會諸侯於東都此言殷周二代之中興也其事雖大可以喻小詩文之中興何莫不
然濟濟簡齋文人之善謔而甚辯者也有數人論詩分茅設蕝爭唐宋之正閏質于
簡齋簡齋笑曰吾惜李唐之功德不逮姬周國祚僅三百年耳不然趙宋時代猶是
唐也由斯以談唐諸大家譬如殷之甘盤傳說周之方叔召虎仲山甫尹吉甫奐然吾
生南宮适宋諸大家譬如殷之伊尹仲虺伊陟巫咸周之周公太公召公散宜
選宋詩抑有說焉虞書曰詩言志歌永言聲依永律和聲八音克諧無相奪倫倫理
也孟子所謂始條理終條理也虞書又曰戛擊鳴球搏拊琴瑟以詠下管鞀鼓合止
柷敔笙鏞以間故詩曰戛擊鳴球在上頀竹在下貴人聲也詩曰鞀鼓淵淵嘒嘒管聲旣
和且平依我磬聲蓋聲音之道由細而大戛擊鳴球所以作止樂總言之也合止柷

明妃初出漢宮時淚濕春風鬢腳垂低徊顧影無顏色尚得君王不自持歸來却怪

丹青手入眼平生幾曾有意態由來畫不成當時枉殺毛延壽一去心知更不歸可

憐著盡漢宮衣寄聲欲問塞南事只有年年鴻雁飛家人萬里傳消息好在氈城莫

相憶君不見咫尺長門閉阿嬌人生失意無南北

明妃初嫁與胡兒氈車百兩皆胡姬含情欲說獨無處傳與琵琶心自知黃金撥

春風手彈看飛鴻勸胡酒漢宮侍女暗垂淚沙上行人却回首漢恩自淺胡自深人

生樂在相知心可憐青塚已蕪沒尚有哀絃留至今

厚末首君恩之不可恃

低徊二句言漢帝之猶有眼力勝於神宗意趣句言人不易知可憐句用意忠

漢恩二句即與我輩者爲善人意本普通公理說得太露耳二詩荊公自已寫

照之最題者

書任村萬鋪

陈寅恪手迹

中旬）[1]——盖为此批注时，仍能作蝇头小楷，目力应尚敷读

---

1 据陈流求、陈美延姊妹回忆，1937 年 9 月 14 日祖父散原老人逝世，寅
恪先生先行主持丧事，极为劳累，且亲友吊唁时均须叩首、鞠躬还礼，
多种因素作用之下，诱发右眼视力急剧下降，"诊断为右眼视网膜剥离"，
急需入院手术治疗。因不愿在已成为沦陷区的北平教书，寅恪先生最终
携妻带女，举家南迁，"决心用惟一的左眼继续工作"。几经逃难，1943
年底辗转到达成都，任教于燕京大学。此时正值抗战后期，物价飞涨，
灯光昏暗，且常停电，导致左眼视力日渐减退，"手写字迹已较前明显增
大"，曾有一次期末评卷后，因眼力不济，"已无法按校方要求将考分登
录在细小的表格内，无奈之下只有叫流求协助完成这项费眼力的工作"。
至 1944 年 11 月中旬，"左眼已经恶化"，但仍继续授课。12 月 12 日晨，
"突然感到左眼失去光明"，14 日因"左眼视网膜脱离"，住入存仁医院
治疗，因条件有限，手术失败，未能恢复视力。至此，双目已接近完全
失明。（据陈流求、陈美延《先父陈寅恪失明的过程》，载宗璞、熊秉明
主编《永远的清华园——清华子弟眼中的父辈》，北京出版社 2000 年版，
第 38－45 页）蒋天枢所撰《陈寅恪先生编年事辑（增订本）》则记录了此
数年间寅恪先生批校《新唐书》之情形："（一九三九年）九月，在昆明校
读《新唐书》。书后自记云：'一九三九年九月三十日，读一过。'先生所
用为中华排印本，殆在昆明新购。……先生治此书时，已远不如批校《旧
唐书》时之悠闲。流离西南，生活极不安定，且是时目力已不如前。书
眉识语虽较旧书为少，仍多精辟处。"（一九四一年）十二月十四日，校
读《新唐书》第二过。见书后自记。是冬于坊肆中购得商务国学基本丛
书本宋李心传《建炎以来系年要录》十二册，排印字既小，且多双行注，
字尤小，于先生此时目力极所非宜。"一九四四年在成都作《以杜诗证唐
史所谓杂种胡之义》《元微之悼亡诗笺证稿》《论元白诗之分类》等十一
篇文章，"有关元白诗之文九篇后皆收入《元白诗笺证稿》中。时先生生
活最困难，亦眼疾日益恶化之时"。（见蒋著，上海古籍出版社 1997 年版，
第 119、129、135 页）另可参阅吴宓 1944 年 12 月 12 日至 12 月 31 日日记。
（吴宓著、吴学昭整理注释《吴宓日记》第 9 册，生活·读书·新知三联
书店 1999 年版，第 374－391 页）

写之用。

此十余条批语，既为上海古籍版《陈寅恪文集》、三联书店版《陈寅恪集》所失收，又从未经人道及，其价值可想而知。吉光片羽，岂可轻放？故不揣谫陋，妄作解人。倘有海内外方家通人由此深挖细凿，或阐释寅恪先生诗史互证、古今杂糅之要义，或推动近代诗学研究之深入，则善莫大焉。

为便于观览，现对各类文字作如下处理：宋人原诗（含卷首陈衍自叙），正文以仿宋体排版，诗题宋体加粗；陈石遗所作评语，原刊较引诗低两格，现依从旧貌，加添"〖陈衍原评〗"字样，亦用仿宋体付排；陈寅恪先生所作批语，均以楷体排印，增添"〖陈寅恪批语〗"；笔者酌情所加按语，则以宋体赘后。

第一条

原文（见卷首，页一）：

陈衍：叙

孟轲氏有言曰："由汤至于武丁，贤圣之君六七作。"又曰："武丁朝诸侯，有天下，犹运之掌也。"《诗·车

攻》小序云：宣王能"内修政事，外攘夷狄，复文武之
境土；修车马，备器械，复会诸侯于东都"。此言殷、
周二代之中兴也。其事虽大，可以喻小。诗文之中兴，
何莫不然？清袁简斋，文人之善谑而甚辩者也。有数人
论诗，分茅设蕝，争唐、宋之正闰，质于简斋。简斋笑
曰："吾惜李唐之功德，不逮姬周，国祚仅三百年耳。不
然，赵宋时代，犹是唐也。"由斯以谈，唐诸大家，譬如
殷之伊尹、仲虺、伊陟、巫咸，周之周公、太公、召公、
散宜生、南宫适；宋诸大家，譬如殷之甘盘、傅说，周
之方叔、召虎、仲山甫、尹吉甫矣。然吾之选宋诗，抑
有说焉。《虞书》曰："诗言志，歌永言，声依永，律和
声。八音克谐，无相夺伦。"伦，理也。孟子所谓"始条
理""终条理"也。《虞书》又曰："戛击鸣球、搏拊、琴
瑟以咏"，"下管鼗鼓，合止柷敔，笙镛以间"。故《礼》
曰："歌者在上，匏竹在下，贵人声也。"《诗》曰："鼗鼓
渊渊，嗖嗖管声，既和且平，依我磬声。"盖声音之道，
由细而大，戛击鸣球，所以作止乐。总言之也，合止柷
敔，所以合乐止乐。终言之也，土木与石，皆声音之细
者。若琴瑟、下管、鼗鼓、笙镛，则丝竹金革，悠扬铿
锵鞳鞳，皆声音之由细而渐大也。《关雎》之诗曰"琴瑟
友之""钟鼓乐之"，《鹿鸣》之诗曰"鼓瑟吹笙""吹笙
鼓簧"，又曰"鼓瑟鼓琴"，无用柷敔者，而合乐则不废

枧敔。故长篇诗歌，悠扬铿锵鞺鞳者固多，而不无沉郁顿挫处，则土木之音也。然如近贤之祧唐宗宋，祈向徐伸车、薛浪语诸家，在八音率多土木，甚且有土木而无丝竹金革，焉得命为"律和声，八音克谐"哉！故本鄙见以录宋诗，窃谓宋诗精华乃在此而不在彼也。丁丑初夏，石遗老人书。

〖陈寅恪批语〗

此数语有所指。其实近人学宋诗者，亦非如石遗所言，大抵近体较佳，七律尤胜，乌睹所谓"仅有土木而无丝竹者"耶？石遗晚岁颇好与流□争名，遂作此无的放矢之语，殊乖事实也。

求会谨按：此批书于篇末三行之眉首，显系针对"然如近贤之祧唐宗宋"数语而发，各句句末（"宋""家""木""革""哉""诗""也"凡七字）原有寅恪先生所加墨圈。"亦非如石遗所言"一句为自行补书者。"晚岁"二字系改笔，原字未辨。"石遗晚岁颇好与流□争名"一句，"流"下之字，似"中"而非。盖"流"与"中"之间曾经改书，然仅存左撇右点之残笔，其下复有一细小墨圈相连，既不独立成体，又不足与"中"合成一字。若径作"流中"，又似不通。或

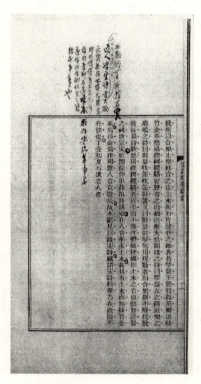

陈寅恪所作第一条批语

原拟改作"流辈",[1] 而未及成形？真意如何，殊费解也。今暂以"□"代替，以俟高明赐示。

第二条

原文（见卷一，页一）：

帝昺：在燕京作

寄语林和靖，梅花几度开？黄金台下客，应是不归来。

〖陈衍原评〗

末五字凄黯。宋诸帝皆能诗，然舍仁宗"地有湖山美，东南第一州"十字，语多陈腐，无能如唐玄宗者。此首可兄事唐文宗之"辇路生秋草，上林花满枝"，殆所谓愁苦易好欤？

〖陈寅恪批语〗

此诗疑是伪托。若果伪托，则评语殊无谓矣。

1　2013 年 5 月 29 日补案：上海博物馆柳向春先生，是日通过新浪微博予以提示："图不是很清楚，但从轮廓看，就是'辈'。"

第三条

原文（见卷一，页二）：

郑文宝：阙题

亭亭画舸系寒潭，直到行人酒半酣。不管烟波与风雨，载将离恨过江南。

〔陈衍原评〕

案：此诗首句一顿，下三句连作一气说，体格独别。唐人中惟太白"越王勾践破吴归"一首，前三句一气连说，末句一扫而空之。此诗异曲同工，善于变化。

〔陈寅恪批语〕

此诗首句及第二句为一节，第三句、第四句为一节，并非第二、三、四句"连作一气说"也，何谓"体格独别"耶？

求会谨按：批语曾经删改，"连作一气说"之下，原有四行半，合计四十余字，继自涂污，不可再辨。修改时，"说"下补书"也"字作结，复添入"何谓'体格独别'耶"七字收束该条。前后字迹稍殊。

第四条

原文（见卷一，页九）：

欧阳修：丰乐亭小饮

造化无情不择物，春色亦到深山中。山桃溪杏少意思，自趁时节开春风。看花游女不知丑，古妆野态争花红。人生行乐在勉强，有酒莫负琉璃钟。主人勿笑花与女，嗟尔自是花前翁。

〖陈衍原评〗

第六句写得出。第五句以太守而说游女之丑，似未得体，当有以易之。

〖陈寅恪批语〗

此处所谓"丑"，即"古妆野态"之意，虽出自太守之口，本无"得体"与"不得体"之问题也。

求会谨按：此条亦经涂改，"意"乃改字，末句原作"本无不得体之问题也"，其下复有十余字。又，"问题"二字因系在原迹上改书，恐不易辨认，故复于其左侧以蝇头正楷补书一次，笔迹颇纤细。

第五条

原文（见卷一，页一三）：

梅尧臣：悼亡三首

　　结发为夫妇，于今十七年。相看犹不足，何况是长捐？我鬓已多白，此身宁久全？终当与同穴，未死泪涟涟。

　　〖陈衍原评〗

　　与放翁之"此身行作稽山土"，皆从《毛诗》来。

　　每出身如梦，逢人强意多。归来仍寂寞，欲语向谁何？窗冷孤萤入，宵长一雁过。世间无最苦，精爽此消磨。

　　〖陈衍原评〗

　　末韵即"荀奉倩神伤"之意。

　　从来有修短，岂敢问苍天？见尽人间妇，无如美且贤。譬令愚者寿，何不假其年？忍此连城宝，沉埋向九泉。

　　〖陈衍原评〗

　　情之所钟，不免质言。虽过当，无伤也。

　　案：潘安仁诗，以《悼亡三首》为最。然除"望庐"

二句、"流芳"二句、"长箪"二句外，无沉痛语。盖熏
心富贵，朝命刻不去怀，人品不可与都官同日语也。

〖陈寅恪批语〗

元微之亦"熏心富贵"之人，其《遣愁怀三首》却
极沉痛。又，"高情自古《闲居赋》，谁信安仁拜路尘"，
不知石遗老人将何以释元裕之之疑？

石遗老人之最赏此数诗，殆有所感。昔沈乙厂谓
"石遗《萧闲堂诗》，可作伦理教科书读"，亦极尽赞美
之词矣。

求会谨按："又""矣"二字均系改写，原文难辨。又，
元好问《论诗三十首》之六原作："心画心声总失真，文章宁
复见为人？高情千古《闲居赋》，争信安仁拜路尘！"

再按：陈衍之妻萧道管（1855—1907），"素善钩稽，喜
考据之学。成《说文重文管见》一卷，《〈列女传〉集解》十
卷，《萧闲堂札记》四卷，《然脂新话》三卷，《平安室杂记》
一卷，遗诗、文、长短句各一卷"。"中年取山谷老人语，颜
所居曰'戴花平安室'"，"晚复取《真诰》语，颜其堂曰
'萧闲'"。[1]光绪三十三年丁未（1907）八月卒于京师，年

1　陈衍《先室人行述》，见《石遗室文集》卷二。此据陈衍著、陈步编《陈
　　石遗集》上册，福建人民出版社 2001 年版，第 441-443 页。

五十三。是年十二月，陈衍为作《行述》及五言长律《萧闲堂诗三百韵》，[1] 诗见《石遗室诗集》卷四。[2]

第六条

原文（见卷二，页二）：

王安石：明妃曲二首

明妃初出汉宫时，泪湿春风鬓脚垂。低徊顾影无颜色，尚得君王不自持。归来却怪丹青手，入眼平生几曾有？意态由来画不成，当时枉杀毛延寿。一去心知更不归，可怜着尽汉宫衣。寄声欲问塞南事，只有年年鸿雁飞。家人万里传消息，好在毡城莫相忆。君不见咫尺长门闭阿娇，人生失意无南北。

〖陈衍原评〗

"低徊"二句，言汉帝之犹有眼力，胜于神宗。"意态"句，言人不易知。"可怜"句，用意忠厚。末言君恩

1　陈声暨编《侯官陈石遗先生年谱》卷五。此据陈步编《陈石遗集》下册，第 2003 页。

2　陈衍《萧闲堂诗三百韵》，详见《陈石遗集》上册，第 145–151 页。

之不可恃。

　　明妃初嫁与胡儿，毡车百两皆胡姬。含情欲说独无处，传与琵琶心自知。黄金捍拨春风手，弹看飞鸿劝胡酒。汉宫侍女暗垂泪，沙上行人却回首。汉恩自浅胡自深，人生乐在相知心。可怜青冢已芜没，尚有哀弦留至今。

　　〖陈衍原评〗

　　"汉恩"二句，即"与我善者为善人"意，本普通公理，说得太露耳。二诗荆公自己写照之最显者。

　　〖陈寅恪批语〗

　　欧阳永叔《居士集》卷八《和介甫〈明妃曲〉》二首皆仁宗嘉祐四年所作，即介甫原诗亦作于嘉祐之确证。其时神宗未为君，介甫未为相，"低徊"二句何得谓"汉帝之胜于神宗"？"汉恩"二句亦何得有"与我善者为善人"意？故说诗而不考史，未有不流为臆说者也。

　　神宗生于庆历八年，介甫作《明妃曲》时在嘉祐四年，神宗年十二岁，英宗尚未继统，更何可以汉帝比神宗耶？

　　介甫在嘉祐四年直集贤院，年三十九岁。至熙宁二年，年四十九岁，始参知政事。其作宰相与作《明妃曲》之时间，相距至少有十年之久也。

　　求会谨按："汉恩"之"恩"，初误书作"帝"。"亦何得有"之"有"，以细笔补书于右侧。"介甫作《明妃曲》时"以下二字系改书，原字不辨。

第七条

原文（见卷二，页六）：

王安石：六言绝句二首

柳叶鸣蜩绿暗，荷花落日红酣。三十六陂春水，白头相见江南。

二十年前此地，父兄持我东西。今日重来白首，欲寻旧迹都迷。

〖陈衍原评〗

绝代销魂，荆公诗当以此二首压卷。东坡见之曰："此老，野狐精也。"遂和之。又句云："崇桃兮炫昼，积李兮缟夜。"写桃李得未曾有。余尝言："荆公诗，有《世说》所称谢征西之妖冶。"沈子培极以为然。荆公功名士，胸中未能免俗，然饶有山林气。相业不得意，或亦气机相感邪？

〖陈寅恪批语〗

三十年前，寅曾见郑海藏诵此诗，叹赏不已。石遗此评，亦当日所谓"同光体"诗人之公论也。

　　荆公断不可谓之"俗人"，若以其曾作宰相，遂谓为"未能免俗"，作此论者真可谓俗矣！

　　求会谨按："作此论者真可谓俗矣"一句，初拟作"则真可谓俗矣"，后自行删改。

　　再按：陈衍《石遗室诗话》卷一："余谓贵人之不能诗者无论已，其能诗而最有山林气者，莫如荆公，遇亦随之，非居金陵后始然也。陈仁先（曾寿）尝本余此说作一七言古，甚工。"[1]

第八条

原文（见卷二，页一九）：

苏轼：送安惇秀才失解西归

　　旧书不厌百回读，熟读深思子自知。他年名宦恐不免，今日栖迟那可追。我昔家居断还往，著书不复窥园

---

[1] 此据陈衍著、钱仲联编校《陈衍诗论合集》上册，福建人民出版社1999年版，第9页。

葵。揭来东游慕人爵，弃去旧学从儿嬉。狂谋谬算百不遂，惟有霜鬓来如期。故山松柏皆手种，行且拱矣归何时。万事早知皆有命，十年浪走宁非痴。与君未可较得失，临别唯有长嗟咨。

〖陈衍原评〗

一片忠告，岂已略知章之为人乎？

〖陈寅恪批语〗

安处厚，亦与章子厚同列名《宋史·奸臣传》。此评殆误以安处厚当章子厚。岂偶尔笔误耶？

求会谨按：此批曾经涂改，原作："安处厚，亦列名《宋史·奸臣传》。此评殆误以安当章。岂偶笔误，以安为章耶？"

再按：章惇，字子厚，建州浦城（今属福建南平）人。安惇，字处厚，广安军（今四川广安）人。二人同入《宋史》卷四百七十一《列传第二百三十》"奸臣一"。

第九条

原文（见卷二，页二二）：

苏辙：与兄子瞻会宿二首

逍遥堂后千章木，长送中宵风雨声。误喜对床寻旧约，不知飘泊在彭城。

秋来官阁凉如水，别后山公醉似泥。困卧纸窗呼不起，风吹松竹雨凄凄。

〖陈寅恪批语〗

同叔佳诗颇多，何以仅录此二绝？殆即就《东坡诗注》随钞二首耶？若果如此，殊可谓草率矣！

第十条

原文（见卷二，页二三）：

黄庭坚：醇道得蛤蜊，复索舜泉。舜泉已酌尽，官酤不堪，不敢送

青州从事难再得，墙底数樽犹未眠。商略督邮风味恶，不堪持到蛤蜊前。

〖陈衍原评〗

古者送人物，必以一物居前。弦高以牛十二犒师，先以乘韦是也。末句谓酒恶不堪送，否则"前"字趁韵矣。世有以趁韵藉口于山谷者，真令人齿冷也。

〖陈寅恪批语〗

《石遗先生谈艺录》谓："郑海藏诗，一篇中只有一二佳句，馀皆趁韵。"疑"世有以趁韵藉口于山谷"之语即指海藏言也。

求会谨按：此批引述石遗评语，有"⌐"与"⌐"二符号，唯"世有"初误书作"世人"，且"⌐"误标于"世"下，继自改"人"为"有"，"⌐"则仍旧。

再按：黄曾樾所辑《陈石遗先生谈艺录》，录石遗评语作："郑海藏诗，一首往往有一二韵极佳者，其余多趁笔。"[1]

第十一条

原文（见卷二，页二四）：

黄庭坚：次韵子瞻武昌西山

漫郎江南栖隐处，古木参天应手栽。石坳为尊酌花

---

1 《陈衍诗论合集》上册，第1019页。

鸟，自许作鼎调盐梅。平生四海苏太史，酒浇不下胸崔
嵬。黄州副使坐闲散，谏疏无路通银台。鹦鹉洲前弄明
月，江妃起舞袜生埃。次山醉魂招仿佛，步入寒溪金碧
堆。洗湔尘痕饮嘉客，笑倚武昌江作罍。谁知文章照今
古，野老争席渔争隈。邓公勒铭留刻画，刳剔银钩洗绿
苔。琢磨十年烟雨晦，摸索一读心眼开。谪去长沙忧服
入，归来杞国痛天摧。玉堂却对邓公直，北门唤仗听风
雷。山川悠远莫浪许，富贵峥嵘今鼎来。万壑松声如在
耳，意不及此文生哀。

〖陈衍原评〗

并子瞻于次山，付诸一慨，此时境地同也。"鼎来"
句不免世故周旋。

〖陈寅恪批语〗

哲宗初政，东坡诸人弹冠相庆，"鼎来"句是道当时
实情，而非"世故周旋"也。

第十二条

原文（见卷二，页二八）：

黄庭坚：书磨崖碑后

春风吹船著浯溪，扶藜上读《中兴碑》。平生半世看墨本，摩挲石刻鬓成丝。明皇不作苞桑计，颠倒四海由禄儿。九庙不守乘舆西，万官已作鸟择栖。抚军监国太子事，何乃趣取大物为？事有至难天幸尔，上皇蹢躅还京师。内间张后色可否，外间李父颐指挥。南内凄凉几苟活，高将军去事尤危。臣结《舂陵》二三策，臣甫《杜鹃》再拜诗。安知忠臣痛至骨，世上但赏琼琚词！同来野僧六七辈，亦有文士相追随。断崖苍藓对立久，冻雨为洗前朝悲。

〖陈衍原评〗

此首音节甚佳，而议论未是。

〖陈寅恪批语〗

此诗议论甚是，造语亦妙，何止"音节佳"也？石遗亦以易安居士《浯溪碑诗》议论不合，弃而不录，同一误解。

第十三条

原文（见卷二，页二九）：

黄庭坚：山谷摘句图 [1]

落木千山天远大，澄江一道月分明。《登快阁》

平生几两屐，身后五车书。《咏猩猩毛笔》

有子才如不羁马，知公心是后凋松。《和高仲本〈喜相见〉》

行要争光日月，诗须皆可弦歌。《再赠子勉》

饱吃惠州饭，细和渊明诗。《跋子瞻〈和陶诗〉》

公如端为苦笋归，明日青衫诚可脱。《次韵子瞻〈春菜〉》

春去不窥园，黄鹂颇三请。《晚春》

水远山长双属玉，身闲心苦一春锄。《池口风雨留三日》

夜听疏疏还密密，晓看整整复斜斜。风回共作婆娑舞，天教能开顷刻花。《咏雪》

人间风日不到处，天上玉堂森宝书。《双井茶送子瞻》

管城子无食肉相，孔方兄有绝交书。《戏呈孔毅父》

未生白发犹堪酒，垂上青云却佐州。《次王定国扬州见寄》

---

1 2022年3月21日补案：所摘各句，原刊依次顺排而隔以空格，现析为若干行，以便观览。又后录第十八条批语所涉刘克庄摘句，同此处理，不另出注。

张侯哦诗松韵寒，六月火云蒸肉山。《戏和文潜》

人间化鹤三千岁，海上看羊十九年。《观翰林公出游》

〖陈寅恪批语〗

白乐天诗（汪本《后集》卷十七）《池上寓兴》二绝之一："水浅鱼稀白鹭饥，劳心瞪目待鱼时。外容闲暇中心苦，似是而非谁得知。"史容注《山谷外集》八《池口风雨留三日诗》，于此句仅引《尔雅》及皮日休诗，未能得其出处也。

求会谨按："身闲心苦一春锄"一句，有寅恪先生圈点墨迹。

再按："汪本"即后录第十六条批语所云"汪立名本"，俱指清人汪立名所编《白香山诗集》四十卷，内含《长庆集》二十卷、《后集》十七卷、《别集》一卷、《补遗》二卷。"立名此本，考证编排，特为精密。其所笺释，虽不能篇篇皆备，而引据典核，亦胜于注书诸家漫衍支离、徒溷耳目。盖于诸刻之中特为善本。其书成于康熙壬午，朱彝尊、宋荦皆为之序云。"[1]陈寅恪先生《元白诗证史讲义》和《元白

1　永瑢等撰《四库全书总目》卷一五一，《集部》"别集类"四。此据《四库全书总目》下册，中华书局1965年版，第1296页。

诗笺证稿》，[1] 均以汪本《白香山诗集》为底本。又，白居易
《池上寓兴》凡二绝，"水浅鱼稀白鹭饥"为第二首。

第十四条

原文（见卷二，页三八）：

孔平仲：代小子广孙寄翁翁

爹爹来密州，再岁得两子。牙儿秀且厚，郑郑已生
齿。翁翁尚未见，既见想欢喜。广孙读书多，写字辄两纸。
三三足精神，大安能步履。翁翁虽旧识，伎俩非昔比。何
时得团聚，尽使罗拜跪。婆婆到辇下，翁翁在省里。大婆
八十五，寝膳近何似？爹爹与奶奶，无日不思尔。每到时
节佳，或对饮食美，一一俱上心，归期当屈指。昨日又开
炉，连天北风起，饮阑却萧条，举目数千里。

〖陈衍原评〗

学卢全体，而去其钩棘字句。

1　陈寅恪《元白诗证史讲义》，见陈寅恪著、陈美延编《陈寅恪集·讲义及
　　杂稿》，生活·读书·新知三联书店 2002 年版，第 363–429 页。《元白诗
　　笺证稿》则有多个版本，此不赘述。

〖陈寅恪批语〗

《唐语林》谓"元和之风尚怪"（出《国史补》），昌黎、玉川皆尚奇好怪者。此兼指思想言，[1]不仅目其钩章棘句。观毅父此诗，思想与玉川不类，似非学其诗体也。

求会谨按："出《国史补》"四字，系补书于"《唐语林》"三字右侧。

第十五条

原文（见卷三，页一三）：

周必大：腊旦大雪，运使何同叔送羊羔酒，拙诗为谢

未雪冰厨已击鲜，雪中从事到君前。浅斟未办销金帐，快泄聊凭药玉船。醉梦免教园踏菜，富儿休诧馔罗膻。烂头自合侯关内，何必移封向酒泉？

〖陈衍原评〗

1　2022 年 3 月 21 日补案："兼指"，笔者最初误认作"当（当）指"（《文学遗产》2006 年第 1 期，第 133 页），后承陈美延女士指正，收入《陈寅恪丛考》时已改正（第 221 页）。

益公诗喜次韵，喜用典，盖达官之好吟咏者。

〖陈寅恪批语〗

此语殆因张广雅或樊樊山而发。其实达官作诗不必"喜用典"，尤不必"喜次韵"也。

求会谨按："或樊樊山"四字，自行增补于"张广雅"右侧。

第十六条

原文（见卷三，页一七）：

杨万里：闲居初夏午睡起二绝句（录一首）

梅子留酸软齿牙，芭蕉分绿与窗纱。日长睡起无情思，闲看儿童捉柳花。

〖陈寅恪批语〗

白香山诗（汪立名本《后集》卷十六）《前有〈别柳枝〉绝句，梦得继和云："春尽絮飞留不得，随风好去落谁家"，又复戏答》："柳老春深日又斜，任他飞向别人家。谁能更学孩童戏，寻逐春风捉柳花？"诚斋意自与乐天异，而语句则本之乐天。于此可窥见诚斋诗学之一斑，非随意出口之徒所能知也。

第十七条

原文（见卷三，页二八）：

陆游：沈园

城上斜阳画角哀，沈园非复旧池台。伤心桥下春波绿，曾是惊鸿照影来！

梦断香消四十年，沈园柳老不吹绵。此身行作稽山土，犹吊遗踪一泫然！

〖陈衍原评〗

无此绝等伤心之事，亦无此绝等伤心之诗。就百年论，谁愿有此事？就千秋论，不可无此诗。

〖陈寅恪批语〗

"百年""千秋"，语甚妙。

求会谨按：石遗评语末四句之尾字（"论""事""论""诗"），均有陈寅恪先生所加墨圈。

第十八条

原文（见卷四，页一一）：

刘克庄：句

松气满山凉似雨，海声中夜近如雷。

别后曾过东阁否，新来亦乞鉴湖无？几时供帐都门外，真写先生作画图。

撰出骚词奴宋玉，写成帖字婢羊欣。

邻人欺不在，稍觉北枝伤。

病觉风光于我薄，老知书册误人多。

露坐一生无步障，春游是处有行窝。

〖陈衍原评〗

案：后村诗名颇大，专攻近体，写景、言情、论事，绝无一习见语，绝句尤不落旧套。惟律句多太对，如"难"对"易"、"如"对"似"、"为"对"因"、"无"对"有"、"觉"对"知"、"疑"对"信"之类，在在而有。

〖陈寅恪批语〗

律句太对并不足为病，惟视两联之思想及意境如何耳。如李义山诗之"此日六军同驻马，当时七夕笑牵牛"、杜牧之之"当时物论朱云小，后代光华白日悬"及苏子瞻之"前身应是卢行者，后学过呼韩退之"等句，岂不佳耶？

后村诗用本朝典故太多，自是一病。古今惟庾兰成能以古典作今典用，惜解庾集者犹未尽知。后来如顾亭林"千秋仁义在吴、潘"之句，庶几得义城之技巧耳。

求会谨按："李义山"之"李"系改书，"义山"二字系补书。"当时七夕"之"时"，亦为改笔。"千秋"，初误作"百年"，继自圈改。"惜"字系涂补而成，尚能辨别。

再按：杜牧《商山富水驿（驿本名与阳谏议同姓名，因此改为富水驿）》原作："当时物议朱云小，后代声华白日悬。""苏子瞻之'前身'"云云，"前身"应为"前生"之误书，"应是"亦不确。此联在苏轼《答周循州》与《赠虔州术士谢晋臣》二诗中稍异，上联之"自是"，或作"似是"，或作"恐是"，下联则无殊。陈寅恪先生 1965 年为《与刘叔雅论国文试题书》撰作"附记"时，再度引用此联，略云："其对子之题为'孙行者'，因苏东坡诗有'前生恐是卢行者，后学过呼韩退之'一联（见《东坡后集》柒《赠虔州术士谢〈晋臣〉君七律》）。……东坡此联可称极中国对仗文学之能事。"¹ 又，"兰成""义城"均指庾信。

三按：寅恪先生三十年间曾数度言及"对对子"，以下三文皆可与此条批语参阅：一、《"对对子"意义——陈寅恪教授发表谈话》；² 二、《与刘叔雅论国文试题书》；³ 三、《〈与刘叔雅论国文试题书〉附记》。

第十九条

原文（见卷四，页一八至一九）：

李清照：上枢蜜韩公、工部尚书胡公

（绍兴癸丑五月，两公使金，通两宫也。易安父、祖出韩公门下，见此大号令，不能忘言，作诗各一章以寄意，以待采诗者云。）

三年夏六月，天子视朝久。凝旒望南云，垂衣思北

1　据陈寅恪著、陈美延编《陈寅恪集·金明馆丛稿二编》，生活·读书·新知三联书店 2001 年版，第 256-257 页；又见陈寅恪著、陈美延编《陈寅恪集·书信集》，生活·读书·新知三联书店 2001 年版，第 165-166 页。
2　见《陈寅恪集·讲义及杂稿》，第 447-449 页。
3　见《陈寅恪集·金明馆丛稿二编》，第 249-257 页；又见《陈寅恪集·书信集》，第 158-166 页。

狩。如闻帝若曰，岳牧与群后。贤宁无半千，运已过阳
九。勿勒燕然铭，勿种金城柳。岂无纯孝臣，识此霜露
悲。何必羹舍肉，便可车载脂。土地非所惜，玉帛如尘
泥。谁当可将命，币厚辞益卑。四岳佥曰俞，臣下帝所
知。中朝第一人，春官有昌黎。身为百夫特，行足万人
师。嘉祐与建中，为政有皋夔。汉家畏王商，唐室尊子
仪。是时已破胆，将命公所宜。公拜手稽首，受命白玉
墀。曰臣敢辞难？此亦何等时！家人安足谋，妻子不必
辞。愿奉天地灵，愿奉宗庙威。径持紫泥诏，直入黄龙
城。北入定稽颡，侍子当来迎。仁君方博信，狂生休请
缨。或取犬马血，与结天日盟。

胡公清德人所难，谋同德协心志安。脱衣已被汉恩
暖，离歌不道易水寒。皇天久阴后土湿，雨势未回风势
急。车声辚辚马萧萧，壮士懦夫俱感泣。间阎婺妇亦何
知，沥血投书干记室。葵丘践土非荒城，勿轻谈士弃儒
生。露布词成马犹倚，崤函关出鸡未鸣。巧匠何曾弃樗
栎，刍荛之言或有益。不乞隋珠与和璧，只乞乡关新信
息。灵光虽在悲萧条，草中翁仲今何若。遗氓岂尚种桑
麻？败将如闻保城郭。婺家父祖生齐鲁，位下名高人比
数。当时稷下纵谈时，犹记人挥汗成雨。子孙南渡今几
年？漂零遂与流人伍。欲将血泪寄山河，去洒东山一坯
土。

〖陈衍原评〗

雄浑悲壮,虽起杜、韩为之,无以过也。古今妇女,
文姬外,无第三人。然文姬所遇,悲愤哀痛,千古无两,
私情公谊,又自不同矣。易安尚有《浯溪碑》七古二首,
诗笔雄俊,而议论不免宋人意见,未录。

〖陈寅恪批语〗

宋人论此事甚是,何可因此不录?石遗评山谷《书
磨崖碑后》七古,亦同一误解。

求会谨按:"《浯溪碑》七古二首",即《浯溪中兴颂诗
和张文潜二首》。又,"枢蜜""一坏土",原刊如此,悉予仍
旧。

陈寅恪佚文《吾家与丰润之关系》试考 [*]

　　《吾家与丰润之关系》是陈寅恪最后一部著作《寒柳堂记梦未定稿》的第四章。《寒柳堂记梦未定稿》完成于1965年至1966年，1969年陈寅恪去世，此后文稿一直未能面世，直到1980年，上海古籍出版社出版《陈寅恪文集》时，《寒柳堂记梦未定稿》才作为附录，收存于《寒柳堂集》之末。[1]

---

[*] 原刊于《近代史研究》1997年第6期；后收入张求会著《陈寅恪丛考》，浙江大学出版社2012年版，第230–250页。录入本集，正文为免伤筋动骨之虞，仅作一二点窜，注释则广搜博采，补订多多。

[1] 1980年11月17日、18日，台湾《联合报·副刊》曾以《陈寅恪遗稿：寒柳堂记梦未定稿》为题，刊布了"弁言""第一章""第二章"。

据整理者蒋天枢所作题识，原稿除《弁言》外，共七章，"曾由助教黄萱缮写誊清稿两份，大都在混乱中佚失"。[1] 附印于《寒柳堂集》的是：《弁言》、第一章《吾家先世中医之学》、第二章《清季士大夫清流浊流之分野及其兴替》、第六章《戊戌政变与先祖先君之关系》。散佚的四章分别是：第三章《孝钦后最恶清流》、第四章《吾家与丰润之关系》、第五章《自光绪十年三月至二十年十一月间清室中央政治之腐败》、第七章《关于寅恪之婚姻》。从现存各章及全篇标题来看，《寒柳堂记梦未定稿》不但是晚年陈寅恪的家史自述或自撰年谱，而且是这位史学家在学术生命即将终结之际，将一姓一家的变迁与近百年中国历史结合在一起的一次大胆尝试，同时也是平生从不治晚清历史的陈寅恪对近代史研究的一次集中补偿。

义宁陈氏一族，在中国近、现代史上占据着重要的一席之地，诚如陈寅恪的好友吴宓所言："义宁陈氏之门，实握世运之枢轴，含时代之消息，而为中国文化与学术德教所托命者也。"[2] 身为杰出历史学家的陈寅恪，自然明了祖、父在中

1　陈寅恪著、蒋天枢整理《陈寅恪文集·寒柳堂集》，上海古籍出版社 1980 年版，第 163 页。

2　吴宓《读散原精舍诗笔记》，载《国学研究》第 1 卷，北京大学出版社 1993 年版，第 551 页。

国近代历史上的重要地位。陈寅恪"以家世之故，稍稍得识数十年间兴废盛衰之关键"，[1] 自然不会轻易放弃对家史的整理和研究。因此，陈宝箴、陈三立的吏治操守，在《寒柳堂记梦未定稿》中一再涉及，第六章《戊戌政变与先祖先君之关系》更是陈氏父子与戊戌维新及政变的专论。[2] 而晚清历史舞台上的一系列重要人物，举凡与陈氏父子相关联者，大都可以在《寒柳堂记梦未定稿》中找到身影，如慈禧、光绪帝、李鸿章、翁同龢、陈宝琛、郭嵩焘、张之洞、袁世凯、康有为、梁启超、杨锐、刘光第、杨深秀等。可以推测，散佚的《吾家与丰润之关系》等章也应与此相类似。

然而，一贯主张"在史中求史识"的陈寅恪，[3] 不可能把他平生最后一部史学著作简单地处理成叙述一姓一家盛衰荣枯的家史。他在《弁言》中自述，文稿以司马光《涑水记闻》和陆游《老学庵笔记》为楷模，取其"杂述掌故，间考旧文，俱为谨严；所论时事人物，亦多平允"之长，务求写成一部"既不诬前人，亦免误来者"的持平之作，使之成为"家史而兼信史"。[4] 陈寅恪生前指导学生撰写中国近

1　《陈寅恪文集·寒柳堂集》，第 168 页。
2　对义宁陈氏的变法思想，陈寅恪曾在《读吴其昌撰梁启超传书后》中作过简约的评述。详《陈寅恪文集·寒柳堂集》，第 148–150 页。
3　俞大维《怀念陈寅恪先生》，载香港《大成》第 49 期。
4　《陈寅恪文集·寒柳堂集》，第 165–168 页。

代史论文时，曾深有感慨地说过："我可以指导你，其实我对晚清历史还是熟习的；不过我自己不能做这方面的研究。认真做，就要动感情。那样，看问题就不客观了，所以我不能做。"[1] 尽管陈寅恪一生从未忘怀家国兴亡的痛史，但综观他一生的史学著述，除了《寒柳堂记梦未定稿》外，迄未发现一篇专论晚清历史的文章。即使是《寒柳堂记梦未定稿》，在隐约可见的"述祖"意识之外，更多的还是史学家简约、平淡的叙述和客观、冷静的分析。

以陈寅恪的身份、经历而论，他应该而且有可能对中国近代史的研究做出更大的贡献，然而作为唯一一部较多涉及晚清历史的专门著作，《寒柳堂记梦未定稿》却始终以残缺不全的面目呈现在世人面前。[2] 尽管搜集、整理陈寅恪作品的工作一直没有停止，但是，在更多散佚之作重见天日之前，根据现有的线索和材料对佚文作一些合情合理的推测，

1　石泉、李涵《追忆先师寅恪先生》，载纪念陈寅恪教授国际学术讨论会秘书组编《纪念陈寅恪教授国际学术讨论会文集》，中山大学出版社 1989 年版，第 57 页。

2　1987 年，陈美延"从中山大学历史系收回在'文革'初期被强索去的《寒柳堂记梦未定稿》之另一稿本"，虽然"其内容较'蒋本'所收之残稿颇有增益，约达七千余字"，但第四章《吾家与丰润之关系》仍然"缺佚"。见石泉整理《寒柳堂记梦未定稿（补）》，载王永兴编《纪念陈寅恪先生百年诞辰学术论文集》，江西教育出版社 1994 年版，第 26、29 页。又，生活·读书·新知三联书店 2001 年版《陈寅恪集·寒柳堂集》已附录《寒柳堂记梦未定稿（补）》，可合而阅之。

张佩纶

无疑是有助于拓展思路和深入研究的。

"张丰润"还是"端丰润"

众所周知,陈寅恪的祖父陈宝箴曾与丰润张佩纶产生过矛盾,因此,《吾家与丰润之关系》的标题,很容易让人猜测"丰润"是指"丰润张氏"。但是,有没有可能另指他人呢?比如端方,《清史稿》称他是"满洲正白旗人",[1] 而今人陈玉堂编写的《中国近现代人物名号大辞典》就曾指出,端方"亦署浭阳(河北丰润)人,寄籍浙江秀水(今嘉兴)。本汉人,姓陶,号陶斋。满族姓托忒克氏,一作托活洛氏。字午樵、午桥,一字悟樵,号午亭、陶斋,一作匋斋,别号浭阳渔父,室名归来庵、宝华盦,谥号忠敏"。[2] 加上端方与陈寅恪的父亲陈三立(字伯严,号散原)颇有交情,《吾家与丰润之关系》中的"丰润"会不会指"丰润端方"呢?

事实上,早在陈玉堂之前,近代学者李详已经使用过"丰润端制军"的说法。1916 年(丙辰),李详写了 27 首题

1　赵尔巽等撰《清史稿》第 42 册,中华书局 1977 年版,卷四六九,第 12786 页。

2　陈玉堂编著《中国近现代人物名号大辞典》,浙江古籍出版社 1993 年版,第 941 页。

为《丙辰五月奉怀沪上诸友绝句》的组诗，其中第四首专为
陈三立而作：

> 青溪白社碧油幢，百斛龙文笔独扛。
> 心许当年三士在，空闻淮海说无双。

诗后自注略云："义宁陈伯严三立。君筑室青溪之旁，曾
客丰润端制军幕府，人伦宴喜，举世所宗。乱后寓老靶子路，
与子培、苏堪、樊山、仁先诸君称诗海上，又有才子师曾、彦
通，如太邱之有元方、季方羔雁相属。"[1] 青溪在南京，陈三立
的"散原精舍"一度坐落在青溪旁。光绪二十六年（1900）四
月，陈三立携家自南昌移居南京，一直住到宣统三年（1911）
十月，才同家人一道避居上海。其间，端方于光绪三十二年
（1906）出任两江总督，从李详的注文看，陈三立似乎参加过
端方的幕府。虽然目前还找不到类似的证据，但陈三立与端
方的交游还可以从《散原精舍诗》和樊增祥的诗作中找到佐
证。[2] 端方"性通侻，不拘小节。笃嗜金石书画，尤好客。建

1　李详《学制斋诗钞》卷四，见《李审言文集》下册，江苏古籍出版社
　　1989年版，第1308页。

2　端方在宁期间（1906—1909），陈三立诗歌中屡屡提及与端方等人诗酒
　　游宴事，如《题陶斋尚书陶公亭雪夜评碑图图后为天发神谶精拓本》《溪
　　舲春影图集者为弢庵阁学师陶斋尚书苏堪提刑乐庵工部康伯梅（转下页）

节江、鄂，燕集无虚日，一时文采几上希华、阮云"。[1] 他与
陈三立的交游应该以诗酒游宴为主要内容。[2]

（接上页）痴剑丞三观察子勤桢庭两太守暨余凡十人》《陶斋尚书之弟许
州牧获出土颜鲁公所书和州刺史张敬因碑残段三十字尚书因征题（代）》
《陶斋尚书所藏欧西水画册》《陶斋尚书招游松蝉亭时十一月二十日》
《正月第二夕陶斋尚书设庖掌会饮》《三月十三日陶斋尚书集半山亭看
雨》《喜雨赋呈陶斋樊山两公》《陶斋尚书酒集扫叶楼遂同登翠微亭》等；
1910 年端方自直隶寄书南京，陈三立有诗纪：《立春后二日得宝华盦主人
寄书赋酬》。详《散原精舍诗》卷下（商务印书馆 1909 年版）、《散原精
舍诗续集》卷上（商务印书馆 1922 年版）。樊增祥 1914 年诗《伯严归自
江西出诗十五首属为勘定年后四十韵》有句云："爱诗亦爱评，每为陶斋
有（余曩评君诗，端忠敏辄持去）。"见何藻辑《古今文艺丛书》第 4 集，
1914 年版。

1 《清史稿》第 42 册，卷四六九，第 12786–12787 页。
2 吾友李开军所撰《陈三立年谱长编》（中华书局 2013 年即出），广征博引，
   于拙文多有匡补：陈三立与端方为光绪八年壬午科（1882）乡试同年，
   职是之故，陈三立致端方函屡称"陶斋尚书同年"。早在光绪三十年甲
   辰（1904）九月，端方署理两江总督时，陈三立已偕同梅启熙、欧阳霖
   等人呈请由全省绅商筹办江西铁路；同年十月，端方邀约陈三立出任三
   江师范学堂"赣籍学生总稽查"。三十一年乙巳（1905）正月，端方调任
   湖南巡抚，在湘为时虽短，曾任命陈三立充任湘矿会办，陈氏无暇兼顾。
   三十二年丙午（1906）五月，陈三立由南京赴上海为南浔铁路筹款，并
   参与化解复旦公学风波，又曾疏通端方（复任江督），为公学争取常年经
   费支持。三十三年丁巳（1907）二月，《中外日报》称江西全省铁路总公
   司"借款卖路"，陈三立多次上书端方，谋求帮助，端方遂安排江苏巡抚
   陈夔龙、上海道瑞澂等，设法撤销讼案、调停冲突。三十四年戊申（1908）
   三月，江西绅、学、商界致电陈三立，请为沈瑜庆被劾事向端方呼吁洗刷。
   宣统元年己酉（1909）正月、二月，陈三立屡次致书端方，商请襄助办结
   赣路公司与日本三菱公司关于九江龙开河车埠地之交涉，得其助力，事
   遂了结。凡此种种，足可证明陈三立与端方之交游并不限于诗（**转下页**）

宣统元年（1909），端方移督直隶，不久，坐违制免职。宣统三年起用为川汉、粤汉铁路督办大臣，四川保路运动兴起，端方由湖北率新军前往镇压，在四川资州为起义新军所杀。民国元年（1912）十月初七日，避居上海的陈三立曾与友人设祭于张园，赋诗追悼。[1]

端方与陈三立的交游，集中在光绪三十二年至宣统元年（1906—1909），而与义宁陈氏的其他成员，至今还无法确定是否有过往来。相反，丰润张氏与义宁陈氏的关系则复杂得多，延续的时间也长得多：光绪九年（1883），陈宝箴因为张佩纶的参劾，被罢免了浙江按察使的官职；光绪十二年（1886），陈三立在京参加会试，张佩纶的堂侄张人骏曾充同考官，以此与陈三立有师生之谊；宣统元年，张人骏接任两江总督，曾以师生之谊强延陈三立入幕。两相对照，不难发现，"丰润"指代张氏叔侄的可能性更大一些。

（接上页）酒游宴。笔者昔年力有不逮，于陈三立参幕一层未能深究，现仍旧说，既存原貌，且见《陈三立年谱长编》后来居上之功效。2022年3月26日再案：李开军撰《陈三立年谱长编》（上、中、下册）已由中华书局于2014年3月出版。上引文字，详《陈三立年谱长编》上册第110页，中册第659-661、683-684、730-733、748-780、804-805、843-847页。

1　陈三立《十月七日为端忠敏公殉节周一岁同人集张园山亭设祭赋悼一首》，详《散原精舍诗续集》卷上，第61页。

陈宝箴与张佩纶

光绪八年八月，河北道陈宝箴升任浙江按察使。九年春，陈宝箴赴杭州任职。六月，署左副都御史张佩纶奏参会审河南盗犯王树汶案各官同罪异罚：李鹤年、梅启照、麟椿等人各有惩处，而陈宝箴、豫山逍遥法外。况陈宝箴到京时，"日营营于承审各官之门，弥缝掩饰，不知远嫌，其时即干物议"（详后）。因请旨饬吏部详查案情，照例定议。追论处分的诏令下达后，陈宝箴上疏抗辩，清廷差委阎敬铭察问。最终，豫山、陈宝箴仍然降三级调用。事情的前因后果，除了可以从《光绪朝东华录》看出是非曲直之外，李慈铭、郭嵩焘、陈三立、范当世等人的日记或诗文也有助于了解这一段冤案的真相。《吾家与丰润之关系》早已散佚，但参照《寒柳堂记梦未定稿》幸存的其他各章，推测陈寅恪可能会选用以下材料。

《光绪朝东华录》"光绪八年八月壬申"条云：

> 召孙家鼐来京，以陈宝箴为浙江按察使。[1]

---

1 朱寿朋编《光绪朝东华录》第 2 册，中华书局 1958 年版，第 1400 页。

同书"光绪九年二月庚辰"条云：

谕："前据刑部奏，河南盗犯胡体淦临刑呼冤一案疑窦甚多，当经降旨提交刑部审讯。兹据该部奏称，审明确情，按律定拟，并知府王兆兰递呈混诉，应否钦派大臣饬提该员会同覆讯各折片。据称，详加研鞫，王树汶一犯，系被胡广得诱胁同行，逼令服役。胡广得行劫张肯堂家，令伊在旷野地方看守衣服，并未告知抢劫情由。盗犯胡体淦另有其人，经差役刘学太等纵放，教令王树汶顶替。其程孤堆、王牢天二犯，均系案内正犯；王树汶与胡体淦委系二人。该省官员原办错谬，覆讯回护，现已审讯明确，将全案供招抄录呈览等语。此案既据奏称众供确凿，毫无疑义，所请钦派大臣会同覆讯之处，着毋庸议。程孤堆、王牢天，听从胡广得行劫，把风接赃，同恶相济，着照所拟斩立决，即行正法。王树汶跟随胡广得服役，胡广得行劫时代伊看守衣服，既非同谋上盗，亦未分受赃物，着照所拟杖一百、徒三年，不准减免。镇平县马翥，初审此案并不虚衷研鞫，辄用非刑逼供，率行定案，迨王树汶呼冤以后，又复捏词具禀，希图朦混，实属糊涂谬妄。开封府知府王兆兰、候补知府马永修，覆讯此案，与〔于〕王树汶呼冤之故始终并未根究，捏饰各节一味弥缝，实属锻炼周内。王兆

兰、马永修、马蕭，均着革职发往军台效力赎罪。马蕭
据供亲老丁单，不准查办留养。候补同知臧政倬与署镇
平县郑子侨，向役吏教供；候补知县丁彦廷，教地保捏
供并劝事主冒认，均属巧于逢迎，着一并交部议处。河
南巡抚李鹤年、河东河道总督梅启照，以特旨交审要案，
于王树汶冤抑不能平反，徒以回护属员处分，朦混奏结，
迨提京讯问，李鹤年复以毫无根据之词哓哓置辨，始终
固执，实属有负委任。李鹤年、梅启照，均着即行革职。
前署按察使麟椿，于招解重囚并未详加究诘，因犯未翻
供，即照拟勘转前任巡抚涂宗瀛具题，均属疏忽。与随
题照覆之刑部堂司各官，着一并交部分别议处察议。馀
着照所议办理……"[1]

同书"光绪九年六月癸亥"条云：

> 张佩纶奏："河南王树汶一案，经刑部提审平反，将
> 该省承审各官奏奉谕旨分别降革治罪。臣查此案初审招
> 解，系署臬司麟椿勘转，嗣奉旨交梅启照、李鹤年会同审

---

1 《光绪朝东华录》第 2 册，第 1502 页。案："于"，据文意及下文订正。
2022 年 3 月 26 日再案："王树汶"之"汶"、"胡体浍"之"浍"等，皆
为当时贬污犯人而用的恶劣字，此处暂仍旧貌。

讯。李鹤年派现任臬司豫山，梅启照派升任河北道陈宝箴
会讯，仍照原议详奏，经刑部驳提讯结。是二次会审之司
道，无异于初勘转之臬司。今麟椿部议降调，而豫山、陈
宝箴供职如故，殊不可解。臣闻李鹤年以豫山、陈宝箴随
同画稿为辞，而梅启照则以该司道会印会详，商同主稿覆
部。吏部就询刑部，刑部第以全案咨覆吏部，于该司道主
稿与否初未置辞，吏部凭何定议？不知李鹤年与梅启照所
主者奏稿，豫山与陈宝箴所主者详稿，司道不详，督抚何
由入奏？失入之咎，例应与初审之麟椿同科。梅启照既以
豫山、陈宝箴会印会详声覆，应将该司道即照审转官失入
例议处。况陈宝箴浙臬到京之日，正此案提审之时，该升
道日营营于承审各官之门，弥缝掩饰，不知远嫌，其时即
干物议。今覆审之知府已从重遣戍，督抚又特旨除名，而
陈宝箴果与豫山逍遥法外，同罪异罚，不独无以服麟椿诸
人之心，亦且无以正天下之口也。法司风宪，臣既摄官，
理合直陈。请旨饬部将豫山、陈宝箴照麟椿之例议处，以
协刑章而息浮议。"上谕："署左副都御史张佩纶奏，河南
王树汶一案，二次会审之臬司豫山、前任河北道陈宝箴，
应照初次勘转之署臬司麟椿议处等语。豫山、陈宝箴应得
处分，着吏部详查案情，照例定议具奏。"[1]

1 《光绪朝东华录》第2册，第1562页。

同书"光绪九年六月庚午"条云：

> 谕："吏部奏遵议会审王树汶案内各员处分一折。河南按察使豫山、前任河北道升任浙江按察使陈宝箴，均着照部议降三级调用，不准抵销。"[1]

同书"光绪九年八月己未"条云：

> 谕："降调浙江按察使陈宝箴奏交卸臬篆并沥陈愚悃一折。据称，张佩纶所奏该员到京日营营于承审各官之门弥缝掩饰一节，恳请饬查等语。降调人员，本不应哓哓渎辩，惟所称名节有关，若不查讯明确，无以折服其心，着派阎敬铭查传承审各员有无与陈宝箴往来情事，据实具奏。"[2]

同书"光绪九年八月戊辰"条云：

---

1 《光绪朝东华录》第 2 册，第 1564 页。
2 《光绪朝东华录》第 2 册，第 1583 页。案：陈宝箴《交卸浙江臬篆并沥陈愚悃折》，详汪叔子、张求会整理《陈宝箴集》上册，中华书局 2003 年版，第 2-4 页。2022 年 3 月 26 日再案：陈宝箴此折上奏时间，汪叔子、张求会推算在"光绪九年七月下旬至八月初"（《陈宝箴集》上册，第 2 页）；经李开军查阅中国第一历史档案馆录副奏折，确认为"光绪九年七月二十一日"（《陈三立年谱长编》上册，第 128 页）。

谕："前据降调按察使陈宝箴奏，张佩纶所奏该员到京日营营于承审各官之门弥缝掩饰一节，恳请饬查，当降旨派阎敬铭查明具奏。兹据奏称：'承审各官，除简放外任及税差外，传到员外郎廷杰、赵舒翘、陈惺驯各员，呈递亲供，并无〈与〉陈宝箴往来情事。复加访察，亦无确据。'此事既无确据，即着毋庸置议。"[1]

李慈铭《荀学斋日记》戊集上云：

（光绪九年）八月十二日己未《邸钞》："上谕：浙江降调按察使陈宝箴奏交卸臬篆并沥陈愚悃一折。据称，张佩纶所奏该员到京日营营于承审各官之门弥缝掩饰一节，恳请饬查等语。降调人员，本不应哓哓渎辩，惟所称右〔名〕节有关，若不查询明确，无以折服其心，着派阎敬铭查传承审各员有无与陈宝箴往来情事，据实具奏。"（陈疏有云："法司者天下之平也，是非者朝廷之公也。苟不考事实，凭势恣意变乱，黑白惟其所指。独立之士，孰不寒心？"其词甚直。）二十二日，阎敬铭覆奏：

---

1 《光绪朝东华录》第 2 册，第 1586 页。案："与"，据《清实录·德宗景皇帝实录》"光绪九年八月己未"条补入，详《清实录》，中华书局 1987 年影印版，卷一六八，第 353 页。

"传到员外郎廷杰、赵舒翘等呈递亲供，并无与陈宝箴往来情事。"诏"毋庸置议"。[1]

郭嵩焘光绪九年十月初一日日记略云：

> 陈右铭述叙京师所闻李兰生、张幼樵轶行，兼诵李兰生为左相竹枝词。[2]

郭嵩焘又有诗《次韵酬陈右铭》：

> 煨芋寒宵土锉温，浮云变灭此心存。几人白首蹉跎老，一棹清江浩荡恩。开径衣冠尘外集，还山松菊别来尊。黄粱梦醒酒初熟，毁誉纷纷何足论？[3]

陈三立《皇授光禄大夫头品顶戴赏戴花翎原任兵部侍郎都察院右副都御史湖南巡抚先府君行状》云：

---

1 李慈铭著《越缦堂日记》第 40 册，商务印书馆民国九年（1920）版，第 87 页。又可参李氏是年四月初十、六月十五、六月廿二等日记。案："名"，据前引《光绪朝东华录》"光绪九年八月己未"条订正。
2 《郭嵩焘日记》第四卷，湖南人民出版社 1983 年版，第 425 页。案：张佩纶，字幼樵。
3 郭嵩焘著《养知书屋诗集》，光绪十八年（1892）湘阴郭氏刻本，卷十三，第 15–16 页。

（光绪）八年秋，擢浙江按察使，召对毕，之官，尽
数月，用前河南狱免。初，河南临刑呼冤王树汶本盗也，
言者掇以闻，命总河、巡抚杂治。既定谳，总河强府君
与其狱，因迕吏议。顷之，有副都御史张佩纶劾府君至
京师营营干讯吏，语绝诬蔑。府君曰："一官进退，轻如
毫毛比，岂足道哉？然朝廷方以言语奖进天下士，不思
竭忠补阙，反声气朋比，颠倒恣横，恐且败国事。吾当
不恤自明，藉发其覆、备兼听。"因抗疏申辨，且推及言
路挟持弄威福之由。诏下阎文介公察问，阎公首鼠两解
之。府君遂归，自放山水间。明年，湖南布政使庞公际
云护巡抚，奏起府君，以病辞。十一年，彭刚直公防粤
边，有旨交差遣，谢病，仍未赴。[1]

范当世《故湖南巡抚义宁陈公墓志铭》略云：

颇记光绪九年，得公与学士张君佩纶互讦之稿，壹

---

1 陈三立著《散原精舍文集》，中华书局民国三十八年（1949）版，卷五，
第 11 页。

张人骏

皆不识，而心袒公也。[1]

从上引资料来看，陈宝箴与张佩纶的这场纠纷，主要起源于张佩纶的责人太深。张佩纶身为言官，一向以清流著称，客观地说，纠弹大臣时难免小题大作，以邀取忠直的名声。这次交恶之后，张佩纶与义宁陈氏似乎再没有什么关联。[2]

1　范当世著《范伯子文集》，浙西徐氏民国二十一年（1932）校刻本，卷第九，第2页。

2　2022年3月26日补案：已刊张佩纶日记中，从未出现过陈宝箴的姓名，仅有一次涉及王树文案：光绪十六年（1890）正月二十五日，张佩纶获知友人陈其泰（字伯平）调任大名府知府，在当天日记忆及往事时有谓："伯平尝论王树文案，豫山因之左迁，既而夤缘，开府山右。"（张佩纶著、谢海林整理《张佩纶日记》上册，凤凰出版社2015年版，第230页）回顾此案始末，清流党之间互相呼应，陈宝箴似为孤军奋战，结局早已注定：光绪九年六月，署左副都御史张佩纶奏《河南王树汶一案覆审司道请照例议处片》；七月，降调浙江按察使陈宝箴上《奏报交卸臬篆日期沥陈愚悃并谢恩事》；八月，山西道监察御史陈其泰递呈《奏为特参降调浙江按察使陈宝箴借端妄奏请予严惩并无庸饬查事》，贵州道监察御史刘恩溥上《奏请嗣后被参获咎降调概不准自行陈请昭雪事》。各折、片悉已录入李开军撰《陈三立年谱长编》上册（第127—130页），可参阅。

陈三立与张人骏

　　光绪十二年丙戌，陈三立在京参加会试，时任户部给事中的张人骏（字千里，号安圃）充同考官，[1]以此张、陈有师生之谊。光绪十五年己丑（1889），陈三立补应殿试，列三甲第四十五名；而张人骏之子张允言与陈三立为己丑进士同年，列二甲第一百二十三名。[2]宣统元年（1909）五月十一日，清廷调端方为直隶总督，张人骏接任两江总督，就职之前由江宁布政使樊增祥署理。此后，陈三立曾应张人骏之邀，入两江总督幕府。陈隆恪（三立次子）《四致吴宗慈书》略云：

　　　　张安圃督两江，以师生之谊，强延先君入幕府，为

1　详法式善等撰《清秘述闻三种》，中华书局 1982 年版，第 922 页。

2　据光绪十五年己丑科进士题录，详江庆柏编著《清朝进士题名录》中册，中华书局 2007 年版，第 1210、1208 页。案：张人骏之子张允言与陈三立为进士同年，此承李开军 2012 年 2 月 4 日见告。2022 年 3 月 26 日再案：张佩纶光绪十五年四月初九日日记："电传会试全录，允言中三百一名。"五月初十日日记："夜得局电，允言以主事用。"见《张佩纶日记》上册，第 211、213 页。

时亦暂。[1]

另据陈小从（隆恪之女）回忆：

先祖曾参加张人骏幕府一事，此事先严在日未曾详谈，不过略可推测其大概时间在宣统元年末到宣统三年初之间。盖端方离职后张调两江总督在宣统元年五月，而当时张未就职，由樊增祥署理……《散原精舍诗集》

1　陈隆恪《致吴宗慈》之四，见陈隆恪著、张求会整理《同照阁诗集》，中华书局 2007 年版，附录三"**本事摭拾**"，第 398 页。案：陈隆恪致吴宗慈此札续云："至于端匋斋，仅有诗酒往还而已。尊稿已补叙此节，似可删去。即有其事，亦属微末。"所谓"尊稿"，指吴宗慈应邀所撰《陈三立传略》之稿，二人围绕传主若干行事如何论列，书札往复不断。胡先骕亦曾致函吴宗慈，"主张加入"陈三立佐幕一节："先生父子罢斥之后，先生仍居南皮幕府中。嗣复先在端匋斋、张安圃处，皆尊为上客。盖不仅以诗文为长江盟主。庚子以后，先生于鄂督、江督之新政赞襄实多，一如其赞襄右铭先生于湘抚任内也。"（胡先骕《致吴宗慈》之一，见《同照阁诗集》，第 400 页）李开军所撰《陈三立年谱长编》"宣统元年己酉（1909）五十七岁"条有谓："六月二十六日（8 月 11 日），张人骏接两江督篆，以师生之谊，延先生入幕府。"按语有云："张人骏署两江总督在本年五月十一日，到任前由樊增祥护理。张人骏以六月二十三日入金陵，于二十六日接篆，直至宣统三年十月十二日南京独立。胡先骕、陈隆恪所论乃是吴宗慈所撰《陈三立传略》，定稿中于入端、张幕府事均未言及，想是遵陈隆恪言删去。然陈隆恪言'于端匋斋仅有诗酒往还'恐不确，先生不仅数预游宴，亦入其幕，于江西路事即颇得端方赞助。"（见《陈三立年谱长编》中册，第 865 页）李开军此说，言之有据，颇为中肯。

中，这段时期先祖与樊增祥的唱和特别多，是否因参幕之便之故，则未得知。[1]

至宣统三年（1911）九月，南京城外第九镇统制徐绍桢、协统沈同午率队起义，攻雨花台，为江南提督张勋所败。十月，江浙联军（总司令徐绍桢）克复南京及浦口，两江总督张人骏、江宁将军铁良乘日舰走上海，张勋退往徐州。陈三立则于南京被联军克复之前，携家避居上海。陈三立的诗友郑孝胥同年十月初七、初八日的日记略云：

（十月）初七日。陈伯严来……初八日。报言，革党已踞狮子山炮台，南京将失守。[2]

陈三立民国元年（1912）诗《于乙盦寓楼值汪鸥客出示所写山居图长卷遂以相饷余与乙盦各缀句记之》句云：

衰龄遭崩离，荒却溪上宅。（余营新宅金陵青溪旁，

1　陈小从 1995 年 7 月致张求会函，8 月 1 日到。
2　郑孝胥著、劳祖德整理《郑孝胥日记》第 3 册，中华书局 1993 年版，第 1359 页。

居数月而乱作。）将家悬海市，揩眼乱朱碧。[1]

而义宁陈氏与丰润张氏的关系也似乎终止于此。[2]

1　陈三立著《散原精舍诗续集》卷上，第 51 页。

2　2022 年 9 月 9 日补案：张佩纶九弟名佩绪，佩绪之子志潭、志澂与晚年陈三立曾有零星往来。张志潭（又作"志覃"），字远伯（初作"伯远"），曾在北洋政府担任要职，擅长书法，常与书法名家华世奎切磋。张志澂（又作"志澄""志徵"），原名志浩，字次迈，抗战时曾附逆。1933 年 12 月，陈三立到达北平未久，张志潭曾登门拜谒；1934 年 2 月，在某次宴会上，二人再次相遇。大约在此期间，陈三立应邀为撰张佩绪墓志铭（华世奎书丹，张国溶篆盖）。1936 年，张志潭去世；次年，张志澂为亡兄刊行《蠹园遗墨四种》，第一种为《张远伯手写金刚经》，由陈三立题签。可参阅下列文献：张守中编《张人骏家书日记》，中国文史出版社 1993 年版，第 30、51、171、178、181、186、214 页；《中央公务员惩戒委员会关于天津市财政局长张志澄违法苛征牙税被付惩戒议决书（1935 年 6 月 5 日）》，见江苏省中华民国工商税收史编写组、中国第二历史档案馆编《中华民国工商税收史料选编》第五辑《地方税及其他税捐》下册，南京大学出版社 1999 年版，第 3910-3912 页；《张志潭故居》，见牛一兵、王宏主编《天津小洋楼：名人故居完全档案》第 1 卷，天津教育出版社 2011 年版，第 160-162 页；冬月《张佩纶·张人骏·张爱玲》，见冬月编著《五大道名门世家》，天津人民出版社 2013 年版，第 87 页；章用秀《蠹园遗墨犹可珍——张志潭》，见章著《天津书法三百年》，天津人民美术出版社 2013 年版，第 132-133 页；李开军撰《陈三立年谱长编》下册，第 1469、1472、1523 页；王仕任《天津沦陷后的汉奸组织——伪治安维持会》，载中国人民政治协商会议天津市委员会文史资料委员会编《天津抗战闻见录——纪念中国人民抗日战争暨世界反法西斯战争胜利 70 周年》，天津人民出版社 2015 年版，第 53-61 页；张佩纶著、谢海林整理《张佩纶日记》下册，第 585 页；李开军辑释《散原遗墨》，凤凰出版社 2020 年版，第 399 页；《清故安徽徽宁池太广道张君墓志铭》拓片，见孔夫子旧书网。

补记

　　1993 年 11 月至 1994 年 1 月，张爱玲（1920—1995）在台湾《皇冠》杂志发表了一篇独特的长文——《对照记——看老照相簿》。[1] 这是一组照片配文字的札记。张爱玲是张佩纶的孙女，她的这组札记为研究丰润张氏提供了一些难得的资料。概括起来，大略有以下几点：

　　（一）张佩纶出生于河北丰润的"一个荒村七家坨"。[2]

　　（二）张佩纶晚年和继妻李氏（李鸿章之女）寓居南京，

1　张爱玲《对照记——看老照相簿》，分三次连载于《皇冠》1993 年 11 月号、12 月号和 1994 年 1 月号。

2　"七家坨"，应为"齐家坨"，即今河北省唐山市丰润区欢喜庄乡大齐坨村，张人骏墓即在此；张佩纶墓则位于丰润区王官营镇北黑山沟村。二墓同于 2008 年 10 月被确定为"河北省第五批省级文物保护单位"，详《河北省人民政府关于公布河北省第五批省级文物保护单位及其保护范围和建设控制地带的通知》（冀政函〔2008〕108 号），网址：http://www.hebei.gov.cn/article/20081121/1100690.htm，检索日期：2012 年 7 月 22 日。2022 年 3 月 26 日再案：据张佩纶日记，亦可证"七家坨"为"齐家陀"之误。如光绪五年（1879）九月初六日日记："奉灵舆还齐家陀。合族来奠，谨暂厝第二层芦舍中。"（《张佩纶日记》上册，第 24 页）又，刘天昌《张人骏年谱》略谓："始祖张德贤，明永乐二年自山东海丰迁县西南齐家坨。"（刘天昌著《两江总督张人骏》，海洋出版社 2018 年版，第 387 页）可见"七家坨""齐家坨""齐家陀"实为同一地名，因为音近而出现多种写法。2022 年 9 月 10 日三案：世人皆称"丰润张氏"，张守中（张人骏曾孙）则称以"丰润大齐坨张氏"，应更为规范、准确。详《张人骏家书日记》，第 211、241 页。

李鸿章死后，"他更纵酒"，"五十几岁就死于肝疾"。

按：《清史稿·张佩纶传》称"（光绪）三十四年，卒"。[1]《中国近代史词典》将张佩纶的生卒年标示为（1848—1903），[2]《中国近现代人物名号大辞典》则标示为（1848—1903，一作1900），[3] 均与《清史稿》所称光绪三十四年（1908）的卒年不合。[4]

（三）张人骏是张佩纶的堂侄。

按：《中国近代史词典》和《中国近现代人物名号大辞典》，都笼统地称张人骏是"张佩纶之侄"。[5] 事实上，《光绪朝东华录》的一条资料早已表明了两人的关系：

1　《清史稿》第41册，卷四四四，第12456页。

2　陈旭麓等主编《中国近代史词典》，上海辞书出版社1982年版，第406页。

3　《中国近现代人物名号大辞典》，第454页。

4　张佩纶生于清道光二十八年戊申十月二十九日（详《张佩纶日记》上册，第30、83页），卒于光绪二十九年癸卯正月初七日（详张人骏光绪二十九年正月初八日日记，见《张人骏家书日记》，第149页），故其生卒年月日应标为"（1848.11.24—1903.2.4）"（《张佩纶日记》上册，"前言"，第3页）。2022年9月10日再案：早在1989年，学者张守中已经在《张人骏家书日记发现简介》一文中指出《清史稿·张佩纶传》所记卒年有误，离世时间应为"光绪廿九年（1903）农历正月初七日寅时"。张文首次刊发于《文物春秋》1989年第3期，后录入1993年出版的《张人骏家书日记》（第207–212页），两次面世都早于拙文《陈寅恪佚文〈吾家与丰润之关系〉试考》的发表时间（1997）。笔者当年受条件所限，未能及时发现其研究成果，现特予揭示，并向学界前辈深表敬意！

5　分见《中国近代史词典》第398页、《中国近现代人物名号大辞典》第427页。

（光绪九年二月）丙子谕：署都察院左副都御史张佩纶奏堂侄张人骏现补御史应否回避请旨遵行一折。张人骏，着毋庸回避。[1]

（四）张人骏自南京逃亡后，隐居天津，1925 年（张爱玲 5 岁）前后仍在世。

按：1927 年，陈三立有诗《张安圃师挽词》。[2]《中国近现代人物名号大辞典》将张人骏的生卒年标示为（1846—1927）。[3]

---

1 《光绪朝东华录》第 2 册，第 1499 页。2022 年 3 月 26 日补案：张佩纶父亲为张印塘，张人骏祖父为张印坦（张印塘之弟），张印塘、张印坦之父为张灼，故张佩纶为张人骏"堂六叔"。详张守中《张人骏家族谱系表》，见张编《张人骏家书日记》，第 214 页；刘天昌《张人骏年谱》，见刘著《两江总督张人骏》，第 387 页。

2 陈三立《张安圃师挽词》，详《散原精舍诗别集》，商务印书馆民国二十年（1931）版，第 34 页。

3 《中国近现代人物名号大辞典》，第 427 页。案：入民国，张人骏以遗老居青岛，后移天津。《张人骏家书日记》所附《张人骏讣文》有云："安圃府君痛于丁卯年正月初七日寅时寿终津寓正寝，距生于道光丙午年正月廿九日辰时，享寿八十有二岁。"（见《张人骏家书日记》，第 232 页）据此，其生卒年确应标识为"（1846—1927）"。2022 年 3 月 26 日再案：冬月《张佩纶·张人骏·张爱玲》略云："民国后，张人骏携家眷由上海到青岛居住了几年，1914 年又移居到天津，一直居住在英租界戈登道（今湖北路）的一处不太起眼的高墙壁垒宅院里。"（见冬月编著《五大道名门世家》，第 84 页）

陈寅恪兄弟诗词"误署"问题 [*]

2011 年 2 月，赵灿鹏君披露了原载于 1916 年 10 月 17 日《民苏报》（北京）、署名"陈寅恪"的一首七律《寄王郎》：

> 泪尽鲥鱼苦不辞，王郎天壤竟成痴。只今蓬颗无孤托，坐恼桃花感旧姿。轻重鸿毛曰一死，兴亡蚁穴此何时。苍茫我亦迷归路，西海听潮改鬓丝。¹

---

* 原刊于《中国文化》2012 年春季号（总第 35 期）；后收入张求会著《陈寅恪丛考》，浙江大学出版社 2012 年版，第 289-314 页。录入本书，除正文、注释皆有修订外，最大的变化是将胡文辉 2019 年补作的一条笺释附录于文末，借以展示最新研究动态。

1 赵灿鹏《陈寅恪佚诗一首》，载《读书》2011 年第 2 期。

　　赵君经过比较，发现最新版的《陈寅恪集·诗集》也未收录此诗。[1] 难得的是，赵君并未由此认定这就是陈先生的集外佚诗，而是举例说明陈先生的作品曾经被误署——刊载于 1916 年 11 月 10 日《东方杂志》（第 13 卷第 11 号，第 21 页）的"陈寅恪"词三首就被卞僧慧先生断定"实属误署"，[2] 继而谨慎地提出疑问："《民苏报》刊陈先生佚诗，不知是否亦为'误署'。"赵君之所以迷惑不解，除了卞先生的结论"不知何据"，可能还有一个原因——该期《东方杂志》"同一栏目并有陈三立、俞明震诗各二首，前者为陈先生之父，后者为陈先生母舅"，[3] 是否他们的诗作也是误署？

　　对于赵君的疑惑，笔者尚无法完全解答，只能就目前所知试作回应如下。

1　陈寅恪著、陈美延编《陈寅恪集·诗集（附唐筼诗存）》，生活·读书·新知三联书店 2009 年第 2 版。2022 年 2 月 24 日补案：该书 2015 年第 3 版依然没有收录此诗。

2　卞僧慧纂、卞学洛整理《陈寅恪先生年谱长编（初稿）》，中华书局 2010 年版，第 64 页。案：卞先生将日期误标作"十一月十五日"。

3　赵灿鹏《陈寅恪佚诗一首》，载《读书》2011 年第 2 期。

陈寅恪词三首"误署"之始末及新探

《锁窗寒·咏帘》[1]《破阵子》《浣溪纱·早春作》等三首词在 1916 年 11 月 10 日《东方杂志》发表后,"陈寅恪"这一署名并未立即引起争议。同年 11 月 20 日《大中华·文苑》(第 2 卷第 11 期)、12 月 30 日《民国日报·艺文》"亦发表了三首词中的两首:《破阵子》《浣溪沙·早春作》",署名变成了"彦通"(陈方恪字),[2]也未出现任何争议。可能正是因为没有听闻争执,夏敬观才将三首词当作陈寅恪的作品收入《忍古楼词话》。1936 年 6 月 30 日的《词学季刊》(第 3 卷第 2 号)连载了夏氏"词话",又一次发表这三首词——与当年《东方杂志》所披露者仅三两字微异,署名回归为"陈寅恪"。不料这一次却引发陈寅恪的不满,坚持让七弟方恪要求该杂志予以更正(详后)。9 月 30 日,《词学季刊》(第 3 卷第 3 号)正式刊出更正消息。或许是为了进一步澄清署

1　《锁窗寒·咏帘》,蒋天枢《陈寅恪先生传》作"《琐窗寒》",见蒋撰《陈寅恪先生编年事辑(增订本)》,上海古籍出版社 1997 年版,第 215 页;赵文则误作"《锁梦寒(咏帘)》"。

2　刘经富《陈寅恪有诗无词》,载《书品》2011 年第 4 辑;又见刘经富《〈陈衡恪词〉弁言》,载陈衡恪著、刘经富辑注《陈衡恪诗文集》,江西人民出版社 2009 年版,第 169 页。案:据潘益民、潘蕤著《陈方恪年谱》,1916 年 11 月 20 日《大中华》仅刊载《浣溪沙·早春作》,并无《破阵子》。详潘著,江西人民出版社 2007 年版,第 65 页。

名问题，"陈方恪后来又将这三首词重新发表在龙榆生主持的《同声月刊》上（见 1941 年 6 月 20 日第 1 卷 7 号、1942 年 1 月 15 日第 2 卷 1 号、1943 年 4 月 15 日第 3 卷 2 号）"。[1]

所谓"误署"，大致经过如此。问题不算太复杂，后来也已基本解决，但还有一些疑点始终没有消除，曲折反复的过程也给治学者留下了经验教训。因此，仍有必要花费一点笔墨，理一理事情的来龙去脉。

陈寅恪生前，除了 1936 年的那一次较真，迄无资料显示他继续关注过此事。1986 年 6 月，陈门弟子蒋天枢在改定旧稿《陈寅恪先生传》时，估计仍然没有发现《词学季刊》的"更正"，而是仅仅根据署名，认定三首词属于陈先生的作品——"传世词仅此三首而已"，并且作出了与原词风格迥然不同的解读——"从词意约略可见在京、在湘时意绪"。[2] 这篇传记，尽管迟至 1997 年才随着《陈寅恪先生编年事辑（增订本）》的出版而为学界所知，但作者的特殊身份无形中增强了这一说法的"权威性"。

2005 年，至关重要的证据——陈方恪写给龙榆生要求更

1　刘经富《陈寅恪有诗无词》，载《书品》2011 年第 4 辑；又见刘氏《〈陈衡恪词〉弁言》，载《陈衡恪诗文集》，第 169 页。

2　蒋天枢《陈寅恪先生传》，见《陈寅恪先生编年事辑（增订本）》，第 215–216 页。

正的那封信——在台湾影印公布，[1] 却因为传播渠道的不畅，其价值并未在大陆学者的研究成果中得到及时体现——至少武黎嵩君同年发表的《陈寅恪真的有诗无词吗？——记三首署名陈寅恪的词作》就似乎来不及征引。武文尽管注意到了那条 "更正"，但仍然推测："这三首词应系陈寅恪所填，可能是寅恪先生归国后从其父辈亲友交游时所作，其间或经七弟陈方恪润色，故而后来方恪先生有此一说。"[2] 武文倾向于将三首词作归于陈寅恪的理由主要有四点：第一，"《东方杂志》是一本相当严谨的杂志，口碑很好，更重要的是陈氏父子（陈三立、陈衡恪）都是《东方杂志》'文苑'的长期撰稿者，怎么会对这样一个错误视而不见呢？……'知子莫若父'，陈三立至少对于陈寅恪是否作词这一问题是心知肚明的，如果系发表致误，陈三立、陈衡恪以及陈寅恪本人都可以提出异议，并刊登刊误，不至于 20 年间竟无消息。"第二，"陈方恪当时也是《东方杂志》的撰稿者，其对于 1916 年《东方杂志》发表的三首词作何以当时不提出署名的质疑呢？"第三，"词作本身的内容，也带有陈寅恪诗歌的特点。"

1　见龙沐勋等著、张寿平辑释《近代词人手札墨迹》下册，台湾 "中央研究院" 中国文哲研究所 2005 年编印，第 381 页。

2　武黎嵩《陈寅恪真的有诗无词吗？——记三首署名陈寅恪的词作》，载《中山大学学报（社会科学版）》2005 年第 3 期。

第四，陈寅恪早年在美国留学时，习惯以诗稿写示吴宓，"过后即自己撕成碎片，团而掷之，不让钞存"，"此足以见陈寅恪对于诗词之态度"，"把胞弟陈方恪的词作攘为己有，不符合陈寅恪的为人"。[1] 笔者也大体认同第四点理由，即陈寅恪不大可能将弟弟方恪的词署上自己的名字；至于第三点理由，将主观性偏强且缺乏足够样本分析的文学鉴赏手法阑入史实的考辨之中，原本就存在较大风险，更无法经得起陈方恪那封信的验证，因此难以继续成立；而前两点，也依然有待进一步释疑解惑。

2007年，潘益民君根据南京图书馆所藏陈方恪遗稿，将这三首词录入《陈方恪诗词集》，[2] 以这种较为直接的形式初步结束了署名的争议。

2009年，刘经富君勤勉辑注的《陈衡恪诗文集》终于出版。刘君对义宁陈氏研究有年，在该书"陈衡恪词"这一部分的"弁言"里，较早使用了新材料——陈方恪1936年8月、9月间写给《词学季刊》主事者龙榆生的那封信，[3] 又特

1　武黎嵩《陈寅恪真的有诗无词吗？——记三首署名陈寅恪的词作》，载《中山大学学报（社会科学版）》2005年第3期。

2　陈方恪著、潘益民辑注《陈方恪诗词集》，江西人民出版社2007年版，分见第122—123、124—125、126页。

3　陈方恪此信的写作时间由台湾学者张寿平先生（号缦盦）推定，见张寿平辑释《近代词人手札墨迹》下册，第382页。

别拈出为武君所遗漏的一条旧材料——"1916 年 11 月 20 日《大中华·文苑》（第 2 卷 11 期）、1916 年 12 月 30 日《民国日报·艺文》亦发表《破阵子》《浣溪沙》，署名'彦通'"，[1]以此再次确认这三首词的作者不是衡恪（字师曾），而是方恪。2011 年，刘君将此"弁言"改写成《陈寅恪有诗无词》，重申了结论："这三首词确实是陈方恪的作品，陈寅恪一生也许真的没有填过词。"[2] 至此，误署问题可谓尘埃落定。

然而，潘著、刘著也小有疏失，仍需补漏纠偏。方恪信略云：

> 《词学季刊》第三期第一号《忍古楼词话》所载陈师曾遗词及第三期第二号所载陈寅恪诸词，皆弟所作。此事本无足轻重，因家兄寅恪性情直拗，必以为弟故架其名，反为不美。务请于后期郑重更正为叩。至感至感！[3]

为了引起对方的重视，方恪特意在重要词句下添加了墨圈（现以着重号代替）。龙榆生遂在《词学季刊》第 3 卷第 3 号（第 170 页）"词坛消息"栏刊发了《〈忍古楼词话〉之更正》：

---

1 刘经富《〈陈衡恪词〉弁言》，见《陈衡恪诗文集》，第 169 页。

2 刘经富《陈寅恪有诗无词》，载《书品》2011 年第 4 辑。

3 《近代词人手札墨迹》下册，第 381 页。

> 本刊第二卷第一号及第二号所载夏映庵先生著《忍
> 古楼词话》，内有陈师曾先生遗词，及陈寅恪先生词。顷
> 据陈先生介弟彦通先生来函，称师曾、寅恪两先生，素
> 不填词，所录皆出渠手，夏先生偶尔误收，特为更正。

两相对照，不难看出，龙榆生的"更正"不但将"第三
卷"误刊为"第二卷"，而且阐释过当——方恪来函只是声
明所刊长兄衡恪、六兄寅恪之词"皆弟所作"，从头到尾并
未称两位兄长"素不填词"。这不经意间的一次阐释过度，
影响至今犹存，直接困扰了数首词的归属认定。

众所周知，诗文代作也是历来的传统，儿子代父亲、学
生代老师、幕僚代主官最为常见，兄弟之间、朋友之间相互
代作也不稀罕。以义宁陈氏家族为例，陈三立至少有四篇文
章是代父亲陈宝箴撰写的；[1] 陈隆恪至少替父亲陈三立写过五
首诗，[2] 隆恪之女小从所云"先祖……或有酬应之作，间亦命
先君代笔"，[3] 诚非虚言；陈方恪也曾为父亲代笔，目前至少

1　详陈三立著，潘益民、李开军辑注《散原精舍诗文集补编》，江西人民出
　　版社 2007 年版，第 184–190 页。

2　详陈隆恪著、张求会整理《同照阁诗集》，中华书局 2007 年版，第 126、
　　134、136、140–141 页。

3　陈小从《〈同照阁诗钞〉编后记》，见《同照阁诗集》，第 450 页。

有两首诗可以确认是他 "代家大人作"。[1] 正因为司空见惯，方恪才会说 "此事本无足轻重"，若不是碰上 "性情直拗" 的寅恪，根本不需要 "郑重更正"。据此，窃以为武文所列四点理由的前两点，是将现代人的著作权意识生搬硬套在前人身上了。

依笔者看来，导致兄弟二人看法不一的原因应该是多方面的。既有性格的差异——陈寅恪自幼 "好静深思"，[2] 及至长成，言行不苟、名正言顺是其学者风范的重要体现；陈方恪 "从小就坐不热板凳"，[3] "行事随随便便"，"文人气十足，不护细行之处，所在多有"。[4] 也不能排除身份的区别——

1　陈方恪代父所作二诗，一为《题周左季吴越西关砖塔藏经卷子》，题下原注："代家大人作"（此承潘益民君 2012 年 3 月 12 日电传诗稿图片），收入《陈方恪诗词集》（第 33—34 页）时，改为篇末注明；一为《题曹靖陶看云楼觅句图》，见《陈方恪诗词集》，第 69 页。

2　陈小从《庭闻忆述》，载王永兴编《纪念陈寅恪先生百年诞辰学术论文集》，江西教育出版社 1994 年版，第 66 页。案："好静深思"，后被陈小从改为 "好学深思"，见陈小从著《吟雨轩诗文集》，中华书局 2015 年版，第 86 页。

3　章品镇《徜徉在新社会的旧贵族——记陈方恪》，见章著《花木丛中人常在》，生活·读书·新知三联书店 1997 年版，第 181 页。

4　张宏生《〈陈方恪诗词集〉序》，见《陈方恪诗词集》，卷首 "序"，第 1 页。案：陈寅恪之挚友吴宓，称许义宁陈氏之门 "握世运之枢轴，含时代之消息，而为中国文化与学术德教所托命者也"（吴宓《读散原精舍诗笔记》，载《国学研究》第 1 卷，北京大学出版社 1993 年版，第 551 页），唯独对方恪则评为 "能诗，而狂放佻达"（吴宓著、吴学昭整理《吴宓自编年谱》，生活·读书·新知三联书店 1995 年版，第 188 页）。

1936 年的寅恪，已是清华大学历史、中文二系合聘之名教授；方恪此时依然是落魄文人一般，这年冬天，"因生活难以维持"，"常命阿根将家中暂时不用之物用黄包车送当铺抵押变现"。[1] 尤其需要考虑这三首词的内容——像"更玲珑、遥倚未眠，夜情密意飞不到"（《锁窗寒·咏帘》）、"锦被半堆金线暗，冷落闲门逐绣鞯，东风伴醉眠"（《破阵子》）、"来往江城惆怅客，泪痕和墨教题诗，洞房空想碧螺卮"（《浣溪沙·早春》）这样的艳词，确实和陈寅恪格格不入。陈氏弟子蒋天枢昔年应是被署名误导，继而作出错误的解读。相反，陈方恪"倜傥风流，善为艳语"，[2] 这些艳词出自他的笔下，更加合情合理。一言以蔽之，方恪未必借寅恪之名以自重，但寅恪坚持"物归原主"倒是给这三首词的归属作了一个了断。

陈衡恪《浣溪沙》（两首）也被误署

回头再说龙榆生的"更正"带来的困扰。龙榆生说寅恪"素不填词"，倒也符合事实，毕竟至今尚未发现一首寅

---

1 《陈方恪年谱》，第 126 页。
2 张宏生《〈陈方恪诗词集〉序》，见《陈方恪诗词集》，卷首"序"，第 3-4 页。

恪的词作；[1] 但是这句话放在衡恪身上，则大错特错——"陈
衡恪不仅能诗，亦工填词" 一直是士林公论。[2] 1930 年，方
恪在为自己的《瓻香馆词草（甲）》作序时也曾说过："先伯
兄师曾亦喜倚声，尝从伯弢、映庵丈相唱和。"[3] 衡恪、方恪
年龄相差整整 15 岁，如果不是衡恪过早辞世，义宁陈氏工
于填词者恐怕就不能由方恪一人独擅胜场了。因此，刘经富
君在搜集、整理陈衡恪词作时，继续为衡恪代鸣不平。刘
君在日本学者神田喜一郎质疑龙氏 "更正" 的基础上，认真
分析了夏敬观《忍古楼词话》所录衡恪词作的归属。1936
年 3 月 31 日《词学季刊》（第 3 卷第 1 号）所刊《忍古楼词
话》，录存衡恪词四题五首：《春从天上来·海棠花下作》《庆
清朝·海棠（用碧山榴花韵）》《踏莎行》《浣溪沙》（两首）。
其中，《庆清朝·海棠》一首，由衡恪题写在宣统二年庚戌
（1910）所绘花卉册页上，最为可信。此册页共四帧，各有

1　犹忆十余年前，求会曾就散原老人（陈三立）何以不填词请教于陈小从
　　女士，陈女士有言：当系个人喜好不同所致，并无他意。2005 年夏，受
　　陈女士委托，整理其尊人隆恪先生（字彦和，又作彦龢）诗稿，仅觅得
　　词一阕——《浣沙溪·和蔬畦》（似作于 1953 年），原稿左侧有作者另行
　　所书十余字："此为平生弟一次之作，可笑可笑。彦龢。"（见《同照阁诗
　　集》，第 260 页）附记于此，学者欲探究义宁陈氏父子兄弟何以皆擅作诗
　　而词道各异，无妨撷供参考。
2　刘经富《〈陈衡恪词〉弁言》，见《陈衡恪诗文集》，第 167 页。
3　《陈方恪年谱》，第 43 页。

题词：首水仙，次海棠，三梅花，四莲花。其一之题词为衡恪所作，落款曰："右调【解连环】，用清真韵，衡恪写并填词。"[1] 其二之题词即《庆清朝·海棠》，落款曰："右调【庆清朝】，用碧山韵，师曾陈衡恪并录近作。"[2] 其三之题词亦为衡恪作品，落款曰："右调【玉烛新】，用清真韵，衡恪画并录旧作。"[3] 其四之题词为方恪所作《水龙吟》，落款曰："右调【水龙吟】，今年夏七弟仿碧山体作白莲词，并录于此。公湛仁兄词长雅鉴，宣统庚戌十一月衡恪灯下作。"[4] 衡恪本人对这四首词的归属已经说得一清二楚，因此，即便《庆清朝·海棠》同样见录于"陈方恪遗稿《鸾陂词》"，[5] 也不宜再将此词收入《陈方恪诗词集》。[6]

至于《春从天上来·海棠花下作》《踏莎行》《浣溪沙》（两首），刘经富君只将《浣溪沙》（两首）归于衡恪名下，[7] 潘益民君则将这三题四首一并断给了方恪，[8] 二人的分歧在于

1　《陈衡恪诗文集》，第 174 页。

2　《陈衡恪诗文集》，第 175 页。

3　《陈衡恪诗文集》，第 176 页。案：经对照陈衡恪原画（载朱良志、邓锋主编《陈师曾全集·花鸟卷》，江西美术出版社 2016 年版，第 18 页），"清真"前脱"周"。

4　《陈衡恪诗文集》，第 176 页。

5　《陈方恪诗词集》，第 139 页。

6　《陈方恪诗词集》，第 139 页。

7　《陈衡恪诗文集》，第 184 页。

8　《陈方恪诗词集》，分见第 124、125、140 页。

对《浣溪沙》(两首)的研判。刘君似乎主要根据方恪没有将《浣溪沙》(两首)与《春从天上来·海棠花下作》《踏莎行》同在《同声月刊》重新发表这一点,[1] 就推定《浣溪沙》(两首)应该属于衡恪的作品。[2] 查阅《陈衡恪诗文集》,刘君所录这两阕词,[3] 完全依据夏敬观《忍古楼词话》(载《词学季刊》第 3 卷第 1 号)而来。相比之下,潘君《陈方恪诗词集》所录,远较《陈衡恪诗文集》丰富得多,前后各稿借鉴、修改的脉络清晰可见,因而也更有说服力。为了把问题说清楚,不得不将《词学季刊》与《陈方恪诗词集》所录作个对照:

《词学季刊》:

【浣溪沙】银汉临岐一道催,悄风黄叶共徘徊,青镫低映绣帘开。　　故国寒砧传晚信,锦衾瑶瑟动清哀,三更残月度秦淮。

【浣溪沙】回首秦林入梦空,片云流水隔香红,玉箫

1　详《陈衡恪诗文集》,第 168 页。

2　刘经富《〈陈衡恪词〉弁言》略云:"《同声月刊》上重新发表的《踏莎行》《春从天上来》应是方恪所作",见《陈衡恪诗文集》,第 168 页。刘文《陈寅恪有诗无词》复云:"方恪信中指出的《词学季刊》第三期第一号所载《忍古楼词话》中的陈衡恪(字师曾)遗词四题五首,其中有两首是方恪作品。"刘经富君两次均未言及《浣溪沙》(两首),显系将作者设定为陈衡恪。

3　详《陈衡恪诗文集》,第 184 页。

帆落石塘风。　　辛苦犹怜天外月，素秋飞影入瑶宫，
千门人语断肠中。

《陈方恪诗词集》：

　　【浣溪沙】隐隐津亭叠鼓催，殷勤从与劝离杯，高楼
红袖首重回。　　故国寒砧传晚信，锦衾瑶瑟动清哀，
三更残月度秦淮。

　　潘益民校注："见陈方恪遗稿《鸾陂词》《禽犊萃编》
《殢香馆词草（甲）》、散页（三）；又载夏敬观《忍古楼
词话》和《词学季刊》第三卷第二期；亦见《同声月刊》
第一卷第八号，载时'锦衾瑶瑟动清哀'句中'衾'作
'裘'。"[1]

　　【浣溪沙】一曲霓裳兴未终，琼箫翻谱玉玲珑，片云
流水隔香红。　　应念长安今夜月，素秋飞影出瑶宫，
千门人语断肠中。

　　潘益民校注："见陈方恪遗稿《鸾陂词》《禽犊萃编》
《殢香馆词草（甲）》、散页（三）；又载夏敬观《忍古楼
词话》，又见《词学季刊》第三卷第二期和《同声月刊》

---

[1] 《陈方恪诗词集》，第123页。案：校注所云"《词学季刊》第三卷第二
期"，应为"《词学季刊》第三卷第一号"。

第一卷第八号。"[1]

【浣溪沙】惆怅临歧酒一杯，悄风黄叶共徘徊，青灯低映绣帘开。　故国寒砧传晚信，锦衾瑶瑟动清哀，三更残月渡秦淮。

潘益民校注："见陈方恪遗稿《说病词》；另载《词学季刊》第三卷第一期，载时'惆怅临歧酒一杯'作'银汉临歧一道催'。"[2]

【浣溪沙】回首秦林入望空，片云流水隔香红，玉箫帆落石塘风。　辛苦犹怜天上月，素秋飞影出瑶宫，千门人语断肠中。

潘益民校注："见陈方恪遗稿《说病词》；另载《词学季刊》第三卷第一期。"[3]

尽管不能说"陈方恪遗稿"上的词必然都是他的作品，但仅就《浣溪沙》（两首）而言，在找到更加直接有力的新证据之前，我宁愿相信它们的作者就是陈方恪。

1　《陈方恪诗词集》，第 132 页。案：校注所云"《词学季刊》第三卷第二期"，应为"《词学季刊》第三卷第一号"。
2　《陈方恪诗词集》，第 140 页。
3　《陈方恪诗词集》，第 140 页。

《寄王郎》一诗仍难确定作者

先说作者可能是陈寅恪的四个原因：

首要的一条，是内容、情感与陈寅恪比较贴切。友人胡文辉君也看到了赵君披露的此诗，他根据笺释陈寅恪诗的经验和体会，认为这首诗应该是陈先生的佚诗，主题是讥刺袁世凯复辟。承文辉君电传专为此诗而作的《〈陈寅恪诗笺释〉补遗之一》（未刊稿），[1] 让我再次钦佩他的灵敏和睿智——如果此诗确实是陈寅恪的诗作，那么文辉此次笺释的思路和结果大体依然可信可从。撇开使事用典、古今杂糅等诗艺暂且不论，这首诗在内容、情感上确能给人一种"作者非陈莫属"的感觉。"归路""西海"等词句，反映的不正是作者曾经留学海外？"王郎"者，或为陈寅恪海外留学之同伴？"轻重鸿毛曰一死，兴亡蚁穴此何时"一联的内涵，虽说没有网友"zjmr"所称那么丰富——"遗老的感慨，文人的清高，时运不济的无奈"，[2] 但确实符合陈氏对家国兴亡这一主题的偏好——仅以作于此诗前数年的另外三首诗为例：《庚戌柏林重

1　胡文辉 2012 年 3 月 1 日致张求会电子邮件。

2　网友"zjmr"《〈读书〉2011 年第二期读后感想》，发表时间：2011 年 2 月 15 日 15 时 30 分 49 秒，发表网页：豆瓣"《读书》小组"，网址：http://www.douban.com/group/topic/17622362/，检索日期：2012 年 2 月 26 日。

九作》（1910）的创作起因是"日本合并朝鲜"，因此才会有"兴亡今古郁孤怀，一放悲歌仰天吼"的结句；[1]《自瑞士归国后旅居上海，得胡梓方朝樑自北京寄书并诗，赋此答之》（1912）中"西山亦有兴亡恨"一句，[2]词旨显豁；《法京旧有选花魁之俗，余来巴黎适逢其事。偶览国内报纸，忽睹大总统为终身职之议，戏作一绝》（1913），以巴黎选美"花魁"的一年一度反讽袁世凯的总统终身制。[3]特别重要的是，《寄王郎》的刊发时间是 1916 年 10 月 17 日，因此，"轻重鸿毛曰一死，兴亡蚁穴此何时"与袁世凯该年 6 月 6 日病死、复辟梦破的"今典"若合符节。

其次，陈衡恪、寅恪、方恪兄弟在时间、能力、社会关系等方面，为发表诗词作品等提供了足够的条件。1914 年秋，陈寅恪应江西省教育司副司长符九铭电召，从法国巴黎回国，在南昌审阅江西选派留德学生考卷，"这项工作连续进行三年"。[4]因身体不适，曾回南京家中休养，"同时自

---

1 《陈寅恪集·诗集（附唐篔诗存）》，生活·读书·新知三联书店 2009 年版，第 3 页。

2 《陈寅恪集·诗集（附唐篔诗存）》，第 7 页。

3 详胡文辉著《陈寅恪诗笺释》上卷，广东人民出版社 2008 年版（软精本），第 14-16 页；胡文辉著《陈寅恪诗笺释（增订本）》上册，广东人民出版社 2013 年版，第 18-20 页。

4 陈流求、陈小彭、陈美延著《也同欢乐也同愁：忆父亲陈寅恪母亲唐篔》，生活·读书·新知三联书店 2010 年版，第 31 页。

修"。[1] "审阅试卷是间歇性的，其余时间可自行支配，其间
1915 年曾赴北京，一度担任袁世凯北洋政府经界局局长蔡
锷的秘书。1916 年至 1917 年，曾在长沙任湖南省公署交涉
股股长。"[2] 在此数年间，寅恪之长兄衡恪在京，"充教育部不
列为官者，主图书编辑"，"颇以文艺播士夫间"。[3] 七弟方恪
亦颇为活跃：1914 年，由梁启超推荐，"进入上海中华书局，
任杂志部主任；此后，还在上海商务印书馆以及设在法租界
三茅阁的《民立报》及《时事新报》做过编辑"。[4] 1916 年
3 月，又经梁启超介绍，赴京任财政部盐务署秘书，"实际
为梁启超所办的《大中华》杂志做编辑工作"，遂与罗惇曧、
曹经沅、徐树铮等旧雨新知常有游宴唱和，"诗词佳篇频出，
文名日盛"。[5] 方恪在 1916 年 11 月 20 日的《大中华》上刊

1　陈寅恪《第七次交代底稿》，见蒋天枢撰《陈寅恪先生编年事辑（增订
　　本）》，第 37 页。

2　《也同欢乐也同愁：忆父亲陈寅恪母亲唐筼》，第 31 页。

3　陈三立《长男衡恪状》，见陈著《散原精舍文集》，中华书局民国三十八
　　年（1949）版，卷十三，第 8 页。案：拙稿原作"在此数年间，……衡
　　恪仍在教育部任职"，承潘益民君 2012 年 3 月 12 日函示："陈衡恪民初
　　在北洋政府教育部不是经正式铨叙的官吏，似为部聘人员或编外人员，
　　即散原老人所称'不列为官者'也。"潘君所示证据，皆为确凿可信之文
　　献，现据以修改，亦可见散原行文之谨严。

4　《陈方恪年谱》，第 60 页。

5　《陈方恪年谱》，第 64-65 页。

出不同时期的诗词四首，¹大概也是假借了编辑的职务便利。

1916 年 10 月 17 日（旧历九月廿一日）是陈三立 64 岁寿辰，散居各地的儿孙们返回南京，为老人祝寿。²随后，衡恪携新妇黄国巽北返；寅恪往长沙；方恪于 10 月 19 日陪侍父亲赴上海，与郑孝胥、李瑞清、李宣龚、夏敬观、朱祖谋等人往还，"在沪月余，回宁"。³

据此，笔者推测，1916 年"陈寅恪"诗在《民苏报》发表，同年"陈寅恪"词三阕在《东方杂志》刊布，乃至 1936 年夏敬观《忍古楼词话》误收继而导致《词学季刊》误署"陈衡恪""陈寅恪"词作，这三件事都极有可能与陈方恪有关——至少 1936 年龙榆生应方恪的要求发布"更正"已经提供了有力的证据。

再次，《寄王郎》讥刺袁世凯复辟的立意，与《民苏报》主编朱镜宙的理念相一致。朱镜宙长期鼓吹革命，反对袁氏称帝，"1916 年 6 月，袁世凯去世，《民信报》停刊，朱镜宙应邀聘任北京《民苏报》主编。……1917 年 8 月，孙中山

1　内含前引《浣溪沙·早春作》，详《陈方恪年谱》，第 65 页。
2　详陈小从著《图说义宁陈氏》，山东画报出版社 2004 年版，第 24 页。
3　《陈方恪年谱》，第 66 页。案：陈氏父子抵沪日期，见郑孝胥著、劳祖德整理《郑孝胥日记》第 3 册，中华书局 1993 年版，第 1630 页。又，潘著将阳历 10 月 19 日误标为"农历十月十九日"。

护法广州，朱镜宙辞职前往，受聘军政府参议"。[1]朱镜宙在京担任主编为时虽短，却恰巧涵盖了《寄王郎》发表的时间——1916年10月17日。主编的立场与作者的倾向相一致，或许也可作为判断此诗归属的一条旁证。

最后一个原因，1916年的陈寅恪仍然处于学术研究的准备期，无论是在学术界还是在文化圈，都可谓寂寂无名。此时离陈寅恪正式发表第一篇不像论文的文章——《与妹书（节录）》——的1923年，[2]尚有7年的漫长时间。因此，他的诗作被外人盗名的可能性应该不大。

接着说无法断定作者必然是陈寅恪的四个理由：

首先，代笔或误署在当时的报刊上是一种普遍现象，真假难辨，层出不穷。同在1916年，10月17日北京《民苏报》登载"陈寅恪"《寄王郎》，11月10日上海《东方杂志》推出"陈寅恪"词三阕，11月20日北京《大中华》发布"彦通"《浣溪沙·早春作》等三首词。既然《东方杂志》所刊"陈寅恪"词三首"实属误署"，刊布于《民苏报》的《寄王郎》同样存在着误署的可能性。

其次，此诗尽管在内容、情感等方面都与陈寅恪比较贴

1　朱有发《朱镜宙在辛亥前后》，载2011年12月3日《温州日报》。

2　陈寅恪《与妹书（节录）》，原载《学衡》第20期，1923年8月出版。

切，[1]但毕竟只是孤证。尤其是将此诗置于如此复杂的背景之下，对它的归属保持必要的怀疑，原本无可厚非。找到两种以上的文本，固然不是鉴定真伪、判别归属的唯一标准，但倘能在其他文献中发现相同、相似或相关的记载，显然既利于作品的校雠，更利于作者的认定。

再次，该诗在拟题、用辞、对仗等技巧上似与陈寅恪不甚匹配。陈寅恪作诗，当然不会像作史一般矜持，但拟题、措词依然十分讲究，诗题中之称谓，尊长如"文芸阁丈廷式""曾农髯丈"，同辈如"胡梓方朝樑""影潭先生""傅斯年""熊式一君"，学生如"王啸苏君""蒋秉南教授"等，[2]称得上各安其份。即使是友朋间的戏谑之作，如"始悟同乡女医士，挺生不救救苍生"之例，[3]也不失温柔敦厚之旨。《寄王郎》一诗，写作动因既然是挽悼友人丧妻，假设诗题以"王君"或"先生"相称，且内含"诗以慰之"之类字词，显然较为熨帖；"寄王郎"三字则稍显随意，甚至略有轻薄为

---

1 友人李开军博士 2012 年 3 月 2 日电示："诗之最后二句，显是身在海外之语，且'改鬓丝'与此时寅老 26 岁之龄似亦不合。"姑附于此，以备他日核验之用。

2 陈诗标题称谓各例，分见《陈寅恪集·诗集（附唐篔诗存）》第 19、103、7、10、18、54、127、151 页。

3 陈寅恪《〈留美学生季报〉民国八年夏季第二号读竟，戏题一绝》。"挺生"，陈寅恪同乡友人卫挺生。参阅胡文辉著《陈寅恪诗笺释》上卷，第 24—25 页；《陈寅恪诗笺释（增订本）》上册，第 32—33 页。

文之嫌疑。此诗首句"泪尽鲫鱼苦不辞"，亦莫名其妙。"鲫
鱼"，即"老鱼"，"食之杀人"，[1]与"王郎"丧妻不啻风马
牛不相及。文辉君手法老辣，且看他如何破解难题（详后）。
寅恪晚年所作律诗，对仗更为整饬沉稳，"闻歌易触平生感，
治史难逃后学嗤"[2]"家国旧情迷纸上，兴亡遗恨照灯前"[3]"白
日黄鸡思往梦，青天碧海负来生"[4]诸联，颇有法度森严、沉
郁顿挫之气象。相比之下，早年各律稍欠工整者不乏其例，
如"士有相怜宁识面，生原多恨此伤神"[5]"承平旧俗凭谁问，
文物当时剩此冠"[6]等。而《寄王郎》"只今蓬埊无孤托，坐
恼桃花感旧姿""轻重鸿毛曰一死，兴亡蚁穴此何时"二联，
与作于之前的上引各联相比，又给人等而下之之感。

　　最后，陈寅恪对待两次误署，前后反应不一致，也为署

1　《集韵·脂韵》："鲫，老鱼，一说出历水，食之杀人"。此据汉语大字典
　　编辑委员会编《汉语大字典（缩印本）》，湖北辞书出版社、四川辞书出
　　版社 1992 年版，第 1955 页。
2　陈寅恪《乙巳正月三日立春作》（1965），见《陈寅恪集·诗集（附唐篔
　　诗存）》，第 164 页。
3　陈寅恪《乙巳冬日读〈清史·后妃传〉，有感于珍妃事，为赋一律》
　　（1965），见《陈寅恪集·诗集（附唐篔诗存）》，第 172 页。
4　陈寅恪《丙午春分作》（1966），见《陈寅恪集·诗集（附唐篔诗存）》，
　　第 175 页。
5　陈寅恪《追忆游那威诗·皮桓生墓》（1911），见《陈寅恪集·诗集（附
　　唐篔诗存）》，第 5 页。
6　陈寅恪《癸丑冬，伦敦绘画展览会中，偶见我国新嫁娘凤冠，感赋》
　　（1913），见《陈寅恪集·诗集（附唐篔诗存）》，第 8 页。

名的判定平添了一丝疑惑。恰如武文所言,《锁窗寒·咏帘》《破阵子》《浣溪纱·早春作》等三首词,在 1936 年 6 月 30 日被《词学季刊》公布之前,早已正式发表于 1916 年 11 月 10 日的《东方杂志》,为什么陈寅恪的更正要求迟了整整 20 年? 由上海商务印书馆编辑、发行的《东方杂志》,作为百科全景式的大型综合性期刊,发行之广、影响之大,《民苏报》难以望其项背;即便是《词学季刊》,虽说"每期发行千册,颇有流传域外者",[1] 但毕竟只是"当时为词家交流研究成果的唯一学术性刊物",[2] 而且从 1933 年 4 月创刊到 1936 年 9 月结束,一共只出版了 11 期,因此,其影响也无法与《东方杂志》相提并论。陈寅恪早在第一次留学欧洲时,已经养成了"有点趋同西方"的饮食习惯,"接受了现代卫生科学观念",回国后还曾为了"了解更多国外动态",煞费苦心地让侄儿封怀出面,订阅了一份"价格不菲"的"英文报纸"。[3] 素不填词的陈寅恪,既然连词学刊物都会有所留意,归国后又曾设法订阅英文报纸以跟进国外学术动态,那么,他似乎

1　龙榆生语,见《词学季刊》合订本下册,上海书店 1985 年影印出版,卷末附页。

2　龙厦材《词学季刊·后记》,见《词学季刊》合订本下册,卷末附页。

3　《也同欢乐也同愁:忆父亲陈寅恪母亲唐篔》,第 30 页。

没有理由不关注国内首屈一指的老牌刊物《东方杂志》。[1] 新的疑惑接踵而来：在兄弟数人中，寅恪堪称"能谨饬廉隅，以世其家声"的代表，[2] 留学海外学术机构的经历，也无疑会强化他对于著作权的尊重和保护。此时的他虽然默默无闻，但是以他的"直拗"个性和初步形成的学术规范意识，如果发现这三首词误署了自己的名字，不大可能得过且过，更不可能欣然接受。照此逻辑推导下去，势必得出相反的结论：陈寅恪也许没见过这一期《东方杂志》，也许并不知道误署之事。真相如何，只能留待进一步发掘。

卞僧慧的依据及其他

据卞僧慧老人自述，刘经富君对《陈寅恪先生年谱长编（初稿）》的编撰也曾给予"持久支持"，[3] 该谱间有"经富

1　武黎嵩君在翻阅、研究该杂志的基础上，评述曰："《东方杂志》在当时属于比较有影响的综合性学术期刊，主要关注时事政治、国际关系、西方国家历史与现状以及文史掌故、古典文学研究等内容，是一份比较严谨的刊物。"见武氏《陈寅恪真的有诗无词吗？——记三首署名陈寅恪的词作》。

2　吴宗慈《陈三立传略》，载《国史馆馆刊》创刊号，1947 年 12 月出版。

3　卞僧慧《陈寅恪先生年谱长编（初稿）》之"后记"，见卞著，第 413 页。

按"批注若干。¹ 因此,"陈寅恪"词三首被该谱断定"实属误署",这一结论估计来源于刘经富君。当然,此为笔者之推测,真实情况尚待当事诸君予以确认。²

至于"陈三立、俞明震诗各二首",则确实没有误署。陈三立的两首诗,一题作《次韵酬剑丞过沪上旧居寄怀》,一题作《重九日逸社诸公于哈同园登高咏九言属遥和一篇》,均录存于《散原精舍诗续集》卷下。³ 俞明震诗二首,一为《雨后湖上》,一为《中秋日约同人饭于法相寺》,均见《觚庵诗存》卷四。⁴《东方杂志》所刊,诗题及正文与陈、俞诗集所录微异者,今编《散原精舍诗文集》已作校勘,⁵ 新编

1　如第 6、7、20、28、29 等页,均有"经富按"。

2　据刘经富《花但能开不怨迟——忆悼卞僧慧先生》(载《读书》2015 年第 6 期),卞僧慧先生已于 2015 年 2 月 23 日辞世。

3　陈三立著《散原精舍诗续集》,商务印书馆民国十一年(1922)版,卷下,分见第 22、17-18 页。案:"重九"一首在前,"次韵"一首在后。《东方杂志》编次有误。

4　俞明震著《觚庵诗存》,聚珍仿宋印书局民国九年(1920)排印本,卷四,第 9 页。案:诗题后来分别定为《雨后湖楼晓起》《中秋集法相寺和子纯丈原唱》。

5　详陈三立著、李开军校点《散原精舍诗文集》上册,上海古籍出版社 2003 年版,第 491-492 页;《散原精舍诗文集(增订本)》中册,上海古籍出版社 2014 年版,第 491-492 页。案:后一首《次韵酬剑丞过沪上旧居寄怀》无异,故无校记,详《散原精舍诗文集》上册第 498 页、《散原精舍诗文集(增订本)》中册第 498 页。

《觚庵诗存》则阙如。[1] 导致赵灿鹏君连带着对这四首诗也有所疑虑的原因，可能是该期《东方杂志》刊登的那条"正误"——"前号'文苑'内《寄和石遗登海天阁》《题……》两诗，均系陈宝琛作，误为'陈宝箴'。特此更正。"这么醒目的一条"正误"，恰好与"陈寅恪"词三阕同在一页（第21页），由此产生联想也就不足为奇了。

余论

应该说，"陈寅恪"词三首的误署、"陈衡恪"词二首的误判，屡经考释，至此应无疑义。相关著述日后如能再版重印，不妨据以正误。现阶段尚无法解答的，只剩下《寄王郎》如何判定这一疑难。基于上文所示四个原因，笔者倾向于认为此律是陈寅恪的诗作，不存在误署的问题；与此同时，鉴于上文所列四个理由的客观存在，[2] 笔者以为暂不宜将

1　详俞明震著、马亚中校点《觚庵诗存》，上海古籍出版社2008年版，第74、75页。

2　拙稿理由之三，即"该诗在拟题、用辞、对仗等技巧上似与陈寅恪不甚匹配"，极有可能限于特定条件下材料之匮乏、信息之闭塞，更受制于自身学养之不足、技法之拙劣，不知不觉间陷没入先人为主、结论先行、强不知以为知等泥淖中。陈寅恪先生在批评父执陈石遗对王安石《明妃曲》之解释与史实不符时，曾有句云："说诗而不考史，未有不流（**转下页**）

此诗直接收入陈寅恪的诗集。之所以如此"模棱两可",或许可以借用陈寅恪本人的话作为解释:"考据之学,本为材料所制限","尚待他日新材料之证明","今日固不能为绝对否定之论,亦不敢为绝对肯定之论,似为学术上应持之审慎态度也"。[1]

（接上页）为臆说者也。"（见张求会辑录《陈寅恪手批〈宋诗精华录〉》,原载《文学遗产》2006年第1期,现已收入本书,详前）此类窘境,吾人虽竭力规避,似亦在所难免,尚祈贤明者察而谅之,且有以教我。

[1] 陈寅恪《敦煌本十诵比丘尼波罗提木叉跋》,见陈寅恪著、陈美延编《陈寅恪集·金明馆丛稿二编》,生活·读书·新知三联书店2001年版,第295页。

附一　陈小从复张求会函

〖张求会按〗2012 年 2 月 20 日，笔者致函陈小从女士，禀报《读书》刊发陈寅恪先生佚诗一首，并录呈胡文辉君笺释以求教。3 月 14 日，接奉小从女士赐复之手札。陈女士素以诗词名，虽寿登九秩，而思路清晰，文辞老到。征得老人同意，谨此公布，或有助于对《寄王郎》一诗之分析。原札一处手误（"轶诗"，误书为"轶事"），已予径改。

小张：

接到有关寅叔轶诗之函件已有旬日了，经再捧读《诗集》，玩味寅叔之诗格、诗风，觉得这首《寄王郎》之作品虽有些相类，但是在用典、用词及诗之语言上，此不及已出版之作。按寅恪叔以渊博之学，诗其馀事耳，而在造句用词上仍平易流利，并不艰涩。故鄙见认为可能是寅叔本人之弃稿（或许是并未寄出）。

假如是他人之作，而落寅叔名，也有可能。如尊函所提之词三首，系方叔之作。令友胡先生将此诗拟定为友人丧偶并带"反袁"之作。慰友悼亡，是肯定的。不过，此友"王郎"何许人也？未弄清受赠者之经历，则所推证之辞将如何落根？所谓"皮之不存，毛将安附"？

再从诗本身来看：

只今蓬堁无孤托，坐恼桃花感旧姿。

上句胡注为无后嗣，但"无孤托"的"孤托"两字是否可成语？而其对句"感旧姿"，则"无"对"感"尚可通，"旧姿"对"孤托"则颇费商酌。而坐对桃花典可能是暗用唐崔护之"人面桃花"故事。

另，颈联：

轻重鸿毛曰一死，兴亡蚁穴此何时。

按：死有重于太山，有轻如鸿毛，此典用在慰友丧偶，似乎不太妥切。下句"兴亡蚁穴此何时"，注者谓系反对袁世凯，仅据寅叔写此诗之时间恰与袁之死时间相合，而无其他方面之佐证，则"兴亡蚁穴"之典泛用在指世势人情之无常，也可以说得过去。

末联：

苍茫我亦迷归路，西海听潮改鬓丝。

这联倒似寅叔口气，"西海听潮"别人难以借用。

以上所写，不过是一时所触之见。我是个读书不求甚解之人，写诗也不过自遣自娱，既然您不耻下问，也就大胆说几句吧。不妥之处，还希指谬是幸。

匆此。即颂

文祺

陈小从

2012.3.6

附二　胡文辉笺释[1]

1916年（民国五年丙辰）

袁世凯复辟

◎寄王郎

　　陈氏于1914年自法归国，此后似寓居南方，至此年七月应湖南省长兼督军谭延闿之聘至湘，供职湖南交涉使署。此诗原刊北京《民苏报》同年10月17日，或即

---

[1] 2022年3月25日补案：胡文辉著《陈寅恪诗笺释》出版于2008年6月，《寄王郎》一诗未及收录；《陈寅恪诗笺释（增订本）》出版于2013年4月，以下内容即录自《陈寅恪诗笺释（增订本）》（上册，第22-23页）。当年（2012）发表拙文，为尊重胡文辉之著作权，没有披露其笺释；今日旧文新刊，附录胡氏笺释于文后，兼寓怀念陈小从女史（1923—2017）之意。胡氏此则笺释，原有脚注两条，其二即解释录存该诗的原因："此诗的刊出似甚孤立，来历不明，但目前既无直接或间接的否证，自宜收入。"2024年11月9日再案：胡著增订本于2024年10月完成第6次印刷，内容又有修订。《寄王郎》一则，增添了笺释者2019年推证"王郎"即王浩的一段文字（详后），删除了"王郎，其人不详"一句。详胡文辉著《陈寅恪诗笺释（增订本）》上册，广东人民出版社2024年10月第2版第6次印刷，第23-25页。

作于此前后。王郎，其人不详。

　　泪尽鲥鱼苦不辞

　　王郎天壤竟成痴

　　鲥鱼，似不经，疑为鳏鱼之误；传说鳏鱼之目不闭，故借指无妻或丧妻的男子。王郎天壤，出《世说新语·贤媛》所载谢道韫语："不意天壤之中，乃有王郎！"原指谢氏轻视其夫婿王凝之，此处当系仅借用其辞，扣紧王氏其人。[1]

1　2022 年 3 月 25 日补案：胡文辉《〈陈寅恪诗笺释〉再补》（2019 年 10 月 16 日发布于"澎湃新闻·上海书评"，网址：https://m.thepaper.cn/newsDetail_forward_4680024）又有补充："原不知此诗来历，亦不知'王郎'为谁。今疑其人乃王浩（1894—1923），江西南昌人，与其长兄王易皆用力于诗，以乡谊的关系，同属于陈三立的诗弟子之列。陈寅恪 1912 年有寄胡朝樑（字梓方，号诗庐）诗，而王浩与胡氏更是极为密切的诗友。是陈氏与王浩有交往实甚自然。而考王浩身世，曾有两次婚姻：初婚于 1912 年，其事仅见于《倚柱词》（1913 年与王易词合刊为《南州二王词·虚明室甲稿》），其女名姓、生平俱不可知（赵宏祥《王浩先生年表》，《南州二王诗词集》附录，黄山书社 2018 年版）；第二次婚姻的对象系江西名宿程汪山之女，事在 1916 年之后（据胡先骕《评亡友王然父思斋遗稿》，原载《学衡》第五十一期；见《思斋诗》附录，《南州二王诗词集》）。以陈氏此诗对照王浩事迹，联系其交游，可推测'王郎'即其人，二者恰可互证，亦可互补。王氏第一任妻子当于 1916 年或稍早去世，而此时陈氏正在湖南任职，故能知王浩此耗，并特意寄诗挽之。"

以上两句当指王姓友人丧妻。

只今蓬埧无孤托

埧，尘土、土堆；蓬埧，当同蓬块、蓬颗，指长草的土块，借指坟头。此句谓妻亡而无子。

坐恼桃花感旧姿

用黄庭坚诗："坐对真成被花恼。"谓因桃花而触发对亡妻的思念。

轻重鸿毛曰一死
兴亡蚁穴此何时

上句用司马迁《报任少卿书》："人固有一死，或重于太山，或轻于鸿毛。"惟"曰一死"不成文意，疑为"同一死"之讹。下句当暗指袁世凯复辟事。袁氏此前下令1916年改为"中华民国洪宪元年"，于此年1月1日即帝位；但3月22日即宣布取消帝制，至6月6日病死，"洪宪"复辟乃成槐安一梦。陈氏对袁氏复辟事甚反感，已见1913年法京选花魁诗，故此处以"兴亡蚁穴"蔑称之。

陈氏由王妻之死，引出袁氏之死，故曰“轻重鸿毛同一死”也。

苍茫我亦迷归路
西海听潮改鬓丝

谓留学西洋时，闻知世界新潮，言下对中国前途似抱有苍茫之感。

义宁陈氏的三通手札 [*]

马忠文君从北京寄赠一套《近代名人书札》，[1] 内含义宁陈氏手札三通。其中，陈宝箴（1831—1900）一通为《陈宝箴集》所失收；[2] 陈三立（1853—1937）一通，不见录于《散

———————

* 首刊于 2012 年 5 月 30 日《南方都市报》。2012 年 8 月 6 日曾予修订，收入张求会著《陈寅恪丛考》，浙江大学出版社 2012 年版，第 315–328 页。录入本集，除订正一二讹误外，又根据最新研究成果，再次作出微调。

1 中国社会科学院近代史研究所编，闵杰、马忠文、茹静编选《近代名人书札》，社会科学文献出版社 2010 年版。

2 陈宝箴著，汪叔子、张求会编《陈宝箴集》下册，中华书局 2005 年版。

原精舍诗文集》及其《补编》；[1] 陈寅恪（1890—1969）一通，虽已录入《陈寅恪集·书信集》，[2] 仍有匡订价值。

陈宝箴信札受主应为李鸿藻

先看陈宝箴的一通：

中堂钧坐：

　　谨拟上告文一纸，乞阅削后送交河帅一阅。（河帅文案，文案书手较佳，可否发缮？）告时须用羊、豕祭品否？愚意只中堂与河帅致敬祈祷，馀人皆可不必，以示专壹。又或谓凡大工向有数祭，于坝头行之，文武末吏皆令行礼，可否另择日行之？此次则只叩祷可耳。

　　手肃禀，恭请

1　陈三立著、李开军校点《散原精舍诗文集》，上海古籍出版社 2003 年版；陈三立著，潘益民、李开军辑注《散原精舍诗文集补编》，江西人民出版社 2007 年版。2022 年 3 月 24 日补案：本文所讨论之陈三立致贺沅函，后收入陈三立著、李开军校点《散原精舍诗文集（增订本）》下册，上海古籍出版社 2014 年版，第 1287—1288 页。

2　陈寅恪著、陈美延编《陈寅恪集·书信集》，生活·读书·新知三联书店 2001 年第 1 版，第 140 页；2009 年第 2 版，第 136 页；2015 年第 3 版，第 136 页。

中堂鈞座謹撿上告文一紙矣

閣剃後送京

河帥文案文繫書手戰壇可否商酌

河帥一閱告時須再承察呈否是意只

中堂與 河帥致敬祈禱餘八皆可不必以示專

臺又或謂凡大工尚有數条柷垻頭行之文

武求庚皆令行禮可否另擇日行之峴次則

祇叩禱可卟手肅稟恭請

勛安寶箴謹稟

陈宝箴手札

勋安

宝箴谨禀[1]

此札之受主为某"中堂"；"河帅"是河道总督的别称；"羊、豕祭品""致敬祈祷""大工""坝头"诸语，显然与祭祀河神有关——这些片段叠加在一起，目标只能指向陈宝箴曾经参与的治理黄河之事。

考陈氏一生，有案可查的治黄经历至少有两次：光绪六年（1880），陈宝箴授河北道（治河南武陟）。河北道的重任之一是修治黄河堤坝，武陟附近"河堤亘千里，沁水夹之，尤湍悍"，陈宝箴"审宜疏筑，亲绳其玩误者，河不为灾"。[2] 光绪七年、八年，陈宝箴因"督防黄河三汛安澜"，先后两次保奏，"奉旨交部从优议叙"。[3]

第二次治黄，时在光绪十三年至十四年（1887—1888）。光绪十三年八月，河东河道总督成孚因治河不力，被摘去顶戴，革职留任。[4] 九月，因黄河决堤事态严重，礼部尚书李

1 《近代名人书札》上册，第 33 页。

2 陈三立《皇授光禄大夫头品顶戴赏戴花翎原任兵部侍郎都察院右副都御史湖南巡抚先府君行状》（以下简称《巡抚先府君行状》），见《散原精舍诗文集（增订本）》中册，第 849 页。

3 《陈宝箴履历》，见秦国经主编《清代官员履历档案全编》第 5 册，华东师范大学出版社 1997 年版，第 150 页。

4 朱寿朋编《光绪朝东华录》第 2 册，中华书局 1958 年版，第 2328 页。

鸿藻（谥文正）奉命往郑州视察河工；[1] 同月底，李鹤年署理河东河道总督，会同河南巡抚倪文蔚筹办大工事宜。[2] 十二月，李鸿藻"奉命督办河工"。[3] 其间，同为降调人员的前山西布政使绍诚（字葛民）、前浙江按察使陈宝箴、前山东按察使潘骏文等三人于九月十一日奉命赶赴河南襄办河工。[4] 陈宝箴"（光绪十三年）十二月二十七日到工"，"十四年八月，因患目疾，请假回籍调理"。[5]

陈宝箴参与此次治黄工程，前后不超过八个月。时间既短，留在陈三立《巡抚先府君行状》里的记载难免简略："旋以河大决郑州，诏府君襄塞河。而李文正公方持节河上，府君不任督工，度形势、助谋划而已。初视决河，建议即兴宵工，避盛涨，已而时时言李公，河员群起阻难，李公不能决，后亦渐瘳，趣为之，已无及。天子遂召李公还，府君亦去。久之，河乃塞，而李公倾倒府君自兹始。"[6]

笔者昔年撰作《陈寅恪的家族史》，曾根据光绪十四年三月至七月郭嵩焘日记的片言只语，尝试着对这段历史进行

---

1 《光绪朝东华录》第 2 册，第 2348 页。
2 《光绪朝东华录》第 2 册，第 2356 页。
3 《光绪朝东华录》第 2 册，第 2403 页。
4 《光绪朝东华录》第 2 册，第 2340 页。
5 《陈宝箴履历》，见《清代官员履历档案全编》第 5 册，第 150 页。
6 陈三立《巡抚先府君行状》，见《散原精舍诗文集（增订本）》中册，第 849—850 页。

部分还原：光绪十四年三月初九日，郭嵩焘接到陈宝箴寄自河南的一封信，"陈右铭信谓当引河出贾鲁河，由宿迁西北小河出刘老涧，绝中运河入六塘河，出灌河海口，其下即黑水洋也，路近而势顺。又言前任河北道，曾于沁水入河上游置闸坝十余所，开沟渠引水灌田，春时开闸，入伏闸闭。河水伏汛为最巨，沁水最大，不至助河为患"。这封信深受郭嵩焘称许，赞为"二说极中肯綮"。在五月十一日的一封家信里，陈宝箴对治河大事仍念念不忘。他"力訾绍葛民赶办合龙时改变土工章程，以图省费，延误半月之功，否则五月中即可合龙。因论办理河工各员，乖舛谬误，不可胜纪，而以合龙希之天幸"。五月二十一日，"伏汛大涨，东、西两坝均走占，水深至九丈，分流出铜瓦厢，言者遂据以为庆，其实南流出云梯关，北流出铜瓦厢，皆由河势加涨，自顺其就下之势也"。就在当日，捆镶船只突然失事，导致郑州已成河工又被河水淘刷。时值水势凶猛的中伏，白白付出了二十余条无辜性命和无数财物之后，治河者只得喟然太息，付之无可如何。七月初十日，朝廷差委广东巡抚吴大澂署理河督。同日，以郑州河工久未合龙，对治河诸人各有惩罚：署河东河道总督李鹤年革去顶翎，与前河东河道总督成孚一同发往军台；礼部尚书李鸿藻、河南巡抚倪文蔚革职留任；绍諴、潘骏文革职留工效力。[1]

其后，笔者配合汪叔子先生编纂《陈宝箴集》时，又曾收录陈宝箴致李鸿藻函三通，其中转录的第一函即与此次治黄直接相关：

中堂钧鉴：

今日起居过劳，明日再容趋谒。顷思此次买料关系至要，顾闻各委员贤否不一，难保必无弊端，非藉尊严恺切晓谕，末由示儆。谨妄拟札稿，恭呈览削，可否札饬总局转行，伏乞钧裁。绍藩司一函附呈。

手肃，恭请崇安。伏惟垂察。

宝箴谨禀

此札原件藏上海图书馆，初由许全胜先生、柳岳梅女士整理公布，为之拟题《与张之洞》，载《近代中国》第11辑。[2] 后经笔者与汪先生考辨，确认受主应为李鸿藻而非张

1　详张求会著《陈寅恪的家族史》，广东教育出版社 2000 年版，第 84—86 页。2022 年 3 月 24 日补案：拙著所称"河东河道总督李鹤年"、拙文首刊稿所称"河督李鹤年"，表述皆不精确，后已改订为"署河东河道总督李鹤年"，详张求会著《陈寅恪家史》，东方出版社 2019 年版，第 94—95 页。

2　许全胜、柳岳梅整理《陈宝箴遗文》，载上海中山学社编《近代中国》第 11 辑，上海社会科学院出版社 2001 年版，第 244 页。

之洞，遂改题为《上李鸿藻》，收存于《陈宝箴集》下册。[1]

经与《清李文正公鸿藻年谱》比对，陈宝箴第二次治黄的行踪几乎与李鸿藻同步：李鸿藻到工在光绪十三年十二月十八日，[2] 次年八月十三日"由杨桥工次北上"。[3] 不仅如此，据李鸿藻光绪十四年四月初一日至七月初七日所作简要日记，[4] 陈宝箴虽不像潘骏文、绍諴那样分别总办东坝、西坝事宜，却与李鸿藻往来频繁，几近无日无接触。[5] 陈宝箴既为李鸿藻草拟奏稿、电函、信札，又为其开方治病，还曾就治

1　《陈宝箴集》下册，第 1650 页。2024 年 10 月 2 日补案：此函也作于光绪
　　十四年（1888）。

2　李宗侗、刘凤翰著《清李文正公鸿藻年谱》下册，台湾商务印书馆 1981
　　年版，第 451 页。

3　《清李文正公鸿藻年谱》下册，第 512 页。

4　《清李文正公鸿藻年谱》下册，第 465–506 页。

5　陈三立《巡抚先府君行状》称"府君不任督工，度形势、助谋划而已"，
　　李鸿藻光绪十四年河工日记于此颇多体现："四月十九日。午后，愁闷已
　　极，傍晚约右铭来商一切，灯后乃去。"（《清李文正公鸿藻年谱》下册，
　　第 473 页）"四月二十四日。申刻右铭来，同拟中丞催料信稿，即发。"（同
　　前，第 476 页）"五月二十一日。昨右铭夜班，一早来谈，详询坝上情
　　形。"（同前，第 488 页）"五月二十三日。晚间右铭遣人送信，言西坝出
　　船事。"（同前，第 488 页）"六月初四日。右铭昨夜班，在途中先接其一
　　信。遥望西坝情形，似不可收拾，殊深焦急。"（同前，第 492 页）"六月
　　初八日。右铭来言引河事。"（同前，第 494 页）"六月十一日。右铭来商
　　用船堤法。"（同前，第 497 页）"六月廿三日。卯刻中丞到小公馆，随即
　　来谈，面商一切。河帅来，意颇不合，约右铭来拟奏稿，午后豹岑又来。"
　　（同前，第 501 页）

河方案数次上书李氏。当治河陷入"款尽料竭，万无可为"的绝大困境时，[1]人心浮动，李鸿藻对于安守本职的陈宝箴愈益深表敬服——光绪十四年六月十二日日记有云："今早途遇右铭，晚间往询尚未归，可叹也。工次乃心公事止此一人。"[2]陈三立所言"李公倾倒府君自兹始"，洵非虚言。

综上所述，笔者认为《近代名人书札》所录陈宝箴一札似应作于光绪十四年上半年，[3]受主同为李鸿藻，"河帅"似指李鹤年而非吴大澂。

尚未公开的一通陈三立信札

再看陈三立一札。据友人李开军博士介绍，此札辑存于《贺葆真与徐世昌等往来函稿》，[4]各函稿顺序颇为混乱，《近

---

1 《清李文正公鸿藻年谱》下册，第502页。

2 《清李文正公鸿藻年谱》下册，第497–498页。

3 2012年5月30日，承友人陈晓平君赐教：以李鸿藻日记为据，可推定宝箴此札"应为光绪十四年六月十七日所作"。现将李氏光绪十四年六月十七日、十八日日记摘录于后："六月十七日。热，晴，早间崔镇来，右铭来长谈，巳刻子遇自西坝，属蔚如缮祝告文，为河帅作函二次，均有回书。"六月十八日："丑初起，丑正河帅来，同诣大王庙焚祝告文，一同祈祷，在右铭室谈，回寓略睡。"均见《清李文正公鸿藻年谱》下册，第500页。

4 《贺葆真与徐世昌等往来函稿》，中国社会科学院近代史研究所藏。

陈三立手札

代名人书札》仅披露陈三立此札之后半部分，似与此有关。
该札后被开军录入《陈三立年谱长编》。[1]

芘村仁兄同年公祖阁下：

囊缘一第，获厕末光，藉甚声香，齐辉俪燄。嗣达
京国，十载于兹，未尝不缱绻清尘，瘴怀无已。往因知
旧得读贤兄纂箸之言，儒人之文，竺雅深美，远希曩哲，
近溉时贤，岂唯雄视北方，固亦度越当代。一昨鄌宗远
来叔辈自闽抵署，复稔大夫君子造福吾乡，仁沫所流，
泳游迴迹。窃唯君家伯仲，照映一时。贤兄振誉于岩廊，
足下蜚声于紧望，闻风在远，动色相嗟。而临睨旧乡，
瞻言故宇，松楸之慕，阅百世而怆怀，桑梓之恭，历九
州而结想。忻唯茂宰，泽及吾宗。昔托契于萧陈，今兴
歌于召杜，其为宠幸，可胜言哉？弟随侍湘中，杜门谢
客，昕夕多暇，谬足自娱。唯是世变方新，知能无似，
顾瞻时局，揣分知惭。遥睇层云，其何以惠之教益耶？
海色江光，引领无极，肃缄布臆，不尽欲言。

伏希亮察，即颂

1　2022 年 3 月 24 日补案：下引陈三立致贺沅函，见李开军撰《陈三立年
谱长编》上册，中华书局 2014 年版，第 361 页；另见《散原精舍诗文集
（增订本）》下册，第 1287-1288 页。

勋安

家公命代候嘉福。

治年愚弟陈三立顿首[1]

敬再启者：

敝族旧有乡祠一所，湮废不治，仅存基址。家公怆念先泽，欲于岁时稍葺椽室，追复旧规。惟此祠襄因基界事颇与邻居何姓构衅，倘届时仍有违异，伏乞俯推锡类之仁，有以善全之。感纫何极。

三立又顿首。十月十七日[2]

据李开军考证，此札受主为直隶武强人贺沅（字芷村），系陈三立光绪十二年丙戌（1886）会试同年，其兄贺涛（字松坡，师事桐城吴汝纶，长于为文）则为三立光绪十五年己丑（1889）同榜进士。陈三立此札作于光绪二十二年（1896），时贺沅官福建上杭知县，陈氏祖籍上杭之宗祠因基界事已与邻居何姓构衅，此函有所请托，意在预作安

1　陈三立光绪二十二年十月十七日致贺沅函，见《贺葆真与徐世昌等往来函稿》（中国社会科学院近代史研究所藏），此承李开军抄赠。2022 年 3 月 24 日补案：拙文首刊时，"往因知旧得读贤兄纂箸之言"被误认为"往同知旧，得读贤兄纂箸之言"，2013 年 10 月 8 日蒙马忠文君传示图片，友人陈小威君 10 月 11 日据而审正。

2　《近代名人书札》下册，第 54 页。

排。二十三年（1897）秋，三立再次致函贺沅，提请对方"随时垂注"、设法"维持"，以便宗祠"刻期落成"。[1] 至光绪二十四年（1898），陈氏祖祠完工后竟为何姓所焚，贺沅"赴乡履勘，究拿滋事各犯"，"谕令何姓修复祠工，清理先茔，均立有遵依字约，具结存案，以后永不干预"。[2] 此事除了可以通过中国社科院近史所藏陈氏父子四札寻获前因后果之外，另可参阅陈宝箴《与陈观伍》二函。[3]

---

1 陈三立光绪二十三年秋致贺沅函，见《贺葆真与徐世昌等往来函稿》（中国社会科学院近代史研究所藏），此承李开军抄赠。2022年3月24日补案：此函已录入《陈三立年谱长编》上册，第415页；后又收录于《散原精舍诗文集（增订本）》下册，第1291页。

2 陈宝箴光绪二十四年致贺沅函，见《贺葆真与徐世昌等往来函稿》（中国社会科学院近代史研究所藏），此承李开军抄赠。案：陈宝箴致贺沅函共两通，同作于光绪二十四年，此为第二函。2022年3月24日再案：陈宝箴致贺沅二函，已录入刘经富编著《陈宝箴诗文笺注·年谱简编》（商务印书馆2019年版，第276–279页），唯"均立有遵依字约，具结存案，以后永不干预"诸字缺漏，似与陈札各页割裂有关（参阅刘著第279页注释），现仍依从李开军当年之抄件。

3 陈宝箴光绪二十四年《与陈观伍》（另题《与禹畴五弟》）二函，原件藏江西省修水县黄庭坚纪念馆，已录入《陈宝箴集》下册，第1675–1679页。2022年3月24日补案：据刘经富研究，受信人为陈观伍（又作"观五"），字禹畴，号醉吾，系陈宝箴堂弟，但并非"排行老五"。详《陈宝箴诗文笺注·年谱简编》，第279–282页。2024年10月2日再案：《陈宝箴集》下册将此二函错题为《与禹畴五弟》，现改用刘经富所拟之题，并向刘先生致谢。

陈寅恪致胡适信札的误释

最后是陈寅恪的一通：

适之先生著席：

弟前谓净觉为神秀弟子，系据敦煌本《历代法宝记》之文"有东都沙门净觉师，是玉泉神秀禅师弟子，造《楞伽师资血脉记》一卷……"（《大正藏》五十一卷一八〇页中）。今承公教正，惜拙稿已付印，未□改正为憾耳。

敬复，并申谢意。即叩

日安

弟寅恪顿首。四月三十日 [1]

此札最早披露于耿云志先生主编的《胡适遗稿及秘藏书

1　《近代名人书札》下册，第 88 页。案："神秀禅师弟子"六字原有墨圈，现改为着重号。2022 年 3 月 29 日再案："未"下一字，拙文起初释为"可"（见 2012 年 5 月 30 日《南方都市报》,《陈寅恪丛考》第 322 页）。然细察原札，且经陈小威、高福生二君辨认，原字似"更"，又似"及"，但不像"可"。以语意而言，"未及改正为憾耳"最为妥帖，"未更改，正为憾耳"难免牵强。另经高福生教授提示，不排除这种可能：陈氏本意是"未更正为憾耳"，"因写得快，又赘一'改'字，遂有'未更改正'一说"。疑难如此，权衡再三，暂用□代替原字，以示不敢造次之意。

陈寅恪手札

信》，[1] 惜无释文；后收入陈美延女士整理之《陈寅恪集·书信集》，[2] 估计是因为原稿字迹潦草，"今承公教正，惜拙稿已付印，未□改正为憾耳"被误释为"今函公教正，惜公稿已付印，吾未改正为憾耳"。陈福康先生就是因为采信了这一误释，才会对写作时间作出误判："我认为此信写于 1930 年。因为这年 4 月，亚东图书馆出版胡适整理的《神会和尚遗集》，书中收有胡适的长文《荷泽大师神会传》，文中写到神秀和净觉，但未说明两人关系。陈信中说的'公稿已付印'者，即此文也。"[3] 毕明迩先生对此予以质疑："'今函公教正'疑有错字。'函'或是'承'字之误（字形相近），这样，不是陈先生指教胡先生，而是胡先生指出陈先生'前谓净觉为神秀弟子'不妥，陈先生赞同而表示感谢，这样下面接'惜公稿已付印，吾未改正为憾'才较合理（但'公'字仍不可理解，或是错字）。再向下'敬复，并申谢意'也很顺当（如果是指教别人，则无申谢之理）。另外，'吾未改正'的'吾'字，陈先生一般用'弟'或'寅恪'自称，今

1　耿云志主编《胡适遗稿及秘藏书信》第 35 册，黄山书社 1994 年影印版。

2　陈寅恪著、陈美延编《陈寅恪集·书信集》，生活·读书·新知三联书店 2001 年第 1 版，第 140 页；2009 年第 2 版，第 136 页；2015 年第 3 版；第 136 页。

3　陈福康《陈寅恪对胡适的两次指教》，载 2003 年 4 月 2 日《中华读书报》。

作'吾',恐也有误。"[1]此文在网上发布后,迅速引发网友跟帖,"藏用"先生在查阅原件的基础上,[2]认为《陈寅恪集·书信集》"整理稍有问题,与原函意尚未差",而"陈福康氏之考释,南辕北辙矣"。[3]尽管"藏用"对陈氏原函给出了准确的释文,遗憾的是,第2版《陈寅恪集·书信集》未能予以吸纳——新版除了调整此札的编排顺序,正文并无变化;信末所补"(一九三〇年?)",[4]似源于陈福康先生的推测。

考订此札写作时间的关键,的确是"前谓净觉为神秀弟子"一句。陈寅恪《禅宗六祖传法偈之分析》有句云:"此偈中关于'心'之部分,其比喻及其体用之说明,佛藏之文相与类似者不少。兹仅举其直接关系此偈者一事,即神秀弟子净觉所著《楞伽师资记》中宋朝三藏求那跋陀之安心法。"[5]

1　毕明迩《陈寅恪先生的一封信》,发表于"天涯社区·闲闲书话",发表时间:2003年4月5日13时35分,网址:http://www.tianya.cn/publicforum/content/books/1/25255.shtml,检索日期:2011年11月25日。

2　此"原件",疑即《胡适遗稿及秘藏书信》所刊之影印件。

3　跟帖回复之时间:2003年4月8日11时40分52秒。

4　《陈寅恪集·书信集》第1版将此函编次为第七通;第2版改排为第三通;第3版与第2版之次序、内容均完全一致。

5　见陈寅恪著、陈美延编《陈寅恪集·金明馆丛稿二编》,生活·读书·新知三联书店2001年版,第190页。

此文首发于 1932 年 6 月《清华学报》第 7 卷第 2 期，[1] 据此推断，陈寅恪此札似应作于 1932 年 4 月 30 日。可惜 1932 年 2 月 16 日至 11 月 26 日的胡适日记仍然缺佚，[2] 暂难比照、验证。至于胡适的"指教"对不对；陈寅恪是否真的认同；如果认同，后来的刊本为何没有删改——所有这些，笔者力有不逮，只能留待高明赐示。

　　（感谢马忠文、李开军、陈晓平、陈小威、高福生、吕瑞哲等师友对写作和修订本文的支持！）

1　据蒋天枢撰《陈寅恪先生编年事辑（增订本）》，上海古籍出版社 1997 年版，第 195 页；马幼垣《陈寅恪已刊学术论文全目初稿》，载中山大学历史系编《陈寅恪与二十世纪中国学术》，浙江人民出版社 2000 年版，第 604 页。

2　据曹伯言整理《胡适日记全编》第 6 册，安徽教育出版社 2001 年版，第 176-177 页。

已刊陈寅恪致董作宾两函订补 *

一

陈寅恪致董作宾（字彦堂）函，目前发现的只有三通：其中两通已被生活·读书·新知三联书店版（以下简称“三联版”）《陈寅恪集·书信集》收录，另一通笔者将在本书下一篇文章里讨论。这里先说前两通陈信。

---

* 2022 年 3 月 29 日案：此文原不在写作计划之内，因检视旧稿《陈寅恪致董作宾佚札小考》而发现问题，承厦门友人吕瑞哲君及时提供文献帮助，遂顺利完成。2023 年 8 月 12 日再案：本篇部分内容曾以《代替陈寅恪写信的“念和”是谁》为题，刊发于《岭南文史》2023 年第 2 期。2024 年 9 月 23 日补案：笔者孤陋寡闻，一直将“华西协合大学”错写为“华西协和大学”，且与华西大学（1951 年由私立华西协合大学更名而来）混为一谈，承广东人民出版社编审老师指出错误，现悉予订正。

　　这两通书信，一通写于 1944 年 11 月 27 日，一通写于
1945 年 9 月 6 日。1944 年的一通，据香港学者马幼垣研究，
最早出现在台北艺文馆 1962 年出版的《殷历谱》（"册 5，页
1 上下"），¹ 估计是影印手迹后作为插图，置于卷首。1977
年，艺文馆推出《董作宾先生全集》（甲编、乙编），《殷历
谱附录》里仍有陈寅恪的这封信（手迹影印）。1980 年，上
海古籍出版社版（以下简称"上古版"）《陈寅恪文集·金明
馆丛稿二编》将该信掐头去尾，截取了主体部分，首次（至
少在大陆）当作一篇论文予以收录，题为《与董彦堂论年历

1　马幼垣《陈寅恪已刊学术论文全目初稿》，载中山大学历史系编《陈寅恪与
二十世纪中国学术》，浙江人民出版社 2000 年版，第 620 页。案：马氏原文
作："110.《与董彦堂论年历书》。收入：董作宾，《殷历谱》（台北：艺文印书
馆 1962 年版），册 5，页 1 上下；Ⅶ .49—50；Ⅸ .313." 其中"Ⅶ"代指"《寒
柳堂集》（上海：上海古籍出版社 1980 年 6 月版）"（《陈寅恪与二十世纪中国
学术》，第 596 页），"Ⅸ"代指"《金明馆丛稿二编》（上海：上海古籍出版
社 1980 年 10 月版）"（同前）。按图索骥，《金明馆丛稿二编》确实收有《与董
彦堂论年历书》，但《寒柳堂集》（含初版、再版）从未存此函。马幼垣文
中之"Ⅶ .49—50"，页码"49—50"未必有错，"Ⅶ"则肯定有误。马文罗列了
五种港台版陈氏文集："Ⅰ《陈寅恪先生论集》（台北：'中央研究院'历史语
言研究所 1971 年 5 月版）。Ⅱ《陈寅恪先生文史论集》（上卷）（香港：文文
出版社 1972 年 5 月版）。迄仅见上卷。Ⅲ《陈寅恪先生论文集》（台北：三人
行出版社 1974 年 5 月版），二册。Ⅳ《陈寅恪先生论文集补编》（台北：九思
出版社 1977 年 9 月版）。Ⅴ《陈寅恪先生论文集》（台北：九思出版社 1977
年 12 月版），二册，附《补编》。"（同前）究竟哪一种陈集收录了《与董彦堂
论年历书》? 蒋天枢是否沿用了这一标题? 都只能留待高明赐教。

谱书》。¹至于这封信（这篇文章）从何而来，《陈寅恪文集》
的整理者并无交代，今人依然无从知晓。2001 年 6 月，三
联版《陈寅恪集·书信集》第一次复原了 1944 年陈信的全
貌，篇末注明出处："（录自金明馆丛稿二编及李玉梅先生提
供董作宾殷历谱附册中手迹复印件）。"² 1945 年陈致董函紧
随其后，篇末注明："（录自董作宾先生全集乙编）。"³ 2001 年
7 月，三联版《陈寅恪集·金明馆丛稿二编》在承袭上古版
《陈寅恪文集·金明馆丛稿二编》的基础上，只是将这封信的
题目调整为更加准确的《与董彦堂论殷历谱书》，正文则只
字未改。⁴

二

　　为了说明问题，我先把两封书信从手迹影印件里"搬"

1　陈寅恪《与董彦堂论年历谱书》，见陈寅恪著、蒋天枢整理《陈寅恪文
　　集·金明馆丛稿二编》，上海古籍出版社 1980 年版，第 313 页。
2　陈寅恪《致董作宾（一）》，见陈寅恪著、陈美延编《陈寅恪集·书信集》，
　　生活·读书·新知三联书店 2015 年版，第 255—256 页。案：陈寅恪致董
　　作宾函两通，在《陈寅恪集·书信集》2001 年第 1 版、2009 年第 2 版、
　　2015 年第 3 版中完全一样，本文选取第 3 版作为讨论的底本。
3　陈寅恪《致董作宾（二）》，见《陈寅恪集·书信集》，第 256—257 页。
4　陈寅恪《与董彦堂论殷历谱书》，见陈寅恪著、陈美延编《陈寅恪集·金
　　明馆丛稿二编》，生活·读书·新知三联书店 2001 年版，第 357 页。

过来。原函没有标题，我代取今名；原刊为繁体字，现改用
简体字。

先看第一函：

1944 年 11 月 27 日致董作宾函

乞恕潦草

彦堂先生左右：

大著病中匆匆拜读一过，不朽之盛业，惟有合掌赞
叹而已。改正朔一端，为前在昆明承教时所未及，尤觉
精确新颖。冬至为太阳至南回归线之点，故后一月，即
建丑月为岁首，最与自然界相符合。其次为包含冬至之
建子月，周继殷而以子月代丑月为正月，亦与事理适合。
若如传统之说，夏在商前，何以转取寅月为正月，似难
解释。故周代文献中，虽有以寅月为正之实证，但是否
果为夏代之所遗，犹有问题也。《豳风·七月》诗中历法
不一致，极可注意，其"一之日""二之日"，是"一月
之日""二月之日"之旧称否？又与《左传》孔子"火犹
西流，司历过也"参校，则疑以寅月为正，乃民间历久
而误失闰之通行历法，遂"托古"而属之夏欤？

头目眩晕，未能多写，即希教正。敬叩
著安，并祝潭福。

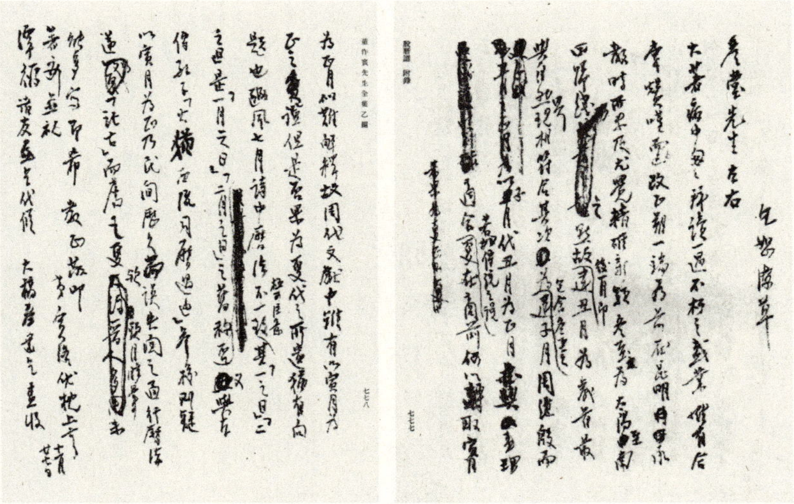

陈寅恪致董作宾函

　　诸友并乞代候。大稿奉还，乞查收。

弟寅恪伏枕上言

十一月廿七日 [1]

　　此函是陈寅恪亲笔所书，多有涂改，既可证目疾日重，亦可见下笔谨慎。通读全篇，不似一般的互致问候，确实更像一篇切磋学术问题的小论文。

　　开篇四字"乞恕潦草"，写于抬头右下侧，想系补书。此四字与"头目眩晕""伏枕"诸语结合，愈可见其时陈氏之病状窘况，令人唏嘘。《金明馆丛稿二编》作为论文集，体例所限，抬头、落款、旁批略去，合情合理；《陈寅恪集·书信集》既已恢复原貌，如能在注释中录存此四字，才是更加规范的做法。"周继殷而以子月代丑月为正月"，《与董彦堂论年历谱书》《与董彦堂论殷历谱书》均脱"而"，《致董作宾（一）》已补入。"是否果为夏代之所遗"，《与董彦堂论年历谱书》《与董彦堂论殷历谱书》均脱"之"，《致董作宾（一）》也未补入。"即希教正"，《与董彦堂论年历谱书》《与董彦堂论殷历谱书》删略，《致董作宾（一）》误作"即希校正"。"十一月廿七日"，《与董彦堂论年历谱书》《与董彦堂

1　董作宾著《董作宾先生全集·乙编》第二册，台北艺文印书馆1977年版，《殷历谱附录》，第777–778页。

论殷历谱书》删略，《致董作宾（一）》误作"十一月二十七日"。"南回归线"之"线"，陈寅恪原札为"綫"，《与董彦堂论年历谱书》《与董彦堂论殷历谱书》和《致董作宾（一）》都录作"線"。"綫"为标准繁体字，"線"为异体字。因此，无论恢复旧貌，还是遵从新规，都应该使用"綫"。陈、董之间的学术互动，岳南在《南渡北归》中曾有论及，[1]可参阅。

三

再看第二函：

1945 年 9 月 6 日致董作宾函

彦堂吾兄左右：

前得惠函，并承以大作见示，惜弟以目疾不能拜读为憾。抗战八年，学术界著作当以尊著为第一部书，决无疑义也。

弟兹拟赴英疗治目疾，有效与否殊不可必，亦不过

---

1 岳南著《南渡北归》第二部《北归》，湖南文艺出版社 2011 年版，第 15–16 页。

聊尽人事而已。行期现尚未定，至迟大约不出今年。李庄诸友，均祈代致意。

前曾函致济之兄，恳其推荐蒋君大沂入所，并已将蒋君著作寄呈，惟尚未奉到复示，不知结果如何，即请代为问询赐复。（复示请径寄成都华西坝广益路四十五号弟寓，不必更由燕大转。）蒋君谨身力学，他日如得入所，一切人事方面、治学方面均请照拂指点，俾得有所成就。去国在途，敢以奉托。

敬请

著安

弟寅恪谨启
九月六日

此函系托念和兄代笔，附致萧纶徽兄一函，祈转交，又及。

念和谨附笔敬候

彦堂先生前辈大安[1]

"奉到复示""赐复""复示请径寄"，原札皆用"覆"，《陈寅恪集·书信集》改用"复"。用"覆"或"复"，两可

---

1 《董作宾先生全集·乙编》第二册，《殷历谱附录》，第779–780页。

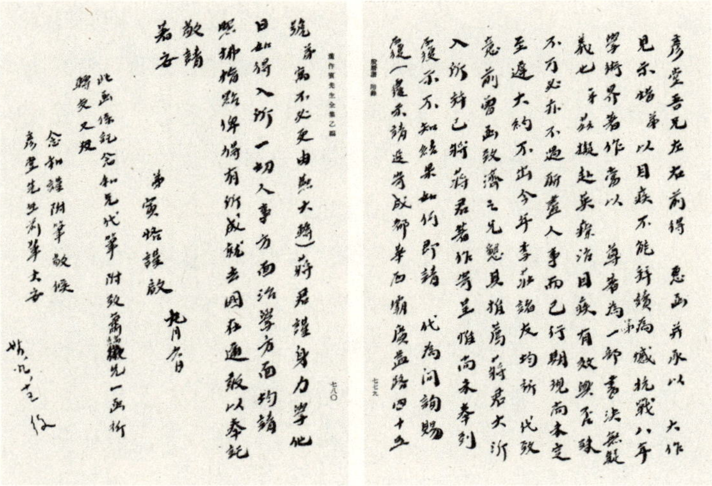

陈寅恪致董作宾函（刘念和代笔）

之间，问题不大。"此函系托念和兄代笔"，《陈寅恪集·书信集》脱"系"（係），想是一时粗心所致。左下方有批注"卅四，九，十五 复"，[1] 应当是董作宾所留，整理本完全可以在注释中留存此重要信息。

这封信共谈了三件事：一是对董著《殷历谱》的崇高评价，二是介绍赴英疗治目疾的打算，三是继续帮助蒋大沂调入史语所。与前一函不同，此函并非陈寅恪手迹，而是委托"念和"代笔，最后一句"念和谨附笔敬候彦堂先生前辈大安"，用的就是"念和"本人的口吻。

那么，代笔人"念和"是谁？从未有人提及，有必要稍作勾稽。仅从内容看，"念和"为陈寅恪、李济（字济之）、董作宾的晚辈，与中研院史语所会计萧纶徽也不陌生，和蒋大沂更是熟稔。陈、李、董、萧皆为史语所人员，蒋在华西协合大学（成都）任教，陈、董被该校中国文化研究所聘为特约研究员。循着史语所、华西协合大学这两条线索排查，双线交集者只能是"刘念和"——北京大学文科研究所（昆明、李庄）毕业，时与蒋大沂同为华西协合大学教员。

1 《董作宾先生全集·乙编》第二册，《殷历谱附录》，第780页。

四

　　首先说一说蒋大沂。蒋大沂（1904—1981），原名蒋焕章，[1] 江苏吴县（今苏州市）人。1930年毕业于上海持志大学国学系，1931年至1932年就读于燕京大学研究院（北平）。1935年参与筹建上海博物馆，1937年任上海博物馆艺术部主任。1941年10月，就任华西协合大学国文系讲师。1946年3月，应上海市立博物馆副馆长杨宽之邀，从成都返回上海，参与该馆的战后复建。此后，一直在上海博物馆从事文物陈列和文物、历史研究工作。[2]

1　上海持志大学民国十九年（1930）《持志年刊》载有《十九年毕业同学通讯录》，该年国学系毕业生名录中有"顾廷龙"，通信处为"苏州严衙前一百〇六号"；又有"蒋焕章"，通信处为"苏州钮家巷十二号"。（详纪树青《顾廷龙先生"持志大学毕业时间"考》，载百度百家号"江都记忆"，网址：https://baijiahao.baidu.com，刊发日期：2021年11月15日，下载日期：2022年4月28日）案：顾廷龙与蒋大沂既是苏州同乡，又曾两度同学：一在持志大学，一在燕京大学研究院。据纪文可知，"焕章"应为蒋氏本名，借而可以断定"蒋大沂，号焕章"（北平燕京大学考古学社编《考古学社第三期社员名续录》，载《考古》第六期，第358页）之说有误。

2　此节文字，主要据以下文献隐括而来：北平燕京大学考古学社编《考古学社第三期社员名续录》，载《考古》第六期，1937年6月出版，第358页；上海市立博物馆编《上海市立博物馆要览》，1948年8月编印，第2—3页；上海社会科学学会联合会研究室编《上海社会科学界人名辞典》，上海人民出版社1992年版，第47页；刘振元主编《上海（转下页）

　　据蒋大沂自述，1928 年在持志大学求学时，曾师从闻宥学习过考古。[1] 闻宥是陈寅恪的旧识，早在抗战前，他与陈寅恪在北平时已有书信往还。[2] 战事既起，闻宥早于陈寅恪入川，出任华西协合大学文学院院长、国文系教授。1943 年12 月，陈寅恪辗转抵达成都，就燕京大学之聘，[3] 遂与闻宥再次聚首。次年 9 月，陈寅恪曾在一封便函中商请于闻宥，希望再次借用帆布床给投宿客人使用，[4] 可见二人交情不浅。据而推测，蒋大沂入职华西、拜识陈寅恪，很有可能都是通过老师闻宥引荐的。[5]

　　陈寅恪似乎对蒋大沂这位晚辈颇为欣赏。1944 年 11 月

（接上页）高级专家名录（第四卷）》，上海科学技术出版社 1994 年版，第 447 页；孙维昌《怀念蒋大沂先生》，载上海博物馆编《六十风华：上海博物馆建馆 60 周年纪念文集》，上海书画出版社 2012 年版，第 255-256 页；张明华《蒋大沂先生二三事》，载陈燮君编《上海文博论丛》2013 年第 2 辑（总第 44 辑），上海辞书出版社 2013 年版，第 93-95 页。

1　徐玲著《留学生与中国考古学》，南开大学出版社 2009 年版，第 159 页。
2　陈寅恪《致闻宥（一）》《致闻宥（二）》，见《陈寅恪集·书信集》，第211-212 页。
3　陈流求、陈小彭、陈美延著《也同欢乐也同愁：忆父亲陈寅恪母亲唐筼》，生活·读书·新知三联书店 2010 年版，第 176-177 页。
4　陈寅恪《致闻宥（十）》，见《陈寅恪集·书信集》，第 218 页。
5　顾颉刚与蒋焕章（大沂）有师生之谊，蒋焕章与俞大纲（陈寅恪表弟）似为燕京大学研究院同学，二人曾于 1931 年 9 月共同选修过顾颉刚的课程。（详《顾颉刚全集·顾颉刚日记》，中华书局 2011 年版，卷二第 568、593 页，卷六第 418 页）蒋大沂拜识陈寅恪，俞大纲等是否也曾为之引荐，暂难遽断。

下旬，蒋氏请求陈氏帮忙调入史语所，不巧的是，陈氏不久前因为摔了一跤，导致"唯一的左眼更加昏花"，[1] 但陈寅恪仍于 11 月 23 日抱病写信给史语所考古组主任李济、史语所所长傅斯年，在汇报目疾近况之余，着意向两位主事者推荐年轻学者蒋大沂："其人之著述属于考古方面，两兄想已见及，其意欲入史语所，虽贫亦甘，欲弟先探尊意，如以为可，则可嘱其寄具履历、著述等，照手续请为推荐，其详则可询王天木兄也。弟不熟知考古学，然与蒋君甚熟，朝夕相见，其人之品行固醇笃君子，所学深浅既有著述可据，无待饶舌也。"[2]

数日后（11 月 27 日），视力业已极度微弱的陈寅恪，又坚持着给董作宾写了一封亲笔信，即上引第一函。12 月 18 日，陈寅恪在存仁医院接受了左眼手术，可惜未获成功。[3] 此后，双目失明的陈寅恪再难亲笔作书，往来函件只能由

1　《也同欢乐也同愁：忆父亲陈寅恪母亲唐篔》，第 181–182 页。

2　陈寅恪《致傅斯年（六十二）》，见《陈寅恪集·书信集》，第 100 页。案：据陈流求、陈小彭、陈美延回忆，乃翁此次摔跤致使目疾加重，"虽曾去看病，但仍继续工作，也未忘为提携青年学人写推荐信"。（《也同欢乐也同愁：忆父亲陈寅恪母亲唐篔》，第 181 页）此"青年学人"应该就是蒋大沂。又案："王天木"，本名王振铎，时任中央博物院筹备处专门委员。

3　吴宓 1945 年 12 月 18 日、30 日日记，见吴宓著、吴学昭整理注释《吴宓日记》第 9 册，生活·读书·新知三联书店 1999 年版，第 380、390 页；《也同欢乐也同愁：忆父亲陈寅恪母亲唐篔》，第 181–182 页。

妻子唐筼代劳。1945 年 2 月 1 日，持续关注蒋大沂调动一事的陈寅恪，授意唐筼代为致函傅斯年，告以"蒋大沂君之著作、履历等件，顷亦已由寅恪嘱其以快函径寄济之先生处矣"。[1] 或许是因为迟迟未见傅斯年、李济作答，是年 9 月 6 日，陈寅恪改向实际代理史语所所长职务的董作宾求助。[2] 这一次，他找到刘念和代笔，此即上引第二函。

　　在不到一年的时间里（1944 年 11 月至 1945 年 9 月），陈寅恪为蒋大沂调入史语所一事，前后至少三次致函请托，不可谓不尽心矣。然而，虽经努力，蒋大沂最终未能进入史语所。究其原因，可能有两点：一则蒋大沂虽有考古经历，却非考古科班出身；[3] 二则蒋大沂虽有著述，但

1　陈寅恪《致傅斯年（六十七）》，见《陈寅恪集·书信集》，第 108 页。

2　据严一萍编《董作宾先生年谱初稿》，1944 年至 1946 年，董作宾兼代史语所所长。详《董作宾先生全集·乙编》第七册，附录《董作宾先生年谱初稿》，第 20 页。据作家岱峻研究，"董作宾在史语所并无正式职务，但他德高望重，是史语所的老人。1940 年 10 月首批到李庄，中央研究院代理院长朱家骅曾授命董作宾全权代理所务。傅斯年 1942 年来到李庄，但他外出开会多，外出期间，史语所但凡大小事仍然托付董作宾。"见岱峻著《发现李庄》，福建教育出版社 2015 年版，第 75 页。

3　蒋大沂的考古实践，主要有以下几项：1930 年，参加卫聚贤主持的南京栖霞山六朝墓发掘；1932 年至 1935 年，教书之余，与张凤等人在江、浙、沪、皖等地进行考古调查；1935 年，考察淹城遗址，参与金山戚家墩遗址踏勘。（孙维昌《怀念蒋大沂先生》，载《六十风华：上海博物馆建馆 60 周年纪念文集》，第 255 页）但有学者指出，这些"南方考古"的主要人员并非考古专业出身，"未受过正规的训练"，相较于当时殷（**转下页**）

没有突出的科研成果。¹ 1946 年 3 月,蒋大沂离蓉返沪。²
在此之前,陈寅恪已于 1945 年 9 月从成都出发,开启了远

（接上页）墟的发掘,"在发掘技术的指导方面还存在着比较大的差距"。
（张童心《卫聚贤对长江三角洲考古的贡献》,载陈勇、谢维扬主编《中
国传统学术的近代转型》,上海人民出版社 2011 年版,第 503 页）这也
可以部分解释,为什么卫聚贤一直坚称自己考古学方面受业于李济,而
李济却不承认这位高足,说卫聚贤"虽是他的学生,但不算是门生弟子,
因为治学方法完全不是一条路子"。（夏鼐《郭沫若同志和田野考古学》,
载《考古》1983 年第 5 期）可想而知,以蒋大沂的专业背景和田野实践,
想要进入史语所从事考古工作,仅仅是考古学家李济、董作宾这一关,
估计就很难通过。

1 蒋大沂本科毕业于私立上海持志大学,随后肄业于燕京大学研究院。这
样的学历背景,显然和史语所所长傅斯年招录人员的预设标尺有较大差
距。王世襄（燕京大学硕士毕业生）1943 年被傅斯年当面拒绝的传说——
"燕京大学毕业生不配进我史语所!"——在一定程度上足以说明傅斯
年十分在意求职者的学历背景。再看学术水平。在 1944 年提出申请调
入史语所之前,蒋大沂发表的学术文章主要有《与杨宽正书——〈中国
上古史导论〉之讨论》（1940）、《故玉兵杂考》（1942）、《汉代戈戟考》
（1943）、《论戈秘之形式》（1943）。第一篇类似学术评论,余下三篇集中
于古代兵器研究,显然都难入傅斯年的法眼。参阅下列文献:吴欢《欢
说系列:中国第一玩家王世襄（6）》,见新浪微博 @ 画家吴欢,网址:
https://weibo.com/ttarticle,发表日期:2019 年 9 月 23 日;木仕华著《马
学良评传》,民族出版社 2010 年版,第 89 页;〔德〕傅吾康著、王启龙
译补《抗战期间（1937—1945）中国后方的学术研究》,载任继愈主编
《国际汉学》第 15 辑,大象出版社 2007 年版,第 115 页。

2 吴宓 1946 年 3 月 4 日日记:"是晚无灯,早寝。蒋大沂来辞回苏。"（见
吴宓著、吴学昭整理注释《吴宓日记》第 10 册,生活·读书·新知三联
书店 1999 年版,第 12 页）同年 5 月 6 日,顾颉刚在上海参观市立博物馆,
与杨宽、童书业、蒋大沂等人长谈,可证其时蒋氏已到任。（详《顾颉刚
全集·顾颉刚日记》卷五,第 654 页）

赴英国疗治目疾的艰难旅途。[1] 两人在成都曾经有过近两年
的交往，一度"朝夕相见"，[2] 此后却再未联系。[3]

1　《也同欢乐也同愁：忆父亲陈寅恪母亲唐篔》，第 186—187 页。

2　陈寅恪致李济、傅斯年函称与蒋大沂"朝夕相见"，虽不免夸饰，却也有
凭有证：1944 年 11 月 30 日，应邀在成都燕京大学授课的吴宓，与顾颉刚、
陈寅恪一同出席了陈锺凡、蒋大沂、胡福林、汤定宇、孙永清、沈鑑等
六人安排的合宴。（《吴宓日记》第 9 册，第 364 页；《顾颉刚全集·顾颉
刚日记》卷五，第 374 页）吴宓 1945 年 3 月 9 日日记："遂偕纯至广益访
寅恪病榻。蒋大沂来。"（《吴宓日记》第 9 册，第 451 页。案："纯"，李
思纯，陈寅恪、吴宓之友，四川大学教授兼史地系主任；"广益"，即成
都华西坝广益路四十五号陈寅恪住宅）同年 8 月 12 日日记："10—3 访寅
恪。同蒋大沂在寅恪家午饭。"（《吴宓日记》第 9 册，第 492 页）

3　作家岳南在称颂陈寅恪奖掖后学的高尚品德之余，注意到了蒋大沂事后
从没有公开发表"对陈寅恪心怀感念的只言片语"。在他看来，这可能
是因为蒋大沂"死得过早"（1981），"囿于当时的政治环境或其他什么
因素"。（见岳南著《陈寅恪与傅斯年》，岳麓书社 2017 年版，第 284
页）验诸蒋大沂后辈同事的追忆，岳南的推测合乎情理，与蒋大沂的真
实遭遇十分贴近："一个从旧社会过来的知识分子，解放初期，对新社会
的认识要有一个过程，稍稍感到有点奔头，上世纪 50 年代的'反右'狂
涛，便使心直口快的先生如惊弓之鸟。虽然自己幸免于难，但他的独苗
爱子却惨遭横祸，被赶到安徽劳动改造。上世纪 60 年代国民经济困难时
期刚过，一场更大的政治风暴席卷而来，一夜之间就被打成了'牛鬼蛇
神''反动学术权威'，原来执握文笔的双手被迫操持起清厕的扫把。在
写错一个字、说错一句话（用今天的标准衡量不一定有错）便可置人于
死地的年代，为了自己的尊严，走投无路的先生做出了投水自溺的举动。
虽经路人奋力抢救，保住了性命，但作为对抗革命'自绝于人民'的行
为罪加一等，他被关进了一间二三平米的女厕所，吃喝拉撒，睡觉，写
认罪书，一天二十四小时不准出门。'屋漏偏逢连夜雨'，本来就胆小孱
弱的爱妻，一下成了反动家属，惶惶不可终日，就此瘫卧不起，一家三地，
景况悲惨之极。"（张明华《蒋大沂先生二三事》，载陈燮君编《上海文博
论丛》2013 年第 2 辑，第 94 页）

五

　　接着说一说刘念和。相比于灿若群星的诸多师友，刘念和就像一颗不甚耀眼的流星，生前不曾发出夺目的光芒，[1] 身后更是被迅速吞没在岁月的暗夜里。以下根据有限的资料，试着勾勒一下这颗流星的活动痕迹。

　　刘念和，男，生卒年待考，[2] 四川华阳（今成都市）人。

1　刘念和就读北大文科研究所时，曾戏撰一副谐音对联："傅所长是正所长，郑所长是副所长，正副所长；贾宝玉乃真宝玉，甄宝玉乃假宝玉，真假宝玉。"同学周法高在《记昆明北大研究所》中录存了这副对联，并且这样分析、评价刘念和："他有四川人摆龙门阵的本事，谈起话来滔滔不绝；不过，他似乎缺少恒心和耐心，所以没有什么大的著作发表。不过他还是相当富有机智的，前述'傅所长是正所长'的对子，就是他想出来的，颇为脍炙人口。"（此转录自刘宜庆著《先生之风：西南联大群英谱》，辽宁人民出版社 2019 年版，第 114 页）刘念和声名不显，或与此有一定的关联。案：这副对联，王玉哲（昆明北大文研所第二届研究生）所忆有所不同："傅所长是正所长，郑所长是副所长，正副所长掌研所；贾宝玉乃真宝玉，甄宝玉乃假宝玉，真假宝玉共红楼。"（详见王玉哲《西行往事》，载南开大学校史研究室编《联大岁月与边疆人文》，南开大学出版社 2004 年版，第 19 页）内容前后有别，应该是流传过程中再度创作所致。

2　从已有材料可以推导出如下结论：刘念和出生于 1910 年前后，1989 年12 月 27 日前已去世。先说生年。傅斯年所拟北大文科研究所研究生招考资格有一条："年龄在三十岁以下，身体强健者。"（傅斯年 1939 年 5 月17 日致杭立武函，见王汎森、潘光哲、吴政上主编《傅斯年遗札》第二卷，台湾"中央研究院"历史语言研究所 2011 年版，第 975 页）后经媒体公布（1939 年 6 月 13 日《申报》），北大文科研究所委员会负责审查"报名论文"等材料。（参阅郑天挺 1939 年 7 月 17 日、7 月 20 日、（转下页）

1939 年毕业于四川大学中文系。¹ 同年 9 月，与杨志玖、马学

（接上页）9 月 5 日、9 月 26 日日记，见郑天挺著、俞国林点校《郑天挺西南联大日记》上册，中华书局 2018 年版，第 168、169、185、192 页）若以决议录取日（1939 年 9 月 26 日）为界，则刘念和等第一届研究生的出生日期不得早于 1909 年 9 月 26 日。刘念和的川大同学王叔岷生于 1914 年，王利器生于 1912 年；首届北大文科所研究生录取十人，除刘念和外，其余九人之生年如下：杨志玖 1915 年，马学良 1913 年，王明 1911 年，逯钦立 1910 年，任继愈 1916 年，阴法鲁 1915 年，阎文儒 1912 年，汪篯 1916 年，周法高 1915 年。既为同学，年龄理应相仿，据而可以推知刘念和的大致生年。至于刘念和之卒年，也可觅得一些线索。杨志玖在其自传里有一段文字专门回忆北大文研所师友："1939 年 9 月，我考入北京大学文科研究所。中央研究院历史语言研究所所长傅斯年兼任所长，副所长是北大历史系教授郑天挺。我继续学元史，姚从吾和向达二先生作我的正、副导师。研究所最初在昆明城内云南大学附近的青云街靛花巷内，以后因日机袭炸，迁到城西北龙头村（龙泉镇）宝台山上临时盖的土房中。当时环境艰苦，但同学们都能泰然处之，安心学习。和我同时考取的，历史部有汪篯（后任北大历史系教授，已故）、阎文儒（后任北大历史系教授）；文学部有逯钦立（后任东北师大中文系教授，已故）、阴法鲁（后任北大中文系教授）；哲学部有王明（后任中国社会科学院哲学研究所研究员）、任继愈（后任中国社会科学院宗教研究所研究员、所长）；语言学部有马学良（后任中央民族学院中文系教授）、周法高（后任台湾'中央研究院'院士）、刘念和（后任四川大学中文系教师，已故）。另外还有傅懋勣（后任中国社会科学院少数民族语言研究所研究员、所长，已故）和陈三苏（女，后赴美国，情况不详），他们入学后不久即离去。导师除上述四位先生外，还有陈寅恪、罗常培、汤用彤、唐兰、罗庸诸先生。他们都故去了，令人悼念！"（《杨志玖自传》，载《文献》1992 年第 4 期，第 132 页）此传篇末署时作"一九八九年十二月二十七日"（同前，第 143 页），可证刘念和辞世时间不应晚于此日。

1　北京大学民国廿八年度（1939）新入学研究生名录中，刘念和之籍贯为"四川华阳"（见北京大学、清华大学、南开大学、云南师范大学编《国立西南联合大学史料》第五册《学生卷》，云南教育出版社 1998 年版，第 520 页）。刘家在成都的住宅，王利器称在"东顺城街"（详后），（转下页）

良、王明、逯钦立、任继愈、阴法鲁、阎文儒、汪篯、周法高等九人，一同考取复办后的北京大学文科研究所（昆明）第一届研究生。[1] 中研院史语所和北大文科研究所一开始就呈现出十分密切的关系，史语所所长傅斯年兼任北大文研所所长，北大教授郑天挺任副所长，文研所聘请陈寅恪、傅斯年、汤用彤、杨振声、罗庸、罗常培、向达、郑天挺、董作宾、李方桂、丁声树等人担任导师，[2] 陈寅恪与董作宾等部分导师与研究生们曾经同住在昆明青云街靛花巷三号楼。[3] 因此，陈、董二人虽然没有在学业上给予具体的指导，但与刘念和之间也称得上有师生之谊。1940 年，史语所迁往四川南溪李庄，北大文研所研究生去留自愿，刘念和与任继愈、马学良、李孝定（第二届研究生）等人决定随迁，刘、马受李

（接上页）吴宓所记为"东城根下街 86 号"（吴宓 1945 年 5 月 6 日日记："下午 2:00 回舍。昼寝二小时。先是刘念和、王利器请下午四时在东城根下街 86 号刘念和宅中宴。宓在龢宅作函辞谢。龢派仆送函往。"见《吴宓日记》第 9 册，第 468 页），似应以后者为准。

1　详郑天挺 1939 年 9 月 5 日、9 月 26 日、10 月 9 日日记，见《郑天挺西南联大日记》上册，第 185、192、197 页；马亮宽《历史语言研究所研究生培养述论（1928—1949）——以史语所档案记载为主的探讨》，载《四川大学学报（哲学社会科学版）》2020 年第 6 期。

2　详郑克晟《陈寅恪与郑天挺》，见《陈寅恪与二十世纪中国学术》，第 746 页。

3　详郑克晟《陈寅恪与郑天挺》，见《陈寅恪与二十世纪中国学术》，第 746-747 页；马亮宽《历史语言研究所研究生培养述论（1928—1949）——以史语所档案记载为主的探讨》，载《四川大学学报（哲学社会科学版）》2020 年第 6 期。

方桂、丁声树指导，李受董作宾指导，任没有指定的导师。[1]
1941 年 7 月，刘念和与任继愈、马学良等在李庄板栗坳"北
京大学文科研究所办事处"顺利毕业。[2]

从北大文科研究所毕业后，刘念和与马学良、周法高一
样，留在史语所担任助理研究员。[3]因成都家中双亲乏人侍奉，

1　详马亮宽《历史语言研究所研究生培养述论（1928—1949）——以史语
　所档案记载为主的探讨》，载《四川大学学报（哲学社会科学版）》2020
　年第 6 期；罗常培著、俞国林整理《蜀道难（附梅贻琦日记、郑天挺账
　单）》，中华书局 2020 年版，第 54—55 页。案：1941 年 5 月至 8 月，西
　南联大常委会主席梅贻琦、总务长郑天挺、中文系及师院国文系主任罗
　常培三人，开展了为期三个月的入蜀考察活动，期间曾赴李庄参观中央
　研究院的历史语言研究所、社会科学研究所以及中国营造社、中央博物
　院，并审查北大文科研究所任继愈、马学良、刘念和三位毕业生的论文。
　罗常培写有《蜀道难》以纪其事，梅贻琦、郑天挺也各有文字记录行踪。
　如：梅贻琦 6 月 29 日日记，描述了史语所会计萧纶徽因丧子之痛而酗
　酒闹事的荒诞场景；7 月 1 日北大同学在史语所者宴请梅氏，"主人十位：
　董作宾、丁声树、劳榦、高去寻、刘念和、邓广铭、张政烺、傅乐焕、
　王崇武、李孝定"。（《蜀道难》，第 66—67 页）这些记载，皆可证明刘念
　和等北大研究生与史语所上上下下极为熟稔。
2　详《蜀道难（附梅贻琦日记、郑天挺账单）》，第 56—58 页；岱峻《抗战
　时期的李庄》，载成都市文化馆编《成都故事百家谈②》，四川人民出版
　社 2011 年版，第 15 页。
3　王利器回忆：1941 年，"在中央研究院历史语言研究所工作的川大同学
　刘念和君来函告知：北京大学文科研究所今年决定招生，希望你去应
　考"。（王利器著《往日心痕——王利器自述》，山西人民出版社 1997 年
　版，第 34 页）学者马亮宽长期从事傅斯年研究，所撰《傅斯年与北京大
　学文科研究所关系述论》一文有谓："北京大学文科研究所在抗战期间恢
　复，傅斯年兼任所长两年多时间，在此期间对文科研究所的各项工作认
　真负责、妥善处置，尤其是对研究生的招收和管理，从报考（转下页）

遂于 1942 年 9 月向傅斯年提出辞职，[1] 改往华西协合大学国文系担任讲师，与闻宥、蒋大沂、徐中舒等人成为同事，[2] 同时

（接上页）到研究方向，从日常生活到毕业出路都相当关心，其中十余研究生毕业后进入历史语言研究所做助理研究员，从事本专业的继续研究。他们是王明、周法高、李孝定、王叔岷、马学良、刘念和、阎文儒、胡庆钧等，有几位因为各种原因在史语所工作几年后离开史语所，只有周法高、王叔岷、李孝定等人在史语所工作一生。"（见葛荃主编《反思中的思想世界——刘泽华先生八秩华诞纪念文集》，天津人民出版社 2014 年版，第 398 页）该文另有一段文字专门提及刘念和："刘念和，师从罗常培学习中国汉语历史音韵学，1941 年到李庄史语所借读，毕业后进入史语所任助理研究员，抗战时期因照顾成都家中老人受聘到四川师范学院（今四川师范大学）任教。"（同前，第 397 页）刘念和到底是从北大文研所毕业后就直接进入史语所工作，还是先在史语所借读、然后留所工作，抑或借读时已兼有助理（工作）之性质，目前仍不清楚。但有一点似可确认，刘念和 1941 年后曾继续留在李庄史语所。

1　《发现李庄》一书，摘引了刘念和写给傅斯年的三封信（原件藏台北中研院史语所）。其一写于 1942 年 1 月 12 日，为续假而作："在渝时，遵莘田师命呈请所中给假省亲一月，刻将届满，惟因旅途艰难，拟在家多住两周，伏乞俞允。"其二写于 1942 年 3 月 1 日，禀报销假、返工情形："自续假满后，即准备首途，惟因汽车停开，加以候船数日，廿一日方到李庄，一切就绪，工作数日矣。"其三写于 1942 年 9 月 1 日，以侍亲为名提出请辞："堂上双亲乏人伺奉，日夜思维，只有辞职归家，在成都力谋工作，以尽子职，拟请自 9 月起给予长假，如蒙俞允，无任感祷。"见岱峻著《发现李庄》，第 64 页。案：从三封信的语气来看，刘念和此时已在史语所任职。又，"莘田"，罗常培。

2　顾颉刚 1944 年 11 月 29 日日记有谓："大沂偕刘念和来。"（《顾颉刚全集·顾颉刚日记》卷五，第 374 页）或可证蒋、刘不仅是同事，而且私交似乎也不错，不然不会深度介入蒋氏调动之事。此外，学者王蕾曾对华西协合大学国文系的本科教育作过研究，与刘念和相关者如下："1943—1944 年度，国文系教员和教学工作发生了比较大的变化。教员（转下页）

（接上页）方面，有 5 名教授，包括闻宥、刘朝阳、杜奉符、李炳英、邵
潭秋；5 名讲师，包括唐文播、蒋大沂、刘念和、徐中舒、牛光夫，以
及 1 名指导教师甄尚灵。"1944—1945 年度，国文系教员李炳英、邵潭
秋、徐中舒、牛光夫等离职，新增沈祖棻副教授、孙贯文和罗玉君两位
讲师。"（见王蕾著《图书馆、出版与教育：哈佛燕京学社在华中国研究
史（1928—1951）》，广西师范大学出版社 2018 年版，第 202-203 页）案：
前引马亮宽文《傅斯年与北京大学文科研究所关系述论》称刘念和"抗
战时期因照顾成都家中老人受聘到四川师范学院（今四川师范大学）任
教"，应有误。马氏此说，未注明原始材料源自何处，疑与王利器所作"自
述"有关。据王利器回忆，他在北大文科研究所毕业后，应邀回到母校，
出任四川大学文科研究所干事。在此任内，曾聘请陈寅恪、李方桂两位
先生开设讲座，"除本所研究生外，川大中文、历史两系和华西大学、燕
京大学、金陵大学、齐鲁大学的先生们如李思纯、刘念和、胡芷藩、蒋
大沂等都来听讲"，反响甚好。于是，王利器"和在四川师范学院任教的
刘念和君在东顺城街他的家中设宴招待陈寅恪、李方桂二位先生"，"并
请李培甫、庞石帚二位先生作陪"。（《往日心痕——王利器自述》，第
74-75 页）陈寅恪寓居成都，起自 1943 年 12 月，止于 1945 年 9 月。结
合他的身体状况来推测，接受王利器邀请去川大开设讲座，最有可能发
生在 1944 年。其时，刘念和正与蒋大沂同在华西协合大学任教。因此，
王利器关于刘念和当时"在四川师范学院任教"的回忆并不可靠。也许
刘念和后来确曾在四川师范学院教过书，但是被王利器记错了年代。换
言之，王利器的这段文字，有可能犯了回忆录最容易犯的一种错误——
移花接木、时空错位。因为"四川师范学院"迟至 1952 年才出现，而它
与"四川师范大学"的关系也并没有那么简单。经查，抗战初期，东北
大学于 1938 年由西安再迁到四川省三台县。抗战胜利后，东北大学迁回
沈阳，留川师生在东北大学校址创建了川北农工学院，1950 年合并川北
文学院，更名为"川北大学"，迁至四川省南充市。1952 年，以川北大
学为主体，合并川东教育学院（原乡村建设学院）、四川大学和华西大学
的部分专业，组建新校"四川师范学院"。1956 年，四川师范学院一分
为二：本科专业迁往成都，专科专业留在南充。前者继续使用（转下页）

在燕京大学国文系兼任讲师。[1] 1946年秋，山东大学在青岛复校，对外招聘教师。刘念和可能与殷焕先（北大文研所第二届研究生）等人一道前往应聘，成为该校中文系副教授。[2] 1947年11月，山东大学中文系1946级、1947级

（接上页）"四川师范学院"的校名，1985年更名为"四川师范大学"；后者更名为"南充师范专科学校"，1958年升格为"南充师范学院"，1989年恢复"四川师范学院"的校名，2003年更名为"西华师范大学"。（据四川师范大学"历史沿革"，见该校官网 https://www.sicnu.edu.cn，发布时间：2018年06月11日，下载日期：2022年3月30日；西华师范大学"学校简介""历史沿革"，见该校官网 https://www.cwnu.edu.cn，下载日期：2022年3月30日）

1 燕京大学校友校史编写委员会编《燕京大学史稿》略谓："1942年燕大在成都复课，国文系是恢复最早的系"，"师资力量严重不足，国文系除了马鉴先生以外，主要只有刚从北平辗转到成都的杨明照和黄如文两位中年教师，聘请的兼任讲师有曾宪楷、张敬、刘念和。"（《燕京大学史稿》，人民中国出版社1999年版，第75—76页）可见刘念和供职于华西协合大学之余，也许还在燕京大学兼职。又，"马鉴"，即马鑑。

2 1937年"卢沟桥事变"后，同年11月，国立山东大学由青岛迁往安徽安庆，之后再迁四川万县，次年教育部下令"暂行停办"，导致师生流失惨重。（路遥口述、张洪刚整理《熠熠生辉的文史学家——路遥追述他在山东大学求学时的先生们》，载《中国研究生》2019年第11期）因此之故，国立山东大学1946年在青岛复校，以比较优厚的条件从各地招聘了不少教师。如山东昌邑人刘泮溪，1940年毕业于西南联大（北大学籍），后在西南联大附中任教，山东大学复校的消息传到昆明后，他约集同乡孙昌熙、孙思白等，立即到山东大学任教。（文山诗书社编、王伟波主编《昌邑历史人物》，东方出版社1998年版，第178、180、182页）又如翟宗沛（祖籍安徽泾县），也从上海赴任山东大学历史系讲师之聘。（缪希相《盼乌头马角终解救——追思历史老师翟宗沛先生》，载蜀光中学校、蜀光中学自贡校友会编《蜀光人物——建校八十周年暨张伯苓》（转第187页）

国立山东大学中国文学系两届师生合影。(一排左起)王仲荦副教授、陆侃如教授、殷焕先副教授、黄孝纾教授、翟宗沛讲师、萧涤非教授、赵纪彬教授、丁山教授、刘本炎讲师、杨向奎教授,(二排左起)孙昌熙讲师、刘泮溪讲师、刘念和副教授,(二排右一)赵殿诰讲师等诸先生与1946级、1947级的学生合影,其中最后一排的女生是吕慧娟,第六排右五为路遥。

山东大学中文系师生合影(1947 年 11 月)

学生与系内教师合影时，刘念和仍在其列。[1] 后来，刘念和返回成都，终老于母校四川大学中文系。[2]

刘念和早年在四川大学读书时，曾与同乡兼同学王叔岷、王利器先后受业于名师向宗鲁门下。[3] 其后考入北大文研所语言组，主攻音韵学，硕士毕业论文为《史记汉书文选旧音辑证》。[4] 在史语所任职虽短，但他仍和马学良、周法高

（接第185页）接办蜀光七十周年纪念文集》，四川人民出版社2007年版，第89—90页）再如殷焕先，原籍为江苏六合，当时在四川大学中文系担任讲师，闻讯后应聘为山东大学中文系副教授。（《殷焕先》，载国务院学位委员会办公室编《中国社会科学家自述》，上海教育出版社1997年版，第633页）刘念和与殷焕先同为北大文科研究所语言学部研究生，有可能与殷焕先一同出川，共赴山东大学副教授之聘约。

1 《熠熠生辉的文史学家——路遥追述他在山东大学求学时的先生们》所用插图，载《中国研究生》2019年第11期。

2 《杨志玖自传》称刘念和"后任四川大学中文系教师，已故"（《文献》1992年第4期，第132页），据而推知，刘念和似终老于母校川大。仅书"教师"而未标明职称，似为隐曲之笔——刘念和至死可能只是副教授（甚至讲师）。马亮宽《历史语言研究所研究生培养述论（1928—1949）——以史语所档案记载为主的探讨》则称："刘念和学习中国汉语历史音韵学，毕业后进入历史语言研究所任助理研究员，解放后长期担任北京师范大学教授。"（《四川大学学报（哲学社会科学版）》2020年第6期，第69页）马氏关于刘念和生平之文字散见数处，既颇显粗疏，又难以覆按，此又一例也。"解放后长期担任北京师范大学教授"，我怀疑是将"刘念和"误判为史学家陈垣的女助手"刘乃和"（人物简介，详陈智超编注《陈垣来往书信集（增订本）》，生活·读书·新知三联书店2010年版，第908页）。一字之差，极易混淆，聊作猜测，尚待求证。

3 《蜀道难（附梅贻琦日记、郑天挺账单）》，第127—128页。

4 《蜀道难（附梅贻琦日记、郑天挺账单）》，第56页。

等搜集《经典释文》诸家注。[1] 1941 年 10 月至 1946 年 6 月间，刘念和与丁声树、董同龢、周法高、杨时逢等，对四川汉语方言进行了第一次全面普查，调查范围涉及 134 县 182 处，后由杨逢时整理为《四川方言调查报告》。[2] 1946 年刘念和就任山东大学教职时，所授课程仍为"音韵学（声韵学）"。[3] 除硕士毕业论文外，刘念和另发表论文若干篇，如《中国古汉语声韵系统之研究》《仪礼大功章妾为君之庶子一节申郑

1　李雯《大师风范　率真人生——速写汉语言学家周法高》有谓："1941 至 1945 年，周法高任中研院史语所二组助理研究员，与同组张琨、马学良、刘念和、丁语梓等一起，搜集《经典诗文》诸家注，方音调查，学习多种语言。"见盐城市政协学习文史委员会编《人物春秋：盐城当代知名人士录》（《盐城文史资料》第 19 辑），2004 年 12 月印行，第 325 页。案："丁语梓"，应为"丁梧梓"，即丁声树。

2　详邓英树、张一舟《四川方言语音研究的里程碑——再读〈四川方言音系〉有感》，载四川大学汉语史研究所、四川大学中国俗文化研究所编《汉语史研究集刊》第 15 辑，巴蜀书社 2012 年版，第 444—445 页。

3　山东大学 1946 年复校后，中国文学系将"声韵学"设为一年级必修课、二年级选修课，"语音学"设为三年级选修课。此外，"自第三学年开始，该系依学生旨趣，按文学和经史两组分组教授"，文字音韵学导师共三人：丁山、刘念和、殷焕先。（详山东大学校史编写组《山东大学校史（1901—1966）》，山东大学出版社 1986 年版，第 168—171 页）又，据山东大学教授路遥回忆，1947 年他在山东大学中文系求学时，"中国通史"由丁山讲授，"文字学"由殷焕先讲授，"音韵学"由刘念和讲授。（详《熠熠生辉的文史学家——路遥追述他在山东大学求学时的先生们》，载《中国研究生》2019 年第 11 期）

读》《成都儿童间的秘密语》等。[1]

1　刘念和在华西协合大学任职期间，参与了该校中国文化研究所的研究工
作。该研究所成立于 1940 年，闻宥兼任所长，陈寅恪、李方桂、董作
宾等受聘为特约研究员。刘念和的《中国古汉语声韵系统之研究》一文，
即揭载于该所编辑、出版的学术出版物（张求会案：是《华西协合大学
中国文化研究所集刊》《华西协合大学中国文化研究所专刊》或《华西协
合大学中国文化研究所论丛》，抑或与金陵大学、齐鲁大学联合出版的
《中国文化研究汇刊》，仍有待确认）上，与闻宥、韩儒林、吕叔湘、刘
朝阳、刘咸、李方桂、董作宾等人的论文，被认为"都是学术水平很高
的作品"，"皆一时之佳作"。（详华西校史编委会编《华西医科大学校史
（1910—1985）》，四川教育出版社 1990 年版，第 84-85 页；陶飞亚、吴
梓明著《基督教大学与国学研究》，福建教育出版社 1998 年版，第 255-
256 页；胡昭曦《华西协合大学与巴蜀文化研究》，载《蜀学》第 8 辑，
巴蜀书社 2014 年版，第 215 页；彭华著《民国巴蜀学术研究》，四川大
学出版社 2021 年版，第 330 页）刘念和的另一篇论文《仪礼大功章妾为
君之庶子一节申郑读》，发表于《斯文》半月刊第 3 卷第 3 期（1943 年 2
月 1 日出版）。（据吴俊等主编《中国现代文学期刊目录新编》中册，上
海人民出版社 2010 年版，第 1860 页）《成都儿童间的秘密语》，则发表
于《中国文化研究汇刊》第 4 卷下（1944 年 9 月出版）。（据中国科学院
历史研究所编《中国史学论文索引第二编》下册，中华书局 1980 年版，
第 468 页）又，《斯文》半月刊第 3 卷第 2 期（1943 年 1 月 16 日出版），
刊有刘念和的一篇文章《释□》（见《中国现代文学期刊目录新编》中
册，第 1860 页），因难以觅得原刊，未审"□"为何字。

陈方恪旧藏家族文献中的陈寅恪唐篔信札 [*]

西泠印社拍卖有限公司 2019 年秋季拍卖会"中外名人手迹暨五四百年纪念专场",首次集中展示了一批陈方恪旧藏家族文献,¹ 数量之众多、品类之丰富令研究者深感震惊。时隔数年,笔者有幸获赠这批义宁陈氏文献的图片,细心研究之下,愈发感到其中的史料价值不容小觑。试举一例:

---

* 本文完成于 2023 年 4 月 29 日,2024 年 10 月 2 日定稿。此为首次刊发。
1 西泠印社 2019 秋季 15 周年拍卖会"中外名人手迹暨五四百年纪念专场",拍卖时间为 2019 年 12 月 16 日 13:00,拍卖地址在浙江世贸君澜大饭店(杭州市曙光路 122 号)A 厅,其中第 5083 号至 5104 号拍品为"陈方恪上款及旧藏义宁陈氏专题"。见西泠印社拍卖有限公司官网,网址:http://www.xlysauc.net/,下载日期:2023 年 4 月 3 日。

1937 年，陈隆恪在北平为散原老人治丧期间曾抄录过亲友所作挽诗挽联，南返后曾将此抄本借给冒鹤亭阅看，[1] 其后受各种因素影响，没有汇刊成《荣哀录》或《哀挽录》传世，故有学者推测隆恪手抄本已亡佚。[2] 出人意料的是，《挽诗》与《挽联》完好无损地保存于陈方恪旧藏家族文献中，前者收录 23 位作者所作各体诗 60 首（另有祭文 1 篇），后者收录挽联 38 副。仅就本事绾合、情辞惬洽而言，已足以证明《挽诗》《挽联》确系真品，而非伪作。[3] 这也在很大程度上验证了整批义宁陈氏文献的真实性和可信度。

以下重点讨论这批家族文献中的陈寅恪、唐篔信札。其中一通以陈寅恪名义寄发，而由其夫人唐篔代笔；三通直接以唐篔名义寄出；一通由寅恪与其兄弟联名上陈；另有一通由寅恪昆仲与其侄封怀联衔具呈。现以时间次序编排，各拟新题，附以相关信函，以详始末而备参考。

陈寅恪、方恪等致龙井乡乡政府（一通）

杨梅岭村村长应金坤转呈龙井乡乡政府

---

1 冒怀苏编著《冒鹤亭先生年谱》，学林出版社 1998 年版，第 403 页。

2 刘经富《陈隆恪先生年表》，见刘著《陈寅恪家族稀见史料探微》，中华书局 2013 年版，第 276 页。

3 详张求会《陈隆恪抄陈方恪藏散原挽诗挽联辨证》（未刊稿）。

　　为申明民人所有西湖杨梅岭牌坊山（即黄土领）坟地茶山并非官僚资产事：

　　窃民人兄弟先父陈散原老人一生致力于文学，从未加入仕途，此全国皆知之事实。故世后即卜葬于牌坊山（计地拾四亩），栽茶植杉以为护坟之用。（外围每年生产所得，即作为伙食之需）今恭悉市府颁布"凡属官僚产业，其土地、生产均应充归集体茶场管理"之法令。窃民人兄弟子侄向来即从事于文化、教育、农业工作，从未参加反动党团，在国民党匪帮统治下亦均未入过政界。现今则服务于人民政府各地之文教等工作，为新中国建设而努力，取得文教农兵工人身份，殊非官僚资本可比。（现今职业谨书于后）故此具实申请免予拨充，以符法令而昭公允，实为德便。

　　此上龙井乡乡政府。

　　　　　　具呈人：
　　　　　　现充广州岭南大学教授陈寅恪
　　　　　　现充国立南京图书馆编辑陈彦通
　　　　　　现充武汉大学教授陈登恪
　　　　　　现充中央科学院植物分类学江西
　　　　　　　庐山工作站主任陈封怀等谨上

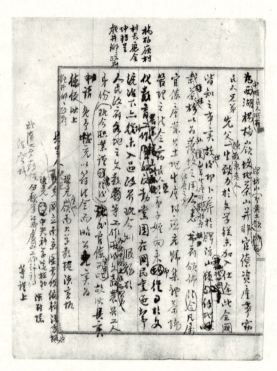

陈寅恪等致龙井乡乡政府函

此信稿为陈方恪手迹，虽经多次点窜，仍有错字、别字，如"黄土领"应为"黄泥岭"，[1]"中央科学院植物分类学江西庐山工作站"应作"中国科学院植物分类研究所庐山工作站"等，[2]亦可见其时情形之急迫。于今观之，坟地茶山改归集体所有，可谓1951年迁坟风波之前兆。

陈三立有五子三女。五个儿子按陈宝箴孙辈的大排行如下：衡恪行大，隆恪行五，寅恪行六，方恪行七，登恪行八；三个女儿依次为：康晦，新午，安醴。陈封怀，衡恪次子。[3]

附：应品森致陈方恪

彦通先生大鉴：

前奉上弋信，并附上业主情况表单，为□地土改之事，[4]一切谅以收阅。现在本乡政府催逼，要先生的成份，

---

1 据陈方恪《谢启》，见潘益民、潘蕤著《陈方恪年谱》，江西人民出版社2007年版，第178页。

2 据胡宗刚《中国科学院植物研究所庐山工作站（1949—1958）》，见胡宗刚编《庐山植物园八十春秋纪念集》，上海交通大学出版社2014年版，第32、33、35页。

3 陈流求、陈小彭、陈美延著《也同欢乐也同愁：忆父亲陈寅恪母亲唐篔》，生活·读书·新知三联书店2010年版，"本书主要亲属称谓及关系"，第1-2页。

4 "为"下一字难以识别，今代以□。下文"以""叶""至"等白字，皆暂仍旧貌。

写好寄来为要。

现在我处一切叶主的成份已办好，至有等候先生一人，请先生见信速将情况表填好寄来。（先生土地高山拾亩、茶地四亩、平房屋三间）

立候回音。

应品森言

此信与上一信稿在同一组拍品内（图录号：5101），带信封一枚："南京琅玡路琅玡坊新村五号　陈彦通先生拆　杭州西湖杨梅岭第十号应缄　应品森"，左上角另标"快信"二字。

应品森为陈家看墓人（详后），之所以急急致函方恪，缘自当地正在进行的土改运动。龙井乡土改之史料虽暂难搜觅，但凭借着原杭县留下区厉泰乡八村（今杭州市西湖区古荡街道）村民沈根土的口述材料《耕者有其田》，大致可以推知该乡土改也应起于 1950 年 10 月，1951 年 2 月底基本结束。[1] 陈封怀所在之庐山植物园，于 1950 年 10 月改归中国

1　沈根土《耕者有其田》有谓："从 1950 年 10 月份到 1951 年 1 月份，从搞好地主财产的没收工作到图照、契纸等送到土改委员会召开的贫下中农大会上结束，用了 4 个月。过年以后，从 2 月份再进行分配 1 个月，到 2 月底分配工作完成，基本结束了我们村的土地改革，总共用了 （转第 198 页）

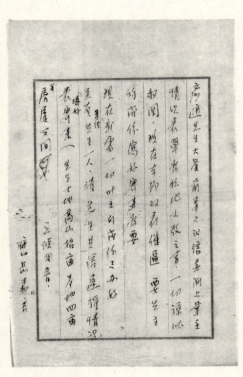

应品森致陈方恪函

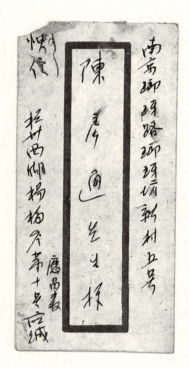

应品森致陈方恪函信封

科学院植物研究所领导，作为其下属工作站。[1]

综合推测，应氏此信和上录陈氏叔侄信稿应写于 1950 年 10 月至 1951 年 2 月之间。

陈寅恪致陈方恪（一通）

七弟览：

接来函，世事、家事竟至于此，奈何！奈何！以后吾弟一身穷老，苦境如是，将何以堪？恐唯有学佛，聊可自遣耳。兄及六嫂近来身体皆不佳，而收入逐月减少，更觉困难，将来不知如何了结也。五哥、八弟处虽久无信来，谅皆安好。匆此，即问近好！

兄寅手启

立春日

陈寅恪家书（唐篔代写），带信封一枚："南京琅玡路琅玡新村五号　陈彦通先生　广州岭南大学东南区十号陈寄"。此信备受关注，在陈方恪旧藏义宁陈氏专题中单独编号（图

（接第 195 页）5 个月的时间。"见杭州党史与地方志官方网站（网址：http://www.hangzhouds.org.cn/OralHistory/info.），发布时间：2021 年 8 月 10 日，下载日期：2023 年 4 月 28 日。

1　详《庐山植物园八十春秋纪念集》，第 32、149 页。

录号：5099）。拍卖图录说明文字不长，却颇得要领；[1] 写作时间定为 1951 年 2 月 4 日（立春日），也十分准确。

与乃兄乃弟不同，陈方恪年轻时颇好冶游，[2] 一生并未正式婚娶。他先纳龙姓女子为妾，一年后龙女出走；后与欢场女子孔紫荑同居于南京故宅，"家人及亲友得知后都明确表示反对，但又无可奈何"，最终只得接受事实。[3] 方恪与孔氏未生育子女，1933 年收养一女，不幸于 1949 年意外去世。[4] 1950 年秋，孔紫荑肺病发作，方恪友人陈器伯不顾被传染的风险，邀请方恪一家到琅玡路琅玡新村五号其寓所居住，便于孔氏养病。[5] 1951 年 2 月 14 日，孔紫荑在陈器伯家中去世，因方恪经济困难，陈器伯售卖部分书籍资助以完后事。[6]

勾稽本事，方能洞悉"一身穷老"之苦境，以及"世事、家事竟至于此"之无奈。

1　内有句云："当时尚处建国初期，陈方恪失业在家，又因其在汪伪统治时期担任'龙蟠里图书馆员'之伪职而境况不佳。""当时建国不久，百废待兴，又正处朝鲜战争时期，国内经济状况困难。"见"西泠印社二〇一九秋季十五周年拍卖会中外名人手迹暨五四百年纪念专场"图录，西泠印社拍卖有限公司 2019 年编印。

2　详《陈方恪年谱》，第 56 页。

3　详《陈方恪年谱》，第 62、65、78、79、87、116、170 页。

4　详《陈方恪年谱》，第 120、181 页。

5　详《陈方恪年谱》，第 187 页。

6　详《陈方恪年谱》，第 190 页。

之弟覽揆 来函世事家事
竟至於此奈何～以後吾
弟一身窮老苦境如是
将何以堪恐唯有学佛
聊可自遣子乞及六嫂
近来身體皆不佳而收入
逐月減少更覺困難將
来不知如何了結矣玉琴
八弟處難久無信来諒皆
安好每此即問
近好
　　　　兄寅恪啟
　　立春日

陈寅恪致陈方恪函（唐筼代笔）

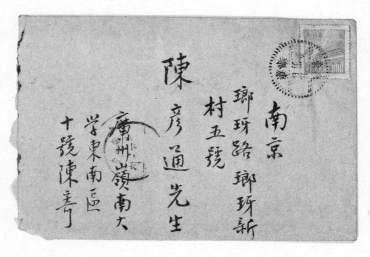

南京

瑯珊路瑯珊新

村五號

陳彥通先生

廣州嶺南大

學東南區

十號陳寄

陈寅恪致陈方恪函信封

陈隆恪、寅恪等致刘少奇（一通）

少奇副主席赐鉴：

　　沃承正论，久切心仪。顷因家君散原公冢墓迁移一事，隆恪等正昕夕彷徨，不知安插，乃闻政府顾全民间墓地，华东海军司令部亦已将原勘杭州徐村山址决定放弃，别觅适当地点。隆恪等闻之，感激无任。窃念先君一生清节，尤以一九三七年秋间，愤恨倭寇，郁郁不起。寄榇京师，迟至一九四八年夏间，始克归葬先垄。隆恪等既不能克绍先业，复无力别谋窀穸，以急公家所需，中宵惶迫，每至涕零。乃我政府于整个进步建设之中，绝不忽略民间些微之积隐，洵可谓不使一人不得其所，而安然步上大革命之坦途，诚能运用马列之精义，开有史之纪元，更足使人民倾佩中枢之伟大，益坚依赖政府之信心，不独隆恪等一人一家之事也。

　　用特肃布感忱，敬祈转达政府。叩谢！

　　耑此祗颂公安，诸维亮察不备。

陈隆恪、寅恪、方恪、登恪敬叩

　　据《陈方恪年谱》，1951 年 6 月，应品森又一次致函陈方恪，告以限期迁坟的凶讯。"陈氏兄弟知道此事后，都十分焦急，分头向陈叔通、章士钊、李一平等能与中共高层领导沟通的故交求助。"[1] 李一平求救于政务院总理周恩来，研究者多有涉及；[2] 而中央人民政府副主席刘少奇介入其事，前此闻所未闻，该信因而弥足珍贵。

附一　陈隆恪致陈方恪

七弟览：

项接陈叔通函（另录于后），事已解决，如释重负！望拟两谢函寄来，似不必太文雅。所指海军司令部，倘即系上海者，则无法可以投递，姑拟一函，再探投亦可。（我日前因陈叔通热心援助，亦致函申谢。是否我们兄弟须再共同致一谢函？望酌之）

我病昨日已稍止，并闻。

八月廿三日

隆上

昨日致一函，想已到。

后附隆恪手录之陈叔通来函：

---

1 《陈方恪年谱》，第 191 页。

2 《陈方恪年谱》，第 192 页。

彦和、彦通两兄同鉴：

　　顷接刘少奇副主席来函，接海军司令部复云"为照顾统一战线人士影响，我们决另选地方建筑疗养院"。想亦有接洽。弟意似应由昆玉同列名致两谢函。（一致海军司令部，一致刘副主席，中须说明政府）乞商为幸。

　　专颂怡怡。

弟陈叔通上

八月廿日

　　再，此次对外界人说，勿提及弟从中斡旋为要。

　　陈叔通函在前，陈隆恪函在后，均作于 1951 年。从陈叔通函可知，此事秘而不宣，其来有自。事过境迁，相关档案终将公诸天下，历史场景当能得到更完整的还原。

附二　为保存杭州牌坊山茔地致陈毅司令员的信 [1]

弘公司令勋鉴：

　　夙承存注，感激弥深。久拟趋叩铃严，藉申谢悃，惟以未悉行旌何时莅止，疏阔之罪，百喙莫辞。兹有启

---

[1] 据潘益民辑注《陈方恪诗词集》，江西人民出版社 2007 年版，第 189–190 页。案：此题由潘益民代拟，今仍之。

陈隆恪、寅恪等致刘少奇函

陈隆恪致陈方恪函（后录陈叔通信）

者：先君散原公与先母俞太夫人、先兄师曾先生合葬杭
州西湖徐村，当时择定该处，并未经形家勘定，且先公
素不信风水之说，只以晚年侨居武林，爱其山水清幽，
偶营生圹，故不孝方恪等谨遵遗命，遂于戊子秋间，仓
卒告窆，迄今已四载矣；先母、先兄早已于二十年前葬
此。¹ 顷接看墓人应品森君来函，据云最近海军征收该处
基地百亩，建设海军疗养院。先茔三座适在圈中，且通
知限二十日内迁葬，（本月六日通知，二十五日满限）如
逾期未迁，当由公家发掘云云。

方恪等深知海军征用，事关国防，凡属人民，理应
赞助。惟念不孝兄弟分处沪、宁、粤、汉，道路阻修；
且皆服务于文教机关，² 生活清苦；非惟职守有关，会合
不易；即迁葬之费，筹措亦难。又念先君文章气节，举
世共瞻；先兄书画篆刻，蜚声海外。即我公燕谈之顷，

1　据《陈方恪诗词集》卷首所刊图片，"先母先兄"句系以细字补书于框
　　外，"先母"前一字无法辨识，"年"后并无"前"。案：陈三立《继妻俞
　　淑人墓志铭》有谓，乙丑十月十八日（1925 年 12 月 3 日）"始卜葬杭州
　　牌坊山之原，于穴左留余生圹，并祔衡恪莹次"。（陈三立著、李开军校
　　点《散原精舍诗文集（增订本）》下册，上海古籍出版社 2014 年版，第
　　1024 页）据而可知，"先母、先兄早已于二十年前葬此"难称精准，惶骇
　　之情又可见一斑。
2　据《陈方恪诗词集》卷首所刊图片，原稿无"于"。

亦闻齿及，私衷衔感，与日俱增。[1]

方恪等自惭椎鲁，无以克绍先业；又不能别谋窀穸，以妥先灵，势必一筹莫展，任其孤露。中宵惶骇，每至涕零。寻思再四，惟有呈恳我公，可否设法保护，只求得免迁移，其他无不祗遵。至墓旁茶山余地，悉听征收，以急公家所需，亦义不容辞也。迫切陈情，伏惟矜鉴，不胜迫切待命之至。

肃此敬叩勋祺，诸维亮察不一。

不孝隆恪、寅恪、方恪、登恪谨呈[2]

诸恪联署之此呈，同样由方恪代拟，也作于 1951 年，虽不在西泠印社所拍义宁陈氏家族文献之内，然与护坟直接关联，故一并附录。

唐篔致陈康晦（三通）

其一

康姊如晤：

上次接来函，欣悉吾姊病体日日见愈，但愿静心休

---

1 据《陈方恪诗词集》卷首所刊图片，原稿作"与日俱深"。
2 据《陈方恪诗词集》卷首所刊图片，原稿落款有"陈"。

养，[1] 不必顾虑其他的事。将来有一天能起床行动时，那
是多么快乐呀！我相信必有这一天的。平时多吃水果青
菜为要！

　　三月份的伙食、零用、医药等费（四十五元），本
该早日寄上。款是早准备好了，只因我自从春节起病到
现在，尚未恢复，最近心脏又不适，不能走到邮病去汇
款。[2] 而小彭她们正在紧张的学习，下午也开会或下田劳
动，一点工夫没有，不能代我办事。真真急人。等熟朋
友来我家时，才能托人代办。请【下缺】

其二

康姊：

　　信及回帖皆已收到。知近日用针灸治疗亦未见多大
效果。据我们想来，西医打针维生素 C 是最有功效的，
可惜西医无办法请来家中。那就改为吃维生素 C 丸药，
亦有补益（西药房有卖的）。针灸对此病是不见得有很多
的用处的，但也无害。

　　下月仍可寄来伍拾圆。吾姊牛奶仍应该吃，营养好

1　"静心修养"四字下原有圆圈，现易为着重号。下同。
2　"邮病"，应作"邮局"。

很为重要。鱼肝油精也可以吃,我最近又问一位医生说
的。只是初初少吃,渐渐加起来就好。不致于不消化就
行啦!

我们大家都还好,就是林启汉下放了,劳动锻炼去
了。(去了乡下)听说小彭将来也要下乡锻炼的。年青人
都应该锻炼的,我愿意他们都去锻炼锻炼。

美延现在正在工厂做工,一个月后回校考试,她来
信很高兴在工厂工作,并且可以学习了劳动工人的好品
质才好呢!学校人人都忙,又是一个"双改运动",八月
二十一号才能放假。小彭很忙,日晚开会。馀再述。

敬请痊安!

我们家属也开会学习"总路线"。

箅手上

六月廿一日

一九五八年

其三

康姑太:

未通信又将一月矣。前向天气忽转冷,南京想亦很
冷。姊之腿痛如何?七弟之血压高好些否?均甚念念。
现在杜仲缺货买不到,如你处有得卖,你等二人可同服

此药，可使血压下降。要经常煎水饮。加桑寄生也可，不加也同。又有一偏方，将生芹菜洗净后用开水烫一下，放在粗筛子内捣出汁来饮下。每天要饮此汁（生的），颇见效。我时时服此芹菜汁，很好，只是常常买不到。

昨日寄上55元，因过年时请姊代我再给晓楚姐五元，所以奉还也。（一共给她十元）

寅恪前数日亦病，血压忽高，遂卧床休息，今已十日矣，血压已降下。但仍卧床休息。

吃菜要淡，不可吃动物油（如猪油不可吃，一切荤油不可吃），只吃植物油做菜。能买到水果就多吃。

康姊的便血已好否？下次来信告知为盼！

七弟均此，不另。

唐筼手上

3月2日

1959

上录三函，皆出自唐筼之手。无论以"康姑太"相称，还是呼以"康姊"（陈康晦年长唐筼5岁），用词及语气较寅恪致方恪一函更为亲切、温婉。姑嫂之情源于兄妹之情，陈寅恪女儿们的回忆恰可与这三封信互补互证：

母亲很体谅康晦姑的困难，康晦姑比父亲小三岁，婚后未生育子女，康晦姑父抗战初期殁于重庆。多年来康姑右腿肿胀（象皮腿），行走受限。患肢周期性红肿发烧，所以体质较差，生活经常需人帮助。康姑性格温和文静，不多说话。上世纪三十年代后，在重庆和南京均住九姑新午家中。新午姑一家离开大陆前不久，康姑便与五伯父一家同住。五伯父伯母相继病故后，1957年暑假，父亲要小彭路过南京时，代他与七叔方恪商量：能否接康姑到南京同住？不久康姑即至七叔家生活，目盲的父亲按月都嘱咐家人寄钱给她，补贴医疗、护理费用。每月领到工资后，父亲第一件事情就是提醒家人："别忘了给康姑寄钱啊！"1959年，康姑中风瘫痪卧床，于1962年不幸病逝。我们一直都没敢让父亲知道康姑已不在人世的消息。康晦姑住到七叔方恪家以后，除小彭在家时可代劳外，花甲之年的母亲，每月均步行走去离家不近的邮局，亲自汇款给康姑，长达五年。康晦姑一生不幸，但有幸的是，各位兄弟姐妹都没有嫌弃她，当她有难时，必会伸出援助之手。这是以祖父三立照顾叔祖三畏遗属为榜样，父辈继承此家风的又一体现。[1]

---

1 《也同欢乐也同愁：忆父亲陈寅恪母亲唐筼》，第260页。

唐筼致陈康晦函三通五页（带信封二枚）

　　另据学者潘益民调查获知，陈方恪 1957 年 9 月去上海将妹妹康晦接来南京同住，并于同月 30 日将其户口正式迁入南京市牯岭路 26 号。[1] 康晦到南京后一直生病，兼之不良于行，很少外出，但与周晓楚一家有联系，且得到过她的接济。1959 年康晦又患中风、脑溢血，方恪不得不雇请专人服侍。1962 年 7 月 18 日，康晦终因多种疾病并发而去世。数年间，寅恪每月都要从广州寄 50 元来补贴妹妹，汇款单上的寄款人几乎每次都是唐筼的名字。[2]

　　合而推之，残缺的第一函有可能也写于1958年或1959年。

　　第一、二函中的"小彭"，为陈寅恪、唐筼第二女，"林启汉"为其夫婿；"美延"，陈家第三女。第三函中的"晓楚姐"，即周晓楚，少年时遭人拐卖，1905 年由陈衡恪收留，带回南京家中侍奉继母俞夫人，后由散原夫妇收养为义女并安排婚嫁。陈家上下视其如亲人，称为"五姐"或"五姑"。[3]

1　详《陈方恪年谱》，第 209 页。案：唐筼手札三通五页，另带信封二枚：一作"南京牯岭路 26 号　陈彦通先生转陈康晦老姑太收　广州中山大学东南区一号陈缄"，一作"南京牯岭路 26 号　陈康晦姑太太　广州康乐村中山大学东南区一号陈寄"。

2　详《陈方恪年谱》，第 209、212、213、214、218 页。

3　详《陈方恪年谱》，第 40、41 页。

陈寅恪致董作宾佚札小考 [*]

一

2014年10月19日晚，上海友人周言告诉我：中国嘉德国际拍卖有限公司（以下简称"中国嘉德"）2014年秋季拍卖会正在广州巡展，展品中有一封陈寅恪的佚札。巡展地点，离我家很近；时间是10月17日、18日，已经错过。好在周言传来了图片，雅昌艺术品拍卖网也很快上了图，多多

---

* 首刊于2014年11月13日《南方都市报》，题为《新发现的陈寅恪佚札考》，有删节。此为足本。

少少弥补了一些失之交臂的遗憾。从中国嘉德官网获悉，此函是嘉德秋拍"之斋收藏信札写本"专场的拍品之一，名为《陈寅恪致董作宾信札》，"28×24cm，近代手稿本，水墨纸本，1通2页，估价：RMB150,000—300,000"。[1] 据称，"此件历经多次展览"："人间四月天——中国近代名人书法大展"（2002年3月，中国历史博物馆）、"百年人文传承大展"（2011年11月，台北"国立历史博物馆"）、"大风起兮——民国初年知识分子文化救国历程特展"（2012年10月，台北中正纪念堂）。果不其然，其他网页早有此函的图片。经查对，生活·读书·新知三联书店所出《陈寅恪集·书信集》第1、2、3版皆未收录，[2] 台湾艺文印书馆1978年版《董作宾先生全集》也没有录存，可见是陈寅恪的一封佚札。

中国嘉德官网对陈氏此札所作"描述"大体准确，释文则略有讹误（如脱漏"双市斗"一句），现重新整理如下：

彦堂先生左右：

前奉复一书，谅已达览。弟已与燕京大学、华西

1　据中国嘉德官网：http://www.cguardian.com/tabid/78/Default.aspx?oid=576217，检索日期：2014年11月1日。

2　陈寅恪著、陈美延编《陈寅恪集·书信集》，生活·读书·新知三联书店2001年6月第1版，2009年9月第2版，2015年7月第3版。

大学方面商询其结果，大意为暑假后公来成都教课，自极欢迎，惟须先与史语所方面交涉办好。孟真兄返李庄否？公与之商妥否？其意见、办法如何？乞早示知。

此间教会大学专任教授薪津及仓米（以人口多寡计，每人月一双市斗，十岁下儿童减半），合计目前每月约万元。（成都生活费用较李庄为高，燃料价尤昂）若一人来此，则每月用五千元可勉强支持；如全家来此，则问题较复杂，大约以两专任之收入或可不致饿死。就弟所知者言之，非但大学教授有兼至三个者，大学教授同时亦兼中学事，盖非兼任则无以为生，（惟弟未兼事，苦可知矣）故无人再追问兼职之事矣。伤哉！我辈之必归于淘汰可无疑也。

李庄同人近况如何？未暇一一问候，乞代为致意。

专此敬叩

撰安并祝俪福

　　　　　　　　　　　弟寅恪拜启　四月十三夕

孟真兄处或即以此函先交其一阅，因暂无暇作长函也。又申。

陈寅恪致董作宾函

二

据雅昌网 10 月 31 日专稿《中国嘉德 2014 秋拍之斋收藏：董作宾李庄时期与友朋往来信札及殷墟发掘通信》披露："之斋主人，倾心学术，治学执教数十载，与李济、董作宾等名士曾得过从。"[1] 虽有悬念，也算有所交代。除陈寅恪函外，此次专场还推出了傅斯年、沈从文、李济等人写给董作宾的信札。综而观之，拍品来源应属可信；仅就陈函而论，笔墨、内容可基本确定出自陈寅恪之手。

陈寅恪此函，末署"四月十三夕"，年份应在 1944 年。

据陈家三个女儿回忆，1943 年 12 月下旬，全家来到成都，入住燕京大学代租的民居。随后，同样应邀来燕大任课的史语所研究员李方桂，携家人住进陈家楼下。寒假后，陈寅恪开始授课。当时，"物价持续飞涨"，"生活艰辛，困难很多"，唐筼"只得把作客穿的旗袍，送进了寄卖行"。[2] 因此，1944 年 1 月 25 日，陈寅恪在给傅斯年写信时大倒苦水，继续希望对方体谅自己无法立即赶往李庄的苦衷："到此安置

---

1 雅昌艺术品拍卖网 2014 年 10 月 31 日专稿《中国嘉德 2014 秋拍之斋收藏：董作宾李庄时期与友朋往来信札及殷墟发掘通信》。网址：http://auction.artron.net/20141031/n671063.htm/，检索日期：2014 年 11 月 1 日。

2 陈流求、陈小彭、陈美延著《也同欢乐也同愁：忆父亲陈寅恪母亲唐筼》，生活·读书·新知三联书店 2010 年版，第 176–180 页。

一新家，数万元一瞬便完，大约每月非过万之收入，无以生存。燕大所付不足尚多，以后不知以何术设法弥补？思之愁闷，古人谓著述穷而后工，徒欺人耳。"[1] 2 月 25 日一函，尤显凄惨："弟全家无一不病，乃今日应即沙汰之人，幸赖亲朋知友维护至今，然物价日高，精力益困，虽蒙诸方之善意，亦恐终不免于死亡也。"[2]

　　战时成都电力不足，"三天两头停电"，陈寅恪"用唯一高度近视的左眼，坚持备课并撰写论著，非常吃力"。1944 年 11 月中旬，"不慎跌了一跤，唯一的左眼更加昏花"。[3] 即便如此，教学、撰作并未辍止；11 月 23 日，为华西协合大学（即前引陈札所称"华西大学"）教师蒋大沂入史语所事，向傅斯年写信推荐；[4] 11 月 27 日，不顾"头目晕眩"，为校阅董作宾《殷历谱》书稿而伏枕作书。[5] 12 月 12 日早晨，陈寅恪"突然感到眼前一片漆黑，失去光明"，随即住院，数日后手术，未获成功，"左眼也丧失功能"，至此"双目失明"。[6] 在首次手术失败后，陈夫人唐篔为了是否需要二次手

1　陈寅恪《致傅斯年（五十七）》，见陈寅恪著、陈美延编《陈寅恪集·书信集》，生活·读书·新知三联书店 2015 年版，第 94 页。

2　陈寅恪《致傅斯年（五十九）》，见《陈寅恪集·书信集》，第 96 页。

3　《也同欢乐也同愁：忆父亲陈寅恪母亲唐篔》，第 177、181 页。

4　陈寅恪《致傅斯年（六十二）》，见《陈寅恪集·书信集》，第 99–100 页。

5　陈寅恪《致董作宾（一）》，见《陈寅恪集·书信集》，第 255–256 页。

6　《也同欢乐也同愁：忆父亲陈寅恪母亲唐篔》，第 181–182 页。

术而"踌躇难决",曾于次年 1 月 18 日致函傅斯年伉俪,征询表妹及表妹夫的意见。[1]

战时生活异常艰苦,虽然陈寅恪判断"成都生活费用较李庄为高",但李庄的情况也不乐观。1943 年,陈寅恪一家在逗留桂林期间,听闻史语所同事李济的两个女儿相继病逝,"无法救治"的原因之一是李庄"药物匮乏"。陈家的女儿们事后分析,"这个消息很大程度上影响父母对去李庄的考虑"。[2] 董作宾萌发去成都兼课的想法,同样与改善生活直接相关。之斋藏札另含同一时期沈从文致董作宾函三通,"主要围绕一个事情,即沈从文在昆明帮助董作宾展卖书法作品",[3] 也可作为旁证。

三

董作宾为赴蓉兼课事,函商于史语所同事陈寅恪,陈寅恪热心而认真地作了回复。陈氏第一次复函是否尚存于世,

---

1 陈寅恪(唐篔)《致傅斯年(六十四)》,见《陈寅恪集·书信集》,第 102—103 页。

2 《也同欢乐也同愁:忆父亲陈寅恪母亲唐篔》,第 172 页。

3 雅昌艺术品拍卖网 2014 年 10 月 31 日专稿《中国嘉德 2014 秋拍之斋收藏:董作宾李庄时期与友朋往来信札及殷墟发掘通信》。

暂且不论；第二函续报进展，既于信末宽慰"无人再追问兼职之事"，更于篇首提示"须先与史语所方面交涉办好"，尽早告知所长傅斯年的"意见、办法"。众所周知，史语所西迁李庄前后，傅斯年与陈寅恪的关系变得有些微妙，端倪不时显现。然而，除却有限的数次文字交锋，君子未出恶言，同寅、同道、姻亲的情义最终得以维护。时过境迁，对两位前贤的评议理应日趋冷静、客观。陈寅恪佚札和相关信函（详后）的披露，为研究傅陈关系的发展变化提供了新材料，这大概是此札最重要的价值之一。

陈寅恪携家入川，没有顺从傅斯年的一再敦促邀约赶去李庄史语所，而是留教于在成都复校的燕京大学。个中缘由，就连其挚友吴宓的女儿吴学昭也认为李济丧女是主因："主要考虑李庄古镇气候与环境，于寅恪夫妇病体极不相宜。该镇地处偏僻，交通不便，缺医少药。李济君家两个上中学的女儿鹤徵、凤徵相继病逝，令人惋惜痛心。听说凤徵确诊伤寒，只因药物匮乏，无法救治。"[1] 这一说法，未必尽然。现在看来，陈寅恪最终未去李庄而改留成都，后来又选择清华而放弃史语所，至少包含了对傅斯年有所避忌的因素。

陈董之间、陈傅之间，围绕着董作宾赴蓉讲学一事，应

---

1 吴学昭著《吴宓与陈寅恪（增补本）》，生活·读书·新知三联书店 2014 年版，第 256 页。

该有多次书信往还,《傅斯年遗札》就收有这样一封信:

> 寅恪兄:
>
> 　　手书敬悉。转交彦堂兄一看,彼并无就华西之意,此事可即作罢论矣。彦堂正手写其文稿付印,岂肯中辍?至于援方桂办法一说,方桂之办法不适用于其他人或其他学校,便乞华西或其他学校无以此为言。一切乞告前途为荷。
>
> 　　专此,敬颂
>
> 道安
>
> 　　　　　　　　　　　弟斯年谨上　七月十四日,卅三年[1]

此信是一份"抄件",页末有那廉君附注:"董作宾赴蓉讲学事。"[2]身为所长的傅斯年既已发话,口气不容商量,事情自然没有了下文。董作宾是否因为手写《殷墟谱》付印(次年4月出版于李庄)而甘愿放弃外出讲学,今人无从知晓;从上引傅函倒看得出陈寅恪对于友朋之嘱托尽心尽力,甚至"援方桂办法"为董缓颊。

1　王汎森、潘光哲、吴政上主编《傅斯年遗札》第三卷,台湾"中央研究院"历史语言研究所 2011 年版,第 1506–1507 页。

2　《傅斯年遗札》第三卷,第 1507 页。

　　傅函所谓"方桂办法"，中国嘉德所拍陈寅恪佚札无一字涉及，应该是陈致傅另一函的内容。[1] 兹不嫌繁复，对其来由撮述如下：

　　李方桂研治"汉印语学比较语言学"，"近年研习已到一阶段，非兼治藏文藏语不可"，然李庄无此条件；李家"人口较多，兼有老母在堂"，"派其往塔儿寺一带调查"也不可行。于是，傅斯年和李方桂商议出一合规而变通之法：由史语所出面，以李"兼习藏语之便"，恳请中研院院长朱家骅"特许其暂住成都，兼在燕京大学任课四、五小时"，即李在燕大任"客籍教授"，由燕大"给以教员福利待遇"，而在史语所之待遇"仍旧付给之"，"惟依法生活补助费、米代金、研究费不得复领"等等。[2] 1943 年 11 月，先由傅斯年与燕大校长梅贻宝函商合作方式；[3] 12 月，朱家骅口头同意；至 1944 年 2 月 24 日，史语所正式行文呈报院长审批；2 月 28

1　2023 年 4 月 29 日补案：据宗亮博士见告，台湾中研院傅斯年图书馆所编"整编史语所档案目录"有如下信息："编号：李 13-12-1。题名：陈寅恪函傅斯年。摘由：函达关于华西大学欲聘董彦老教书一事，不知兄究如何决定，乞即赐复以凭转告华大。日期：1944/07/04。""编号：李 13-12-2。题名：傅斯年函陈寅恪。摘由：函复彦堂并无就华西之意，此事可即作罢论矣。日期：1944/07/14。"显而易见，后一档即前引傅氏民国 33 年 7 月 14 日复陈一函。假以时日，陈氏该年 7 月 4 日致傅一函也必将公布于天下。
2　《傅斯年遗札》第三卷，第 1484-1485 页。
3　《傅斯年遗札》第三卷，第 1457-1459 页。

日，傅斯年一面致函李方桂界定具体做法，一面再次为此变通办法给梅贻宝去信；[1] 3 月 1 日至 6 月 9 日，傅斯年"在重庆住了三个半月"，[2] 其间，中研院总办事处于 3 月 20 日函准史语所"照办"。[3]

值得一提的是，董作宾意欲兼职的院校，似乎不止燕大一家。《傅斯年遗札》所存 1944 年 6 月 23 日写给同济大学（时与史语所同在李庄）丁文渊校长的一封信，主要内容正是商议董氏在该校兼课之事，但情词较之致陈寅恪函大不相同：

> 彦堂兄事承兄关怀，至感至感！彦堂兄家口众多，此时所感之困难，远在我辈以上，每月入不敷出，自非了局。若能在此兼课，或为最便之法。敝院旧有兼课限四小时之规定，故四小时内，原无不可，（即四小时外，今昔亦不同）至于旧有退还收入、扣车马费之办法，乃杏佛兄时所行，抗战以来，绝谈不到。此时绝非当年，要当以事理人情为重，故只惜贵校无文学院，所中同人不能多多兼课耳。（一笑）一切乞与彦堂兄商量，弟无不

1 《傅斯年遗札》第三卷，第 1483–1487 页。
2 《傅斯年遗札》第三卷，第 1497、1495 页。
3 《傅斯年遗札》第三卷，第 1485–1486 页。

同意也。[1]

傅斯年二十余日后致陈寅恪函的强硬口吻，是否部分来源于已经有所预设，不便妄加猜测；不过，衡以人之常情，陈所遭受的冷遇，多半会加深他对傅的反感和避忌。

四

无独有偶，早在2014年3月24日中国嘉德"嘉德四季"第37期拍卖会上，就曾浮现史语所王崇武写给董作宾的一通手札。买家季凯撰文介绍此札，[2] 内容也涉及傅陈关系之演变。季凯的释文仅脱漏一字（"近因目疾"之"近"），为方便起见，仍照原札旧貌释读于下：

彦堂先生道鉴：

陈寅恪先生见告：以在京居处不适，仍拟返清华教书。此次来京，系坐飞机，行李全未携带。在渝有衣服数箱，均存本院总处，闻本所正进行包船，甚望过渝之

---

1 《傅斯年遗札》第三卷，第1494页。

2 季凯《新发现陈寅恪致董作宾的代笔信》，载《收藏·拍卖》2014年第10期。

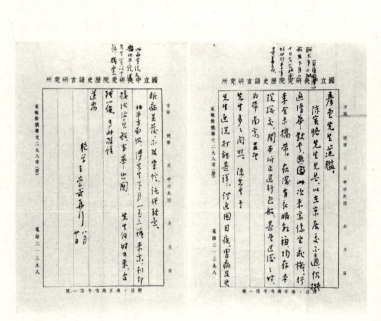

王崇武致董作宾函

时，为带南京，并望先生多多关照。

陈先生于先生近况打听甚详，谓近因目疾、胃疾及失眠病并发，不及写信，托代致意。

北平方面讯：傅先生下月一至三号来京，到即接洽复员船，事毕出国。

先生何时可来？企踵以俟。

专此，敬候

道安

　　　　　　　　　晚学王崇武再拜　八月卅日

联大第二批船（自沪开津）在下月二十日左右北开，故对行李事甚着急。

此函写讫，又接北平信：傅先生买得十号机票。

季凯点明"此次来京，系坐飞机，行李全未携带"乃是唐篔由重庆飞南京，这一解读完全准确。当然，如能稍稍补入陈家三个女儿的回忆，足以更好地还原当时的艰难场景。[1]

陈寅恪 1946 年为什么不留在南京专任史语所研究员而是北上清华任教，王崇武代为转述的理由是"在京居处不适"，女儿们怀疑"是否与父亲一贯不愿生活在政治中心

---

[1]　详《也同欢乐也同愁：忆父亲陈寅恪母亲唐篔》，第 207-208 页。

（首都）有些关系"，¹季凯认为"除了陈氏本人曾在清华国学院任教的清华情结外，其实也和傅斯年的矛盾有关"。篇幅所限，本文不拟再作申述，只想补充三个细节，恭请论者予以关注：其一，唐筼1946年3月16日致傅斯年信有云："寅恪来书云：对燕大事已辞谢，大约欲回清华或回史语所专事著作。"²其二，同年6月12日，清华校长梅贻琦偕浦薛凤登门拜访陈寅恪；其后，梅校长返北平视察清华校舍，为回迁复校做准备；6月29日，再度上门探视陈寅恪。³其三，8月9日，陈寅恪致函清华大学秘书长沈履、历史系主任雷海宗，询问复员后住宅事项；⁴8月13日，沈履致复，一一答疑释惑。⁵

　　季凯的考释，笔者最认同两点：一是写作年份为1946年，二是此信同样传递出陈傅失和的若干信息。至于将此函命名为"陈寅恪致董作宾的代笔信"，笔者以为有容商榷——王崇武代陈寅恪传话、为唐筼请托确实不假，但通篇

1　《也同欢乐也同愁：忆父亲陈寅恪母亲唐筼》，第209页。

2　陈寅恪（唐筼）《致傅斯年（七十七）》，见《陈寅恪集·书信集》，第120页。

3　梅贻琦著，黄延复、王小宁整理《梅贻琦日记（1941—1946）》，清华大学出版社2001年版，第227—233页。

4　陈寅恪《致沈履、雷海宗》，见《陈寅恪集·书信集》，第258—259页。

5　卞僧慧纂、卞学洛整理《陈寅恪先生年谱长编（初稿）》，中华书局2010年版，第236—237页。

仍是以王本人的口吻叙事道情，禀报傅斯年行程也十分符合
王年辈较晚、职级较低的身份。而"1945 年 5 月以后，陈、
傅之间的书信往来也几乎完全中断"一语，更是欠妥——一
方面，唐篔 1945 年 10 月 4 日函复傅斯年时就曾谈及 9 月间
双方往来之事："寅恪临行匆忙，未得亲自致函告知一切，而
手书到时渠已离蓉。……陈槃、劳榦两先生事，即请先生代
寅恪作一提案，寅恪无不同意，此一向为先生所知也。今
附上空白盖章信纸一张，乞为代办为感。"[1] 另一方面，傅斯
年 1947 年 5 月曾有公信致史语所同仁，询问对特别困难的
李济、陈寅恪、梁思永等三人予以特殊补助有无意见。[2] 5
月 4 日又特意致函陈寅恪，数日后委托余逊持函登门念给陈
寅恪听，并笔录意见带回。这是《傅斯年遗札》录存的傅氏
写给陈氏的最后一封信，内容均为陈寅恪及其家人最关切之
事：一、史语所与清华大学协商，自本年一月份起，改由史
语所对陈寅恪"支全薪"而由清华"支兼课之兼薪"，以保
障陈收入稍多；二、史语所以美金百元补助陈养病，请陈在
开列收据时言明此项支出属于补助"工作费"；三、同意为
陈聘请助理或书记，预留名额；四、陈去年所借路费，已嘱

1　陈寅恪（唐篔）《致傅斯年（七十五）》，见《陈寅恪集·书信集》，第 115
　页。

2　《傅斯年遗札》第三卷，第 1751 页。

相关人员会商如何报销。傅斯年为第一事而写给梅贻琦校长的专函，同时交余逊送陈寅恪阅定，并请陈氏在同意后转梅校长。[1]

笔者对陈寅恪稍有研究，对傅斯年知之甚少，就整体印象而言，总觉得两位先贤都是志存高远、素有持守而又尊重"事理人情"的君子，其交谊之浓淡亲疏，成因不可谓不复杂，尚难遽下定论。

（衷心感谢周言、朱邈、王来雨、宗亮诸友对撰写此文的帮助！）

---

1 《傅斯年遗札》第三卷，第 1751–1754 页。

新出现的两帧唐篔手札 [*]

前言

2020 年 5 月 12 日，友人 Z 君告诉我：日本的一家拍卖公司正在举办"搜挖会第二届网络实时拍卖会·书画专场"，预展时间是 5 月 7 日至 17 日，拍卖时间定在 5 月 19 日。打开 Z 君推荐的小程序"搜挖会"，133 件拍品琳琅满目，其中的 21 件（图录号：48—68）与章士钊有关：章氏致其夫

---

* 首刊于《岭南文史》2021 年第 2 期，题为《1961 年陈寅恪与章士钊的一次晤面——以新见唐篔手札为证》。收入本书时，根据新发现的材料和友人提供的信息，作了必要的增订。

人殷德贞手札 13 通（内附致曾克耑 1 通，暂且忽略），章氏致养女章眉 1 通，陈寅恪夫人唐筼致殷德贞 1 通，另有章氏书法作品 6 件。

Z 君之所以把这款小程序推荐给我，主要是因为展品中有陈寅恪夫人唐筼的手札（图录号：53）。这件题为《唐筼致德贞剑芝书札二帧》的拍品（26.7 × 15.6 cm × 2 ／水墨纸本／镜心），其实是两通手札：一通是写给章士钊夫人殷德贞的，另一通是写给唐筼的姨母"剑芝"的（委托殷德贞转交）。

唐筼的两封信

第一通《唐筼致殷德贞》：

章太太惠鉴：

日前晤谈，快何如之。次晨又有风雨，行严先生北行，您南行，我等甚为挂念。幸昨日迎宾馆之赵策同志来，始知特请一位同志伴送行严先生北上，途中有人照顾。并悉您于再次日始返港，想一切安好。蒙惠赠之维他命 B1 一瓶（英国制），已收到，拜谢拜谢！

林太太五月三十一日由澳门来信云，因等待入港证，迟迟未能成行。现在不知已离澳入港否？如您遇见她时，烦将笾致彼一函转交为感。因不知林太太在港之住址故也。

　　专此鸣谢，并颂近祺！

　　　　　　　　唐笾敬启，六一年六月十日灯下。

　　　　　　　　　寅恪附笔致意，小女小彭请安。

　　如晤徐伯郊先生、夫人，请代致意。

　　附致林斐臣太太信一纸。

　　赐示请寄广州中山大学东南区一号楼上。

第二通《唐笾致剑芝姨母》：

剑芝姨母大人赐鉴：

　　自您离穗，甥等时时挂念。本月六号、八号连接手示，先后两封，始觉稍慰。不知究于何日启程赴港？遂不敢寄信去澳，但已托冼女士之令妹及妹夫去探访我姨身体安康否。广州、澳门来往信件至少二十日。上海大姨母所寄之药甚多，已收到。蜂皇浆有十瓶之多，胖得荣两大瓶，外又维他命C千粒及B杂一瓶。有累大姨母操心，已感激万分，药费一定要奉还。又不知您是否想要蜂皇浆自用？闻香港亦有外国货，但价奇贵。如想要国货，俟觅便人带上。邮寄则不便。冼玉清女士处，已

抗战胜利后，殷德贞（前）与孟小冬在上海姚玉兰寓所合
影（图片源自杜维善、董存发《冬皇孟小冬为何终老台
北——杜维善口述历史之四》，载《世纪》2017 年第 4 期）

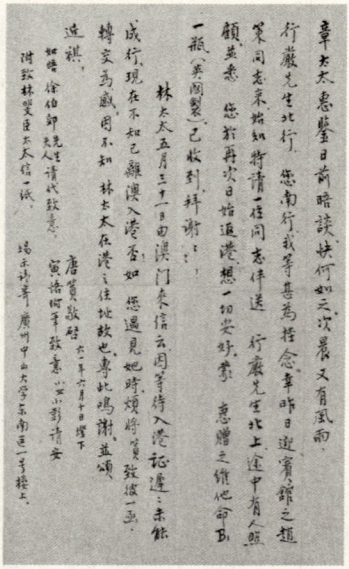

唐筼手札二帧

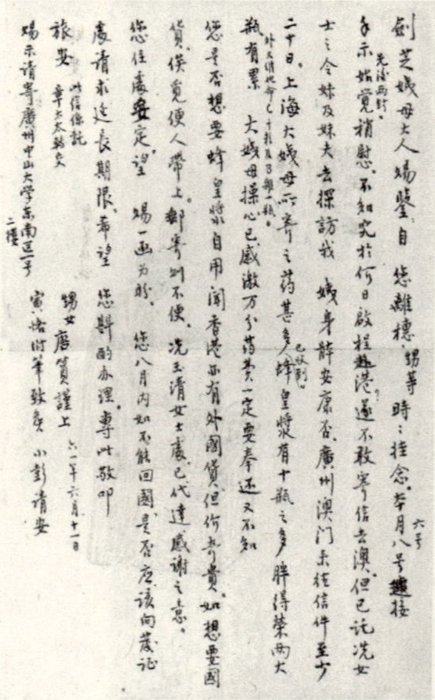

代达感谢之意。

您住处妥定，望赐一函为盼。您八月内如不能回国，是否应该向发证处请求延长期限？希望您斟酌办理。

专此敬叩旅安！

甥女唐篔谨上，六一年六月十一日。

寅恪附笔致候，小彭请安。

此信系托章太太转交。

赐示请寄广州中山大学东南区一号二楼。

信里信外的人和事

唐篔的这两封信，分别写于 1961 年 6 月 10 日和 11 日，篇幅虽不长，却涉及十多人，信里信外的人和事值得稍作梳理。

"寅恪"，即陈寅恪（1890—1969），江西义宁（今修水县）人，历史学家，时任中山大学历史系教授，住中大东南区一号二楼。

唐篔（1898—1969），原名唐家琇，字晓莹，广西灌阳人，陈寅恪夫人。唐篔生父为唐景崧第四子唐运泽，生母为杭州沈氏夫人，后过继给长房唐运溥，由运溥妻苏州潘氏夫人抚育。因此，唐篔自幼便跟着年轻守寡的养母潘夫人，离开了广西的唐氏大家族，先后在苏州、天津等地生活。[1]

"小彭"，即陈小彭，陈寅恪第二女，1931 年出生，[2] 时在中山大学生物系任教。[3]

"林太太""林斐臣太太"，与第二函受信人"剑芝姨母"为同一人。经友人宋希於提示，"林斐臣"，应指林行规（1883—1944），[4] 字斐成。林行规夫人潘承冠，[5] 字剑芝，

1　详陈流求、陈小彭、陈美延著《也同欢乐也同愁：忆父亲陈寅恪母亲唐篔》，生活·读书·新知三联书店 2010 年版，第 247–251 页。

2　据《也同欢乐也同愁：忆父亲陈寅恪母亲唐篔》，第 68–69 页。

3　据吴宓 1961 年 8 月 30 日日记，详吴宓著、吴学昭整理注释《吴宓日记续编》第 5 册，生活·读书·新知三联书店 2006 年版，第 158 页。

4　北京鹫峰国家森林公园内有林行规纪念像（2005 年 8 月，由林行规儿、孙数人共同竖立），铭文称其"1882 年（光绪八年）阴历 12 月 25 日生于浙江鄞县（今宁波市）"，"1944 年 6 月 11 日病逝京寓"。《鄞县林斐成先生墓碑》所记"甲申六月十一日卒于京邸"（中共石景山区委宣传部等联合编辑、马刚主编《北京市石景山区历代碑志选》，同心出版社 2003 年版，第 21 页）当为阴历。故此可知，林行规生于清光绪八年壬午十二月二十五日（1883 年 2 月 2 日），卒于民国三十三年甲申六月十一日（1944 年 7 月 30 日）。

5　拙文初刊本有云："唐篔生母姓沈，嗣母（养母）姓潘。据而推测，'剑芝姨母'可能姓沈，也可能姓潘。"（《岭南文史》2021 年第 2 期，第 45–46 页）2021 年 9 月 23 日接宋希於微信："林行规，字斐成，浙江鄞县人，北洋时期司法人物。这是我能想到最接近'林斐臣'的人。北京西郊名胜阳台山上，有一处鹫峰山庄，本来是林行规的产业，1950 年由林夫人潘承冠捐献国家。因为我去过阳台山、鹫峰、大觉寺，所以略有印象。看到大文中论证剑芝姨母'可能姓沈，也可能姓潘'，忽然想起此节，故奉闻。"经宋君提示，笔者对原文作了调整，并将搜索到的相关信息摘登于此：1944 年林行规辞世后，友人陈宗蕃为撰《鄞县林斐成先（**转下页**）

似与唐筼嗣母潘夫人为姊妹行，故唐筼以"姨母"相称。

　　"上海大姨母"，或指潘承冠之姐承昆，待考。[1]陈寅

（接上页）生墓碑》，内云："配潘剑芝夫人，勤俭有才，能克相其夫。"（《北京市石景山区历代碑志选》，第 21 页）又，林行规与马衡（族名马裕藻）为南洋公学中院同学（上海交通大学校史编纂委员会编《上海交通大学纪事（1896—2005）》上卷，上海交通大学出版社 2006 年版，第15-16 页），且同为中国营造学社社员（林洙著《中国营造学社史略》，百花文艺出版社 2008 年版，第 44-47 页），故林夫人请马衡为墓碑书丹。马衡 1950 年 6 月 13 日日记："晚饭后林斐成夫人来托为斐成书墓碑，允之。"7 月 5 日再记："晚赴林斐成夫人之宴，座有方石珊、潘介泉，介泉即夫人之侄也。"（马衡著、马思猛整理《马衡日记（1948—1955）》，生活·读书·新知三联书店 2018 年版，第 242、248 页）

1　苏州潘志愭与夫人王氏，育有二子（承孝、承诰）、二女（承昆、承冠），"生了四个孩子后，他即行结扎手术，为节育先驱"。（详张学群等编著《苏州名门望族》，广陵书社 2006 年版，第 287-288 页）潘承昆、承冠姐妹，1906 年 2 月到达日本，1907 年 10 月至 1910 年 4 月同在日本女子职业学校学习。（详谢长法著《中国留学教育史》，山西教育出版社 2006 年版，第 64 页）潘承昆为林葆恒继配，林葆恒晚年寓居上海，1951 年 3 月去世。潘承昆 1959 年仍健在，卒年不详。（朱尧《清遗民词人林葆恒研究》，苏州大学 2017 年硕士学位论文，第 8 页；师元光著，顾诵芬、孙嘉编《自将摩挲认前朝——〈宋绍定井栏题字〉释注》，上海科学技术文献出版社 2017 年版，第 163-164 页；林志琦《林大卫牧师自传》，载福音中国网 http://pt.fuyinchina.com；顾廷龙著，李军、师元光整理《顾廷龙日记》，中华书局 2022 年版，第 565、591 页）而唐筼养母潘夫人，"年轻守寡，没有子女"，1926 年猝逝于苏州。（《也同欢乐也同愁：忆父亲陈寅恪母亲唐筼》，第 248、250-251 页）据此推知，唐筼养母潘夫人并非潘承昆，她与潘承昆、承冠应为同辈人（皆属"承"字辈），但并非同胞姊妹。唐筼此札所称"上海大姨母"，极有可能指林葆恒遗孀潘承昆。又，朱尧《清遗民词人林葆恒研究》（第 8 页）称林葆恒继配为潘氏，名琬宜，生年为 1887 年，卒年不详。"琬宜"是否为潘承昆另名，仍待考。

恪托人从香港购买药物，研究者早已论列；而有亲戚从上海寄药品至广州，此为首次发现的新材料。"胖得荣"（Pantramine），即上海杨氏药厂（后改名上海生物化学制药厂）生产的亚米诺酸混合剂，是一种健胃强身的口服水解蛋白素，当年在各地十分畅销。[1] "维他命"（vitamin），今译名"维生素"。

"行严"，即章士钊（1881—1973），湖南长沙人，爱国民主人士。

"章太太"，即殷德贞（1914—1987），江苏无锡人。早年为上海坤伶，艺名"雪明珠"，1944年在重庆与章士钊结婚，成为其第三房太太。[2] 1949年11月，章士钊携第二位夫人奚翠贞等由上海迁居北京，殷德贞则与养女章媚（1956年改名章眉）留在香港。"搜挖会"这次预展、拍卖的章士钊

1　可参阅以下文献：《中国制药业的荣誉贡献：亚米诺酸混合剂"胖得荣"问世》，载《家庭》（上海）1947年第5期，第106页；《杨树勋》，载汕头市政协学习文史委员会编《科技英才——旅外潮籍科技人物（一）》（《汕头文史》第十二辑），1994年9月印行，第243-244页；《杨树勋博士在医药上之贡献》，见张研、孙燕京主编《民国史料丛刊》第590册《经济·工业》，大象出版社2009年版，第143页；"胖得荣液"，见上海医药采购供应站编《医药营业员手册》，科技卫生出版社1958年版，第57页。
2　据袁景华著《章士钊先生年谱（1881—1973）》，吉林人民出版社2001年版，第257页。案：承朱铭2020年6月5日见告："章与殷夫人1936年同居，仪式应该抗战前已办过。"

致殷夫人手札 14 通（含致章眉 1 通），最早的一通（图录号：49）写于 1952 年 11 月 16 日，最晚的一通（图录号：52）写于 1969 年 1 月 4 日。虽说这些只是章、殷鸿雁往来的一小部分，也足以管窥二人分处两地的生活情景。

除互通书信外，章士钊还曾数次由京赴港探亲。当然，每次赴港几乎都同时肩负着中共最高层的特殊使命——促进国共两党合作、和平解决台湾问题。此事在写给殷夫人的信中没有半点流露，实际上在当时几乎是公开的秘密，比如香港进步学者陈君葆在 1960 年 12 月 14 日的日记里就曾这样写道："章行老，你说他是来秘密进行重要工作呢？抑或来避寒？固然，他的姨太太在这里，这着子还留得高明！"[1]

乘火车由北京南下香港，广州是必经之地。1956 年 8 月，章士钊在又一次赴港途经广州时，专程前往中大与陈寅恪见了一面。这次会面，一直到 40 年后，随着陆键东著

---

[1]　陈君葆著、谢荣滚主编《陈君葆日记全集》卷四，商务印书馆（香港）有限公司 2004 年版，第 497 页。2022 年 4 月 13 日案：吴宓 1960 年 11 月 20 日日记，留存了一段听自瞿国春的传闻：章士钊充任中央文史馆正馆长后未久，"即衔秘命香港，似代表政府在港与台湾国民党恒有接洽，章夫人吴弱男居上海，章君之新旧如夫人则分居北京、香港，三处公馆皆生活阔绰，开支甚巨，而皆由政府供给"。见吴宓著、吴学昭整理注释《吴宓日记续编》第 4 册，生活·读书·新知三联书店 2006 年版，第 473—474 页。"即衔秘命"与"香港"之间似脱一动词，此暂仍旧。

《陈寅恪的最后二十年》一书的走红，才开始为人关注；[1] 而章士钊在此次会面后将陈著《论再生缘》油印本带到香港，从而引发一连串风波，也给后来的陈寅恪研究留下特殊的话题。

《陈寅恪的最后二十年》只写了章、陈 1956 年的那次会晤，根据新出现的唐筼手札来看，至少在 1961 年 6 月两人还曾见过一次。不同的是，1956 年是章赴港前，1961 年是章返京前。后一次晤面，仅在《章士钊先生年谱》里有非常简略的叙述，而且赴港和返京的时间均系于该年 3 月，似难称完备。[2] 章夫人殷德贞也曾陪同往访陈寅恪，更是闻所未闻。这些，无疑是唐筼手札最大的文献价值所在。

徐伯郊（1913—2002），浙江吴兴（今湖州市）人，长期任职于银行业。1951 年，受中共中央委派，任香港秘密收购小组负责人，帮助国家抢购大批国宝级文物。徐伯郊夫人，应指王飞景。[3] 徐伯郊之父，即文物鉴定名家徐森玉（1881—1971），与陈寅恪也是故交。1959 年，章士钊被聘

1　陆键东著《陈寅恪的最后二十年》，生活·读书·新知三联书店 1995 年版，第 84–89 页；《陈寅恪的最后二十年（修订本）》，生活·读书·新知三联书店 2013 年版，第 81–85 页。

2　详袁景华著《章士钊先生年谱（1881—1973）》，第 303–304 页。

3　王飞景，生平不详。可参阅魏承思《晚景凄凉徐伯郊》，载《南方人物周刊》2011 年第 24 期。

任为中央文史研究馆馆长；次年，由章提议，陈寅恪、沈尹默、商衍鎏、徐森玉等人被任命为副馆长。[1]

  陈寅恪与徐伯郊的交集，似与抢购文物无甚关联，而主要是委托徐伯郊以及陈君葆（1898—1982）、马鑑（1883—1959）等在港友人为他买药。陈寅恪有一些美金存放在马鑑处，为长期购置药品提供了资金保障，毕竟朋友所赠者只能起补充作用。从陈君葆日记来看，第一次代为购药是1951年12月，1952年最为密集，1956年8月陈君葆拜晤陈寅恪时仍受托为购 V.B.Tab.（维生素 B 片）。陈寅恪、唐篔都是慢性病患者，长年需要服用多种药物，故陈寅恪曾借用杜甫诗句自嘲："多病所需惟药物，馀生此外更何求？"[2]因此可以推断，陈君葆等友人帮助他们夫妻买药的时间，应该不限于1951年至1956年；帮忙买药的，也应该不止这三位。

  1949年之后的相当长一段时间，在中国大陆很难购买国

<hr>

1 《陈寅恪的最后二十年》，第88页；《陈寅恪的最后二十年（修订本）》，第85页。案：陆著所列中央文史馆副馆长，仅陈、沈、商、徐四人之名。经查，1960年8月5日《国务院秘书厅关于聘任徐森玉、陈寅恪、沈尹默、谢无量、邢詹亭、商衍鎏为文史研究馆副馆长的通知》有云："周恩来总理于1960年7月29日聘任徐森玉、陈寅恪、沈尹默、谢无量、邢詹亭、商衍鎏先生为文史研究馆副馆长。"见《中华人民共和国国务院公报》1960年第26号，第491页。

2 详陈君葆1952年12月31日日记。见《陈君葆日记全集》卷三，第210页。案：杜甫《江村》原句为"多病所需惟药物，微躯此外更何求"。

外生产的药物。与之相应，港澳人士往内地走亲访友，携带最多、最受欢迎的物品也是各类外国药物——或用作礼物慷慨相赠，或将代购之药直接面交。仍以陈君葆为例：1951年7月，他就曾将"维他命丸"带至北京送给故宫博物院院长马衡（马鑑之兄）；[1] 1952年8月，又曾在京请郑振铎将自己从香港带来的"维他命药油针"转交给章士钊。[2] 千里迢迢，不辞辛劳，无论是馈赠抑或转交，都显得情谊深厚，而且避开了邮寄的诸多不便。直到1961年6月，章士钊夫妇赠送陈寅恪伉俪"维他命B1一瓶（英国制）"，仍然显得那么珍贵。此次"搜挖会"拍卖的章士钊致殷德贞诸函，出现频率最高的也是商请购买、邮寄北京稀缺的药品，尤其是老人常用的通便药。殷德贞此前、此后有没有替陈家代购药品，限于资料匮乏，仍不敢轻下结论。

"冼女士"，即冼玉清（1895—1965），原籍广东南海，出生于澳门。陈寅恪1949年初抵达广州，即与之同事于岭南大学，1952年全国高校院系调整，又一同转入中山大学任教。1954年冼玉清退休，1956年被聘为广东文史馆副馆长。后曾赴港、澳治病，仍返回广州，直至病逝。冼玉清与陈寅

1　详《陈君葆日记全集》卷三，第94-95、97-99页；《马衡日记（1948—1955）》，第374-375页。

2　详《陈君葆日记全集》卷三，第185页。

恪、唐筼一家，在前后十数年间往来较为密切，是少数几位能够介入陈家大小事务的知己之一。[1]

"冼女士之令妹及妹夫"，似住澳门（或香港），其余信息不详。

"赵策"，应为广东省迎宾馆工作人员。无论在穗或返京，均有专人陪同，章士钊此行之特殊性，于此亦可略窥一斑。据胡文辉《章士钊逸诗及其他》披露，当年为保证章士钊在港从事统战工作的安全，中共地下组织曾专门安排数名工作人员予以贴身保护，[2] 恰与此函形成互证。

由唐筼第一函推算，章士钊与陈寅恪此次会晤的时间不应早于1961年6月6日，[3] 赵策似乎陪同在侧。6月9日，赵策再次上门，是否专为送药而来，仍有待确认。

尾声

经跟踪搜索，《唐筼致德贞剑芝书札二帧》最终以70万日元（约合人民币四万六千余元）的落槌价，于2020年5

---

1 《陈寅恪的最后二十年》，第42—51页；《陈寅恪的最后二十年（修订本）》，第40—49页。
2 胡文辉《章士钊逸诗及其他》，载2013年11月7日《南方周末》。
3 朱铭推测章、陈此次会晤的时间"在1961年6月3日前"，仍俟详考。

月 20 日被某买家拍走。

目前掌握章士钊材料最多的学者，大概是上海的朱铭先生。[1] 据他介绍，"章士钊研究的空白点很多"，聊举一例，"解放后章士钊究竟去了香港多少次，没有一本章传是写全写对的，我也看了香港作者的有关文章，情况一样"。[2] 章士钊研究如此，陈寅恪研究不也一样吗？官方档案迟迟不予公开，唯有依靠私家史料间或披露，才能往前推进一二。就此而言，拍卖会上即便鱼龙混杂，依然值得关注和期待——虽说"皮之不存，毛将焉附"，但假"物"必有所本，真"文"与假"物"未尝不可并存。知我罪我，相信各有人在。

（感谢胡文辉、宋希於、朱铭三位先生对我写作此文的支持和帮助！）

1　承胡文辉 2020 年 6 月 5 日见告，朱铭撰有《章士钊年谱（长编）》，待出版。2024 年 5 月 14 日补案：《章士钊年谱（长编）》"本已进入出版流程，但未遇其时，一拖再拖，终究未能出版"。详胡文辉《章士钊年谱序》篇首按语，载微信公众号"历史的擦边球"，2024 年 5 月 14 日推出。

2　星桦（朱铭）《物腐虫生及其他》，载 2012 年 11 月 25 日《东方早报·上海书评》。

陈寅恪致傅斯年未刊信札补证 *

    2023 年 8 月 5 日，西泠印社拍卖有限公司在杭州举办 2023 年春季拍卖会之"中外名人手迹与影像艺术专场"，其中第 552 号拍品为"陈寅恪致傅斯年有关学术考证的信札"。经查对《陈寅恪集·书信集》《傅斯年遗札》等著作，可断此函为陈氏集外佚作，值得格外关注。

    陈函并不长，全文如下：

---

* 2023 年 8 月 9 日完稿，此为首次刊发。

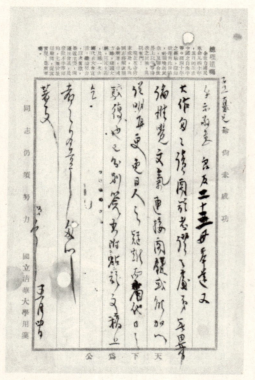

陈寅恪致傅斯年函

孟真兄：

　　手示敬悉。《良友》二十三册奉还。又，大作匆匆读，关于考证之处，弟无异论。惟觉文气连接关键，或能加以说明，再更免日人之疑难，而省他日之驳复也。已分别签出，附贴于文稿上，乞教之为幸。

　　匆叩著安。

弟寅

五月四日

　　西泠印社相关人士所配说明极有价值，现摘登于后，以示尊重先进、不敢掠美之意：

　　此为陈寅恪毛笔信札，用国立清华大学用笺书就，围绕校阅傅斯年著作、借阅书籍而作。

　　据信中"更免日人之疑难而省他日之驳复"，可知傅斯年此著与日本息息相关。傅斯年才华横溢，但少著述，其与日本关系最密切之著作即为《东北史纲》。信中所及或即为此书。《东北史纲》是傅斯年书生报国的重要体现，作于"九一八"事变后，意在唤醒国人抗日，驳斥日本学者提出的"满蒙在历史上非支那领土"说。傅斯年最初的计划为组织多位学者（傅斯年、方壮猷、徐中舒、萧一山、蒋廷黻）合作编成从上古以至清代的东北地区通史，但真正出版的只有傅斯年独立完成的"古代之东北"部分。该书于 1932 年 10 月出版，曾由李济节译部分内容给李顿调查团，为调查团报告书明确指出东北三省"为中国之一部，此为中国及各国公认之事实"起到了重要作用。

另，信件使用清华大学笺纸，亦可知作于 1928 年后。[1]

笔者研读再三，认为上引说明仍然可以略作补证，以臻完备。

"《良友》二十三册"，应指《良友》画报第二十三期，1928 年 2 月出版。该期共 36 页，所刊各图（文）目录为：

中央执监委员第四次全体大会开幕摄影·蒋介石复任总司令就职典礼

西北国民革命军及冯玉祥总司令生活照片·我的坟墓（简又文作诗）

香港移山筑马路·福建漳州公园之总理博爱碑·新年北京之白云观

1　"西泠印社二〇二三年春季拍卖会中外名人手迹与影像艺术专场"图录，西泠印社拍卖有限公司 2023 年编印。

《良友》画报第二十三期目录页（局部）

上海日侨欢宴蒋介石·上海侨兵戒严司令交代

上海与北京之雪

成吉思汗之墓·波斯之婚丧礼

年十四的摩洛哥新即皇位

英国大雪·日皇新春阅兵

美国第十七次国会开幕·林碧飞往墨西哥

煤油大王近影·美国童子军创办者·美国青年健康
比赛之得奖者

党证（小说）——梁得所

闻人照像六幅

金鸡公（俄国民间故事）——梁子才译

归棹·线与角之研究（美术摄影）

首都第一届美术展览会出品选刊

颜鲁公笔迹及其他

体育界

妇女界

儿童习字程度比较

新诗三首

十字街头（平民生活写真）

戏剧界

平地一声雷的事业——金光丹

西洋人像摄影杰作

摄影研究

静水之边（风景六幅）

秘密信箱（万古蟾作滑稽画）

编者之页

　　虽经逐一细观各照、各文，仍看不出与陈寅恪有何关联。陈氏为何借阅该期画报，一时难以猜度。[1]

　　清华学校更名为"国立清华大学"，时在 1928 年 8 月 17 日。[2] 陈寅恪此函使用"国立清华大学用笺"、信末署时作"五月四日"，皆可证此信写作时间不应早于 1929 年 5 月 4 日。

　　进而言之，陈函写作之年份实则可以确认。

　　傅斯年曾于《东北史纲》第一卷《古代之东北》卷首引语中自述撰作此书之动机："中国之有东北问题数十年矣。……民国二十年九月十八日，遂有沈阳之变。……今东寇更肆虐于上海，国民革命军第十九路军奋起御敌，世界观瞻为之一变。国人不尽无耻之人，中国即非必亡之国！……日本人近以'满蒙在历史上非支那领土'一种妄说鼓吹当

1　某友人以为，不能排除陈寅恪自己消遣或者为其家人、戚友借阅的可能性。姑存其说，以俟异日查验。

2　齐家莹编撰《清华人文学科年谱》，清华大学出版社 1999 年版，第 68 页。

世。此等'指鹿为马'之言，本不值一辨，然日人竟以此为其向东北侵略之一理由，则亦不得不辨。"[1]《国立中央研究院历史语言研究所二十年度报告》称，傅斯年该年（1931）与徐中舒、方壮猷等共撰《东北史纲》一部，而由傅斯年编辑，"已付印"。[2] 该所次年之"报告"，仍有后续介绍："《东北史纲》第一卷《古代之东北》已于本年度出版。"[3]

《东北史纲》全书共分五卷，每卷分别出版，傅氏负责的第一卷初版于"1932 年 11 月"，[4] 卷前"告白"曾有预告："本书文稿及图稿均已写定，预计二十一年年尾出齐，惟印刷事件，非吾等所能管理，如小有延期，读者谅之！"[5] 岂料一语成谶，最终未成全璧。

合而察之，可知傅氏的操作和编辑集中于 1931 年至 1932 年之间。1931 年"已付印"者，应该是《东北史纲》的征求意见稿或校样。换言之，陈氏签批粘贴于其上的"文稿"，也应该是第一卷《古代之东北》的书稿，而非正式出版的样书。兼之国民革命军第十九路军淞沪抗战发生于 1932

1　傅斯年著、欧阳哲生编《傅斯年文集》第 2 卷，中华书局 2017 年版，第 392 页。

2　《傅斯年文集》第 4 卷，第 303 页。

3　《傅斯年文集》第 4 卷，第 397 页。

4　《傅斯年文集》第 2 卷，"卷首说明"，第 2 页。

5　《傅斯年文集》第 4 卷，第 391 页。

年1月28日，故可确定陈寅恪此信只能写于1932年5月4日。

附识：

稿成后，寄呈某友审订，友人提示："良友二十三册"是否另有所指？经查，上海良友图书印刷公司曾于1933年1月至1937年6月陆续出版《良友文学丛书》，共计39册，包括28位中国现代作家的作品，以小说居多，兼及散文、译文、论著。[1] 其中第23册为周作人著《苦竹杂记》，[2] 1936年2月出版，收录周氏1930年12月至1936年1月所写散文49篇。[3] 据此，可以排除这种可能性。而合计15册的同类丛书《良友文库》，也可不予考虑。

1　王璐《〈良友文学丛书〉》，载郑亚主编《上海鲁迅纪念馆藏品选》，上海辞书出版社2018年版，第228页。

2　谢其章《〈良友文学丛书〉里的另类》，见谢著《文饭小品》，广西师范大学出版社2021年版，第106页。

3　张菊香、张铁荣编著《周作人年谱（1885—1967）》，天津人民出版社2000年版，第492页。

陈寅恪致蔡元湛函释读 *

一

　　2015 年 1 月 26 日，在上海朵云轩拍卖有限公司举行的一场拍卖会上，陈寅恪先生的一封信拍出了 90 万元的高价，引起舆论的关注。[1]

---

* 首刊于 2015 年 3 月 31 日《南方都市报》，题为《新见陈寅恪佚札释读》，其时因版面之限而有所删节，现恢复文稿全貌，并稍作增补。又，2018 年 6 月，上海收藏家 W 先生提醒笔者，此札为当地 Y 某伪造，且已四次上拍，某拍卖公司宣传册内附有《新见陈寅恪佚札释读》为之张本，故而沪上有业内人士质疑张求会为拍卖行"背书"云云。W 先生坚持"物"假则"文"无所凭依，笔者则以为赝"物"可能藏着真"文"，权衡再三，仍予收录。至于拍品真伪，外行如我，依然无从置喙，读者察而谅之。

1　邵岭《名人尺牍为何屡拍"天价"》，载 2015 年 2 月 6 日《文汇报》。

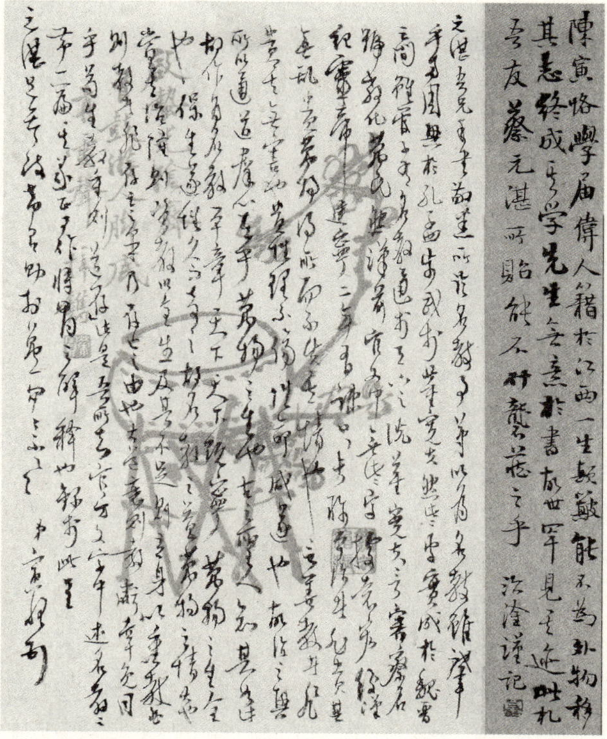

陈寅恪致蔡元湛函

　　此信涉及三人——作者陈寅恪，受主蔡元湛，藏主夏治淦。陈先生，不用再介绍。受主和藏主的信息十分有限，现将网上搜索所得撮述如下：

　　蔡元湛，江苏吴江（今苏州市）人，生卒年未详。早年参加革命，为国民党吴江县第五区党部第二分部常务委员。[1] 曾在震泽丝业公学任职，后任上海救济局律师、上海南市民众教育馆馆长。[2] 据其自述，1942 年在西安"初闻佛法"，"始信净土法门最易修持，可得实益"。[3] 蔡元湛曾与柳亚子、邵力子等交游共事，其后遭际迥异。1951 年，蔡氏在上海谋生艰难，函请柳、邵援助。[4] 1960 年，处于失业困境的蔡元湛连连致函邵力子，祈求纾解忧难。邵力子回信批评老友与时代脱节，"并无进步"。尤其是蔡"惟有在佛前早夕忏悔"，而"不在党与群众之前承认错误"，被邵斥为"依然落后的表现"。他鼓励蔡元湛"极度节约，

1　《震泽国民党第五区党部召集民众大会详纪》，载 1925 年 6 月 16 日《新黎里报》，此据"吴江通"网页，网址：http://www.wujiangda.gov.cn/，检索日期：2015 年 3 月 19 日。

2　徐佑永《寻找凌云始末记》，载《吴江文史资料》第 26 辑，此据"吴江政协"网，网址：http://www.wjzx.gov.cn/，检索日期：2015 年 3 月 19 日。

3　《印光大师永思集续编》"纪念文十八篇"之"文十"，此据"显密文库"网页，网址：http://read.goodweb.cn/news/，检索日期：2015 年 3 月 19 日。

4　邵力子 1951 年 1 月 31 日寄蔡元湛明信片，中国嘉德 2014 秋季拍卖会拍品（图录号：5783）。

忍受艰苦"，争取早日加入人民公社，"尽自己所能，以为社服务，暂时不宜计较待遇"，抓住"今后新生的难得机会"。[1] 蔡元湛此后的行迹，暂付阙如。

夏治淦为上海书画家，1917 年 10 月生，曾任《商报》记者。幼喜书画，1936 年拜郑午昌为师。1949 年后，长期担任国画教学工作。亦善书法，师从潘伯鹰、沈尹默，能多种书体，尤以行书、草书见长。[2]

二

陈寅恪此函属于各类陈氏文集失收的佚札，自有释读的必要。

1　邵力子 1960 年 5 月 11 日致蔡元湛函，中国嘉德 2014 秋季拍卖会拍品（图录号：5783）。

2　夏伟《夏治淦简介》，见夏氏宗亲网，网址：http://www.cnxia.org，发布时间：2007 年 3 月 31 日，检索日期：2015 年 3 月 26 日。2024 年 2 月 18 日补案：方向前《四明草堂谈艺（之八）——徐生翁》有云："夏治淦，生前为西泠印社社员，上海文史馆馆员，幼喜书画，师从郑午昌、潘伯鹰、沈尹默诸名家，与徐生翁友善。"（网址：https://www.meipian.cn/c/8996980，发布时间：2017 年 5 月 22 日，检索日期：2024 年 2 月 18日）据此可知，夏治淦已离世。又，网文皆称夏治淦为"上海文史馆馆员"，然遍查上海市文史研究馆"馆员名录"（网址：https://wsyjg.sh.gov.cn/n/71.html，检索日期：2024 年 2 月 18 日），1172 名馆员中，并无"夏治淦"。

先看夏治淦题识：

    陈寅恪，学届伟人，[1]籍于江西，一生颠簸，能不为外物移其志，终成其学。先生无意于书，故世罕见其迹。此札吾友蔡元湛所贻，能不什袭藏之乎？治淦谨记

再看陈寅恪原信：

元湛吾兄：

    手书敬悉。所论名教事，弟以为名教虽肇乎两周，兴于孔孟，步武于董宽夫，然此学实成于魏晋之间。虽管子有"名教通于天下"之说，董宽夫言"审察名号，教化万民"，然汉前官文中无此字。据袁宏《后汉纪》灵帝建宁二年有称："夫称至治者，非贵其无乱，贵万物得所而不失其情也。言善教者，非贵其无害也，贵性理不伤，性命咸遂也。故治之兴，所以通道群心，在乎万物之生也。古之圣人知其如此，故作为名教，平章天下，天下既宁，万物之生全也。保生遂性，久而安之，故名教之益万物之情大也。当其治隆，则资教以全生；及其

---

1 "学届"，原迹如此，暂仍旧貌。

不足，则立身以重教。然则教者，非存亡之果，乃存亡之由也。夫道衰则教亏，幸免同乎苟生，教重则道存。"此是吾所知官方文字中述名教之第一篇，其义正可作"将毋同"之解释也。钞于此，呈元湛兄参考，希有助于万一。

匆匆，不一一。

弟寅恪顿首

三

如前所述，蔡元湛 20 世纪 20 年代从事革命，40 年代开始修行佛法，50 年代落寞于沪滨。这样一位与学术研究似乎不甚关联的人士，竟然与陈寅恪切磋起学术来。不仅如此，从陈寅恪称呼对方"元湛吾兄""元湛兄"等细节推测，这应该不是陈首次与蔡通信，二人围绕着名教或其他学术问题也许另有书翰往复。蔡元湛其人其事尚多不明不详之处，[1]

1　2022 年 3 月 23 日补案：时隔数年，学界对蔡元湛之研究依然没有太多进展。翻检旧藏，找到两条材料，附记于此：其一，1947 年，印光大师（1861—1940）舍利塔落成，蔡元湛为撰短文纪念，收入《印光大师永思集续编》，"纪念文十八篇"之"文十"。文曰："印光法师，予未及见。民国三十一年，予在西安，初闻佛法。于佛经流通处请得《印光法师文钞》四册。始信净土法门，最易修持，可得实益。深感（转下页）

蔡、陈二人之生命轨迹有过怎样的交集更是难以考索。以下

（接上页）印光法师对我辈佛弟子之开示，语语真实。予虽根器薄劣，自读《文钞》，信心遂坚。南归以来，瞬将两载。以予不及于印光法师生前皈依，敬仰之心，无时或释，故于去年春专程赴苏，先诣报国寺瞻仰法师生前坐关遗迹，复上灵岩山向法师灵骨顶礼。今塔院行将落成，谨缀数语，藉资纪念。"其二，柳非杞（1911—1982）在写给胡朴安（1878—1947）的一封信中，对蔡元湛颇有讥评："有蔡元湛者，是一买空卖空之神经病，望勿理他可也。"从内容看，此信大约写于抗战胜利后、新中国成立前，对于了解当时蔡氏处境或有帮助。详王勤整理《胡朴安友朋尺牍（四）》，载上海图书馆历史文献研究所编《历史文献》第 6 辑，上海古籍出版社 2004 年版，第 249 页。2024 年 2 月 18 日再案：蔡元湛生平，另有数事可补。其一，蔡氏曾就读于上海法政学院大学部政治经济系（本科），毕业后以律师为业。详姜增《上海法政学院毕业生就业问题研究（1927—1937）》，华东政法大学硕士学位论文（2016 年），第 59、95、113 页。此据中国知网（网址：https://www.cnki.net）下载。其二，蔡元湛与柳亚子有旧。1924 年柳亚子创国民党吴江县党部，蔡元湛"任第五区执委"，"最为忠实"。详柳亚子《方壶第五集，赋示馨丽、佩宜、戴人、元湛，暨秦伯未、许半龙、陈景熙、陆简敬，即次半龙韵》《赠梁乐轩（祖光）二首，吴江县第五区党部旧人也》《寄蔡元湛渝都一首》等诗，见柳亚子著、中国革命博物馆编《磨剑室诗词集》，上海人民出版社 1985 年版，第 580、1223、1224 页。1956 年 2 月 3 日，蔡元湛向上海鲁迅纪念馆"捐赠柳亚子 1944 年录鲁迅《一二八战后作》诗一首"。详《上海鲁迅纪念馆大事记》，载上海鲁迅纪念馆编《四十纪程（1951—1991）》，上海鲁迅纪念馆 1990 年编印，第 84 页。其三，蔡元湛参与过"八一三"淞沪抗战后的难民救济活动，如 1937 年 1 月 7 日上海难民救济协会同乡组劝募委员会举行成立大会，蔡氏出席。据孙善根编著《秦润卿年谱长编（1877—1966）》，宁波出版社 2019 年版，第 402—404 页。其四，1932 年至 1933 年，蔡元湛曾积极组织、参与上海市立民众教育馆相关活动，如演讲组举办"通俗演讲"，蔡氏作过多次演讲，讲题计有"演讲组设立之意义""时事报告""婚姻与法律""破除迷信""雅〔鸦〕片问题""法律常识""国难中民众应有的觉悟""不买日货与救济（转下页）

拟结合陈寅恪之著述、陈门弟子听课笔记等材料，对此信内容稍作解读，兼及真伪问题和写作时间的考订。

佚札开篇所云"名教虽肇乎两周，兴于孔孟，步武于董宽夫，然此学实成于魏晋之间"，既回应蔡元湛来函，也借机传布一己之见。其下除节录管仲、董仲舒（宽夫）片语外，引述最多者为东晋袁宏（彦伯）《后汉纪》"孝灵皇帝纪上卷第二十三"的一段文字。篇末则借用"将毋同"（亦作"将无同"）一典，为篇首之立论作结。

"将毋同"作为有争议的古语之一，鲁迅所云颇有代表性："'将毋同'三字，究竟怎样讲？有人说是'殆不同'的意思；有人说是'岂不同'的意思——总之是一种两可、飘渺恍惚之谈罢了。"[1] 蔡元湛是否因为此三字难解而向陈寅恪请教，也未可知。

无独有偶，"将无同"这一典故与袁宏的那段文字，一并出现在陈寅恪的名篇《陶渊明之思想与清谈之关系》中。陈

（接上页）东北义勇军""内战与外侮"等。详《上海市立民众教育馆概况》，载上海文献汇编委会编《上海文献汇编·文化卷》第33册，天津古籍出版社2013年版，第169-177页。其五，1949年初，蔡元湛与陈子琦、赵朴初、陈无我（法香）等共同发起订立《佛教文化推行社会学术团体办法纲要》。详陈子琦《社会学术团体佛化新运动缘起》，载陈法香主编《觉有情》第十卷第二期（1949年2月1日出版），第18页。

1 鲁迅《中国小说史略》，见《鲁迅全集》第9卷，人民文学出版社1981年版，第311页。

寅恪在一封信里难以全面表达的观点，在这篇正式的论文中得到了充分展示。

《陶渊明之思想与清谈之关系》为了突显陶氏"新自然说"见解之特殊及其在"思想史上之地位"，不吝笔墨地梳理"渊明之前魏晋以来清谈发展演变之历程"以为铺垫：

魏末、晋初名士"名教与自然主张之互异"，"即是自身政治立场之不同，乃实际问题，非止玄想而已"。如嵇康、阮籍之流，"是自然而非名教"，"或避世，或禄仕，对于当时政权持反抗或消极不合作之态度"；何曾之流，"是名教而非自然"，"干世求进，对于当时政权持积极赞助之态度"；山涛与王戎、王衍兄弟，则"老庄与周孔并尚"，"以自然、名教为两是"，"前日退隐为高士，晚节急仕至达官，名利兼收，实最无耻之巧宦也"。其中，山、王之辈，"其早岁本崇尚自然，栖隐不仕，后忽变节，立人之朝，跻位宰执，其内惭与否虽非所知，而此等才智之士势必不能不利用一已有之旧说或发明一种新说以辩护其宗旨反复出处变易之弱点"，"自然与名教相同之说"遂成为"清谈之核心"。及至东晋一朝即清谈后期，"清谈只为口中或纸上之玄言，已失去政治上之实际性质，仅作名士身份之装饰品者也"。[1]

缘于此，陶渊明的"新自然说"方能在对比中体现出特殊价值：

> 时移世易，又成来复之象，东晋之末叶宛如曹魏之季年，渊明生值其时，既不尽同嵇康之自然，更有异何曾之名教，且不主名教自然相同之说如山、王辈之所为。盖其己身之创解乃一种新自然说，与嵇、阮之旧自然说殊异，惟其仍是自然，故消极不与新朝合作，虽篇篇有酒，而无沉湎任诞之行及服食求长生之志。[2]

> 渊明之思想为承袭魏晋清谈演变之结果及依据其家世信仰道教之自然说而创改之新自然说。……既无旧自然说形骸物质之滞累，自不致与周孔入世之名教说有所触碍。……推其造诣所极，殆与千年后之道教采取禅宗学说以改进其教义者，颇有近似之处。然则就其旧义革新、"孤明先发"而论，实为吾国中古时代之大思想家，

1　陈寅恪《陶渊明之思想与清谈之关系》，见陈寅恪著、陈美延编《陈寅恪集·金明馆丛稿初编》，生活·读书·新知三联书店 2001 年版，第 201、204、209、210、220 页。

2　陈寅恪《陶渊明之思想与清谈之关系》，见《陈寅恪集·金明馆丛稿初编》，第 220—221 页。案："篇篇有酒"之后原有夹注，现予省略。以下同此处理者，不另注明。

岂仅文学品节居古今之第一流，为世所共知者而已哉！ [1]

四

为了更完整地解读佚札，不得不继续借助于《陶渊明之思想与清谈之关系》以窥全豹。

陈寅恪首先引"将无同"为例，揭橥巧宦之辈调和自然、名教的内心：

> 《晋书》肆玖《阮籍传》附《瞻传》云："见司徒王戎，戎问曰：'圣人贵名教，老庄明自然，其旨同异？'瞻曰：'将无同。'戎咨嗟良久，即命辟之。世人谓之'三语掾'。"

《世说新语》"文学类"亦载此事，乃作王衍与阮修问对之词。其实问者之为王戎或王衍，答者之为阮瞻或阮修皆不关重要，其重要者只是老庄自然与周孔名教相同之说一点，盖此为当时清谈主旨所在。故王公举以问

1　陈寅恪《陶渊明之思想与清谈之关系》，见《陈寅恪集·金明馆丛稿初编》，第 228–229 页。

阮籍，而深赏其与己意符合也。[1]

随后，由"将无同"之语义分析入手，转至对东晋清谈沦为纸上谈文之"点缀品"的引证：

故"三语掾"之三语中"将无"二语尚是助词，其实仅"同"之一语，即名教、自然二者相"同"之最简要不烦之结论而已。夫清谈之传于今日者，大抵为结论之类，而其所以然之故自不易考知，后人因亦只具一模糊笼统之观念，不能确切指实。寅恪尝遍检此时代文字之传于今者，然后知即在东晋，其实清谈已无政治上之实际性，但凡号称名士者，其出口下笔无不涉及自然与名教二者同异之问题。其主张为同、为异虽不一致，然未有舍置此事不论者。盖非讨论及此，无以见其为名士也。旧草《名教自然同异考》，其文甚繁，兹不备引，惟取袁宏《后汉纪》一书之论文关于名教、自然相同之说，移写数节于下以见例。其实即《后汉纪》其他诸论中亦多此类之语，可知在当时名士之著述此类言说乃不可须

---

1 陈寅恪《陶渊明之思想与清谈之关系》，见《陈寅恪集·金明馆丛稿初编》，第202—203页。案："晋书""世说新语"，原文皆无书名号，现代为补入，以合新规。此外个别标点符号也有微调，一并声明。

史离之点缀品，由今观之，似可笑而实不可笑也。[1]

此处有两点稍嫌游移，但仍须提及：其一，陈寅恪似曾写过一篇题为《名教自然同异考》的长文，因"其文甚繁"，故弃之未用，改以《后汉纪》相关议论为依据。此文是否成稿、是否刊发、是否删汰，[2] 迄今仍是未解之谜。其二，今人余潜山氏后来居上，对陈寅恪"赋予'名教'以纯政治性的解释"有所补益和更新："我们如果对'名教'一词采取广义的看法，则东晋以后的清谈仍然具有重大的现实意义，决不可视为'纸上空文'。"[3] 篇幅所限，本文不再涉及，有兴趣者自可参阅。

回到正题。陈寅恪继而撷取《后汉纪》自序，在按语中点明作者袁宏同样主张"老庄自然与周孔名教相同之说"：

> 此袁宏自述著书之主旨，所谓开宗明义之第一语。盖史籍以《春秋》及《左氏传》为规则，而《春秋》为道名分之书，作史者自应主张名教。然依东晋社会学术空气，

---

1 陈寅恪《陶渊明之思想与清谈之关系》，见《陈寅恪集·金明馆丛稿初编》，第 210—211 页。
2 陈寅恪删汰旧作事，可参阅拙文《作为平常人的陈寅恪》，载郑翔主编《陈寅恪学术研究（2013）》，清华大学出版社 2014 年版，第 83—85 页。
3 余潜山《士与中国文化》，上海人民出版社 1987 年版，第 403—404 页。

既号为名士，则著作史籍，不独须贵名教，亦当兼明自然，即发挥名教与自然相同之义也。今彦伯以为"名教之本，韫而未叙"，意指荀氏《汉纪》只言名教，未及自然，故"因前代遗事，略举义教所归"。凡此序中"义教"为"名教"之变文，全书之议论皆谓自然为名教之本，"即略举义教所归"，所以阐明名教实与自然不异，而"三语掾""将无同"之说得《后汉纪》一书为注脚，始能了解矣。[1]

陈文又摘选袁宏对李膺、范滂等名士标榜风气的议论，深入演绎袁氏所寓深意：

若"为义者崇名教，虽杀身糜躯犹未悔也"，意谓为义者虽以崇名教之故，至于杀身，似与自然之旨不合，但探求其本，则名教实由自然递变而来，故名教与自然并非冲突，不过就本末先后言之耳。[2]

在陈寅恪看来，"袁氏之所谓本末，兼涵体用之义"。下引论李膺、范滂诛死一节，"其义更显"：

---

[1] 陈寅恪《陶渊明之思想与清谈之关系》，见《陈寅恪集·金明馆丛稿初编》，第 211-212 页。

[2] 陈寅恪《陶渊明之思想与清谈之关系》，见《陈寅恪集·金明馆丛稿初编》，第 213 页。

　　夫称至治者，非贵其无乱，贵万物得所，而不失其情也。言善教者，非贵其无害也，贵性理不伤，性命咸遂也。古之圣人知其如此，故作为名教，平章天下，天下既宁，万物之生全也，保生遂性，久而安之，故名教之益万物之情大也。当其治隆，则资教以全生，及其不足，则立身以重教，然则教重者，存亡之所由也。夫道衰则教亏，幸免同乎苟生，教重则道存，灭身不为徒死，所以固名教也。污隆者，世时之盛衰也，所以世乱而治理不尽，世弊而教道不绝者，任教之人存也。夫称诚而动，以理为心，此情存乎名教者也，内不忘己以为身谋，此利名教者也，情于名教者少，故道深于千载，利名教者众，故道显于当年，盖浓薄之诚异，而远近之义殊也。统体而观，斯利名教者亦有所取也。[1]

陈寅恪为之按语：

　　此节彦伯发挥自然与名教相同之旨较为明显，文中虽不标出自然二字，但"保生遂性"即主张自然之义，

---

[1] 陈寅恪《陶渊明之思想与清谈之关系》，见《陈寅恪集·金明馆丛稿初编》，第213页。

盖李、范为名教而杀身，似有妨自然，但名教元为圣人准则自然而设者，是自然为本、名教为末，二者实相为体用，故可谓之"同"也。[1]

《后汉纪》卷二十六"献帝初平二年"述蔡邕宗庙之议，袁宏所论略云：

夫君臣父子，名教之本也。然则名教之作，何为者也？盖准天地之性，求之自然之理，拟议以制其名，因循以弘其教，辩物成器，以通天下之务者也。是以高下莫尚于天地，故贵贱拟斯以辩物；尊卑莫大于父子，故君臣象兹以成器。天地，无穷之道；父子，不易之体。以无穷之天地，不易之父子，故尊卑永固而不逾，名教大定而不乱。置之六合，充塞宇宙，自今及古，其名不去者也。未有违夫天地之性而可以序定人伦矣，失乎自然之理而可以彰明治体者也。末学肤浅，不达名教之本，牵于事用，以惑自然之性，见君臣同于父子，谓之兄弟，可以相传为体，谓

---

1 陈寅恪《陶渊明之思想与清谈之关系》，见《陈寅恪集·金明馆丛稿初编》，第213-214页。

友于齐于昭穆，违天地之本，灭自然之性，岂不哀哉！ [1]

陈寅恪以为"此节言自然、名教相同之义尤为明畅"：

> 盖天地父子自然也，尊卑君臣名教也，名教元是准则自然而设置者也。文中"末学肤浅，不达名教之本，牵于事用，以惑自然之性"等语，乃指斥主张自然与名教不同之说者。此彦伯自高声价之词，当时号称名士者所不可少之装饰门面语也。然则袁氏之意以自然为本或体、名教为末或用，而阮瞻对王公之问亦当如是解释，可以无疑矣。[2]

陈寅恪揭示袁宏"调和自然与名教之说"的文字，除了专文，还散见于其读书札记和陈门弟子的听课笔记中。

《后汉纪》陈寅恪读书札记：

> 原文：【孝安皇帝纪卷第十七】袁宏（论杨震）曰：……是以圣人知天理之区别，即物性之所托，混众

1　陈寅恪《陶渊明之思想与清谈之关系》，见《陈寅恪集·金明馆丛稿初编》，第214页。

2　陈寅恪《陶渊明之思想与清谈之关系》，见《陈寅恪集·金明馆丛稿初编》，第214页。

流以弘通，不有滞于一方；然后品类不失其所，而天下各遂其生矣。

陈氏札记：此亦调和自然与名教之说。[1]

原文：【孝灵皇帝纪上卷第二十三】袁宏（论钩党）曰：夫称至治者，非贵其无乱，贵万物得所而不失其情也。言善教者，非贵其无害也，贵性理不伤，性命咸遂也。

陈氏札记：此论阐明圣人名教与老庄自然之异同，可为"将无同"之注脚。范蔚宗《党锢传序》亦是此意。此清谈之真谛也。[2]

原文：【孝献皇帝纪卷第二十六】袁宏（论蔡邕宗庙迭毁议）曰：……夫君臣父子，名教之本也。然则名教之作，何为者也？盖准天地之性，求之自然之理，拟议以制其名，因循以弘其教，辩物成器，以通天下之务者也。

陈氏札记：此圣教与老庄异同问题之注脚。山涛谓嵇绍："天地有时而消息，况于人乎？"顾亭林大非之，

---

1 《陈寅恪读书札记·后汉纪之部》，见陈寅恪著、陈美延编《陈寅恪集·读书札记二集》，生活·读书·新知三联书店 2001 年版，第 83 页。

2 《陈寅恪读书札记·后汉纪之部》，见《陈寅恪集·读书札记二集》，第 88-89 页。

其实即彦伯此说之所本。盖晋人清谈之要旨也。[1]

《陶渊明之思想与清谈之关系》于 1945 年 9 月由哈佛燕京学社在成都出版单行本，但陈氏关于清谈演变的观点早已在课堂上对学生作过宣讲，如张为纲所记《清谈与清谈误国》即为 1943 年 7 月 "陈寅恪先生在坪石中大文科研究所所讲之两个专题之一"，[2] 其基本思想与单行本已是若合符节。单行本问世后，陈寅恪授课自然以之为蓝本，如万绳楠 1947年至 1948 年在清华大学历史研究所听陈寅恪讲述魏晋南北朝史时所作笔记，与单行本也高度一致。当然，课堂讲授毕竟不同于论文，万氏所记较之专文通俗易解：

名教与自然明明是不同的东西，何以王戎、阮瞻要说相同呢？这要了解魏末以来的政治状况及嵇康等人的主张与遭遇。[3]

（山涛与王戎、王衍兄弟）势必不能不利用一已有的

1　《陈寅恪读书札记·后汉纪之部》，见《陈寅恪集·读书札记二集》，第90-91 页。

2　张为纲《清谈与清谈误国》"笔记附言"，见陈寅恪著、陈美延编《陈寅恪集·讲义及杂稿》，生活·读书·新知三联书店 2002 年版，第 452 页。

3　万绳楠整理《陈寅恪魏晋南北朝史讲演录》，黄山书社 1987 年版，第51-52 页。

旧说或发明一种新说，以辩护其立场。这就是名教与自然相同之说的由来。……有了此说，如山涛、王戎、王衍之辈，自可兼尊显的达官与清高的名士于一身，既享朝端的富贵，仍存林下的风流，而无所惭忌。这是历史上名利并收的最显著的例子。由此可知名教与自然相同之说之所以成为清谈的核心，原有其政治上的实际功用。[1]

五

以上不厌繁复地引证，除了力图最大限度地发掘佚札的内涵，也希望通过相同文字被征引时的细微差别来推测佚札的真伪。具体而言，陈寅恪研究时使用的《后汉纪》是上海涵芬楼影印明嘉靖本，[2] 揆诸常理，他在函复蔡元湛时也极有可能以此本为据。然而，佚札所引"然则教者，非存亡之果，乃存亡之由也"一句，与嘉靖本所刊——"然则教也者，存亡之所由也"——明显有异。假设此处确属陈寅恪的增补而非不同版本的差异，那么至少可以间接证明此信只能是陈寅恪所作——

1　万绳楠整理《陈寅恪魏晋南北朝史讲演录》，第57~58页。案："（山涛与王戎、王衍兄弟）"由笔者代为补入。

2　《陈寅恪集·读书札记二集》，第72页；《陈寅恪集·金明馆丛稿初编》，第211页。

虽然只是寥寥数字,若非精研覃思,岂能信手拈来?纵使仿冒者依样画瓢,也可反证天壤之间有此一札存在。窃以为,去"物"存"文",意义无殊。至于《陶渊明之思想与清谈之关系》较佚札缺少一句"故治之兴,所以通道群心,在乎万物之生也",经查对,原系陈寅恪节引所致,不同此例。

佚札书写细密,行文神完气足,应该完成于陈寅恪目力尚未损伤、犹能优游学海之时。[1] 信笺左侧有"荣宝"白文篆章,似表明源自荣宝斋。另就受主蔡元湛而言,既然有心问学求教,当不至于有举家断炊之虞。综合各种因素,我推测该札可能作于 20 世纪 30 年代陈氏任教清华而生活相对安定时,至迟不晚于乃翁散原老人忧愤辞世的 1937 年 9 月。

(感谢罗韬、朱遄、周言、胡文辉、李开军等师友对此文的帮助!)

---

1 《文汇报》记者邵岭在《名人尺牍为何屡拍"天价"》(载 2015 年 2 月 6 日《文汇报》)中,引述了上海师范大学人文学院教授孙逊的一段话:"陈寅恪 47 岁那年,在为父亲陈三立守灵和料理丧事过程中发生右眼视网膜脱落,他为了离开沦陷区放弃手术。7 年后,他的左眼也视网膜脱落,虽经手术,仍在不久后双目失明。这意味着他后期的书信都是由他人代笔完成的,与别人比起来,亲笔信较少——到目前为止,公开拍卖的陈寅恪书信也就两通。此外,陈寅恪喜欢用行草,落笔一气呵成,且书写细密,很难仿冒造假。相比之下,'王国维楷书偏多,因此市面上有不少假冒的。'"可参阅。

一封罕见的陈寅恪致杨荫榆手札 *

　　近日，Z 君从北京传示其友人在日本找到的一件立轴。这件立轴的画心部分其实是一封信，诗堂部分是此信的附记，装裱者似乎是为了美观，将附记摆放到了诗堂的位置。

　　先来看看这封信的内容：

* 　首刊于 2019 年 10 月 20 日《南方都市报》。案：拙文所探讨之陈寅恪致杨荫榆手札，虽被西泠印社美术馆编《先生归来：张宗祥和他的时代》（西泠印社出版社 2020 年版，第 96 页）收录，且原件已于第二次拍卖时（2021 年 12 月 11 日）以人民币 36 万余元成交，但谢泳教授所列诸多疑点（详文末附记），确实难以完全排除。经反复考量，现将正文稍作修订，注释改置页下，后缀附记四则，以志始末而兼寓继续求教或引以为戒之意。

陈寅恪致杨荫榆手札立轴

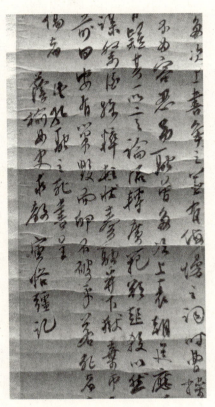

立轴之诗堂部分

孔文举，鲁国人，孔子第廿世孙也。其父名宙，太山都尉。孔融幼时，乡中盛传已有异才。十岁，随父诣京师，时太中大夫陈炜戏曰："小子聪了，大未必奇。"融应声曰："观君所言，将不早惠乎？"（此《后汉书》记载）坐中李应笑曰："高明必为伟器。"融十三，父丧，哀悴过毁，扶而后起。州里归其孝道，纷以酬金供其学业，融不授，闭门读书。博浅多该览，以孝行、学问名重当时。并拜中军候，在职三日，复升虎贲中郎将，转为议郎。时黄巾乱，而最为重者，北海之乱也。卓举融为北海相，故世称"孔北海"。时袁绍、曹操势力颇盛，左丞祖者，称有意谋，劝融顺袁、曹之流。然融负其高洁，不欲与同，怒而杀祖与同谋者。建安元年，袁谭攻北海郡，郡陷，妻子虏。至献帝收融为将作大匠，每朝会访对，融辄引正定议，公卿大夫不过署名。当时绍拥兵百万，袁术为上将军，轻侮于融，并夺其符节，融上表陈袁之罪，帝允之，命曹操进攻邺城，绍之家人、妻女多被掠，曹操之子曹丕则掳袁熙之妻甄氏为妻。融上书曹操并陈不满，曹氏父子皆不满。时战乱多年，灾荒遍地，曹操上表请禁酒之令，融多次上书争之，并有侮慢之词。时曹操挟天子令诸侯，贼心以显，数不能堪，更不为容忍。另融曾多次上表朝廷应尊古制，千里之内不得封建诸侯，曹疑其所言论流转广范，欲起杀心。然融名在天下，恐杀不能，遂令丞相军谋祭酒路粹枉状奏融，并下狱弃市，妻子皆被诛。其时，女年七龄，男九龄，就刑前曰："安有巢毁而卵不破乎？若死者有知，得见父母，岂非至愿？"左右无不感伤者。此孔融之死，书呈荫榆女史求教。寅恪强记。

国立北平女子师范大学出演文化剧《孔融之死》，命予出大概，然时间匆匆，不能参察资料，只凭强记，奈何奈何，望见谅！各中观点，有待考正。八月廿日，恪。

经与《后汉书·孔融传》对照，这封信的作者在匆忙之中确实出现了多处误书或误忆："李應（应）"，显然是"李膺"之误；[1] "融不授"，似应作"融不受"；"博浅多该览"，《后汉书》原为"博涉多该览"；[2] "至献帝收融为将作大匠"，《后汉书》原作"及献帝都许，征融为将作大匠"；[3] 袁术"轻侮"之、"并夺其符节"的对象，并非孔融，而是太傅马日䃅；[4] "曹疑其所言论流转广范"，原作"操疑其所论建渐广，

1　范晔撰、李贤等注《后汉书》，见中华书局编辑部编"二十四史"（简体字本），中华书局 2000 年版，第 1527 页。

2　《后汉书》（"二十四史"简体字本），第 1528 页。

3　《后汉书》（"二十四史"简体字本），第 1530 页。

4　《后汉书》（"二十四史"简体字本），第 1530 页。

益惮之"，[1] 据而可知，"广范"应是"广泛"；"各中"，似应作"个（個）中"。而"融上书曹操并陈不满，曹氏父子皆不满"一句，也显得很不严谨，不像经过推敲之后的措辞。不过，排除这些误书、误忆，仓促之间且无书可征，仍能凭记忆将整段整段的文字默写出来，不得不让人佩服作者的博闻强记。

再来说一说写信人和收信人。笔者研治义宁之学二十余年，对陈宝箴、陈三立、陈寅恪三代人的书法尚不算陌生，基本上可以认定这封信出自陈寅恪的手笔。而"荫榆女史"与"国立北平女子师范大学"等字样，很容易让人想到收信人只能是该校校长杨荫榆。

陈寅恪（1890—1969），江西义宁（今修水县）人，著名历史学家。杨荫榆（1884—1938），江苏无锡人，中国第一位女性大学校长。陈寅恪走近普罗大众，不过是近二十年的事。杨荫榆"托福"于鲁迅的那篇《记念刘和珍君》，早已家喻户晓，可惜不是什么好名声。笔者虽然对陈寅恪家族稍有研究，但是第一眼看到这封信，仍然大吃一惊——想不到他们二位居然会有如此的人生交集。

接下来，笔者试着考究一下这封信的写作时间，兼及

1　《后汉书》（"二十四史"简体字本），第 1536 页。

陈、杨两人的关联。学界对杨荫榆的研究虽仍有不足，却也能勾勒出其人生轨迹：1907 年获公费留学，在日本东京高等师范学校等校学习，1912 年（一说 1911 年）毕业；回国后，受聘于江苏省立第二女子师范学校，任教务主任。1914 年，任北京女子师范学校学监；1918 年去美国哥伦比亚大学教育系学习，获硕士学位，1922 年回国；1924 年 2 月，任北京女子高等师范学校校长，同年，女高师改为国立北京女子师范大学，留任校长；1925 年 8 月，因"女师大风潮"而遭免职。[1]

回到陈寅恪这通手札。既然是应邀为"国立北平女子师范大学"上演文化剧《孔融之死》而介绍主人翁的生平梗概，上款人又是"荫榆女史"，那么，可以推定写信时间只能是杨担任该校校长期间，而女师大校内还能风雅地上演文化剧，也反证了其时校园氛围尚属安宁祥和。综而论之，写信时间似可定为 1924 年 8 月 20 日。

陈寅恪和杨荫榆结识于何时何地？根据笔者有限的观

1 岳俊杰、蔡涵刚、高志罡主编《苏州文化手册》，上海人民出版社 1993 年版，第 247 页；江苏省地方志编纂委员会编《江苏省志·人物志》（《江苏省志》第 90 卷）第三册，凤凰出版社 2008 年版，第 1270 页；庄莹《秋风万水波——民国第一位大学女校长的离歌悲哀》，见庄著《民国胭脂和她们的时代》，山东画报出版社 2015 年版，第 104—125 页；王芳《北京女高师若干史实考辨》，载《太原理工大学学报（社会科学版）》2016 年第 6 期。

察和了解，这个问题似乎还没有进入研究者的视野。若以杨荫榆的人生轨迹为参照系，陈寅恪与之发生交集，最有可能是两人在美留学期间。陈寅恪虽然也曾留学日本，但时间在 1904—1905 年，明显早于杨荫榆。1910—1912 年，陈寅恪留学德国、瑞士；1913—1914 年，留学法国；1919—1921 年，留学美国；1921—1925 年，再度留学德国。其间，1919 年 1 月入读美国哈佛大学，1921 年 8 月离开美国重赴德国。结束德国的第二次留学生活后，1926 年 1 月从法国马赛登船，2 月回到上海，7 月北上清华报到，出任清华学校研究院导师。[1] 两相比较，陈寅恪在哈佛，杨荫榆在哥大，同在美国留学的这段时间——1919 年至 1921 年，大概是两人结识的最好时机。当然，推测如此，仍需实证。

凑巧的是，杨步伟、赵元任合写的那篇《忆寅恪》提供了一条重要材料：

> 我的日记记的相当全，查查那几年在欧洲跟在清华

1　据以下文献综合而来：陈流求、陈小彭、陈美延著《也同欢乐也同愁：忆父亲陈寅恪母亲唐筼》，生活·读书·新知三联书店 2010 年版，第 29、31、32、36、37、44、57 页；陈怀宇著《在西方发现陈寅恪：中国近代人文学的东方学与西学背景》，北京师范大学出版社 2013 年版，第 18、19、60 页；吴学昭著《吴宓与陈寅恪（增补本）》，生活·读书·新知三联书店 2014 年版，第 3、34、50 页。

的事情。哪知道那几年韵卿也天天写日记（韵卿就是步伟的号）。一查起来我们不约而同的都记了一九二四年八月七日毛子水请茶会，在座有罗志希、傅孟真、陈寅恪跟张幼仪，并且还记了我们讨论英庚款作奖学金的事。我那时是用英文写的日记，记了"Y.C.Chen"括弧里注"陈寅恪"。八月十五日又写"David Yule & Y.C.Chen here"，David Yule 就是俞大维早先用的英名拼法。到了八月二十日才发现寅恪自己用的拼法，那天的日记上就写了去访"Yinko Tschen"。"陈"字的拼法当然就是按德文的习惯，但是"恪"字的确有很多人误读若"却"或"怯"。[1]

最值得注意的当然是 1924 年 8 月 20 日这一天的赵元任日记，寥寥数字已可证明其时陈寅恪身在海外（柏林大学）。

行文至此，笔者大胆推测，这封信有可能是这样完成的：1924 年 8 月 20 日，身在德国柏林的陈寅恪，在与赵元任等友朋见面时，临时受邀完成了杨荫榆的特殊任务。因为时间仓促，才会在没有资料参考的情况下，凭记忆写了一份孔融

1　杨步伟、赵元任《忆寅恪》，原载台湾《清华校友通讯》新 32 期，此转录自张杰、杨燕丽选编《追忆陈寅恪》，社会科学文献出版社 1999 年版，第 21-22 页。

的生平梗概。如果这个推测能够成立，那么陈、杨是否相识，以及杨此前有没有写信给陈发出书面邀请，其实都变得并不重要了——即便是陈、杨素未谋面，揆诸情理，陈也不便拒绝来自国立北京女子师范大学校长的请托（或函商于共同的朋友而代为邀请），毕竟请托的背后无疑是对陈的认可和欣赏。

据报道，赵元任从 14 岁起至去世之前长达 76 年的日记全套复印件等文献资料已于 2015 年 4 月由其亲属捐赠给清华大学。[1] 期盼着赵元任日记的整理出版，或许可以借而解开陈寅恪这封信的谜团。

至于陈寅恪的这份手札为何会流落到日本，这一过程与杨荫榆的惨死（1938 年 1 月 1 日被日本兵杀害）是否存在着一定的关联，同样留待海内外有心人留意并赐教。

世事难料，谁能想到杨荫榆治下的女师大居然会上演文化剧《孔融之死》，谁能想到为她担任学术顾问的竟然是陈寅恪，谁又能想到这封信最终从日本回归了中国。

1　邓晖《赵元任 76 年日记复印件赠清华》，载 2015 年 4 月 26 日《光明日报》。

补记：

（一）拙文 2019 年 10 月 20 日在《南方都市报》刊发后，同年 12 月 24 日，谢泳教授给我发来手机短信：

求会并文辉二兄：

陈致杨手札有几个疑问：

1. 来历流传不明。

2. 无信封。

3. 陈当时尚未出名，友朋对其手札何以奉若拱璧？

4. 国外写信用毛笔，似不合常规，应用硬笔。

5. 由图片观察，陈信似不该写在如此大的宣纸上，当用国外普通信纸。

6. 如在美国写此信，寄到国内，信留下来而信封不存，也不合情理。

7. 以人的常规记忆力判断，孔传记得如此有条理，似也不合常规，陈的记忆力好不到这种程度。

8.《后汉书》"孔传"是常见书，何以要陈背出大概？似也不合常理。

9. 北京 1928 年后始称北平，何以 1924 年陈就用"国立北平女子师范大学"？

10. 杨的学校向称"北京女子师范大学"，1928 年后

才用"北平大学女子师范学院"，"国立"二字是国民政
府建立后的用法。

近年陈寅恪信、钱锺书信造假极多，不可不慎。

（二）我将短信转给了胡文辉君。两天后（12 月 26 日），
又转给了北京的 Z 君，Z 君当天用微信作了回复：

> 谢先生所作推论都是再考察的点，但都不是直接的
> 硬伤。

> 装裱是（20 世纪）40—50 年代的。陈已出名。没信
> 封更是可能因为流散。至于书写材料，各种因素导致使用
> 毛笔、大纸也不是不可以。至于内容，更是需要研究的
> 重点。至于北平、北京之疑问，可能才是真正的问题哦。

（三）2021 年 12 月 11 日，在北京泰和嘉成拍卖有限公
司 2021 年秋季艺术品拍卖会"古籍文献金石碑版专场"上，
陈寅恪致杨荫榆函札（名称："孔融之死"，图录号：5037）
以人民币 36.8 万元成交。据网页显示，拙文被该公司作为
"说明"全文收录，[1] 但事前事后从未与本人联系，谨此郑重

1　详雅昌艺术品拍卖网。网址：https://auction.artron.net/paimai−art0102325
037/，检索日期：2022 年 3 月 19 日。

赵元任日记手迹

声明。

（四）《赵元任日记》（全 46 册）已于 2022 年影印出版。2023 年 9 月 20 日，复旦大学历史学系博士生周明昭君在该校图书馆帮我拍摄了 1924 年 8 月 20 日那天赵元任的日记。[1]可惜赵元任的字迹实在潦草，只能隐约见到陈寅恪姓名的德文拼法"Yinko Tschen"，其余的难以读懂。周君在微信上看了拙文后，当天和我有过简短的文字交流，他的三句话不啻当头棒喝，警醒我必须放下执念："关于这封信的真伪，学生不敢置喙，如果是真的，可谓奇闻。""如果您的观点要做到无懈可击，需要更多的佐证，比如这个文化剧《孔融之死》到底是个什么情况。""谢教授的疑问，确实值得思考。"犹豫再三，我还是决定收录这篇文章。一来白纸黑字，不认不行；二来诱惑和风险永在，保不齐还会再当"莽撞人"，只能提醒自己谨慎再谨慎。

1　赵元任著，周欣平、林海青、林富美主编《赵元任日记》第 10 册，商务印书馆 2022 年版，第 452 页。按：赵元任 1922 年至 1925 年使用同一个日记本，故 1922 年 8 月 20 日、1923 年 8 月 20 日、1924 年 8 月 20 日、1925 年 8 月 20 日这四天的日记，自上而下书写在同一页，以便查找比对。又，1924 年 8 月 7 日日记有中文姓名"陈寅恪"（同前，第 439 页），8 月 15 日留有其英文拼法"Chen Y.C."（同前，第 447 页），正可与杨步伟日记互证。

之
Balancing
间

平 衡 你 自 己

陈寅恪四书 · 之四

尔尔区区

张求会——著

『陈寅恪研究』之再研究

SPM
南方传媒 | 广东人民出版社
· 广州 ·

图书在版编目（CIP）数据

尔尔区区："陈寅恪研究"之再研究 / 张求会著 .

广州：广东人民出版社 , 2025.2. -- (陈寅恪四书).

ISBN 978-7-218-17933-9

　I. K825.81

中国国家版本馆 CIP 数据核字第 20244BX099 号

ERER QUQU : " CHEN YINKE YANJIU " ZHI ZAIYANJIU

尔尔区区："陈寅恪研究"之再研究

张求会　著

出 版 人：肖风华

策划编辑：陈　卓
责任编辑：钱飞遥　陈　卓
封面设计：周伟伟
责任技编：吴彦斌

出版发行：广东人民出版社
地　　址：广州市越秀区大沙头四马路 10 号（邮政编码：510199）
电　　话：（020）85716809（总编室）
传　　真：（020）83289585
网　　址：http://www.gdpph.com
印　　刷：广东信源文化科技有限公司
开　　本：787 毫米 × 1092 毫米　1/32
总 印 张：40.25　　　总字数：914 千
版　　次：2025 年 2 月第 1 版
印　　次：2025 年 2 月第 1 次印刷
定　　价：288.00 元（全四册）

如发现印装质量问题，影响阅读，请与出版社（020-87712513）联系调换。
售书热线：（020）87717307

目录

导语

　　《尔尔区区》是"陈寅恪四书"的最后一种，也是我的第一本学术评论集，所评论的著作、文章都和陈寅恪研究相关，或可称作"陈寅恪研究"之再研究。书名依然取自陈寅恪诗："大贾便便腹满腴，可怜腰细是吾徒。九儒列等真邻丐，五斗支粮更殒躯。世变早知原尔尔，国危安用较区区。闻君绝笔犹关此，怀古伤今并一吁。"（《挽张荫麟二首》之二）[1]

1　陈寅恪著、陈美延编《陈寅恪集·诗集（附唐筼诗存）》，生活·读书·新知三联书店 2015 年版，第 34—35 页。

收在集子里的十来篇书评和一篇序言，最早的发表于
2006 年，最近的完成于 2024 年。这次汇编成册，已刊的文
章在基本保存旧貌的前提下，皆吸纳了最新的研究成果——
或对正文进行修订，或在注释补充说明。保存旧面貌，是因
为对自己的文章还有一点信心，从前的观点或看法没有什么
大变化；吸纳新成果，既是对被评论者负责，也是对读者
有个交代。试想，被评论者采取或借鉴了批评者的意见，对
著作、文章有所修订，书评人当然也应该再有所回应；而读
者早就看过书评了，凭什么还要再花钱买一件毫无新意的旧
产品？

书评因著作而产生，著作因书评而完善，读者既是著作
的鉴赏人，也是书评的裁判员——这就是我心目中理想的良
性互动。[1]

可惜的是，理想一直很遥远，实际情形是谁都爱听奉承

---

[1] 胡文辉《〈荔村随笔〉〈南村草堂随笔〉承教录》（载微信公众号“历史
的擦边球”，2024 年 5 月 5 日推出）称得上这种“良性互动”的最新范例。
该文开篇有云：“我负责标点整理的近代岭南笔记，即谭宗浚《荔村随
笔》、邬庆时《南村草堂随笔》两种（广东人民出版社 2023 年版），并其
前言及相关札记，或囿于见闻，或出于粗疏，颇有错讹之处。现将友人
所指正者汇录于此，以供读者参考。……近时恰好注意到，前辈夏承焘
再版其《唐宋词论丛》时，曾附《承教录》一编，略谓：‘拙编出版半载，
叠承四方友好惠函督诲，兹依次登录于此，以志不忘。’夏公此举，实有
利于养成学术批评的风气，用意固佳，而作为体例亦颇可取，兹不避僭
越之讥，径采其名。”

的话，没有人天生喜欢被批评，纳谏如流者从来都不多见。这些都属于人之常情，完全正常，可以理解。最糟糕的，或者说最不想看到的，是被批评者与书评人之间根本无法理性互动，甚至闹到诉诸公堂的地步。

我遇到的反应最激烈的被评论者，非 L 先生莫属。庆幸的是，迄今为止，我还只是被他严厉地申斥（目前停留在文字上），尚未被他告上法庭。生命有限，胆量更小，因为忌惮他，我一度后悔甚至害怕写书评。这次之所以愿意把书评结集出版，而且把批评 L 先生的两篇文章全文照录（还壮着胆子作了补充），最直接的动因是见识了他在海峡对岸所出的两本新书——《陈寅恪别传》《造神与造假:〈陈寅恪别传〉续篇》。树欲静而风不止，"因缘"若此，不得不再作回应。想说的话，两篇旧作早已说过，不再赘言。谨此重申一个常识:一切研究都要用材料说话，而任何材料都要过得了"覆按"这一关，也就是说，材料必须是人人可以重新检证的客观存在。[1]

最后再说说书名。"世变早知原尔尔，国危安用较区区"

---

[1] 网络删贴，起因多样，形态复杂，学术研究所需材料也会被殃及——此时所见，可能转瞬即逝;久搜不得，其实确曾出现。材料覆按遂遭空前挑战，历史书写终陷尴尬境地。幸而本书所涉材料，仍以传统载体为主，取诸网络者也无敏感成分。删帖导致无从覆按之情形，窃以为堪称史上"重大课题"，暂不讨论，留待后世评议。

二语，内涵何在？胡文辉君的释读，扣住张荫麟的不幸遭际——在随浙大流亡途中"因慢性肾炎不治英年早逝"，结合张氏在文章里的主张——"大学教授不应为稻粱谋而经商，以免为人师表者市侩化"，强调这两句诗的要义——"相对于国难而言，个人生活的困苦固可不计"。[1] 我借用其中的"尔尔"与"区区"作为书名，想要表达的，却是这样的意思：

　　无论被尊崇还是被践踏，无论被纪念还是被遗忘，陈寅恪的道德文章早已成为中国文化的重要组成部分，对于这一点，陈寅恪有着足够的自信与自觉。换言之，真正需要"陈寅恪研究"及其再研究的，并非陈寅恪本人，而是陈寅恪以外的其他人——与他同时代的同胞，尤其是作为后辈的一代代中国人。因此，即便是认真、严肃的"陈寅恪研究"及其再研究，相较于陈寅恪的道德文章，不过"尔尔"；而那些故作惊人之语的"研究"或"再研究"，对于陈寅恪的历史地位而言，犹如蚍蜉撼大树，恐怕连"区区"都称不上。

写于 2022 年 2 月 26 日

改于 2023 年 5 月 4 日

再改于 2024 年 5 月 6 日

1　胡文辉著《陈寅恪诗笺释（增订本）》上册，广东人民出版社 2013 年版，第 229、233 页。

当陈寅恪已成为历史 [*]

　　看完这篇对魏同贤先生的专访，[1] 我的第一印象是魏先生十分谦逊而朴实。比如，他对于《柳如是别传》立意的解读以及陈寅恪先生晚年心境的体认，我看即便是现今的许多"专家"也未必能达到他的水平；又比如，在回答《陈寅恪文集》的出版是否带动了整个出版界时，魏先生坦言："这个

---

* 　原刊于 2008 年 7 月 6 日《南方都市报》；后收入张求会著《陈寅恪丛考》，浙江大学出版社 2012 年版，第 85–89 页。此次再刊，正文有微调，注释有补订。

1 　指《南方都市报·阅读周刊》对《陈寅恪文集》责任编辑魏同贤的采访——《他的文集出版，可以活跃学术空气》，载 2008 年 7 月 6 日《南方都市报》。

我说不准，只是感觉后来的文集就多起来了。"这些朴实的话语让人信服，也越发让人觉得他和蒋天枢先生一样堪称陈寅恪先生的"后世相知"。作为读者，我们却不能因为魏先生的谦逊而低估了出版《陈寅恪文集》在当年乃至今天的重要意义。

"文革"期间，学术界、思想界十分寂寞与荒凉。魏先生以亲历者的身份回顾过去，更使我们产生身临其境之感。借此机会，我愿意把近期在整理蒋天枢先生遗札时看到的一些"历史影像"与大家分享，也算是对魏先生回忆的一种呼应和补充。

蒋先生的这批遗札，是 1979 年至 1987 年间写给陈小从（陈寅恪侄女）的 60 余通书信。[1] 当时，自嘲为"少不更事"的陈小从，梦想着以繁体直排的形式整理出版《陈宝箴遗集》和《义宁陈氏五先生诗集》，问计于蒋先生，蒋先生一秉其忠厚之风，爱屋及乌，竭力赞助。但其时万物凋零，"文革"遗风犹烈，难度之大，既出乎陈小从意料，也令蒋先生颇为惊骇。

首先遇到的困难来自出版界。"当前连识繁体字的人都

1　2022 年 1 月 26 日补案：这批书信已于 2018 年 5 月公开发表，详张求会《蒋天枢致陈小从未刊信札辑注》，载《中国文化》2018 年春季号（总第 47 期），第 180–223 页。

少极"，专业人才极度匮乏。此外，"'文革'期间多数繁体字铜模被销毁，尤其大号字。以致现在即使需用稍大的字，多系现刻铅模。以致印大字本成为不可能的事了"。不仅如此，"现在全国任何地方都找不到木刻处所了"，于是改刻木刊本也同样成了不可能的事。[1]

其次，出版旧体诗的"特权"仍未下移。据出版界人士介绍，"现在只有首长的旧体诗能印，一般人是不印的"。[2]此外，"特权"还包括"全集"名称的专享专用。陈寅恪专集本当定名为"全集"，"因为'全集'之名须请示国家才能用，所以全书只称'文集'"。难怪蒋先生在信中感叹："真是忌讳太多了！"[3]

正是因为"忌讳太多"，蒋先生虽然明知陈寅恪先生的诗是"一生精神命脉所在"，"也是中国文化之灵魂的所寄

1　2022 年 1 月 26 日补案：蒋天枢致陈小从未刊信札第 34 通，见张求会《蒋天枢致陈小从未刊信札辑注》，载《中国文化》2018 年春季号（总第 47 期），第 203—204 页。

2　2022 年 1 月 26 日补案：蒋天枢致陈小从未刊信札第 8 通，见张求会《蒋天枢致陈小从未刊信札辑注》，载《中国文化》2018 年春季号（总第 47 期），第 188 页。

3　2022 年 1 月 26 日补案：蒋天枢致陈小从未刊信札第 6 通，见张求会《蒋天枢致陈小从未刊信札辑注》，载《中国文化》2018 年春季号（总第 47 期），第 185 页。又，朱浩熙著《蒋天枢传》对此的解释，可以参阅："此集本当名全集，为避免马列称全集之故，现只称文集。"见朱著，作家出版社 2002 年版，第 236 页。

托"，但在正式刊印时仍然删落了"犯忌讳过甚"的几首。[1]
同时，蒋先生断然打消了陈小从拟请俞大维为《同照阁诗钞》（作者即陈小从之父陈隆恪）作序的想法，因为"此书如将来在国内发行，而书前有台湾要人所作之序，您不想到会有问题吗？"[2]

应该承认，在整理、出版《陈寅恪文集》的整个过程中，很难明确指出遇到过什么具体的阻挠。但不容置疑的是，当陈寅恪已经成为历史，整理、出版、研究陈寅恪的著作，仍然真切地感受得到一种无形却强悍的束缚和禁锢。明白这一点，才能冷静地接受这样两个事实：《陈寅恪先生编年事辑》出版16年后，迟至1997年方能恢复"书稿的旧貌"，还原了"删节"的文字；[3] 1969年，陈寅恪、唐筼夫妇先后辞世，其女流求、美延等费尽周折，直至2003年方能将父母骨灰安葬于庐山植物园，了却"入土为安"之夙愿。[4]

1　2022年1月26日补案：蒋天枢致陈小从未刊信札第18通，见张求会《蒋天枢致陈小从未刊信札辑注》，载《中国文化》2018年春季号（总第47期），第194–195页。

2　2022年1月26日补案：蒋天枢致陈小从未刊信札第42通，见张求会《蒋天枢致陈小从未刊信札辑注》，载《中国文化》2018年春季号（总第47期），第207页。

3　见蒋天枢撰《陈寅恪先生编年事辑（增订本）》卷首之"出版说明"。另可参阅章培恒为该书所撰"后记"，见蒋著，上海古籍出版社1997年版，第259–260页。

4　张求会《国学大师陈寅恪魂归故里》，载2003年6月16日《南方都市报》。

明于此，才能对上海古籍出版社于春寒料峭之际郑重推出《陈寅恪文集》做出公允恰切的评价："在八十年代初人们方从混沌阴郁状态中解脱出来，古籍社所进行的这一项工作是艰巨而且有远识的，是为保存民族文化而作的有意义的事。"[1] "上海古籍出版社及其前身中华上编在出版陈寅恪先生著作等方面对于中国当代文化和出版的贡献，是可以载入史册的。"[2]

魏先生的这份回忆，除了再一次对蒋先生进行表彰之外，还充分肯定了当年主持出版《陈寅恪文集》的两位领导——李俊民、罗竹风先生。他们既是官员，又是学者，最难得的是做了官员而不失学者本色。当他们和陈寅恪一样成为历史，后来者不应该忘记他们为了突破禁区而做出的努力和尝试。同样不能忘记的，还有为了追寻陈寅恪遗稿而出面干预或牵线搭桥的习仲勋、王元化等党政要人。[3] 这些尊长，本着尊重历史、尊重学术、尊重学者的精神，成为保存民族文化大业的重要参与者。

1　鲲西《初刊本〈柳如是别传〉出版纪实》，载 2006 年 11 月 5 日《文汇报》。
2　高克勤《〈陈寅恪文集〉出版述略》，载 2007 年 6 月 3 日《文汇报》。
3　详徐庆全《追寻陈寅恪遗稿的故事》，载 2004 年 11 月 25 日《人民政协报·春秋周刊》。2022 年 1 月 26 日补案：《陈寅恪丛考》所录此文，该条注释（拙著第 89 页）有错漏，宗亮、吕瑞哲两位友人先后予以指正，谨此鸣谢。又，追寻遗稿事，另可参阅查志华《一个品格高尚的学者——记复旦大学中文系蒋天枢教授》，载 1982 年 3 月 5 日《解放日报》。

魏先生在这次谈话中没有涉及《陈寅恪文集》出版前后的"海外因素"。事实上,这一点并非无足轻重。"'国内沉默,海外大做文章'这种很不正常的现象",[1] 在陈寅恪身后表现得尤为突出。甚至可以说,"陈寅恪热"的兴起和蔓延,是海内外无数对历史抱有温情与敬意的有识之士共同促成的又一次思想震荡和启迪。

1964 年,陈寅恪先生在《〈论再生缘〉校补记后序》中写道:"知我罪我,请俟来世。"[2] 一生从未曲学阿世的前贤早已坦然走进历史,后死者又该怎样承接其衣钵、传递其薪火?

补记:

2022 年 10 月 11 日,上海古籍出版社编辑张旭东君传示一条微信:"想起一件旧事。在电梯口碰见魏同贤老师,告诉他我的朋友张教授很喜欢您的一篇采访,他整个人都放光,

---

1 陆键东著《陈寅恪的最后二十年》,生活·读书·新知三联书店 1995 年版,第 495 页;《陈寅恪的最后二十年(修订本)》,生活·读书·新知三联书店 2013 年版,第 475 页。
2 见陈寅恪著、陈美延编《陈寅恪集·寒柳堂集》,生活·读书·新知三联书店 2001 年版,第 107 页。

说还要系统写一篇，终于没写成。"据报道，魏同贤先生是山东滕县人，1930 年出生，1953 年毕业于山东大学中文系，曾任上海古籍出版社社长、中国红楼梦学会理事、上海红学会会长，2015 年 6 月在上海逝世。[1]

1　《红楼梦学刊》编辑委员会《沉痛哀悼魏同贤先生》，载《红楼梦学刊》2015 年第 4 辑。

有这样一本《寒柳堂集》 *

　　2005 年 4 月，北京马忠文君的朋友张学东君在京城旧书摊淘到一册《寒柳堂集》，内夹旧照片一张。因为书和照片都与陈寅恪先生有关，承马君抬爱，嘱我考证一番。此次考证历时虽短，但感触颇深。现拉拉杂杂写出来，既是同道中人切磋交流的一次实录，更欲借此向不该被遗忘的前辈们略

* 原刊于《收藏·拍卖》2006 年第 3 期；后收入张求会著《陈寅恪丛考》，浙江大学出版社 2012 年版，第 33—44 页。录入本书，正文、注释皆有订补。

扉页题字

印章

照片

表敬意。

　　此书系蒋天枢先生整理《陈寅恪文集》之一，上海古籍出版社 1980 年 6 月第 1 版第 1 次印刷，旧书摊上能碰到，并不稀见。真正有意思的，还是扉页上的题字和印章，尤其是夹在书里的那张老照片。

　　扉页题字以蓝色圆珠笔书写，作"送给岱坚"，下钤一方红印，署时为"一九八三年"。印迹略有模糊，后经马君另一友人赵宏君考释，云："该印仿的是战国古玺，水平尚可，印文应是'遵骉'二字。但二字不是很规范，古玺文字中无此二字，是以小篆杂凑而成。'遵'字无疑义；'骉'字左为'马'的大篆，右上为'卯'，下当是'田'，故定为'骉'字。"

　　照片背后有繁体题字，也以蓝色圆珠笔书写，内容是对合影之说明："蒋天枢伯伯、陈寅恪先生、陈夫人唐晓莹、陈先生第三女美彦（延？）。一九六四年照于广州中山大学校园内陈先生住宅前。"

　　接到任务的当晚，我按照习惯，首先上网搜索，目标自然不是我熟悉的陈、蒋二先生，而是陌生的"岱坚"。至于印章，我素来不谙此道，当时又没有收到马君转来的赵君释文，只得暂时搁置。

　　先上 Google，可惜此处的"岱坚"和陈、蒋二先生不大可能有什么关联。再上"百度"，意外发现了一位不同寻常

蒋天枢伯伯

陈寅恪先生

陈夫人唐晓莹

陈先生第三女美延？

一九六四年摄影

广州中山大学校园内

陈先生住宅前

照片背面之题字

的"岱坚"。十分有限的一个片段,提到了王浩先生,提到了西南联大,提到了清华研究院,这便与陈先生有了关系。由此推测,这位"岱坚"可能就是封面题字中的那位,至少有些像。不料一连数日,无论是家里还是办公室,怎么也进入不了"岱坚"所在的网页,反复得到的结果只有一个:"该页无法显示。"屡试不爽之余,我推测应该是"非技术因素"在作怪,于是改而委托正在香港访学的吴仰湘君试试看。发出求救电邮的当天,吴君便从香港浸会大学的一个研究室里给我传来了一篇文章。

这篇署名被处理为"送交者:44"的文章,题为《我所认识的王浩先生》,篇末自署"一九九五年五月二十九日于Amherst"。[1] 文章写得好,情词并茂,纯洁质朴。与王宪钧、王岱坚父子相关的内容如下:

> 我是通过我的朋友王岱坚认识王浩先生的。岱坚的父亲王宪钧教授(我叫他王伯伯),是王浩五十年前在西南联大和清华研究院的老师,也是我最尊敬的人。王伯伯早年师从哥德尔(Kurt Gödel,数理逻辑中两个著名的

---

[1] 2022年1月30日补案:University of Massachusetts Amherst,简称UMass Amherst,中文名称为马萨诸塞大学阿默斯特分校,又被译为麻省大学阿默斯特分校或安姆赫斯特分校。

"不完全性定理"的证明者);而王浩,则是哥德尔晚年很少几个能接近他的人之一。前年十一月,王伯伯在北京逝世;去年六月初的一个星期天,我随岱坚到纽约郊外的一所乡间木屋看望王浩。……

……五月十四日星期天早上,岱坚打电话告诉我,王浩去世了。……

……王浩是山东济南人,旅美近五十年,乡音不改。他为人纯洁朴实,言谈风趣,喜欢回顾故人旧事,对四十年代西南联大的岁月,尤其念念不忘,他常谈起金岳霖、冯友兰、王宪钧等前辈师长的事迹,……王浩从不谈论自己的成就和影响,对师长朋友,也不作无原则的恭维。……对王伯伯他怀有极深的崇敬,行文时总要加上"我最亲切的老师"几个字。[1]

王宪钧先生(1910—1993)与王浩先生(1921—1995)的师生关系,在齐家莹先生编撰的《清华人文学科年谱》中也得到了印证。这本特殊的"年谱",还为了解王宪钧先生与陈寅恪先生的关系留下了线索。

王宪钧先生,山东福山人。1933 年毕业于清华大学哲

1　申彤《我所认识的王浩先生》,载《读书》1995 年第 10 期。

学系，继而入研究所学习。1935 年考取清华公费留学生，于 1936 年赴奥地利维也纳大学、德国明斯特大学学习数理逻辑。1938 年学成归国后来到昆明，在清华大学文学院哲学心理学系任教，其时陈寅恪先生是文学院中文、历史二系合聘教授。直到 1947 年 1 月公布"国立清华大学教职员名录"时，中文系的陈寅恪先生、外语系的吴宓先生、哲学系的王宪钧先生仍然同在一册。[1]

由此推测，陈、王二先生虽然各有专攻，但同在清华大学文学院任教，不应该毫无往来。当然，以年辈论，陈寅恪先生（1890—1969）应是王宪钧先生的师长。

众所周知，蒋天枢先生（1903—1988）也曾是清华学子。他与王宪钧先生有无交往，虽说难以考证，但仅仅念及王、陈两先生曾经共事这一层关系，寄赠一册《寒柳堂集》似乎也在情理之中。如果书和照片确系蒋天枢先生寄赠王宪钧先生留念的，宪钧先生完全有可能再转送给儿子岱坚；况且，蒋先生较王先生年长，岱坚称为"蒋伯伯"也完全对题。

---

1 据齐家莹编撰《清华人文学科年谱》，清华大学出版社 1999 年版，详见第 126、216、217、325、326 页。案：2005 月 5 月 29 日承马忠文君电告，王宪钧是王懿荣曾孙，可参阅翟如潜、吕伟达等著《甲骨文之父王懿荣》（山东画报出版社 1995 年版）再案：2012 年 2 月 20 日承李开军博士函告，张之洞第三位夫人即王懿荣之妹。

就在问题看似已经解决的时候，马君转来了赵君的释文，而且转述了张君提供的一条重要信息——此书曾是张遵骝先生（1916—1992）的藏物。这样一来，此前的推测便站不住脚了。于是，我转而将目光移到了张遵骝先生与陈、蒋二位的关系上。适逢友人胡文辉君 2004 年刚完成《陈寅恪诗笺释》，对张遵骝先生印象颇深。经他提示，陈氏 1945 年有诗涉及张，而蒋氏所撰《陈寅恪先生编年事辑》也值得参考。

按图索骥，果然有所收获。上海古籍出版社版《寒柳堂集》所附《寅恪先生诗存》、清华大学出版社版《陈寅恪诗集》、生活·读书·新知三联书店版《陈寅恪集·诗集》，都收录了陈氏《十年诗用听水斋韵》，诗前小序有云："乙酉七月，与公逸夜话作也。"此诗另有吴宓先生抄藏初稿，题作《与公逸夜话用听水斋韵》。《陈寅恪先生编年事辑（增订本）》称此四律"既欣张公逸之资禀，更多身世之感"，并且录存了吴宓先生誊抄时所作按语："公逸为张遵骝，南皮张文襄公之曾孙。"[1]

南皮张氏、义宁陈氏的交谊，世人皆知，此不赘述。陈

---

1 蒋天枢撰《陈寅恪先生编年事辑（增订本）》，上海古籍出版社 1997 年版，第 136–137 页。案：《陈寅恪先生编年事辑》之初版本（上海古籍出版社 1981 年版，第 125 页）删略此按语。

寅恪先生与张遵骝先生除了乙酉七月夜话之外，还另有文字缘。出自寅恪先生之手的，至少有一副 1944 年暑假在成都燕京大学为遵骝先生新婚而作的贺联——《贺张公逸先生、王宪钿女士嘉礼》。[1] 此外，陈寅恪先生自 1954 年 3 月开始撰作《钱柳因缘诗释证稿》（后易名为《柳如是别传》），张遵骝先生在京曾为之校勘钱谦益的《投笔集》——"以北京图书馆所藏清咸丰间陈文田（砚香）藏旧钞本、□□学院所藏传钞本，校邓氏风雨楼所印笺注本"，[2] 进一步丰富了文献上的储备，为陈寅恪先生的研究与创作带来了便利。

至于张遵骝夫人王宪钿女士，也绝少有人提及。网上搜索"王宪钿"的结果，只有两条较有价值：一、与人合译瑞士心理学家皮亚杰的《发生认识论原理》，商务印书馆 1981 年出版；二、向清华大学教育基金会"校友基金"捐款 1000 元，登记表显示"王宪钿"1936 年毕业于清华大学心理学系。至此，我颇怀疑"王宪钿"为王宪钧先生之女弟。照常理而言，哥哥考取了名校，带动弟弟、妹妹一起来名校求学，时至今日也还屡有耳闻。但猜测只能是猜测，必须拿出证据。

---

1 陈寅恪贺张遵骝、王宪钿新婚之联，首次收录于生活·读书·新知三联书店 2001 年版《陈寅恪集·诗集（附唐篔诗存）》（第 184–185 页）。编者（陈美延）注："此贺联录自张公逸、王宪钿先生所示。"
2 胡文辉《新发现陈寅恪遗物印象记》，载《收藏·拍卖》2004 年第 1 期。

　　既然吴宓先生曾与王宪钧先生同事，又曾手录寅恪先生《十年诗》，或许在他的日记里会留下一些将陈、王、张同时"扭合"在一起的记载。换言之，《吴宓日记》或许就是解决问题的枢纽。按照这一思路，我将1936年至1948年的《吴宓日记》像犁田一样翻了一遍。神秘的"王宪钿"终于撩开了面纱，而困扰多时的疑惑也在顷刻之间消解。

　　1944年11月19日：

　　　　下午……4:30至南门内，金字街104寓宅，访张遵骝（公逸，南皮张文襄曾孙）、王宪钿（福山，宪钧之妹）夫妇。牟宗三（一号离中）已在，谈哲学。骝夫妇请到Tip-Top江湖晚饭，西餐。[1]

　　1945年10月12日：

　　　　夕4-5访王宪钧、王宪钿兄妹于金子街104。[2]

　　王宪钧先生与王宪钿女士的兄妹关系，终于得到了确

1　吴宓著、吴学昭整理注释《吴宓日记》第9册，生活·读书·新知三联书店1999年版，第353-354页。
2　《吴宓日记》第9册，第520页。

证!《吴宓日记》所附王宪钿简介如下:

> 王宪钿（1915—— ），女，祖籍山东福山，生于北京。毕业于北京清华大学心理学系、燕京大学心理学系研究院。历任燕京大学心理学系助教，上海女青年会协会、上海中国福利会干事。五十年代初，调至北京中国科学院心理研究所，从事儿童心理学研究工作。[1]

与人合译《发生认识论原理》、向清华大学教育基金会"校友基金"捐款的"王宪钿"，应该同属一人，都指王宪钧先生之妹。[2]

最后一位需要重新认识的人物是张遵骝先生。为什么说"重新认识"？因为这位曾经以"张文襄公之曾孙"而闻名一时、"广交游，美风仪，慷慨好义，彬彬有礼，家国天下

---

[1] 《吴宓日记》第 9 册，第 354 页。

[2] 关于张遵骝、王宪钿夫妇的回忆性文字，最新的似乎是网友"旗人 Sogiya 博客"所发博文《永安南里的张府》（上传时间为 2012 年 1 月 11 日 8 时 38 分 41 秒）。该文罕见地披露了王宪钿本人提供的两幅照片——一幅是"六十年代居家小照"，另一幅"一九九二年一月摄于寓所阳台"。据介绍，王宪钿"潜心研究心理学，是皮亚杰著作的译者"。网址：http://blog.sina.com.cn/s/blog_6a5bc1390100y8h5.html。

之意识特强"的贵公子，¹ 长期以来在不少学者的视野中竟消
失得一干二净。渊雅高尚如王元化先生尚且闻所未闻，在其
《一九九一年回忆录》中坦言："我不知道张遵骝，从来没有
人向我说起过他。"² 何况我等晚辈后生？

　　张遵骝先生当年如何以常人"不可及之性情与肝胆"救
助牟宗三先生，³ 此处暂且不表；张遵骝先生如何甘坐冷板凳
协助范文澜先生修订《中国通史简编》，⁴ 这里也姑且撇下。
他与蒋天枢先生的交往，才是本文的最后一个关键。

1　牟宗三著《五十自述》第五章《客观的悲情》，见《牟宗三先生全集》第
　　32 册，台湾联经出版事业公司 2003 年版，《五十自述》，第 81 页。
2　2022 年 4 月 19 日补案：据王元化回忆，1991 年在香港探亲期间，经刘
　　述先介绍，才知道有张遵骝其人，而且还曾向刘推荐过王的著作。回上
　　海后，王主动写信给张，不久张也写了回信。正想通过书信增加彼此之
　　间的"理解和友谊"，突然收到张去世的讣告，"一切就这样结束了"，
　　"不禁为之惆怅"。见王元化著《九十年代日记》，浙江人民出版社 2001
　　年版，第 69 页。
3　牟宗三著《五十自述》第五章《客观的悲情》，见《牟宗三先生全集》第
　　32 册，《五十自述》，第 86 页。
4　2022 年 5 月 23 日补案：1957 年 6 月，范文澜在为《中国通史简编》修
　　订本所撰"第二编说明"中，已言及金毓黻、张遵骝等人助其磨勘、正
　　误之辛劳。较新的研究成果，可参阅周一平主编《20 世纪后半期中国史
　　学史》下册，上海书店出版社 2017 年版，第 636—637 页。此外，笔者近
　　日又发现一则信息，值得一记：张遵骝与刘静窗（刘述先之父）为同窗
　　挚友，一生交好，尤胜昆仲。故刘氏子女编纂《刘静窗文存》时，特意
　　附录《追忆史学名家张遵骝先生》，以示纪念。其中不但包括张遵骝协助
　　范文澜工作之往事，更有关涉张、刘两家与蒋天枢、蒋钟埛父女交往之
　　回忆，亲切有味，满怀凄怆。最重要的还在于，在本文讨论的（转下页）

《吴宓日记》所附张遵骝简介，[1] 以及复旦大学中文系陈尚君先生所作《〈卿云集〉前言》，[2] 都提及张氏受聘复旦大学中文系一事。蒋天枢先生自 1943 年秋开始，一直在复旦中文系任职。张、蒋二位相识未必起始于同事复旦期间，但二人的交谊却没有因为张调任北京而终止。1956 年 7 月，蒋天枢先生有事入京。14 日，张遵骝先生陪导蒋先生往晤前此来京公干的谭其骧先生；[3] 次日，张先生陪同蒋先生拜访蒋氏昔日

（接上页）蒋天枢赠送给张遵骝的这一册《寒柳堂集》上，留有张遵骝的诸多批语，迄未揭示。详刘静窗著、刘念劬主编《刘静窗文存》，上海古籍出版社 2017 年版，别册《怀念父亲刘静窗》，第 183—205 页。

1 见吴宓著、吴学昭整理注释《吴宓日记》第 6 册，生活·读书·新知三联书店 1998 年版，第 329 页。2022 年 4 月 19 日补案：此句拙文原作"吴学昭女士所撰张遵骝先生小传"，指称的是《吴宓日记》该页脚注之张遵骝简介，因整理注释者未交代其出处，我按照惯例理解，将其归于吴女士名下。傅琳《中国国家博物馆藏杨绛捐赠张之洞相关文物来源考》（载《文史杂志》2020 年第 6 期）称："经笔者辗转通过同事与杨绛先生遗嘱执行人吴学昭女士咨询并求证，张求会教授提到吴学昭女士曾给张先生作过小传，着实有误。"估计是因为我将个人简介写成"小传"，才引起傅琳女士误会。现作如上修改，以期更加规范、准确。谨此特向吴女士致歉，向傅女士致谢。

2 陈尚君《〈卿云集〉前言》，见复旦大学中文系编《卿云集——复旦大学中文系七十五年纪念论文集》，上海古籍出版社 2002 年版，卷首。

3 见谭其骧著、葛剑雄编《谭其骧日记》，文汇出版社 1998 年版，第 90 页。案：据谭氏日记（同前，第 92 页），蒋天枢是年 8 月 10 日始离京南归。

同事金毓黻先生。[1] 蒋天枢先生此行为何而来,谭、金二人均无记载。实际上,蒋氏此次赴京是专程将陈寅恪先生《金明馆丛稿初编》书稿"送交古典文学出版社(今中华书局前身)编辑陈向平先生"。[2] 而在京期间,他就借宿在张遵骝先生宅中。[3] 张、蒋交情之深,于此可见一斑。

据朱浩熙先生所著《蒋天枢传》,《元白诗笺证稿》1950年由岭南大学文化研究室刊行后不久,"陈寅恪先生当即寄赠蒋天枢,并委托他分赠徐僧芋〔徐森玉〕、柳贻谋〔柳翼谋〕及学生张公逸"。[4] 就此而言,蒋天枢先生三十年后寄赠《寒柳堂集》,也可以说是秉承了老师的遗愿。

1　金毓黻著《静晤室日记》第 10 册,辽沈书社 1993 年版,第 7206 页。案:金毓黻在日记里数次将张遵骝误作"张镇骝",详《静晤室日记》第 10 册,第 7206、7281、7353 页。

2　据朱浩熙著《蒋天枢传》,作家出版社 2002 年版,第 151 页。案:该传称蒋天枢"于 1956 年 8 月专程赶赴北京",据谭其骧、金毓黻日记,此时间似有误。

3　《蒋天枢传》,第 151 页。

4　《蒋天枢传》,第 130–131 页。2022 年 1 月 30 日补案:南京大学历史学院武黎嵩老师 2014 年 3 月 19 日在其新浪微博账号(@武黎嵩)中发帖指正拙文此处错误,内容如下:"夜读检得一页有用材料,@ 求求会先生《陈寅恪丛考》转引吾乡朱浩熙《蒋天枢传》谓,陈氏《元白诗笺证稿》由岭大印出后,寄给弟子蒋某,转赠徐森玉、柳翼谋二先生。由此可知1949 之后陈、柳二人仍有交往。可惜之处,朱氏原文及转引者将二老名字均写错。此时二老同在上海文物保管委员会。同会还有顾颉刚。"现据此改正,并向武老师表示感谢。

另据蒋天枢先生《陈寅恪先生编年事辑》卷首"题识",该书承钱锺书(默存)、张遵骝(公逸)两先生"惠予指正阙失,藉免愆尤"。[1] 由此亦可看出,蒋、张之间诚非泛泛之交。

剩下来的,还有那张旧照片。碰巧《蒋天枢传》卷首插页也有此照,图版说明:"1953年9月中旬,蒋天枢赴粤,在中山大学东南区同陈寅恪及家人合影。左起:蒋天枢、陈寅恪、唐筼、陈美延。"考蒋天枢先生1949年后曾两度赴粤拜谒老师,一在1953年,一在1964年。[2] 参诸《陈寅恪集·寒柳堂集》前附插页,[3] 恰有一幅1953年9月蒋天枢先生与陈寅恪先生及其妻女等人之合照,衣着、容貌均完全一致。且《蒋天枢传》作者朱浩熙先生既是蒋氏同乡,又与蒋家有较深交往,第一手资料均由蒋夫人刘青莲女士提供。[4] 据此看来,此照应摄于1953年9月。王岱坚先生所记或系姑丈张遵骝先生转述,时空所限,偶有误忆也在所难免。

最后的结论是:此书及照片似由蒋天枢先生寄赠张遵骝

1 《陈寅恪先生编年事辑》,卷首,"题识"。案:1997年增订本之"题识"与此同。
2 《陈寅恪先生编年事辑》,第145、163页;《陈寅恪先生编年事辑(增订本)》,第156、175页。
3 陈寅恪著、陈美延编《陈寅恪集·寒柳堂集》,生活·读书·新知三联书店2001年版,卷首。
4 《蒋天枢传》,第283页。

先生，后由张遵骝先生转送其妻王宪钿之侄王岱坚。岱坚先生在照片背面题字时，将拍摄时间误为 1964 年。

宪钿女士或许还在北京，岱坚先生应该身在美国，如果有缘，很想听一听他们的评判。

《有这样一本〈寒柳堂集〉》补正（外一则）*

　　拙文《有这样一本〈寒柳堂集〉》，经《收藏·拍卖》2006 年第 3 期刊发后，意外地引起一些学友的关注，对于拙文中的个别地方作了补订。现将这些补正借助于《收藏·拍卖》的宝贵版面公之于众，以纠失误而广流传。

　　2007 年 7 月初，长沙谭伯牛君转给我一份北京高山杉

* 《〈有这样一本寒柳堂集〉补正》，原刊于《收藏·拍卖》2007 年第 9 期；后收入张求会著《陈寅恪丛考》，浙江大学出版社 2012 年版，第 45－47 页。此次重刊，增写了"外一则"。

君的电邮，希望获得拙文的电子版，起因是高君从孔夫子旧书网上买到一封"王宪钧先生写给张遵骝和王宪钿的家信"，而拙文"好像对王家有所考证"。虽然高君很快从维普资讯网下载了拙文，并谬许为"精确无比，很是佩服"，但我还是将电子版发送了一次，以示谢意。这样一篇小文章能够得到陌生人的肯定，我自然高兴；更让我欢喜的是，高君在电邮里告诉我，那篇怀念王浩先生的文章是申彤教授所作《我所认识的王浩先生》，初刊于《读书》1995 年第 10 期。说来惭愧，高君认为我早已知道此事，偏偏我真的毫不知晓。此为补正之一。

另一处补正，也要感谢高君。他把拙文传给了李大兴君，李君是张遵骝先生的晚辈，遵骝先生在世时，李君曾亲承謦欬，因此知之甚深。下面是李君电邮的摘录：

细读了张求会兄的文章，以下两点烦转告：

（1）照片背后是遵骝先生墨迹，并非岱坚兄所记。

（2）遵骝先生在上海的好友，一位是蒋天枢先生，另一位是谭其骧先生。谭其骧先生每次来京，必来遵骝先生家，我见过好几次。而华东师大聂幼犁有以下回忆："中国社科院的张遵骝先生，他是 50 年代范文澜编撰《中国通史》时从复旦调去的，是我兵团战友的姑父，我给他写信求教，他的回答是'少说话，多看书'，还让我去找复旦大学的蒋天枢先生。第一次去没找着,再去,终于让我撞上了,自报家门(张在此前已向蒋去信说明此事)。仙风道骨的蒋老知道我已经看过《中华活页文选》和《古文观止》,便推荐了姚鼐的《古文辞类纂》。看完了又去找蒋先生,他推荐王先谦的《续古文辞类纂》,我几次三番到旧书店淘来看。随后,王力的《古代汉语》再版了。这样我逐渐补上了古文。当时受张先生影响,有志于研究思想史。他送给我《十八世纪法国哲学》和约瑟夫·狄兹根的书,还有《天安门诗抄》,分别从理性、信心、良知等方面,给了我很深的学术和人格影响。"[1]

如上所述,补正之二是李君纠正了我的一个失误:拙文弄错了照片背后题字的作者。我不认得张遵骝先生的字,仅仅根据行文的口气(称呼蒋天枢先生为"伯伯"),断定应该是作为晚辈的王岱坚所书。现在看来,张遵骝先生是以晚辈的口吻而写的说明,这也再次证明书和照片都是专门"送给岱坚"的。

李君在电邮里提到自己的一篇文章《遥远的琴声——忆

---

1 聂幼犁回忆,见郑流爱记录、整理《华东师大聂幼犁教授:访谈录》,详"历史风云网"(网址:http://www.lsfyw.net/article/html/8988_2.html)。

张遵骝先生》，[1] 发布在他的博客"风之桥"，[2] 有兴趣的朋友不妨去看一看。我是今天早上才匆匆浏览的，一并选看了李君的其他文章（包括旧体诗词）。这样的文字让我在增添知识的同时，也生发出这样的感慨：身处浮躁喧嚣的年代，竟能读到这么好的文字，真是一种福分！

感谢《收藏·拍卖》刊载拙文，由此延伸出这么丰富而有益的内涵；感谢网络，为舞文弄墨者提供了这样一种不受太多限制的发表园地。

---

1 李大兴《遥远的琴声》，后刊发于《读书》2007 年第 10 期。
2 见"风之桥—李大兴博客"，网址：http://www.yantan.cc/blog/?10511 ；
   又见"风之桥的 BLOG"，网址：http://blog.sina.com.cn/lidaxing。

另外三件事

一晃眼的工夫,《有这样一本〈寒柳堂集〉》十六岁了。趁着这次结集再刊的机会,补写一下它问世后遇到的另外三件事。

先说第一件事。2017 年 2 月 11 日元宵节那天,广州谭树正君突然用微信给我发来一幅照片,拍的是黄裳先生(1919—2012)生前写给他的一封信。黄先生在信里说,多次收到谭君寄赠的《收藏·拍卖》,"每期必有佳作,得益新知,且得知粤中文化信息",另有一段专门谈到了拙文:"本期张求会先生考订陈著《寒柳堂集》流传始末一文,绝佳。细致寻求,针线密丽,不愧考证佳作,佩甚。"写信的时间是 2006 年 3 月 23 日,应该在收到最新一期杂志后不久。我与谭君结识,记得是梁基永君介绍的,后来谭君去了《收藏·拍卖》当编辑。我一直是黄先生的读者，从不知道他曾经对拙文有过这么高的评价，确实有些惊喜。

　　第二件事还是和李大兴君有关。大概在 2019 年前后，有一位朋友告诉我，李大兴君在文章里提到了我和他"文字往来"的事。顺着线索，我找到了这篇文章——《抚琴弦断上高楼》，从中获得两条有价值的信息：蒋天枢先生请钱锺书先生审看《陈寅恪先生编年事辑》，张遵骝先生可能是"居间者"，时间约在 1979 年；《陈寅恪先生编年事辑》甫一出版，蒋天枢先生就寄给张遵骝先生若干本分赠亲友，李大兴君所藏，就是张遵骝先生 1980 年送到李君母亲手中的。至于为什么要请钱锺书先生"审看"，有没有"其他原因"呢？李君分析，钱锺书先生其时因为参加中国社科院代表团访问美国，引起一阵轰动，"在社科院的存在感骤然上升"，院长都对他"很尊重"；"陈寅恪著作的出版，当年是件大事，可能也不是件容易的事，不能排除一种可能性，就是蒋先生的著作需要有钱锺书这样的大学者背书"。[1]

　　第二件事还有后续，也一块儿说一说。李大兴君后来把

---

[1] 李大兴《抚琴弦断上高楼》，载《读书》2016 年第 5 期。2022 年 4 月 19 日补案：傅琳《中国国家博物馆藏杨绛捐赠张之洞相关文物来源考》（载《文史杂志》2020 年第 6 期）有一节，专门介绍张遵骝与钱锺书、杨绛夫妇的关系，可参阅。

他的文章汇成一本集子《在生命这袭华袍背后》, 书名用的
就是主打文章的标题。看完这篇文章, 我才知道王宪钿女士
已去世, "享年八十九岁", [1] 推算起来, 辞世时间是 2004 年。[2]
(可叹的是, 现在上网搜索 "王宪钿", 依然没有关于她离世
的报道。) 李君的这本书是生活·读书·新知三联书店出的,
推荐语深得我心: "以其对世相百态的敏锐观察和对人生经历
的睿智思考, 形成了沉稳老练、机锋毕栝且又不失抒情的文
风。其文字, 独树一帜, 堪称美文。" 书中叙写张遵骝、王
宪钿二老的往事, 一如既往地动人。再后来, 等我陆续拜读
了李君的《父亲的世纪》以及他的兄长李小丁先生所写《记
张之洞曾孙张遵骝》, [3] 我才彻底明白了兄弟二人为什么写得
出这样的好文章。

　　第三件事是去年(2021)才发生的, 最让我开心又意
外。2021 年 11 月 14 日, 我竟然收到王岱坚先生从美国发来
的一封电子邮件。随后半个多月的时间里, 我们又互通了几

1　李大兴著《在生命这袭华袍背后》, 生活·读书·新知三联书店 2017 年
　　版, 第 196 页。
2　傅琳《中国国家博物馆藏杨绛捐赠张之洞相关文物来源考》称张遵骝先
　　生于 1992 年驾鹤西去, "遗孀王宪钿先生也于 2004 年离去"。
3　李大兴《父亲的世纪》, 见李著《诗与远方的往事今宵》, 北京出版社
　　2019 年版, 第 22—30 页; 李小丁《记张之洞曾孙张遵骝》(原名《记南
　　皮后人张遵骝先生》), 载微信公众号 "顾晓阳东拉西扯", 2022 年 1 月
　　4 日推出。

次电邮。在第一封电邮里，王先生说："非常感谢您在北京的
友人马君的那位张姓朋友，购得该书及照片，使得它未被当
成废纸。"王先生虽然已经退休，还在做一些事情，加上十
多个小时的时差，使得他打电话交流的想法一直没落实，我
们还是继续互发邮件。同月 22 日，针对我希望他指正文中
错漏，王先生告诉我："一两天内，让我补上故事的由来。佩
服您的查询能力，百分之九十九都正确。"又隔了十来天，
12 月 5 日，我终于等来了一封最重要的电邮：

　　　两封信都收到，其中包括一封附有"有这样一本
　《寒柳堂集》"，谢谢。其实我当时就下载了该文，想找
　时间和您联系。十分佩服。更受感动的是您开头的一段
　话："……既是同道中人切磋交流的一次实录，又欲借此
　向不该被遗忘的前辈们略表敬意。"

　　　不知道从何处开始，想想就从这本书讲起。

　　　我姑夫张遵骝像他曾祖父张之洞一样，爱书如命。
　遇见好书一定买上几本送至亲好友。姑姑、姑夫没有子
　女。我是王家长子，父亲常要我去看望他们。姑夫凡有
　好书，我一定有一本。他还有让我保存之意。《寒柳堂
　集》和照片当然不例外。

　　　我从小就学理科。文史类常听长辈聊天，可从不注
　意。1990 年后，到美国学计算机，把中文书都留在家里。

2005 年有朋友说：国内网站有人找你。我一看，不好，姑夫送我的《寒柳堂集》怎么给卖了。打电话回家，母亲说：家里阿姨清理房间，卖过一堆废纸。我当时的反应是，谢谢买了这本《寒柳堂集》的人，照片也没丢！

北大校园里每学年结束，都有人来收废纸，也有些收旧书的懂行人。

最后还要谢谢你，姑姑、姑夫在成都的那段故事真详细！我以前不知道。

特别澄清一下：我和您联系绝对不是"做补丁"。你这篇文章已经很圆满了，一个字也不必改。我只想锦上添花，把前后背景添上，加个附录。

岱坚先生第三封电邮里的"2005 年"，应该是"2006年"，因为我的文章在《收藏·拍卖》是首次发表，此前应该没有人关注过那本《寒柳堂集》。

补写这三件往事，除了一丝骄傲，更多的还是温暖和感动：生命再卑贱，"总有人在万里之外牵挂"；[1] 琴声再遥远，

---

1 葛兆光《万里之外总有人牵挂——有关普林斯顿大学东亚图书馆藏〈陈寅恪资料集〉》，见《馀音：学术史随笔选（1992—2015）》，广西师范大学出版社 2016 年版，第 112 页。

总有人在未来以心相和。[1]

写于 2022 年 2 月 20 日

1 据刘震先《家父和同窗挚友张遵骝》，《遵骝钞稿集》录有明人范凤翼
《操桐引》一诗，内有句云："众人之琴琴在指，有时指歇琴声死。痴和
之琴琴在心，未弹声已盈吾耳。"见《刘静窗文存》，别册《怀念父亲刘
静窗》，第 191 页。

《陈寅恪的最后二十年》：让更多人认识陈寅恪 *

　　《陈寅恪的最后二十年》当年一纸风行，作者陆键东 12
年后对当时的热销、热评记忆犹新："一九九六年三月下旬，
上海举行第十一届文汇书展，三联书店带着一批新版书参
展，在三月中才印出少量样书的《陈寅恪的最后二十年》有

---

* 原刊于 2009 年 1 月 11 日《南方都市报》；后收入张求会著《陈寅恪丛
　考》，浙江大学出版社 2012 年版，第 90—99 页。2022 年 2 月 20 日补案：
　陆键东著《陈寅恪的最后二十年》，初版本 1995 年 12 月由生活·读书·新
　知三联书店出版，修订本由原出版社于 2013 年 6 月推出。本文当初评论
　的是陆著初版本，此次重刊，适当补入与修订本相关的内容。

数十册被带往上海随附上架，结果引起轰动，时评述为'没几分钟便被争购一空'。随后四五月间海内外出现了第一轮的热评……"[1] 此次，该书被选为《南方都市报》策划的"改革开放三十年文化总结"十大图书之一，[2] 本身足以说明它的特殊价值。十余年后的今天，对这本书重新做出评估，可谓正当其时。

个人、时代的"茫然与哀伤"

评估《陈寅恪的最后二十年》的主要影响，不能不提到两个重要年份——1989 年和 1992 年。1989 年世界格局的剧变，使得光荣与梦想急剧消释，"深沉""深刻""深奥"迅速淡出，"失落""痛苦""彷徨"开始弥漫。

一波甫平，一波再起。1992 年中国掀起全面市场化的阵阵浪潮，日益边缘化的知识分子彻底丧失了八十年代新启蒙

---

1 陆键东《历痕与记忆》，见王世襄等著《我与三联：生活·读书·新知三联书店成立六十周年纪念集（1948—2008）》（以下简称《我与三联》），生活·读书·新知三联书店 2008 年版，第 192 页。

2 2022 年 2 月 20 日补案："改革开放三十年文化总结·图书"共选出以下十本书：《万历十五年》《美的历程》《北方的河》《丑陋的中国人》《拯救与逍遥》《顾准文集》《陈寅恪的最后二十年》《动物凶猛》《沉默的大多数》《潜规则》，详 2009 年 1 月 11 日《南方都市报》。

运动中的自信与乐观，"走出深刻"之后的失落与痛苦尚未消失，面对"经济大潮"的困惑与矛盾又油然而生。于是，一场"人文精神大讨论"在随后的数年里，自南而北，逆流而上。在商品经济的狂风巨浪中，这场不合时宜的大讨论除了留下"恢复人文精神"和"重建精神家园"等苍白无力的口号外，最大的"收获"是让知识分子见识了一番商品经济的巨大能量。知识分子痛苦而无奈地意识到，自己再也不是当代的文化英雄和精神价值的塑造者。如何为自己重新确立赖以安身立命的精神依托，或者说如何尽快塑造足以抗衡商品大潮的"英雄"和"偶像"，成为知识界的当务之急。

就在"人文精神大讨论"即将归于沉寂的 1995 年底，《陈寅恪的最后二十年》横空出世，旋即在知识界催生了一轮颇具震撼力的"陈寅恪热"。晚年陈寅恪近乎传奇的遭遇，经过作者的着意渲染，满足了各类读者的不同需求，更让苦苦寻觅中的知识界如获至宝——原本模糊不清、苍白无力的"人文精神"，终于因为"晚年陈寅恪"的及时出现而变得具体生动、真实感人。无心成为英雄或伟人的陈寅恪，根本无法回绝后人强加的一顶顶桂冠——其中最具有号召力和战斗力的便是"文化英雄"。[1]

1　参阅李勇《文化英雄、文学想像与身份焦虑》，载《书屋》2001 年第 9 期。

　　显而易见，一般知识分子从陈寅恪这位被象征化或符号化的"文化英雄"身上最急于获得的，"不是其学术本相，而是其为学之魂"，就此而言，《陈寅恪的最后二十年》可谓"正逢其好"；旧伤未愈、新痛又添的当代知识分子，"彼此间相看两厌的，不过是折了翅、拔了毛的落水鸡而已"，也只有"腾空飞出、遍体生辉的火之凤凰"才足以抚慰其心灵、振奋其精神，就此而言，《陈寅恪的最后二十年》可谓"正逢其时"。[1]

　　陆键东的一段追述，则可以视为与特定时代知识分子心灵需求相对接的内因：

　　　　一九九二年与一九九三年之间，精神的困顿常令我备感痛苦，今日重检这段时期写下的一些心灵独语，其抑郁盖可见一个人与一个时代的茫然与哀伤。而某种如天籁般的召唤力总在心灵深处不断敲打。某日终于明白我所为何来。

　　　　……

　　　　它交织着现实与个人精神的困惑与痛苦，以及久抑之下必蓄冲缺牢笼的气势。这或者是九十年代中后期大

1　陈思和《知识分子的民间岗位》，载《天涯》1998 年第 1 期。

陆人文思潮重又涌起新浪潮的一个缩影。[1]

"史事重构的唯一途径"

《陈寅恪的最后二十年》自问世以来，"不断出现一些事端，小者有不利的传闻，大者有相关部门的正式调查等等"。[2]围绕该书的争议也一直不断。但在肯定该书的文献价值方面，却是众口一词，赞誉良多。专业人士冯伯群的统计结果是："全书531页，引文的标注达524处，……与档案馆藏直接相关的地方共205处。"[3]

据作者自述，"《陈寅恪的最后二十年》是在超过千卷档案卷宗的翻阅积累上而成的"。[4]除了辑录广东省档案馆、中山大学、北京大学、复旦大学的有关档案之外，《陈寅恪的最后二十年》在抢救、保存相关当事人的口述历史方面也功不可没。所有这些，不但确立了该书不可替代的文献价值，而且为后来的陈寅恪研究提供了丰富的素材。即以胡文辉新著

1　陆键东《历痕与记忆》，见《我与三联》，第186、190页。
2　陆键东《历痕与记忆》，见《我与三联》，第193页。
3　冯伯群《引用档案惹出的一场官司：〈陈寅恪的最后二十年〉出版以后》，载《档案春秋》2006年第3期。
4　陆键东《历痕与记忆》，见《我与三联》，第190页。

《陈寅恪诗笺释》为例，[1] 据笔者不完全统计，该书征引《陈寅恪的最后二十年》就接近 200 处。

《陈寅恪的最后二十年》最为人称道的一个典型材料，是 1953 年 12 月 1 日汪篯记录的陈寅恪自述《对科学院的答复》。[2] 人们在评论晚年陈寅恪和《陈寅恪的最后二十年》时用得最多的两个成语——"惊世骇俗"和"石破天惊"——其实最适用的对象正是这份自述。1995 年将这份自述公布于世，且不论是否真的如某些论者所说"又推动了新的思想解放运动"，至少可以视为"陆键东为 20 世纪的学术史和思想史作出的一项贡献和功绩"。[3]

另一条史料同样重要，因为事关陈寅恪是否"后悔未泛海去台"。[4] 陈寅恪、唐篔夫妇是否因去留问题而发生争执，历来说法不一。《陈寅恪的最后二十年》引用 1962 年 4 月《陈序经谈高校工作和知识分子等问题》这一档案卷宗，[5] 为陈夫

1　胡文辉著《陈寅恪诗笺释》（上、下卷，软精本），广东人民出版社 2008 年版。

2　《陈寅恪的最后二十年》，第 111-113 页。

3　程巢父《人性人情总相通：就陈寅恪"话题"与止庵先生商榷》，载《东方文化》2001 年第 4 期。

4　周一良 1989 年 5 月 30 日致余潜山函，见余潜山《"后世相知或有缘"：从〈陈寅恪的最后二十年〉谈起》，见余著《陈寅恪晚年诗文释证（增订新版）》，台湾东大图书股份有限公司 1998 年版，第 283 页。

5　《陈寅恪的最后二十年》，第 39 页。另参阅该书第 26 页注释。

人的香港之行"第一次提出了文献的证据"。[1] 此一疑难，后经胡文辉继续广征博引，终获确解，[2] 然而陆著首创之功不容遗忘。

　　文献的搜集利用后来居上，实属自然，但旧者是否真的已经物尽其用，仍应保持警觉。举一个例子：胡著《陈寅恪诗笺释》取材广阔，不过百密一疏，至少仍可从《陈寅恪的最后二十年》增补一条关于罗孟韦的材料。据谢泳为胡著所作序言，罗孟韦是中山大学教授，曾经传抄过陈寅恪的23首诗稿，抄本中有些诗的标题与陈诗的通行本不尽相同，因而具有较高的文献价值。[3] 胡著虽然有17处引用了"罗孟韦抄本"，但对于罗氏生平并无任何说明。事实上，《陈寅恪的最后二十年》专门有一段叙及陈、罗的交谊，[4] 这段文字来自罗孟韦夫人黄菊清的回忆，自属可信，完全可以据此对谢序和胡著进行补订。据了解，罗倬汉字孟玮（又作孟韦）、干青，曾任教于中山大学师范学院（抗战迁校云南澄江时期），后任广东省立文理学院历史系主任、华南师范学

1　余潜山《"后世相知或有缘"：从〈陈寅恪的最后二十年〉谈起》，见《陈寅恪晚年诗文释证（增订新版）》，第285页。

2　详胡著《陈寅恪诗笺释》上卷，第343—347页。

3　谢泳《〈陈寅恪诗笺释〉序》（原题作《陈寅恪诗的标题问题》），见胡著《陈寅恪诗笺释》，卷首，"序二"。2012年9月5日再案：可参阅谢泳《陈寅恪诗抄本之谜》，载2012年7月1日《东方早报·上海书评》。

4　《陈寅恪的最后二十年》，第522页。

院历史系主任。另承华南师范大学历史系宋德华教授见告，
罗倬汉先生逝于 1985 年 8 月。[1]

　　论及《陈寅恪的最后二十年》辑录文献之功，不得不提
1997 年 3 月至 2000 年 11 月的那桩官司。据称，陆键东因"擅
自公布档案"而侵害龙潜名誉权一案，是在《档案法》实施
后"因利用和引用档案而引发的唯一一起司法案件"。[2] 作
为败诉方的陆键东与生活·读书·新知三联书店，除了登报
道歉和赔偿龙潜后人合计 5000 元"精神损失"之外，还接
受了在未进行删改之前不得重印、发行该书的判决。[3] 事后，
有人问陆键东："我们可不可以用'××'代替呢？"陆坚定
地说："那样我宁愿永不再版！"[4] 此事的是非曲直暂且不议，
作者对于所辑档案的珍视和自信，倒是"大大增强了本书内

1　2023 年 1 月 17 日补案：罗倬汉生平、著述，可参阅以下文献：何国华
　《现代著名史学家、教育家罗倬汉》，见何国华著《广东历代著名教育家
　评传》，广东人民出版社 2014 年版，第 184—189 页；车行健《考〈史〉
　以证〈左〉——罗倬汉与〈史记十二诸侯年表考证〉》，载《中国典籍与
　文化论丛》第 18 辑，凤凰出版社 2017 年版，第 314—334 页。

2　冯伯群《引用档案惹出的一场官司：〈陈寅恪的最后二十年〉出版以后》
　之"编者按"，载《档案春秋》2006 年第 3 期。

3　详《北京市第二中级人民法院公告》（2000）二中执字第 1522 号，此据
　冯伯群《引用档案惹出的一场官司：〈陈寅恪的最后二十年〉出版以后》，
　载《档案春秋》2006 年第 3 期。

4　王兆阳《〈陈寅恪的最后二十年〉不能再版之原因》，见"初学记"天涯
　博客（hopefulsun.blog.tianya.cn），提交日期：2007 年 8 月 16 日。

容在读者心目中的真实性与可靠性"。[1] 或许这也可以从另一个角度解释为什么余潜山会对《陈寅恪的最后二十年》的文献价值给予那么高的评价："陆键东先生的最大贡献便是做了我十分想做但完全不可能做的事。更重要的是他的实地调查是以从北京、广东省到中山大学的现存档案为主要对象，有关当事人的访问纪录则处于次要的辅助地位。这样获得的史料是人人可以重新检证的客观存在。这是史学上所谓'史事重构'的唯一途径，古今中外都是如此。"[2]

"一团浓得化不开的云雾"

《陈寅恪的最后二十年》情感似"一团浓得化不开的云雾"，[3] 这已是不争的事实，剩下的是如何看待和能否接受的问题。有人将情感太浓的原因归结为作者太年轻——出版此书时才 35 岁，也有人以为与作者的职业——广州市文艺创作研究所专业编剧——有关，还有人觉得"许是作者为该著

---

1 冯伯群《引用档案惹出的一场官司：〈陈寅恪的最后二十年〉出版以后》，载《档案春秋》2006 年第 3 期。

2 余潜山《"后世相知或有缘"：从〈陈寅恪的最后二十年〉谈起》，见《陈寅恪晚年诗文释证（增订新版）》，第 280 页。

3 《陈寅恪的最后二十年》，第 267 页。

准备时间太长，也走得太辛苦，难免有爱之近溺之意"。[1]

根据我与陆键东君有限的几次接触来看，这可能与他的个性不无关系。记得 2005 年 9 月某晚，陆键东请台湾学者王震邦吃饭，邀胡文辉和我作陪，键东的一位曹姓朋友也在座。像四年前那次聚餐一样，他对说话的兴趣远胜过吃饭，席间又为了已故某历史学家有无廉耻之事与曹先生高声疾呼，结果招来了邻桌三位女士对"大声公"的抗议。见识了作者的这般性情，大概就不难理解这本传记的风格了。

至于谷林替读者着想，以为"只剩得同声一哭，不克回环咀嚼矣"；[2] 止庵觉得作者太过亢奋，"至少从态度上讲，不能不说它是一本非常浮躁的书"；[3] 程巢父则在认可该书"做了过多的情绪化的渲染，这诚然造成一种缺陷"的前提下，认为不可随意伤害潜伏在"陈寅恪热"背后的"一个时代的共同情绪"与"微弱的民气"，而应"慎加珍惜"陆著发掘史料、唤起大众关注陈寅恪命运的良苦用心……[4] 所有这些，虽有异同，但都值得关注。

1　"江北土著"《2008 年，读了几本书》，见"一个人的书房"天涯博客（gufei.blog.tianya.cn），提交日期：2008 年 12 月 25 日。

2　谷林致止庵函，止庵《谈传记》引录，见止庵著《六丑笔记》，东方出版社 2000 年版，第 81 页。

3　止庵《作为话题的陈寅恪》，载 1999 年 10 月 27 日《中华读书报》。

4　程巢父《人性人情总相通：就陈寅恪"话题"与止庵先生商榷》，载《东方文化》2001 年第 4 期。

与情感过浓互为表里的，便是书中时常可见的"大而无当"[1]的词语、"夸饰而煽情"[2]的文句和"很像电视片的解说词"[3]的整体语言风格。"作者在许多事情上不能以平常心来看待"，因为"缺乏平常心"，难免"将陈寅恪的心灵痛苦及生命体验的沉痛也夸大了"，对某些问题的看法"似乎过于世故"。[4]

我此次重读《陈寅恪的最后二十年》，所依据的仍是1995 年12 月的首印本，该书随后多次被再版重印，不知道是否有好事者改正了初版的错别字（不少于 20 个）。[5] 至于

1　蒋寅《考量历史的平常心:〈陈寅恪的最后二十年〉读后》，载《开放时代》1998 年第 5 期。

2　陈思和《知识分子的民间岗位》，载《天涯》1998 年第 1 期。

3　日本京都大学文学部平田昌司评语，见蒋寅《考量历史的平常心:〈陈寅恪的最后二十年〉读后》，载《开放时代》1998 年第 5 期。

4　蒋寅《考量历史的平常心:〈陈寅恪的最后二十年〉读后》，载《开放时代》1998 年第 5 期。

5　2022 年 2 月 20 日补案:《陈寅恪的最后二十年（修订本）》在增补不少重要内容的同时，也改正了初版本的部分错别字，遗憾的是，另有一些错别字则仍其旧貌。限于篇幅，试各举三例。前者如:"陈寅恪一直让女儿门呼黄萱为'周伯母'"（初版本，第 71 页），已改为"陈寅恪一直让女儿们呼黄萱为'周伯母'"（修订本，第 67 页）;《牡丹亭》、《梁山泊与祝英台》等剧目"（初版本，第 198 页），已改作"《牡丹对药》、《梁山伯与祝英台》等剧目"（修订本，第 188 页）;"人们只能啼听着他那似乎遥远的空谷足音"（初版本，第 491 页），已更正为"人们只能谛听着他那似乎遥远的空谷足音"（修订本，第 470 页）。后者如:"遭贬闲赋"（初版本第 86 页，修订本第 83 页），未能更正为"遭贬赋闲";"入围监临"（初版本第 179 页，修订本第 170 页），未能改正为"入闱监临";"卓有见树"（初版本第 365 页，修订本第 345 页），也没有订正为"卓有建树"。

我认为欠妥的其他缺憾，如引用常见典故的失当、以臆测代替考证、生造词的使用等，或许可以留待日后详谈。我想，对于好书，求全责备是应该的，因为只有好书才当得起这样的重视。

《陈寅恪诗笺释》序 *

文辉的《陈寅恪诗笺释》快要出版了，他约我写几句话。因为我这些年也在做一点义宁陈氏的研究，又提前看过此书的初稿，这才壮起胆子答应下来。想说三个问题。

---

* 原刊于《中国文化》2007 年春季号（总第 24 期），题为《〈陈寅恪诗笺释〉序三》；后收入张求会著《陈寅恪丛考》，浙江大学出版社 2012 年版，第 100—106 页。2022 年 2 月 24 日补案：本文写成于 2004 年 11 月 29 日，12 月 28 日改定，2012 年 1 月 13 日增订，2022 年 2 月 24 日再改。犹记当年，初稿寄呈胡君，静默数日后回复难称其意，下令再作。绞尽脑汁，新稿始获首肯。胡君"文字不苟且"，笔者曾亲身领教，铭感至今。十余年间，人事代谢，世局无常。文字屡经微调，有主动，有无奈，读者察而谅之。

一、义宁陈氏数代皆能诗擅文，为什么偏偏陈寅恪的诗特别需要笺注？

从陈宝箴的父亲陈伟琳算起，截至陈宝箴的曾孙陈封怀、曾孙女陈小从，确凿可信的诗人至少有五代，"诗文世家"绝非浪得虚名。五代诗人当中，诗名最盛、作品流传最广的当然要数陈三立。陈寅恪的诗作，无论是数量还是质量，即便在家族诗人群中也称不上最有代表性，偏偏是他的诗最需要笺注。

解释这个问题，不妨先打一个不一定很恰当的比方：陈宝箴之诗，堪称政治家之诗；陈三立之诗，更似文学家之诗；陈寅恪之诗，则是史家之诗。史家之诗，所谓"诗史"也，原本不专以胸襟气度见长，也不须以诗情文采取胜，诗人自己和后来人更为看重的，都是隐藏在文字背后的内容。虽说陈寅恪在民国年间的诗作因为时过境迁，今日也需笺注方能通解，但可以肯定的是，假如没有最后20年（1949年至1969年）的奇特遭遇，大部分陈诗完全可以不必添枝加叶——即使要做笺注，难度也会小很多，争议也会少很多。一句话，这最后20年既是陈氏晚年诗作形成的直接基础，也是为之笺释的主要原因。

将陈宝箴、陈三立、陈封怀与陈寅恪稍作比较，或许更能说明这一点。这四代人虽然都曾身逢乱世，但其实颇有区别：

陈宝箴崛起于政坛之际,外患大于内忧已成定局。如何摆平维新派内部激进与渐进的矛盾,团结一切可以团结的人,为挽救民族危机留一片希望之土,理所当然地成为陈宝箴最大的人生目标。写诗作文是陈宝箴在紧张的政治斗争之余发抒胸臆、放松神经的工具,当然也是融合官绅阶层、"做思想政治工作"的道具。相信陈宝箴怎么也不会想到,自己的孙儿会因为写诗而饱受猜疑和攻击。

陈三立晚年的诗作,牢骚不断,忧患不绝。他的诗公认很难读懂,一是古典既多且冷,二是包藏了不少今典。但学宋诗的,谁不用偏典僻典?作诗填词的,又有谁不影射时事?更何况从来没有人告诫陈三立"这些可以写,那些不能写""应该这样写,不能那样写"。把诗写得不那么好懂,纯属个人自愿,冠冕堂皇的理由是"力避俗熟"。相信他也不曾想到,儿子写诗的自由居然会受到威胁。

陈寅恪的生存压力,仅仅比他年幼十岁的侄儿陈封怀应该最有体会。作为一位道德文章无愧先世令名、堪称后世表率的著名植物学家,陈封怀在 1949 年至 1969 年的遭遇和表现,同样令人尊敬、令人同情。但细心的人们不难发现,陈封怀在应对世俗上还是与陈寅恪有着十分明显的差异。

完成义宁陈氏最惊世骇俗之举的重任,冥冥之中似乎早有安排——此举诚非陈寅恪莫属。因为传统士人的坚贞不屈与现代知识分子的特立独行,毕竟只在陈寅恪身上才得到了罕见的统一。陈寅恪诗之所以佼佼于家族、超绝于尘世，应该根源于此。

20 世纪五六十年代的诗作居然也要笺注，这本身就是一种历史的讽刺（当然，旧体诗需要笺注还有一个重要因素，那就是旧体诗在形式上尤其是精神上的断代。此处暂且掠过）。生活在 21 世纪的人为之笺注，绝非为了还历史一个讽刺，而是包含了无穷的深意。在我看来，弄清楚陈诗影射的具体事实固然十分重要，但由此了解作者不得不隐晦曲折的苦衷，可能更有意义。推而言之，探寻一番郭沫若们在同一时代创作、编选"红旗歌谣"的心态，其实也有异曲同工的价值。

二、陈寅恪诗到底有没有"暗码系统"？

陈诗承载了太多诗歌以外的信息，可惜受制于特殊的环境，这些信息往往添加了"密码"，使读者无法轻松自如地获取、利用。研究陈诗最有影响力的余潜山认为陈诗包含了一个"暗码系统"，赞同者大有人在，讥讽者也不乏其人，最为尖锐的批评直斥为"走火入魔"。其实，托古讽今、影射现实、借题发挥、隐辞曲笔等等，既非陈寅恪首创，更非陈寅恪独擅。对他来说，晚年做诗其实也是在做史，何况做诗远比做史快捷。选择旧体诗，是因为最适合自己，除了技巧、手法上的便利，更是身份、情感上的相称。陈诗的所谓

"暗码",说到底还是旧体诗"暗码"传统的延续和发展,只不过破译别人的旧体诗"暗码"一般来说没有什么太多的顾忌,而解读陈诗则多了许多技术以外的掣肘。

就数量而言,现存于世的陈诗尚不满 300 首,而且并非每一首都暗藏机关;即使是那些公认藏有玄机的诗作,也往往源自一时一事的触发,彼此之间很难说有什么必然的联系——窃以为陈诗虽有"暗码",但难成"系统"。

三、笺注陈诗最大的难处究竟是什么?

根据我的浅见,最大的难处既非古典之生涩奥衍、恶俗恶熟,也非今典之疑云密布、顾忌重重,而是笺注者自身的杯弓蛇影、草木皆兵。因为笺注的是陈寅恪的诗,作者身份的特殊性以及创作时代的荒诞性,很容易诱使笺注者步步为营、处处设防,难免会明处生暗鬼,使原本简单的问题复杂化。

姑且举一个类似的例子。陈宝箴之死,到现在还有人不吝笔墨地发覆索隐。除了将宗九奇多年前提供的那条孤证翻版重铸之外,[1] 论者往往又对陈三立诗中的某些典故强作

---

1 1982 年,宗九奇发表《陈三立传略》一文(载《江西文史资料选辑》1982 年第 3 辑),首次披露戴远传(字普之)《文录》所记陈宝箴被慈禧赐死之"史料";此"史料"另见宗九奇《陈宝箴之死的真象》(**转下页**)

解人，但每每难以令人信服。至于继续将陈三立在父亲死后

（接上页）（载《文史资料选辑》总第 87 辑，中国文史出版社 1983 年版）。据宗文注释，这一"史料"由其尊人宗远崖"抄录"于 1952 年冬，时宗远崖、闵孝同等往访戴远传，亲见亲闻于戴翁宅中。宗文所述此最重要"史料"之由来，看似凿凿有据，实则难以尽信。笔者藏有宗远崖氏 1984 年 8 月 8 日致陈小从（陈宝箴曾孙女）函之影印件，内云："承询戴老普之所述右铭公遗事，经反复思索与回忆，仅能得其一二。一九五二年冬，崖从闵舜白（名孝同）、汪际虞二翁过访戴老。闲谈中，闵翁言及散原先生所作《先府君行状》，其末有'忍死苟活，盖有所待'之语，疑必有难言之恸而未可见于文者。戴老闻之色立变，意甚苦，良久不语，后乃入室取著《文录》记右铭公冤死一文以相示。（崖默识文中要语数句，归而录于旧书空页中，小儿九奇所作《陈三立传略》已引用。）戴老言当时义和团正猛烈发展，帝国主义群起干涉，维新派著名人物唐才常亦欲乘机起事，清廷下令通缉追捕。时有恶右铭公于西太后左右者，谓右铭抚湘时，积极推行新政，影响特大，倘为唐才常所得，则东南半壁局势殊难收拾，西太后因下密旨令江西巡抚松寿就地处置，不得向外张扬。时其父（名闶炯）任月总，从往西山；既宣旨，右铭公被胁迫悬梁，月总见其身犹抽搐，因引其足而气始绝。今戴老去世已三十年，其子明震亦死，明震少子德威（熊贞玉所生）尚时来崖处问学，云其先人遗著于'文革'中被抄一空，是否尚有流落于人间者已不可知。""赐死"之说兴，疑者不在少数，信者也不乏其人。较新的论争文章，以下两篇最有代表性：李开军《陈宝箴"赐死"考谬：与刘梦溪、邓小军两先生商榷》（载《文史哲》2011 年第 1 期）、陈斐《陈宝箴为慈禧密旨赐死说再考辨——从陈三立"门存"诗谈起》（载《文史哲》2015 年第 6 期）。案：早在 1983 年 5 月 14 日，蒋天枢在看到宗九奇《陈三立传略》后，就曾致函陈小从，驳斥陈宝箴"赐死"说之荒诞不经，奉劝身为义宁陈氏后裔的陈小从"效法先辈的谨严风度，不可闻谣备录，并信以为真"。蒋天枢函、宗远崖函皆已刊布，详张求会《蒋天枢致陈小从未刊信札辑注》，载《中国文化》2018 年春季号（总第 47 期），第 210—212 页。2024 年 2 月 19 日补案：研究界对于"陈宝箴之死"的关注一直没有停歇，至少又有两篇文章值得关注：周洋《诗文证史的合理性与限度：从陈宝箴死（转下页）

异乎寻常的哀痛之辞当作证据的做法,实在有些令人无可奈何——如果"祸延显考""罪孽深重,不自殒灭""通天之罪,锻魂剉骨,莫之能赎,天乎!痛哉"之类的旧时套话也要较真,[1] 那么今日悼词习见的"永垂不朽"也就真的管用了。

(接上页)因研究说起》(载《澳门理工学报》2022 年第 4 期),张玉亮《也谈陈宝箴之死》(载微信公众号"甲午",2024 年 2 月 14 日推出)。周、张二文的思路、风格虽然不一样,结论却有一致性:都对"赐死"说坚持者的论证方法提出质疑,都认为"陈宝箴之死此一史事,归根到底应从史实研究本身出发"(周文)、"陈宝箴死因之探究,需要更多历史的资料而非文学的语料支撑"(张文)。假以时日,随着关键证据的发现,这一悬案终将获得破解。

[1] "祸延显考""罪孽深重,不自殒灭"等,实为旧时讣告、哀启、行状惯用的夸饰性词句,陈宝箴、陈三立父子也未能免俗。如陈宝箴《陈母李太夫人讣告》:"不孝树年等罪孽深重,不自殒灭,祸延显妣。"(见汪叔子、张求会编《陈宝箴集》下册,中华书局 2005 年版,第 1863 页)《陈母李太夫人行状》复云:"临终之日,神明不乱,正席起坐如平时。不孝树年、宝箴暨诸孙、曾孙等亲视含殓。劻惟侍奉无状,罪孽深重,呼天抢地,百死莫赎。徒以灵榇未归,窀穸未就,不得不苟延残喘,匍匐终事。"(同前,第 1865 页)再如陈三立《诰封一品夫人先妣黄夫人行状》:"夫人遽以十二月十八日卒,享年六十有六。逾三日,不孝始返视含敛。呜呼!天殆欲暴不孝罪恶于人世邪?何其酷邪!"(见陈三立著、李开军校点《散原精舍诗文集(增订本)》中册,上海古籍出版社 2014 年版,第 839 页)《皇授光禄大夫头品顶戴赏戴花翎原任兵部侍郎都察院右副都御史湖南巡抚先府君行状》则云:"不孝不及侍疾,仅乃及袭敛。通天之罪,锻魂剉骨,莫之能赎。天乎!痛哉!……不孝既为天地神鬼所当诛灭,忍死苟活,盖有所待。"(同前,第 855-856 页)

《陈寅恪诗笺释》六题 [*]

胡文辉君的《陈寅恪诗笺释》(以下简称《笺释》),从打印稿算起,在前后近六年的时间里,我先后研读了三遍。六年前(2004年),承文辉不弃,约我为《笺释》作序。既已佛头着粪在先,索性狗尾续貂于后,三次校读的所见所感似不得不书。

---

* 原刊于《中国文化》2010年春季号(总第31期);后收入张求会著《陈寅恪丛考》,浙江大学出版社2012年版,第107–128页。2022年2月25日补案:胡文辉著《陈寅恪诗笺释》,目前计有两个版本:广东人民出版社2008年初版(又有软精、精装两种),2013年增订版。本文所评论者为初版软精本(有插图),对于初版精装本(无插图)则不涉及。鉴于胡著增订本有较大变化,这次修订旧文,我增添了四处脚注,对前、后两版胡著进行了选择性的细节比较(也因为四处增订皆与拙文有关),以期由小见大,表彰作者精益求精的治学态度,赞赏众多读者积极认真的参与精神。2024年11月10日再案:胡著增订本于2024年10月完成第6次印刷,内容又有修订,但与本文相关的四处增订并无变化,故本文仍以增订版首印本(2013年4月第2版第1次印刷)作为讨论的依据。

后出转精,得总其成

《笺释》不是畅销书,但堪称成功之著。张旭东先生评价说:"这是 2008 年所读书中最喜欢的一本。"[1] 心同此想的读者应该不在少数。

像许多明眼人一样,张旭东君也看出了笺释陈诗的先行者余潜山先生对于文辉的影响,他说:"胡文辉对潜山余氏相当佩服,这在整本书里都看得出。"[2] 文辉本人在获得"《南方周末》2008 年度好书(非虚构类)提名奖"的感言里是这样说的:"我不避自夸,借红学史打一个比方:余先生的《陈寅恪晚年诗文释证》就有如胡适的《红楼梦考证》,而我的书或可比周汝昌先生的《红楼梦新证》;余著的开创意义,也像《红楼梦考证》在红学史上一样,是无法超越的。"[3]

文辉此言,再次表达了对于"首先树立了范式,使寒柳堂诗成为真正的学术课题"的余先生的敬重。[4] 罗韬先生在为《笺释》作序时,则将余、胡二人对这一学术课题的贡献进行了概括和比较:"自潜山余氏以义宁解钱柳之法,还治其

---

1 张旭东《传心岂无后来人》,载 2009 年 1 月 14 日《中华读书报》。

2 张旭东《人间幸有未削书:〈陈寅恪诗笺释〉读后》,载《博览群书》2009 年第 3 期。

3 胡文辉《挖掘陈寅恪的心灵史》,载 2009 年 2 月 19 日《南方周末》。

4 胡文辉《挖掘陈寅恪的心灵史》,载 2009 年 2 月 19 日《南方周末》。

诗，拈出今典，铁函乍发，石破天惊。余氏之胜，在内证法，善以义宁之书证义宁之诗，辨其寄托，启后来无尽门径。此后解人继起，聚讼纷纭，而文辉后出，加其邃密，得总其成。遍征当年载籍，补孤文单证之偏，纠穿穴悬揣之失，言必有征，证必多例，可谓以乾嘉之法诂今典。"[1] 罗先生是极具岭南特色的学术通人，仅就此序而言，"加其邃密，得总其成"洵为公允之论。

这就引发了一个不少人极为关注的话题：余潜山先生是怎么看待《笺释》的？

2008 年 10 月，我辗转收到一封电子邮件，引述的恰是余先生在一份传真里对《笺释》的极高评价。虽然我十分愿意披露这些评语，但出于对余先生等人的尊重，暂时只能放弃这个念头。不过我相信，这份传真终有面世的一天。[2]

笺释陈诗犹如攻坚破密，余先生"筚路蓝缕于前"，文辉君"得总其成于后"，[3] 虽各有微疵，但瑕不掩瑜，皆可藏之名山。胡著幸而刊布，余著"标签"犹存，假以时日，这

1　罗韬《〈陈寅恪诗笺释〉序》，见胡著《陈寅恪诗笺释》，卷首，"序一"，第 2 页。

2　参阅余潜山《陈寅恪研究的反思和展望》，载 2011 年 1 月 16 日《东方早报·上海书评》。2022 年 5 月 20 日补案：潜山余氏已归道山（2021 年 8 月 1 日），希望这份传真还在，还有被公布的那一天。

3　张旭东《传心岂无后来人》，载 2009 年 1 月 14 日《中华读书报》。

两部不一般的著作当能聚首于神州。之所以殷殷寄望于未来者,因为其价值绝不仅仅局限于陈诗笺释这一课题,更大的意义在于二书均可谓从旧体诗中挖掘现代知识分子心灵史的成功范本。

旧方法的新成果

《笺释》成功的首要原因,是忠诚地实践了以诗史互证、古今交融、显隐并重、内外兼顾为主要表征的"旧方法"。所谓"旧方法",既可以远溯到罗序所称"乾嘉之法",也可以追踪到余先生首倡的"以陈释陈"。余先生在为《陈寅恪晚年诗文释证(增订新版)》而写的《书成自述》中,曾对"以陈释陈"有过这样的解释:

> 历史研究并不是从史料中搜寻字面的证据以证成一己的假说,而是运用一切可能的方式,在已凝固的文字中,窥测当时曾贯注于其间的生命跃动,包括个体的和集体的。这和陈寅恪所说藉史料的"残余片断以窥测其全部结构"(《金明馆丛稿二编》,页二四七),虽不尽同而实相通。如果我当初从他的劫馀诗文中所窥见的暗码系统和晚年心境,居然与历史真相大体吻合,那么上面

所提示的方法论至少已显示了它的有效性。在中国现代史学家中，陈寅恪是运用这一方法论最为圆熟的一位先行者。我曾一再说过，我尽量试着师法他的取径，他怎样解读古人的作品，我便怎样解读他的作品。从这一点说，这本书不能算是我的著作，不过是陈寅恪假我之手解读他自己的晚年诗文而已。[1]

再看文辉在《笺释·后记》中的自述：

　　这部笺释，主要做了三个层面的工作：一，说明陈诗的传抄和著录情况，网罗相关人物的交游资料，以确定诗作的基本语境；二，在通释古典的基础上，特别用力于今典（本事）的理解，力求揭示其微言大义及时事背景；三，尽量引证同时代人（尤其是同时代的学人）的原始文献，作为旁证或对照，形成专题化的考释，以期深化对现代中国相关政治、文化事件的认识。由于诗是一种私人性的历史文本，因而我特别重视引用诗词、日记及回忆录这类同等性质的史料，与陈诗相互印证，以阐发陈诗的思想意蕴和历史背景。可以说，我的野心

---

[1] 余潜山《书成自述》，见余著《陈寅恪晚年诗文释证（增订新版）》，台湾东大图书股份有限公司1998年版，《书成自述》，第15页。

不仅是阐释陈氏一人的内心世界,也期望藉此以进入他们那一代人共通的内心世界。[1]

两相比照,一脉相承的痕迹十分清晰。

当然,方法论的正确并不足以保证结论的准确无误,能否有效使用先行先试者累积的文献和成果,既是对后来者在眼光和手段上的考验,也是最终收获大小不一、识见高低不齐的区别所在。按照常理,学如积薪,后来居上。不过,文献积累倘然沦为知识负担,前人成果假若变成技术瓶颈,那还不如白手起家、另起炉灶。因为"后出转精,愈加邃密,令人叹服"固然可喜,[2] 但"因袭旧说,重蹈覆辙,令人叹息"也并非不可能。

两大优势:天赋与勤奋

《笺释》成功的第二个原因,可以归结为作者的两大优势:一是天赋,二是勤奋。

"天赋"之说,原本有玄虚的成分,倒不如说敏锐的直

---

1 胡文辉《陈寅恪诗笺释·后记》,见胡著《陈寅恪诗笺释》下卷,第 957 页。
2 张旭东《传心岂无后来人》,载 2009 年 1 月 14 日《中华读书报》。

觉和深刻的理解力。我知道羊城有个胡文辉，还是 2001 年
的事。文辉买了一册我的小书《陈寅恪的家族史》，[1] 可能觉
得有些意思，就主动给我写了封信，自此订交。从此至今，
我们一直围绕着陈诗笺释以及义宁陈氏家族研究在资料上互
通有无。文辉治学的范围远较我宽广、深入，即便是"陈学"
研究，往往也是他给予我的帮助更多、更经常。我后来归纳
的差距之一，便是他读书既快又多，常常在我尚未起步时就
已经产生了灵感，得出了悟解。看来，鄢烈山先生将袁伟时
先生、林贤治先生和文辉并称为广州老中青三代"好学深思
的读书人"之代表，[2] 的确很有道理。

就《笺释》中那些难度很大的诗篇而言，因为有了对于
新、旧材料不间断的追踪和吸纳，加上好学深思所形成的不
一般的领悟和分析能力，所以无论是剥丝抽茧、钩隐发微，
还是辨伪纠误、去芜存菁，文辉每有左右逢源、豁然贯通之
乐也就不足为奇了。

据文辉自述，早在笺释陈诗之前，因为受同事罗韬的
"刺激"，已经开始学做旧诗。有那么一段时间，每天乘坐楼
巴上下班便是他研习诗艺的时段。经常唱和、请益的，除了
罗韬，好像还有刘斯翰先生等。有一回一起吃饭时，我请太

1　张求会著《陈寅恪的家族史》，广东教育出版社 2000 年版。
2　鄢烈山《我最敬佩的好学者》，载 2009 年 10 月 1 日《南方周末》。

太抄得一首他的打油诗：

> 血压高时意气平，偶然啤酒几杯倾。
>
> 搔头渐变地中海，执手敢生婚外情？
>
> 费力费钱为书累，无官无党故身轻。
>
> 楼盘处处家何在，笑向旁人夸洛城（自注：珠江南岸洛溪新城小区）。

　　认识文辉的人，一眼便能看出这是他的"自画像"。倘有读者对文辉的旧体诗感兴趣，不妨找全《南方都市报》2007 年至 2009 年连载的《现代学林点将录》，[1] 将每一则篇末的七绝品评一番。不谙诗词之道如我辈者，或许可以从文辉自修的历程中找到研治旧学的门径。[2]

　　说到勤奋，除了一般意义上的焚膏继晷之外，文辉的过

1　此专栏的系列文章，后结集成《现代学林点将录》，2010 年由广东人民出版社出版。

2　胡文辉《陈寅恪诗笺释·后记》有云："对我而言，笺释陈诗虽说是一个研究过程，实在也是一个学习过程。"见《陈寅恪诗笺释》下卷，第 958 页。2022 年 2 月 25 日补案：《陈寅恪诗笺释·增订本后记》另有陈述："我是通过笺释寒柳堂诗，才进入了诗学这个领域。……也可以说，若非寒柳堂诗的特殊内涵，若非对寒柳堂'心史'的学术热情，我是不会进入诗学这一领域的。"见《陈寅恪诗笺释（增订本）》下册，第 1243 页。另，胡文辉的微信公众号"历史的擦边球"持续推出原创旧体诗，有兴趣者不妨关注。

人之处还在于对书的痴迷。论及搜书之广、购书之狂、藏书之富，同辈中甚为罕见，我曾笑言他是以一己之力与图书馆相抗衡。"自我撰写本书以来，上网抢购旧书、复印资料已成为日常生活的一部分"是他自己的说法，[1] 其中的苦与乐，恐怕也只有他冷暖自知。

重史料，更重悟解

　　长年的阅读和思考使得文辉的学养逐渐广博、深厚，确保他在笺释陈诗时既不违背古典今情，又能彰显重史料尤重悟解的学术风格。姑且举一个例子——

　　寅恪先生作于 1927 年的《王观堂先生挽词（并序）》，无疑是笺释的难点兼重点之一。"依稀廿载忆光宣，犹是开元全盛年。海宇承平娱旦暮，京华冠盖萃英贤"这四句，在字面上将清末的光、宣两朝比作盛唐的开元时代，颇令论者置疑。黄宣民、高阳、王季思、李锦全、傅璇琮诸先生在不同时期都作过不同解释，文辉的释证是这样的：

1　胡文辉《陈寅恪诗笺释·后记》，见胡著《陈寅恪诗笺释》下卷，第960页。

陈诗此处的历史比拟之所以难解，既有观念原因，也有修辞原因。一方面，陈氏出于遗老遗少的立场，确认为清朝的末世犹胜民国的新局；陈氏1945年《读吴其昌撰梁启超传书后》云："自戊戌政变后十余年，而中国始开国会，其纷乱妄谬，为天下笑……盖验以人心之厚薄，民生之荣悴，则知五十年来，如车轮之逆转，似有合于所谓退化论之说者。"1964年《赠蒋秉南序》又云："清光绪之季年……朝野尚称苟安，寅恪独怀辛有索靖之忧，果未及十稔，神州沸腾，寰宇纷扰。"可见陈氏以为光宣之际，"朝野尚称苟安"，也即诗中所称"海宇承平娱旦暮"；而入民国以后，反而乱象相续，每况愈下。

另一方面，陈氏以史学为业，当然不可能真以光宣末季可比开元盛世，此处不过是修辞的夸张。因为杜甫是在安史之乱后回忆战乱前的开元，而陈氏用杜诗，也不过是特别强调，在辛亥之乱后回忆动乱前的光宣，亦有如太平盛世耳。

况且，此诗所哀挽的对象是忠于清室的遗民，辞气自然力求贴近、吻合死者本人的心理，故下笔不免有旧式颂扬的套语。如下文又有句云："生逢尧舜成何世，去作夷齐各自天。"以伯夷、叔齐称王国维自然合适，但光绪、宣统又何足以当尧舜之圣？这不过是未能免俗的成语熟典耳。[1]

上引第一段，另有一条长达 900 余字的注释与之配套，以孙中山、梁漱溟、章太炎、李宗仁等同时代人的言论作为旁证，说明"当时持这类观点者不在少数"。[2]

第二段则辅以近 500 字的另一条注释，撷取陈氏《魏书司马叡传江东民族条释证及推论》初刊本之题记、《柳如是别传》第三章之片段，以陈文释陈诗：

> 陈氏将抗战前夕称为"太平盛世"，将明代末季的崇祯一朝称为"犹是开元全盛之日"，其修辞方式皆与《挽词》一贯；尤其"犹是开元全盛之日"，更与"犹是开元全盛年"的用辞无异。陈氏在此只是强调，比之抗战时期，战前已可算盛世；比之李闯之乱及满清入关后的南明时代，崇祯朝已可算盛世。[3]

我再三研读此节，叹赏之余，忍不住于书眉、书脚留下感言：

1　《陈寅恪诗笺释》上卷，第 50–52 页。
2　《陈寅恪诗笺释》上卷，第 51 页。
3　《陈寅恪诗笺释》上卷，第 51 页。

"旦暮"已极言承平苟安之短暂，然较之"纷乱妄谬"，不正如开元盛世一般令人向往？短则短矣，尚有娱人之处，较之乱象迭出之长而不休，孰优孰劣，不言而喻矣。高、王、李、傅诸公，强不知以为知，未免小觑了陈氏。

陈氏亦有难以免俗之处，行文行事皆有。难免一俗方为真。

以陈释陈，有说服力。用意、用辞，两相重合，无独有偶。陈氏"可谓"二字紧要！胡氏"可算"二字亦好！

所引人物之身份、故实，均与今事贴切。上下文辞义贯通。

还是罗韬对文辉的释证概括得更好：

考史注诗，当通会之际，乃臻尚友斯人之境界。义宁所谓："与立说之古人，处于同一境界，而对于其持论所以不得不如是之苦心孤诣，表一种之同情，而无隔阂肤廓之论。"庶几近之矣！[1]

---

[1] 罗韬《〈陈寅恪诗笺释〉序》，见胡著《陈寅恪诗笺释》，卷首，"序一"，第2页。

理正词直，诚实无欺

《笺释》成功的最后一个原因，是学术品德的超群脱俗。无论衡之以传统史学的"史德"，还是量之以现代学术研究的"职业操守"，此书都毫无愧色。

对于笺释陈诗，文辉是如此的郑重其事甚至是高尚其事，所以才会时时表现出一种理正词直的批评姿态：

其一，直指讹舛，不留情面。

比如说，《笺释》指出，高阳先生对"越甲未应公独耻"一句（《挽王静安先生》）的解释，置陈诗及其自注于不顾，"纯属无中生有，可以不论"。[1]

针对胡晓明先生将"江东旧义"和"树新义"理解为学术取向，认为"旧义"是指坚持传统文化立场，而"新义"是指疑古及西化的学术新潮观点，文辉认为"未免推衍过当"。[2]

即使是对余先生的某些提法，《笺释》也一样直陈得失，丝毫不假颜色。比如认为余先生对"今生事业馀田舍，天下英雄独使君"（《寄傅斯年》）二句的解读"求之太深，不合

---

1 《陈寅恪诗笺释》上卷，第31页。
2 《陈寅恪诗笺释》上卷，第168—169页。

情理"。[1] 又如:"陈氏在《柳如是别传》中引录钱氏文,并特别说明'侮食相矜,左言若性'典出王融《三月三日曲水诗序》;余潜山已特别指出此点,但未发掘'侮食'原典,并误以为'侮食'即乞求生计之意。"[2] 同样如实道来,毫不含糊。

其二,集思广益,诚实无欺。

聊举数例,以见一斑:

> 友人冯永军谓此用《梁书·曹景宗传》"闲置车中,有如三日新妇"语。[3]
>
> 此说朱新华首先指出。[4]
>
> 胡晓明已有此说。[5]
>
> 余潜山首先据陈文解释此处用典。[6]

我间接看到余先生对《笺释》的评语之后,有感于学界中人的种种表现,曾在《笺释》某页写下这样一段话:

1 《陈寅恪诗笺释》上卷,第38页。
2 《陈寅恪诗笺释》上卷,第418页。
3 《陈寅恪诗笺释》上卷,第2页。
4 《陈寅恪诗笺释》上卷,第29页。
5 《陈寅恪诗笺释》上卷,第37页。
6 《陈寅恪诗笺释》上卷,第353页。

胡著可传之处，不尽在处处"首发"，而在于处处如实道来、字字讲究依据。敬人者，人恒敬之。不偷不抢，虽为底线，于今观之，已如道德高地，常人难以企及。

文辉的本职是报社编辑，从来不是什么学界人士，做学问只是业余爱好。圈外人的身份，注定了他只能做"学痴""学迷"，而做不成"学霸""学阀"；只能自信自豪自负，而没有机会狂妄自大。恰恰是这种"圈外人"的身份，让他有自定的持守而无"小圈子"的禁忌，学术个性反而得以保全和凸显——这也算是一种幸运吧。

匡补工作不容忽视

1. 对相关史料的收集也会有百密一疏的情形

《笺释》最受人称道之处，便是史料的广收博采。陈引驰先生对此"特别赞赏"；[1] 刘铮先生称许《笺释》的成果"丰硕得超乎想象"，充分肯定作者"竭泽而渔式的历史证据搜集热情"；[2] 徐贲先生则引述了他人的评论——"旁征之博，

---

1 陈引驰《虽不中亦不远：评胡文辉著〈陈寅恪诗笺释〉》，载 2008 年 11 月 11 日《东方早报·上海书评》。

2 刘铮《陈寅恪未完》，载 2008 年 12 月 7 日《南方都市报》。

考订之精，发覆之多，令人叹为观止"，[1] 对此也表达了激赏之情。

　　然而，史料的收集从来难以穷尽，只能最大限度地接近。一方面，有没有新材料，新材料什么时候出现，往往无法预测；另一方面，即便是比较熟悉或经常使用的材料，也会因为各种原因失之眉睫。陈引驰先生就根据文辉常用的《吴宓日记》，对于"导致陈寅恪先生最后失明的视网膜脱落，究竟在何时"这一细节作了补正。[2]

　　又比如，文辉在考证寅恪先生 1949 年去留问题时大展拳脚，几乎囊括了全部有价值的材料，并据此成功破解了这一历史悬案。不仅如此，《笺释》于 2008 年 6 月出版后；文辉又根据同年 11 月出版的《陈君葆书信集》披露的新材料，[3] 撰成《陈寅恪 1949 年去留问题及其他》一文，十分自信地宣告："关于陈氏的去留问题，我以为已尘埃落定，不必再作争执了。"[4]《笺释》此节以及文辉后作之文，我均深以为然、深表钦敬，认为既能当作文辉悬为鹄的的"专题化考释"之

1　徐贲《在过去和现在之间写作》，载《随笔》2009 年第 3 期。

2　陈引驰《虽不中亦不远：评胡文辉著〈陈寅恪诗笺释〉》，载 2008 年 11 月 11 日《东方早报·上海书评》。

3　谢荣滚主编《陈君葆书信集》，广东人民出版社 2008 年版。

4　胡文辉《陈寅恪 1949 年去留问题及其他》，载 2009 年 5 月 24 日《东方早报·上海书评》。

代表，又能为笺注其他现代知识分子旧体诗的同道提供一个绝佳范例。

尽管如此，也还是有文章可做。2009 年国庆假期，我第一次读到王晴佳先生发表于 2005 年的一篇论文《陈寅恪、傅斯年之关系及其他——以台湾中研院所见档案为中心》，[1] 发现与陈寅恪先生去留问题大有关联。随即遍检胡著与胡文，却始终找不到王先生的名字。王文以台湾中研院史语所、近史所"傅斯年档案"和"朱家骅档案"之有关信件为基础展开探讨，内容之一是探究陈寅恪与傅斯年之间的"微妙关系"。王先生认为，自 20 世纪 30 年代末期开始，陈、傅之间的关系曾一度十分紧张，这既与傅的"学霸"作风有关，也与陈追求学术独立的立场有关。"从中，我们亦可看到陈寅恪 1949 年决定去留大陆的一个因素。"王文特别引用了"朱家骅档案"所藏傅斯年 1949 年 5 月 28 日给朱的一封回信，内云："关于陈寅恪先生入境手续，因其属于历史语言研究所，自当照办。"王文推测："从信的口吻来看，似乎有人询问朱家骅，如果陈寅恪想到台湾，是否可办入境手续，而朱向傅斯年咨询。而且，似乎询问的人并不是陈寅恪本人，因为如果是他本人，傅斯年的口气就不会如此'公事公

1　王晴佳《陈寅恪、傅斯年之关系及其他——以台湾中研院所见档案为中心》，载《学术研究》2005 年第 11 期。

办'。而且，傅的口吻，似乎还有不甚相信此事是真的迹象。当然，这种怀疑也是情有可原的，因为傅斯年在这以前，曾多次催促陈一家到台湾而未成。如此看来，这个询问如何办理赴台手续的人，很可能是陈夫人。"朱、傅通信的时间背景在王文虽未点明，但值得引起重视：《台湾戒严令》（正式名称为《台湾省警备总司令部布告戒字第壹号》）自 1949 年 5 月 20 日零时起在台湾全境实施。因此，我猜测文辉应该没有看过王文，否则，他不可能放弃这些重要材料或线索。[1]

2. 某些判断或结论还有进一步商榷的余地

举例来说，陈诗《吴氏园海棠二首》之一（作于 1935 年）的寓意，文辉解读为"以海棠移植后红色转淡比喻共产主义赤潮的低落"，[2] 张旭东先生对此并不认同。张先生的理由有三条。第一，"此诗为两首，第二首只字不提'共产主义运动'；且陈氏因'共产主义赤潮的低落'而'此生遗恨塞乾坤'也不可解"。第二，"陈先生诗多有自注"，"'吴妆'云云看似平常，但若解作'中国画手法'则是僻典。按照陈先生的习惯，若真是此意，当出注"。第三，"此诗是早期诗

1　2022 年 2 月 25 日补案：《陈寅恪诗笺释（增订本）》（上册，第 453 页）正文已补入一句："今存傅斯年以史语所名义致台湾省警备处电报，为陈氏一家申请赴台入境证，亦可证陈氏至少曾作赴台的准备。"相应添加了一条页下注。

2　《陈寅恪诗笺释》上卷，第 104 页。

作"，"应当并无那么深的意思"。张先生还说："《笺释》作者又从此出发，认为凡是带有红色信息的字眼多解作与中共有关，如'霞''绛都''赤县''朱'等，有的很有道理，有的则未必，这还是犯了要建立'系统'的错。似是但不确的地方若能全删掉，则严谨性会大大增强，此类地方应当舍得割爱。"[1]

据我了解，文辉也不以"过度阐释"为然，因此张先生认为文辉有意建立"系统"，可能有些冤枉他。诗无达诂，难以定论，但这些不同声音至少值得关注。

我自己对于古典今情都不甚了然，只能就关涉义宁陈氏家族的一些史料以及由此而来的某些判断发表一点浅见：

陈先生 1957 年诗《答王啸苏君（三绝句）》之三专咏湖南旧事："望断衡云六十秋，潭州官舍记曾游。死生家国休回首，泪与湘江一样流。"首句之"六十秋"，似虚而实——戊戌（1898 年）政变，寅恪先生随祖、父离湘返赣，至此正好"六十秋"。文辉所解甚是。[2] 随后，文辉将第二句释为"疑指陈氏 1917 年秋寓居瞿鸿禨旧官宅事"。[3] 依据有二：一为

---

1 张旭东《人间幸有未削书：〈陈寅恪诗笺释〉读后》，载《博览群书》2009年第 3 期。
2 《陈寅恪诗笺释》下卷，第 690 页。
3 《陈寅恪诗笺释》下卷，第 691 页。

1951 年陈诗《寄瞿兑之》首句"独乐园花入梦秋"之自注:"丁巳秋客长沙,寄寓寿星街雅礼学会,即文慎公旧第也。"[1]一为该诗第四句"家国沉湘总泪流"之遣辞、用意,均与 1957 年诗三、四句相同,"恰可互证"。[2] 我认为,文辉此解似是而非。

　　此诗所咏,实为义宁陈氏数代人家国痛史之重要一环——湖湘旧情。第二句之"潭州官舍",似应指寅恪先生之祖陈宝箴巡抚湖南时的官舍。陈隆恪先生 1916 年有诗《长沙将见六弟于旧抚署,计侍先祖去此二十年矣。抚念今昔,怆然有赋》,[3] 1946 年又有诗《题五十年前余九龄时,与六、七两弟,康、九两妹,于长沙抚署后园"又一村"摄影》。[4] 两诗所言"六弟",均指寅恪先生。陈小从女士(隆恪先生之女)追述庭闻时亦有云:"'又一村'为巡抚衙门后花园,规模宏敞,颇饶泉石花木之胜。"[5] 均可作为旁证。此外,寄寓瞿宅,事在丁巳(1917 年),距离做诗的 1957 年,只有"四十秋",如此一来,"六十秋"难免落空。其实,1951 年诗,因长沙籍世交瞿兑之而生发家国旧情;1957 年

1　《陈寅恪诗笺释》上卷,第 425 页。
2　《陈寅恪诗笺释》上卷,第 426—427 页。
3　陈隆恪著、张求会整理《同照阁诗集》,中华书局 2007 年版,第 1 页。
4　《同照阁诗集》,第 249 页。
5　陈小从著《图说义宁陈氏》,山东画报出版社 2004 年版,第 9 页。

诗，因长沙籍学生王啸苏而咏叹兴亡遗恨——二者均为缘事而发之作，虽交叉重叠，但同中有异，不宜以前代后。将文辉的两次释证稍加对照，1951 年诗之考释并无差误，问题似出在释证 1957 年诗时因循了考释前一诗的定势，舍远而求近。[1]

3.在出典（出注）问题上偶尔也会犯糊涂

表现之一是，不必出典（出注）的出了典，应当出典的反而未出典，例如"金钿申申詈未休"一句，解释了相对容易的"詈"，[2] 却没有解释"申申"。不难看出，此处如能引用屈原《离骚》"女婆之婵媛兮，申申其詈予"一句，则最为

---

1 2022 年 2 月 25 日补案："潭州官舍记曾游"一句，《陈寅恪诗笺释》初版本释文如下："潭州，长沙，已见 1939 年《夜读〈简斋集〉潭州诸诗感赋》。'官舍记曾游'，疑指陈氏 1917 年秋寓居瞿鸿禨旧官宅事，已见1951 年《寄瞿兑之》'独乐园花入梦秋'句及自注。"（见初版本，下卷，第 691 页）增订本则调整为："潭州，长沙，已见 1939 年《夜读〈简斋集〉潭州诸诗感赋》。李商隐《潭州》：'潭州官舍暮楼空，今古无端人望中。'陈氏可能有意无意地套用其语。'官舍记曾游'，张求会谓当指陈氏祖父陈宝箴巡抚湖南时的官舍，陈隆恪 1916 年有诗《长沙将见六弟于旧抚署，计侍先祖去此二十年矣。抚念今昔，怆然感赋》，1946 年又有诗《题五十年前余九龄时，与六七两弟、康九两妹于长沙抚署后园又一村摄影》，两诗所称'六弟'即陈寅恪，可作旁证；且陈隆恪 1946 年诗称'五十年前'，而陈氏此诗作于 1957 年，则称'望断衡云六十秋'，亦正相吻合。"（见增订本，下册，第 893—894 页）
2 《陈寅恪诗笺释》下卷，第 616 页。

有效。[1]

表现之二是，少数典故似乎忘了交代出处。如《乙巳元夕前二日，始闻南京博物院院长曾昭燏君逝世于灵谷寺，追挽一律》"灵谷烦冤应夜哭，天阴雨湿隔天涯"二句，[2] 应该源自杜甫《兵车行》："新鬼烦冤旧鬼哭，天阴雨湿声啾啾。"[3]

此处所列，并无冷词僻典。究其缘由，或是一时疏忽所致，或是作者另有考量。典有生熟之分，词有难易之别，笺释者自有处置权。倘能预设某一尺度，比如重生难而弃熟易，或者生熟同例、难易并重，并始终秉持此尺度，显然更合乎规范。

4. 校对不精，留下了一些"硬伤"

比较扎眼的，至少有以下这些：罗振玉的生卒年错成了

1　2022 年 2 月 25 日补案：胡著初版本原作："詈，责骂。"（下卷，第 616 页）增订本已调整为："詈，责骂，张求会指语出《离骚》'申申其詈予'。"（下册，第 801 页）

2　《陈寅恪诗笺释》下卷，第 888 页。

3　2022 年 2 月 25 日补案："灵谷烦冤应夜哭，天阴雨湿隔天涯"二句，前一句之笺释，胡著初版本（下卷，第 888 页）和增订本（下册，第 1151 页）无变化；后一句，初版本无释文，增订本则添补了以下文字："以上两句化用杜甫诗：'新鬼烦冤旧鬼哭，天阴雨湿声啾啾。'"（下册，第 1151 页）

"1966—1940"（生年应为 1866）；[1]"袁昶"误为"袁旭"；[2]
"房陵"本在湖北，误给了"湖南"；[3]杨云史之本名"杨圻"，
误为"杨沂"；[4]《杨幺事迹》的作者误作"宋鼎沣逸民"，实
为"宋鼎澧逸民"；[5]黄节的生卒年错标为"1973—1935"（生
年应为 1873）；[6]"傅斯年"错为"傅斯平"；[7]"公冶长"错成
"公治长"；[8]"湖北恩施"误成"湖南恩施"；[9]"冶城"误为
"治城"。[10]

5. 标题、注释、插图的规范性有待完善

《笺释》为各条释证所取之标题，最受人诟病。陈引驰
先生所称"我觉得笺释者听了一个好朋友的坏建议"，既
"不伦不类"，又平添检索时的"手忙脚乱"。[11]虽属戏谑之语，

---

1 《陈寅恪诗笺释》上卷，第 31 页。2022 年 2 月 25 日补案：经核对，本节
 指出的十处错误，《陈寅恪诗笺释（增订本）》均已改正。为省篇幅，增
 订本改正文字不一一出注。
2 《陈寅恪诗笺释》上卷，第 53 页。
3 《陈寅恪诗笺释》上卷，第 65 页。
4 《陈寅恪诗笺释》上卷，第 126 页。
5 《陈寅恪诗笺释》上卷，第 138、139 页。
6 《陈寅恪诗笺释》上卷，第 376 页。
7 《陈寅恪诗笺释》上卷，第 397 页。
8 《陈寅恪诗笺释》上卷，第 447 页。
9 《陈寅恪诗笺释》下卷，第 671 页。
10 《陈寅恪诗笺释》下卷，第 877 页。
11 陈引驰《虽不中亦不远：评胡文辉著〈陈寅恪诗笺释〉》，载 2008 年 11
 月 11 日《东方早报·上海书评》。

却颇为中肯。尽管张旭东先生对此极有限度地表示认可，认为“此举亦有一点好处”，如“拒绝拜年”一题，[1] 能于一般读者不留意处揭示主旨，故赞赏为“真能点睛”。[2] 但总体而言，此举可谓问题远多于好处：一来以偏概全，以一标题统摄全部内涵往往并不贴切；二来笺释者自身把握不准的话，难免有误导读者之嫌。

文辉在征引他人著述时，有些作品的信息（如编著者、出版社、出版年份等）并没有做到每次都在首次被征引时予以介绍。比如张杰、杨艳丽选编《追忆陈寅恪》以及钱文忠编《陈寅恪印象》二书，首次在第 16 页脚注出现时，只有书名、出版社、出版年份，偏偏漏了编者姓名，分别迟至第 27 页、第 35 页才第一次现身。另一种情形则是前已标明编著者、版次等，其后再次征引时又重复标明，如第 19 页《柳如是别传》的版次“三联书店 2001 年版”，已首见于第 2 页，完全可以承前省略。细究起来，此类瑕疵恐为数不少。

软精本《笺释》的绝大多数插图起到了丰富内容、愉悦读者的作用，值得肯定。比如，在笺释《阅报戏作二绝》“石头记中刘老老，水浒传里王婆婆”二句时，作者首先配

1　“拒绝拜年”，实为“谢绝拜年”。见《陈寅恪诗笺释》下卷，第 812 页。
2　张旭东《人间幸有未削书：〈陈寅恪诗笺释〉读后》，载《博览群书》2009 年第 3 期。

上一幅吴稚晖的肖像，¹ 随后插以"将吴稚晖比作刘姥姥的漫画"，² 阅之令人解颐，又不得不信服于所作推论。再如，《甲申春日谒杜工部祠》"一树枯楠吹欲倒，千竿恶竹斩还生"句化用杜诗"恶竹应须斩万竿"，文辉出典之余，又称"然而杜甫草堂内正有翠竹无数"，³ 前一页已配以"杜甫草堂旧影"，⁴ 虽为黑白照片，依然可见竹林丛立，正可提供佐证，其用意不仅在增添视觉趣味。

个别插图的文字说明则小有讹误。如"赫尔利在延安会见毛泽东"，⁵ 显然是主宾颠倒。"1904 年，陈寅恪、衡恪（师曾）、隆恪三兄弟合影于日本"极易误解，⁶ 不如改为"陈氏兄弟 1904 年合影于日本。自左至右：陈隆恪、寅恪、衡恪。"

据广东人民出版社 2008 年 11 月 20 日所作声明，《笺释》再版时，"将以繁体字版印行"。⁷ 我的感觉是喜忧参半，或者说忧大于喜——因为单单是简体转繁体，就够让人头疼的了。衷心希望《笺释》的作者和责任编辑能够更加仔细地校订，也热诚盼望读者诸君能像广东潮州退休中学教师李来涛

1　《陈寅恪诗笺释》上卷，第 88 页。

2　《陈寅恪诗笺释》上卷，第 89 页。

3　《陈寅恪诗笺释》上卷，第 189 页。

4　《陈寅恪诗笺释》上卷，第 188 页。

5　《陈寅恪诗笺释》上卷，第 231 页。

6　《陈寅恪诗笺释》上卷，第 280 页。

7　广东人民出版社《出版声明》，载 2008 年 12 月 7 日《南方都市报》。

先生那样施以援手（李老师通过出版社转给文辉一封信，对《笺释》提出了不少补充意见），携手将此书打造成真正的精品——因为陈先生的诗不仅是其"一生精神命脉所在"，"也是中国文化之灵魂的所寄托"；[1] 笺释陈诗也不仅是某个人或某些人的事，而应成为全体读书识字者的共同使命。

补记：

2023 年 8 月，经李开军博士推荐，山东大学杜泽逊教授命我撰写《中华三千年文学通史》"陈寅恪"一章。为完成任务，再次研读陈寅恪诗笺注各稿，仍有新收获。而余潜山、胡文辉被公推为两代"寅恪之功臣"。[2] 天道人心尚存，最感欣慰。

---

1 蒋天枢先生语，见蒋先生 1980 年 10 月 24 日致陈小从函，详张求会《蒋天枢致陈小从未刊信札辑注》，载《中国文化》2018 年春季号（总第 47 期），第 195 页。

2 可参阅以下文献：冯永军著《当代诗坛点将录》，华东师范大学出版社 2011 年版，第 9-11 页；刘季伦《陈寅恪〈王观堂先生挽词并序〉诗笺证稿》，载《东岳论丛》2014 年第 5 期；彭玉平《以一诗掩一书——陈寅恪〈王观堂先生挽词并序〉笺证源流论》，载《江淮论坛》2020 年第 5 期。

往事如烟耐追摹 *

最近，陈寅恪先生的三个女儿推出了一本回忆录——《也同欢乐也同愁：忆父亲陈寅恪母亲唐篔》（以下简称"回忆录"）。作者在后记里表明了写作原则："尽量做到真确，不误导读者"；"竭力叙述亲历、亲见、亲闻的事件"；"对有些事件，努力查找旁证，且力求不取孤证"。[1] 这样一种严谨

---

* 原刊于 2010 年 6 月 13 日《南方都市报》；后收录于张求会著《陈寅恪丛考》，浙江大学出版社 2012 年版，第 129-137 页。本次修订，文字有增有改，最重要的一处变动是将"蒋湘泽"改正为"蒋相泽"。

1 见陈流求、陈小彭、陈美延著《也同欢乐也同愁：忆父亲陈寅恪母亲唐篔》，生活·读书·新知三联书店 2010 年版，第 300、301 页。

的态度，决定了此书最出彩的不是一个个细节描写，而是史料的"弥补与佐证作用"。[1] 至于将两首七绝误断为一首七律之类的瑕疵，[2] 固然遗憾，但尚不足以影响全书的整体价值。

披露新鲜而可信的史料

"回忆录"披露了一些新鲜而可信的史料。最典型的要数哈佛大学教授查尔斯·R·蓝曼（Charles Rockwell Lanman，1850—1941）1921 年 2 月 17 日写给校长罗威尔（Abbott Lawrence Lowell，1856—1943）的一封信。蓝曼在信中称许陈寅恪和汤用彤是"精神高尚而且抱负不凡的人"，深信"他们两人都对中国的前途会有卓越的贡献"，[3] 这大概是陈寅恪早年获得的最高褒扬。虽然原信只有汤用彤的英文全名（Yung—Tung Tang），而对陈寅恪的介绍只是"Tschen

---

1　"回忆录"，第 301 页。

2　陈三立《十月二十七日，江南派送日本留学生百二十人登海舶，隆、寅两儿附焉，遂送至吴淞而别，其时派送泰西留学生四十人亦联舟并发，怅望有作》实为两首七言绝句（详《散原精舍诗》，商务印书馆 1922 年版，卷上，页九十六至九十七），"回忆录"误作"七律一首"（详第 26 页）。2022 年 2 月 26 日补案：可参阅陈三立著、李开军校点《散原精舍诗文集（增订本）》上册，上海古籍出版社 2014 年版，第 138–139 页。

3　"回忆录"，第 32–34 页。

from Shanghai",难免令人心生疑窦,但根据陈氏姐妹的考证,完全可以确认该陈姓(Tschen)研究生就是陈寅恪。[1]

"回忆录"释疑解惑,为一些判断或推测提供了佐证。

陈寅恪留德期间曾写过一封很有名的信——《与妹书》,"论及自己的治学志向,付以买书的重托"。[2] 这封信到底是写给三个妹妹中的哪一个呢?"回忆录"第一次给出了明确的答案:此信的受主是当时尚待字闺中的陈新午。[3]

陈寅恪三个女儿名字的由来,外界多有推测,"回忆录"于此也有回应:流求之名,得于台湾的古称,直接起因则是流求出生前不久,陈寅恪在古董店里淘到唐景崧使用过的"福建台湾巡抚关防"长方大印;小彭之名,"隐喻澎湖列岛";美延之名,由祖父散原老人取自《荀子·致士》:"得众动天,美意延年。"[4]

---

1 "回忆录",第 34 页注释 1。案:关于陈寅恪在哈佛的学习经历以及蓝曼(兰曼)与陈寅恪的师生关系,最新的研究成果见林伟《陈寅恪的哈佛经历与研习印度语文学的缘起》,其中第三节专门论述"兰曼对陈寅恪的评价与师生情谊",林文载《世界哲学》2012 年第 1 期。2022 年 2 月 26 日补案:2011 年 12 月,笔者在北京与林伟见面,林伟告知,他曾将在哈佛大学访获的资料寄赠陈美延。

2 "回忆录",第 42 页。

3 "回忆录",第 42 页。案:另承陈流求、陈美延二女士 2010 年 5 月 18 日面告,当时康晦、安醴两位姑姑已经出嫁,待字闺中的九姑(新午)一直掌管家中的"财权"。

4 "回忆录",分见第 66、69、70 页。

又比如，陈寅恪的学生梁嘉彬曾回忆："寅师授课，创见（Discovery）极多，全非复本（Reproduction）。"[1] 这一判断也在三姐妹的回忆中找到了佐证："在我们长大后，父亲多次对我们说过，即使每年开同以前一样的课程，每届讲授内容都必须有更新，加入新的研究成果、新的发现，绝不能一成不变。"[2]

与其他文献相互补充、比勘

"回忆录"还可以与其他文献相互补充、比勘。

"回忆录"叙述 1946 年冬由南京返清华的过程，颇为详尽真切。[3] 而《陈寅恪先生编年事辑（增订本）》只有一句话："冬十月，自南京转沪，由海道返清华。"[4]《陈寅恪先生年谱长编（初稿）》同样也是一句话："十月，先生自南京至上海，

---

1 梁嘉彬《陈寅恪师二三事》，原载《谈陈寅恪》（台北传记文学出版社 1978 年版）。此据"回忆录"转引，第 99 页。

2 "回忆录"，第 99 页。

3 详"回忆录"，第 209—210 页。

4 蒋天枢撰《陈寅恪先生编年事辑（增订本）》，上海古籍出版社 1997 年版，第 140 页。

乘船到天津转北平。"[1] 陈寅恪此次重返清华后，在三名助手的帮助下恢复了授课，"回忆录"的介绍也较其他传记更为翔实。[2]

再举一例。据陈氏姐妹回忆，1951 年父亲的教学助手不辞而别，[3]"母亲担任助手期间，岭南大学文学院蒋湘泽教授等，也曾一度协助父亲教学工作"。[4] 同页脚注有云："蒋湘泽（1916—2006），贵州安龙人，毕业于清华大学，留美博士，归国后任岭南大学、中山大学历史系教授。"[5] 在陆键东《陈寅恪的最后二十年》中，则有这样的文字："程曦离走，也使历史政治学系的老师有机会更多地接近陈寅恪。有时唐筼心脏病发作，系里的老师便临时充当陈寅恪的助手协助陈上课。系里有一位留美博士生曾为陈寅恪读材料抄黑板干了一个多月，竟高兴地说，'能为陈先生读材料真是莫大的荣

1　卜僧慧纂、卜学洛整理《陈寅恪先生年谱长编（初稿）》，中华书局 2010
　　年版，第 238 页。

2　详"回忆录"，第 212–216 页。

3　此教学助手即程曦，"回忆录"（第 265、267 页）略去其姓名，颇见忠恕
　　之道。

4　"回忆录"，第 268 页。

5　"回忆录"，第 268 页注释 1。2022 年 2 月 26 日补案："蒋湘泽"，应作"蒋
　　相泽"，详梁碧莹《师道无价　风范永存——纪念中山大学中美关系史研
　　究奠基者蒋相泽先生诞辰 100 周年》，载 2016 年 11 月 7 日《中山大学报》。

幸'。"[1] 据此可以推断:《陈寅恪的最后二十年》提及的那位"留美博士生",应该就是蒋相泽。[2]

类似这样的相互补充、印证、比勘,无疑能够越来越接近事情的原貌,有助于还原被人湮没的历史情境。

比如,1948 年 12 月 13 日陈寅恪携家人匆忙撤离清华,笔者也基本认同陈氏姐妹的观点——"虽然父亲不久前有去南方的想法,但在这一天如此仓促地离开清华园,纯属临时决定。"[3] 因为就在前一天(12 月 12 日),浦江清到访,好心提醒陈寅恪可以与校长梅贻琦联系,纳入陈雪屏的抢救学人计划,以便顺利南行。陈寅恪感谢之余,表明已与梅贻琦接洽,并劝浦江清也去登记。[4] 倘若陈寅恪已决定第二天南下,还要对浦江清有所隐瞒,那就既不合乎常情常理,也不符合陈寅恪的为人。

---

1 陆键东著《陈寅恪的最后二十年》,生活·读书·新知三联书店 1995 年版,第 60 页;《陈寅恪的最后二十年(修订本)》,生活·读书·新知三联书店 2013 年版,第 56 页。

2 据梁碧莹《师道无价 风范永存——纪念中山大学中美关系史研究奠基者蒋相泽先生诞辰 100 周年》,蒋相泽"1947 年赴美国华盛顿大学(西雅图)攻读博士学位","1951 年 3 月通过博士论文答辩",随即设法返国,任教于岭南大学。

3 "回忆录",第 228 页。案:陈家 1948 年 12 月 13 日从清华园撤离,15 日始与胡适等飞赴南京。详"回忆录",第 228-230 页。

4 浦江清著《清华园日记·西行日记(增补本)》,生活·读书·新知三联书店 1999 年第 2 版,第 246-247 页。

　　但在陆键东笔下，陈家的撤离显得比较从容："虽然带着弱质妻女，自己又是一个双目失明的老人，但陈寅恪这次永别北平，走得还是相对从容。比起胡适，陈寅恪不仅能将全家带出，还能将托运书籍等琐事安排妥当，一些已经写成的手稿还能安然带走无遗落。这显示了陈的一家早已惯于漂泊。"[1]如此措辞，容易引发与事实不合的联想。

　　反过来，"回忆录"中因为种种原因而语焉不详的地方，可以从其他文献或著作中找到部分答案。比如，陈氏姐妹称父亲"不久前有去南方的想法"。这里的"南方"到底应该怎样理解？浦江清1948年12月12日所记陈寅恪原话——"清华在南方还是要慢慢设立的，虽然不一定再用清华大学名义"，[2]或许是他愿意南行的原因之一？

　　《陈寅恪的最后二十年》的解释同样不容忽视：1948年的七八月间，受聘担任岭南大学校长的陈序经，"并没有先到学校，而是在北平、香港等地走了一圈"，"正是在这个时候，陈序经拜会了陈寅恪，并发出了邀请"，"以后的事实证明，陈序经这个盛夏的北平之行，为陈寅恪晚年的人生走向

1　《陈寅恪的最后二十年》，第6页；《陈寅恪的最后二十年（修订本）》，第5-6页。
2　《清华园日记·西行日记（增补本）》，第247页。

埋下了伏笔"。[1]

一个有血有肉的现实人

据女儿们回忆，陈寅恪留学期间养成了爱吃西餐的习惯。青年时代的他曾经典当怀表，与侄儿封怀"在西餐厅大快朵颐，满意而归"；晚年又曾约封怀"去广州沙面吃正宗西餐，兴致不减当年"。[2] 由此可见，一辈子倡导"中国文化本位论"的陈寅恪，并不排斥饮食习惯上的西化。[3]

在一般读者的心目中，陈寅恪少年老成，自小就是个书虫。"回忆录"却展示了陈寅恪的另一面。比如陈寅恪"料事真有先见之明"，至少有一个典型事例：1928 年他与唐篔在上海举行婚礼，"考虑那时上海治安欠佳，决定把彩车上挂的装饰全部撤掉，以免被劫匪注意而遭不测"，果然逃过

---

1 《陈寅恪的最后二十年》，第10-11页；《陈寅恪的最后二十年（修订本）》，第9-10页。案：据吴宓1961年9月3日日记，陈序经曾向吴宓"详述陈寅恪兄1948十二月来岭南大学之经过"，陈寅恪"由上海来电"，校长陈序经"竭诚欢迎"。见吴宓著、吴学昭整理注释《吴宓日记续编》第5册，生活·读书·新知三联书店2006年版，第166页。

2 "回忆录"，第30页。

3 《陈寅恪的最后二十年》载有陈寅恪与陈序经关于"全盘西化"的玩笑话，涉及二人饮食习惯的差异，可参阅。详《陈寅恪的最后二十年》，第31-32页；《陈寅恪的最后二十年（修订本）》，第29-30页。

一劫。[1]

陈寅恪生前曾被妖魔化，身后又被神秘化，自始至终都很少以全面、真实的人物形象展现在世人面前。这或许也是人们对他的关注度一直居高不下的重要原因之一。"回忆录"的三位作者，"从家庭生活的侧面进入，描述女儿眼中的双亲，特别是对母亲唐筼及其家世，对陈家、俞家等周围亲眷的忆述，大大扩展了对陈寅恪生活环境的认识"。[2] 于是，即便仍然是在书本上，但陈寅恪也不再仅仅是不食人间烟火的一个符号，而是有血有肉的一个现实人：他喜欢藤制家具；喜欢腊梅和海棠；喜欢养猫甚至宠爱猫咪；"年轻时就喜欢京剧和外国歌剧"；患有慢性胃病，消化功能一直不好，有偏食的坏习惯——爱吃干煸豆豉苦瓜、"帽盖子蛋"、炸馒头片、云南玫瑰大头菜、熏鱼、火腿，不爱吃水饺，"尤赞赏西餐，认为面包易于消化，甜点中喜欢苹果派"……[3] 这些看似琐屑的细枝末节，恰恰可以丰富陈寅恪作为一个文化名人的形象内涵。

再如对陈寅恪兄弟姐妹之间"一直用长沙话交流，把湖

1　"回忆录"，第 63-64 页。
2　孙晓林《子女眼中的陈寅恪》，载 2010 年 4 月 23 日《中华读书报》。
3　此据"回忆录"综合而成，分见第 94、96、217、221、255 页。

南看做第二故乡"的追忆，[1] 看似轻描淡写，其意义却不可小觑。"死生家国休回首，泪与湘江一样流"之类的诗句，[2] "足以证明义宁陈氏三代人的内心深处都有一个始终化解不开的'湖南情结'"。[3] 源自女儿的这些材料，既提供了新证据，又增添了新内涵。

逝者已矣，生者犹存。最好的纪念永远是还原真相，无论还原真相将令人如何难堪与痛苦。而书写的自由，既取决于外在的环境，又何尝不取决于作者的心态呢？

1　"回忆录"，第 136 页。

2　陈寅恪《答王啸苏君（三绝句）》之三，见陈寅恪著、陈美延编《陈寅恪集·诗集（附唐篔诗存）》，生活·读书·新知三联书店 2001 年版，第 127 页。

3　张求会著《陈寅恪的家族史》，广东教育出版社 2007 年版，第 110 页。

"从先生可以见世界万象" *

特定日子里的特别献礼

　　2010 年 6 月 28 日（旧历五月十七日），是陈寅恪先生120 周年诞辰。4 月，生活·读书·新知三联书店（以下简称三联）推出陈流求、陈小彭、陈美延合著的《也同欢乐也同

---

*　原刊于 2010 年 6 月 27 日《东方早报·上海书评》；后收入张求会著《陈寅恪丛考》，浙江大学出版社 2012 年版，第 138—159 页。2022 年 5 月21 日案：本文是为卞僧慧先生所撰《陈寅恪先生年谱长编（初稿）》而写的书评。卞先生最终以"（初稿）"命名，显然早有增订之意。惜乎志愿未酬，先生已于 2015 年 2 月 23 日告别人世。谨以增订之拙作纪念卞先生逝世七周年，表彰他对于"陈寅恪研究"所做杰出贡献。

愁——忆父亲陈寅恪母亲唐篔》(以下简称"回忆录"),以
示纪念;中华书局也于同月出版卞僧慧纂、卞学洛整理的
《陈寅恪先生年谱长编(初稿)》(以下简称"陈谱"),随后
又于 5 月 18 日与清华大学国学研究院联合举办梁启超、陈
寅恪"年谱长编"出版学术座谈会。"回忆录"与"陈谱"一
同问世,大概是 20 世纪 90 年代《陈寅恪的最后二十年》[1] 和
《陈寅恪先生编年事辑(增订本)》[2](以下简称"事辑(增订
本)")相继刊行之后,有关陈寅恪的传记作品出得最集中
也最有分量的一次。因此,有必要对这两本新书给予足够的
关注。

　　2009 年 9 月至 2010 年 1 月,承蒙出版社信任,笔者有
幸提前拜读了《陈寅恪先生年谱长编》四校稿(以下简称
"四校稿"),试着核校了一些文字。卞老因此在"后记"里
提到了笔者,[3] 正文还多出一个"求会按",[4] 颇让笔者深感惶
恐与内疚——当时忙于琐事,借阅图书又多有不便,以致未
能像预计的那样逐一核校"陈谱"所征引各书。

1　陆键东著《陈寅恪的最后二十年》,生活·读书·新知三联书店 1995 年
　　出版。
2　蒋天枢撰《陈寅恪先生编年事辑(增订本)》,上海古籍出版社 1997 年
　　出版。
3　详"陈谱"之"后记",见"陈谱",第 413 页。
4　详"陈谱",第 137–138 页。

将刊印本与"四校稿"加以对照，笔者发现又增添了一些新内容——最典型也最重要的，是对于陈君葆日记的转录——看得出卞老及其哲嗣仍在尽最后的努力，希望这部献礼之作日臻完善。这一努力令人敬佩，也值得肯定，但由此滋生的新问题和原来存在的瑕疵却不能不指出。因为应景式的献礼固然重要，而求真求实才是史家永恒的追求，诚如陈寅恪所言："讲历史重在准确，功夫所至，不嫌琐细。"[1]

特殊身份决定特殊价值

2010 年 5 月 18 日的座谈会上，最感人的一幕是 98 岁高龄的卞老回忆在陈先生门下受业的情形。坐在轮椅上的卞老，容貌清癯，衣着简朴，语调缓慢，一口浓郁的天津话颇难听懂，然而现场鸦雀无声，听者眼中满怀敬意。

1949 年之前的陈寅恪弟子大多老成凋谢，卞僧慧是少数几位健在者之一。这一特殊身份，既为他赢得了陈氏后人和同门弟子的认可、支持，也为"陈谱"的特殊价值奠定了基础。

前者之例证，最典型的要数蒋天枢将《陈寅恪先生编年

1　"陈谱"，第 146 页。

事辑》[1](以下简称"事辑")的贴补本及续得之资料邮寄给卞僧慧,直接为"陈谱"奠定了资料长编的基础;又如散见于全书的陈流求姐妹回忆资料、戴家祥致蒋天枢函、邓广铭致蒋天枢函、李祖恒抄赠之李思纯诗作、王永兴致卞僧慧函、王应常致卞僧慧函、周一良上陈寅恪书等,不少属于特殊人缘生发的独家文献,有些还是首次披露的陈氏集外佚作。[2]

后者之内涵颇为丰厚,试分而述之:

1. 全书秉持务本尚实、知人论世之精神,颇能揭示陈寅恪先生为人为学之真谛及其影响

首举其大者而言。以下数语,最能彰显"陈谱"之主旨:

> 世人每称先生为一代宗师,诚当之无愧。正当中国之大变局,世界之大变局,政历四代,游学东西洋十余年,博文卓识,终生献身学术。性极敏感,思富联想,而又疴瘵在抱,常怀千岁之忧。诚旷世之大师,不世出之人杰。直可谓千种矛盾,万种情思,胥可于先生一身见之。先生如精琢多面体之金刚石,一有光源即灿烂夺

1　蒋天枢撰《陈寅恪先生编年事辑》,上海古籍出版社 1981 年版。

2　如戴家祥提供给蒋天枢的"训蒙不足,养老有馀",即属陈寅恪佚联。见"陈谱",第 100-101 页。

目。从先生可以见世界万象，从世界万象亦可以见先生。先生人虽没，但其思想、学说之影响却从未停止。[1]

次举其中者而言。作者以门弟子身份，评述谱主 1946 年至 1947 年前后教学科研计划之变与不变：

> 至是，先生讲课，已从昔年从个别重要问题之剖析，转入对时代演变之综述。融会贯通，水到渠成。无往时之深入，亦难有今日之浅出。其实，先生昔日历次讲授同一课，前后无固定内容，亦非截然不同。乃采取滚动法。即于专题研究之新成果，言之较详；至于时代综述，历史脉络，即累积地去研究成果，言之较详；至于时代综述历史脉络即累积过去研究成果，仍或详或略及之，只是表述语言，时有变化耳。[2]

相比之下，后来者无由亲炙而只能依据文本做出推测，其准确性和深刻性恐难与之相提并论。

复举其小者而言。此类例证，仍以作者适时适度所添加之按语最为集中。其中，既有以史实为根据，对谱主 1913

1　见"陈谱"，第 413 页。

2　"陈谱"，第 245–246 页。案：末句似有重叠，此暂仍旧。

年两首诗作在各版"诗集"中诠次顺序的合理性质疑；[1] 也有根据谱主前后不同时期的著述，对后学者强加于谱主身上的"绝口不谈经济基础在历史上的作用"这一观点的有力辩责；[2] 又有遵循业师"向日所授校释唐诗之遗轨"，对其 1932 年酬和俞平伯二绝改定新题、添加题注之用意的精心考校；[3] 还有引用杨树达 1943 年、1948 年两度收到陈寅恪序文的记事，认为谱主撰文所署时间"记年为阴历而纪月日则用阳历"的可靠推断。[4]

1　"陈谱"，第 61-62 页。2024 年 11 月 10 日补案：陈寅恪诗《法京旧有选花魁之俗，余来巴黎适逢其事。偶览国内报纸，忽睹大总统为终身职之议，戏作一绝》和《癸丑冬，伦敦绘画展览会中偶见我国新嫁娘凤冠感赋（此三十八年前旧作，庚寅冬偶忆得之）》，从上海古籍出版社 1980 年版《陈寅恪文集·寒柳堂集》开始，在各种陈氏诗集中一直如此安排前后。清华大学出版社 1993 年版《陈寅恪诗集（附唐篔诗存）》将两首诗的写作时间均标为"一九一三年"，生活·读书·新知三联书店历年所出各版（2001 年初版、2009 年二版、2015 年三版）《陈寅恪集·诗集（附唐篔诗存）》一皆如是。实则"大总统为终身职之议"源自 1914 年 12 月 29 日袁世凯下令颁布《修正大总统选举法》，故"法京"一诗只能作于癸丑（1913）冬之后的 1914 年年末，甚至 1915 年年初。胡文辉《陈寅恪诗笺释》初版本（2008）最早揭示"法京"诗之深意，可惜未能发现两诗诠次有误，《陈寅恪诗笺释（增订本）》（2013）遂仍旧序。无论卞僧慧先生在撰作、修改"陈谱"期间是否看过胡著（初版本），他都是第一个对这两首诗的排序正式提出质疑的学者。
2　"陈谱"，第 107-108 页。
3　"陈谱"，第 147-148 页。
4　"陈谱"，第 213、249 页。

凡此种种，均可证明：作者堪称陈门弟子之能得其真传者，其眼界之高、手法之妙，世之自封"陈门私淑弟子"或"陈门走狗"者似难以望其项背。

2. 努力凸现"亲历、亲见、亲闻"的特色，[1] 读之倍觉真实可信、亲切有味

作者或以"亲见、亲闻"者纠正历来之讹传。如以 1937 年 4 月 15 日在课堂上的亲耳所闻，证明 1925 年 4 月"经吴宓先生不断力争，清华校方始同意聘请先生为国学研究院教授"。[2] 或以"亲见、亲闻"者丰富谱主之观点。如以陈寅恪 1932 年 3 月 13 日接见作者及王作求等学生时的谈话，[3] 证明其关于士人在新、旧道德并存杂用之际得失成败难免分化的观点由来有自。或以"亲历"者对既成之回忆予以辨析。如唐筼《避寇拾零》称 1937 年全家避至天津后"由紫竹林搭大汽车至大沽口外上船"，[4] 卞僧慧则以当时的亲身经历证明师母追忆有误；不仅如此，他又引周一良之回忆作为旁证，再次予以补充，力图还原真实场景："此处当为六人乘大汽车至太古码头，改搭驳船去大沽口。"[5]

---

1 "亲历、亲见、亲闻"，语见"陈谱"（第 413 页）之"后记"。
2 "陈谱"，第 88-89 页。
3 "陈谱"，第 140 页。
4 "陈谱"，第 180 页。
5 "陈谱"，第 180 页。

3. 较为完整地披露了作者当年在清华大学的数种听课笔记，其中不乏首次公布之珍贵材料

作者所整理之听课笔记共计四种，集中于全书"附录一"。[1] 其中《"晋至唐史"开课笔记》《"隋唐史"开课笔记》《陈寅恪先生欧阳修课笔记》均为首次披露，另一种《"晋至唐文化史"开课笔记》虽然曾经提供给蒋天枢，由蒋采入《陈寅恪先生传》，[2] 但置于此处，不仅完整而连贯，还能在参照中显现新意。

即便是不成篇章的零星记录，如 1932 年秋"唐诗校释"开课之初所作课程要旨之概述，[3] 同样据当时听课笔记整理而来，足可与陈美延后来辑录的《唐诗校释备课笔记》相互参阅；[4] 又如 1936 年 2 月 3 日谱主曾在课堂上谈到中学历史教学所涉民族问题，[5] 也是前所未见的新材料。

这些看似不成体系的文字，实则言简义丰、含蕴深沉，吉光片羽，弥足珍贵。如："作品是作者生活之反映。惟传世诗话，殊不足据。其所谓'本事'者，殊不可靠。"[6] "大、

1　"陈谱"，第 361–369 页。
2　"事辑（增订本）"，第 221–222 页。
3　详"陈谱"，第 144–145 页。
4　陈美延辑录《唐诗校释备课笔记》，见陈寅恪著、陈美延编《陈寅恪集·讲义与杂稿》，生活·读书·新知三联书店 2002 年版，第 1–14 页。
5　详"陈谱"，第 171–172 页。
6　"陈谱"，第 145 页。

中、小学所讲之历史，只能有详略深浅之差，不能有真伪之别。……不能因为自己无知遂谓某民族文化甚低，或文化不足道。民族感情之挑拨，往往由于对历史之无知而引起。"[1]"必定旧材料很熟，而后才能利用新材料。"[2]"才学识：才受之父母，学得诸师傅，识则在自己。"[3]

杨树达1950年12月23日与陈寅恪书曾谓："古来大诗人，其学博，其识卓，彼以其丰富卓绝之学识发为文章，为其注者必有与彼同等之学识，而后其注始可读，始可信。否则郢书燕说，以白为黑，其唐突大家已甚矣。"[4] 作为大学者的陈寅恪，完全称得上"学博识卓"，无论是门生为其传薪火、续绝学，还是后人为他述令德、摹音容，要想找到与他同等学识的人，应该是不大可能了。正因为如此，卞僧慧的特殊身份，早已在一定程度上决定了这部陈寅恪年谱的特殊价值，更何况他曾为之付出过特殊的努力。

1　"陈谱"，第172页。
2　"陈谱"，第363页。
3　"陈谱"，第367页。
4　"陈谱"，第267页。

特殊际遇造成特定缺憾

卞僧慧先生穷 70 年心血撰成的《吕留良年谱长编》[1]（以下简称"吕谱"），数年前已为他赢得学界赞誉；此次奉献给世人的"陈谱"，历经 25 年磨砺，同样是呕心沥血之作。

与同时代学人相比，卞先生尤其显得命运多舛，历次政治运动中多次挨整，曾在"牛棚"、农村改造多年。即便是学术研究，也只能长期从事图书资料工作，未能尽展其才。他长期与四子学经共同生活，数十年间的居住环境竟然是"蜗居湫隘，杂物堆置"。[2] 现实版的"蜗居"，[3] 远较荧屏上的展示更加令人心酸——"吕谱"始创于 1932 年，一直出版无望，以至于吴小如先生寿卞老七十诗有句云："平生一卷留良谱，莫待杀青身后传"；而真的等来出版机会时，竟然"不知其所在"，"乃穷数日之力，俾家属翻箱倒箧，终检得陈编十余册，笔记、资料若干袋，书册数十部"。[4]

---

1 卞僧慧撰《吕留良年谱长编》，中华书局 2003 年版。

2 "吕谱"，第 497 页。

3 2022 年 5 月 21 日补案：据"百度百科"，《蜗居》是一部由滕华涛执导的电视连续剧，改编自作家六六 2007 年出版的同名长篇小说，2009 年 7 月 27 日上海电视台首播。

4 "吕谱"，第 497 页。

"吕谱"虽被誉为"一部独具特色的清代人物年谱"，[1]
却并未给卞老的生活带来什么实质性改变。"陈谱"成书之
日，旧雨新知步入卞宅，眼前仍是层层叠叠的书山，几无旋
身之地。而更令人唏嘘的是，九旬老者不久居然遭逢丧子之
痛——四子学经因煤气中毒不幸离世。学经研治古文字，不
仅是老人生活上的依靠，也是学术研究的重要助手。卞老悲
恸万分，情绪异常低落。其后，在养老院生活了一段时间，
2008 年始与次子学洛生活在一起，这才得以再拾旧业。学洛
的专长是地下水资源利用，与亡兄相比，辅佐老父补订文史
著作往往左支右绌，但也只能迎难而上。

从 1985 年接受蒋天枢先生的委托，着手编写此谱，直
到最终面世，卞先生及其哲嗣忍受了常人难以想象的艰辛与
磨难，支持着他们的信念有两个——一是彰显陈先生的令德
伟业，一是不负蒋先生的郑重托付。

平心而论，卞先生"衰年索居"的特殊遭际和事业后继
乏人的困窘，[2] 是造成"陈谱"诸多缺憾的关键性原因。笔
者有幸校阅过"四校稿"，又从中华书局俞国林君（"吕
谱""陈谱"责任编辑）处亲闻卞氏父子的万般艰苦，深受

1 蒋寅《一部独具特色的清代人物年谱——读卞僧慧著〈吕留良年谱长
 编〉》，载《书品》2004 年第 5 期。
2 "陈谱"，第 269 页。

感动。现试将"陈谱"的主要缺憾罗列于后,既求教于二位卞先生,兼示补过、追悔之意。秉此私衷,直言无忌,知我罪我,在所不计。

1. 体例格式仍不够完备

"陈谱"的主体架构,一如"吕谱"——首"世谱",溯家世渊源;次"年谱",述生命历程;末"后谱",状身后哀荣。如此安排,既便于资料长编的铺陈延伸,更利于展示谱主的生存背景、活动情境、存亡影响。美中不足的是,正文前只有吴小如一序,既无前言,又无凡例,反倒不及"吕谱"规范、便利;书末倒如"吕谱"一样,未设"参考文献"。于是,不仅"慧按""经富按"等颇显突兀,令初读者摸不着头脑;各类文献的版次说明,更是大受影响——或混淆不清,或未予交代,或前后倒置,或简单重复。

2. 征引文献亟待规范化

此为全谱最大的缺憾,亦需分而述之:

表象之一:不少重要文献始终未标明版本信息。

例如,"事辑"可谓"陈谱"之母本,重要性不言而喻,遍检全谱,却始终未见其版次介绍。《吴宓与陈寅恪》的征引频率也颇高,同样未见版本信息。"事辑"首次出现,在"陈谱"第 4 页,已径直简称为"《事辑》",第 31 页才有补充说明:"蒋天枢《陈寅恪先生编年事辑》(以下简称《事辑》)"。第 32 页已开始征引陈三立《先府君行状》,第 34

页始给出此"行状"之全名，同样属于前后倒置。

表象之二：主要文献未能及时更换最新版本。

仍以"事辑"为例，该书早已有 1997 年 6 月之增订本——一方面"恢复了书稿的旧貌"，一方面"对原书进行了增改"，[1] 但"陈谱"从头至尾均采用旧本而非新本。同样令人费解的是，谱主本人的著作，除"诗集"外，其余各种也均使用上海古籍出版社的旧版，而非三联的新版。就普遍情形而言，后出转精、得总其成原本正常，征引者一般都会用新而弃旧——除非旧版仍有其他用途。

至于《师伏堂日记》[2]《刘节日记》[3] 等新文献未被征用，而只能得诸旧渠道、旧途径，倒也情有可原：近十数年，新文献层出不穷，往往卷帙浩大，费钱既多，占地且广，徒呼负负的又岂止卞老一人？

表象之三：后出重要史料或成果未能及时补入。

卞氏父子一直在尽力增补新材料、吸纳新成果，除陈君葆日记外，他如同在 2006 年披露的《陈寅恪首次留欧期间

---

1 见"事辑（增订本）"卷首之"出版说明"。
2 皮锡瑞著《师伏堂日记》，国家图书馆出版社 2009 年版。
3 刘节著、刘显曾整理《刘节日记（1939—1977）》，大象出版社 2009 年版。

的一首佚诗》《史学二陈笔谈遗墨》;[1] 而责任编辑俞国林等人也曾主动送书上门,以示援助。纵然如此,受限于各种条件,还是遗漏了不少后出的重要史料或成果,最重要者当属以下四种:《陈君葆日记全集》[2]《吴宓日记》《吴宓日记续编》[3]《陈寅恪诗笺释》[4](以下简称"笺释")。

表象之四:转引二手甚至三手材料的比例偏高。

"陈谱"第 69 页已开始征引吴宓日记,其后多次出现,或录自《吴宓与陈寅恪》,[5] 或出自《吴宓自编年谱》,[6] 部分标明引自"吴宓日记"或"雨僧日记"者,其实都是转录(其中一些文字由笔者根据三联版《吴宓日记》作了校改,但刊印本未注明版本信息;陈寅恪书信也有类似情形,不另说明),并非得自三联版《吴宓日记》。数年前,曾有论者批

1 张伟《陈寅恪首次留欧期间的一首佚诗》、陈智超《史学二陈笔谈遗墨》,均载《收藏·拍卖》2006 年第 3 期。张文、陈文,"陈谱"分别于第 57、133-134 页予以引录。

2 陈君葆著、谢荣滚整理《陈君葆日记全集》,商务印书馆(香港)有限公司 2004 年版。

3 吴宓著、吴学昭整理注释《吴宓日记》《吴宓日记续编》,生活·读书·新知三联书店 1998 年至 2006 年出版。

4 胡文辉著《陈寅恪诗笺释》,广东人民出版社 2008 年版。案:本文所据,为该书之软精本。

5 吴学昭著《吴宓与陈寅恪》,清华大学出版社 1992 年版。

6 吴宓著、吴学昭整理注释《吴宓自编年谱》,生活·读书·新知三联书店 1995 年版。

评吴学昭在整理乃翁日记时有所删改，此说能否成立暂且不论不议，但移诸《吴宓与陈寅恪》，倒是实情。三联版《吴宓日记》虽然也不算真正的第一手材料，但毕竟比《吴宓与陈寅恪》更接近日记原貌，而且后者的错漏远较前者为甚。[1] 因此，倘若条件允许，的确不宜再引用《吴宓与陈寅恪》所选刊的吴氏日记。限于篇幅，只举一例，以见其他：

"陈谱"据《吴宓与陈寅恪》转引了吴氏 1937 年 7 月 21 日日记："6:30 叶企孙、熊大缜来此晚饭，又同出散步。陈寅恪亦来。熊电城中，并阅报，谈时局。寅恪仍安静读书，我宜效法。"[2]《吴宓日记》则作："6:30 叶企孙、熊大缜来此晚饭，又同出散步。陈寅恪亦来。熊电城中，并阅报，知宋完全退让，片面撤兵，日内平郊当可无战事。然和战无定策，事事随人转，岂云善计。惟寅恪仍持前论，一力主和。谓战则亡国，和可偏安，徐图恢复。宓谓仍视何人为之，而为之者何如也。寅恪仍安静读书，我宜效法。"[3] 日记的 73 个字，被吴学昭大胆而果敢地删改为"谈时局"3 字。推究原委，应该

---

1 2022 年 5 月 21 日补案：《吴宓与陈寅恪（增补本）》2014 年由生活·读书·新知三联书店出版，较之旧版有重大改进，参阅本书所收《不可同日而语：新、旧〈吴宓与陈寅恪〉对读记》一文。

2 吴学昭著《吴宓与陈寅恪》，第 86 页。"陈谱"第 178 页引录。

3 吴宓著、吴学昭整理注释《吴宓日记》第 6 册，生活·读书·新知三联书店 1998 年版，第 174 页。

是对陈寅恪当时的"主和"言论有所顾忌。今时今日，倘若
仍照此改笔引用，真实性必然大打折扣。

如前所述，刊印本较之"四校稿"增补了陈君葆日记，
可惜依然是转引第二手材料，主要来源是周佳荣《国学大师
陈寅恪的港穗因缘——〈陈君葆日记全集〉史料大披露》[1]、胡
文辉《陈寅恪 1949 年去留问题及其他》[2]。因为是转引，所以
局限性特别大，许多有价值的材料无法补入相应的年份，谱
主滞港期间的活动以及在此前后与香港学界的交往也无法得
到全景式还原。事实上，陈君葆日记有两个版本，整理者同
为其女婿谢荣滚，出版社同为香港商务印书馆，但一个是
《陈君葆日记》（上、下册），1999 年出版，收录 1933 年至
1949 年日记；另一个即《陈君葆日记全集》（共 7 册），2004
年出版，收录 1932 年至 1982 年日记，二者不能混为一体。

"陈谱"第 256 页至 257 页从胡文辉的《陈寅恪 1949 年
去留问题及其他》转引了陈寅恪致陈君葆函（实为致马鑑、
陈君葆二人函），此函原载《陈君葆书信集》，[3] "陈谱"误将
其出处标为"《陈君葆日记》"。第 272 页系拼凑周文与胡文

1　周佳荣《国学大师陈寅恪的港穗因缘——〈陈君葆日记全集〉史料大披
　　露》，载 2005 年 3 月 10 日《南方周末》。
2　胡文辉《陈寅恪 1949 年去留问题及其他》，载 2009 年 5 月 24 日《东方
　　早报·上海书评》。
3　谢荣滚主编《陈君葆书信集》，广东人民出版社 2008 年版，第 41 页。

而成，前瞻后顾，捉襟见肘，令人难堪。第 283 页再度将
陈寅恪 1952 年 12 月 4 日致陈君葆一函的出处误标为"《陈
君葆日记》"，¹ 最不可解的是，此函在胡文中早已考订出写
于 1952 年，"陈谱"却判作 1953 年；一并被误判为 1953 年
的，还有陈君葆 1952 年 10 月 20 日、10 月 23 日、11 月 21
日的日记。² 之所以误标，估计是 1953 年 10 月 18 日的日记
中提到了陈寅恪委托徐伯郊买药的事，³ 遂令卞氏父子做出误
判——其实徐代陈购药并不只在 1953 年这一年。

　　与此类似，性质可能更为严重的，是对于谱主公私信札
的征引。全谱所引陈寅恪信函颇为丰富，尤其是 1958 年至
1965 年间写给中华书局上海编辑所的十通，⁴ 因为公布较晚，

1　此函见《陈君葆书信集》，第 42–43 页。

2　详"陈谱"，第 282–283 页。2022 年 5 月 21 日补案：陈君葆 1952 年 10
　　月 20 日、10 月 23 日、11 月 21 日日记，详陈君葆著、谢荣滚主编《陈
　　君葆日记全集》卷三，商务印书馆（香港）有限公司 2004 年版，分见第
　　196、197、200 页。

3　"陈谱"，第 282 页。2022 年 5 月 21 日补案：陈君葆 1953 年 10 月 18 日
　　日记，详《陈君葆日记全集》卷三，第 264 页。

4　此十函颇重要，可惜多数不完整，且出处并非全如标注所示，除高克勤
　　《〈陈寅恪文集〉出版述略》（载 2007 年 6 月 3 日《文汇报》）一文外，当
　　另有所据，读者察之。又，《〈陈寅恪文集〉出版述略》仅选刊此十函之
　　前八通，其后，高氏另撰《陈寅恪先生致中华书局上海编辑所书信辑注》
　　（载《中华文史论丛》2008 年第 2 期），首次完整公布了此十函。"陈谱"
　　引述时，将高氏二文混同一体。2022 年 5 月 21 日补案：数年后，高克勤
　　再有新作《陈寅恪先生致古典文学出版社书信辑注》（载《中 （转下页）

可以补充《陈寅恪集·书信集》的不足。[1] 除此之外的绝大多数书札，往往根据其他来源，而非相对完整可信的三联版《陈寅恪集·书信集》。尽管少数几封的出处被标为"《书信集》"，其实仍为转引。

于是，无论日记还是书信，不少地方存在着较为明显的拼凑、剪裁痕迹，缺乏必要的完整性和一致性。这显然违背了史料必须可以覆按的基本要求，不能不说是一大憾事。

表象之五：征引材料有时细大不捐、精芜不辨。

例一，挽陈三立之诗，仅录吴梅《哀散原丈》一律，[2] 则不如不录——挽悼散原之作，数不胜数，吴梅此作并不具有代表性。例二，高本乐《难得的会见》一文，虽系节录，但也有 300 余字，[3] 竟找不出与谱主的关联。例三，数年前镌刻

（接上页）华文史论丛》2015 年第 4 期）。最终，前、后两文被作者连缀为《陈寅恪先生致古典文学出版社／中华书局上海编辑所书信辑注》（载高著《拙斋书话》，上海辞书出版社 2016 年版，第 60-83 页），一共辑录陈寅恪书信 14 通。

1　陈寅恪著、陈美延编《陈寅恪集·书信集》，生活·读书·新知三联书店 2001 年版。2022 年 2 月 26 日补案：2009 年第 2 版、2015 年第 3 版《陈寅恪集·书信集》，在 2001 年版基础上，仅略微增改某些注释，更正少数函件的时间认定，相应调整了部分编排顺序，但未能增补新发现的信札。

2　"陈谱"，第 17-18 页。

3　"陈谱"，第 175 页。

于江西省修水县五杰广场的陈宝箴、陈三立、陈衡恪碑文，[1]既无新意，也非定论，可以不用。例四，《名门的式微无可避免》一文，称许陈登恪"同是一代名宿，得黄侃真传，于经学、小学等领域都有极深的造诣"，[2] 行文难称严谨。今非昔比，引用当下的报章文字，不可不慎。

3. 未能尽获详解或真解

此类情形，最具代表性的莫过于 1949 年至 1966 年陈寅恪所作各诗的解读，"陈谱"于此或一掠而过，或不得其要，或语焉不详。笔者曾书面建议卞老部分吸收胡文辉"笺释"的成果，惜未采纳。"笺释"一书，无论如何都难以大红特红，但不可否认的是，面世至今已逾两年，迄未听闻颠覆性的攻讦之声，显然不仅得入余潜山之法眼，且已获得普遍认可，陈引驰所谓"虽不中亦不远"洵为公允之论。[3] 因此，笔者仍然坚持旧说："陈谱"如欲增订，或另有高人重作新谱，均不能对"笺释"置之不理。

以下暂就其他类型举出六例，亦可见"陈谱"不可解之处依然存在：

1　"陈谱"，第 11、19、22–23 页。
2　邵江天《名门的式微无可避免》，原载 2008 年 9 月 6 日《羊城晚报》，"陈谱"第 25 页引录。案："得黄侃真传"五字，为"陈谱"删汰。
3　陈引驰《虽不中亦不远：评胡文辉著〈陈寅恪诗笺释〉》，载 2008 年 11 月 11 日《东方早报·上海书评》。

例一,"陈谱"与"回忆录"不约而同地征引了王钟翰《陈寅恪先生杂忆》的一段文字,[1] 借以说明谱主少年时代酷爱读书的情形。据王文,此为陈先生当年面告。笔者对于将小油灯"藏之于被褥之中"的说法一直不敢苟同,因为即便是防风的马灯也难以做到,何况是"小油灯"呢?相信有此经验的人都会觉得奇怪。[2] 这样的回忆,整体应该可信,但细节有待推敲,因为违反生活常识。

例二,胡适应陈寅恪之邀为唐景崧遗墨题辞一节,"四校稿"原置于1932年,刊印本依从了笔者的建议,上移至1931年;但令人不解的是,胡适题诗的日期仍坚持用"五月十日",[3] 而非事实上的九月十九日。[4]

例三,"四校稿"称1931年夏秋间谱主曾省亲庐山,与家人在五老峰上合影,"着礼帽"者即谱主。谱主之侄女陈小从曾专门更正过这一误传:戴礼帽者实为劳用宏。刊印本将

---

1 分见"陈谱"第46页、"回忆录"第22页。案:"回忆录"既直接引用,是否确有其事,难得其详。附记于此,仍俟高明指教。

2 2022年5月21日补案:笔者生于1969年,幼时在农村生活,每遇停电,还会用马灯、煤油灯代替。年轻读者,不用问AI,只需"百度一下",即可秒懂。

3 "陈谱",第137页。

4 2022年5月26日补案:胡适《题唐景崧先生遗墨(陈寅恪嘱题)》手迹,原作"廿,九,十九日下午"。见王永兴编《纪念陈寅恪先生百年诞辰学术论文集》,江西教育出版社1994年版,卷首;陈寅恪著、陈美延编《陈寅恪集·书信集》,生活·读书·新知三联书店2001年版,第137页。

笔者之意见以按语形式予以吸纳，正文则仍持旧说。[1]

例四，"前英庚款会教授讲座曾聘清华教授如萧叔玉公权诸先生"一句，[2] 容易将"萧叔玉"与"公权"误为同一人，其实前者萧蘧（字叔玉）是后者的堂兄，同在清华任职。[3] 笔者曾建议改为"萧叔玉、公权诸先生"，刊印本未作改动。

例五，1944 年陈寅恪致陈槃一函，转引自汪荣祖《史家陈寅恪传》，[4] 但汪荣祖所谓"信末署一月十日，应是 1945 年。所谓游戏诗一首即《闻道》，作于甲申年"，[5] 卞僧慧并不完全认同——"如果为 1945 年 1 月 10 日，时先生正病目，恐未必能顾及此事，姑附于此。"[6] 事实上，汪著虽然注明"此函见周法高编，《近代学人手迹》，初集，页 65"，[7] 但同样根据周书获得此函的《陈寅恪集·书信集》则录作"八

1　"陈谱"，第 137–138 页。

2　"陈谱"，第 202 页。

3　2022 年 5 月 26 日补案：详刘宜庆著《先生之风：西南联大群英谱》，辽宁人民出版社 2019 年版，第 366–367 页。

4　汪荣祖著《史家陈寅恪传》一书版本颇多，台湾所出至少三种，大陆所出至少两种，错漏多有承袭。"陈谱"所据，未知何本。2022 年 5 月 26 日补案：经查，"陈谱"所据，为汪荣祖著《史家陈寅恪传》台湾联经出版事业公司 1984 年版。

5　汪荣祖著《史家陈寅恪传》，台湾联经出版事业公司 1984 年版，第 90 页。

6　"陈谱"，第 224 页。

7　《史家陈寅恪传》，第 90 页注 61。

月十日",¹ 而"近作游戏诗一首"(即《闻道》)时在 1944
年 8 月。² 两相比较,自然以《陈寅恪集·书信集》所标日
期(1944 年 8 月 10 日)为准。汪著错在先,"陈谱"错于后,
可谓"连环错"。究其根源,仍是未能认真核查原书所致。

例六,陈寅恪答杭州朱师辙绝句五首,"陈谱"称作于
1954 年春,³ 显系从陈诗标题所称"甲午春"而来。殊不知,
陈诗原题有误,应以陈正宏、陈美延、胡文辉所持之说为
是——"甲午春"当为"甲午夏",盖朱诗成于 1954 年 7 月
5 日以后,⁴ 陈氏赋答之作只能晚于这一日期。

结束本节之前,笔者愿意重申基本看法:"陈谱"的改进
与完善,对世纪老人卞僧慧而言,可谓时不我待;对文史新
人卞学洛而言,可谓力有不逮——这也许就是全谱严谨与粗
疏、精准与芜杂、整齐与凌乱、从容与仓促并存共呈的主要
成因。

---

1 《陈寅恪集·书信集》,第 231–232 页。案:《陈寅恪集·书信集》将"《近
代学人手迹》初集"误为"《近代学人手迹》初稿",见《陈寅恪集·书
信集》,第 229 页。2022 年 5 月 26 日补案:周法高编《近代学人手迹·初
集》,1962 年由台北文星出版社出版。
2 详陈寅恪著、陈美延编《陈寅恪集·诗集(附唐篔诗存)》,生活·读
书·新知三联书店 2001 年版,第 37 页。
3 "陈谱",第 289 页。
4 详"笺释"下卷,第 556–557 页。

特大工程期待特殊合作

"陈谱"也已成为文献,当务之急,不是指责或抱憾,而是纠偏与增补。依笔者看来,目前各种陈寅恪传记,可谓各有长短,谁也替代不了谁,只能互校互补。

试举一例:关于唐筼早年活动的记载,[1] 从来是各类陈寅恪传记的一大缺失。"回忆录"于此有重大突破,不仅较为详细地介绍了唐筼学习体育专业的经过,[2] 还配以家中珍藏的"一樽劫后残存的小银杯"照片,[3] 作为唐筼当年参与体育活动的实物证明。通过比照,"回忆录"此段记述的依据也应该与"陈谱"相同,即《晨报》的相关报道。尽管"陈谱"并未涉及唐筼获赠小银杯的那一次活动(1925 年出任女子联合运动会会长),但较为完整地披露了《晨报》1927 年 11 月至 12 月间的若干报道,[4] 较"回忆录"详细、规范。

再举一例:"陈谱"1950 年条引陈流求语,称:"夏,师

1　学者宗亮的两篇文章——《唐筼的两首译作》和《唐筼早年生平探微》,是这一领域最新的重要研究成果。详宗著《近代史学家生平探微》,湖北人民出版社 2020 年版,第 38—53 页。

2　"回忆录",第 249—250 页。

3　"回忆录",第 250 页。银质"纪念杯"之图片,则见"回忆录"第 243页插图。

4　"陈谱",第 113 页。

母因故至香港,后由陈序经校长带小彭、美延去香港,师母与小彭、美延回广州。"[1]

恰巧笔者 2010 年 5 月 18 日在京开会时,曾就此事与陈流求、陈美延姐妹作过当面沟通。据姊妹俩回忆:"母亲 1949 年 1 月到达广州后,只去过一次香港,时间大约在 1949 年暑假。1950 年去香港的是流求,与她的同学一道前往。""母亲离家时,流求仍在上海,小彭、美延随后从广州搭乘飞机到香港,在九姑家里找到母亲。在港短暂停留后,二人与母亲一同坐车返回广州。当时,两地仍然可以自由往返。"[2] 似乎与陈序经并不相关。

然而,陈序经确曾在不同场合说起过赴港接回唐篔之事,有案可查的至少有两次。一次是 1961 年 9 月 3 日邀请吴宓来家吃早餐时,陈序经为吴宓"详述陈寅恪兄 1948 十二月来岭南大学之经过(由上海来电,时序经任校长、竭诚欢迎)"。陈寅恪到校后,"约在 1950 一或二月,篔嫂力主往外国(欧、美)或台湾,竟至单身出走,至港依 David 及其诸妹,序经追往,遍寻,卒得之于九龙一无招牌之私家旅馆,见篔,与约定'必归',序经乃先归,俟其夫妇感情缓

1 "陈谱",第 265 页。作者原注:"据流求电告。"
2 张求会《关于唐篔赴港的新材料》,载 2010 年 6 月 13 日《南方都市报》。

和，乃遣人往迎归"。[1] 另一次提及是 1962 年 4 月，只不过将唐筼赴港的时间变成了"1950 年夏"，迎请返还的细节也有很大不同："为了接回陈夫人，他亲自跑到香港找了一个多月，最后在一个旅馆将唐筼找到，陪着她回到广州。"[2]

其他人关于此事的回忆或表述，[3] 与此又各有出入。即此一例，亦可看出编撰陈寅恪年谱实际上依然为时过早。

可以预见的是，在今后一段时间内，一方面是更新的陈寅恪传记会不断推出，一方面是某些关键性问题仍会因为各种原因而继续被屏蔽或湮没。即便是那些早已"脱敏"的问题或细节，也会因为新史料的涌现而补不胜补、替不胜替。因此，将陈寅恪年谱的编写称作"特大工程"并不夸张。面临如此浩繁的海量工作，不可能再让卞氏父子或其他人独力承担。笔者试作如下设想：条件具备时，能否将此特大工程开发为"维基百科"或"百度百科"那样的免费、自由、开放的协作式写作项目，使之成为一个动态的、可以自由访问和编辑的全民性知识共同体，借以广泛发动海内外"好事

1　吴宓著、吴学昭整理注释《吴宓日记续编》第 5 册，生活·读书·新知三联书店 2006 年版，第 166 页。案：David，即俞大维。

2　1962 年 4 月《陈序经谈高校工作和知识分子等问题》，广东省档案馆馆藏档案。此据陆键东著《陈寅恪的最后二十年》，第 26、38、39 页。

3　如钱穆、蒋天枢、冯衣北、陈小彭等人之忆述，详"笺释"上卷，第 342—348 页。

者"的参与热情，共同促进此事早日完成。应该说，"陈谱"作为第一部真正意义上的陈寅恪年谱，它的问世完全可以视为这一特大文化工程的良好开端。

补记：

2023 年 9 月，为撰作《中华三千年文学通史》"陈寅恪"一章，重读"陈谱"，深感对卞先生之认识不够全面、深刻。如卞先生早在 1988 年就已点明：陈寅恪《王观堂先生挽词》与其小序为"一不可分离之共同机构"，二者"各有所阐发又互为补充"。[1]发覆抉微之功，不容湮没。

1　卞僧慧《重读〈王观堂先生挽词并序〉》，见"陈谱"，第 396 页。

不可同日而语：新、旧《吴宓与陈寅恪》对读记 [*]

新、旧之间：不同和相同

1995 年 12 月，陆键东先生的《陈寅恪的最后二十年》正式出版，随后一纸风行，"陈寅恪的最后二十年"逐渐成为长热不衰的话题。事实上，早在陆著问世前三年，吴学昭女

---

* 首刊于 2014 年 11 月 16 日《南方都市报》，原题为《不可同日而语的两本书：新、旧〈吴宓与陈寅恪〉对读记》。本次重刊，恢复了被删节的内容，并对全文略作调整。

士的《吴宓与陈寅恪》[1]（以下简称“吴著”）已经涉及这一题材，虽未形成同样的轰动效应，但“吴著”首次披露的吴宓日记及遗稿，像令人惊喜的出土文物一样，受到不少有心人的关注。可以说，“吴著”在一定意义上为“陈寅恪热”的到来作了铺垫和预告。此后，吴宓系列文献相继推出，为包括“陈寅恪研究”在内的近现代人文学科研究提供了源源不断的素材。2014 年，吴女士根据后来陆续寻回的父亲遗稿以及有关资料，对内容进行了必要的补充修订，出版了《吴宓与陈寅恪（增补本）》[2]（以下简称“新版吴著”）。笔者对照阅读后，觉得“吴著”与“新版吴著”堪称不可同日而语的两本书。

　　“吴著”错漏之多，于今观之，仍然令人费解：后附徐葆耕先生读后感不计在内，[3] 正文 155 页几乎每一页都存在着各色各样的问题。仅就引文失误而言，至少有以下三类成因：或因粗心大意误认误判，如第 3 页将“张广建”误为“张度建”，第 74 页将“四者为标帜”误作“署为标帜”等；或对

1　吴学昭著《吴宓与陈寅恪》，清华大学出版社 1992 年 3 月出版。

2　吴学昭著《吴宓与陈寅恪（增补本）》，生活·读书·新知三联书店 2014 年 9 月出版。

3　2022 年 5 月 27 日补案：徐葆耕《文化的两难处境及其他——读〈吴宓与陈寅恪〉》（“吴著”，第 156—171 页）也有若干错别字，如“横九亥〔垓〕而不变”（第 158 页）、“博学与慎〔缜〕密”（第 167 页）等。此处暂略。

敏感言论有所删削，如第 86 页将吴宓 1937 年 7 月 21 日日记的 73 个字删为"谈时局"3 字；[1] 或对文献整理业务不熟，如第 95 页将"如右诗，中两联对仗已工"引为"如上诗中，两联对仗已工"，第 107 页将一首律诗《答寅恪》标为两首绝句。

"革命的'萧光同志'，最终还原成了文化的'吴学昭女士'。这个当年不肯读父书的女孩，一生最伟大的成就恰恰是整理、出版亡父的文字。"[2] "吴著"大概是吴女士身份回归后的第一本著作，素材直接来源于她正在整理的亡父遗稿，外人自然无从触碰，只能从正式出版的"吴著"予以转引，由此造成的新失误迄未终绝。因此，对旧著订正、增补，既是对读者尽责，也是对亡父尽孝，更是对历史尽职。综而观之，文化老人吴学昭在 86 岁高龄之际，向 120 岁（冥寿）的父亲和 124 岁的"寅恪伯父"交出了一份最好的答卷。

从 15 万字的小册子到 30 万字的大部头，增容扩能只是新、旧吴著众多不同点之一；作者的感言——"名为增订，实际重写"，[3] 也在提示着读者必须重新衡量"新版吴

1　详本书所收《"从先生可以见世界万象"》一文。

2　张求会《裂痕初现：1948—1949 年的父女情》，载 2012 年 2 月 12 日《东方早报・上海书评》。

3　"新版吴著"，序言。

著"的量变与质变。不过,既然作者未变、书名未变,那么新、旧吴著肯定存在着相同之处。在我看来,重做文化人的吴女士,无论整理遗稿,还是撰写著作,其实都在完成同一个使命——昭示父辈的心迹。其中,最为紧要的大概有两点:一是坚守"中国文化本位论";二是"贬斥势利,尊崇气节"——包括最广为人知的"独立之精神,自由之思想",因为这十个字原本就是一种"气节"。"吴著"一开始就是陈、吴二人的合传,准确地说,是二人生命历程的交集史、千古知音的情感史;"新版吴著"丰富了这一内涵,又增补了"吴宓的最后二十年"——十卷本《吴宓日记续编》的高度浓缩,还进一步拓展了陈、吴同时代的学术圈,呈现了不同历史时期的知识分子众生相,从而赋予"新版吴著"更加厚重的政治史、思想史、文化史、学术史的价值。

提升学术规范性

据吴女士自述,"父亲遗稿的整理工作,于我一九九一年离休后开始"。[1] 此后二十余年,其学术成果之丰硕,足以令专业学者汗颜:1992 年,"吴著";1993 年,《文学与人

---

1 "新版吴著",第 503 页。

生》；1995 年，《吴宓自编年谱》；1998—1999 年，《吴宓日记》（十卷）；2004 年，《吴宓诗集》；2005 年，《吴宓诗话》；2006 年，《吴宓日记续编》（十卷）；2011 年，《吴宓书信集》；2014 年，"新版吴著"。[1]

甘余载绩学不辍，吴女士在提升学术规范性和努力追踪新材料等方面不断获得显著进步。尽管我和乔纳森分别对《吴宓书信集》的编校失误、翻译错误提出过批评，[2] 但必须指出的是，《吴宓书信集》的整理水平已经较"吴著"高出一大截。校点文献、翻译外文从来就是技术活，吴女士年轻时忙于革命，步入晚年才转行开始崭新的事业，即便有亡父友生无私相助，[3] 其中的艰辛依然可想而知。明乎此，"新版吴著"的每一点进步都值得赞赏，耄耋尊长的每一份努力尤其值得敬重。

我所指的学术规范性，不是指"新版吴著"在引用陈寅恪原诗时全部改用繁体排印，而是指高于个人执守或习惯的普遍性规则。这些普遍性规范无一不是老生常谈，今天反而成了稀缺的美德：如引述原文必须完整、准确，既不能错讹

---

1 "新版吴著"，第 503、506 页。
2 张求会《〈吴宓书信集〉的编校失误》、乔纳森《〈吴宓书信集〉英译中错误举隅》，均载 2012 年 2 月 26 日《南方都市报·南方阅读》。
3 "新版吴著"，序言。

脱漏，也不能曲笔讳饰，更不能断章取义；又如以"无一字无来历"为准绳，一一交代材料或观点的出处；再如介绍人物、定性事件固然可以凸显论者个性，尤须强调客观、中立、合乎逻辑等。

先说引文的规范性。例一，1920 年 3 月 28 日《吴宓日记》原作："此间习文学诸君，学深而品粹者，均莫不痛恨胡、陈之流毒祸世。"[1] "新版吴著"几乎原样照录："当时在哈佛习文学诸君，学深而品粹者，均莫不痛恨胡、陈之流毒祸世。"[2] 大量引录、隐括原作，在"新版吴著"中比比皆是。以我个人的肤浅体会来忖度，引录、隐括既可最大限度地避免失真，又可借助于直接引用而贴近原文的驯雅风格。相比之下，"吴著"的处理明显欠妥："当时在哈佛习文学诸君，学深而品粹者，均莫不痛恨胡、陈。"[3] 虽说"吴著"前此已经说明吴宓等留美学生不赞成胡适与陈独秀全面抨击、彻底否定"祖国传统文化"，但如此节录，难免引致误解。

例二，吴宓 1959 年 7 月 29 日日记抄录了当天收到的陈寅恪诗函，内含《春尽病起，宴广东话剧团，并听新谷

---

1 吴宓著、吴学昭整理注释《吴宓日记》第 2 册，生活·读书·新知三联书店 1998 年版，第 144 页。
2 "新版吴著"，第 23—24 页。
3 "吴著"，第 19 页。

莺演望江亭，所演与张君秋微不同也》七律三首，有陈氏自注。[1] "新版吴著"转录陈诗之后，稍作过渡，便径直引用日记原文：

父亲将寅恪伯父寄示的诗作，恭录于当天的日记中，并在诗后写了附记："宓按，此诸诗藉闲情以寓正意，虽系酬赠与娱乐之事，而寅恪之人格、精神、怀抱，其近年处境与一生之大节，悉全部明白写出，以为后来作史及知人论世者告。至其记诵之渊博，用语之绾合，寄意之深远，又寅恪胜过他人之处。如（i）陆诗如不引注原句，则读者将忽略之，而不赏其'闻莺'之切新谷莺也。（ii）钱诗如不引注原句，则读者将谓此句为作者自造而妄谈政治。（iii）桑下三宿，佛徒所戒，此固人人知之，而宓读《襄楷传》，乃知楷之言天象实切指人事，盖当时滥刑多杀，士气郁湮，故致天变。襄楷等非方士，乃直谏之忠臣耳。更须久久细读，方可尽得寅恪诗中之意。"[2]

1 详吴宓著、吴学昭整理注释《吴宓日记续编》第4册，生活·读书·新知三联书店2006年版，第139—140页。
2 "新版吴著"，第406—407页。案：此节引文，见《吴宓日记续编》第4册，第140—141页。

陈、吴同为心思缜密、情感细腻、做事认真之人，一生相知深笃，即便是身处无法放言的特定年代，彼此之间仍知无不言、言无不尽。陈诗隐晦难明的心曲，外人无从探解，吴宓附记不啻打开陈氏心门的一把钥匙。因此，引录此等文字容不得半点粗疏。"吴著"此节之所以不够规范，[1] 另有一层原因，似是心存顾忌。"吴著"因为删削敏感言论而导致语意难通的样例，至少还有 1961 年 8 月 31 日陈、吴暮年会晤时的倾心交谈，[2] 文长不录。

再说事理的逻辑性。"吴著"在编撰体例上较多编年事辑的性质，所叙各事大多脉络清晰，但受制于单一的线性顺序，逐月逐日编排有时反倒会割裂事件的因果关联：

例一，1937 年 6 月、7 月的吴宓日记，对冯友兰（清华大学文学院院长）、陈福田（新任清华外文系主任）排挤吴宓之始末有详细记载。"新版吴著"既紧扣外文系主任之

1　2022 年 5 月 27 日补案：前引文字，吴学昭起初是这样处理的："父亲在寅恪伯父诗后附记云：'诸诗藉闲情以寓意，虽系娱乐事而寅恪之精神怀抱，悉全部明白写出，为后来作史及知人论世者告。至其记诵之渊博，用语之缩合，寄意之深远，又寅恪胜过他人处。如（1）陆诗如不引注原句，则读者将忽略之，而不赏其'闻莺'之切合新谷莺也。（2）钱诗如不引注原句，则读者将谓此句为妄谈政治。（3）桑下三宿，佛徒所戒，此固人人知之，而宓读《襄楷传》乃知楷之言天象实指人事；盖当时滥刑多杀，士气郁湮，故致天变，襄楷等非方士，乃直谏之忠臣耳。要须久久细读，方可尽得寅恪诗中之意。'"见"吴著"，第 136–137 页。

2　"吴著"，第 144 页；"新版吴著"，第 429–430 页。

争的内部倾轧，又远溯清华改归教育部直辖后经济、人事诸因素发生变化的背景，还呼应了新文化运动盛行之际"学衡派"蒙受讥讽打压的外部环境。因此，将 1937 年 6 月 28 日、29 日发生的事情——28 日，冯友兰为外文系主任易人一事未向吴宓征求意见而寻求其谅解；29 日，冯氏亲自送来举荐吴宓远赴德国之中国学院任教的"教育部长公函"——改系于第二章"《学衡》与清华国学院时期"之末，[1] 不但可以借此表现陈寅恪、吴宓行事风格的差异，而且在内忧外患的险恶中反衬出二人友谊的诚挚。相比之下，"吴著"将冯友兰送达公函事，置于第三章"从北平到蒙自"毫无关系的诸多事务之间，[2] 又将陈寅恪力劝好友"慎静以观其变"一节，[3] 改写为"父亲经与寅恪伯父商议，谢却"，[4] 越发令人摸不着头脑。

　　例二，1943 年 2 月，吴宓以半个月时间重读了陈寅恪之父散原老人的《散原精舍诗》，写就读诗笔记五页；[5] 1945 年 8 月，他托程曦为陈寅恪诵读此笔记，陈氏为其"改正数处"。[6] "吴著"循规蹈矩，硬生生将此前后密不可分之事分

1　"新版吴著"，第 162 页。

2　"吴著"，第 85 页。

3　吴宓 1937 年 6 月 29 日日记，见吴宓著、吴学昭整理注释《吴宓日记》第 6 册，生活·读书·新知三联书店 1998 年版，第 158 页。

4　"吴著"，第 85 页。

5　"吴著"，第 109 页。

6　"吴著"，第 122 页。

隔两处。"新版吴著"则毫无板滞,既补入吴宓在笔记里尊崇义宁陈氏为"中国近世之模范人家""文化之贵族"的著名论断,又将两年后程曦诵读、陈氏改订之事直接连缀于此,[1]文意贯通而灵便。

努力追踪新材料

我所指的追踪新材料,既包括对吴宓文献最新整理结果的直接使用,也包括对其他研究者新刊史料的积极吸纳。

"新版吴著"在撮述1921年吴宓自美返国、陈寅恪离美赴德时,文字简洁而准确:

> 一九二一年六月下旬,父亲告别众知友,离波城,往纽约、芝加哥等地游览访友。七月十八日乘火车抵华盛顿州首府西雅图(Seattle),当晚即乘"夏洛特公主"号"Princess Charlotte"轮船去加拿大温哥华(Vancouver),七月二十一日登加拿大太平洋公司的海船"Empress of Russia"(俄罗斯皇后号),是晚八时启航,八月五日抵上海。

---

1 "新版吴著",第246–247页。

父亲离开康桥的时候，白璧德先生一家正在新罕布什尔度夏，所以临行前未能与他最敬爱的导师会晤道别，……

同年八月，寅恪伯父也离开美国，重赴德国进柏林大学研究院，继续研究梵文及东方古文字学等。[1]

倘若将之与吴宓自述（日记及年谱）、"吴著"稍作对照，便能发现这段文字得来不易。

《吴宓日记》：

七月十八日。车行仍不止。……晚八时一刻，车抵 Seattle，Wash.。……十一时半，开船，所乘者为 Canadian Pacific S.S.Co. 之"Princess Charlotte"船，……

七月十九日。晨，六时起。八时半，船抵加拿大之藩古洼埠停泊。……

七月二十一日。……即登海舟。舟名"俄国皇后" Empress of Russia，极大。……晚八时，舟行。……

八月五日。……午，舟进扬子江口，……五时半，抵上海新关码头。[2]

---

1 "新版吴著"，第 33—34 页。
2 《吴宓日记》第 2 册，第 217、219、220、226 页。

《吴宓自编年谱》：

　　宓回国行程：……六月二十日（或前后一二日），
宓离波城及康桥区。乘火车至纽约城，……住三、四
日。……于七月一二日抵芝加哥城（Chicago）。……
在此留住约十日。……七月十一二日，偕裴君乘火
车西北行，……行五日，七月十六七日抵华盛顿省
（Washington）之港埠西雅图 Seattle 城。……晚，乘轮
船沿海（已入太平洋）行一夜，明晨抵加拿大国境内之
温哥华（Vancouver，一译藩古洼，华侨又称曰桑港）巨
埠。在此住三日，登加拿大太平洋公司（The Canadian
Pacific S.S.Co.）之海船"俄罗斯皇后"号（"Empress of
Russia"）。……七月十九、二十日开航。……海舟行
十四日。（甚速。）八月六日（阴历七月初三日），平安抵
达上海。[1]

"吴著"：

1　吴宓著、吴学昭整理《吴宓自编年谱》，生活·读书·新知三联书店 1995
年版，第 215、216 页。

一九二一年六月下旬，父亲告别白师和众知友，离波城，往纽约、芝加哥等地游览访友，七月中旬抵华盛顿州首府西雅图（Seattle），乘轮船至加拿大温哥华（Vancouver），三日后登加拿大太平洋公司的海船"Empress of Russia"（俄罗斯皇后号），七月十九日开航，八月六日抵上海。

同年九月，寅恪伯父也离开美国，重返德国，进柏林大学研究院，研究梵文及东方古文字学等。[1]

吴宓 1921 年 2 月 13 日至 7 月 17 日日记，"在文化大革命中被抄后丢失"。[2] 因此，吴宓离开波城的时间"一九二一年六月下旬"，只能得自《吴宓自编年谱》；抵沪日期，"吴著"起初采信了源自《吴宓自编年谱》的"八月六日"，"新版吴著"最终采用了来自日记的"八月五日"。现在看来，吴宓在自行编订年谱时，至少这一部分没有核对日记，而是凭借着惊人的记忆力予以复原。[3] 其他文字的修改，也可见吴女士研究的深透和行文的谨严。

---

1 "吴著"，第 26 页。
2 《吴宓日记》第 2 册，第 216 页注释。
3 参阅吴学昭《吴宓自编年谱·后记》，见《吴宓自编年谱》，第 261–263 页。

　　"新版吴著"积极采纳、吸收他人的研究成果,散见于各章的,计有《也同欢乐也同愁:忆父亲陈寅恪母亲唐篔》《陈寅恪的哈佛经历与研习印度语文学的缘起》《罗家伦先生文存·补编》《清华人文学科年谱》《陈寅恪集》《吴芳吉集》《陈寅恪先生年谱长编(初稿)》《国立西南联合大学史料》《纪念陈寅恪教授国际学术讨论会文集》《清华园感旧录》《巨流河》《陈寅恪的最后二十年》《清华大学档案精品集》《梅贻琦日记》等。[1] 这些研究成果带给"新版吴著"的正面影响或良好变化,细心的读者不难发现,此不赘述。

眼前和将来的期盼

　　事出有缘,家父与吴学昭女士同庚。在我上两次撰文评议《吴宓书信集》时(2012年),家父仍健在,我感觉不到84岁是个什么概念;等到我第三次评议吴女士的作品时,家父弃养已逾半载,[2] 孺慕之思有时只能形诸梦寐,我才醒悟到86岁是多么苍老的年纪。吴女士的精力和气魄远远超过家父,但毕竟也是年近九旬的老人。缘于此,我对"新版吴

1　《陈寅恪的哈佛经历与研习印度语文学的缘起》为单篇论文,其他皆为著作或资料集。

2　家父辞世,在2014年4月。

著"的期盼——无论眼前的，抑或将来的——都只是一种期盼，而不是苛求。

眼前的期盼，是将"新版吴著"中一些明显的讹误予以订正。如俞明震为俞大维伯父，而非"叔父"；[1] 陈寅恪七弟方恪字彦通，"字"误作"宁"；[2] "盖劬宓成为小说家"语不通，[3] "劬"当作"勖"；法国哲学家柏格森的生卒年，应为"（1859—1941）"，而非"（1859—1753）"；[4] "汨罗异代沉君子"，首字不能误为"汩"；[5] "王步行至校门外"，[6] 据后附《顺天时报》图影，[7] "至"原为"出"；陈寅恪故庐之一曰"崝庐"，而非"靖庐"；[8] 袁昶为张之洞幕友之一，而非"袁旭"；[9] 季羡林卒年为"2009"，并非"2008"；[10] "黄垆痛腹"之"垆"，不宜作"炉"；[11] 清华历史系外籍教师噶邦福之原

---

1 "新版吴著"，第 2 页。

2 "新版吴著"，第 3 页；"吴著"（第 3 页）无误。

3 "新版吴著"，第 5 页。

4 "新版吴著"，第 15 页；"吴著"（第 13 页）无误。

5 "新版吴著"，第 75 页。

6 "新版吴著"，第 79 页。

7 "新版吴著"，第 80 页。

8 "新版吴著"，第 101 页。

9 "新版吴著"，第 101 页。

10 "新版吴著"，第 110 页。

11 "新版吴著"，第 117 页。

名为"J.J.Gapanovich",[1] 不是"Gapanowich";[2] 长沙文夕大火发生在 1938 年 11 月 13 日,"十月"为误;[3] "《1940 年中央研究院选举》"一文,[4] 原题为《1940 年的中央研究院院长选举》,作者张剑,刊发于《档案与史学》1999 年第 2 期;"独具新解",[5] 实为"独具新解";[6] "证见超闳",[7] 原作"识见超闳";[8] 刘文典 1943 年 7 月 25 日致梅贻琦函,经核对插图,[9] "贫困交迫"[10] 原作"贫病交迫","躬行考察"[11] 原作"躬往考察";"费起鹤(云臬)"[12] 有误,费氏之名(起鹤)、字(云皋)源自《诗经·小雅·鹤鸣》:"鹤鸣于九皋,声闻于野";[13]

---

1 《吴宓日记》第 6 册,第 315、338 页。

2 "新版吴著",第 197 页。

3 "新版吴著",第 210 页。

4 "新版吴著",第 219 页。

5 "新版吴著",第 227 页。

6 吴宓著、吴学昭整理《吴宓诗集》,商务印书馆 2004 年版,第 362 页。案:"吴著"(第 104 页)无误。

7 "新版吴著",第 246 页。

8 吴宓著、吴学昭整理《吴宓诗话》,商务印书馆 2005 年版,第 290 页。

9 刘文典此函图片,见"新版吴著",第 250 页。

10 "新版吴著",第 248 页。

11 "新版吴著",第 248 页。

12 "新版吴著",第 268 页。

13 参阅刘国铭主编《中国国民党百年人物全书》下册,团结出版社 2005 年版,第 1784 页。

陈康晦为陈寅恪长妹，[1]"康晦姐"显然不对；[2]刘适（又名石泉）接受陈寅恪指导的硕士毕业论文，题为《中日甲午战争前后之中国政局》，"之"并非"的"；[3]唐筼1961年8月4日代笔致吴宓函，[4]原作"到广州火车若在日间，可在火车站（东站即广九站）雇郊区三轮车"云云，被误刊为"到广州火车站若在日间，可在火车站（车站即广九站）雇郊区三轮车"；[5]刘永济写赠吴宓之《减字木兰花》，"同住长江水一涯"[6]被误为"同在长江水一涯"[7]；曾广钧《环天室诗集》，误作"《环夫室诗集》"[8]；等等。

　　将来的期盼，除了建议对所有引录文字进行核校之外，还希望能够对陈怀宇《在西方发现陈寅恪：中国近代人文学的东方学与西学背景》[9]（以下简称"陈著"）等最新研究成果

1　陈寅恪生于1890年，陈康晦生于1893年（据潘益民、潘蕤著《陈方恪年谱》，江西人民出版社2007年版，第5页）。

2　"新版吴著"，第309页。

3　"新版吴著"，第314页。案：石泉的这篇毕业论文，后改名为《甲午战争前后之晚清政局》，1997年由生活·读书·新知三联书店出版。

4　此函影件，见"新版吴著"，第420-421页。

5　"新版吴著"，第418页。

6　"新版吴著"，第425页影件。

7　"新版吴著"，第426页。

8　"新版吴著"，第493页。

9　陈怀宇著《在西方发现陈寅恪：中国近代人文学的东方学与西学背景》，北京师范大学出版社2013年版。

继续追踪、大胆利用。"陈著"利用现已公开的哈佛大学早
年的出版物，提供了"迄今为止最详尽地介绍和分析寅恪先
生在哈佛时其周围学术和生活环境的一个说明"，[1] 其中也包
括对吴宓当年在美留学的场景还原，完全可以填补国内文献
的先天不足。至于"陈著"称吴宓"对国学的兴趣恐怕爱好
有余，了解不足"，"吴宓是出于民族自尊心、民族感情而提
倡保存国故，但却借白璧德之人文主义来提倡，颇有些书生
意气"，"当今竟有人称其为国学大师，实在未免有些令人啼
笑皆非"，[2] 也是见仁见智的一家之言，但不宜视而不见、弃
之不用——毕竟"陈著"的确是近年来陈寅恪研究中材料新
颖、见解别致的一本好书。"陈著"倡导的"以事证之，以
理证之，也要以心证之"，该书也未必都能做到，却不能因
此否认其价值——"这三证法不仅与寅恪先生所谓了解之同
情暗合，亦是人文学的精要所在"。[3]

1　"陈著"，第 19 页。
2　"陈著"，第 233 页。
3　"陈著"，第 13 页。

吴定宇的两部"陈寅恪传"*

一

2017 年 7 月 22 日，因心肌梗死，"中国现代文学研究著名专家、著名陈寅恪研究专家、《中山大学学报》原主编、中山大学中文系教授吴定宇先生不幸在广州家中猝然离世，享年 74 岁"。[1] 在吴教授遗体告别仪式上，悬挂着其弟子共同

* 本文曾选刊于 2018 年 3 月 18 日《南方都市报》。此次重刊，另有增补。

1 贺蓓《守望学术，躬行道义——中山大学吴定宇教授猝然辞世》，载 2017 年 7 月 28 日《南方都市报》。

拟写的一副挽联:"仁者德永驻历川东至岭南康园守望平生终无憾,学人魂长存研文学通文化杏坛弦歌半世亦悠然。"[1] 这副挽联,嵌入了吴定宇的两部"陈寅恪传"——《学人魂——陈寅恪传》(以下简称《学人魂》)和《守望:陈寅恪往事》(以下简称《守望》),足见它们在吴氏一生功业中的地位。

《学人魂》1996年8月由上海文艺出版社推出,"颇受好评",后来"还被评为1996年度上海文艺、文化、音乐出版社十大优秀图书"。[2] 从2003年开始,得益于受命编撰中山大学新校史之便利,吴教授"可以查阅和使用学校档案馆、图书馆任何文献材料与珍稀图书",因而"又收集了不少有关陈先生的第一手材料"。[3] 加上前前后后"学习、钻研陈氏著作七八遍"的沉潜和积淀,[4] 最终在2014年11月催生出《守望》这本新的陈寅恪传记,并随即"获评中国社会科学出版社年度好书"。[5]

平心而论,出自同一作者之手、前后相隔18年的两本

---

1 贺蓓《守望学术,躬行道义——中山大学吴定宇教授猝然辞世》,载2017年7月28日《南方都市报》。

2 吴定宇著《守望:陈寅恪往事》,中国社会科学出版社2014年版,第500页。

3 《守望》,第500页。

4 《守望》,第467页。

5 贺蓓《守望学术,躬行道义——中山大学吴定宇教授猝然辞世》,载2017年7月28日《南方都市报》。

陈氏传记，确实难以同日而语：前者尽管海内外"多篇书评"都"给予了肯定的评价"，[1] 依然只能称为跨界研究者的一部习作；后者则不然，就总体而言，称得上近年比较出色的一部陈寅恪传记。

《学人魂》出版不久，我就第一时间买来看了。除了错别字太多之外，印象较深的还有两点：一是披露了以陈寅恪在海外写信劝父亲剪辫子为代表的一些新材料；[2] 二是不止一次地把旧体诗中的阴历记日误解为阳历记日。[3]

1997 年的我，未届而立，求名心切，迫不及待地挑出《学人魂》的百余处毛病，寄给上海的《文汇读书周报》。最终见报的，大概只有几厘米见方的一个"豆腐块"，编辑留了个尾巴———"以下作者指出若干处错误，此略"（受赠的样报久已散失，大意如此）。1999 年 11 月 27 日至 29 日，中山大学举行"纪念陈寅恪教授国际学术研讨会"，吴老师和我都与会了。27 日或者 28 日傍晚，代表们准备在岭南堂前乘车去番禺的"白宫"出席晚宴，我正犹豫着要不要去，吴老师主动走过来，自我介绍后，说上海的编辑把那篇稿子

1　《守望》，第 500 页。

2　吴定宇著《学人魂——陈寅恪传》，上海文艺出版社 1996 年版，第 20 页。

3　如将陈三立诗题中的光绪三十年甲辰"十月二十七日"理解为"这年秋天"。见《学人魂》，第 26 页。

转给他了,"感谢感谢"云云。这是我和吴教授的唯一一次交往,此后再没有联系,不过,当时的尴尬和对编辑的不解,现在还记得很清晰。

既然编辑把批评稿转寄给了作者,我想当然地以为后出的《守望》肯定会改正那些错误。可是,仔细看了吴教授的第二本"陈寅恪传",才发现有些改了,[1] 有些照旧。[2] 值得欣慰的是,《守望》的体量(字数)是《学人魂》的近三倍,新见史料的数量远远不止《学人魂》的三倍,而文字硬伤的比例远远比《学人魂》低得多。

二

我之所以说《守望》称得上近年比较出色的一部陈寅恪传记,最有力的证据在于:吴教授充分利用编写中大新校史的独特优势,发掘、完善了不少有关陈寅恪的第一手材料;与之相应,《守望》以此为基础,在观点提炼、文字表述上也大大超越了《学人魂》。

---

1 《学人魂》第 26 页将甲辰"十月二十七日"误解为"这年秋天",《守望》第 36 页已改为"到了初冬"。

2 《学人魂》第 28 页将一场冬雨臆想为"秋雨霏霏"最具代表性,《守望》第 39 页沿袭了这一错误。

比如，揭秘陈寅恪与中大某些民主人士关系紧张，虽非吴教授开创先例，但以《守望》最为集中、详尽。"某客家籍著名民主人士"率先上呈报告对陈寅恪进行批判，应当是《守望》首次正式披露。[1] 更有进者，吴教授在增补旧著的过程中及时吸收、借鉴了不少最新研究成果，调校了《学人魂》的某些未尽准确的观点，[2] 从陈寅恪与民主人士关系紧张这一新视角出发，对《论〈再生缘〉》出版风波作了十分有益的补证。[3] 仅此一点，足可证明《守望》绝非拾人牙慧之作。

再比如，1959 年 6 月 28 日唐筼曾代笔给中大校方写过一封信，陆键东最早利用这份材料，节选的内容却十分有限，[4] 陆氏在修订旧作时仅改动了其中的一个错字和一处标点。[5]《学人魂》起初也没有完全公布此信，而是采取了隐括的方法；[6]《守望》则最大限度地公布了这份文献，[7] 又对来龙去脉言之颇详。

1　详《守望》，第 318-320 页。
2　可将《守望》第 321 页第 3 段与《学人魂》第 221 页第 2 段相对照。
3　陆键东、徐庆全、宗亮、陈书良、胡文辉等研究者对此各有论述，此略。
4　详《陈寅恪的最后二十年》，生活·读书·新知三联书店 1995 年版，第 440-441 页。
5　详《陈寅恪的最后二十年（修订本）》，生活·读书·新知三联书店 2013 年版，第 419 页。
6　详《学人魂》，第 220-221 页。
7　详《守望》，第 343-344 页。

将吴教授 18 年前后的文字对照而读，不难发现：细节越来越丰富，事实越来越清晰，论调越来越平允，《守望》确实较《学人魂》前进了不止一大步。以下两处，可能给读者留下了较为深刻的印象：其一，历史系某"老革命""老干部"与陈寅恪之矛盾；[1] 其二，某"副校长"与陈寅恪之冲突。[2] 当年，在对待该副校长的态度上，最受陈寅恪器重的刘节、梁方仲，却能做到不以陈寅恪之是非为是非、不以陈寅恪之好恶为好恶，[3]《守望》在不少方面传承了这一风骨，展现出良好的史家风范：客观、完整地还原历史场景，审慎、准确地评判历史人物。

三

我之所以对《守望》有所保留地称誉，固然有苛责贤长之意，更大的原因在于全书的"匿名"和"错名"现象令人担忧。

1　详《学人魂》，第 211—216 页；《守望》，第 337—347 页。

2　详《学人魂》，第 210 页；《守望》，第 292—293 页。

3　梁承邺著《无悔是书生：父亲梁方仲实录》专门安排了一节《与革命干部相善》，其中就包括梁方仲与该副校长交往的往事。详梁著，中华书局 2016 年版，第 312—315 页。

揆情度势，政治斗争一旦由最高层蔓延至全社会，被时代洪流裹挟的各色人等难免会留下一些不堪回首之言行，后来者如何书写这类历史，一直都是悬而不决的难题。换言之，在当事人的名誉权、隐私权与学者的研究权、公众的知情权之间，界限怎样划定？尺度如何把握？平衡能否实现？解决这些难题，过程仍然漫长，也许永远无解。仅就吴著而论，[1] 某些做法——我称之为"选择性隐匿"——已值得商榷，某些现象更值得警惕。窃以为，如欲为往生者讳、为健在者讳、为尊长者讳，或可一概隐没名姓，但不宜标准各异；如欲将个体行为之偏差归咎于特定环境之高压，也应该抱持同样的了解之同情，而不宜厚此薄彼。

篇幅所限，以下只对该书的典型性"错名"现象稍作指摘：[2]

---

1 《学人魂》偶见被匿名者，《守望》可谓有过之而无不及，此处暂略。

2 《守望》在引用各种图书时，发生过多次错误标引书名的现象。如陈寅恪弟子蒋天枢所撰《陈寅恪先生编年事辑》，前后实有两种版本：一为《陈寅恪先生编年事辑》，上海古籍出版社1981年版；一为《陈寅恪先生编年事辑（增订本）》，上海古籍出版社1997年版。《守望》或将"增订本"三字漏标（第23页），或将增订本之出版年份误标为"1998年"（第28页），或将出版机构错写成"上海古籍书店"（分见第133、142页），或将"增订本"处理为"修订本"（第484页）。另一陈门弟子卞僧慧所纂《陈寅恪先生年谱长编（初稿）》，书名中的"初稿"二字自有其用意，《守望》竟然将书名一概删削为"《陈寅恪先生年谱长编》"（分见第75、83、88、90、92、120、158、215、219、288、439、441、484页）。（**转下页**）

1. 光绪二十六年（庚子）六月二十六日，先严千总公（名阎炳）率兵弁从巡抚松涛驰往西山"啸庐"宣太后密旨，赐陈宝箴自尽。[1]

此错承袭《学人魂》而来。[2]"松涛"，实为"松寿"之误。[3]这段文字，最早见于宗九奇《陈三立传略》，[4]其后又见于宗九奇《陈宝箴之死的真象》。[5]宗氏第二文之标题，被《守望》误引为"陈宝箴之死的真相"。[6]

2. 军机大臣瞿子玖之子瞿蜕之。[7]

（接上页）上海古籍出版社所出《陈寅恪文集》，与生活·读书·新知三联书店所出《陈寅恪集》本不相同，《守望》偶尔也会混淆（第316页）。又如《陈隆恪分体诗选》的选编者是陈小从，《图说义宁陈氏》的作者同为陈小从，《守望》（第486页）却接连两次误署其堂妹"陈小彭"之名。限于篇幅，本文主要讨论那些具体历史人物姓名、字号、室名之错误者。

1 《守望》，第9页。
2 《学人魂》，第4页。
3 满人松寿担任江西巡抚之时间起讫，可参阅钱实甫编《清代职官年表》第二册，中华书局1980年版，第1737-1739页。
4 详中国人民政治协商会议江西省委员会文史资料研究委员会编《江西文史资料选辑》1982年第3辑，1982年11月印行，第119页。
5 详中国人民政治协商会议全国委员会文史资料研究委员会编《文史资料选辑》第87辑，文史资料出版社1983年版，第223页。
6 《守望》，第9页脚注。案：《学人魂》所加尾注则无误，详该书第21页。
7 《守望》，第21页。案："瞿蜕之"或"蜕之"，另见于第309、312、313、314、315、456等页。

"瞿子玖",即清末重臣瞿鸿禨。瞿氏季子名宣颖,字兑之,号蜕园。[1] 善化(今长沙市)瞿氏与义宁(今修水县)陈氏数代交好。瞿元霖(瞿鸿禨之父)与陈宝箴为咸丰元年辛亥恩科(1851)举人同年。[2] 光绪二十四年戊戌(1898)变法期间,瞿鸿禨曾举荐陈三立等人保送经济特科。[3] 1918年,瞿鸿禨卒,次年陈三立为撰墓志铭。[4] 1936年,陈三立为瞿宣颖《补书堂丙子诗存》题词。[5] 因缘如此,故陈寅恪1951年诗《寄瞿兑之》有句称:"论交三世今馀几",[6] 1964年诗《赠瞿兑之》复有句云:"三世交亲并幸存"。[7]

3. 宋末元初的史学家马端海撰写的记述历代典章制度的

---

1 据长沙市地方志办公室编《长沙市志·第十六卷》,湖南人民出版社 2002年版,"瞿宣颖",第 240-241 页。

2 详陈三立《皇授光禄大夫头品顶戴赏戴花翎原任兵部侍郎都察院右副都御史湖南巡抚先府君行状》《诰授光禄大夫协办大学士外务部尚书军机大臣善化瞿文慎公墓志铭》,此据陈三立著、李开军校点《散原精舍诗文集(增订本)》中册,上海古籍出版社 2014年版,分见第 845、959 页。

3 详李开军撰《陈三立年谱长编》上册,中华书局 2014年版,第 500-501 页。

4 详《散原精舍诗文集(增订本)》中册,第 958-963 页。

5 详《散原精舍诗文集(增订本)》下册,第 1493 页。

6 陈寅恪著、陈美延编《陈寅恪集·诗集(附唐篔诗存)》,生活·读书·新知三联书店 2001年版,第 79 页。

7 《陈寅恪集·诗集(附唐篔诗存)》,第 151 页。

鸿篇巨制《文献通考》。[1]

此错也是因袭《学人魂》而来。[2]"马端海",只能是"马端临"之误。[3]

4. 寅恪的母亲俞明诗亦出身于书香门第,其父俞文葆著有诗集《神雪馆诗》传世。[4]

据陈三立为亡妻所撰《继妻俞淑人墓志铭》,俞明诗"著《神雪馆诗》若干卷","旧说神雪者,列仙琴名,淑人好琴,因取此"。[5]

5. 陈三立的文朋诗友沈曾植、范当世、樊增祥、陈宝琛、吴汝伦、夏曾佑、陈衍、文廷式、易顺鼎、曾广钧、俞明震等。[6]

"吴汝伦",应为"吴汝纶"之误。[7]《学人魂》此句原作:"陈三立的文朋诗友沈曾植、范当世、樊增祥、陈宝琛、吴

1 《守望》,第 24 页。

2 《学人魂》,第 11 页。

3 据郑天挺、谭其骧主编《中国历史大辞典》上卷,上海辞书出版社 2000 年版,第 243 页。

4 《守望》,第 26–27 页。

5 《散原精舍诗文集(增订本)》下册,第 1024 页。

6 《守望》,第 33 页。

7 据《中国历史大辞典》上卷,第 1455 页。

汝纶、夏曾佑、陈衍、梁启超等硕儒名士。"[1] 至少 "吴汝纶" 正确无误。

6. 史学家牟润荪就持这种论调。[2]

"牟润荪",应作 "牟润孙"。[3] 牟氏在《守望》中共出现18处,仅4处正确,[4] 余者皆错成 "牟润荪"。[5]

7. 阅卷工作的季节性很强,不阅卷时,他住在上海父母亲家中养病和读书,有不少时间到海藏楼聆听父执沈曾植的教诲。[6]

8. 散原是陈三立的字号,海藏是沈曾植的字号。[7]

实则 "海藏楼" 为郑孝胥的室名,[8] "海日楼" 才是沈曾植的室名。[9]

1 《学人魂》,第 21 页。

2 《守望》,第 70 页。

3 据李学铭《牟润孙教授编年事略》,见牟润孙著《注史斋丛稿(增订本)》下册,中华书局 2009 年版,第 786 页。

4 《守望》,分见第 71、405、470、491 页。

5 《守望》,分见第 70、71、91、391、405、430、438、469、478、479 页。

6 《守望》,第 112 页。

7 《守望》,第 310 页。

8 据郑孝胥著、劳祖德整理《郑孝胥日记》第一册,中华书局 1993 年版,"整理说明",第 2 页。

9 据许全胜撰《沈曾植年谱长编》,中华书局 2007 年版,第 19 页。

9. 继任这一职务的叶企荪（1898—1977），亦非等闲之辈。[1]

叶鸿眷，字企孙。1913 年夏，十五岁的叶氏以其字"企孙"为名，再次考入清华学校中等科，其后遂以字行。[2]《守望》全书除 2 处无误外，[3] 其余 10 处均错成"叶企荪"。[4]

10. 他在昆明停留的几天，汤用彤、叶企孙、冯友兰、朱自清、俞大絪、毛子水、雷海宗、姚从吾、张奚若、向达、陈岱荪、闻一多、曾昭伦等许多老朋友、老同事，和吴晗、钟道铭、丁则良等留在西南联大任教的学生，都纷纷前来探望、问候、畅谈。[5]

《学人魂》原作：

他的许多故交和学生，如张奚若、汤用彤、叶企孙、冯

1 《守望》，第 197 页。
2 据《叶企孙年谱》，见叶铭汉、戴念祖、李艳平编《叶企孙文存》，首都师范大学出版社 2013 年版，第 668、670 页。
3 《守望》，分见第 214、250 页。
4 《守望》，分见第 197、258、259、273、275 页。
5 《守望》，第 214 页。

友兰、向达、陈岱孙、曾昭伦、俞大絪、姚从吾、毛子水、雷海宗等老友老同事,和吴晗、汪篯、钟道铭、丁则良等学生都纷纷前来探望、问候、畅谈。[1]

"陈岱荪",应作"陈岱孙"。[2] "俞大絪",应作"俞大絪",陈寅恪之表妹。[3] "曾昭伦",应作"曾昭抡",俞大絪之夫婿。[4]

11. 金毓黻:《静晤室日记》。[5]

历史学家金毓黻,"字谨庵,又字静庵,别号千华山民,书室号静晤"。[6]

1　《学人魂》,第 147 页。

2　据唐占海《陈岱孙》,见施正一主编《当代中国著名经济学家·百人小传》,中央民族大学出版社 2004 年版,第 6–11 页。

3　陈寅恪 1949 年 5 月 10 日致马鑑、陈君葆函有谓:"曾昭抡夫人俞大絪女士,系弟之亲表妹。"见谢荣滚主编《陈君葆书信集》,广东人民出版社 2008 年版,第 41 页。参阅胡文辉《陈寅恪 1949 年去留问题及其他》,载 2009 年 5 月 24 日《东方早报·上海书评》。

4　据夏自强《俞大絪》,见燕京研究院编《燕京大学人物志(第一辑)》,北京大学出版社 2001 年版,第 204–205 页。另可参阅成晓军著《曾国藩家族》,重庆出版社 2006 年版,第 217–221 页。

5　《守望》,第 241、336、490 页。

6　金毓黻著《静晤室日记》第一册,辽沈书社 1993 年版,"前言",第 1 页。

12. 詹安泰、王起、董每堪三位教授与之唱和的诗词，展现出中山大学在反右运动之前一派祥和的景象，至今在康乐园还传为美谈。[1]

"董每堪"，即中大中文系教授、戏曲家董每戡。[2] 董教授在《守望》中共出现6处，[3] 处处皆误，莫名其妙。往上追溯，原来《学人魂》业已连续出错。[4]

吴定宇于1979年考取中山大学中文系现代文学专业研究生，师从吴宏聪教授，1982年毕业后留校执教。[5] 恰在此期间，董每戡从流放地长沙回到广州中大中文系，走完了人生最后一段历程———1979年5月4日至1980年2月13日。[6] 以常情常理推测，作为学生、后辈的吴定宇，不至于对董每戡陌生到连名字都会写错的地步。而身为中大中文系知名教授，生前身后居然等不来一次正确书写，地下有灵，董每戡情何以堪？

1　《守望》，第299页。

2　据陆键东著《历史的忧伤：董每戡的最后二十四年（1956—1980）》，香港中和出版有限公司2017年版，第35页。

3　《守望》，分见第299、322、364页。

4　《学人魂》，第205、206页。

5　据《学人魂》，"后记"，第283页；"作者简介"，封三。《守望》，"后记"，第499页。

6　详《历史的忧伤：董每戡的最后二十四年（1956—1980）》，第517-535页。

13. 关心陈氏的友人，还有与章士钊同龄的叶恭绰（1881—1958）。……据考证，叶氏19岁时是光绪二十六年庚子（1900）。这一年春天叶氏的内弟孙浥英，与陈寅恪的堂妹、陈三畏之女陈倚庄喜结连理，于是叶家与陈家就成为姻亲。[1]

"孙浥英"，似为"孙挹英"之讹；陈倚庄，实系"陈绮庄"之误。据陈小从（陈寅恪之侄女）回忆，陈绮庄为陈三畏（陈三立之弟）之"次女"，家中人呼为"二姑"，"适无锡孙挹英"。[2]

---

1 《守望》，第311页。

2 陈小从著《图说义宁陈氏》，山东画报出版社2004年版，第6页。案：据学者王奇生披露，中国第二历史档案馆所藏《中华留日同学会同学录》（1941年6月编印）"竟是一本留日汉奸名录"，其中就有"孙挹英"，留日学校为"明治大学"，曾担任伪职"浙江高等法院院长"。见王奇生著《中国留学生的历史轨迹（1872—1949）》，湖北教育出版社1992年版，第126、127页。两个"孙挹英"是否为同一人，笔者不敢遽断，仍待高明赐示。2024年2月19日补案：蒋天枢1982年6月4日致函陈小从时，曾有所询问："友人见告：'散原老人一女嫁无锡石塘湾孙虎峰第三子孙挹英名巩圻者，亦为留日学生。'这事没听妹谈起过。如知之，盼告其详。"（张求会《蒋天枢致陈小从未刊信札辑注》，载《中国文化》2018年春季号，第205—206页）陈小从当年如何作答，暂不知晓。经查阅相关文献，可将孙挹英之个人信息先行补充，留待他日之用。无锡石塘湾孙氏为名门望族。有孙元楷者，生六子二女。其第六子祖烈，字寅清，号虎峰。孙祖烈有三子：长子保圻，次子复圻，三子巩圻；另有一女，适叶恭绰。（刘桂秋著《无锡时期的钱基博与钱锺书》，上海社会科学院出版社2004年版，第25-26页）故蒋天枢所转述者，有假有真。（转下页）

14. 蒋天枢的同学和深交多年的朋友肖一山、蓝文徵先后去了台湾。[1]

“萧”作为姓氏，尽管“近年也有俗写作肖的”，[2] 毕竟与“肖”不同，而且萧一山本人及史学界历来没有将其姓名写作“肖一山”的，[3] 故此也可视为错名。

（接上页）孙元楷有一女适钱福炯，即钱锺书之祖父。钱锺书之岳父杨荫杭，与同乡孙巩圻友善，两家女儿杨绛、孙燕华亦成为好友。唯杨绛在忆述中误将父执孙挹英错记为“孙奕英”，遂以讹传讹（吴学昭著《听杨绛谈往事》增补版，生活·读书·新知三联书店 2017 年版，第 78 页；钱之俊著《钱锺书生平十二讲》，上海社会科学院出版社 2013 年版，第 70–72 页），鲜有能知道正字者（高涛著《国学之花次第开——钱基博与钱氏家风》，大象出版社 2016 年版，第 210 页）。据而可知，孙巩圻，字挹英，“浥英”“奕英”当系音近而误。孙巩圻曾是中国最早的本土律师之一（陈同《在法律与社会之间：民国时期上海本土律师的地位和作用》，载《史林》2006 年第 1 期），其生平行事亦有可称述者，然终因附逆而声名不显、为人避忌，仅能在零星著述中觅得一鳞半爪。

1 《守望》，第 379 页。

2 中国社会科学院语言研究所词典编辑室编《现代汉语词典（第 5 版）》，商务印书馆 2005 年版，第 1494 页。案：该词典在后来的修订中取消了“俗写作肖”这一说明，似乎越发趋向于将“萧”与“肖”当作两个独立的姓氏。详《现代汉语词典（第 6 版）》，商务印书馆 2012 年版，第 1427、1429 页；《现代汉语词典（第 7 版）》，商务印书馆 2016 年版，第 1435、1437 页。

3 参阅朱浩熙著《蒋天枢传》，作家出版社 2002 年版，第 72、73、77、85 等页。

四

"君子之过也，如日月之食焉：过也，人皆见之；更也，人皆仰之。"[1] 往者已矣，生者犹存。缅怀和纪念的方式，绝非只有颂赞一种途径；为先行者拂去白玉之瑕，原本也是后死者的责任所在。

笔者研治义宁之学，不知不觉已近 30 年，身后倘能获赠"义宁门下走狗"的标签，将是勤劬一生的最好回报。前贤奉行之原则——"独立之精神，自由之思想"，[2] 形诸梦寐而已；读书写字之底线——"既不诬前人，亦免误来者"，[3] 付诸行动不辍。"知我罪我，任之而已。"[4]

1　《论语·子张篇》，见杨伯峻译注《论语译注》，中华书局 1980 年版，第 203 页。

2　陈寅恪《清华大学王观堂先生纪念碑铭》，见陈寅恪著、陈美延编《陈寅恪集·金明馆丛稿二编》，生活·读书·新知三联书店 2001 年版，第 246 页。

3　陈寅恪《寒柳堂记梦未定稿·弁言》，见陈寅恪著、陈美延编《陈寅恪集·寒柳堂集》，生活·读书·新知三联书店 2001 年版，第 186 页。

4　陈寅恪《寒柳堂记梦未定稿·弁言》，见《陈寅恪集·寒柳堂集》，第 186 页。

让更多中国人走近陈寅恪 *

一

2019 年，陈寅恪（1890—1969）辞世 50 周年，他的著作自此成为公版书，这才有了 2020 年译林出版社简体横排版《陈寅恪合集》（以下简称《合集》）的趁时而生，[1] 陈氏著

---

* 2021 年 9 月 12 日《南方日报》曾选刊此文，题为《 "以小见大" 是陈寅恪的考证特点》，殊违本心，现予还原。

1 陈寅恪著、江奇勇选编《陈寅恪合集》（九种十册），其第一种《金明馆丛稿初编》、第二种《金明馆丛稿二编》、第三种《讲义集》、第四和第五种《隋唐制度渊源略论稿·唐代政治史述论稿》、第六种《元白诗笺证稿》、第七种《寒柳堂集》、第八种《柳如是别传》（上、中、下三册）已由译林出版社于 2020 年 3 月至 9 月陆续出版，第九种《诗存》（一册）迄未面世。

述必须繁体竖排的"红线"第一次被全面突破。尽管此举在
社会上引发了不小的争议，但不得不承认，"繁体字竖排版式
不合现代读者的阅读习惯"，"不利于陈著的传播，更不利于
读者全面了解陈寅恪的学术成就"，[1] 讲的也是实话。毕竟，从
1949 年算起，七十多年过去了，图书版式、阅读习惯、书写
方法早就完成了巨变；何况，陈寅恪当年的坚持，原本包含
了对于非正常年代的过激反应和着意反弹。就此而言，《合集》
不失为一种可以接受的尝试，各界人士不妨以包容、开放的
心态对待它，当然，《合集》本身存在的大小问题另当别论。

正是受益于简体横排的阅读便利，我才得以在最近三个
月的业余时间内一字不落地将《合集》通读了一遍，对陈氏
著述有了更全面的认知，越发觉得每一个读书识字者都有必
要看一看他的文章，了解一下他的思想，想一想将来该怎么
走的大问题。

2021 年 7 月下旬，正当我艰难地"啃"着《合集》最
后一册——《柳如是别传（下）》时，接到为刘克敌教授新
著《陈寅恪和他的世界》（以下简称"刘著"）撰写书评的邀
约。为了确保这次好不容易启动的阅读计划不会中辍，我强
忍住好奇心，一直等到读完《柳如是别传》最后一页，才将

1 　江奇勇《〈陈寅恪合集〉前言》，见《陈寅恪合集》，"前言"，第 4 页。

"刘著"（对红付印 PDF 版）打开。拜读之后，既钦佩于老友的成功转型，也强化了共同普及"陈寅恪"的信念。不明来时路，又怎能觅得归去途？谋生如此，谋国亦然。矫正"集体无意识"的虚骄健忘，有时似乎只能寄希望于"集体有意识"的谦和理性，而其间的枢纽，则是通过良知未泯的研究者，将真正的智者贤者带进俗世，融入民间。

二

我和刘君第一次见面发生在何时何地，已记不太清了，相识相交的纽带肯定是共同的研究对象——陈寅恪及其家族。刘君研究陈寅恪的第一本著作《陈寅恪与中国文化》，1999 年由上海人民出版社推出，当年一炮打响，至今仍是研究陈寅恪的必读之书。随后，《陈寅恪和他的同时代人》（文化艺术出版社 2006 年版）、《陈寅恪与中国文化精神》（福建教育出版社 2009 年版）相继面世，一步步奠定了刘君在国内陈寅恪研究界的先进地位。我涉足这一领域，前后也有二十余年，无奈天赋不高、腹笥不丰，只能做一点考订工作，写一些琐屑文章，范围没有跳出陈寅恪的"家世与传记"，[1]

1　余潜山《陈寅恪研究的反思和展望》，见周言编《陈寅恪研究：反思与展望》，九州出版社 2013 年版，第 18 页。

行文又"过于迁就学院化的论著格式","显得颇为累赘"。[1]
知己不足,方能见人之长,我特别佩服那些见识卓荦而又文
笔洒脱的同行,刘克敌君、胡文辉君等友朋的著述,就很能
让我生发羡慕之心。进而言之,古人所云"大处着眼,小处
着手",刘君、胡君的文字最为接近。

　　退休之后的刘君,依然笔耕不辍,延续了高产、优产
的惯性。也许是因为跨学科研究的长期积累迎来了新一轮勃
发,又也许是因为摆脱了科研考核"条条框框"的束缚,加
上"e考据"等新式"武器"的娴熟运用,荣休后的刘君,
大小文章越发挥洒自如,作品发表的园地呈现出多点开花之
态势,似已提前步入"从心所欲"之化境。另一位"退休"
学者胡文辉君,更是借助于微信公众号"历史的擦边球"等
新平台,不时刷新,交互往还,"吸粉"无数之际,将一己
之研究所得(包括但不限于陈寅恪研究)惠泽同道,播散四
方。在我看来,刘君、胡君等人的"时尚"之举,既是知识
分子自觉肩负学术普惠大众这一使命的新形态,也未尝不是
对于技术官僚及其教条管理的一种鞭策和警醒。说到底,让
更多中国人走近陈寅恪,才是实践其遗愿、彰显其价值的不
二法门。

1　胡文辉《〈陈寅恪家史〉序言》,见张求会著《陈寅恪家史》,东方出版
　社2019年版,"序言",第3页。

三

饶舌已久，说回刘君的这本新书。"刘著"一共两编：第一编《陈寅恪著作释读》，第二编《陈寅恪之学术交往》。其中，第一编收录 18 篇文章，对陈寅恪的两部著作（《元白诗笺证稿》《柳如是别传》）和 16 篇文章（《狐臭与胡臭》《〈桃花源记〉旁证》《武曌与佛教》等）一一作了解读，每篇各附陈氏原作——或全录，或节选。第二编收文 6 篇，聚焦陈寅恪与冯友兰、郭沫若、钱穆、朱延丰、姚薇元、吴其昌等友生之交往。民国学人圈子的是非恩怨、具体事件背后的人生百态，刘君化繁为简，厘清来龙去脉，娓娓道来，甚是好看。

不过，平心而论，第二编的题材虽能扣住主题——陈寅恪的"世界"肯定离不开他的同时代人——仍然略显游离。相比之下，第一编的篇幅占比超过 70%，内容和形式都更加符合刘君写作此书的初衷——"用比较通俗的语言和相对轻松的方式解读陈先生的一些论著或者是论著节选，意在起到一个介绍或导读作用，让读者由此对陈寅恪和他的世界产生兴趣"。[1]

1　刘克敌著《陈寅恪和他的世界》，河北教育出版社 2021 年版，第 432 页。

秉持着让一般读者走近陈寅恪的愿望，"刘著"第一编选取陈寅恪著述中"内容相对浅近且论述方式平易的文章"，"辅之以通俗易懂且生动有趣的导读文字"，实现了"学术性、趣味性和可读性的统一"。[1] 应该说，这是本书最大的亮点，也是刘君成功转型的最新体现。

四

刘君选录陈氏作品，可谓量体裁衣，巧心经营；释读陈氏著述，更是举重若轻，匠心独妙。

陈寅恪以隋唐史研究享誉中外，代表作被合称为"三稿"——《隋唐制度渊源略论稿》《唐代政治史述论稿》和《元白诗笺证稿》，前两种又被誉为陈氏史学研究的两座高峰。陈氏"三稿"，各有分工：第一"稿"论唐代制度，第二"稿"论唐代政治，第三"稿"论唐代社会风俗。[2] 无论第一"稿"还是第二"稿"，远见卓识不断，名言隽语联翩。比如：胡、汉之分，重在文化而非种族；精神文化方面，尤为融合复杂民族之要道；士族门风优美之特点，基于学业之

1 "刘著"，"说明"，第1页。
2 陈寅恪《致陈槃（三）》，见陈寅恪著、陈美延编《陈寅恪集·书信集》，生活·读书·新知三联书店2015年版，第231页。

因袭;中国与其所接触诸外族之盛衰兴废,常为多数外族间之连环性("外族盛衰之连环性")等。无奈曲高者和必寡,两部巅峰之作对于读者的要求不可谓不高,而其自身的体系绵密、章法森严,较之其他著述更为突出,确实不太容易选摘。刘君最终选取了第三"稿";而在第三"稿"的五章中,只用了第一章《长恨歌》;在第一章中,又仅仅保留大约 1/5 的内容作为附录。之所以如此安排,不仅因为这 1/5 的文字里包藏着一个普通读者最感兴趣的话题——杨贵妃当年被唐玄宗纳入宫中时是否还是处子之身? 更因为通过专家的释读,可以引导读者借而窥探陈寅恪的治学特色和重要观点,进而反思本民族与他民族如何共生共荣的历史难题和时代命题。

至于篇幅远超第三"稿"的《柳如是别传》,如果照单全收式地附录,再配以条分缕析式的释读,那么整本"刘著"就会比长城砖还要厚上几倍,向一般读者普及"陈寅恪"的愿景更会彻底落空。但是,作为陈寅恪晚年以"惊天地、泣鬼神的气概"[1]艰难完成的最后一部巨著,《柳如是别传》知名度之高,几乎可以和"陈寅恪"划等号,置之不理似乎说不过去。取舍两难,估计刘君也曾为之苦恼。折衷的

方案，是将具有开宗明义性质的第一章《缘起》作为附录，而主体部分则是题为《"念畴昔风流，暗伤如许"——释〈柳如是别传〉》的导读文章。《缘起》全文收入，成为"附录"之最（共 17 页）；刘文洋洋洒洒，成为"释读"之最（共 19 页）。《柳如是别传》以鸿篇巨制而著称，不如此设置，不足以凸现其分量，更无法彰显其"文眼"——"表彰我民族独立之精神，自由之思想"（《柳如是别传》第一章）。此"十字箴言""十字方针"，[1] 前人为之心心不停，后人为之念念不住。金针度人，薪尽火传；梅花一树，化身千亿。相信读过"刘著"的人，也会觉得"于我心有戚戚焉"。

因为刚刚完成简体横排版《合集》的阅读，故而笔者对"刘著"选录的陈氏作品一掠而过，并未再次细读。细细想来，"释读＋原作"的编排手法堪称精巧。尤其是"附录"的灵活处理，最大限度地满足了不同读者的个性化需求，我称之为"长短各异，深浅各宜，丰俭由人"：不愿看古文（对大多数读者而言，陈寅恪的文字就是看不大懂的"古文"）的读者，只需要看导读；看了导读还不过瘾的读者，能马上接着看原著；像我这样似懂半懂的同行，也可以带着挑剔的眼光，前后对照着研读，或会心一笑，或拍案叫好。而上述

1　刘克敌《"与天壤而同久，共三光而永光"——纪念陈寅恪先生诞辰一百三十周年》，见"刘著"，"序言"，第 2、7 页。

复合型功效的实现,只能基于一个前提:简体横排。试想,前面的释读文章以简体字横向排印,后附的陈氏原文用繁体字竖向排版,岂不是"圆凿方枘,龃龉难入"?陈著简体横排,且对其适当增加新式标点,无疑拉近了大师与凡人的距离,消减了普通读者的自卑心理,降低了阅读学术著作的难度,引发了接触学术经典的兴趣。

五

再来说一说刘教授的释读,仍以"杨贵妃入宫"为对象,其他各篇不言自明。刘君的文字很好读,我图省事,当一回"文抄公":

他为何会对这个问题感兴趣?原来陈寅恪一直认为,隋唐时代汉族和周边少数民族交往密切,所谓汉族的"胡化"和胡人的"汉化"现象极为常见。当时判断一个人是属于汉族还是胡族,常常不是看其人种特征,而是看其"汉化"程度深还是"胡化"程度深。陈寅恪考证杨贵妃,其实他的关注点不是杨贵妃的初夜到底给了谁,而是通过这一问题研究观察唐代皇室的婚姻制度,以及胡汉混血带来的贞洁观念转变和社会风气变化。诚如他所引《朱子语类》中所云："唐源流出于夷狄，故闺门失礼之事不以为异。"试想一下，如果连皇室都对女人贞洁问题不以为然，那普通民众对于贞洁观念也不会看得太重，说明彼时胡人道德风俗对汉族的渗透已经很深，社会风气比较开放。由此即可发现少数民族文化与汉族文化的交流融合一直存在，双方互相影响、互相融合，最后即可证明中国文化在发展过程中，其实从未拒绝对周边少数民族和其他外来文化的吸收和借鉴。

这样的学术研究，难道不是既有历史意义更有现实意义，难道不是很重要很有价值？[1]

最后一句，看似轻轻带出，实则重重回应——因为好几位大学者也觉得陈寅恪"八卦"得近乎"无聊"。

随后，刘君以设问来承上启下、步步引导：

那么陈寅恪是如何考证的呢？杨贵妃最初嫁给了唐玄宗的第 18 个儿子寿王李瑁，她比唐玄宗小 34 岁，是他名正言顺的儿媳。清代大学者朱彝尊认为虽然寿王早已册封杨玉环为妃，但是两人尚未同房，杨贵妃就已转

---

1 "刘著"，第 33 页。

入道观清修，也即后人说的"带发修行"，随后不久即被唐玄宗纳入宫中。据此朱彝尊认为杨贵妃入宫时，还是处子之身，对此陈寅恪表示不能同意。且看他的结论："是杨氏入宫，至早亦必在开元二十六年正月二日。其间相隔至少已越两岁，岂有距离如是长久，既已请期而不亲迎同牢乎？由此观之，朱氏'妃以处子入宫似得其实'之论，殊不可信从也。"通俗点说，杨玉环在入宫之前与寿王定亲至少两年，并且按照唐代皇室娶亲的礼仪，迎亲当天即已"同牢"（同房）了，所以杨贵妃入宫时当已不是处子之身。[1]

行文至此，刘君笔锋再转，"请出"陈氏门下名声最显的学生季羡林现身说法：

> 对于陈寅恪的这一考证，其弟子季羡林——也是一位文化大师，就很是佩服，他在《对我影响最大的几本书》一文中写道："寅恪先生考证不避琐细，但绝不是为考证而考证，小中见大，其中往往含着极大的问题。比如，他考证杨玉环是否以处女入宫。这个问题确极猥琐，

1　"刘著"，第33–34页。案：经对照《元白诗笺证稿》第一章《长恨歌》，"既已请期而不亲迎同牢"后，脱一"者"字。

不登大雅之堂。无怪一个学者说：这太 Trivial（微不足道）了。焉知寅恪先生是想研究李唐皇族的家风。在这个问题上，汉族与少数民族看法是不一样的。寅恪先生从看似细微的问题入手探讨民族问题和文化问题，由小及大，使自己的立论坚实可靠。[1]

紧承其后的，是以最为熟见的"一骑红尘妃子笑，无人知是荔枝来"入手，仅用寥寥数笔，就将陈寅恪替杨贵妃洗冤鸣不平之事——宫中那些来自南方的宦官，贪恋自幼喜食的荔枝等家乡特产，遂假借杨贵妃名义，令地方进贡至西安——讲得明明白白。为慎重起见，又不忘特意点明："当然，陈寅恪的这一考证并未成为定论，但他善于从常见材料中发现问题并联系当时实际情势举一反三的能力确实值得赞叹。"[2]

刘君的这篇《陈寅恪为何考证一个有些"无聊"的问题——释〈元白诗笺证稿〉第一章〈长恨歌〉》，最后一段仍在循循而诱：

> 人们常说学术研究最难能可贵就是以小见大、见微

1　"刘著"，第 34 页。
2　"刘著"，第 34-35 页。

知著，陈寅恪的上述研究就是如此。当然，要详细了解陈寅恪是如何通过考证推翻清代学者朱彝尊的考证，那还是要细读陈寅恪的原著才是。[1]

六

刘克敌君是国内陈寅恪研究的先行者、先进者，这一次的转型，称得上"大学者"写"小文章"（刘君自谦为"小书"）的一个样板。我从刘君的成功实践中获得两点启发，特向刘君和同道请教：

其一，学者从事学术研究、文字创作，究其实质，也是一个生产产品的过程，只不过产品形态、顾客构成、消费形式有所区别而已。当读者由以同行为主转变为以大众为主，学术文章的内容和写法都必须作出调整。不然的话，制造出来的仍旧是高头讲章，读起来令人昏昏欲睡，这样的产品是没有市场的，这样的"转型"也是没有意义的。

其二，学术文章有深浅繁简之分，但逻辑严谨、结论可靠等基本要求不能放弃。换言之，门槛可以放低，但不能没有。这一点，让我联想到卞僧慧老人率先披露的一条史料：

---

1 "刘著"，第35页。

1936 年 2 月 3 日，陈寅恪在课堂上告诉学生们："大、中、小学所讲之历史，只能有详略深浅之差，不能有真伪之别。"[1] 八十多年过去了，这话依然没有过时。

真正的学术大师，从来没有离开我们。思想的光塔一直矗立在远方，静静地等待着我们走近，再走近。

附记：

稿竟之日，从微信上获悉胡文辉的新书《陈寅恪语录》已经上市。[2] 胡书与"刘著"同时推出，称得上 2021 年"陈学"研究界的一件大事。两书相较，体例有别，内容各异，帮助大众"理解陈先生的学问世界和精神世界"[3] 则无二致，读者诸君不妨一并取而观之。

---

1 卞僧慧纂、卞学洛整理《陈寅恪先生年谱长编（初稿）》，中华书局 2010 年版，第 172 页。

2 胡文辉编《陈寅恪语录》，上海文艺出版社 2021 年 8 月出版。

3 胡文辉微信公众号"历史的擦边球"，2021 年 8 月 7 日推出。

朝着陈寅恪再进一步 *

张旭东是我的朋友，一位迄未谋面的文字朋友。[1] 二十年前，胡文辉撰《陈寅恪诗笺释》，命我写序。旭东对拙序颇为欣赏，令我意外又开心，自此有了文字往来。其后，旭东的长文《陈寅恪与傅斯年》在《东方早报·上海书评》连登两期，评论陈傅关系客观而公允，钦佩之余，我不止一次

---

* 本文完成于 2023 年 5 月 11 日，后稍作删削，以《张求会评〈藕香零拾〉：朝着陈寅恪再进一步》为题，发表于微信公众号"澎湃新闻·上海书评"，2023 年 7 月 12 日推出。此次刊发，标题、正文皆恢复原貌。

1 直到 2023 年 8 月 4 日，我才在上海与张旭东第一次见面。

地引用过。这回他将已刊文章集结成《藕香零拾》，[1] 奉读之际，又让我对他有了新的了解。

《藕香零拾》共 25 个单元，收文 35 篇（含代后记）。其中，第 1 单元为《关于陈寅恪》（6 篇）；第 2 单元《关于傅斯年》（1 篇），所收即《陈寅恪与傅斯年》；[2] 第 23 单元《关于钱谦益》（2 篇），先介绍钱谦益作品之版本，再以最长一文对《柳如是别传》"钱氏家难"一章予以补订，仍是陈寅恪研究；而关于吕思勉、陈垣、顾颉刚、牟润孙、陈宝琛、郑孝胥、黄秋岳、汪辟疆、黄永年、黄裳、现代学林各单元，也多多少少和陈寅恪挨着连着。全书描绘的是知识分子的群像，但着墨最多的显然是陈寅恪，因此，未尝不可将张著视为一本研究陈寅恪的专书——而且是朝着陈寅恪又迈进一步的佳作。

---

1 张旭东著《藕香零拾》，上海文艺出版社 2023 年版。

2 张旭东的《陈寅恪与傅斯年》曾分两次发表：《从亲密到生分：陈寅恪与傅斯年（上）》，载 2016 年 11 月 20 日《东方早报·上海书评》；《也相倚靠也相难：陈寅恪与傅斯年（下）》，载 2016 年 11 月 27 日《东方早报·上海书评》。收入《藕香零拾》，又改题为《陈寅恪与傅斯年——也相倚靠也相难》。为简便计，本文统称为《陈寅恪与傅斯年》。

"书外之序"

《陈寅恪为他人所作序》是《藕香零拾》的 开篇之作,作者看得很重,读者也很认同——胡文辉赞曰"深获我心","另述感想二章,以当应和"。[1]

旭东也许不是最早关注陈寅恪序文的学者,但能将 14 篇序言打成一片,综括其通义,总称以"书外之序",已足以让他更高一层楼。而"书外之序"一名,应该是旭东的首创:

> 陈寅恪先生一生为他人作序共十四篇。陈先生学术以外的文字不多,仅《寒柳堂记梦稿》几篇而已,为他人作序倒成为他思想表达的方式。这些序引往往不严守本书而逸出书外,其所论荦荦大者,又无不与本书关合,既不离学术本身,又呈现思想的张力和精神的力量。晚辈唐突,称之为"书外之序"。[2]

14 篇序引中,作于 1940 年的《陈垣明季滇黔佛教考序》

---

1 胡文辉《陈寅恪〈明季滇黔佛教考序〉书后》,载其微信公众号"历史的擦边球",2023 年 4 月 11 日推出。

2 《藕香零拾》,第 1 页。

被旭东安排为重点剖析的典型范例，因其最能彰显思想张力和精神力量，故被旭东赞誉为"绝世雄文"。[1] 胡文辉"另述感想二章，以当应和"，也因此序而起。

支愍度、伧道人之典，纵逾古今，横越内外，其内涵呈层递累积之态势。张文、胡文前后辉映，正可合而观之：

> 著《明季滇黔佛教考》的留在北京的辅仁大学，为其作序的恰恰漂泊在滇黔边域。……然而此段所表彰者并非支愍度，而是伧道人。……此典讽世态、正人心，其意甚明，而其言无疑已逸出书外。……当日为陈援庵作序使用此典亦不过言二人俱未事伪，与《明季滇黔佛教考》所述明末遗民逃禅之事，书里书外，两相映衬。然读者若不囿于一时一地而读，此典被赋予更丰富之内涵。后来，陈氏"万物皆流，金石独止"的气质被这个典故演绎得淋漓尽致。[2]（张文）
>
> 陈先生假借此掌故，意在强调学者须抱学术真诚态度，不能因时势之压力而有所改易，"无为遂负如来也！"如其所言，两人一"讲学著书于东北风尘之际"、一"入城乞食于西南天地之间"，或留或行，或在沦陷区

---

1 《藕香零拾》，第 2 页。

2 《藕香零拾》，第 3-4 页。

或在大后方，然皆未降其志，不负所学，此所谓"南北相望，幸俱未树新义，以负如来"，岂不美哉！……反观寅恪、援庵二氏，则 1940 年之南北相望，至 1949 年乃成南辕北辙。……则寅恪终不改其为伧道人，而援庵真成支愍度矣！[1]（胡文）

"书里书外""逸出书外"是 14 篇序言的整体特征，《陈寅恪为他人所作序》既为代表，则其含义必定丰盛，窃以为包括但不限于以下各点：其一，二陈俱不事伪，仿佛明末遗民之逃禅；其二，二陈抗战时俱未树新义，犹如伧道人能坚守旧义；其三，二陈晚年南辕北辙，"南陈"仍是伧道人，"北陈"已作支愍度，一如古典中二人之分化；其四，寅恪序文因不严守本书而逸出书外，故可由此移彼，改作他书之序；[2] 其五，14 篇序文中，4 篇无缘随书刊布，皆赖寅恪文集方得以流传，俱成名文，"真成书外之序矣"。[3]

回看全文，"书外"凡七次现身，走笔至此，忽生一

---

1 《陈寅恪〈明季滇黔佛教考序〉书后》，载微信公众号"历史的擦边球"，2023 年 4 月 11 日推出。
2 《藕香零拾》，第 1、5 页。
3 《藕香零拾》，第 5 页。

念：篇名既已汰旧，[1]不如再换新题——《陈寅恪的"书外之序"》。未知旭东以为如何？

由"趋新"转向"守旧"

"纵观我国学术史，每个时代，大抵都有新旧之争，然皆未若清民之际为烈。似乎可以说，'新旧之争'四个字成为民国学术史的关键词。然何人为新，何人为旧，既难截然一划而分，而旧中蕴新，新又返旧，更趋复杂。"[2]因此，《藕香零拾》很自然地聚焦于民国学术流变之轨迹，而又以"探讨新旧之间的变奏与平衡"[3]为重点。

章太炎、陈垣、陈寅恪、胡适、傅斯年、杨树达、顾颉刚、钱穆、吕思勉等学界大佬的旧人旧事，经过旭东的精心编排，最终以鲜活而真实的形象呈现在民国学术史的舞台上。后世观众在大饱眼福耳福之余，也隐约看到了那条旨在平衡新旧的路径——既要"使用新材料"，又要"融通中西"[4]——亦

---

1 《陈寅恪为他人所作序》，初名《陈寅恪的序文》，首刊于《读书》2009年第 6 期。
2 《藕香零拾》，第 26 页。
3 《藕香零拾》，第 83 页。
4 《藕香零拾》，第 32、34 页。

即秉持杨树达"温故知新"、陈寅恪"不古不今"之义。[1]

旭东尊崇义宁之学，不画地为牢，治学能取众家之长，行文常补时流之失。他有缘担任吕思勉《中国文化思想史九种》的责任编辑，故能对吕氏之"通贯"与"执微"有真切体认，[2]并从中有所获益。试举一例，《新旧之间——民国学术流变管窥》之所以断言陈寅恪"由'趋新'转向'守旧'"，[3]是因为旭东找到了证据：

1930年，陈寅恪《陈垣敦煌劫馀录序》劈面惊艳："一时代之学术，必有其新材料与新问题。取用此材料，以研求问题，则为此时代学术之新潮流。治学之士，得预于此潮流者，谓之预流（借用佛教初果之名）。其未得预者，谓之未入流，此古今学术史之通义，非彼闭门造车之徒，所能同喻者也。"这几句话，旭东以为"一反常态，辞气较苛峻"，"无异于新旧之间的宣战"。[4]

1934年，陈寅恪在《王静安先生遗书序》中，总结了王国维治学的三种方法：一曰"取地下之实物与纸上之遗文互相释证"，二曰"取异族之故书与吾国之旧籍互相补正"，三

---

1 《藕香零拾》，第 42 页。

2 《藕香零拾》，第 77、79、87、88 页。

3 《藕香零拾》，第 37 页。

4 《藕香零拾》，第 34 页。

曰"取外来之观念与固有之材料互相参证"。旭东再浓缩为两点，即"使用新材料"和"融通中西"。[1]

1935年，陈寅恪在清华课堂上的言说更趋温和、客观，[2]而且与章太炎本年在苏州所作演讲《论经史实录不应无故怀

---

1 《藕香零拾》，第33-34页。
2 张旭东《新旧之间——民国学术流变管窥》有谓："据蒋天枢所记，陈寅恪1935年讲授'晋至唐史'时说道：'历史的新材料，上古史部分如甲骨、铜器等，中古史部分如石刻、敦煌文书、日本藏籍之类。所谓新材料，并非从天空中掉下来的，乃指新发现，或原藏于他处，或本为旧材料而加以新注意、新解释。（原注：旧材料而予以新解释，很危险。如作史论的专门翻案，往往牵强附会，要警惕。）必须对旧材料很熟悉，才能利用新材料。因为新材料是零星发现的，是片段的。旧材料熟，才能把新材料安置于适宜的地位。正像一幅已残破的古画，必须知道这幅画的大概轮廓，才能将其一山一树置于适当地位，以复旧观。在今日能利用新材料的，上古史部分，必对经书很熟，中古以下必须更熟。'于太炎之说，已有所取。"见《藕香零拾》，第37-38页。案：张文所引课堂笔记，源自蒋天枢撰《陈寅恪先生编年事辑（增订本）》（上海古籍出版社1997年版，第96-97页），记录者实为陈寅恪另一弟子卞僧慧，蒋天枢末署之"卞记"已有交代。其后，卞僧慧为陈寅恪编纂年谱长编，谱后附录陈寅恪开课笔记三种，即包含《"晋至唐史"开课笔记（一九三五年九月二十三日）》，见卞僧慧纂、卞学洛整理《陈寅恪先生年谱长编（初稿）》，中华书局2010年版，第362-364页。又，"警惕"，原作"戒惕"；"片段"，原作"片断"。

疑》颇有相契合处。[1] 太炎不再一味坚持旧说，[2] 寅恪也作出相应的调适，证明新旧之间确实存在着相互平衡的空间。平心而论，旭东这一节论述还可以更加细密一些，[3] 不过，称陈

1　"从 1935 年 4 月开始，到 9 月苏州章氏国学讲习会正式开办为止，章氏星期讲演会一共举行 9 期。"其中，第四期即《论经史实录不应无故怀疑》，"5 月讲，并载于浙江图书馆馆刊"。见夏骏著《苏州章氏国学讲习会与近现代国学高等教育》，福建教育出版社 2015 年版，第 75 页。

2　章太炎曾指斥学界四种不良风气：其一，"以今文疑群经"；其二，"以赝器校正史"；其三，"以甲文证许书"；其四，"以臆说诬诸子"。章门弟子姜亮夫曾投书《国闻周报》，于此四点有所引申补充。姜函于其中第二点有谓："此与下文'以甲骨黜许书'一语大为当时学人所诟病。盖先生早年于此固曾张其挞伐，盖阮、吴诸家之说不足以服人，而甲骨出处不明，又无其他有力佐证，当时唱之者如刘铁云辈，又非笃行纯学之士，孙诒让亦谨严无他规模，以一融通四会之学人，欲其贸然承认一种新学问，有所不能，亦有所不可，故早年之指陈吉金、甲骨之弊者宜也。近年来铜器、甲骨之出土者日多，研治者途术亦日精，先生于早年之说，似已不甚坚持。"原载《国闻周报》第 13 卷第 36 期，此录自徐凌霄、徐一士著《凌霄一士随笔》下册，中华书局 2018 年版，第 1552 页。

3　章太炎之讲演《论经史实录不应无故怀疑》，1935 年 5 月刊于《章氏星期讲演会记录》第 4 期，同年 8 月发表于《浙江省立图书馆馆刊》第 4 卷第 4 期，另有其他报刊予以报道。同在 1935 年，孙思昉为回应同门姜亮夫而致《国闻周报》之函又曾经引录，详《国闻周报》第 13 卷第 36 期（1936 年 9 月 14 日出版），见《凌霄一士随笔》，第 1555–1558 页。卞僧慧所作笔记，则记录于 1935 年 9 月 23 日"晋至唐史"第一课。因此，陈氏在课堂上发表言说之前，确有可能看过章氏讲演稿，但目前仍无法判断两者之间有无关联性。《藕香零拾》前称"余杭章先生《论经史实录不应无故怀疑》一节文字最具代表性"云云（第 33 页），后言陈寅恪"于太炎之说，已有所取"（第 38 页），似已确认为陈所取之"太炎之说"即章氏已刊之讲演。

氏"于太炎一说，已有所取"也能站得住脚。

以义宁之法补义宁之书

旭东研究陈寅恪的文字已颇具规模，如果让我来做排行榜的话，《钱曾与严熊——〈柳如是别传〉钱氏家难章补论》（以下简称《钱曾与严熊》）排第一，《陈寅恪为他人所作序》居其次，《陈寅恪与傅斯年》只能排第三（原因详后）。

说来惭愧，拙文《陈宝箴致俞廉三未刊信札释考》（与俞声恒合作），曾与旭东的《钱曾与严熊》一同揭载于《中国文化》2016年春季号（总第43期），可惜的是，当年只是瞥了一眼，并未细读。这次接奉新著，第一遍通读，恍如拜读寅老的《柳如是别传》（以下简称《柳传》），一时间云里雾里；再读而三读，终于发现了它的真和美——真在所作考释推断堪称的论，美在治史行文能得寅老精髓。[1]

《钱曾与严熊》一共五个部分，导言介绍作文缘由，既

---

[1] 刘经富《释"侮食自矜，曲学阿世"——读陈寅恪〈赠蒋秉南序〉》也刊登于同一期《中国文化》，亦为有缘之人，然刘君所著《陈寅恪研究编年》仅录存张旭东两篇书评（皆为胡文辉《陈寅恪诗笺释》而作）之名，而不涉及旭东此文及其他研陈文字，未免沧海遗珠之憾。详刘经富著《陈寅恪研究编年》，上海古籍出版社2022年版，第93、94、122–125、278页。

拎出线索，又给出钥匙：

> 陈先生当日撰《柳传》，遗阙很多材料，此为事实。以"钱氏家难"为例，其间几个关键人物，如主犯钱朝鼎，从犯钱曾，替钱家诉讼之严熊，他们皆有诗集，然条件所限，陈先生都没能看到。《柳传》所采皆"间接人物"之别集，如归庄，如顾苓，一在昆山，一在苏州，非"钱氏家难"之当事人，未亲与其事；至于龚鼎孳、宋琬诸人，更隔而远矣。故推论、俟考丛集，如果有问题，就可能出在这里。[1]

追溯之余，不忘分析，随即抛出新材料，仍不忘合乎情理之推测，现场感和沧桑感交织而生：

> 这三个人的集子，钱朝鼎的尚未现身。钱曾的集子一直隐匿人间，直至上世纪八十年代现身美国，才知道是盛宣怀旧藏，由谢正光先生详加笺释，让我们更多地了解遗王生平。而严熊的《严白云诗集》传了下来，由邓之诚文如先生收藏，但可惜没有派上大用场，……我

---

1 《藕香零拾》，第 276 页。

们知道，清初别集最难得，邓先生藏清初别集达七百种，材料虽夥，一时未顾得用；陈先生避居岭南，又没得用，故严熊的集子不啻虽存而实亡。有意思的是，《柳传》最后一条材料，用的是邓氏《骨董琐记》，更退一步讲，陈邓二位互通有无，陈先生得《严白云诗集》而用之，《柳传》中"钱氏家难"便逼近真实一分吗？恐不一定。因为事情往往是这样，一个材料必得另一材料两相激发，才产生出新的问题，引你追逐向前，若得不到激发，则此材料必在沉睡中，无用也。严熊的集子为陈先生所用，也许会偏得更远，因为这个材料必得钱曾的七个集子相激发，才能射出火光，而钱曾的集子陈先生是无论如何用不到的。[1]

导言最后一段，仍在勾引读者步步深入：

> 谢正光钱曾七集的公布，解决不了钱曾与严熊的关系问题，但可以解决钱曾与牧斋的关系问题，已是巨大的收获。[2]

---

1 《藕香零拾》，第 277 页。
2 《藕香零拾》，第 278 页。

正文计四节:其一"牧斋与遵王",理董钱谦益(牧斋)
与钱曾(遵王)之关系;其二"严熊及其家世",介绍严熊
(武伯)其人其事其家世其交游;其三"钱曾与严熊",考证
牧斋两位门生之复杂关系;其四"结语",论断水到渠成,
持平之中不乏新意。

旭东此文,凸显新材料钱曾七集之新价值,激活旧材料
严熊诗集之新作用,为证其"巨大的收获"洵非虚言,请将
此文与旭东介绍何焯藏钱曾《初学集诗注》抄本的另一文相
结合,[1] 撮述如下:

遵王之曾祖、遵王之父,皆与牧斋不甚相得,但遵王在
父亡后改弦更张,从牧斋问学,往还之间渐入法眼,由族曾
孙转而为门徒,又升为密近之爱徒。牧斋藏书楼不幸付于灰
烬,心灰意懒之际,将烬余之书举数赠予遵王。究其原因,
大约有二:一为知己之感,犹如蔡邕以书赠王粲;一为助力
遵王完成牧斋诗注,希冀遵王"代下注脚,发皇心曲",以
求身后之名。牧斋易箦仅月余,遵王"不知为谁所诳,负恩
讨债",逼死柳如是,此即"钱氏家难"。牧斋逝后三年,遗
作《钱注杜诗》由遵王谋划刊刻,"已算不甚负牧斋"。牧斋
卒后十一年,灵柩入葬,遵王似未参加,"是不愿参加,或

---

1 《遗憾的是,碰到最简单一个抄本》,见《藕香零拾》,第 265—275 页。

不许参加，不得而知"。牧斋在世时，遵王已开始为其《初学集》作注；家难后，遵王"不辩解，亦不道歉"，"不改夙诺完成注钱"，为常人所不能为，稿成而不停修订，直至离世。《初学有学诗集笺注》堪称遵王"一生的心血"，最终以此完成了自我救赎。牧斋"蔡邕赠书"在先，遵王"侯芭传玄"于后，[1]虽满含酸楚，仍可称佳话。

严氏为虞山名门，四代与牧斋均有交谊，武伯外家文氏亦与牧斋有关。牧斋另外两位重要弟子归庄（玄恭）、顾苓（云美），与武伯皆善。玄恭与武伯，"可能性格接近，相交最深"；云美与武伯，"在家世上亦有联系"。严氏一门忠烈，武伯本能自树立，身兼忠贞之后，又增慷慨之气。其人威武豪壮，诗酒纵横，如燕赵雄杰；其诗效乐天、放翁，一泻千里。同窗之日，遵王与武伯已有争宠呷醋之小举动；及绛云

1　《汉书·扬雄传》："巨鹿侯芭常从雄居，受其《太玄》《法言》焉。刘歆亦尝观之，谓雄曰：'空自苦！今学者有禄利，然尚不能明《易》，又如《玄》何？吾恐后人用覆酱瓿也。'雄笑而不应。年七十一，天凤五年卒，侯芭起坟。"张旭东《钱曾与严熊》有谓："扬雄侯芭典有二义，一为传玄，一为起坟。牧斋弟子常用此典，然义有不同，当具体分析。陆贻典前诗'起坟多愧葬扬雄'，即用起坟义。此处遵王谓'斜行小字丛残纸，笺注鱼鱼愧诗史，未及侯芭为起坟，不负宫门庶在此'，用传玄义，谓自己不负牧翁，在此不在彼。不负牧翁，在于为《初有学集》诗作注，不在'起坟'也。'未及侯芭为起坟'亦是牧斋下葬，遵王不预之旁证。故邓文如先生所猜测之'遵王自赎'，不仅在《钱注杜诗》，更在《牧斋诗注》。则总体上讲，遵王不负牧斋当可成立。"见《藕香零拾》，第287-288页。

楼烬,主人举烬余归遵王,蛾眉曾有人妒,更是难免;钱氏家难暴发,遵王迹近癫狂,武伯仗义执言,予以讨伐,雄踞道义、舆论之制高点。约在家难后七年,经众人相劝,两人"重归于好",且有唱和。然武伯集中,语及遵王者虽不在少,却无推心置腹语,家难事概不提及,对遵王作注不负乃师之功业亦视若无睹。遵王也不欲钱朝鼎和严武伯之名入己集中,"今从钱曾七集中,不能见此二人之名号"。可见芥蒂难销,"同床异梦"依旧。家难事,武伯谅朝鼎而怨遵王。然柳如是死,朝鼎"实有首功",武伯却在事后很快与其恢复关系,"未如与钱曾关系如此之僵"。厚此薄彼,亦可见积怨之深。

　　侯芭原有二义,钱曾、严熊本可分而任之,然当日情形,势不能分,最终为后世留下无数感喟。旭东将遵王、武伯并列为"两位侯芭",公允而恰切。以新材料为根基,张文又引入新知识,再进一解:

　　　　所有公案皆私案,人与人之关系为第一关系,公案不过私案之集合与掩护罢了。武伯即把遵王此事做成公案,无法翻了。归庄、顾苓未参与家难事,非亲历者,皆与武伯要好,赖武伯传递消息,则消息可以形成垄断。[1]

---

1 《藕香零拾》,第 317 页。

余潜山首倡在前，胡文辉加其邃密，终使"以陈释陈"成为笺释陈寅恪诗之不二法门。旭东此文虽短，同样有迹可循，可称作"以义宁之法补义宁之书"。此外，前辈学者卞孝萱认为《柳传》最能反映陈氏治学方法，他特意拈出的四条，[1] 至少有三条为解析张文提供了新的参照系。于我而言，张文留下的深刻印象至少有两点：一是无论对钱氏家难之两造，还是对盲目髌足之寅老，均能抱持"真了解""真同情"，时时可见悲悯情怀；二是行文繁密而不枝蔓，字词驯雅而不诘屈，"迷恋义宁先生文字"[2] 的张旭东改良了陈氏文风，故而较《柳传》更好读、更好懂。

最大的遗憾

未知何故，旭东往时作文和此次修订，都没有使用最新的材料和研究成果，这也许是《藕香零拾》的最大遗憾。

1　陈寅恪的四条治学方法是："一、甄别资料：博考而慎取"；"二、笺释诗词：古典字面，今典实指"；"三、发现钥匙：明末人诗词中暗藏姓名"；"四、无懈可击：正面论证与反驳疑问相结合，传统考据与逻辑推理相结合"。详卞孝萱《读〈柳如是别传〉》，见中山大学历史系编《〈柳如是别传〉与国学研究：纪念陈寅恪教授学术讨论会论文集》，浙江人民出版社 1995 年版，第 128-144 页。
2　《藕香零拾》，第 4、5、20 页。

　　《陈寅恪与傅斯年》初刊于 2016 年，在此之前，《也同欢乐也同愁：忆父亲陈寅恪母亲唐筼》（以下简称《也同欢乐也同愁》）早已成为陈寅恪研究的基础书，[1] 其中的关键性史料却未能在张文中得到运用，以至于出现一些讹误。张文刊发之后，《郑天挺西南联大日记》[2] 等新材料陆续出现，相应地催生出新的研究成果。既然是修订再刊，理应增补新材料、吸纳新成果、调校旧结论。张文在这两个方面似乎都可以再作完善。

　　先以 1937 年至 1943 年陈寅恪及其家人的行踪作为讨论点。1937 年 7 月 1 日（旧历丁丑年五月二十三日），陈寅恪第三女美延出生，[3] 张文称"美延 5 月 23 日出生"，[4] 联系上下文，自然会被理解为阳历 5 月 23 日。9 月 14 日，陈寅恪之父散原老人辞世，寅恪在北平主持丧事。"国事、家事令他心情十分沉重"，"又极劳累，亲友来吊唁时家属均一一还礼，叩首或鞠躬，频繁弯腰、低头"，"多种因素"促使他在

1　陈流求、陈小彭、陈美延著《也同欢乐也同愁：忆父亲陈寅恪母亲唐筼》，生活·读书·新知三联书店 2010 年版。

2　郑天挺著、俞国林点校《郑天挺西南联大日记》（上、下册），中华书局 2018 年版。

3　《陈寅恪先生编年事辑（增订本）》，第 112 页。

4　《藕香零拾》，第 62 页。

治丧期间右眼视力急剧下降，"诊断为右眼视网膜剥离"。[1]
因不愿在沦陷区教书，"终于决定放弃手术治疗眼疾，准备
迅速赶赴清华大学内迁之校址"。[2] 由此看来，张文径称"其
右眼于1937年散原去世时痛哭，视网膜脱离渐趋失明"，[3] 容
易误导读者。

　　1937 年 11 月 3 日，陈寅恪挈妇将雏逃离北平，约在 27
日夜间到达长沙，在亲戚家暂住数天，12 月上旬另行租房安
置。"当时临时大学因长沙圣经学院校舍不敷，将文学院设在
南岳的圣经学院分校。临大文科师生 1937 年 11 月中旬相继
抵达南岳，而 12 月 15 日校方即奉令迁出，于是师生们纷纷
于 1938 年 1 月下旬再至长沙。"但陈寅恪"一直留在长沙"，
"曾在临时大学短期授课，并未去南岳"。[4] 因此，张文所述
"11 月 13 日"离京、"11 月 20 日夜间抵达长沙临时大学"，[5]
皆不准确。

1　陈流求、陈美延《先父陈寅恪失明的过程》，见宗璞、熊秉明主编《永远
　的清华园——清华子弟眼中的父辈》，北京出版社2000年版，第40页。案：
　该文有云："叩首或鞠躬，频繁弯腰、低头，以后方知，此类姿势对高度
　近视者极不相宜，可能诱发视网膜脱离。"多种因素导致右眼视力急剧下
　降之结论，比较科学、合理。
2　《先父陈寅恪失明的过程》，见《永远的清华园——清华子弟眼中的父
　辈》，第41页。
3　《藕香零拾》，第 72 页。
4　《也同欢乐也同愁》，第 119、133、135、136、287、295 页。
5　《藕香零拾》，第 62 页。

张文又称 1939 年 9 月陈寅恪返回昆明，[1] 实则 10 月中旬从香港启程返回西南联大，10 月 20 日抵昆明。[2] 而 1942 年"6 月末抵桂林"的说法，[3] 直接与下文自相矛盾："陈寅恪一家只在桂林待了一年，从 1942 年 8 月到 1943 年 8 月。"[4]

经查对，张文所用材料似乎主要来自《陈寅恪先生编年事辑（增订本）》，而未使用后出的《也同欢乐也同愁》。事实上，蒋著的一些不够精确的说法，已经在《也同欢乐也同愁》得到了订正，[5] 如能对校，不难发现区别并作出正确选择。

---

1 《藕香零拾》，第 63 页。

2 《也同欢乐也同愁》，第 154–155 页。案：郑天挺 1939 年 10 月 22 日日记可以为证："闻陈寅恪前日归，事前两接来书，嘱余派人往接。而前日余适下乡，竟无人至车站，为之怅然。"见《郑天挺西南联大日记》上册，第 201 页。

3 《藕香零拾》，第 64 页。案：陈寅恪 1942 年 6 月 19 日曾致函傅斯年，告以"弟于六月十八日抵桂林始得尊电"。见陈寅恪著、陈美延编《陈寅恪集·书信集》，生活·读书·新知三联书店 2001 年版，第 87 页。《也同欢乐也同愁》以此为据，另有更为详细的忆述，详该书第 167–168 页。张文"5 月 5 日终于经由广州湾离港，6 月末抵桂林"之说，似源自蒋天枢《陈寅恪先生编年事辑（增订本）》："五月五日由香港取道广州湾返内地。六月末抵桂林。"见蒋著，第 131 页。

4 《藕香零拾》，第 69 页。

5 唐筼所作《避寇拾零》，曾由其女提供给蒋天枢，《陈寅恪先生编年事辑》引用时误作"十一月二十日夜到了长沙"（上海古籍出版社 1981 年版，第 105 页），《陈寅恪先生编年事辑（增订本）》仍持此说（第 114 页）。《也同欢乐也同愁》首次完整披露唐筼此文，恢复了原貌："十一月廿七（？）日，夜八点后，火车到长沙站又是下雨。"（第 295 页）案：此"（？）"似由唐筼特意标识，以示慎重。盖十余年后（"1954—1956 年间"）追忆，未敢确信。

再来看看陈寅恪"不肯指导人"的问题。2018年,《郑天挺西南联大日记》出版后不久,我曾应陆灏邀约,为"澎湃新闻·上海书评"撰作书评,其中有一节专门讨论此话题。我的基本结论是:傅斯年对陈寅恪"不肯指导人"这一指责,确实能在郑天挺日记里得到新的验证,但仍要具体分析主客观原因,而不应该将其放大。我在文章里两次"喊话"旭东:"辨析傅陈关系史的最好文字,迄今为止,窃以为仍然要数张旭东的那篇长文——《陈寅恪与傅斯年》,《日记》带来的若干新材料或许可以为他的长文增添新内容。""即便《日记》的这则新材料貌似更多地倾向于支持傅斯年的批评,依然动摇不了我对张旭东观点的认同。"[1]现在看来,旭东也许当时没"听"到,也许后来忘记了,反正在新刊文字里找不到郑天挺的身影。

陈寅恪研究已成显学,在众多专著中,我最推崇的四本书是:余潜山的《陈寅恪晚年诗文释证》、陆键东的《陈寅恪的最后二十年》、胡文辉的《陈寅恪诗笺释》、陈怀宇的《在西方发现陈寅恪:中国近代人文学的东方学与西学背景》,我把它们比作后母戊大方鼎的"四足"——稳稳当当,

---

1 《张求会评〈郑天挺西南联大日记〉》,首刊于2018年3月7日微信公众号"澎湃新闻·上海书评",后改题为《日记内外的郑天挺和陈寅恪》,收入"陈寅恪四书"之二《古调犹弹:六位学人日记中的陈寅恪》。

扎扎实实。旭东的《陈寅恪先生所谓“了解之同情”》一文，至少可以采用补记或附记的方式，[1] 对陈怀宇的重要研究成果作出一定程度的呼应。请允许我再当一回文抄公，移录数段以结束本文：

> 《上海书评》（2010 年 1 月 10 日）学者访谈栏目刊出《施奈德谈民国非主流史观》，施奈德说：“陈寅恪对当时的欧洲史学以及理论，到底理解到什么地步，我们并不是很清楚。他用的几个术语，比如‘同情之了解’，很可能是来自德语‘Mitgefühl’，‘mitfühlen und verstehen’就是‘同情和了解’。”我不懂德语，不知究竟如何。[2]（张文）
>
> 寅恪使用的“了解之同情”一语，实来自德文之Einfühlung，即是英文 feeling into 或者 feeling one's way in。[3]
>
> 学界常常亦有人将所谓出自寅恪先生的这一用语写成“同情之了解”，其实不是寅恪使用的短语“了解之同

1　全书仅《〈花随人圣庵摭忆〉珍本小记》一文附有“补记”，详《藕香零拾》，第 194 页。

2　《藕香零拾》，第 24–25 页。

3　陈怀宇著《在西方发现陈寅恪：中国近代人文学的东方学与西学背景》，北京师范大学出版社 2013 年版，第 325 页。

情"。寅恪并未使用"同情之了解"。[1]

寅恪所谓"了解之同情",指史学研究包括哲学史研究中必须在材料不足的情况下,能以想象和内心的深刻体会,与古人站在同一立场和情境中,与古人同呼吸、共命运,才能感同身受,深刻地理解古代的历史,与历史上的人物有着同样的情感和思想,才能更真实地接近历史的真实。这和赫尔德的 Einfühlung 思想真是极为接近,乃至在很大程度上可以吻合。[2]

寅恪先生所谓"了解之同情"一语应出自德国近代思想家赫尔德所用之 Einfühlung 一词。寅恪使用此词可能来自他自己游学欧美的学术阅历,或者是自己翻看西洋哲学书籍、史籍,或是借助密友吴宓的帮助,或是来自其在哈佛的师友白璧德。从目前的材料来看,寅恪显然对赫尔德的密友歌德十分熟悉,对欧洲古代史、近代史也不算陌生。我们目前虽然不能找到寅恪提到赫尔德的直接证据,但这种历史的内在联系正是研究历史的有趣之处。正如胡适先生所指出的,"做历史有两方面,一方面是科学——严格的评判史料,一方面是艺术——大

---

1 《在西方发现陈寅恪:中国近代人文学的东方学与西学背景》,第 326 页。
2 《在西方发现陈寅恪:中国近代人文学的东方学与西学背景》,第 328-329 页。

胆的想象力。史料总不会齐全的,往往有一段,无一段,又有一段。那没有史料的一段空缺,就不得不靠史家的想象力来填补了。有时史料虽可靠,而史料所含的意义往往不显露,这时候也须靠史家的想象力来解释"。因而寅恪与赫尔德之间的这种联系应该以合理的想象来建立。[1](陈著)

---

1 《在西方发现陈寅恪:中国近代人文学的东方学与西学背景》,第352页。

一字不苟才对得起陈先生[*]

2023 年 12 月 21 日，西泠印社拍卖有限公司（以下简称西泠印社）秋季拍卖会"史学大师陈垣上款书札专场"传出消息：700 余封陈垣上款的信札被一位深圳买家以 2780 万元人民币整体拍得，加上 15% 的佣金，3197 万元成交价刷新了近现代书札的世界纪录。¹ 撇开市场价值，这批信札是陈

---

* 本篇初稿完成于 2023 年 6 月 26 日，经本人授权，收入"西泠印社二〇二三年秋季拍卖会史学大师陈垣上款书札专场"图录。后以《一字不苟才对得起"史学二陈"》为题，刊载于《岭南文史》2024 年第 1 期。初稿错漏颇多，刊稿亦有一二别字，文责自负，恳请读者宽宥。

1 西泠印社 2023 年秋季拍卖会拍卖成果，见西泠印社拍卖有限公司官网，网址：www.xlysauc.com/auction/detail/id/238545/order/lot_no/sort/asc.html，搜索日期：2024 年 1 月 5 日。胡洪侠《那个花三千多万元买了七百多封信的人，真是深圳的王鹏吗？》，载微信公众号"夜书房"，2023 年 12 月 27 日推出。

垣辉煌学术成就及其"朋友圈"的重要见证,为了解和研究中国近现代学术史提供了重要的文献资料,其学术价值更加不容低估。数百封书信中,包括陈寅恪写给陈垣的 17 通手札(图录号:454—470),[1] 不但可以借此寻绎两位杰出历史学家的学术交往,而且能够揭橥"史学二陈"努力提升历史学"科学性"的共同追求。

"史学二陈"皆致力于把史学推向前进

历史学算不算科学?直到今天,还是见仁见智,难以异口同声。在陈寅恪的学生万绳楠看来,"陈老师治学,能将文、史、哲、古今、中外结合起来研究,互相发明,因而能不断提出新问题、新见解、新发现。而每一个新见解、新发现,都有众多的史料作根据,科学性、说服力很强。因此,陈老师能不断地把史学推向前进"。[2] 陈寅恪的女儿们回忆:"我们常听父亲说,虽然史学目前难以达到数理学科的精

---

1 "西泠印社二〇二三年秋季拍卖会史学大师陈垣上款书札专场"图录,2023 年编印。

2 万绳楠整理《陈寅恪魏晋南北朝史讲演录》,黄山书社 1987 年版,"前言",第 1 页。

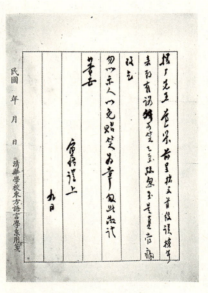

陈寅恪 1930 年 5 月 9 日致陈垣函

确度，他仍尽力提高历史学的科学性。"[1] 陈寅恪之所以朝斯夕斯、念兹在兹，既有严于自律以推进历史学迈向科学的内生动力，[2] 更有日本汉学研究获得国际声誉的外在压力。1929年，北大史学系毕业生依旧"群趋东邻受国史"，怎能不令"神州士夫羞欲死"？[3]

无独有偶，陈垣的学生柴德赓回忆："陈老师深以中国史学不发达为憾，他经常说，日本史学家寄一部新的著作来，无异一炮打在我的书桌上，所以他就更加努力钻研。"另一位学生朱海涛回忆，"九一八"事变后，陈垣老师破例在课堂上对时局发表意见："一个国家是从多方面发展起来的，一个

1　陈流求、陈小彭、陈美延著《也同欢乐也同愁：忆父亲陈寅恪母亲唐篔》，生活·读书·新知三联书店 2010 年版，第 216 页。

2　试举一例。前述西泠印社 2023 年秋拍专场之第 460 号拍品为陈寅恪 1930 年 5 月 9 日致陈垣函，从中既可证陈寅恪律己之严，亦可见其维护学术声誉之切。释文如下："援厂先生道鉴：前呈拙文，首段误检年表，致有讹舛，可笑之至！疏忽至是，真当痛改！乞勿以示人，以免贻笑为幸！匆此，敬请著安。寅恪谨上。九日。"案：此札已录入陈智超编注《陈垣来往书信集（增订本）》，生活·读书·新知三联书店 2010 年版，第 396 页；另见陈寅恪著、陈美延编《陈寅恪集·书信集》，生活·读书·新知三联书店 2001、2009、2015 年版，第 123 页。同日，陈寅恪又致函胡适，仍就该文之疏忽而请求"勿示以人，以免贻笑"。见《陈寅恪集·书信集》，生活·读书·新知三联书店 2001 年版，第 135 页；2009、2015 年版，第 136 页。再案：陈智超已考证出陈寅恪所称"拙文"，指《吐蕃彝泰赞普名号年代考》一文。见《陈垣来往书信集（增订本）》，第 396 页。

3　陈寅恪《北大学院己巳级史学系毕业生赠言》，见陈美延编《陈寅恪集·诗集》，生活·读书·新知三联书店 2015 年版，第 19 页。

国家的地位是从各方面的成就累积的。我们必须从各方面，就着各个所干的努力和人家比。我们的军人要比人家的军人好，我们的商人要比人家的商人好，我们的学生要比人家的学生好，我们是干史学的，就当处心积虑在史学上压倒人家。"可以确定的是，"要把汉学中心夺回中国"这一"共同目标"的存在，是"史学二陈"能够维持密切关系的重要原因之一。[1]

1934 年，也就是陈寅恪为北大史学系毕业生题写赠言的五年后，陈垣《从教外典籍见明末清初之天主教》一文总算让陈寅恪又一次看到了洗雪耻辱的希望。尽管日本佛教史研究留给中国学者"补正"的"余地"已经极少，但陈垣"取材于教外之典籍"的独特方法，不但取得了学术成果的新突破，更大的意义在于为学术研究提供了具有普适性的正确门径——"不仅有关明清教史，实一般研究学问之标准作品也"。故而被陈寅恪赞誉为"金针度与人"。诵读之后，陈寅恪写信给陈垣，致以"心悦诚服"的"钦仰之意"，欢欣、自豪之情溢于言表。[2]

及至 1947 年 10 月中研院启动首届院士选举，陈垣和

---

1 陈智超著《殊途同归——励耘三代学谱》，东方出版社 2013 年版，第 39、41、42、52 页。

2 《陈垣来往书信集（增订本）》，第 398 页。

陈寅恪都是人文组的候选人,前者得到的考语最初有"搜集材料最勤,考订最谨严,论断亦最精确"等内容,后者所获考语最初也有"天才最高,功力亦最勤谨"等文字,[1] 可见"勤""谨"不辍是学术界对于"史学二陈"的一致认同。

今天,距离 1934 年陈寅恪给陈垣写信已过去了九十年,平心而论,历史学仍处于迈向科学的艰难征程中,因此,以准确、彻底为主要表征的严谨学风亟需形成并得到推广。豹窥一斑,鼎尝一脔,试以整理研究这批陈寅恪致陈垣书札为例,至少在"认字"和"认事"(陈智超语,详后)两方面,"精确度"确实存在着有待提升的空间。

整理信札首先难在"认字"

先说"认字"。"认字"是整理、利用书信的基础,看似简单,实则不易。陈寅恪致陈垣 18 函,最初由陈垣之孙陈智超整理出版,其后多次被转引。陈寅恪之女陈美延整理乃翁书信集,即从世交陈智超处得到其中 13 封书信的复印件,剩余 5 封则直接录自陈智超的整理本。[2]《陈垣来往书信集》

1　夏鼐著《夏鼐日记》卷四,华东师范大学出版社 2011 年版,第 152 页。
2　《陈寅恪集·书信集》,2001、2009、2015 年版,第 121 页。

与《陈寅恪集·书信集》皆有多个版次，虽说后出转精，但个别字词有所不同这一情形始终存在，直至西泠印社征集到这批书信（17封）后，"认字"的参与权、表达权才由二三人士独享变为大众分享，共同提高其精确度也因此成为可能。

如《陈寅恪致陈垣请代查敦煌归义军唐人资料的信札》（图录号：459，以下为简便起见，径以图录号指代各函），陈寅恪所列唐人"王端章"之姓名，《陈垣来往书信集（增订本）》（以下简称《陈垣来往书信集》）移录无误，[1]《陈寅恪集·书信集》2001、2009、2015年版等多个版次皆误作"王瑞章"。[2]

第469号信札，为推荐清华毕业生孙道昇而作，《陈垣来往书信集》录其姓名为"孙道升"，[3]《陈寅恪集·书信集》2001年版初作"孙道升"，[4] 2009、2015年版则改作"孙道昇"。[5] 本着名从主人的原则，"孙道昇"不宜改为"孙道升"。

---

1 《陈垣来往书信集（增订本）》，第397页。

2 《陈寅恪集·书信集》，2001、2009、2015年版，第126页。

3 《陈垣来往书信集（增订本）》，第399页。案：《陈垣来往书信集（增订本）》使用简体排版，唯独陈寅恪18函均采用繁体排印，想系尊重陈寅恪家属之愿望。因此，作为人名用字的"昇"和"厂（同庵）"，更应留存原貌。

4 《陈寅恪集·书信集》，2001年版，第131页。

5 《陈寅恪集·书信集》，2009、2015年版，第131页。

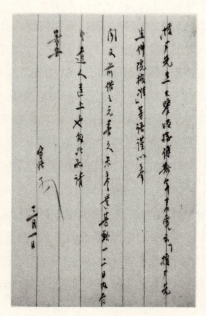

陈寅恪 1929 年 3 月 1 日致陈垣函

第 455 号信札，陈寅恪将陈垣的表字"援庵"写成"援厂"。"厂"与"庵"相通，"援庵""援厂"并用，一如"节庵"（梁鼎芬字）"节厂"共存，实在不必强求一致。"援厂"在 17 封信中凡六见，《陈垣来往书信集》仅有一次刊作"援厂"，[1]《陈寅恪集·书信集》则统作"援庵"。

第 457 号信札，陈寅恪称许吴其昌为"清华研究院高才生"，认为吴氏"必能胜任教职"，为了强化陈垣的信任，他甚至说出这样的话："如其不能胜任，则寅恪甘坐滥保之罪。"虽为戏言，爱护学生之心则天地共鉴。"高才生"，《陈垣来往书信集》无误，[2] 各版《陈寅恪集·书信集》都改作"高材生"，[3] 不妥；"如其不能胜任"，前者无误，后者一律脱"其"。[4]

第 458 号信札，陈寅恪代钢和泰约请陈垣聚餐，"其意恳挚，想公亦必不拒绝也"之"必"，《陈垣来往书信集》有，[5] 而《陈寅恪集·书信集》无。[6] "请以电话示知"之"以"，

---

1 《陈垣来往书信集（增订本）》，第 397 页。
2 《陈垣来往书信集（增订本）》，第 394 页。
3 《陈寅恪集·书信集》，2001、2009、2015 年版，第 121 页。
4 《陈寅恪集·书信集》，2001、2009、2015 年版，第 121 页。
5 《陈垣来往书信集（增订本）》，第 394 页。
6 《陈寅恪集·书信集》，2001、2009、2015 年版，第 122 页。

《陈垣来往书信集》无，[1] 而《陈寅恪集·书信集》有；[2] 比对陈寅恪原札，验以第 457 号信札内"以资补救"中"以"字之写法，可证《陈寅恪集·书信集》释读正确。

经对照第 461 号信札，《陈寅恪集·书信集》之"敬叩"，[3] 实为"恭叩"之误认或误植。经对照第 462 号信札，《陈垣来往书信集》之"memarial"，[4] 应为"memorial"；《陈寅恪集·书信集》之"十月十九日"，[5] 衍"日"。经对照第 463 号信札，《陈垣来往书信集》之落款"寅恪"，[6] 应作"寅恪顿首"。

第 464 号信札，内容系陈寅恪请陈垣代查元人布拉特阿哈事迹。作者先在"布拉特阿哈"名下用圆括号注明其身份——"（元世祖时派赴波斯者）"，再于其名左侧空白处示以材料出处——"新元史卷二十八十六页上氏族表上"，继而于其名右侧信笺红框上补书六字——"其父名卜儿吉"。因此，《陈垣来往书信集》释读为"顷欲检布拉特阿哈（元世祖时派赴波斯者，《新元史》卷二十八、十六页上，氏族表

1　《陈垣来往书信集（增订本）》，第 395 页。
2　《陈寅恪集·书信集》，2001、2009、2015 年版，第 122 页。
3　《陈寅恪集·书信集》，2001、2009、2015 年版，第 125 页。
4　《陈垣来往书信集（增订本）》，第 396 页。
5　《陈寅恪集·书信集》，2001、2009、2015 年版，第 124 页。
6　《陈垣来往书信集（增订本）》，第 397 页。

上，其父名卜儿吉）事迹"是稳妥的；[1] 而不宜处理为"顷欲检布拉特阿哈（元世祖时派赴波斯者，其父名卜儿吉。新元史卷二十八，十六页上，氏族表上。）事迹"。[2]

第 466 号信札，末句为"俟星期六会见后即可将昨谈事办妥也"，《陈垣来往书信集》将"俟"认作"僕"（"仆"之繁体），[3] 似是而实非，《陈寅恪集·书信集》各版皆正确无误。[4]

整理信札其次难在"认事"

再说"认事"。陈智超将书信的整理工作概括为"五认"或"五释"：一、"认字，作出释文"；二、"认人，即确定写信人、收信人和信中提及的人"；三、"认时，即确定写信时间和收信时间"；四、"认地，即确定写信地点及收信地点"；五、"认事（释事），也就是解读书信的内容"。[5] 后面四项实则可以浓缩为"认事"，而写信时间的确定无疑是关键和难点。

---

1 《陈垣来往书信集（增订本）》，第 397 页。
2 《陈寅恪集·书信集》，2001、2009、2015 年版，第 127 页。
3 《陈垣来往书信集（增订本）》，第 398 页。
4 《陈寅恪集·书信集》，2001、2009、2015 年版，第 128 页。
5 陈智超《增订本前言——兼论书信的利用与整理》，见《陈垣来往书信集（增订本）》，第 5、8 页。

第 454 号信札，系陈寅恪替清华教员王庸向陈垣商借《殊域周咨录》，署时只有"二月三日"四字，《陈垣来往书信集》与《陈寅恪集·书信集》均未考辨其年份，实际上还是有文章可做的。1926 年夏，王庸自清华学校研究院毕业，留校担任李济的助教。[1] 1928 年 6 月，王庸辞职南归，至南京女子高中任教。[2] 1929 年，转入上海暨南大学历史社会学系担任讲师。[3] 此后未再回清华任职。据此推知，陈寅恪出面为清华教师王庸借书一事，"或为 1927 年或 1928 年"。[4]

第 455 号信札，开篇即以傅斯年核准"援厂先生件"之要事相奉闻，可见此事久为双方所牵挂。但此信与其他各信一样，信封阙佚，署时略作"三月一日"。陈智超对此信写作年份（1929）的确定，堪称经典之举。他结合陈寅恪致傅斯年一函（信末具时为"三十一日"）[5] 以及陈垣致陈寅恪、

1　赵中亚《王庸先生年谱简编》，见赵中亚选编《王庸文存》，江苏人民出版社 2014 年版，第 481 页。
2　《王庸先生年谱简编》，见《王庸文存》，第 488 页。
3　《王庸先生年谱简编》，见《王庸文存》，第 489 页。
4　《王庸先生年谱简编》，见《王庸文存》，第 487 页。
5　陈寅恪《致傅斯年（九）》，见《陈寅恪集·书信集》，2001 年版，第 28 页；陈寅恪《致傅斯年（六）》，见《陈寅恪集·书信集》，2009、2015 年版，第 24-25 页。案：陈寅恪此函之署时略作"三十一日"，《陈寅恪集·书信集》2001 年版将其处理为"（一九二九年）三十一日"，2009、2015 年版则调整为"（一九二九年一月？）三十一日"。根据陈智超的研究，写信时间可以确定为 1929 年 1 月 31 日，无需置疑。

刘复函（末署"一月卅日"）[1]，将整个事件的各个环节串联起来，形成了完整的证据链："1928 年，傅斯年在广州建立了中央研究院历史语言研究所，拟成立敦煌组研究敦煌文书，并因寅恪先生建议，请援庵先生负责敦煌组，出版《敦煌劫馀录》。1928 年 12 月 14 日，傅有信给在北平的陈寅恪、刘复两位，请他们将此意转达援庵先生（此函不存）。1929 年 1 月 30 日，援庵先生致信陈、刘，表示同意。因为三人同在北平，所以第二天（1 月 31 日），寅恪先生即将援庵先生函转致傅斯年先生，并表示同意援庵先生的方案。同年 3 月 1 日，寅恪先生致函援庵先生，告知中央研究院已核准此方案。1931 年，《敦煌劫馀录》由中央研究院出版。"[2]

　　值得补充的是，陈寅恪应邀而作之《陈垣〈敦煌劫馀录〉序》发表在 1930 年 6 月《历史语言研究所集刊》第一本第二分，次年 3 月，《敦煌劫馀录》作为史语所专刊之四正式出版，卷首仍是陈寅恪之序，可见陈垣对此序十分看重。陈寅恪在序言中，有针对性地批驳了北平图书馆所藏敦煌经卷写本价值不高这一错误认识，认为综合数量、质量而言，残

1　《陈垣来往书信集（增订本）》，第 395 页。案：此函署时作"一月卅日"，陈智超在该书前言中已考证出其写作年份为 1929 年（第 8 页），可惜正文中的错误标识"一九三〇年一月三十日"（第 395 页）仍未及改正。

2　《增订本前言——兼论书信的利用与整理》，见《陈垣来往书信集（增订本)》，第 8 页。

存的这批八千多轴经卷毫不逊色于"异国及私家之所藏"，"今后斯《录》既出，国人获兹凭借，宜益能取用材料以研求问题，勉作敦煌学之预流，庶几内可以不负此历劫仅存之国宝，外有以襄进世界之学术于将来"。[1] 捍卫学术尊严之心一如既往，争创世界级成就之志有增无减。

第 463、465 号信札，皆与法国汉学家伯希和相关。前者意在将伯希和在巴黎的住址告知陈垣（末署"三十一夕"），盖陈寅恪曾由王国维作书介绍，在巴黎拜访伯希和；后者系回忆昔年在伯希和家中"匆匆一见"《元朝秘史》（又称《元秘史》）韩泰华藏本的大致印象。

陈智超搜获的伯希和致陈垣信函仅有两通，分别写于 1927 年 7 月 12 日和 1931 年 3 月 26 日，原件皆藏于巴黎集美博物馆，可见写信地点为中国而收信地点为法国，又可证最迟 1927 年 7 月陈垣与伯希和已有书信往还。陈垣致伯希和信函，也留存两通：一通作于 1933 年 1 月 23 日，为了说明韩泰华藏本《元朝秘史》的由来及相关情形。[2] 其时，来华访问的伯希和刚刚向北平图书馆赠送韩本《元朝秘史》的照片，在与陈垣对谈时自然涉及此本之来历，故陈垣归而有

1　陈寅恪《陈垣〈敦煌劫馀录〉序》，见陈美延编《陈寅恪集·金明馆丛稿二编》，生活·读书·新知三联书店 2001 年版，第 266—268 页。

2　《陈垣来往书信集（增订本）》，第 358—359 页。

此书面答复。另一通作于同年 2 月 13 日，系陈垣邀请伯希和赴宴的便笺。[1]

伯希和此次访华，1932 年 12 月到达中国，1933 年 4 月返回法国。[2] 鉴于现有资料仍显不足，陈智超推测第 465 号信札大约写于 1932 年 5 月 4 日，[3] 第 463 号信札写作年月则暂付阙如。[4] 应该说，这样的处理还是慎重而得体的。相比之下，另有研究者似乎将陈垣 1933 年 1 月 23 日致伯希和函的收信地点从北平"假设"成了巴黎，据而大胆推定陈寅恪告知伯希和地址一信（即第 463 号信札）"作于 1932 年 12 月 31 日"。[5] 如此解读，难称严谨。

整理名人手札尤须一字不苟

陈寅恪致陈垣手札，迄今披露的共计 18 通，此次西泠印社成功征集到其中的 17 通，唯一失收的一通，内容系 1937 年 5 月 15 日代替表弟俞大维询问"《超性学要》上海土

1　《陈垣来往书信集（增订本）》，第 359 页。

2　桑兵《伯希和与近代中国学术界》，载《历史研究》1997 年第 5 期。

3　《陈垣来往书信集（增订本）》，第 397 页。

4　《陈垣来往书信集（增订本）》，第 396 页。

5　刘正、黄鸣著《陈寅恪书信（422 通）编年考释》，中国社会科学出版社 2016 年版，第 178–179 页。

山湾本与近北平刊本有无异同"。¹ 据了解,该信此前已花落他家,留下了暂难弥补的些许缺憾。²

名人手札尤其富有文献价值,文物价值更是超乎寻常。其文献价值相对稳定,能否充分利用,主要取决于研究者的能力和水平;其文物价值则有涨有跌,聚散无常、时隐时现也就顺理成章。事实证明,合法有序的市场行为,同样能为文物护存、学术传薪做出不可替代的贡献。因此,传承有绪的这一批陈寅恪函札以近乎完整的姿态集中亮相,不但为爱好者提供了一次零距离瞻仰大师遗墨的难得机会,而且为研究者提升"认字""认事"的精确度带来了最大的可能性。作为文物收藏者,得之固喜,失亦不忧,似乎不必为执念所困;作为学术研究者,却必须秉持一字不肯放松的谨严,如此才对得起两位陈先生的不懈努力和良苦用心。

1　《陈垣来往书信集(增订本)》,第 399 页;《陈寅恪集·书信集》,2001、2009、2015 年版,第 132 页。

2　陈智超提供给陈美延的 13 份信札复印件,包括陈寅恪 1937 年 5 月 15 日所作此函,但陈美延对于"北平"二字似有所疑惑,故于"平"下加添"(?)"以作提示。详《陈寅恪集·书信集》,2001、2009、2015 年版,第 121、132 页。假以机缘,如能觅得此函踪迹,即可揭开谜团。

《陈寅恪未刊信札整理笺释》之校订 *

缘起

《文史》2012 年第 2 辑刊登了刘经富君的《陈寅恪未刊信札整理笺释》，该杂志编辑部随后于同年第 4 辑发表《致歉声明》，就侵犯著作权人合法权利之事向陈寅恪先生的三位女公子表达歉意。尽管刘君在文章里自始至终没有交代这

---

* 本文完成于 2013 年 12 月 22 日，后选刊于周言编《陈寅恪研究：新史料与新问题》，九州出版社 2014 年版，第 132—149 页。此次重刊，恢复了全貌，并对文字略作调整。

批信札的藏处，但据我了解，它们应该来自位于南京的中国第二历史档案馆，因为向刘君提供资料的这位"朋友"[1]也把同样的复印件送给了陈美延女士和我。

平心而论，我完全理解刘君"冒险"发表研究成果的心情，因为垄断资料、争拔头筹、抢占高地的念头我也有，估计别的同行遇到这种情况也会有类似的心理——谁又能否认，其间的诱惑和私心不正是这个行当的动力之一呢？研究者借助于各种渠道搜获珍稀资料，投入相当的时间、精力和钱物进行研究，当然希望通过抢先发表来确认自己的成绩和贡献；另一方面，成果的发布客观上也提升了相关资料的文献价值，节省了相关人士（包括著作权所有者）的研究成本。因此，这种做法，于情于理都说得过去。法律和情理、公心与私欲，势必矛盾重重，未必形同水火，却也让人纠结、令人困惑。

退一步讲，既然知道情理只能让位于法律，既然最终选择了抢先公布，那么，呈现于世的作品就应该对得起自己的"冒险"、对得起读者的理解和同情。可惜，《陈寅恪未刊信札整理笺释》颇多令人失望之处：首先，不但这批信札的出处未作明示，而且应邀"翻泽、注释"的"师友"和"国内

---

1 《文史》2012 年第 2 辑，第 255 页。

东方学专家"[1]也像"朋友"一样沦为无名英雄。其次，60封信札写作年份的考定，未必每一封都能如刘君所言"虽不中亦不远矣"。[2]再次，字迹的辨认仍有明显错漏，有时直接导致内容的误读。最后，整理的标准没有保持一致，比如原函所用信封，有的作了介绍，有的未被提及；又比如原函有时会出现表示书刊名称的波浪线、直行文稿的单引号，转换为现行标点符号时，未能做到规范、统一。

受条件所限，笔者目前也只能根据同一来源的复印件（而非庋藏于中国第二历史档案馆的原件），[3]暂且依照刘君重新编排的次序，试着对他的文章作一番校订。

正文

第一函：
落款"三月三十日"，[4]原函为"三月卅日"。

---

1 《文史》2012年第2辑，第230页。
2 《文史》2012年第2辑，第230页。
3 2024年2月20日补案：数年前获得可靠消息，商务印书馆拟影印出版包括这一批未刊信札在内的陈寅恪遗墨。然盼望多时，迄无下文。
4 《文史》2012年第2辑，第230页。

第二函：

"'魏书宗室传注'"，[1] 原作"传记魏书宗室传注"，唯"传记"二字略小，当系陈寅恪先生补书。又，此函原有书名专用的波浪线，整理稿似宜用现行之书名号，而非双引号。

"四月一日"，[2] 原函仅有"一日"。

"永丰乡人杂著"，[3] 下脱"补唐书张义潮传"。

"请检送至敝寓为感"，[4] 下脱一行"樾亭先生　弟寅恪拜求　四月一日"。

第三函：

与原函无异。

第四函：

"总之，请先生将原书与来函所附之书条一比对，自然明了也。"[5] 此句原有着重号，表明陈寅恪视为事关重要，整理时自应保存原意。

又，原札所用信封一并留存，左上角另书三字"要收条"，整理稿对此未予说明。

---

1 《文史》2012 年第 2 辑，第 231 页。
2 《文史》2012 年第 2 辑，第 231 页。
3 《文史》2012 年第 2 辑，第 231 页。
4 《文史》2012 年第 2 辑，第 231 页。
5 《文史》2012 年第 2 辑，第 232 页。

第五函：

"东晋南北朝舆地表"，[1] 原函无"东"，当是陈寅恪一时漏书。

第六函：

"恭叩"，[2] 原为"敬叩"。

第七函：

"十二元"，[3] 原作"十六元"。

"书价请由薪水内扣除为感"，[4] "扣除"原为"扣去"。

"至尊问之事，则不知所中图书馆向例如何。编法向例以 de 及 von 列姓氏之前，则 de la Vallée Poussin 亦可以 de 字为首；如向例编 de 及 von 于姓氏之后，则可将 de 字列于后也，而以 la 字编起。"[5]

经核查原函，整理稿脱漏"如""于"二字。补入脱字（下添着重号者）后，揣摩文意，似宜断作："至尊问之事，则不知所中图书馆向例如何编法。如向例以 de 及 von 列于姓氏之前，则 de la Vallée Poussin 亦可以 de 字为首；如向例编 de 及 von 于姓氏之后，则可将 de 字列于后也，而以 la 字

---

1 《文史》2012 年第 2 辑，第 232 页。
2 《文史》2012 年第 2 辑，第 232 页。
3 《文史》2012 年第 2 辑，第 233 页。
4 《文史》2012 年第 2 辑，第 233 页。
5 《文史》2012 年第 2 辑，第 233 页。

编起。"

第八函：

"魏书宗室传注既三元二毛可购得，则请一并代购。弟留下书价，亦请萧先生于薪水内扣除。"[1]

经查，第二个"购"为衍字，断句应作："魏书宗室传注既三元二毛可购得，则请一并代弟留下。书价亦请萧先生于薪水内扣除。"

第九函：

"十贰元三毛壹分"，[2] 原为"十贰元叁毛壹分"。

"九月二十六日"，[3] 原作"九月廿六日"。

第十函：

"郑处晦"，[4] 陈寅恪误书为"郑处诲"。整理稿似宜说明。

"资治通鉴注辨正"，[5] 原作"资治通鉴注辩正"。

"右列各书"，[6] 原作"右列诸书"。

"第一百三八册""第百三九册"（杨树亭铅笔书），[7]"三"原皆为"卅"。

---

1 《文史》2012 年第 2 辑，第 233 页。
2 《文史》2012 年第 2 辑，第 233 页。
3 《文史》2012 年第 2 辑，第 233 页。
4 《文史》2012 年第 2 辑，第 234 页。
5 《文史》2012 年第 2 辑，第 234 页。
6 《文史》2012 年第 2 辑，第 234 页。
7 《文史》2012 年第 2 辑，第 234 页。

第十一函：

"清史稿列传中唐景崇传，乞借出一阅，不胜感荷。卷数忘记，乞查首卷目录即知。"[1]

经查，"卷数"云云，在首行右下以小字补书，似宜如此处理："清史稿列传中唐景崇传，（卷数忘记，乞查首卷目录即知。）乞借出一阅，不胜感荷。"

第十二函：

无异。

第十三函：

"1915—1918"，[2] 原作"1915—18"。

第十四函：

"清史稿列传藩部蒙古王公传"，[3] "清史稿"后脱"中"。

第十五函：

"即日本人皆有之者"，[4] 原作"即日本人皆已有之者"。

落款"陈寅恪"，[5] 原函略作"寅恪"。

第十六函：

此函内容紧承第十五函，仍为开列书单，送史语所所长

---

1 《文史》2012 年第 2 辑，第 234 页。
2 《文史》2012 年第 2 辑，第 235 页。
3 《文史》2012 年第 2 辑，第 236 页。
4 《文史》2012 年第 2 辑，第 236 页。
5 《文史》2012 年第 2 辑，第 236 页。

傅斯年 (字孟真) 阅定购置, 故有句 "顷陆续又检得突厥文蒙古史料最要之一种" 及 "乞并付寄与巴黎、伦敦书店" 云云, [1] 可见受信人当与上一函相同, 均为傅斯年。且前函成于 "廿六早", [2] 此函成于 "廿六下午", [3] 也可证受主为同一人。唯此函并无抬头, 故刘文代为补入之 "孟真兄" [4] 似宜交代系承接前函而来。

"故就所欲见而不可得之书名, 续之寄上。幸毋以烦琐见责也。" [5] 细观原札, "续之" 当为 "续续", "毋" 原为 "勿"。

"敬叩暑安", [6] 原稿有涂改, 更似 "敬叩著安"——第十五函即作 "敬叩著安"。[7]

第十七函:

"日本杂志'大乘'八卷第十二号", [8] "八卷" 前脱 "第"。

---

1 《文史》2012 年第 2 辑, 第 236 页。
2 《文史》2012 年第 2 辑, 第 236 页。
3 《文史》2012 年第 2 辑, 第 237 页。
4 《文史》2012 年第 2 辑, 第 236 页。
5 《文史》2012 年第 2 辑, 第 237 页。
6 《文史》2012 年第 2 辑, 第 237 页。
7 《文史》2012 年第 2 辑, 第 236 页。
8 《文史》2012 年第 2 辑, 第 237 页。

第十八函：

"大谷学报，昭和四年九月份。此杂志虽已订，但此册内有寺本婉雅之唐蕃会盟碑文。但二年前，非单购不可。"[1]

此数句，文意欠通。经查，除"大谷学报，昭和四年九月份"外，余者皆以小字补书。"此册"下之第一字，部分笔画恰与信笺底边交叠，想刘君所据底本同为复印件，同样难以辨认（此字确与"但"形似，然语意难通），其下"二年前"则无异——此函前一页已有句云："大谷学报之一册，系前二年者，故须别购。"[2] 故此数句当处理为："大谷学报，昭和四年九月份。内有寺本婉雅之唐蕃会盟碑文。此杂志虽已订，但此册□二年前，非单购不可。"昭和四年值公元1929年，则"二年"后应在1931年，刘文考定此函作于1930年（前23函，皆系于1930年），似误。

谈及刘君对于此函以及相关函札的年份考定，不得不稍作辨正。

第一、第十八、第二十一函，都谈到了昭和四年九月（1929年9月）所出《大谷学报》。现在看来，陈寅恪当时之所以希望杨樾亭单独邮购这一期杂志，是因为该期《大谷学报》刊发了寺本婉雅（日本西藏学及佛学学者）的《唐蕃

---

1 《文史》2012年第2辑，第238页。
2 《文史》2012年第2辑，第238页。

会盟碑译文》,可能有助于他关于吐蕃彝泰赞普名号及年代的考订。估计是在"懂外文的师友和国内东方学专家"的帮助下,[1]刘君在第一函的注释中就介绍了寺本婉雅及唐蕃会盟碑的基本情况,准确指出"寺本婉雅的这篇文章载《大谷学报》第十卷第三号,第十卷起自1929年"。[2]不仅如此,刘君还特意点明:陈寅恪的考证成果最终发表于"1930年5月"。[3]在这些信息的支撑下,刘君进行了如下综述:"1930年,陈寅恪有三函提及寺本婉雅整理的唐蕃会盟碑文,即这批未刊信札中的第一函、十八函、二十一函。他依据碑文,旁征博引蒙、满、德、藏、拉丁文,撰成《吐蕃彝泰赞普名号年代考》。1930年5月,史语所集刊发表此文(见三联版《陈寅恪集·金明馆丛稿二编》第109–119页)。"[4]

从上引刘君的综述,或许可以抽绎出这样的考证思路:陈寅恪在研究过程中获悉寺本婉雅文章的信息,于是数次函请杨樾亭邮购刊登此文的《大谷学报》第十卷第三号(1929年9月出版),然后依据"寺本婉雅整理的唐蕃会盟碑文",结合其他材料,完成自己的考订文章,并发表于1930年

---

1 《文史》2012年第2辑,第230页。
2 《文史》2012年第2辑,第231页。
3 《文史》2012年第2辑,第231页。
4 《文史》2012年第2辑,第231页。

5月。

事实上，刘君的这一表述在语意上颇有些含混，很容易产生误解。陈寅恪有感于吐蕃彝泰赞普的名号及年代在唐、蕃两地文献中"互相差异"，认为"非得书册以外之实物以资考证，则无以判别二者之是非，兼解释其差异之所由来也"。[1] 因此，他在考证时使用的最重要的证据不再是一般"书册"，而是"最正确之实物"——"拉萨长庆唐蕃会盟碑碑阴吐蕃文"——实为"前北京大学研究所国学门所藏缪氏艺风堂拓本"。[2] 正是凭借着会盟碑碑阴上的数行"残字"，陈寅恪订正了"千年旧史之误书，异地译音之讹读"。[3] 通览陈氏全文，不但没有出现过一次寺本婉雅及其译文，而且陈文订正的重点之一恰是"异地译音之讹读"，由此推测，即便陈寅恪在发表成果前已经看到了寺本婉雅的译文，也似乎不大可能据以为证。陈文又有"附记"，补充了成文之后发现的"可与兹篇互证"的两种"新史料"，[4] 仍然没有包括寺

1　陈寅恪《吐蕃彝泰赞普名号年代考》，见陈寅恪著、陈美延编《陈寅恪集·金明馆丛稿二编》，生活·读书·新知三联书店 2001 年版，第 109 页。

2　陈寅恪《吐蕃彝泰赞普名号年代考》，见《陈寅恪集·金明馆丛稿二编》，第 112 页。

3　陈寅恪《吐蕃彝泰赞普名号年代考》，见《陈寅恪集·金明馆丛稿二编》，第 118 页。

4　陈寅恪《吐蕃彝泰赞普名号年代考》，见《陈寅恪集·金明馆丛稿二编》，第 119 页。

本婉雅的文章。

此外,陈寅恪在第十八函中推荐购买的第一种图书为" E.Obermiller : *History of Buddhism*, *by Buston*, m.15 , Heldeberg, Germany(Max Walleser's Materialism Zur Kunde des Buddhismus)",刘文对应的译注是:"奥伯米勒(E.Obermiller)《布顿佛教史》(*History of Buddhism*〔*Chos-'byung*〕*by Buston*),I—II 卷,德国,海德堡,1931—1932年。"[1] 如果这一译注描述的就是陈氏原函推荐的德文著作,那么匪夷所思的事情发生了:1930 年身在中国北平的陈寅恪,居然能提前推荐 1931—1932 年才在德国海德堡出版的外文著作。任凭陈寅恪多么努力"追踪了解"国际汉学界的"学术动态",[2] 也做不到穿越时空和未来相遇吧。这样的文字,只能让人心生疑惑。

据此,我认为至少关于昭和四年九月《大谷学报》的这三封信札(第一、十八、二十一函)不大可能写于 1930 年。

第十九函:

"樾亭先生大鉴",[3] 此栏下另有补书文字:"原函附还,乞察收。"

---

1 《文史》2012 年第 2 辑,第 238 页。

2 《文史》2012 年第 2 辑,第 230 页。

3 《文史》2012 年第 2 辑,第 238 页。

"*Tarikh Jahan Gushay* 即只有一册，则暂时不买亦不妨。"[1] "即"，原作"既"。

"弟不知近日所中经济状况如何，及赵先生需要情形。"[2] 原函漏书"生"，似宜出注。

"敬叩日安"，[3] 原为"即叩日安"。

第二十函：

"又：'大谷学报'为日本极佳杂志，请为所中代订一份。年仅日金三元。地名于下：'发行所 日本京都市乌丸头大谷大学内'。"[4]

"一份"，原函为"一分"。据文意，此系陈寅恪首次建议杨樾亭为史语所订购《大谷学报》，第十八函称"此杂志虽已订"，则此二函编次之颠倒，不言而自喻矣。

第二十一函：

"德国科学院报告目录一本"，[5] 原函于"德国"右侧补书二字，复印件因故只留得此二字之左半边，无从猜度。整理时，似宜据实处理为"德国□□科学院"，并酌添说明。

---

1 《文史》2012 年第 2 辑，第 239 页。
2 《文史》2012 年第 2 辑，第 239 页。
3 《文史》2012 年第 2 辑，第 239 页。
4 《文史》2012 年第 2 辑，第 239 页。
5 《文史》2012 年第 2 辑，第 239 页。

第二十二函：

"樾亭先生大鉴"，[1] 原函将受主写作"越亭"。

第二十三函：

"印度丛书中此种独缺"，[2] 原函误将"丛"（叢）写为"从"。

"如能购到此书，则于本国学术上独立不无关系。"[3] 此句原作"如能购到此书，则于本国学术独立上不无关系"。

又，此函有傅斯年用铅笔所作批示，三条批语（字迹浓粗）已录存于整理稿。唯第一种图书名称旁有"抄出"二字，第二种书名旁有"已询去"三字，字迹、口吻既不似陈寅恪，也不似傅斯年，当系杨樾亭或其他图书员所写。整理稿将"抄出"归于傅斯年，[4] 而漏收"已询去"。

第二十四函：

"图书馆中有'鸣沙石室遗书'否？如有之，乞借出一检，即行奉还。"[5]

1　《文史》2012年第2辑，第240页。

2　《文史》2012年第2辑，第240页。

3　《文史》2012年第2辑，第241页。

4　《文史》2012年第2辑，第240页。

5　《文史》2012年第2辑，第241页。2024年10月5日补案：笔者昔年曾草创一文《陈寅恪佚文〈敦煌本太公家教书后〉考释》（原载《历史研究》2004年第4期，现已收入"陈寅恪四书"之三《世外文章：陈寅恪集外文钩沉》），推测陈寅恪撰作《敦煌本〈太公家教〉书后》时，（转下页）

复印件上，首行最末一字为"书"，并无"否"，是否为复印件脱漏，未详；第二行首字为"如"。此"否"字，或由整理者据上下文自行补入？

第二十五函：

"孟真兄"，[1] 至少复印件上并未发现此函之受主。

第二十六函：

无异。

第二十七函：

"孟真先生大鉴"，[2] 原作"孟真兄大鉴"。

"弟不日即暂赴西口"，整理者称"此字颇难辨识，审笔划墨迹和其他信函中的同一字，似为'安'字"。[3] 其实，赫赫然一"山"字！且本函结尾之"匆叩著安"，恰可证"安"字之谬。"西山"在北平，"西安"在陕西，一字之差，相距何啻千里！

（接上页）受条件所限，只能以《鸣沙石室佚书》所录《太公家教》为底本，而该文应该写于1932年前后。今核校旧稿，忽然发现不同文章可以互通互证——陈寅恪之所以向史语所图书馆借阅《鸣沙石室佚书》（陈氏误书为"遗书"），极有可能就是为了写作《敦煌本〈太公家教〉书后》。这也可以证明，刘经富君认为这一组陈寅恪致杨树亭函"写于1930年初到1933年初"（《文史》2021年第2辑，第229页），总体而言是正确的。

1　《文史》2012年第2辑，第242页。

2　《文史》2012年第2辑，第243页。

3　《文史》2012年第2辑，第243页。

落款之"弟陈寅恪"，[1] 原函略作"弟寅恪"。

第二十八函：

"又有二书，皆关蒙古事，俄国出版者，法英书店必有旧者。一并呈上，乞付购为荷！"[2]

"必有旧者"，原作"必有售者"。想系"舊"（旧）与"售"形近，故而误认。其第二种图书 1929 年才出版于列宁格勒，距陈寅恪写信之 1931 年难称久远，亦可证"旧"之误。

此函在原馆藏档案内编排于第二十五函之后，顺序相连，且用纸相同，或写于同一时间？

第二十九函：

正文无异。《南唐书注》著者为周在浚，陈寅恪"偶尔误记"为"周其浚"，[3] 整理者于此已有校订，值得肯定。

第三十函：

"Pelliot 只有此一文，在 *Asia Major*，想不难查也。"[4]

"Pelliot"，即大名鼎鼎的东方学家伯希和。陈寅恪此函，专门委托杨樾亭查找刊登了伯希和文章（《论八思巴文字的

---

1 《文史》2012 年第 2 辑，第 243 页。
2 《文史》2012 年第 2 辑，第 243 页。
3 《文史》2012 年第 2 辑，第 243 页。
4 《文史》2012 年第 2 辑，第 244 页。

起源》）的那一期 *Asia Major* —— "第三或第四"期，而且
说伯希和在该杂志上只发表了这一篇文章（第三十四函仍
称 "*Asia Major* 中仅有 Pelliot 一文"，详后），所以估计"不
难查"。文意如此，断句似只能如此："Pelliot 只有此一文在
Asia Major，想不难查也。"

第三十一函：

正文无异。《日支交通史》著者为木宫泰彦，陈寅恪误
写为"木村泰彦"，[1] 整理者在注释里作了订正。

第三十二函：

复印件上无从寻觅此函之受主"樾亭先生"，[2] 当系整理
者据文意添加。

第三十三函：

"Stein : *Innermost Asia* 第三册，现已由第三组借到。弟
处前两册亦请派人送至敝寓。"[3]

"第三组"，原为"第二组"。标点似宜断作："Stein :
Innermost Asia 第三册，现已由第二组借到弟处。前两册，
亦请派人送至敝寓。"

1 《文史》2012 年第 2 辑，第 244 页。
2 《文史》2012 年第 2 辑，第 244 页。
3 《文史》2012 年第 2 辑，第 245 页。

第三十四函：

"*Asia Major* 中仅有 Pelliot 一文。若四号未到，不知以前各号有之否？是久已出版者，故不在未到之四号中。不一定是今年的，*Asia Major* 出版至今不过数年，每年仅数册，想查觅不甚难也。请费神一查为荷！"[1]

此函写罢，又有补述，故字体大小不一，对比鲜明。经查核，整理稿脱漏一字"尚"（补书于"不在"右侧，形小难认）。据作者原意，结合现代标点之规范，窃以为似可如此处理："*Asia Major* 中仅有 Pelliot 一文。若四号未到，不知以前各号有之否？（是久已出版者，故不在尚未到之四号中。）请费神一查为荷！（不一定是今年的，*Asia Major* 出版至今不过数年，每年仅数册，想查觅不甚难也。）"

据文意，此函顺承第三十函而来，仍是关于查阅伯希和文章事，写信日期在"十二日"。[2] 上引第三十函，日期为"十一日"。[3] 两相对照，显然是杨树亭一时未能找到这一期杂志，故陈寅恪接到回信后再次作出交代。因此，整理者如能将第三十四函排列于第三十函之后，至少从内容的连贯性而言，应该更准确一些。与此相关，第三十一函日期为"八

1 《文史》2012 年第 2 辑，第 245 页。
2 《文史》2012 年第 2 辑，第 245 页。
3 《文史》2012 年第 2 辑，第 244 页。

月十一日",[1] 第三十二函为"十七",[2] 第三十三函为"八月
廿八",[3] 将这三封信诠次于"十一日"（第三十函）与"十二
日"（第三十四函）之间，依据何在？莫名其妙。

此外，第三十函正文有陈寅恪手书伯希和文章名，连
用两个"？"，似在向杨樾亭表明自己尚无十足把握；第
三十四函天头则有伯希和姓名、文章标题之全称，而无
"？"。因此，第三十四函天头各字是陈寅恪所作"自注",[4]
还是杨樾亭事毕所作补记，仍然有待核对原札方能确定。

第三十五函：

此函正文："大谷学报收到，谢谢！魏晋石影壹册送还，
即乞查收为荷。"[5] 另一纸则开列书单：其一，"钱大昕　潜研
堂金石文存跋尾（在潜研室集中）"；其二，"洪颐煊　平津
读碑记（木犀轩丛书本，不知所中有此丛书否？）"；其三，
"孙星衍　续古文苑（平津馆丛书）"。[6] 前后比照，两事并无
瓜葛，且在原档内二事各书一纸，编次相距甚远，故不宜强
行拼成一函。

---

1 《文史》2012 年第 2 辑，第 244 页。
2 《文史》2012 年第 2 辑，第 244 页。
3 《文史》2012 年第 2 辑，第 244 页。
4 《文史》2012 年第 2 辑，第 245 页。
5 《文史》2012 年第 2 辑，第 245 页。
6 《文史》2012 年第 2 辑，第 245 页。

书单上原有陈寅恪添注时所用圆括号，现照录于后（误植二字，一并还原）：其一，"钱大昕　潜研堂金石文字跋尾（在潜研堂集中）"；[1] 其二，"洪颐煊　平津读碑记（木犀轩丛书本）（不知所中有此丛书否）"；其三，无异。

第三十六函：

"姚君函及商务部代垫照像收条奉上。书乞转图书馆登记。此书尚有氏族考一部，未全。洪书亦有目无文，想彼时已难得。日人如那诃等似亦未见。然书重要，仍须求之，方足成全书矣。"[2]

此为陈寅恪致傅斯年函，后附姚士鳌（时任柏林大学汉学研究所讲师）致陈寅恪函，刘君整理稿对二函之注释颇能帮助读者了解事情之始末，堪称允洽而周详。经查核原札之复印件，首行"商务部"右侧边框外，有作者所补四字，似为"柏林使馆"。整理稿于此不作任何说明，未审何故。"此书"以下，另有两字误认，原函作："此书尚有氏族考一部，未全。洪书亦有目无文，想彼时已难得。日人如那诃等，似亦未见。然至重要，仍须求之，方足成全书也。"此函书写

1　钱著名称为《潜研堂金文跋尾》，故"金石文字"与"金石文存"皆有误。
2　《文史》2012年第2辑，第245–246页。

日期本为"十三日",整理稿误作"十二日"。[1]

后附姚士鳌致陈寅恪一函,整理稿亦有数处失真:

其一,"俄教授贝勒津史记汇编俄译本,柏林国家图书馆并无全书,只有两册。一本几纸为波斯文,仅篇首载有俄文短序。一本上半部为波斯文,下半部为俄文翻译,名'成吉思汗的历史'(至即汗位时止)"。[2]姚氏原札用钢笔写就,字迹不难辨识,句读也十分清晰。此一节,似宜如此标点:"俄教授贝勒津《史记汇编》俄译本,柏林国家图书馆并无全书,只有两册。一本几纯为波斯文,仅篇首载有俄文短序。一本上半部为波斯文,下半部为俄文翻译,名《成吉斯汗的历史(至即汗位时止)》。"

其二,"供先生查核",[3]"查核"原作"察核"。

其三,"已摄两书,共四百六十四双页,用费一百七十五马克,已先由商务部照数代垫矣。"[4]"一百七十五马克",其下原有"又六十五 pf.",竟横遭腰斩。据维基百科,"pf."为德文 pfennig 之简称,中文名为"芬尼",此货币单位从 9 世纪一直使用至 2001 年 12 月 31 日。德国币制,1 马克值

---

1 《文史》2012 年第 2 辑,第 246 页。
2 《文史》2012 年第 2 辑,第 246 页。案:"一本几纸为波斯文"不通,姚氏原函作"一本几纯为波斯文";"成吉思汗",原函作"成吉斯汗"。
3 《文史》2012 年第 2 辑,第 246 页。
4 《文史》2012 年第 2 辑,第 246 页。

100 芬尼。

其四，"弟鼇谨告"，[1] 原函实为"弟鼇谨上"。

其五，"直接通讯处"，[2] 原作"直接通信处"。

第三十七、三十八函：

无异。

第三十九函：

"弟寅恪拜求"，[3] 原为"弟寅恪拜启"。

"八月廿三日"，[4] 原作"八月二十三日"。

第四十、四十一函：

无异。

第四十二函：

陈寅恪因有重本《历代诗馀》，拟请杨树亭与某书店交涉，退还杨氏在该店代购之此书。陈寅恪一本其谋虑缜密之作风，提前有所预设："如其不肯，则弟仍向该书店续购同数量价值之书籍也。"[5] 细察原函，作者删汰"量"而补书"价"，整理时似应遵从其改笔。

---

1 《文史》2012 年第 2 辑，第 246 页。

2 《文史》2012 年第 2 辑，第 247 页。

3 《文史》2012 年第 2 辑，第 247 页。

4 《文史》2012 年第 2 辑，第 247 页。

5 《文史》2012 年第 2 辑，第 248 页。

第四十三函：

"原书送还，即乞查明为荷！""[1] "查明"，本为"查收"。

第四十四、四十五、四十六函：

无异。

第四十七函：

"弟拟买唐人说荟即石印本，价值二元六毛者。谨先将此书第一本及木刊者第一本奉还（先将第一本送还，请书店将其余之本共为面套会合送下）。"[2]

据第四十六函之注释，《唐人说荟》既有清朝木刻本，又有民国石印本。[3] 杨樾亭接到陈寅恪十月一日信（即第四十六函）之后，应该是将木刻本和石印本的样书同时送呈陈寅恪选择，陈寅恪最终确定选购廉价的石印本，第四十七函（写于十月五日）就是此事的延续。此数句或可断作："弟拟买《唐人说荟》（即石印本，价值二元六毛者）。谨先将此书第一本及木刊者第一本奉还。（先将第一本送还，请书店将其余之本共为面套，会合送下。）"

"一并奉还，并请查收为幸！"[4] "奉还"，原作"送还"；

---

1 《文史》2012 年第 2 辑，第 248 页。

2 《文史》2012 年第 2 辑，第 250 页。

3 《文史》2012 年第 2 辑，第 249 页。

4 《文史》2012 年第 2 辑，第 250 页。

"查收"，原作"察收"。

第四十八函：

此函颇短，错讹却不少：其一，"林藜光先生来言"，[1]句首脱"昨"；其二，"瑜伽师地论"，[2]原作"谕伽师地论"；其三，"四毛参分伍厘"，[3]"参"原作"叁"。

结尾处原有旁注："原信附还。"整理稿未见。

第四十九函：

"陈垣著二十史朔闰表"，[4]陈寅恪原函误为"陈垣著二十史闰朔表"。整理稿径改而未予说明，与第二十九、三十一函之处理体例不一致。

第五十、五十一函：

无异。

第五十二函：

"黄刊《水经注》共十二册奉还，乞检收。弟欲购此书，商务印书馆四部丛刊本，此间无有售者，或长沙思贤书局王先谦校本均可。又石印王本亦可。"[5]

此虽寥寥数语，辨识之误与标点之失相互叠加，现据原

1　《文史》2012年第2辑，第250页。

2　《文史》2012年第2辑，第250页。

3　《文史》2012年第2辑，第250页。

4　《文史》2012年第2辑，第250页。

5　《文史》2012年第2辑，第251页。

函予以厘定："黄刊《水经注》共十二本奉还，乞检收。弟欲购此书，商务书馆四部丛刊本（此间无有售者），或长沙思贤书局刊王先谦合校本均可（又，石印王本亦可）。"

第五十三函：

"孟真兄"，[1] 原函抬头作"孟真兄大鉴"。

"大雄图书店"，[2] 本作"大雄阁书店"。

第五十四函：

"十二月二十三日"，[3] 原函仅用"二十三日"。此"十二月"，似由该函之信封（整理稿未言及）摘得。

第五十五函：

无异。

第五十六函：

信封所书"北平北海公园静心斋"，[4] 原作"北平北海公园内静心斋"。"杨樾亭先生　启"，[5]"启"前脱"大"。

正文"弟欲借三书，开列于后，请便中一询书价为荷"，[6] 此句错认三字，实为"弟欲购三书，开列于下，请便

1 《文史》2012 年第 2 辑，第 251 页。
2 《文史》2012 年第 2 辑，第 251 页。
3 《文史》2012 年第 2 辑，第 252 页。
4 《文史》2012 年第 2 辑，第 252 页。
5 《文史》2012 年第 2 辑，第 252 页。
6 《文史》2012 年第 2 辑，第 253 页。

中一询书贾为荷"。其中,"购"原为"借",后自行改书为
"购",二字有重叠处,故而误认。

下列三书,[1] 王先慎一书,前脱序数词"一、";《资治通
鉴纪事本末》,前脱"二、";丁福保一书,前脱"三、"。

第五十七函:

落款"二月十四日",[2] 较原函衍出"二月"。

第五十八函:

"上海有书店曾出历代诗话预约券,前有友人曾托徐中
舒先生代买过。今弟亦欲买一张,请烦查明,并代弟买购,
想所中亦已购一部也。又:商务印书馆出版之元忽恩慧著
'饮膳正要',所中似亦不妨购一部也。"[3]

"历代诗话",原为"历代诗馀"。"买购",原函已自行
校改为"购买"。"饮膳正要"一书"价仅三四元",此五字
原本以小字添注于右下方,整理稿未予录存,可怪也。

第五十九函:

明信片上之邮址"北平北海公园静心斋",[4] 仍然
脱"内"。

---

1 《文史》2012 年第 2 辑,第 253 页。
2 《文史》2012 年第 2 辑,第 253 页。
3 《文史》2012 年第 2 辑,第 253 页。
4 《文史》2012 年第 2 辑,第 254 页。

落款"二月廿三日",¹ 本作"二十一日"。据刘文注释,此明信片邮戳日期为"廿二年二月二十三日"("二十三"似为"廿三")。²

第六十函:

抬头"樾亭先生鉴",³ 原函似作"樾亭先生大鉴"。

"此外有 Kern & Nanjo : *Saddharmapundarika* 即梵文法华经壹册,现需用,暂存敝处。"⁴ 经查核,"即梵文法华经"原以小字补书于外文书名右侧。外文书名之左侧,原函另有补充说明之文字:"(*Bibliotheca Buddhica X*)",⁵ 整理稿未见。

结语

无论怎么看、怎么想,陈寅恪先生的这批信札已经从"未刊"变成了"已刊"。无论如何评价,刘君及其"师友"为此倾注的心血、付出的努力、获取的成绩,都应该得到承认和肯定。无论什么原因,《陈寅恪未刊信札整理笺释》在准

1　《文史》2012 年第 2 辑,第 254 页。
2　《文史》2012 年第 2 辑,第 254 页。
3　《文史》2012 年第 2 辑,第 254 页。
4　《文史》2012 年第 2 辑,第 254 页。
5　承刘铮先生赐教:*Bibliotheca Buddhica X*,即"《佛教文库》10"。

确性、规范性等方面确实有值得商榷之处。

　　基于上述三个无法改变的事实，我尝试着写下这篇文章，希望帮助刘文尽可能更加贴近信札的原貌，让其他研究者用起来更加放心一点。仅此而已。

关于《闲话陈寅恪》的闲话[*]

《闲话陈寅恪》[1]（以下简称《闲话》）面世两年，2013年年初我才从网上买了一本。读完之后，有两个想不到：一是想不到这本书写得如此大胆而粗糙；二是想不到居然和我有关系——按照两位作者的说法，虽然拙著《陈寅恪的家族

---

* 本文曾以《这样写陈寅恪，真的可以吗？》为题，首刊于2013年8月11日《南方都市报》；后经增订（添加了"补记"），收入周言编《陈寅恪研究：新史料与新问题》，九州出版社2014年版，第122-131页。两次发表皆有删削，现恢复全貌，另有增改。
1 刘正、黄鸣著《闲话陈寅恪》，百花文艺出版社2011年5月第1版。

史》¹给他们"解答了许多疑惑"，"但对于陈寅恪先生之'行六'说与其他显而易见又如此重大的材料本身"，拙著"却轻轻放过"，让他们不能不"感到遗憾"。² 这话真让我丈二和尚摸不着头脑。翻遍全书，拙著只有这一次在正文中被提到，即便在注释中也没有再发现，看来"解答了许多疑惑"很可能只是客套话。陈寅恪先生"行六"原本不是什么问题，³ 实在不明白为什么两位作者如此在意拙著没有涉及这个话题。

　　言归正传，如果用一句话对《闲话》进行点评，我的回答是：这本书堪称当下追赶时髦、恶意隐括、以臆测代替考证等不良学风的代表。前面已经交代了我接触《闲话》的经过，如此点评定会引来非议，认为我在打击报复，乱说这本书的"闲话"。但认真读了两遍、反复想了几次，我还是坚持认为：《闲话》的作者在准备不足的情况下仓促上阵、大胆行文，出现较多的硬伤，主动为读者索赔（商品质量低劣）提供了足够的理据，也为我说"闲话"准备了足够的谈资。

1　张求会著《陈寅恪的家族史》，广东教育出版社 2000 年第 1 版，2007 年第 2 版。

2　《闲话》，第 61 页。

3　在陈宝箴的八个孙子中，陈寅恪大排行第六。《闲话》第 55 页对此也有论列，可惜弃而未用。

双重"准备不足",往往只能以臆测代替考证

我所说的"准备不足",首先指作者的文史素养似乎储备不够,其次指作者在进入陈寅恪研究这一领域之前的相关准备也不充足。储备得够不够、准备得足不足,原本没有固定或统一的标准,但至少要够用,也就是说能够解决研究中碰到的一般性问题。准备既然不足,又忍不住要赶时髦,难免用大胆的臆测来代替考证。

比如,在介绍陈寅恪五世祖陈克绳时,《闲话》这样解释其名(克绳)、其号(韶亭)的含义:"陈克绳之名,其意义即以'克己复礼'为准绳,取法于《论语》中的孔子之言。因此,'韶亭先生'中的'韶亭'二字显然是孔子闻韶之亭的略称。《论语》中有'子在齐闻韶,三月不知肉味'之说。古代齐地曾有所谓'孔子闻韶处'的碑铭存在。这里的'韶亭先生',疑当地亦曾留有'闻韶亭'之类的古建筑,才有可能以'韶亭先生'来指代有德行和学养的人。"[1]

《闲话》征引的文献,有意无意未交代出处者,可谓俯拾皆是,此处也不例外。其实,陈寅恪五世祖名克绳,字显

---

1 《闲话》,第18–19页。

梓，号绍亭（又作韶亭）。[1]《闲话》不知道出于何种目的，只字不提"绍亭"，而一意专注于"韶亭"的臆想。[2]

　　古人的名、字、号，意义或相同、或相近、或相反、或

1　2022年5月22日补案：1997年7月，笔者远赴江西修水陈氏故里考察。当年受条件所限，在拙著《陈寅恪的家族史》（广东教育出版社2000年版，第18页）中曾经如此介绍陈克绳："字显梓，号韶亭，又作绍亭。"后经参阅学者刘经富编著之《陈寅恪家族史料整理研究》（上海古籍出版社2019年版，上册，第74-77、113-116、174页；下册，第540-545页）等文献，才知道"绍亭"为正字，故而在《陈寅恪家史》（东方出版社2019年版，第19页）中修改为："字显梓，号绍亭，又作韶亭。"于今察之，陈克绳自作文、后代所作行状、友朋所撰小传、宗谱所绘世系，皆称其名克绳、字显梓、号绍亭，故"韶亭"之别字实可不再标引，如刘经富编著《陈宝箴诗文笺注·年谱简编》（商务印书馆2019年版，第301页）之例。《闲话》如系受拙著误导，笔者责不可免，愿意接受批评，并向两位作者及广大读者道歉。

2　2022年5月22日补案：《闲话》（第19页）有谓："陈克绳墓今尚存，墓碑上书'清授太学生十八世祖陈公名克绳字显梓号韶亭大人之墓'。碑上面刻着'湖海风清'四字。碑左右两边有对联，上联是'仙影骑箕去'，下联是'英魂跨风来'。"我初读此书，一时没有想到这条材料的出处。此次审订旧稿，突然醒悟到应该是直接或间接获自拙文《义宁陈氏墓志数篇（附：义宁陈氏源流述略）》（载《客家研究辑刊》1998年第1、2期，第336-348页）。1997年7月29日，我在欧阳国太君的引导下，与刘经富君一同现场查勘了陈文光、陈腾远、陈克绳的坟茔，归而撰成该文，首次披露三篇墓志。经查，拙文原谓："此墓位于凤竹堂宅后半山处，坐北朝南，与陈文光墓遥遥相对。原有石级蜿蜒连至凤竹堂后门，今已废。墓碑题为'清授太学生十八世祖陈公名克绳字显梓号绍亭大人之墓'。左右镌刻联语：'仙影骑箕去，英魂跨风来。'墓额题'湖海风清'四字。"《闲话》误"凤"为"风"，或系粗心所致；将"绍亭"改作"韶亭"，或系为了配合"闻韶亭"之解读？

补充、或修饰、或延伸。相比于名，字、号因为谐音而出现多种写法，也是比较常见的现象。"韶亭"与"绍亭"通用，正是一例。因此，如果把"克绳"与"显梓""绍亭"对应起来，将其名、字、号的含义解读为"克绍箕裘于父祖，扬名显亲于桑梓"，或许更加合乎常规，也更加符合陈克绳的本意。

陈克绳之子孙的名、字，也没有逃脱被《闲话》臆度的厄运："陈伟琳字琢如，此名和腾远类似，其义是希望能立于伟丈夫之林。而其琢如之字，则是指品行像玉一样。"[1] "陈宝箴字右铭，其名与字的关系颇不易解。可能即以'箴'为宝，以此作为座右铭之义吧。"[2] 作者余勇可贾，臆说得以延续："自陈宝箴开始，陈家名字中的进取之气势明显得到了缓冲。大概是已经功成名就、成了大户望族了吧。所以自陈宝箴开始，陈家人的名字中文人气浓了起来。"[3]

作者貌似对名字特别感兴趣，专门安排了一节"使用'恪'字作为排行的一点推测"，雷人之语层出不穷：

> 清代中后期以来，以"恪"字作为排行或名字来使用的大多是客家人。如现代文学家邵洵美之弟邵洵恪、

---

1 《闲话》，第 20 页。

2 《闲话》，第 29—30 页。

3 《闲话》，第 30 页。

陈三立的诸子衡恪、隆恪、登恪、方恪、寅恪等人。

就此现象来说,本书第一作者刘正有一点推测,即清代中后期以来,由于客家人和内陆各地人的同化——特别是因为科举制度中专为客家人设置了"怀远籍"以增加中举名额——于是,在中了举的客家人家族中出现了摘掉客家人的"帽子"、保留客家人"内心"的纪念性命名现象。"客家人"的"客"字摘掉了"帽子",就成了"各"字;而保留客家人的"内心",就使"各"字成了"恪"字。

这或许就是清代中后期客家人喜欢使用"恪"字排行或命名的原因吧……当然,这只是本书作者的一点文化推论,还需要相关史料与事实查证。[1]

幸而刘正先生还有自知之明,意识到这番"文化推论""还需要相关史料与事实查证",可见并非故作惊人之语。细究其根源,仍是储备不足所致。

我之所以推断两位作者对陈寅恪研究的准备也不充足,同样源于他们不负责任的文字。

---

[1] 《闲话》,第9—10页。2022年5月22日补案:可参阅刘经富《陈寅恪"恪"字读音与其家族史的关系》,见《陈寅恪家族史料整理研究》下册,第1036—1043页。

　　《闲话》第 32 页，将陈衡恪的自画像判给了其父陈三立。第 33 页明明引述了陈三立原文："孺人姓罗氏，世居武宁之洋井里"（江西武宁，与义宁接壤），第 32 页却称其"夫人为四川人罗氏"。第 38 页所刊全家福，拍摄地点北平被换成"江西老家"。陈三立第三女（陈寅恪幼妹）名安醴，根本不叫"忨余"[1]——1923 年，陈三立连丧继妻、长子，三个女儿担心父亲哀伤过度，于是陪侍父亲到西湖养病——"三女忨余以忧死，挟居杭之明圣湖上"。[2] 如果倒退二三十年，由于史料披露不完整等原因，而将"忨余"误判为陈三立幼女的名字，[3] 倒也情有可原；时至今日，陈寅恪研究俨然已成显

1　《闲话》，第 52 页。

2　陈三立《长男衡恪状》，见陈三立著《散原精舍文集》下册，中华书局1948 年初版，卷十三，页八；又见陈三立著、李开军校点《散原精舍诗文集》下册，上海古籍出版社 2003 年版，第 1027 页；《散原精舍诗文集（增订本）》下册，上海古籍出版社 2014 年版，第 1026 页。

3　2022 年 5 月 22 日补案：就笔者所见，汪荣祖也许是较早犯下此错的知名学者。他的名著《史家陈寅恪传》，笔者所藏虽然只有四种版本，但无一不错：《史家陈寅恪传》，台湾联经出版事业公司 1984 年版，第 17 页；《陈寅恪评传》，百花洲文艺出版社 1992 年版，第 15 页；《史家陈寅恪传（增订版）》，台湾联经出版事业公司 1997 年版，第 16 页；《史家陈寅恪传》，北京大学出版社 2005 年版，第 15 页。而被周一良称誉为"颇似有关寅恪先生之小型辞典"的《陈寅恪之史学》，于此也难幸免。见李玉梅著《陈寅恪之史学》，三联书店（香港）有限公司 1997 年版，第 1—2 页。平心而论，汪荣祖教授、李玉梅博士的能力与水平毋庸置疑。前辈人物第一次犯错，应该是望文生义或断章取义而致；数次再版，一直（转下页）

学，稍作浏览或搜索，不难找到答案。由此推测《闲话》的作者为了赶时髦而仓促上阵，算不算言之有据？

陈三立自号"神州袖手人"，源自其《高观亭春望》一诗。此诗一直被误认为写于戊戌政变（1898）之后，实则作于光绪十九年（1893），考订结果早已刊布。[1]《闲话》倘能因袭旧说，称陈三立戊戌政变后一度意态消沉，自号"神州袖手人"，也还勉强说得过去；出人意料的是，两位作者竟然改称陈三立"辛亥革命后曾以'乾坤袖手人'为号"。[2]

此外，陈三立与谭嗣同、吴保初、丁惠康被称为"文坛四公子"；[3]"陈衡恪画风奇绝，开创岭南画派"；[4]郭沫若将陈寅恪看作"老对手"；[5]陈寅恪夫人唐筼"有不少歌颂现实的作品"[6]……如此立论，岂非胆大妄为、信口雌黄？

（接上页）未予更正，就不好解释了。后学后进跟着犯错，可能与迷信前辈有关；当然，肯定也有不够认真细致的原因。一个名字，前前后后错了近三十年，堪称史学界的悲哀。

1　陈三立著，潘益民、李开军辑注《散原精舍诗文集补编》，江西人民出版社 2007 年版，第 82-83 页。

2　《闲话》，第 32 页。

3　《闲话》，第 35 页。

4　《闲话》，第 42 页。

5　《闲话》，第 148 页。

6　《闲话》，第 194 页。

恶意隐括等同剽窃，征引、校订同样粗疏肤浅

隐括原本无可非议，既是传统之一，也是现实需要，可恨可恼的是恶意隐括。凡恶意隐括者，从材料到观点，无不痛下其手，只是偶有出注，大多不加说明，宁愿煞费苦心地改写重编，也不肯老老实实交代来源，更不愿埋头苦干努力赶超。因为恶意隐括者往往就是同行，此类行为更带有隐蔽性和欺诈性；又因为荒唐、落后的科研评价制度将会议论文、内刊论文、网络论文一概视若无物，恶意隐括者遂得以为所欲为。于是乎，蔚然成风，花样百出，风气所及，流毒无穷。

恶意隐括，虽然不是《闲话》首创，也绝非《闲话》独有，但不能因此轻视任何一次恶意隐括的险诈——看似剪裁改写，实则抄袭剽窃。为节省篇幅，我直接引录主要被剽窃者之一胡文辉君的一段话作为证据："至今为止，对于我的寒柳堂诗研究，我发现有两例剽窃：一是刘正、黄鸣的《闲话陈寅恪》（百花文艺出版社 2011 年版），书中《虚经腐史意何如：陈寅恪先生的文字游戏》一篇，完全是抄袭我对《经史》诗的解说（我的文章作于《笺释》撰写以前，曾刊于台湾《古今论衡》，后来又贴到网上，估计《闲话陈寅恪》就

是从网上不告而取的)；一是……"[1]《闲话》的两位作者如欲自证清白，不妨与另一位剽窃者一起勇敢应战。

回到《闲话》。即便是那些看似如实交代了出处的引文，其实也未必可靠。原因很简单：一是征引时过于粗心，多有疏漏；二是功力所限，无法校订原文的错讹。

试举一例：陈寅恪 1953 年《对科学院的答复》大概是被研究者引用最多的文献之一，《闲话》也不例外。与众不同的是，《闲话》虽然处理为直接引用而非间接引述，[2] 但差错之多，令人咋舌。

再举一例：《闲话》引用了陈小从《庭闻忆述》组诗的第八、九、十首，出处为《追忆陈寅恪》。[3] 这一回引用基本没走样，所以原刊的错误也就一如既往：第九首"弟兄相顾阮囊羞，恰值金陵好个秋。清兴驱人间不住，典质金表资出

---

1 胡文辉《增订本后记》，见胡著《陈寅恪诗笺释（增订本）》下册，广东人民出版社 2013 年版，第 1246 页。

2 详《闲话》，第 139–140 页。案：《闲话》出版于 2011 年，从时间上而言，两位作者至少可以从以下两种正式出版物中获得陈寅恪《对科学院的答复》全文：陆键东著《陈寅恪的最后二十年》，生活·读书·新知三联书店 1995 年版，第 111–113 页；陈寅恪著、陈美延编《陈寅恪集·讲义及杂稿》，生活·读书·新知三联书店 2002 年版，第 463–465 页。无论从哪一本书（从《闲话》第 140 页注释来推测，似乎采自陆著）转录，只要稍稍对照一下，都不会出现如此大面积的舛讹、妄改。

3 陈小从《庭闻忆述》十首之八、九、十，见张杰、杨燕丽选编《追忆陈寅恪》，社会科学文献出版社 1999 年版，第 451–452 页。

游"。[1]"间不住",应为"闲不住"。第十首"劫馀重聚萨家湾,雁序依然鬓已斑。收拾十年离乱苦,声声煮粥话团鹑"。[2]"话团鹑",应为"话团圞"。陈小从女士的这一组诗,最早刊发于《纪念陈寅恪先生百年诞辰学术论文集》,其中"话团圞"无误,[3]而"闲不住"已经错成"间不住"。[4]我后来协助小从老人编著《图说义宁陈氏》时,亲眼见过老人的手迹,果然是"閒不住"和"话团圞"。"闲不住"错为"间不住",估计源于"閒""间""闲"不分;"话团圞"错成"话团鹑",《追忆陈寅恪》未必是始作俑者,但此书影响颇大,谬误也因此越传越广。《图说义宁陈氏》将"话团圞"错植为"话团栾",[5]似乎缘于字音相同、字形相近——依稀记得我当年特别向出版方作过提示,最终仍难幸免。区区二字,[6]足可见图书质量之差,作者和编辑各打五十大板,都不冤枉。

---

1 《闲话》,第 47 页。

2 《闲话》,第 47 页。

3 王永兴主编《纪念陈寅恪先生百年诞辰学术论文集》,江西教育出版社 1994 年版,第 68 页。

4 《纪念陈寅恪先生百年诞辰学术论文集》,第 67 页。

5 陈小从著《图说义宁陈氏》,山东画报出版社 2004 年版,第 145 页。

6 2022 年 5 月 22 日补案:《庭闻忆述》组诗后扩充为 21 首,收录于陈小从著《吟雨轩诗文集》,"闲不住"和"话团圞"正确无误。详陈著,中华书局 2015 年版,第 87 页。

三条颇有价值的材料，最终淹没在虚荣心之中

当然，《闲话》绝非一无是处，至少有三条材料颇有价值，处理得当，自有其意义，且不失其体面。可惜，作者的虚荣心最终戕害了这三条材料。

其一，余潜山1996年8月15日复刘正函，披露了他对于陈宝箴被赐死一说的态度，弥足珍贵。

余氏此札，《闲话》仅仅影印了局部，现将相关文字移录于下：

> 1900年陈宝箴卒一条，你引二说，其二为戴传远《文录》之赐死说，你似乎颇信此说，而以陈三立之"微疾"是"曲笔"。我很怀疑戴传远《文录》的可靠性。是年庚子之乱，慈禧何以在此紧张期间独赐陈宝箴死，甚不易解？此是大事，不可能隐瞒甚久，当时康梁等在海外，如有所闻，更会大作宣传，以彰西后之恶。我不敢完全断定无此可能，但终究你必须先加详考，再作断语。你毫无批判地接受戴氏传说（戴非亲见，乃其父之事），似不能分别何谓"第一手史料"，何谓"传闻"。戴传远其人如何，其言有可信之价值否？此皆不可不究。故我

以为此说最多只能当作"异闻"入谱。[1]

"戴远传",余札误作"戴传远",《闲话》予以径改,[2] 可从;"甚不易解",被辨认为"岂不易解",[3] 与余先生的原意迥然不同;"西后",衍为"西太后",[4] 或为一时手误?兴许是出于对余潜山的敬重,《闲话》将陈宝箴猝逝的原因概括为"死因不明",[5] 但字里行间明显看得出对于"赐死"说依然恋恋不舍。窃以为,刘正君如果能够深刻领会余先生的谆谆劝谕,也许可以进一步明了"赐死"说的似是而非。

其二,《闲话》作者在日本所获资料以及委托日本友人所作调查,显然有助于陈寅恪研究的延伸和拓展。

比如,日本学者白鸟库吉向陈寅恪请教中亚史研究的难题,本是蓝文徵在课堂上或聊谈中追忆的遗闻轶事,经其弟子陈哲三笔述刊布,遂广为传播,大大满足了不同年代的陈寅恪粉丝们的心理需求。为了验证真伪,《闲话》作者进行了以下考证:首先,查阅了当事人白鸟库吉的日记、文章、书

---

1 《闲话》,第 29 页,该札之影印件(局部)。

2 《闲话》,第 29 页。

3 《闲话》,第 29 页。

4 《闲话》,第 29 页。

5 《闲话》,第 28 页。

信，发现"并无有关此事的一点记录"；[1] 其次，向当年的见证者和田清的次子和田博德、女婿神田信夫提出书面委托，设法查阅了保存在神奈川县茅崎市档案馆的和田清日记、来往书信，发现"也没有对此事的一点说明"；[2] 再次，经由池田温帮助，获得了榎一雄提供的一条证据——"当时并无白鸟库吉博士和钱稻孙先生住为邻居的现象"，[3] 由此也可证明蓝文徵所述钱稻孙"春假来日，正住隔房"[4]、代陈寅恪传书释疑解惑"并无其事存在"[5]。

这一番内调外查，尽管仍有不明之处——查阅白鸟库吉、和田清著述的，到底是《闲话》的作者还是被委托的日本学者，我一直看不大明白——但在全书中难得一见，故特意标而举之，给予最充分的肯定。

其三，日本外务省情报部 1928 年所编《现代支那人名鉴》称"陈冲恪"是"江西名门陈三立之子"，[6] 此事仍然有待进一步考索。

现在看来，《闲话》之所以特别看重陈寅恪"行六"说的

---

1 《闲话》，第 112 页。

2 《闲话》，第 112 页。

3 《闲话》，第 114 页。

4 《闲话》，第 111 页。

5 《闲话》，第 114 页。

6 《闲话》，第 57 页。

由来，主要目的似乎还是为了证实"陈冲恪"才是陈三立长子（陈寅恪长兄）的"合法性"，进而以此惊人发现凸显全书的新异之处。不容否认，《闲话》刊布的一小幅图片（第57页），的确证明了这份日文资料的客观存在；"陈冲恪"的生年（"1873年左右"）、籍贯（"江西南昌"）、学历（"日本高等师范学校毕业"）、经历（"第一次革命后成了江西省教育司司长"），[1] 如同他的名字一样，确实很容易诱发考证者的遐想。《闲话》苦心经营的"家族悬案角度下的陈冲恪"这一章，[2] 也部分达到了目的——我之所以关注此书，就是因为有网友在微博上向我咨询"陈冲恪"其人其事。

俗话说："证有易，证无难。"综观《闲话》对"陈冲恪"是陈三立"非婚生子"的所有论证，[3] 基本上可以断定为无事生非、故弄玄虚，恰恰足以代表两位作者以大胆臆测代替严密考证的"学风"。限于篇幅，我也试作一番推测：

据《陈衡恪诗文集》整理者刘经富君的研究，陈衡恪在1913年应聘教育部之前"可能短期任过江西教育司长"。[4] 碰巧的是，刘君的主要依据也来源于日文资料：日人田源天南

---

1 《闲话》，第57页。

2 《闲话》，第50-63页。

3 《闲话》，第57页。

4 刘经富《陈隆恪先生年表》"民国二年癸丑（一九一三）"条，见刘著《陈寅恪家族稀见史料探微》，中华书局2013年版，第247页。

1919 年所编《清末民初中国官绅人名录》"陈衡恪"条，有
"第一革命后一时江西教育司长"字样。"第一革命"即"辛
亥革命"，江西教育司成立于民国二年（1913），而"诸家
《陈师曾年表》均称 1909 年（宣统元年）衡恪曾任江西教育
司司长，均无书证"。¹ 因此，刘君推断："衡恪任江西教育司
司长，应在 1913 年秋季离开长沙赴北京教育部工作之间。"²

---

1 《陈寅恪家族稀见史料探微》，第 189 页。
2 《陈寅恪家族稀见史料探微》，第 189 页。案："长沙"后，似可补入"和"。
　2022 年 10 月 18 日补案：李国葆《陈师曾未任江西教育司长考》略谓：
　"陈师曾留日归国后行实如下：1909 年夏因病提前归国；1909 年夏—
　1911 年 2 月江宁家中将养（1910 年 4 月日本东京高等师范学校博物科毕
　业）；1911 年 3 月—1912 年年底南通师范学校和南通中学任教；1912 年
　年底—1913 年 4 月上海家中待职；1913 年 4 月—1913 年秋湖南第一师
　范学校任教；1913 年秋赴北京；1914 年元月—1923 年任北洋政府教育
　部编审处编审员。"因此，"说陈师曾 1909 年留日归国后'被聘为江西教
　育司司长'，应属子虚乌有。"原载《书品》2017 年第 3 期，此据李著《陈
　师曾画传》，江苏凤凰美术出版社 2022 年版，第 268、263 页。2024 年 7
　月 5 日再案：承友人萧轶告知，江西教育出版社编辑田远（笔名"田问
　舍"）以《民立报》（1912 年 5 月 3 日、5 月 12 日、12 月 29 日）和《时
　事新报》（1912 年 5 月 15 日）等材料为据，得出了最新的研究成果："南
　昌光复后不久，李烈钧都督曾委任陈师曾为江西教育司长，而陈未就
　职。又因当时的报纸如《民立报》《时事新报》等屡次宣传，而陈师曾又
　是名公子，一些人只闻其一，不闻其二，遂有了后来陈师曾在辛亥革命
　后担任过江西教育司长的传闻，而陈氏家属师友却从未提及。考察陈
　师曾未来就任的原因，除了跟陈氏的家族背景、个人的兴趣专长、张謇
　的惜爱人才有关外，恐怕跟南昌光复之初时局动荡不安亦有关系。"详田
　问舍《陈师曾未任江西教育司长之补证》，载微信公众号"江右书林"，
　2024 年 5 月 30 日推出。

陈衡恪生于清光绪二年（1876）。他的祖籍地江西修水，在清代为南昌府宁州（嘉庆以后称义宁州），民国元年（1912）改名义宁县，民国三年（1914）改称修水县。[1] 再看他的留日经历：光绪三十二年（1906）七月毕业于东京弘文学院（补习日语），宣统二年（1910）三月毕业于东京高等师范学校。[2] 此外，"冲"的繁体字"衝"，和"衡"部首相同、字形相似。

因此，我和我的老师高福生先生都怀疑日文资料的"陳衝恪"有可能是"陳衡恪"之误。如果将上引两位刘君辛苦考证所得综合考虑，那么我和福生师的推测不是没有可能的。

"陈学"成为显学已是事实，易中天老师"劝君免谈陈寅恪"，[3] 看来只能说说而已，研究陈寅恪也算是一种人人皆有的权利，不必劝阻，也劝阻不了。问题在于，追赶时髦也是要有资本的。我们，准备好了再写，行不？

1　《陈寅恪家族稀见史料探微》，第 11 页。

2　《陈寅恪家族稀见史料探微》，第 188 页。

3　易中天《劝君免谈陈寅恪》，载《东方文化》2002 年第 5 期。

补记

本文曾以《这样写陈寅恪，真的可以吗？》为题，刊发于 2013 年 8 月 11 日《南方都市报》AII07 版。《闲话》第一作者刘正先生的反驳文章《究竟谁在赶时髦——答"陈学专家"张求会君的诘难》，随后选登在 10 月 20 日该报 AII06 版。这篇反驳文章的"足本"旋即发表在《学术界》2013 年第 11 期，题为《陈寅恪研究出版热和读书热中的思考——兼答陈学专家张求会、胡文辉二君对笔者的质疑》。

刘先生的反驳，我只接受其中一点："1928 年日本外务省情报部所编《现代支那人名鉴》一书中同时收录了陈衡恪和陈衡恪兄弟二人，而且对陈衡恪介绍颇多！"[1] 重新检阅《闲话》，发现作者的确早有提示："特别说明：该书中还有对陈三立、陈衡恪、陈寅恪三人的介绍资料。"[2] 因此，"在没有通览此资料的情况下"，[3] 尤其是在寻获真正可信的史料并形成完整的证据链之前，确实无法完全否认神秘人物"陈衡（冲）恪"的存在，"日文资料的'陳衡恪'有可能是'陳衡

1　刘正《究竟谁在赶时髦——答"陈学专家"张求会君的诘难》，载 2013 年 10 月 20 日《南方都市报》。
2　《闲话》，第 60 页。
3　刘正《究竟谁在赶时髦——答"陈学专家"张求会君的诘难》，载 2013 年 10 月 20 日《南方都市报》。

恪'之误"也只能继续是一种推测。有鉴于此，拙文初刊时所称"此事有待证伪"，现特意改为"此事仍然有待进一步考索"，以此表示对于刘先生文章的回应。

《陈寅恪书信（422 通）编年考释》"硬伤"录 [*]

    《陈寅恪书信（422 通）编年考释》[1]（以下简称《考释》）的两位作者，为搜集、研究陈氏书信而付出的辛勤劳动——尤其是在注释外文文献方面的努力——必须得到肯定和认可。因为我"既不懂梵文和巴利文、又不懂日文法文德文拉

---

[*] 本文曾选刊于 2017 年 3 月 12 日《南方都市报》，现恢复被删内容，另有增补。

[1] 刘正、黄鸣著《陈寅恪书信（422 通）编年考释》，中国社会科学出版社 2016 年版。

丁文"，甚至"英文还不足以直接阅读原著"，[1] 所以对于《考释》的外文文献注释不敢妄作评论，现只就该书在中文文献处理上的"硬伤"稍予罗列并略加订正。

移录已刊书信也会大面积失真

《考释》所收书信，最主要的来源是陈美延编《陈寅恪集·书信集》（初版本）。[2] 照理说，无论是采自该书信集，还是录自其他出版物，移录已刊文字并非难事。可惜的是，收罗进《考释》的多封书信，读者仅凭语感、常识或上下文就能发现问题。比如："中国之韵文诗斌词曲"，[3] "弟请于暑假后解除第一组主任名义一事，……务求兄等与诸公会商允许，弟不例会或可便于讨论"，[4] "日人于此数种语言尚无专门威权者，不遇随西人之后，稍采中国材料以补之而已"，[5]

1　以上对张求会的批评，见刘正著《陈寅恪史事索隐》，上海书店出版社 2014 年版，第 318 页。

2　陈寅恪著、陈美延编《陈寅恪集·书信集》，生活·读书·新知三联书店 2001 年第 1 版，此据《考释》"前言"第 9、11 页脚注推测而知。案：《陈寅恪集·书信集》另有 2009 年第 2 版、2015 年第 3 版，为保持一致，本文也主要以初版本作为讨论依据，必要时兼用再版本、三版本。

3　《考释》，第 158 页。案："诗斌"，原作"诗赋"。

4　《考释》，第 208 页。案："例会"，原作"列会"。

5　《考释》，第 212 页。案："不遇"，原作"不过"。

"诸视友处乞代道念"，[1] "二百元国币，……合港带至微，不便零星汇寄也"，[2] "始于六月十八日搞眷安抵桂林"，[3] "尚须重膳一清稿"，[4] "今将弟之意兄述之如下"，[5] 结尾语 "并贺年厘" "并颂春厘"，[6] "早餐弟当别购鹅蛋奉赠"，[7] "一切我经常所需用的票品皆由我全部自费"，[8] "近年失明断腿，不能复听读"，[9] 等等。而陈寅恪之表妹夫 "曾昭抡" 被将错就错为 "曾昭伦"，[10] 陈氏之父执、著名词人 "朱彊邨" 被错录为 "朱强邨"，[11] 除了缘于不够认真细致，是否也反映出对于相关人事的陌生？

　　为了说明移录失真的严重性和顽固性，极有必要另选一个典型样例。

1　《考释》，第 268 页。案："视友"，原作 "亲友"。

2　《考释》，第 293 页。案："港带"，原作 "港币"。

3　《考释》，第 298 页。案："搞眷"，原作 "携眷"。

4　《考释》，第 345 页。案："重膳"，原作 "重誉"。

5　《考释》，第 360 页。案："意兄"，原作 "意见"。

6　《考释》，第 439、455 页。案："年厘" "春厘"，原作 "年釐" "春釐"，可径改作 "年禧" "春禧"。

7　《考释》，第 459 页。案："鹅蛋"，原作 "鸡蛋"。

8　《考释》，第 477 页。案："票品"，原作 "药品"。

9　《考释》，第 479 页。案："不能复"，原作 "不复能"。

10　《考释》，第 380 页。案：陈寅恪 1949 年 5 月 10 日致马鑑、陈君葆函系由他人抄录，陈氏表妹夫 "曾昭抡" 被误书为 "曾昭伦"，似与此有关。详 "陈寅恪四书" 之一《馀生流转：陈寅恪的生前身后事》。

11　《考释》，第 398 页。

陈寅恪现存于世的书信，以1953年12月1日《对科学院的答复》最为知名。此函最早由陆键东披露于1995年，[1] 陆书配有一页影印图片，[2] 对照图片所现汪篯手迹，可以找到陆氏释文的数处失误；18年后，陆著修订本面世，插图依旧，改订后的释文仍有三字未补正。[3] 相比之下，《陈寅恪集·讲义及杂稿》收录此信更显规范：一是交代了来源——"副本存中山大学档案馆"，二是准确性更强——至少与汪篯手迹高度一致。[4] 因此，在该信原件或副本完整公布之前，陈美延所录此信堪称最接近原貌的重要文献。试以此文献作为底本（陈美延增补二字，暂不予考虑），核查一下刘正数次引用该信的差错情况：《闲话陈寅恪》错字、漏字、衍字合计66个；[5]《陈寅恪史事索隐》共47个；[6]《考释》与《陈寅恪史事索隐》完全相同，也是47个。[7]

于此一例，足以提醒海内外同行：《考释》确能提供若干

1　陆键东著《陈寅恪的最后二十年》，生活·读书·新知三联书店1995年版，第111-113页。

2　《陈寅恪的最后二十年》，第110页。

3　《陈寅恪的最后二十年（修订本）》，生活·读书·新知三联书店2013年版，第104-107页。

4　陈寅恪著、陈美延编《陈寅恪集·讲义及杂稿》，生活·读书·新知三联书店2002年版，第463-465页。

5　刘正、黄鸣著《闲话陈寅恪》，百花文艺出版社2011年版，第139-140页。

6　《陈寅恪史事索隐》，第187-189页。

7　《考释》，第422-423页。

线索、带来一些便利，但绝不能轻易采信，更不能直接从中引用陈氏书札作为研究素材。

注释、考辨的代表性错误

《考释》文字冗沓，若将 422 通书信（有些只是可有可无的线索而已）逐一讨论，势必费时且无趣，故以下所揭示者仍属冰山一角：

1. 胡梓方：陈寅恪的友人。生卒年不详。字朝樑。北京人。[1]

胡朝樑（1879—1921），字梓方，号诗庐，江西铅山人，曾从陈寅恪之父学诗。[2] 入民国，胡朝樑曾在北京任职，与周树人同在教育部社会教育司第二科。[3]《自瑞士归国后旅居上海得胡梓方朝樑自北京寄书并诗赋此答之（壬子春）》确系陈寅恪 1912 年寄答胡氏之诗函，但据此别列为一通书信而无其他信息，如此处理，似可再议。

---

1 《考释》，第 8 页。
2 李开军撰《陈三立年谱长编》下册，中华书局 2014 年版，第 1597 页。
3 孙瑛著《鲁迅在教育部》，天津人民出版社 1979 年版，第 14–16 页。

2. 陈氏有妹三人：1893 年，旧历光绪十九年，妹康晦生。1894 年，旧历光绪二十年，妹新午生。妹安醴，生年不详。以后分别嫁张宗义、俞大维、薛深锡。[1]

陈安醴（1895—1927），所适者名薛琛锡。[2]

3. 弟前谓净觉为神秀弟子，……今函公教正，惜公稿已付印，吾未改正为憾耳。（1932 年 4 月 30 日陈寅恪致胡适函）

谓净觉为神秀弟子：净党，唐代禅僧，生于 688 年，卒于 746 年。（注释）

此信为与胡适考证净觉为神秀弟子所作，此时胡适文已刊发，未及修改，陈寅恪表示了遗憾之意。（考辨）[3]

陈函正文，承袭《陈寅恪集·书信集》之误；[4]"考辨"，继续因循其错；"注释"，将"净觉"误为"净党"。实则该信原作"今承公教正，惜拙稿已付印，未口改正为憾耳"，亦即并非陈指教胡，而是胡指教陈。毕明迩、"藏用"、张求会等已先后指出《陈寅恪集·书信集》著录之误及陈福康释

1 《考释》，第 19 页。

2 陈小从著《图说义宁陈氏》，山东画报出版社 2004 年版，第 5—6 页。

3 《考释》，第 146—147 页。

4 《陈寅恪集·书信集》，第 140 页。2022 年 5 月 22 日补案：《陈寅恪集·书信集》2009 年第 2 版（第 136 页）、2015 年第 3 版（第 136 页）皆与此同，未作改动。

读之讹，拙文《义宁陈氏的三通手札》2012年首发于《南方都市报》，[1] 同年收入拙著《陈寅恪丛考》，[2] 都早于《考释》出版的2016年。也就是说，如果《考释》的两位编著者真的不肯放过"蛛丝马迹"，并坚持"长期泛览史料，留心只言片语之间的信息"，[3] 那么，至少在时间上，他们是可以发现这些已有研究成果的。当然，不屑一顾或自欺欺人，则另当别论。

4. 陈援庵先生已作一《校勘记》：指陈垣收藏清文廷式抄本《元朝秘史》所写的一篇校勘论文。在文中他提出："自观古堂叶氏藏书散出后，余得有文廷式抄本元秘史六巨册。卷首有'道义读过'朱文印，道义，廷式号也；又横盖有'叶德辉焕彬甫藏阅书'白文印。……文本误者，叶刻无不误。……然原作伯原作别之注，本文已然。……"[4]

文廷式，字道希，又作道羲、道爔等。陈垣《〈元秘史〉译音用字考》原文为"道羲"，[5] 准确无误；"本文已然"，原

1　张求会《义宁陈氏的三通手札》，载2012年5月30日《南方都市报》。

2　张求会《义宁陈氏的三通手札》，详"陈寅恪四书"之三《世外文章：陈寅恪集外文钩沉》。

3　《考释》，"前言"，第2、3页。

4　《考释》，第189页。

5　吴泽主编《陈垣史学论著选》，上海人民出版社1981年版，第356页。

作"文本已然"。[1]

5. 芮逸夫先生：生于 1897 年，卒于 1991 年。江苏溧阳人。[2]

"溧阳"，当作"溧阳"。芮逸夫之生、卒年，另有他说。[3]

6. 苏东坡嘉祐二年（1857）应制举所作策论。[4]

北宋仁宗嘉祐二年，合公元 1057 年。[5]

7. 仁轨：指俞大维之子，后来成为蒋经国的女婿。……

---

1 《陈垣史学论著选》，第 356 页。

2 《考释》，第 217 页。

3 2022 年 5 月 29 日补案：芮逸夫生年有 1897、1898 两说，卒年有 1990、1991、1994 等多种说法。宗清元《著名人类学家和民族学家芮逸夫》称其"1898 年生"，"1994 年去世"。（宗文载常州市地方志办公室、常州市人民政府侨务办公室、常州市人民政府台湾事务办公室编《海外常州人》，方志出版社 2006 年版，第 279-284 页）台湾中研院近代史研究所学者康豹（Paul R.Katz）的学术研讨会论文《近代中国之寺庙破坏运动：以江浙地区为讨论中心》，同持"（1898—1994）"说。（见台湾中研院近代史研究所编《改变了中国宗教的 50 年主题计划成果发表会》，2013 年印行，第 76 页）分别来自芮逸夫故里以及其生前供职单位的研究成果，理应更加值得信从。

4 《考释》，第 232 页。

5 据万国鼎编《中国历史纪年表》，中华书局 1978 年版，第 102 页。

谱名俞启德,字扬和。[1]

此为 1939 年 7 月 12 日陈寅恪致傅斯年信注释之一,原信于篇末有云:"仁轨想好。"[2] 其后,陈寅恪(或唐篔)致傅函屡有"仁轨甥想乖好"或"仁轨甥想甚乖好"之类问候。[3] "仁轨",指傅斯年、俞大綵唯一的儿子傅仁轨,1935 年出生,名字源于傅斯年"仰慕唐代朝鲜对日本打歼灭战的大将刘仁轨"。[4] 俞扬和为"俞大维留学德国时所生子",[5] 俞大綵系其姑母。

8. 金陵大学环境似较好,姑得其复书再酌。将来云南大学若有机缘,似亦可设法。但据云大友人言,待遇尚可而别有难处之事,纷纷求去,则又不知其内容实情究如何?总之,先俟金大回音,然后别图可也。(1940 年 3 月 12 日陈寅恪致刘节函)[6]

刘、黄"考辨"略云:"观信中所言,陈寅恪应也曾去信金陵大学询及任教之事。"[7] 而据学者洪光华研究,刘节 1939

---

1 《考释》,第 239 页。
2 《考释》,第 239 页。
3 《考释》,分见第 355、385、387 页。
4 岱峻著《发现李庄》,四川文艺出版社 2009 年版,第 49 页。
5 《图说义宁陈氏》,第 7 页。
6 《考释》,第 255 页。
7 《考释》,第 256 页。

年秋方应聘为浙江大学（广西宜山）史地系教授，次年春即因学术之争、门派之斗而被迫他去。[1] 陈寅恪此信之前半部分，同样在为刘节设法安排生计："前月得来函，即与孟真商量后，知今年庚款协助非于去年十二月十五日前申请不可，且已审查讫，更难设法。弟曾与当局商量，与此次兄事类似者别有他例，亦格滞难了，故英庚款协助事，暂时必不易也。"[2] 最终，刘节选择去了成都金陵大学。由此可知，陈寅恪此信自始至终皆是为旧门生刘节考虑去处，而非自己有意赴金大执教。

9.杭君在港时，弟告以在港用费至少月三百元港币方能敷衍，杭君谓可办到，后施乐请托许君来致意，谓可月送五百元，悉由英庚款会出，大约施不知庚款会经济内容不能出此数也。[3]

此信源于《陈寅恪集·书信集》，[4] 与陈美延整理稿完全一致。这封信写于1940年8月28日。当时，陈寅恪因战事影响无法赴英国就牛津大学之职，经中英庚款委员会总干事

1 详洪光华《刘节与张其昀的恩怨》，载2015年10月14日《中华读书报》。
2 《考释》，第255页。
3 《考释》，第273页。
4 《陈寅恪集·书信集》，第70页。2022年5月22日补案：《陈寅恪集·书信集》2009年第2版（第68页）、2015年第3版（第68页）皆仍旧错。

杭立武与香港大学商洽，并得港大中文系主任许地山从中斡旋，由港大聘陈为客座教授，每月薪水港币三百元（起初商议为五百元），全由中英庚款会支付。[1]

在陈寅恪写此信前十余日（8月15日），港大冯平山图书馆馆长陈君葆在其日记里记载了这件事的重要进展："晨晤许先生，他说庚委会拨款若干与港大，施乐诗拟聘陈寅恪在港大任哲学教授一年为期，待遇月薪五百元。"[2] 日记里的"施乐诗"，即时任港大副校长 Duncan Sloss，一般译作"邓肯·斯洛斯"，[3] 在陈君葆日记中又写作"施乐诗""施乐斯"或"史乐诗""史洛斯""史洛诗""史罗诗""史洛士""史洛司"等。[4] 显而易见，"施乐请"只能是"施乐诗"之误认。《陈寅恪集·书信集》之错从何而来，暂难推测，[5] 但值得肯定

1　陈流求、陈小彭、陈美延著《也同欢乐也同愁：忆父亲陈寅恪母亲唐筼》，生活·读书·新知三联书店2010年版，第157—158页。

2　陈君葆1940年8月15日日记，见陈君葆著、谢荣滚主编《陈君葆日记全集》卷一，商务印书馆（香港）有限公司2004年版，第536—537页。

3　伊斯雷尔·爱泼斯坦著、沈苏儒译《宋庆龄：20世纪的伟大女性》下册，新星出版社2015年版，第52页。

4　详《陈君葆日记全集》卷一，第321、323、347、360、384、406、421等页。

5　《陈寅恪集·书信集》共收录陈寅恪致傅斯年函件77通，其中75通由台湾学者王汎森提供打印件和原函复印件，录入该集时，"打印件文字偶有错漏，已按复印原函作了订正"。（见《陈寅恪集·书信集》，第17页）"施乐诗"是整理者误认，抑或陈寅恪误书，尚难遽断，仍盼相关人士核对、辨别。

的是，整理者没有添加任何具有不确定性的注解。反观《考释》，天马行空一般添加了一条这样的注释："施乐：杭立武的秘书。生卒年不详。"[1] 粗豪如此，令人哭笑不得。

10. 清光绪十一年（1884）中举。光绪十八年（1891）中了进士。[2]

光绪十一年，合公元 1885 年；光绪十八年，合公元 1892 年。[3]

11. 三台友人：指陈氏在中央研究院的友人。当时中央研究院搬到四川三台村办公，故有此称。史语所没有搬到四川三台村办公之事，这里所说的似指陈寅恪除陈述之外也在东北大学教书的友人。因抗战时，东北大学设在四川三台。……[4]

此条注释，对错参半。抗战时期，中研院内迁西南，"分设重庆、四川南溪县李庄及昆明几个地区"："设于重庆的计有总办事处、地质、心理、物理、气象、动物、植物、医学

---

1 《考释》，第 274 页。
2 《考释》，第 295 页。
3 据《中国历史纪年表》，第 109 页。
4 《考释》，第 335 页。

研究所筹备处等8单位。在南溪县李庄的有历史语言、社会科学及体质人类3研究所。而设于昆明的则是天文、化学、工程、数学等4单位。"[1] 同样因为抗战，陈寅恪弟子蒋天枢1938年随东北大学迁至四川省三台县，同在三台东大任教的清华毕业生另有蓝文徵、高亨、姜亮夫、黎东方、陆侃如等，[2]"三台友人"指代他们的可能性似乎更大一些。

12. **那廉是当时的办公室秘书。**[3]

"那廉"，应作"那廉君"（1908—1997），字简叔，长期在中研院史语所服务，后随傅斯年赴台。陈寅恪1944年1月25日致"简叔廉君"一信，陈美延曾将受信人误判为"简叔"和"廉君"，因此注释称"简叔（未详）、那廉君二人"云云，[4] 后来改正了这一错误。[5]《考释》因为没有更新文献，故而承袭了陈美延最初的错误，又大胆地将"简叔"推测为王毅侯，还粗心地将"廉君"错成了"那廉"。

1　张凤琦《抗战时期内迁西南的中央研究院》，见四川省政协文史资料委员会编《四川文史资料集粹》第四卷《文化教育科学编》，四川人民出版社1996年版，第736页。

2　朱浩熙著《蒋天枢传》，作家出版社2002年版，第65–73页。

3　《考释》，第339页。

4　《陈寅恪集·书信集》，2001年第1版，第97页。

5　《陈寅恪集·书信集》，2009年第2版，第95页；2015年第3版，第95页。

13.（1944 年 8 月 17 日致萧公权函）见于汪容祖先生致笔者信。[1]

此函已由萧氏弟子汪荣祖于 2009 年 11 月 12 日捐赠给中山大学，[2]《陈寅恪史事索隐》卷首有"汪荣祖先生致笔者函"插图，皆可证"汪容祖"有误。

14. 兹有一事即蒋君大沂，其人之著述属于考古方面，两兄想已见及，其意欲入史语所，虽贫亦甘，欲弟先探尊意，如以为可，则可嘱其寄具履历著述等，照手续请为推荐，其详则可询王天木兄也。（1944 年 11 月 23 日陈寅恪致李济、傅斯年函）[3]

"推荐"，错成"推荐"，已经有些离谱。更离谱的还在眼前：《考释》想当然地将"王天木兄"判断为"生于 1881 年，卒于 1995 年"的国民党军统特务王天木。[4] 如此莽撞，令人舌挢不下。事实上，此"王天木"非彼"王天木"。特务、汉奸王天木，本名王汝榆，河北涿县人，原籍浙江海宁，

1　《考释》，第 346 页。

2　刘黎霞、陈惠萍、王丽霞《陈寅恪爱猫更爱夫人》，载 2009 年 11 月 14 日《南方都市报》。

3　《考释》，第 353 页。

4　《考释》，第 353 页。案：《考释》第 402、403 页两次将"王天木"误为"王天水"。

清光绪九年（1883）出生。[1] 陈寅恪信中的王天木，本名王
振铎（1911—1992），祖籍辽宁海城，为文物博物馆学专家、
科学史专家、科技考古专家，曾任中央博物院筹备处专门委
员，与曾昭燏、夏鼐等共事，1949 年后任国家文化部文物局
博物馆处处长、中国历史博物馆研究员和顾问等职。[2] 据王
振铎的女婿李强撰文介绍，因傅斯年兼任中央博物院筹备处
主任，王振铎遂成为其僚属，但傅极赏识王，从不以尊长自
居，"每与王交谈，言必称'王爱卿'"，抗战时甚至将独子
傅仁轨托付给王振铎，由王"教其物理与国文"。[3]

不得不再说几句闲话

陈寅恪说："学说有无错误，这是可以商量的。"[4] 只要秉
持用事实说话、凭道理服人的原则，观点不同的人照样可以

1　特务王天木之籍贯、生年颇多争议，此从郭广颂《军统天津站第一任站
　　长王天木》，载《党史纵横》2016 年第 4 期。

2　《夏鼐日记》卷二，华东师范大学出版社 2011 年版，第 362、367 页；卷
　　十，第 9、164 页。中国社会科学院考古研究所编著《中国考古学大辞
　　典》，上海辞书出版社 2014 年版，第 82 页。

3　李强《纪念王振铎先生》，载王俊义主编《炎黄文化研究》第二辑，大象
　　出版社 2005 年版，第 243 页。

4　陈寅恪《对科学院的答复》，见《陈寅恪集·讲义及杂稿》，第 463 页。

做朋友。然而，这样的通则现在越来越容易碰钉子。自从我批评了《闲话陈寅恪》的错误之后，[1] 两位作者对我念念不忘，《考释》索性将我处置为无名无姓、"放胆狂言"的"时髦青年'陈学专家'"之一，[2] 正文也似乎不屑于引用我近年来发现的"所谓陈寅恪佚札"。[3] 素昧平生，了无恩怨，弦箭文章，伊于胡底？白纸黑字，硬伤累累，我们还是心平气和地治病疗伤吧。

---

1 张求会《这样写陈寅恪，真的可以吗？》，载 2013 年 8 月 11 日《南方都市报》。
2 《考释》，"前言"，第 3、8、16 页。
3 《考释》，第 1 页。

"陈寅恪四书"后记

　　2020 年 1 月 5 日，我和陈卓从长沙抵达武汉，继续推介我的新书《陈寅恪家史》（东方出版社 2019 年 11 月第 1 版）。连头带尾三天，除了做活动，我们还在细雨中逛了逛华中师大，和俞声恒兄在湖北省作协附近的小饭馆里喝了几杯小酒。各回各家没多久，"新冠"的消息终于传出，三个人都感到阵阵后怕。一别之后，再相见就没那么容易了，幸好电话、微信不传播病毒，"陈寅恪四书"就是我和陈卓在不见面的情况下聊出来的一个选题。

"陈寅恪四书"是陈卓取的名字,恰好与著名的"寅恪三稿"(《隋唐制度渊源略论稿》《唐代政治史述论稿》《元白诗笺证稿》)遥相呼应,借以表达我们对前辈的追思和敬意。第一书《馀生流转:陈寅恪的生前身后事》,勾勒陈先生1948年之后的命运;第二书《古调犹弹:六位学人日记中的陈寅恪》,铺陈六位友生与陈氏的交往;第三书《世外文章:陈寅恪集外文钩沉》,重点探讨陈寅恪(唐筼)的集外作品;第四书《尔尔区区:"陈寅恪研究"之再研究》,所评论的著作、文章都和陈寅恪研究直接相关。四本书,既相对独立,又互为补充,丰富陈氏生平是共同主题,考证"不嫌琐细"(陈寅恪语)是总体面貌。

从议定选题,到基本定稿,在两年多的时间里,疫情起起伏伏,生活变变化化,"幽忧之思"四个字经常在脑海里浮现。二十多年前,我第一次从陈寅恪的书里看到这个词,之后就再也放不下,而且成了我给陈先生的首选"标签"。原话是这样的:

> 寅恪少时家居江宁头条巷。是时海内尚称乂安,而识者知其将变。寅恪虽年在童幼,然亦有所感触,因欲纵观所未见之书,以释幽忧之思。(《柳如是别传》第一章《缘起》)

陈家从南昌迁居南京，时在 1900 年。那一年陈寅恪十周岁，确实是"童幼"之人。少年之老成，目光之深邃，超乎一般人的想象。百余年后，承平日久大背景下的一场又一场灾殃，让无数人突然意识到手中所有可能瞬间皆无，陈先生的"幽忧之思"又一次引起我们的共鸣——沉疴顿愈从来假，积重难返方为真。回头一想，与疫情缠斗期间诞生的这四本小书，基调和底色不都是"幽忧之思"吗？

防疫转段，"四书"稿成，无端被耽误了一年多。在漫漫等待中，我和我的"幽忧之思"一起进入了 2024 年。2 月 3 日那天，凌晨时分起夜，随手看了眼微信视频，心头一凛：又见大排长龙！熟悉的一眼望不到头，熟悉的低头不语默默刷屏。莫非又要做"×酸"？戴上老花镜，这才知道是上海市民听说邬达克旧居纪念馆即将永久关闭，特意赶来道别。幸好不是！幸好去年夏天去参观过！

再躺下，难以入睡，胡思乱想了两件事：其一，刚才的第一反应，应该就是传说中的创伤后应激障碍吧？个体如此，集体又如何呢？这么大的一群，总得有人说几句吧。其二，网络上貌似流传过"《悲惨世界》序言体"，即用"只要……还得不到解决，那么，……都不会是无用的"来造句。陈先生本人的作品，肯定"不会是无用的"。"陈寅恪四书"

的的确确企图附骥尾、攀鸿翮，不过多多少少还是有一些价值的吧。如此攀附，荣幸！"四书"绕了一个不大不小的圈，还是回到了陈先生最后的栖身之地——广州。如此缘分，挺好！半梦半醒间，用"《悲惨世界》序言体"造了个句子，天亮时趁着还记得，赶紧写了下来："只要陈寅恪先生在其著作中警示过的那些问题还得不到解决，那么，一切通过还原历史场景、揭橥真实意愿来帮助人们准确理解陈先生的作品都不会是无用的。"

一晃四年过去了，我要特别感谢两位朋友对写作"四书"的帮助。一位是复旦的张仲民君，另一位是厦门的吕瑞哲君。仲民君以特殊的方式，使我获得了搜索文献的日常化便利；瑞哲君一次次提供我急需的材料，还不厌其烦地为我网购图书。仲民和家人的生活早已回归正常，但我还是忘不了特殊时期和他"煲电话粥"的情景；瑞哲十多年来一直致力于建立"陈寅恪研究"数据库，希望他早日梦想成真。

最后，要对广东人民出版社钱飞遥女士和她的小伙伴们郑重说一句"谢谢"。几位社领导，我迄未识荆，敬佩、感谢的话留待以后再说。飞遥和她的团队给予"陈寅恪四书"的帮助，说到底我是最大的受益者。尽管这个过程有时并不那么令人愉快，但是冷静之后，才知道啄木鸟对于森林的重要性。陈小从女史在世时，之所以选中我来整理她父亲（陈隆恪）的诗稿，用她的话来说，是因为我做事认真，而她父亲和六叔（陈寅恪）都很看重这一点。飞遥和她的小伙伴们又一次让我确信：世界再狭小，还是容得下"认真"二字；社会越浮躁，"认真"才会越来越可爱。

2022 年 4 月 16 日一稿

2024 年 2 月 3 日二稿

2024 年 2 月 28 日三稿

2024 年 10 月 26 日四稿